CONTENTS
目录

自序 / 002

Part Ⅰ
童年像一首古老的歌，简单几句不会错

Chapter 01 / 008
从没有中生有 / 挪亚有方舟

Chapter 02 / 020
你的眼睛 / 看到什么不一样的风景

Chapter 03 / 030
世界这样奇 / 带你看远地

Part II

像怒海的小孤舟，冷雨凄风继续有
我愿那苦痛变力量，默默忍泪向上游

Chapter 04 / 042
我依然记得那段旧日时光 / 音乐是如何让我微笑

Chapter 05 / 062
我要逆风去 / 必须坚忍 / 明白人一生必经晦暗

Chapter 06 / 072
成败有如一个转面 / 莫记当年

Chapter 07 / 080
谁在命里主宰我 / 每天挣扎 / 人海里面

Chapter 08 / 092
迎头追赶见努力 / 前途纵远默默量

Chapter 09 / 110
来似风退如潮 / 刀剑下奋勇冲过

Chapter 10 / 124
如果他朝得到宝剑在手 / 扬威于天下应是我

Part III

这个，茫然困惑少年
愿一生以歌，投入每天永不变

Chapter 11 / 140
轻轻说声 / 漫长路快要走过 /
终于走到明媚晴天

Chapter 12 / 152
在情在理 / 他心我心 /
不必争论也懒问

Chapter 13 / 170
不信命 / 只信双手去苦拼 /
矛盾是无力去暂停

Chapter 14 / 192
如没意努力 / 你可不必期望得到

Chapter 15 / 210
任你怎说安守我本份 /
始终相信沉默是金

Chapter 16 / 228
任旧日万念俱灰也经过 /
我最爱的歌最后总算唱过

Part IV

是时候相信，纷扰不过闲事
到头来谁都可以，云淡风轻过日子

Chapter 17 / 254
每个转角也有 / 刹那天地

Chapter 18 / 270
因为我 / 仍有梦

Chapter 19 / 284
天爱上地 / 不会完全凭运气

Chapter 20 / 300
来日你我再度相见 / 仍是旧日动人笑面

Part V

我就是我，是颜色不一样的烟火
天空海阔，要做最坚强的泡沫

Chapter 21 / **326**
等待的容颜 / 是否依然没有改变

Chapter 22 / **348**
红 / 像蔷薇任性的结局

Chapter 23 / **382**
今晚再遇见 / 仍是有一丝暖意

Chapter 24 / **410**
不用闪躲 / 为我喜欢的生活而活

Chapter 25 / **440**
有一梦 / 便造多一梦

Chapter 26 / **460**
孤独的沙漠里 / 一样盛放的赤裸裸

Chapter 27 / **506**
若已捕捉星光 / 哪需百世流芳

Part VI

当你重温我，在茫然中思忆里，所有冷冰的暖了

Chapter 28 / **532**
即使我来时没有爱 / 离别盛载满是情

后记 / **572**   鸣谢 / **576**

图片摄影 / 授权：周雁鸣

凭风而至，随风不逝。和风所及，花开遍地。

重温

自序

有时候会想,人生真是一场奇妙而有趣的行走,未知沿途会经过怎样的遇见和告别。29年前,与张国荣先生一场不经意的"相遇",竟然伴随着自己从少年一路走来,直至如今进入中年。有幸几次探班见到张国荣先生,虽交谈不多,但那些美好的感觉犹在眼前。或许随着自己的老去,有些记忆会像音画不同步的视频错位,但那些感觉已烙在内心深处。无数次被他人问起见到张国荣先生的印象,我都是回答,长得精致,气场很大,即使他近在眼前,仍能感觉到一种距离感。被问得多了,连我自己都开始问自己几次见到张国荣先生留给我的印象,后来发现,他留给我最深刻的印象不是漂亮的外貌和强大的气场,不是无数人谈到过的他的待人处事态度和敬业精神,而是好玩。他是一个非常好玩的人,有趣而温暖。这个男人就像是醇酒,越藏越香,如今忆起那些往事,仍觉得意犹未尽。那些生命中美好的记忆。在张国荣先生因抑郁症病发离世后,不知为何,我时常会在心中无端地想起骆一禾先生的一句诗:"当青草又生海滩,你潮湿的双眼平静,我的心不免痛惜。"

2013年4月前的某个深夜,突然想起一些跟张国荣先生有关的过往的梦,有些梦清晰而明亮,仿佛不是一个过往的梦境,就像是随着岁月逐渐沉淀下来的一些人生的历程。那些曾在梦中有过的欢笑和流过的眼泪,如从镜子里反射出来在遥远的时光里的某些光点,照亮着自己,遂想起这些年来的一些往事。最初从一本粗制滥造的杂志中读到张国荣先生"默默向上游"的人生历程,杂志中配发的几张本就模糊不可辨的黑白照片,已然毫无印象,但却自此开启了对他的热爱。张爱玲女士曾在文中写道:"于千万人之中遇见你所要遇见的人,于千万年之中,时间的无涯的荒野里,没有早一步,也没有晚一步,刚巧赶上了……"是的,就这么刚巧赶上了。没有早一步，也没有晚一步，或许这就是命运。只是我没能轻轻地问一声："噢，你也在这里吗？"张国荣先生在一次日本媒体的访谈中谈到电影《星月童话》深处想表达的意思："虽然爱会失去，但命运终究会将你带到你所向往的地方。"或许，是命运将我带往了我内心深处所向往的地方。

2013年3月底，我再次踏上香港这片他曾经生活过的土地，没有悲伤，内心微笑，像赴一场不见不散的约定，感受他留在这座城市的气息。很多年前，第一次前往香港，记得之前看过一份报纸曾写道，在香港这块弹丸之地有着众多的"明星"，你随时可能会在某个街角遇上他们，我便想着会否在香港的街头与张国荣先生遇见呢，即使只有一句"Hi，Leslie，这么巧啊！"也是一件美好的事情，他是否还记得曾打过招呼的我呢？但最终并未能遇到他。去他投资的"为你钟情"咖啡店用晚餐，背景音乐没有他自己的歌曲，在与经理再三说明我自内地远道而来的情况后，经理终于应我所请在店内播放了一首《未来之歌》，我很喜欢的一首张国荣先生的歌曲。未来应该很长，很长。离开的时候，我带走了印着店名的糖包。

2003年4月1日深夜，我在广州的房间里，面向正南偏东无言而泣，无法言语又无能为力的悲伤，不是一场幻觉。想起艾略特说的"四月是最残忍的月份"。还记得第二天，我站在天河城外数着楼层落下眼泪，身边经过的人远远绕开我而行，在这非典型肺炎病毒肆虐的日子，我就像是一个随时会感染他人的病毒。有些感情，没有人能懂。一年零八个月后，我终于学会了面对往事笑着前行。想起这些年来的许多过往，我应该庆幸而满足，至少，曾经遇见。如今闲来时，会回想起某一年自己的经历，随之忆起那一年张国荣先生又经历了怎样的路程，一如重温过去那一程兼一程的旅途，随着他的悲喜而悲喜。张国荣先生曾在《愿你决定》这首歌中唱道："当你重温我，在茫然中思忆里，所有冷冰的暖了。"是的，当我重温您，在茫然中思忆里，所有冷冰的暖了。往事随风，凭风而至，随风不逝。

当我重温您，在茫然中思忆里
所有冷冰的暖了

这不是一本张国荣先生的传记，这是一次重温张国荣先生的行走旅程。我们听见的，我们看见的，我们认识的，都是他的每一个侧面，我们在每一个侧面里寻找他，重温那些已然逝去的岁月中他留下的往事。文字的苍白无法承载情感的厚重，这也是我最初答应撰写此书的顾虑，所以书中没有华丽的文字，只有絮絮道来，愿与热爱张国荣先生的朋友一起重温那些往事。物会磨灭，事不可改变。

爱，向来义无反顾。29年，不长亦不短。在这自己即将踏入热爱张国荣先生的"而立之年"之际，是以为记。

当我重温您，在茫然中思忆里，
所有冷冰的暖了。

童年像一首古老的歌

简单几句不会错

挪亚有方舟 从没有中生有

Chapter 01

1956年9月12日，张国荣在香港出生，祖籍广东梅州，客家人。张国荣的父亲张活海是当时香港很有名的裁缝兼洋服商人，还身兼着香港龙冈总会副主席、张氏宗亲会理事长、洋服商联会常务理事、"钟声泳棚"冬泳团团长、中区街坊会常务理事、铜锣湾惠州商会常务理事、惠州十属同乡会监事长等多个社会团体的职务。1963年，张活海和记者弗雷德里克·卡普勒（Frederic Kaplan）在码头送别一位共同的朋友离港，在弗雷德里克·卡普勒的印象里，当时年届50的张活海是一个非常健康、开朗、英俊的绅士，话不多，但在谈论自己的时候总是面带着微笑微微点头，张活海曾对他说："我记得父亲第一次把我带到广州的一个裁缝那里，我立刻就迷上了那个人为别人试衣的方式，我想就是从那个时候，我决定学习如何成为一个裁缝。"

张活海在广州长大，中学毕业后去了厦门做裁缝学徒，后来又到上海工作，在他18岁的时候，独立缝制了职业生涯里的第一套西服。20世纪30年代，张活海从内地到香港，靠自己的打拼白手起家，在中环德己笠街18号（后改街名为德己立街）皇后戏院大厦设有以自己的姓名命名的洋服店铺"西服家张活海"（TAILOR CHEUNG），后因皇后戏院大厦定期改建，于1958年1月24日迁至中环德己笠街6号地下，1961年8月29日迁回皇后大道中皇后戏院侧边的陆海通大厦，1967年2月14日又迁回德己笠街业丰大厦18号。"西服家张活海"一周营业七天，每天差不多生产十套西服，虽然张活海当时已是非常有名的洋服商人，但他仍然自己亲手缝制西服，每天通常有十个小时在店里工作，用他自己的话说："我自己仍然在做西服，也满足于把绝大部分时间投入在工作上。"当时的德己笠街洋服店林立，但张活海的洋服店名声在外，对于自己从事的工作，张活海说："在任何情况下，我都尝试让西服来美化穿着它的身体。""我从时装书籍和杂志了解最流行的风格,但款式永远不会真正改变——由新到旧,由旧到新。他们穿的是1933年的'内地裁剪'。"张活海做生意以诚信为本,他曾经帮加利·格兰特(Cary Grant)、马龙·白兰度(Marlon Brando)、威廉·霍尔顿(William Holden)、阿尔弗雷德·希区柯克(Alfred Hitchcock)、奥迪·梅菲(Audie Murphy)、尤尔根斯·库尔特(Curd Jürgens)等好莱坞名人制作过服装,美国的钻石大王、香港本地的很多政府高官、绅士名流等也都曾在他那儿定制服装,在香港他曾被称誉为"Tailor King"(洋服大王)。虽然被誉为"洋服大王",但张国荣后来在访谈中笑说:"说来也好笑,我们兄弟姊妹不是经常有新衣服穿,要穿新衫吗?在大时节如新年才有配给,就是上乘衣料布头布尾拼合缝制的,洋服老板的儿女,过年总不可以穿得太寒酸。"20世纪70年代,张活海因饮酒导致中风半身瘫痪,在1989年张国荣举行世界巡回演唱会期间去世,张国荣未能见到父亲的最后一面。张国荣的母亲潘玉瑶,是出得厅堂、入得厨房的中国传统女性,平时帮着张国荣的父亲一起打理洋服店的生意,也帮着兼做一些文书工作。她一共育有十个子女,其中三个子女(张国荣的三哥、四姐、九哥)早逝,张国荣和因脑膜炎去世的九哥是同一天生日,所以在家里一直被说是九哥的转世再生,对此张国荣曾开玩笑:"九哥一定是没能拿到通行证强行来到这个世上的,所以要回去申请一张通行证才可以回来。"张国荣的母亲于1998年10月18日因癌症去世。

据夏山先生回忆,他在20世纪60年代曾与张活海先生有过一叙之缘,他好奇地问张活海是用什么方法吸引到好莱坞的大明星光顾他的生意,张活海也快人快语,告知其个中缘由。原来最初光顾张活海生意的是加利·格兰特,当时他向张活海定制了两件名贵上衣,其中有一件需要顶级羊毛缝制,连工带料一共2400元,付清款项后需要48小时内送到加利·格兰特居住的酒店。两天后,张活海亲自将两件缝制完成的名贵上衣送至酒店,待加利·格兰特试穿后张活海问他是否满意,加利·格兰特表示满意,张活海又问他,对料子和手工是否满意,加利·格兰特对张活海说真的满意。然后张活海取出了400元还给加利·格兰特,并说明由于顶级羊毛缺货，又因时间太短促，来不及征求他的同意便选了次级的羊毛缝制，如果他不满意的话，愿意将2400元全数奉还。听到张活海这么说，加利·格兰特接过400元，大赞他是诚实的商人，并表示回去后会介绍自己的朋友来香港光顾他的生意。加利·格兰特也很讲诚信，后来介绍了很多好莱坞的名人朋友成为张活海的客户。加利·格兰特在电影《金玉盟》（*An Affair to Remember*）中被女演员爱抚和弄皱的西服，大部分都是出自张活海之手，对此，张活海说："我总是去看我客户的电影。"

张国荣曾公开称赞他的父亲很有生意头脑，其实，张活海除了对工作的执着与投入和诚信为本的生意之道外，在识人及待人上也有其特别之处。20世纪50年代曾两度在"西服家张活海"洋服店工作的洋服裁缝冯荣欣，2015年回忆起往事时说："那个年代，谁不认识西服家张活海？"他认为张活海就是他的伯乐，当年才20岁出头的冯荣欣在张活海的洋服店跑腿，后被邀请到张活海的工厂做裤子，但他想趁着年轻外出学做上衣，他没有亲口向张活海道别，只留下了一封信以感谢张活海的知遇之恩："期之以日，再效犬马之劳。"三年后，当冯荣欣学会了做上衣，便向张活海自荐去张活海的工厂制作上衣，后来成为张活海的左右手，一直到十多年后张活海的西服店结业。当年冯荣欣结婚，亦有邀请张活海参加婚宴，他回忆说："那时候老板（张活海）已经很有名了，他的子女都很少去工厂，过年过节才见到一两面，我结婚他肯去参加婚宴已经很开心了。"在婚宴上，他和张活海拍了一张他俩唯一的合照，如今冯荣欣把照片贴在记事本上，带着它到处走。

张国荣在家中排行第十，为幼子，家里也叫他"阿十""十仔"。张国荣后来在采访中笑称，他那个年代出生的同学的家庭基本上都是生十几个孩子，所以他们家的"出产量"只是"中产"而已。在20世纪50年代的香港，社会没有节育计划，一个家庭有十几个孩子属于普遍现象，特别是中产阶级以上的家庭，而且在中国传统的旧观念中，一个家庭子孙满堂也是福气。张活海出生于宗族观念很重的客家人家庭，重男轻女的观念极深，张国荣的大姐张绿萍虽然是家中的第一个孩子，但因为是个女儿，出生后张活海都没有给她取名，只叫作"阿女"，连出生证上填的都是"张阿女"，直到两年多后第二个孩子出生，在张国荣外婆的请求下，张活海才给两个孩子一起取了名字。张绿萍曾在访谈中说："我们客家人是一定要有儿子的，否则要娶妾侍。妈妈起初生的都是女儿，唯有不停生育，以免父亲真的纳妾，幸而后来接连生了五个儿子。"

很多年之后，张家大姐在访谈中谈起童年，仍觉得童年是非常不快乐的，父母不常在身边，作为长女的她既要负起照顾妹妹和弟弟的责任，还要以身作则为他们树立榜样。那时候的她盼望着早点长大、独立，有一天可以离开这个家庭，她觉得读书是让她独立、让她离开这个家庭的最好途径，所以她刻苦学习，凭着自己的努力从圣保罗中学毕业后考入香港大学，但是重男轻女观念根深蒂固的张活海不允许她继续就读大学，这次包括她的妈妈和外婆也站到了她父亲的那一边，一致觉得女孩子没必要读大学。不过幸运的是，那个年代的香港会把考上大学的学生名单刊登在报纸上。正巧，张活海生意场上的一个朋友看到了报纸上的名单，在张活海面前称赞了他的女儿一番，这让张活海觉得原来孩子考上大学是一件很体面的事情，于是回家后便勉强同意了女儿继续就读大学。还未等张绿萍将感谢父亲的话说出口，张活海便提出了附带条件——张绿萍需要自己承担读大学期间的一切费用。但张绿萍并没有因此而退缩，她向亲戚借学费，自己在外当老师赚钱……凭自己的努力和拼劲，独自承担了读完大学的所有费用。

或许张绿萍和张国荣都遗传了父亲坚韧的基因，面对困难艰苦奋斗、自强不息，最终都走上了成功的道路，他们姐弟俩的奋斗历程也成了他人津津乐道之余鼓励别人努力向上的范例。张绿萍在访谈中也谈到，她与张国荣这个幺弟际遇相近，成功之前都曾吃过一段时间的苦，张绿萍说："我跟Leslie（张国荣）性格最合得来，我们都是喜欢勤奋工作的人，最不屑那些怨天尤人、自怨自艾的，遇上不愉快的，吞下去便算。"张国荣刚出道的时候，人家会说他是张绿萍的弟弟，到了后来人家见到张绿萍，就称呼她是张国荣的姐姐。张绿萍对这种称呼的改变非但没有感到不开心，反而引以为傲，在她眼里，张国荣始终是那个她最疼爱的乖巧、听话、可爱，像个小公仔一样漂亮的弟弟。而张国荣在接受访谈时亦公开表示，大姐张绿萍是他们的光荣，他以她为荣。

张绿萍于1969年加入香港的政务主任职系，当时她一心想成为香港新界离岛理民官，在申请未果后调任香港港岛中区民政主任兼湾仔民政主任，之后在时任香港总督麦理浩的游说下，1974年4月，张绿萍以公务员的身份借调到新成立的香港消费者委员会担任首任总干事。1978年张绿萍获选"香港十大杰出青年"。1984年，张绿萍离开消费者委员会，加入国际会计公司安达信会计事务所。1987年张绿萍创立了自己的公关顾问公司——张绿萍有限公司（Cheung-Macpherson & Co.Ltd.）。2001年，张绿萍被时任香港特别行政区行政长官董建华任命为香港妇女事务委员会的非官方成员，同年始，担任妇女事务委员会旗下的"公众教育专责小组"的召集人和"国际妇女论坛"的全球副主席，亦参与香港知识产权会和皇家英联邦协会等组织的工作，2003年5月退休。她在访谈节目中谈到退休时说："（张国荣的去世）我也受很大的影响，那之后我就没心情工作了，所以他4月1日走了，我5月就退休了。""我是越想越后悔，我没有早点退休。因为我退休前一年，他（张国荣）跟我说：家姐，你和我去澳洲，我们去旅行吧。可是我当时很多工作安排在身，我不可以去，我就说不去。我到现在都很后悔，我应该早点退休，早点陪他到处去，早点陪伴他一起……"

张绿萍在申请香港新界离岛理民官职务时遭到了她当时的上司——时任香港新界民政署副署长麦法诚的否决。张绿萍说："我向上司提出希望担任（香港新界）离岛理民官的职位，但他（麦法诚）二话不说，便斩钉截铁地拒绝所请，说这并非女性可以胜任，离岛向来是男士的天下。"张绿萍遂向人事编制科投诉受到性别歧视。所谓"不打不相识",后来麦法诚成了张国荣的姐夫,张绿萍的第二任丈夫。麦法诚曾担任香港运输署署长、新界政务署署长、立法局官守议员、香港科技大学筹备委员会秘书长兼首任行政及总务副校长等职务,是筹办香港科技大学的幕后功臣之一,1995年退休后帮助妻子的公关顾问公司处理事务和担任香港高级公务员协会副会长,2016年4月14日,在香港去世。

张国荣出生的那个年代,按照社会学的角度来说刚好属于"婴儿潮"(Babyboom)时期。"婴儿潮"这个词最初源于美国,指的是二战后,1946年至1964年这18年间出现的生育高峰期,现在也泛指在某一时期及特定地区出生率大幅度提升的现象。在英文中形容"婴儿潮"时期出生的人为"Babyboomer",香港的那一代"Babyboomer"受到二战后西方教育思想和社会价值观的影响,接受了大量新鲜事物,有着独立自主的本土意识,持有与视香港为暂时的避风港并有着过客心态的父辈不同的"香港本土价值观"。这一代人在香港的逆境中出生、成长,在香港的黄金发展年代起飞,相信"狮子山下"的努力进取精神,为香港的建设与腾飞贡献了不容忽视的力量,很多人后来都成为香港社会的精英。

张国荣出生后便与外婆、哥哥姐姐们和用人一起住在湾仔道81号的唐楼。唐楼是中国华南地区、香港及澳门一带在19世纪中后期至20世纪60年代的建筑,混合了中式及西式的建筑风格。现存的唐楼一般为三至四层高,分为前座、后座,前座有有柱和无柱之分,部分唐楼则设有露台,楼底比现代住宅建筑高。多数唐楼没有电梯,只有楼梯连接各层。据张国荣的回忆描述,他们居住的唐楼靠山而建,天花板很高,地方很大,他最初跟外婆住在一间很大的房间,外婆去世后,他就和两个哥哥住在一个房间,睡的是有上中下铺三层的床,小张国荣睡在最下面一层。有一次,小张国荣的七哥跟他玩"风浪"游戏,叫他爬到最高的第三层,然后他的七哥躺在第二层用脚顶着第三层的床板,一边晃动一边喊,一不小心便把小张国荣摔到了地上。

1999年，张国荣应邀接受《君子》（Esquire）杂志的访谈和拍摄，地址恰好在湾仔修顿球场对面的影楼，记者在文中写道："张国荣到了影楼后，对着露台可望到的修顿球场说，这一区，这个球场留给他很多memories（回忆）。"修顿球场是昔日湾仔的主要地标，那个年代的修顿球场，早上是众多体力劳动者等待工作的地方，他们蹲在地上，轮流抽着水烟等待着他人的雇佣；而到了傍晚，则有很多售卖食物的摊贩和街头表演者，附近的普通家庭会来此消遣，时间一长这里便成了平民休闲娱乐的聚集地。

小张国荣的父母住在中环皇后大道121号一套二层楼的房子里，一层用来居住，二层是服装工厂，他们可能因为工作忙又要照看工厂里工人的缘故，所以很少回家。小张国荣和兄弟姐妹七人从小就由用人照顾长大，父母基本上没跟他们在一起住过，要见父亲和母亲就要去店铺里。那时候的小张国荣觉得很失落，他甚至觉得小时候能被父母打骂都是一件好事，因为他连这样的经历都没有。在张国荣的记忆中，父亲只有一次农历春节回家住过五天，其中有三天还是喝醉了在睡觉，张国荣后来表示，这也是他跟父亲在一起住过的唯一记忆。在小张国荣6岁那年，有一次和姐姐一起去父亲的店里玩，刚好遇到父亲的一些朋友，这些世叔伯看到大眼睛、小鼻子、嘴唇红红的像个公仔一样漂亮的小张国荣便问道："怎么样啊，仔仔，好可爱啊，你爸爸有没有带你去喝茶啊？"小张国荣回答："我跟他都不熟的。"小张国荣还试过在父亲的店铺里"偷"零钱，他觉得这像是一种报复心理，他拿走了父亲的钱，就可以让他的父亲没钱可花。

那时候香港的公共泳池很少，张国荣的父亲很喜欢游泳，而且还是"钟声泳棚"冬泳团的团长。与张活海有过交谈的弗雷德里克·卡普勒曾在文中这样写道："他（张活海）生活中唯一奢侈的事情是每天早上的晨泳以及和他的妻子偶尔看看电影。"暑假的时候，小张国荣也经常和用人六姐（下文六姐均指用人六姐）一起坐两毛钱的电车去西环的"钟声泳棚"游泳。有一次，小张国荣遇到父亲和朋友也在那里，父亲看到他就像看到好朋友的孩子一样，摸摸他的头，从口袋里拿了一堆硬币给他。据张国荣自述，那时候维他奶才两毛钱一瓶，他不知道怎么处理这一堆硬币，就全数交给了六姐。很多年后，张国荣回忆起与父母之间的关系，觉得"与其说是父母亲情，不如说仅仅是像朋友一般的关系"。在父亲去世后，张国荣也曾感慨与父亲的缘分实在是太浅。1988年，张国荣曾接母亲去他的公寓住了半年多，他一直努力想缩短跟母亲之间的感情距离，试图尽可能地从精神上去交流，但最终他能给予母亲的只能是物质上的东西。直到母亲去世前几年，他才感觉到相互之间存在的必要性，但当他们互相明白这一点时，已经太晚了，他觉得这是他和母亲之间的宿命，无法改变。在他的母亲去世以后，他回忆起很多过去的事情，意识到母亲存在本身的重要。

张绿萍在访谈中曾说："Leslie是最小的，他是意外，妈妈意外受孕。本来已经说不生了。她（之前）不断地生小孩，是因为要生男孩。"张国荣在家中与其他兄弟姐妹的年龄相差很大，他跟他的大姐年龄相差了18岁，跟他年龄最相近的八哥也比他大了8岁，因为年龄相差太大的关系，他跟他的兄弟姐妹们都玩不到一起。他曾说，大姐和二姐可以成为一对，有很多话讲；五姐和六姐年龄差不多，是一对玩伴；七哥和八哥也是一对，就剩下他一个跟他们都玩不到一起。所以那时候的小张国荣即使是和兄弟姐妹们住在一起，虽然人多热闹，但他还是觉得自己很孤独，没有可以倾诉感受的对象。他觉得小时候的自己是个不太像个孩子的孩子，不太爱说话。张国荣说："小时候，我很乖，乖得叫人吃惊。我可以静静地坐着，没人看管也不吵闹或四处走动。""我是特别静、特别乖的那种小朋友，所以颇受别人喜欢，尤其是（我的）姐姐哥哥们，但是他们都那么大了，他们最多买些玩具给你玩，不会真的去了解（小朋友的心思）。而且当时也没有像现在这样（关注）怎么去照顾小朋友。"张绿萍也曾说："我想起他（张国荣）小的时候就很靓仔，像个小公仔，我大他十几岁，我们这些姐姐就把他当个公仔玩。他好听话，好乖，好纯的。我大他这么多，他成长的时候我已经进入大学了。"

张国荣觉得自己的童年是孤寂的，并没有像别人以为的那样受溺爱。那个年代很多贫穷家庭的小孩由于学额不足、家庭条件等各种原因连书都读不了，所以一般的小孩子根本没有什么可供挑选的玩具和游戏，当时的小朋友都是自己"研究"出一些既不需要花钱但又能从中获得快乐的玩具或者游戏，而从孩子玩什么玩具或游戏也可猜想出这个孩子家庭的层次，可能是因为张国荣的父母不愿意让别人把他们看作是层次不高的家庭的孩子，所以像放风筝、拍公仔卡片之类其他孩子平时爱玩的游戏，父母都不允许他们玩。张国荣曾说他小时候玩具很少，最宝贵的一件玩具是一辆有个"叮叮"的三轮玩具单车。读幼儿园的时候，有一次小张国荣考试考了第二名，学校奖励给他一支会闪火花的玩具机关枪，他非常高兴，把这个消息告诉了父亲，他的父亲也很高兴，又奖赏了几块钱给他。

小张国荣始终希望被家人关注、爱护，他后来在自述里说，他的八哥曾经也努力地去爱护过他，但始终因为年龄上的差异，无法成为可以一起玩的小伙伴。有一次他和家人一起去逛百货商店，他看中了一个可以播放卡通片的放映机，但售价是38港元，在当时来说38港元并不是一个便宜的价格，因此父母没有买给他，他觉得很失落，但八哥把这件事一直记在了心里，并用工作后的第一笔工资给小张国荣买了这台放映机。为了他，八哥还曾跟姐姐和七哥打过架。这些事，很多年后张国荣都始终记得，他一直觉得八哥是非常疼爱他的。曾在张活海洋服店工作了十几年的冯荣欣在2015年回忆起当年张活海的子女时，印象最深的除了小张国荣外，还有就是张国荣的八哥，冯荣欣说："他两兄弟感情很好，都生得眉清目秀，曾经让他们帮忙去送衣服给客人。"

其实，家里的人都是疼爱小张国荣的，可能是因为受家庭成长环境影响的关系，每个人的表现方式不一样。如张国荣的第一任大姐夫，他也觉得孩提时代的张国荣很孤独，所以他会买些小礼物逗小张国荣开心，但这可能不是小张国荣在那个时候所想要的那种疼爱，他想要父母在身边一起住，他想要跟兄弟姐妹们一起聊天一起玩。张国荣曾说："我有种inferiority complex（自卑感），自卑感，就是每逢到别人家里去，他们都有爸爸妈妈在家里，为什么自己会没有呢？"对小张国荣来说，在没有能跟自己的父母同住这件事上，始终不能释怀。不过很多年后他们的父母也意识到在这件事上的不对，后来采访张绿萍的记者引用张绿萍的话在文中写道："爸妈今天已明白自己不对，但想补救他们失去的童年已不可能。现在，兄弟姊妹大家对爸妈很好，一有空便相聚，Leslie虽然很忙，但凡能抽空时，他也必赶来与爸妈共聚。对天伦之情，大家都十分珍视。""我们兄弟姊妹都非常爱惜下一代，因为太了解没有父母之爱的痛苦。"

虽然父母平时因忙于生意而无暇照顾他们的生活，但给他们请了照顾他们的用人。从小到大给予张国荣无微不至照顾的用人叫六姐，对于六姐，张国荣后来说："在我生命里，有几位女性占有很重要的地位……在我心目中占最重要地方的，就似我唱的那首《莫妮卡》（*Monica*）这样地位的一位女人，就是六姐。""她就是一个对我嘘寒问暖、从小照顾我到大、健康又愉快的一个用人。但是这位用人，在我心目中已经不是用人了，她的地位已经超越了我妈妈。""她是我所知道的人中，最伟大的女性。是从不求报答，却把自己全部的爱奉献出来的人。对谁她都是这样，特别是对我格外疼爱。像六姐这样的女性，非常遗憾至今再没有遇到过。"六姐是来自广东顺德的"妈姐"。20世纪30年代，顺德丝绸业式微，当地一些本来以缫丝为业的自梳女为了维持生计，就到南洋（马来西亚、新加坡等地）、香港、澳门等地当女佣，她们扎着大松辫，着白衣黑裤，被称为"妈姐"。但并非所有的"妈姐"都是顺德自梳女，只是顺德女性占了非常大的比例。顺德人以刻苦耐劳著称，加上厨艺了得，在劳工市场上极受欢迎，人称"顺德妈姐"，她们是那个年代女佣行业里的翘楚。在张国荣心里，六姐是一个执着又顽固，但心地善良的人。虽然六姐没有读过书，对小张国荣的功课帮不上忙，但是她教他为人处世的道理，她教小张国荣要怎么样去对人好、对事好，即使有时候她的观点可能有点"落伍"，但她的初衷是为了小张国荣好。她是小张国荣成长的道路上最好的言传身教之人，是张国荣在为人、品德上的启蒙者。小张国荣从小的家庭教育也很严厉，他们兄弟姐妹几个谁做错了事就会受罚，张绿萍在访谈中说："（如果做错了事）我妈妈，我外婆，（会）打的。这样你就会不敢行差踏错。就是，她不是说你不读书调皮才打你，你没有规矩什么的，（也）马上就会挨骂的。"

在张国荣最失意的时候，六姐始终毫无怨言地在他身边照顾他，所以张国荣说："我想，她（六姐）是我一生之中，对我最好的一个女人。"六姐在上了年纪之后，就住在张国荣买给她的房子里，直到1990年八十几岁时去世。

你的眼睛
看到什么
不一样的风景

Chapter
02

1962年，6岁的小张国荣从幼儿园低级班直接跳级到小学一年级，当时张国荣的大姐张绿萍和丈夫亚巴斯（张绿萍第一任丈夫，后来担任过香港大学比较文学系系主任）都在香港圣璐琦书院（St.Luke's College）高年级任教，为了能更好地督促小张国荣的学业，小张国荣在家人的安排下入读圣璐琦书院小学部（以下简称"圣璐琦小学"）。圣璐琦书院位于湾仔大道东船街山边台（也有称山坡台）一号A，是一所私立男女学校。因小张国荣从幼儿园低级班跳级入读小学，比其他同学少读了一年的幼儿园课程，所以跟不上当时一年级的课程，不得不留级重读了一年，不过之后在他五姐的帮助和他自己的努力下，每年考试成绩都保持在前十名，直到小学毕业，中文课程还曾在全年级一次排名第二、一次排名第三。

在圣璐琦书院高年级任教的大姐张绿萍，可能是受到家庭的影响，觉得一个人要自立自强，不能失败，她读书的时候就是凭着自己的努力一路成绩优异，做事又能干有魄力，所以在学习上对小张国荣非常严厉，经常教育小张国荣要自立自强、勤奋读书，这样才能出人头地。虽然小张国荣也明白大姐是因为疼爱他才会这样严厉管教他，他和大姐的感情也一直非常好，但那时的小张国荣感觉压力很大，开始对读书产生了抗拒感。

在圣璐琦小学读书的时候，小张国荣有三个很要好的同学，一个姓刘，另一个姓关，加上他自己姓张，他们觉得很好玩，三个人在一起就像"刘关张桃园结义"一样。还有一个胖乎乎的很要好的同学姓许，张国荣跟姓许的同学从小学一直到中学都在一起读书，直到张国荣去了英国读书，而许同学去了加拿大读书才分开。那个时候的小张国荣有时候会羡慕许同学，一方面是因为许同学的爸爸妈妈对许同学很好，另一方面，最主要的还是许同学的外公、爸爸、妈妈、阿姨、姨夫等都是一大家子住在一起的，至少从表面看是一个很开心的家庭。

当我重温您，在茫然中思忆里
所有冷冰的暖了

那时候的学校里会分成好几派，读书成绩好的是一派，运动好的也是一派，还有一派是追女孩子特别厉害的，小张国荣属于读书成绩好的那派。那时的他并不十分喜欢体育，当时很多一般的学校都没有自己的体育场，圣璐琦小学也没有，所以要走到坚尼地道前面两条马路的一个公园里去上体育课，从学校走到公园要15分钟，走回来又是15分钟，而体育课一节只有45分钟，扣除来回时间，实际上课时间也只有15分钟。虽然小学时候的他不是很喜欢体育，但他却很喜欢穿体育课的衣服，因为他觉得穿着小短裤很舒服。他的衬衫、短裤、长袜都是白色的，因为凳子比较脏，所以每次回家屁股那里都磨得黑黑的，以致家人都喊他"邋遢帮"。小张国荣喜欢穿舒服的小短裤，却很不喜欢那双长袜，因为长袜洗过几次穿旧了就会松，容易滑下来，而为了不让长袜滑下来，六姐就用缝裤头的那种粗的橡皮筋缝在袜子上箍住，然后橡皮筋就会箍得小张国荣的腿痒痒痛痛的，让他非常不舒服。

游泳一直以来是香港人比较热衷的一项运动，既能休闲娱乐，又能锻炼身体，在二十世纪五六十年代，香港大部分的泳棚收费便宜，每逢假日及业余时间都会吸引不少市民前去泳棚游泳。小张国荣听他家人讲，自己4岁的时候就会游泳了。小时候去游泳，小张国荣就特别喜欢穿在美美童装公司买的泳裤——白底上配有红、绿、蓝等好多种颜色的小鱼图案，好像很多小鱼儿在那里游来游去，他觉得是不是这条泳裤风水不好，童年在游泳的时候就遇险过三次。第一次溺水是在他六七岁的时候，那次小张国荣坐在发泡胶做的救生圈里玩划艇，屁股就套在救生圈里，突然一个浪打过来，打翻了救生圈，使小张国荣的头扎在水里屁股朝天，而身体卡在救生圈里怎么也挣脱不出来，在喝了很多口水后，终于凭着最后一点力气挣扎了出来。第二次遇险算是有惊无险，当时钟声泳棚分为两个区域，一个是沙滩区，另一个是练习棚，练习棚就是在海边用一些木桩围起来一个区域，有救生员看着。那次因为刮台风，关闭了沙滩区，游泳的人就只能去练习棚游，小张国荣跟往常一样拿着他的救生圈，跟八哥去练习棚。可能是因为刮台风的关系，海面上浮起来很多水母（香港称为白鲊），小张国荣游得正欢的时候，突然发现旁边有一只很大很大的水母，把他吓得赶紧往竖在练习棚围栏的木桩上爬，但木桩很高，当时6岁左右的小张国荣根本爬不上去，几次想爬上去又跌到海里，用他后来回忆时的话说，就在千钧一发之际，有个人到他身边一边游一边用手一揪，就把那只大水母抛到很远的地方去了，他才得以脱险。第三次，大姐跟她的男朋友带着他们兄弟姐妹几个一起去丁九宿营。在游泳的时候，小张国荣套了个救生圈和姐姐坐在浮床上玩，而他不会游泳的七哥原本坐在浮台那里，突然跳到他们的浮床上，把浮床整个给弄翻了，这个时候七哥还抢了他的救生圈自己游走了，让他在水里拼命扑腾。虽然那时候他知道边上的未来姐夫和未来姐夫的表哥肯定会救他，但在那一瞬间他觉得七哥真的很自私。张国荣的七哥出生的时候身体就很差，从小到大都在生病。2016年3月20日，张国荣的七哥在香港去世。

张国荣觉得童年就这么过去了，没有什么值得留恋，唯一留下深刻印象的，是小学一年级的时候外婆的去世，那是他第一次亲眼看见死亡。他们兄弟姐妹从小就和外婆住在一起，外婆在60多岁的时候就瘫痪了，除了用人服侍她吃饭、睡觉等正常的生活需求外，近10年的时间都是在藤椅上，直到去世。他们小时候居住的唐楼里，有一个很大的房间，小张国荣和外婆就住在那个房间，外婆一直很疼爱他，每天放学都会给他两毛钱去买维他奶。那天六姐照常来接小张国荣放学的时候对他说："等会儿不要害怕，外婆睡着了。"虽然小张国荣觉得六姐的话莫名其妙，但他觉得自己比其他小朋友懂事多了，平时因为八卦也看些粤语长片，已经感觉到这可能是不好的事情。他跟六姐回到家后，就看到一些亲戚在哭，表哥就让他去看看外婆，他看到外婆就在自己的房间里，依旧坐在藤椅上。30多年后，张国荣在访谈中谈到童年印象最深刻的事时表示，他一直清楚地记得那一幕。

小张国荣小学毕业后升入玫瑰岗学校（Rosaryhill School）入读中学。玫瑰岗学校也是一所私立学校，1959年由天主教教会道明会创办，设有幼儿园、小学、中学和商科部，校址位于湾仔跑马地司徒拔道41号B，校训是Veritas（信守真理）。翁美玲、梁家辉、陈慧琳、蔡卓妍、林奕华等都曾就读于该校。玫瑰岗学校是香港第一家有校车的学校，也是香港校车最多的学校，校车上半部分米白色，下半部分深咖啡色，林奕华曾说，因为玫瑰岗学校的校车漂亮所以自己选择就读该校。

小张国荣从此也不需要六姐接送上学放学了，开始了搭校车的生活，因为到了一个新的环境，小张国荣觉得在学校里的一切都很陌生。因玫瑰岗学校是天主教学校，每天要念祷告文，而小张国荣因为英文好，有几位老师就特别喜欢他，就选他在临放学的时候带领全班同学念一轮祷告文，因此事他还曾被其他的同学嫉妒。可能因为小学的时候大姐在他的学习上过于严厉，让他在学习上产生了压力和抵触心理，以致他到了中学对读书提不起什么兴趣。而且最令他头痛的是"新数"课程，他在小学的时候读的是"旧数"，所以在"新数"和"旧数"之间始终搞不清楚，而他姐姐读的也是"旧数"，不懂"新数"，所以也没有办法教他，后来家里只好去请了一个补习老师来给他补习，而补习老师也没怎么用心教他，他自己又没用心去学，最后除了英文外他对其他科目都没有了兴趣，成绩自然也就一落千丈。在他心里，学习成绩只要能及格就行。因为"新数"的拖累，张国荣中一便留了级，后来他在自述中说："（中学）那段时间，我没什么厉害的，就剩下了口才。"香港的中一相当于内地的初一，那时香港的中学教育一直沿袭英式教育制度，中学五年没有初中、高中之分，但课程大纲分为中一至中三、中四至中五两个阶段。

20世纪50年代末60年代初兴起了中学数学教育改革，开始了"新数学"教学。美国于1958年始编写整套"新数学"课程的教材以改革中学数学教育，随后一些欧美及亚洲国家，如日本等国家紧随其后加入了数学教育改革。英国于1961年实行"新数学"课程。香港大学在1962年的暑假，向数百位中学教师举办了"新数学"的讲座，介绍"新数学"运动，但当时并未在全港所有中学推行，只在部分学校试点。1964年，"新数学"首先在伊丽莎白中学试行，随后几年推广至约十所中学，接着"新数学"在香港广泛推行，原来的中学数学课程被称为"旧数"，而将"新数学"课程称为"新数"。20世纪70年代初，有的中学开始放弃"新数"，重新教回"旧数"课程，一些较好的中学则"新数"和"旧数"兼教。香港的教育司署也不断修改"新数"和"旧数"的会考课程，直到最后两者之间的课程都改得差不多了。1977年，香港教育部门宣布将"新数"和"旧数"合并为一个会考课程，称为"合并数"，并于1983年推行。小张国荣也算是这次"新数学"教育改革的牺牲品了。

虽然张国荣在中学时期对学习没有什么兴趣，但他在英文朗诵、运动等方面却表现出了特别的爱好，还曾作为代表参加班际、校际比赛，并取得了名次。玫瑰岗学校现任中学部的校长关治邦正好是与张国荣同届的同学，在他的记忆里"张国荣就常常代表学生来做演讲"。据旧报纸记录，1970年2月28日，小张国荣代表玫瑰岗学校参加了"第22届香港校际音乐及朗诵节"中一华籍及东方籍男女混合组英语散文视读比赛，以84分的成绩在参赛的42人中获得季军，玫瑰岗学校的廖凤娟以86分获得冠军。

在运动方面，中学时代的张国荣喜欢打球，特别是羽毛球，打得非常好。张国荣自己也曾说："对于球类活动，我有特别浓厚的兴趣，足球、排球、羽毛球等，全部都有玩，技术也不错，凡有班际比赛，我都入选为代表，羽毛球及足球方面，我更是校队成员之一。"据未经证实的消息，编剧张志成后来说："我们通过电影圈的公益活动相识，后来每周都约好打羽毛球。他（张国荣）对人很亲和，事发前没有一点迹象……外界可能不知道，张国荣球打得非常好，小时候还曾经是香港羽毛球青少年队的代表选手。不过，香港媒体只关心人的是是非非，从来不关心这些正面的东西。"在中学时候，小张国荣有时也会和当时的校长谢天仁神父（Fr. Xavier）打羽毛球，这让少年张国荣感到既害怕，又荣幸。

玫瑰岗学校的现任校监范士豪神父（Fr. Francisco），当年刚到玫瑰岗学校任职几个月，张国荣就转去英国留学了，所以他对那时的张国荣没有什么印象。但他表示张国荣一直以来都和当时的校长谢天仁神父关系亲近，因此在张国荣进入演艺界后，有时也会受邀回到学校参加学生们为了筹款而组织的活动。范士豪神父说："我记得是在1983年，他来学校参加这种类型的活动。结果有个人说话把他惹生气了，那次谢天仁神父正好去加拿大，我便和他在后台谈了许久的话，这也许能说明他有些敏感的性格吧。"

当我重温您，在茫然中思忆里
所有冷冰的暖了

谢天仁神父后来在玫瑰岗学校的旧生会访谈中谈到张国荣时说："我记得Leslie在本校就读直至中三时他的英文名还是叫Bobby（鲍比），那时我常常跟他打羽毛球的。直至离世前，他都是一位十分支持玫瑰岗的旧生，每当我们有活动希望他来支持我们时，他总会尽量抽空出席。他在百忙中仍继续支持他的母校，大家均非常感动。另外，我还记得有一次我们一起到浅水湾喝下午茶时，他身边总是包围着他的歌迷和影迷，使我们难以好好静静地享受一顿下午茶，他向我慨叹再也不能跟一般人一样享受自己的私人生活了。其实在他离世前一个月左右，我在山顶碰见过他的，当时我们还闲聊了一阵子。我当时完全不知道他患上抑郁症，不然我会好好跟他谈一谈，看一下我可以做什么帮到他的。他那么年轻便离世真是十分可惜。"在2002年的11月，谢天仁神父和朋友在路上偶遇张国荣，分别后他还跟朋友说起希望在下一年的玫瑰岗旧生聚会时邀请张国荣为嘉宾。2011年10月19日，谢天仁神父于澳门安息主怀，享年81岁。

张国荣的学弟林奕华回忆起中学时代的张国荣时说："第一次看见张国荣，距离'Leslie时代'的来临尚有一段日子，但他早已是那习惯被看见的'张国荣'。我是说那大约只有15岁的，上学时会把手臂搭在女同学肩膀上的，一打篮球便会吸引大家走到走廊上的，凭着围栏，目不转睛地看着和幻想着的'张国荣'。"那时的林奕华，为了要让张国荣知道有他的存在，他曾跟踪张国荣和那被张国荣搭住肩膀的女同学走进一家餐厅吃学生特价午餐，并且在吃完之后，大胆地走到少年张国荣的面前对他说："我已经替你付账了。"据林奕华文中所写，张国荣接受香港商业电台《笑口早》节目的黄韵诗访问时，对黄韵诗说："我记得林奕华，他是走上来跟我说过这句话的小子——如果世界上真有罗密欧，我认为他便是你这样的。"

那时候玫瑰岗学校里还时兴talent quest（才艺竞赛），少年张国荣印象最深的talent quest

便是几个男同学扮当时在香港非常出名的台湾歌手姚苏蓉唱歌，令围观的同学捧腹大笑。虽然少年张国荣当时只是围观者之一，但姚苏蓉却成了他唱歌的启蒙者，在他进入演艺圈后，也曾有过几次与姚苏蓉同场演出。姚苏蓉是20世纪60年代台湾的著名歌手，1966年参加正声电台主办的歌唱比赛获得冠军，然后签约海山唱片凭借一首《负心的人》一炮而红。1967年，姚苏蓉翻唱龚秋霞的《秋水伊人》而赢得"盈泪歌后"的誉称。1969年，海山唱片发行姚苏蓉的唱片《今天不回家》，唱片内收录了电影《今天不回家》的主题曲和插曲，电影同名主题曲《今天不回家》更是街知巷闻，风靡华人世界，也使姚苏蓉在香港红透半边天。但好玩的是，不久后，这首炙手可热的歌曲在台湾被列为禁歌，同名电影亦被禁映，以致后来唱片再发行的时候不得不把歌名改为《今天要回家》。在姚苏蓉唱过的200多首歌里，据不完全统计，曾有80至90首歌以各种原因在台湾被禁唱，这也使得姚苏蓉曾被称呼为"禁唱歌后"，以致有一段时间姚苏蓉不得不去台湾以外的地方演出。姚苏蓉在香港歌剧院演出的时候，少年张国荣还曾与家人一起去看她的演唱会，然后他的哥哥就去买了姚苏蓉的唱片回来听，他也会一起听。从那时起，他就开始唱姚苏蓉的歌了，张国荣在自述中说起姚苏蓉的歌曲时，觉得是姚苏蓉启发了他最初唱歌的想法。

再大一点之后，张国荣就开始听英文歌，看国外的电影。在中学时代，张国荣印象深刻的有两部电影。一部是《殉情记》（Romeo and Juliet），他觉得男女主角都非常漂亮，虽然那时候他并不知道莎士比亚，但因为喜欢这部电影，以至电影原声大碟中的对白都能念出来，巧的是，后来他也在1982年的电影《柠檬可乐》和1995年的电影《夜半歌声》中两次饰演舞台上的罗密欧；另一部是《玉女含苞》（Jeremy），因为电影里面的英文歌非常好听，他就开始听英文歌曲。Jeremy在内地亦译作《初恋的故事》，电影的主题曲是由男主角罗比·本森（Robbie Benson）演唱的《沙漏之歌》（The Hourglass Song），这首歌另有一个名字叫《蓝

当我重温您，在茫然中思忆里
所有冷冰的暖了

色气球》（Blue Balloon），电影同名插曲是由女主角葛琳妮·奥康纳（Glynnis O'Connor）演唱的《杰里米》（Jeremy）。

那时香港流行留稍微长一点的头发，少年张国荣也留起了长发，他觉得长发很有型。但学校里不允许留长发，为了不被训导主任捉到，他就在上课铃响之前一瞬间跑进教室去，后来管得紧了，就从教室后门偷偷跑进去。那时少年张国荣除了英文外其他科目的成绩都很差，特别是"新数"，为了这个科目他还被叫过家长。除了学习被叫过家长以外，调皮的少年张国荣还因为叫老师的绰号而被叫过家长。玫瑰岗学校当时有一个叫古誉荣的体育老师，跟他们很谈得来又很好玩，因为张国荣喜欢体育运动，所以这个体育老师平时对他也很好。有一次放学，在古誉荣老师上校车时，少年张国荣就在背后大声喊他"古惑荣"，当时古誉荣老师没理他，而到了第二天课间休息的时候，训导主任便把少年张国荣叫去了教务处，因"对师长无礼"，少年张国荣被学校处罚停学两星期，并叫家长前来学校。停学两星期对于学生来说是一件大事，所以张国荣只能乖乖地把父亲张活海叫去了学校。张活海见到训导主任后，先递上名片，让训导主任多多提携他的儿子，然后两个人竟然像谈生意一样聊了起来，而且还很谈得来。而这次停学也让张国荣知道被停学的滋味很不好受，他觉得就算没课上，见见同学也好，他后来说，那时候他心里想着，以后再也不要被停学了。

张国荣觉得在香港的中学阶段就这样傻乎乎地过去了。少年张国荣在香港就读的中学阶段除了英文以外，其他成绩都不理想，"新数"成绩更是一塌糊涂，被"新数"拖累，他在中一就留了级，中二又差点留级，而他的父亲一直都很注重面子，少年张国荣的学习成绩让他觉得很没面子，非常生气。那时候香港流行送子女去国外念书，觉得这是一种光荣，在少年张国荣去他父亲公司的时候，父亲黑着脸对他说："看你在香港是读不好书的了，有没有想过去其他地方念书？"少年张国荣就说当然好。他父亲说："不如你去外国读书吧。"其实那时候的少年张国荣自己也觉得挺丢人，就有一些逃避的心态，而且他觉得，反正在其他国家即使出糗了，也没人知道。那时候的他觉得父亲对自己是有亲情在的，但长大一点后又会想是不是因为自己成绩不好让父亲丢了脸才送他去国外念书。但不管怎么样，支持他去英国留学的总是他的父亲。直到母亲去世后，他才从叔叔那儿得知，那时候他的母亲曾经多次要求他的父亲允许他去国外留学。很多年后，张国荣说："尽管我的教育并不算完美无瑕，但给我打下现在这个基础的，应该说还是我的母亲。"

世界这样奇 带你看远地

Chapter 03

030 ENDURING PRESENCE:
     LESLIE CHEUNG
031 随风不逝·张国荣

少年张国荣有一个同学申请去了英国留学，告诉他英国那边学校的入学考试非常简单。他就寄了申请表过去，对方学校寄回来一份入学考试的题目，包括书信来往的时间都不到两个月就办理好了去英国留学的手续。香港的学校7月中旬放假，少年张国荣8月末就奔向英国留学去了。家里人一起去机场送行，少年张国荣没有一点伤感，可能是因为觉得在香港的童年生活缺少他所需要的关爱，他只想快点离开香港，在机场跟家人挥手道别后，便在他妈妈"要用心读书呀"的叮嘱声中转身走了，没有一点留恋。那时候很多父母都觉得学生不用太奢侈，便会安排子女乘坐价格便宜的包机，少年张国荣乘坐的便是当时很流行的叫"Laker"（湖鱼）的包机，专门给学生乘坐的，到英国单程只需要几百港元，中途在印度的一个城市停留后就直飞英国了。少年张国荣坐在中间的座位，坐在他隔壁的是去念"新法"的学生，可能是隔壁的那位同学坐惯了飞机，一副很时髦、很安全的神态，而少年张国荣是第一次坐飞机，不知道会怎么样，又要飞到那么高去，紧张得手心都微微沁出汗来。

一个人到达英国后，张国荣父亲朋友的儿子去接他，少年张国荣不认识去接他的人，像旧时相亲般拿了张照片，在机场找。在他父亲朋友的儿子那里睡了一晚，因为累，这"一晚"一睡就睡了28个小时，直到他父亲朋友的儿子推醒他，然后把他送去了学校。少年张国荣入读的学校是在英国诺维奇（Norwich）的埃克尔斯霍尔学校（Eccles Hall School），诺维奇位于英格兰的东部，属于诺福克郡（Norfolk），是一座历史古城，在11世纪时诺维奇曾是仅次于伦敦的英国第二大城市。诺维奇的东边是乡村广袤而宽阔的自然景观，河流蜿蜒，穿插湖泊，紧临海岸线。埃克尔斯霍尔学校坐落在诺维奇一个偏僻、安静而风景美丽的郊区，远离市镇和人家，学校四周都是宽阔的大草地。后来埃克尔斯霍尔学校与新巴肯纳姆学校（New Buckenham

当我重温您，在茫然中思忆里
所有冷冰的暖了

School)合并,现已改名为新埃克尔斯霍尔学校(New Eccles Hall School),少年张国荣就读埃克尔斯霍尔学校的时候学校只是男校,现在合并后已男女生兼收。少年张国荣在埃克尔斯霍尔学校就读了六个月左右,然后转学去了英国切姆斯福德(Chelmsford)的另一所中学。切姆斯福德在伦敦的东北,是埃塞克斯郡(Essex)的郡府,也是埃塞克斯郡的经济、政治和文化中心。

少年张国荣第一天到埃克尔斯霍尔学校时,学校里只有一位老师和他的太太,那位老师请他吃了一个三明治。少年张国荣被安排住在一间16人的宿舍里,直到第二天早上,其他的同学才陆续来到学校。少年张国荣在香港读到中二结束,到了英国的学校直接跳级到了中四,在整个学校里就只有他跟他那位香港的同学两个人是中国人。少年张国荣觉得自己可能从小就比较容易适应环境,到了新的地方也没有任何不适应,很快就习惯了。他觉得那边的生活节奏比香港慢,大家都懒洋洋的,读书也没有在香港那么紧迫,就算想发个脾气都找不到发脾气的对象。

学校里的生活非常有规律,早上7点学校会响铃提醒他们起床,洗漱收拾完毕走10分钟的路到饭堂,吃饭前先祷告,然后7点半开始吃早餐,早餐很丰盛,有炸鱼条、牛奶、面包……还有两个让少年张国荣经常会疑惑是怎么生出来的像鹌鹑蛋大小的鸡蛋。中午12点吃午餐,午餐都是些用牛肉、瘦肉等杂肉切碎了做的土豆肉馅饼(Shepherd's Pie)、肉饼(Meat Pie)等。午餐没有牛奶,只喝水,最后还有甜品。吃完午餐后上课直到下午3点运动时间——体育课,体育课在学校里是必须参加的课程,张国荣觉得运动对那时的他来说,是他发育长大的主要因素。上体育课时,少年张国荣会被拉去踢足球或者打橄榄球,不过在打过一次橄榄球以后他就再也不敢去了,在那些身材高高大大得像座山的老外同学面前,还没发育完全的少年张国荣根本不是对手,被他们一撞就"散架"了,所以只好去踢足球了,因为短跑爆发力好,他就踢左边锋或者右边锋的位置。体育课到下午5点结束,然后到图书馆温习功课,虽然会有两个老师在那里监督，但没人管你读不读书，你就算在那里画公仔都没人会来管你。直到晚上8点打铃回宿舍，然后便派发晚餐，老师就像电影《雾都孤儿》里一样拿个勺，舀一些阿华田或者奶茶到学生的杯子里，再发两块饼干，这便是晚餐。所以张国荣觉得在那时的英国留学是减肥的好方法，随随便便就能减掉几十磅（1磅等于0.454千克）。但少年张国荣却长胖了，因为他的那个香港同学比较挑剔，对那边的一切都不习惯，还经常不吃学校里的东西，少年张国荣就经常"近水楼台"，把香港同学的那份也顺带一起吃了。

学校宿舍的床边上有个柜子，用来放一些日常的生活用品。有一些学生因为在学校里吃不惯像鱼手指（将裹了面粉的条状鱼柳油炸，食用的时候蘸点酱或者汁）、杂肉派等食物，但又没有其他东西可吃，就会让家人寄一些钱或者方便面之类的物品到学校，但如果把方便面放在床头的柜子里，那么就有可能会突然失踪，少年张国荣和他朋友的宿舍都曾出现过几次方便面被偷走的情况。直到几个月后，他们认识了一位地理老师，遂向地理老师诉苦，地理老师同情他们，就把自己的厨房借给了他们用。那时候在国外留学，像历史课、英国文学课等都没有实践课程，而地理课则经常会有叫作"Field Trip"（实地考察旅行）的旅行实践课程，这对远离市镇居住在郊区寄宿学校的年轻人来说，是一件兴奋的事情。他们从学校出发，坐大巴到诺维奇火车站，然后再转一趟火车到达与苏格兰（Scotland）相近的利兹（Leeds），因为在接近苏格兰的那边有很多山脉、瀑布等风景。再从利兹去到边上的约克郡（Yorkshire），在那里有一家基督教青年会（YMCA），白天他们就在基督教青年会那边做一些地理课程相关的活动，像爬山与观察瀑布、钟乳石山洞之类的。有一次他们走到悬崖下面的时候，突然有样东西掉了下来，把他们都吓了一跳，走近一看原来是只山羊。

虽然离开香港的时候，少年张国荣没有一点伤感，刚到英国的时候他更是觉得自由自在了好多，但两个星期后他就开始想念香港和在香港的家人。有一次他和同学坐火车去附近的乡镇玩，他们坐在最后一排，看着火车的煤烟不停地飘啊飘，他突然觉得，原来真的是离开家很远

当我重温您，在茫然中思忆里
所有冷冰的暖了

了，亦开始想念起自己的亲人。一个人孤身在外留学，虽然有时候也会被高年级的学生欺负，但他始终觉得自己没有学坏，反而在外面增长了很多见识，也锻炼了自立能力，因为什么事情都要靠自己。

学校规定放长假期的时候，学生必须离开学校，而少年张国荣回香港路途遥远，不可能每次长假都回香港，因父亲张活海在张氏宗亲会兼任职务，和会长张人龙一家很熟，少年张国荣在英国的监护人便是张人龙的女儿，也就是香港著名演员傅声的姐姐，所以不回香港的长假期他就暂住在监护人傅声的姐姐在英国的家里。张人龙是香港商人，太平绅士，曾任香港前立法局议员、香港前北区区议会议员、全国政协前委员、香港前区域市政局主席、香港新界总商会创办人等职。傅声是张人龙的第九个儿子，也是歌手甄妮的丈夫，后于1983年7月7日因车祸去世。在张国荣刚进入演艺圈的时候，傅声已经很红了，那时候张国荣不想让他人以为自己利用傅声的名声，所以一直对外说在英国的监护人是一位亲戚，假期就住在亲戚家里。傅声的姐姐在英国开了一家餐馆，少年张国荣放假闲来无事，便在餐馆里学学调酒做酒保，有时候还会在餐馆里献唱一些欧美流行的英文歌曲。有时候，少年张国荣也会独自去欧洲其他国家旅行，英国的多佛尔港口（Dover）最靠近法国的加来港（Calais），也是英国最繁忙的港口，他从英国的多佛尔港口搭乘喷射水翼船，跨越多佛尔海峡到达法国加来港，然后从法国一路去意大利、德国、荷兰等国家游玩，而旅行也让他懂得了什么是真正的生活。偶尔长假期的时候少年张国荣也会回香港，第一次回香港过长假的时候，便发生了一件糗事。在英国读书的时候，老师告诉少年张国荣他们，睡觉的时候不应该穿衣服，裸睡会让身体皮肤更加贴近被子，那样就会更暖和，张国荣也就是从那个时候开始养成了裸睡的习惯。而回到香港的家里，住的是唐楼，跟哥哥们住在一间房，但少年张国荣已经习惯了裸睡，如果不裸睡会感到不舒服而睡不着，所以每天晚上少年张国荣只能钻进被窝后再偷偷地把自己脱光。有一天早上，哥哥们都出去了，少年张国荣因为放假没什么事做仍在睡懒觉，他自己不小心把被子给掀了起来，而用人六姐那天正好去房间收拾，到吃午饭的时候，六姐就跟他说："阿十，你已经长大了。"

　　虽然少年张国荣在香港的时候英语成绩非常好，但刚到英国的时候在英语方面还是觉得有点困难，不过他通过自己的努力很快就赶了上来，而英国在数学方面的教学程度相对要比香港低，再加上他自己也开始用功读书，成绩很快就非常优异了。在学校里，少年张国荣最擅长的是英国文学，专攻英国文学家戴维·赫伯特·劳伦斯（David Herbert Lawrence）和威廉·莎士比亚（William Shakespeare）。从诺维奇的埃克尔斯霍尔学校读中四开始，直到在切姆斯福德的学校读完O-Level（Cambridge General Certificate of Education Ordinary Level，中等教育证书考试普通水平课程），然后又读完A-Level（Cambridge General Certificate of Education Advanced Level，中等教育证书考试高级水平课程），最后以优异的成绩取得了奖学金，顺利入读英国利兹大学（University of Leeds）的纺织专业。少年张国荣就读纺织专业也算是父亲的期望，张国荣的父亲希望张国荣能读一些跟自己的工作相关的东西。张国荣的父亲是做男装的，后来还做一些独立于男装之外的女装，他希望日后小儿子学成归来能够专门开辟一条女装的线，两人可以相互配合着扩大规模。而少年张国荣那时候对这个专业也很有兴趣，因为大学的纺织专业不是传统意义上跟父亲一样从事手工裁缝的行业，还包括美术设计之类的各种课程。后来张国荣在访谈中说："我觉得如果（那时候）兴趣一路培养下去，我有一天可能会做一个成功的设计师。"

　　英国利兹大学位于英国第二大金融城市西约克郡（West Yorkshire）利兹，是英国规模最大的大学之一，世界百强名校，以教学和研究的质量闻名世界。利兹大学的前身是建立于1831年的利兹医学院，以及建立于1874年的约克郡科学院。1887年，利兹医学院、约克郡科学院与曼彻斯特欧文学院、利物浦大学学院合并为维多利亚联合大学，1904年获得皇家许可而成为独立的利兹大学。至今利兹大学著名校友中就有六位诺贝尔奖获得者，还有如蒙古前总统那木巴尔·恩赫巴亚尔（Nambaryn Enkhbayar）、比利时前首相埃利奥·迪吕波（Elio Di

Rupo）、纳米比亚总统哈格·根哥布（Hage Geingob）、雕刻家亨利·斯宾赛·摩尔（Henry Spencer Moore）、编剧杰瑞米·德桑（Jeremy Dyson）、好莱坞演员克里斯多弗·怀特洛·派恩（Christopher Whitelaw Pine）等全球知名人物，当然还有Mr. Leslie Cheung（张国荣先生）。

但好景不长，少年张国荣在利兹大学才读了一年多，香港家里就来信告诉他，父亲因为饮酒导致中风半身瘫痪，那时候他父亲以为自己时日不多，便叫他回了香港。张国荣的父亲担心自己去世的时候小儿子没能在身边，就跟少年张国荣说不如就留在香港不要回英国读书了。这让少年张国荣感到非常失落，那时候他年龄也不大，在香港家里待着又无所事事，父亲希望他去自己的洋服公司帮忙做事，但他不想去，他的一位哥哥当时就在父亲的洋服店帮忙做事，他觉得子承父业也不需要他。因为在外面住惯了，少年张国荣很不习惯跟家人住在一起，很想自己能搬出去住，但搬出去住需要租房，而他又不想伸手找他父亲要钱，而且他的父亲也不一定会同意，于是就整天想着怎么去赚钱以达到自己搬出去住的目的，这个时候他才觉得在香港赚钱好难。他曾试过在跑马地一家鞋店卖鞋，800港元一个月的工资，卖了两个星期的鞋子又跑去一家牛仔裤店卖了两个星期的牛仔裤，1000港元一个月。做完这两份工作后又待在了家里，但是少年张国荣的内心不想这样，所以又去了一家律师楼应聘，因为专业不对口，对方表示他只能从打杂的开始做起，但他觉得这样委屈了自己，他始终还是想回英国继续学业，而父亲不想让他离开香港，最后让他去了私立的威灵顿英文中学（Wellington College），成了中五的插班生。

那时候少年张国荣的英文水平已经非常好，在英国留学的时候已经在A-Level取得了A（A-Level的成绩分为A、B、C、D、E、U共6个等级，A为最优，E为通过，U则为不及格，按百分制算，成绩在80~100分的学生才能取得A），而私立中学的英文程度普遍不是很高，校长就找到他对他说，你的英文程度已经差不多可以教一些中二、中三的同学了，不如就不要读书了,在学校教英文课程。当然,少年张国荣没有同意,虽然他的英文已经很好,但是因为在国外留学,他的中文程度要比其他同学差,所以他还是想要好好修读中文课程。他也参加了那年的会考,英文是优,中文是及格,而数学还是不及格。在私立学校插班的一年多里,少年张国荣认识了一帮喜欢音乐、喜欢民歌的同学,他们组建了一个叫作"ONYX"的民歌乐队,少年张国荣当时在这个民歌乐队中担任主音歌手。据他后来介绍,"ONYX"是一种很奇怪的石头,其中有一种全黑的,非常亮,所以就用了这个名字。"ONYX"乐队虽然名不见经传,但也参加过几次公开比赛和小型表演,有一次比赛,少年张国荣演唱美国民谣摇滚歌手吉米·克罗斯(Jim Croce)的《时光宝瓶》(Time in a Bottle)还取得了第二名。虽然"ONYX"乐队在比赛中拿过几次第二、第三名,不过始终没有拿到过冠军。

1964年6月8日,来自英国利物浦的摇滚乐队披头士(The Beatles,当时香港称他们为"狂人乐队")抵达香港,于6月9日和10日在能容纳1700人的尖沙咀乐宫戏院开了两场演唱会。这次演唱会开创了西方音乐人在香港演出的先河,对当时的香港流行音乐的工业化进程起到了现实性的推动作用,同时也掀起了香港年轻人"夹Band"(组乐队)的狂潮。

香港曾出现过几次"夹Band"的热潮,1987年许冠杰就唱过一首名为《潮流兴夹BAND》的歌曲,唱的就是当时香港"夹Band"热潮复兴、蓬勃发展的现象。而第一次乐队潮则是在香港本土粤语流行乐昌盛之前的二十世纪六七十年代,那时的乐队基本都以唱英文歌为主,很多后来在音乐领域或其他行业成为精英的喜爱音乐的人都曾在当时组建过乐队,他们都曾为香港流行乐的发展发过光发过热,如许冠杰的"Harmonick"、"Bar Six"、莲花(The Lotus),罗文的四步合唱团(Roman and the Four Steps)及与沈殿霞合组的"情侣合唱团",谭咏麟的温拿(Wynners)以及它的前身失败者(Loosers),张国荣曾翻唱过的歌曲《这是爱》的原唱泰迪·罗宾的泰迪·罗宾和花花公子(Teddy Robin and Playboys),成员还有郑中基的父亲——后来担任过宝丽金、环球、百代等唱片公司高层的郑东汉和后来为张国荣监制过《情人

当我重温您,在茫然中思忆里
所有冷冰的暖了

箭》唱片、谭咏麟的御用监制关维麟和林振强的雷鸟（Thunder Birds），后来担任过宝丽金的高层——与张国荣谈解约的冯添枝的神秘者（Mystics），张国荣新艺宝时期合作的监制杨乔兴的美玉（Jade）。

从英国回香港后的这段时间里，张国荣也曾以个人名义参加过香港电视广播有限公司（无线电视）的歌唱比赛节目《声宝之夜》，以演唱英文歌曲《你有知己》（You've Got a Friend）参赛，翡翠台于1974年9月11日播出了这期《声宝之夜》节目，不过少年张国荣只获得了三盏灯。当他第二天回到学校的时候，同学们就给他取了个绰号，称呼他为"三盏灯"，但少年张国荣并不介意这种善意的取笑，悠然自得地一笑而过。《声宝之夜》始于1969年，是20世纪70年代由声宝电器公司冠名赞助、香港无线电视台制作的一档歌唱比赛电视节目，模仿自始于1946年日本NHK（日本放送协会）制作的极受日本观众欢迎的同类节目《喉自慢》。《声宝之夜》是一档让普通观众上电视参加歌唱比赛的严肃节目，设有奖金和奖品，曾在香港风靡一时，很多参赛的观众都以能在电视屏幕上让全香港的市民看到为荣。节目以亮灯来评分，最高为四盏灯，以"声宝之夜"四个字为代表，后来又改为最高五盏灯。参赛者演唱完毕，会在主持人和观众"一盏灯，两盏灯，三盏灯……"的大喊声中迎接自己的成绩，如果四盏灯全亮就是"爆灯"，爆灯的参赛者便是"台柱"，将接受其他参赛者的挑战。如果参赛者唱得实在太差，那么就会中途直接被评委淘汰。

《声宝之夜》每星期一期，最初由谭炳文主持，后来何守信等亦主持过，林奕华曾说陈百强早年也参加过该节目，不过也是无功而返，从《声宝之夜》发掘出来的最有名的歌手应该是歌曲《上海滩》的原唱叶丽仪。少年张国荣的参赛歌曲You've Got a Friend是美国著名创作歌手卡洛尔·金（Carole King）创作并收录在1971年发行的专辑《挂毯》（Tapestry）中的一首歌，众多不同音乐风格的巨星都曾翻唱过这首歌。1981年丽的电视台（以下简称"丽的电视")制作的张国荣主演的电视剧集《甜甜廿四味》中,张国荣饰演的歌星Mike也曾在剧中演唱过这首歌。

1989年,张国荣在告别乐坛演唱会上说:"我小时候其实是叫Bobby,但我又好怕被人误会我是另外一种动物,所以就改了一个稍微sexy(性感)一点的名字Leslie。"张国荣小时候的英文名叫Bobby,后来又改过Frankie(弗朗基),张国荣后来说他很喜欢电影《乱世佳人》(*Gone with the Wind*)里的女主角费雯·丽(Vivien Leigh),而电影中她暗恋的男主角是由莱斯利·霍华德(Leslie Howard)饰演的艾希礼·威尔克斯(Ashley Wilkes),少年张国荣觉得Leslie这个英文名很中性化,他很喜欢,遂在英国留学时将自己的英文名改为Leslie。电影中的经典台词"Don't look back"(不要回头看)和"Tomorrow is another day"(明天将是全新的一天)也在这之后一度成为张国荣的座右铭。

Part II

像怒海的小孤舟
冷雨凄风继续有
我愿那苦痛变力量
默默忍泪向上游

图片摄影 / 授权：周雁鸣

我依然记得
那段旧日时光
音乐是如何
让我微笑

Chapter
04

1977年2月26日，第2届"亚洲歌唱比赛"（Asian Amateur Singing Contest）的记者会上，大赛主办方丽的电视的节目总监钟景辉宣布："（亚洲歌唱比赛）香港区选拔赛现已开始接受报名。赛事将采用淘汰制，初赛于4月15日在丽的（电视台）举行，选出30名优胜者进入复赛。复赛于5月1日在丽的（电视台）举行，选出12名参加香港区决赛，决赛则于5月9日举行，选出两名优胜者代表香港参加5月16日在（香港）大会堂举行的亚洲歌唱比赛。"

丽的电视是英国丽的呼声公司在香港成立的分公司——香港丽的呼声有限公司旗下的电视台。1949年3月1日，香港丽的呼声有线广播（以下简称"丽的呼声"）开播，这是香港第一家收费的商营广播电台，分中文和英文两个广播频道。丽的呼声制作的广播剧、有声小说等节目曾风靡香港及东南亚一带，到1952年丽的呼声的听众已经超过5万人，但后来因受到香港商业电台、无线电视等影响，于1973年停播。1957年4月，政府相关部门向丽的呼声公司颁发电视牌照，5月29日，香港第一家商营的电视台——丽的映声正式开播。丽的映声一开始为收费的有线电视台，以黑白英语频道为主，直到1963年才增设独立的中文频道。1967年11月19日，香港首家无线电视台——电视广播有限公司（以下简称"无线电视"或"TVB"）开播，无线电视由利希慎家族的利孝和、邵逸夫、祈德尊等香港知名人士联合美国的美国广播公司、国家广播公司、哥伦比亚广播公司和英国的安格利亚电视、英国泰晤士电视及美国《时代》杂志出版商亨利·鲁滨孙·鲁斯（Henry Robinson Luce）、香港的余仁生家族的余经纬等合股创立，利孝和任第一任董事会主席。大家可能会对他的夫人比较熟悉，利孝和夫人经常出席"十大劲歌金曲"颁奖典礼（Jade Solid Gold Best Ten Music Awards Presentation）为得奖的歌手颁奖，如张国荣在"十大劲歌金曲"颁奖典礼上获得的"金曲金奖"《有谁共鸣》、"荣誉大奖"等奖项都是由利孝和夫人颁发的。1980年利孝和去世后，由邵逸夫继任董事会主席。

当我重温您，在茫然中思忆里
所有冷冰的暖了

无线电视在1967年至1973年间是香港唯一的一家无线电视台，所以香港民众亦称其为"无线"。无线电视是香港第一家免费电视台，吸引了大量的观众，开播之初亦是黑白电视，开设中文的翡翠台和英文的明珠台两个频道，于1971年开播彩色电视。1973年4月6日，丽的映声为了应对来自无线电视的压力，亦将有线收费的黑白模式改为无线免费的彩色模式，同时"丽的映声"易名为"丽的电视"。但相对于观众而言，无线电视的免费模式早已形成了"惯性收视"，而且丽的电视制作保守、不注重市场规律、对本地市场的反应滞后、宣传落后，相比之下，无线电视则走本地化的亲民路线，在节目制作上吸纳人才锐意创新。自1967年无线电视开播到1975年，丽的电视的收视率被无线电视远远甩开。1974年12月，丽的电视宣布聘任曾任职无线电视执行经理的黄锡照出任丽的电视的总经理，这是丽的电视首次聘请华人担任总经理。1975年2月黄锡照上任后，以"改一件西装不如做一件西装"的比喻对丽的电视进行大刀阔斧的改革，大胆启用如麦当雄、萧若元、李兆熊、屠用雄、施南生等新人来制作节目与无线电视竞争。这些年轻人也不负众望，在黄锡照的带领下，发动攻势对抗无线电视，用骄人的战绩使丽的电视的收视率逆转，令无线电视方寸大乱，成就了丽的电视历史上的辉煌。1980年9月1日，丽的电视在报纸上刊登"千帆并举展缤纷"头版全版广告，提出"今晚、明晚、晚晚睇（看）丽的"的口号，整晚连续播出《大地恩情》等3部剧集，气势如虹，直接导致无线电视开台13年来首次出现原定80集的在播剧集《轮流传》播放到22集（已拍至30集）被迫腰斩。有意思的是，在《轮流传》强大的演员阵容背后，出现了后来在香港电影界非常重要的几位幕后人物：首5集编导杜琪峰、助理编导王家卫、剧集统筹岸西。这也是无线电视的历史上"唯二"被腰斩的剧集，另一部是1981年的《龙虎双霸天》。1981年，英国丽的呼声总公司将丽的电视61.2%的股权卖给了澳洲的3个财团，澳洲财团入主丽的电视后，内部管理混乱，总经理黄锡照受到排挤，于同年6月20日辞职，麦当雄、萧若元等人紧随黄锡照之后陆续离开丽的电视，丽的电视的光辉岁月亦随之结束。1982年远东银行（后并入东亚银行）创办人邱德根全面收购丽的，9月24日，"丽的电视"易名为"亚洲电视"，"邱德根时期"是亚洲电视鲜有盈利的时期。之后数十年亚洲电视的股权几经易手，直到2016年亚洲电视因牌照到期不获续牌，于2016年4月1日晚上11时59分58秒所有频道播出蓝色画面，宣告亚洲电视熄灯停播。有趣的是，在亚洲电视停播前15分钟的收视率为6.6（大约43万观众在收看），是亚洲电视近年来收视率最高的时段。

1976年，面对综艺类节目积弱而力求振作的丽的电视，为了对抗无线电视的《欢乐今宵》《声宝之夜》《香港流行曲创作邀请赛》等音乐综艺类节目，联合召集了香港、台北、日本东京、韩国汉城（今首尔，下同）、泰国曼谷、菲律宾马尼拉六地的精英，首次举办"亚洲歌唱比赛"，扬言要打一场漂亮的仗。亚洲歌唱比赛的宗旨是"为提高亚洲业余歌唱者的水准，增进亚洲各地的友谊"。首届亚洲歌唱比赛开放报名后，报名者排队一直排到丽的电视的停车场。1976年5月17日，首届亚洲歌唱比赛总决赛在香港会议中心碧丽宫举行，六地10女1男共11位选手进入首届亚洲歌唱比赛的总决赛，最终香港区的冠军卢维昌获得总决赛冠军。1977年，卢维昌担任第二届亚洲歌唱比赛的表演嘉宾并参与宣传，在他后来的回忆中说："第一眼看到张国荣，觉得他真的很漂亮，红粉绯绯、官仔骨骨（英俊潇洒、斯文有礼），穿起tuxedo（男士半正式礼服，日常也指燕尾服等男士正式礼服）那种帅气，世间难寻！我心想，他一定会红，但碍于丽的资源有限，终于过档无线便红了。""离开电视圈后，我曾在铜锣湾遇上他（张国荣），当时他应该刚签约华星唱片，仍未算很红，怡东酒店对面有个巴士站，他正在等203号过海巴士往广播道，在远处看到，他热情地叫Weiss（卢维昌英文名），我说Leslie，很久不见……说不了两句，203号就到了，他匆匆上车，说要赶着回去开厂（去电视台录影场地开工做事），迟些再谈吧！坦白说，我已经离开这一行，碰到有些人已对我视而不见，他跳槽无线，还肯主动打招呼，可见他这个人很真诚。"

在张国荣担任主音歌手的"ONYX"乐队里，有一个朋友想报名参加第二届亚洲歌唱比赛，就提议张国荣一起去，而当时从英国回香港后正无所事事的张国荣，抱着陪朋友"闹着玩"的心态欣然接受了提议。当时亚洲歌唱比赛的报名费是5港元，但那时的张国荣连5港元都拿不出来，又不想伸手向父亲要钱，他就去找了六姐。张国荣后来说："我这一生中最感激的女人是'凑大'（带大）我的用人六姐，我对她说想参加歌唱比赛，但报名费要5块（港元），六姐想也不想，便给了我20块（港元）。"报名费解决了，张国荣就跟朋友一起搭电车到中环，然后乘坐天星小轮过海，再搭巴士到位于广播道81号的丽的电视台。连报名表都是朋友帮他填写的，他就在报名表上签了个名，交了5港元的报名费。莫文蔚的母亲莫何敏仪后来回忆说："1977年，Leslie到广播道丽的电视参加亚洲歌唱比赛的试音，由于前来试音者大排长龙，就连当时担任总经理特别助理的我，也要负责部分评选工作，就这样，给我遇上Leslie。我第一眼见到他，觉得他又漂亮又年轻又能唱，所以试音时给了他高分数，最后Leslie顺利入围。"2015年莫何敏仪接受薛家燕的电台节目访问时说："我看着家燕长大，那时候在丽的电视我最疼爱两个人，女的是家燕，男的就是张国荣。"

所谓无心插柳柳成荫，当初提议张国荣一起报名参加的朋友在试音的时候便被淘汰了，而张国荣顺利进入初赛。张国荣当时不清楚参加比赛演唱的歌曲有时间限制，他自选了一首长达八分钟的唐·麦克林（Don McLean）的《美国派》（American Pie）参赛，张国荣刚唱了六七句，就被评委黎小田"叮"了，张国荣表示自己还没有唱完，但黎小田绷着脸面无表情地表示这是初赛，唱几句就可以了。张国荣还想力争，但黎小田已喊"下一位"，虽然只唱几句就被喊停了，但张国荣看到微笑着坐在评委席上的钟景辉后，感觉马上有了信心，他觉得钟景辉的微笑应该代表着对自己的认可，这或许就是张国荣后来很多次说过的自己的"阿Q精神"。在顺利进入复赛之后，黎小田要张国荣把American Pie改短了来演唱，黎小田后来在回忆时说："虽然他（张国荣）唱得很好，但是一个歌唱比赛是没可能让他把整首歌唱完，必须要改短一点，他当时给我的回应就是'It doesn't make sense.'（这样就没有原汁原味了。）因为他觉得歌词有起承转接，改短了便没有意思。"不过张国荣最后还是选唱了约三分钟的版本，因为黎小田回答他："我就给你三分钟的时间，你唱就唱，不唱就不唱。"这让张国荣觉得原来演艺圈的人也是有权力的，不过也正是他的那句"It doesn't make sense"让黎小田对这个有主见的小伙子一开始就印象深刻。

唐·麦克林是美国的创作歌手，American Pie是他的代表作之一。1959年2月3日，14岁的他还只是个报童，从手上的报纸中得知自己的偶像巴迪·霍利（Buddy Holly）和同行的两位摇滚歌手里奇·瓦伦斯（Ritchie Valens）、大波普（The Big Bopper）因飞机失事去世，他后来在歌中写道，"February made me shiver, with every paper I'd deliver"（我在二月送出的每一份报纸都令我不寒而栗），他觉得这一天就是音乐的祭日（"The Day the Music Died"）。1971年3月14日，唐·麦克林在费城天普大学表演时首演American Pie，同年收录在同名专辑中，这首歌一经推出，便出现在了美国、英国、荷兰、加拿大、澳大利亚、新西兰、挪威等国家的单曲排行榜上。American Pie被称为美国文化缩影的史诗级歌曲，它的歌词一直受到许多乐评人、文化人、学者、粉丝等的强烈关注，从各自的理解和不同的角度试图去解释歌词的意义，有人说这叙事式的歌词里暗藏着许多象征意义，还有人觉得歌词影射了20世纪60年代的流行艺人、歌曲和事件，但实际所指的内容不明，也有人觉得这是泛指美国的核心价值观……对此，唐·麦克林说："你可以找到关于这首歌歌词的许多解释，但是没有一个解释是我的。是不是很有趣？很抱歉把这些东西全部像这样留给你们自己，很久前我就意识到，歌词创作者应该做说明离开，保持尊严的沉默。"

2000年，美国著名流行歌手麦当娜（Madonna）将这首歌重新编曲翻唱后收录在专辑中，成为一首流行舞曲。张国荣除了参加亚洲歌唱比赛时演唱过American Pie外，亦在1978年的韩国音乐节和1985年、2000年的个人演唱会上唱过，在2000年的"热·情"香港演唱会上，他唱完American Pie后说："年轻一点的朋友，会说是Madonna的American Pie，年纪稍长一些的朋友会说，是Don McLean的American Pie，（而年纪）中间一点的朋友会说，当然不是了，是张国荣的American Pie。"1982年，张国荣在泰国的登台演出中亦翻唱过唐·麦克林的另一首代表作，纪念荷兰画家文森特·威廉·凡·高（Vincent Willem van Gogh）的《文森特》（Vincent）。2015年4月8日，American Pie的18页歌词手稿在纽约佳士得拍卖行被匿名买家以120万美元成功拍得。

当我重温您，在茫然中思忆里
所有冷冰的暖了

1977年5月9日，亚洲歌唱比赛香港区决赛在香港大会堂音乐厅举行，刘志荣和禤素霞担任司仪，八位评委分别为方逸华、潘迪华、杨罗娜、郭理民、叶惠康、华娃、李思南和冯添枝，当晚在12位决赛者中选出2位优胜者，最终钟伟强以707分获得冠军、张国荣以696分屈居亚军，他们将代表香港区与其他7个区的14位选手一起参加亚洲歌唱比赛总决赛。虽然张国荣没有获得香港区冠军，但丽的电视总经理黄锡照为张国荣颁奖的时候对他说："不用担心，你有机会的。I will make you a star（我会捧你做明星）。"1989年，张国荣在《今夜不设防》访谈节目中说："我到现在，饮水思源呢，我都好多谢黄锡照先生，其实（在丽的电视）他一直都有给我机会。"2016年黄锡照的儿子黄岳永在接受媒体访问回忆父亲的时候说："爸爸（黄锡照）看人的眼光甚准，记得有一年在半岛酒店饮茶，当时已走红的张国荣特地走来与爸爸拥抱。"2005年3月8日，黄锡照在香港逝世，终年78岁。香港区决赛评委之一潘迪华回忆起当年时说："当年我选哥哥（张国荣）为冠军，但不知道为什么出来变成亚军，可能其他评判中意靓声，但我就中意哥哥有个人style（风格）及表现。"13年后，潘迪华与张国荣在王家卫的电影《阿飞正传》中饰演母子。对于当年的表现，时任香港区决赛音乐总监的黎小田后来接受访问时说："当时他（张国荣）的唱腔比较幼嫩，但外形已非常smart（时髦、漂亮）。可能因为他曾在英国留学，我跟他一谈就发觉他很有主见。其实他的表现很不错……当时第一名是自作一曲《朦胧夜雨里》来参赛，所以他只能得个第二。"

香港区决赛后的第二天，有数位业余歌手向报社投诉质疑冠军钟伟强的业余歌手身份，他们指出钟伟强是一位职业歌手，曾在美仑酒店地库夜总会驻唱很久，他们认为这次由钟伟强夺得冠军不够公平，指他违反业余歌唱比赛的规则。对此，钟伟强对记者否认了自己是职业歌手，他辩称从来没有在任何夜总会驻唱，亦没有当过职业歌手。他说有几位朋友是某夜总会的驻唱歌星，他去捧场时偶尔客串一曲过过心瘾这倒是事实，外传消息不确。而对于外传张国荣与傅声有兄弟关系，张国荣称，父亲张活海与张人龙是世交，常有来往，他与傅声并非兄弟关系，他说傅声是大明星，不敢沾光。

1977年5月16日晚，亚洲歌唱比赛总决赛在香港大会堂音乐厅举行，当晚的司仪是薛家燕和张之珏，由每个参赛区委派一名音乐知名人士组成总决赛的评委团，大赛规定评委不能给本区的歌手评分。张国荣是第七位出场的选手，一身白衣白裤、红领带红靴子的他在台上唱着"A long long time ago，I can still remember，How that music used to make me smile……"因这次比赛的选手水准都很高，所以竞争相当激烈，现场的气氛也非常紧张。特别是来自菲律宾马尼拉的丁马卡杜与张国荣，他们的分数一直在一两分上下胶着，直到最后一轮最后两位评委评分前，两人的分数始终不相上下。接下来，香港的评委黎小田在最后一轮的评分中，给了丁马卡杜93分，但最后一个评分的菲律宾评委巴丝莉奥给了张国荣全场最低分77分。而这个全场最低分，远远拉开了张国荣和丁马卡杜之间的分数，也确保了菲律宾的两位选手分别获得冠、亚军，最终菲律宾的丁马卡杜以611分获得冠军，狄李斯以609分获得亚军，中国台北的蔡敏和韩国的金永爱以606分获得季军，而张国荣三甲不入，只获得总决赛的第五名。赛后评委的评分问题引起了观众的热议，观众认为菲律宾的评委对两位香港选手的评分偏低，而且菲律宾评委把控尾关，对分数影响重大。菲律宾评委对香港选手的不公平评分引起的坊间议论，反而让张国荣有那么一些些一夜成名的感觉。

总决赛那晚，当张国荣演唱完毕鞠躬谢台后，时年7岁的莫文蔚上台为张国荣献花，张国荣牵着她的小手从舞台侧边离开。以前丽的电视有大型节目举行，也不时会找莫何敏仪的一对子女上台去献花，不过令人大惑不解的是，莫文蔚曾在一次访谈中否认上台献花的那个小姑娘是她，但后来又在其他访谈中表示自己是当年给张国荣献花的那个小姑娘。莫文蔚后来在回忆第一次见到张国荣时说："我记得张国荣当时好帅，他穿了一身白衣白裤，像白马王子一样，我当时和我哥哥说，我一定要献花给他。"所以莫文蔚一直自认是张国荣的第一个粉丝。19年后莫文蔚进入演艺圈，接拍了尔冬升导演的电影《色情男女》，在电影里饰演她男朋友阿星的正是张国荣，当莫文蔚第一次在剧组碰到张国荣时，便向他提起了19年前给他献花的那段经历，莫何敏仪后来回忆说："当时Leslie惊讶地问Karen（莫文蔚），'你是Eleanor（莫何敏仪）的女儿呀'。"张国荣觉得非常有缘，笑称自己应该是莫文蔚的Uncle，之后，莫文蔚也一直称呼张国荣为Uncle Leslie。莫文蔚回家后将此事告诉了母亲，后来莫何敏仪写了一张便签给张国荣，告诉他很开心大家能够再见面，希望他能帮忙照看着莫文蔚，莫何敏仪说："岂料Leslie立即送来花束和一张卡，说'I will take good care of Karen（我会照顾好莫文蔚的）'。他真的言出必行，他首次执导的电影《烟飞烟灭》，真的找Karen演出。"之后张国荣一直很照顾莫文蔚这个"侄女"，在媒体面前赞扬莫文蔚，在"97世界巡回演唱会"上让莫文蔚担任表演嘉宾，在自己的MV（音乐录影带）里邀请莫文蔚演出，亦邀请她在自己准备执导的电影中任女主角，虽然这部电影最后没能拍成，但在无意中却促成了莫文蔚与冯德伦的一段恋情。

莫何敏仪后来说："他（张国荣）真的没有亏欠我什么东西，当年他全靠自己的天分，才可在丽的电视举办的亚洲歌唱比赛获得香港区亚军，完全非因我的关系。""其实我没为他做过什么大不了的事情，但他仍不止一次地说感激，可见他为人十分谦虚。""Leslie知道我是儿童癌病基金（Children's Cancer Foundation）创办人之一，二话不说用私人名义捐了100万（港元）给基金，之后又捐了几百万（港元）。后来我推出一张教小朋友英文拼音的慈善VCD，为广西山区小朋友筹款，Leslie不但出席记者会给予支持，而且义务录音，录了很多鼓励小朋友们学好英文的话。"张国荣说过，"如果真是支持自己喜欢的艺人，应该参加有贡献社会的活动，善用余暇与精力。作为偶像也要建立好榜样"。张国荣的粉丝在张国荣的影响下也时常会参与慈善活动，儿童癌病基金也成了张国荣的粉丝经常捐款的慈善机构之一，即使在张国荣去世之后依然如此。

虽然张国荣在亚洲歌唱比赛中只获得香港区亚军和总决赛第五名的成绩，但他的表现却赢得了好评，认为他"潜质未露，实为可造之才"。亚洲歌唱比赛之后钟景辉把张国荣叫到办公室对他说："你现在得了第二名了，你也知道，你的合约是必须要和我们丽的签的。我给你一个薪酬，（每月）1000（港）元。"1000港元的月薪对于当时急于想从家里搬出来独立居住的张国荣来说，或多或少有着一些吸引力，而且又能从事自己喜欢的工作，所以他就大笔一挥与丽的电视签了3年合约。小时候曾经梦想做医生和飞行员的张国荣，就这样在无意中进入了演艺圈。签约以后，钟景辉告诉张国荣，你现在是艺人了，已经有了知名度，就不可以坐巴士或者电车了。张国荣就在广播道丽的电视附近租了一间月租500港元的房子，他向钟景辉预支了半年的薪水用来搬家和装修房间。张国荣拿到预支的薪水后，就立马跑到一家韩国的家具店定了几千港元的家具，然后在房间里铺上白色的长毛地毯，在墙壁上贴了黑白风景画的墙纸，虽然房间不大，但他觉得住的地方就应该是个安乐窝。年轻的张国荣觉得自己出来做事了，就很有孝心地从自己每月1000港元的薪水里拿出200港元给母亲，一日三餐就在丽的电视的食堂解决，留下300港元作为自己日常生活的开支，每个月到了月末竟然还能有结余。

丽的电视所在的广播道，在1975年香港第三家免费电视台佳艺电视落户开播以后，因为这条位处小山丘只有1公里长的广播道上有3家电视台（丽的电视、无线电视、佳艺电视）和2家广播电台（香港电台、香港商业电台）的总部，所以后来被称为"五台山"。在张国荣主演的电影《白发魔女传》中饰演卓一航师姐的蓝洁瑛当年就曾被誉称"靓绝五台山"。其实1971年还有一家教育电视台亦在广播道上开播，不过1976年合并到了同在广播道上的香港电台。1978年8月，只运营了三年的佳艺电视倒闭，所以"五台山"有时亦被称为"四台山"。

丽的电视也的确很重用张国荣，在1977年5月19日张国荣签约丽的电视仪式之后，5月21日就首次在丽的电视的综艺节目《星期六晚会》上亮相。之后除了演出综艺节目《星期三晚会》，亦客串毛舜筠主持的《缤纷带你威》节目，不过《星期三晚会》只维持了七个月就因收视不理想而被丽的电视停播。当时丽的电视的编导张之珏跟编剧海滴正筹备拍摄一辑以青春爱情为主题的单元剧，有一次张之珏在电视台里遇到张国荣，他觉得张国荣很文静又很自信，便问张国荣是否有兴趣演戏。张国荣觉得虽然自己喜欢唱歌，但在不同方面尝试一下对自己来说是一件好事，便欣然应承，之后便参与了张之珏执导的单元剧"爱情故事"之《儿时恋》。张之珏曾在自己的文章里提到，因为张国荣的参演，他曾把原剧名《儿时恋》改成了《Leslie的儿时恋》。《儿时恋》有点类似于1967年邵氏拍摄的《少年十五二十时》，但在故事内容和表达上则显得空洞，不知所云，有记者评论道："'儿时之恋'不知恋在哪里，有点文不对题，庸俗如我，看完了还不明白编剧究竟想表达什么。"该记者亦推测这是丽的电视想捧出张国荣来对抗无线电视的贾思乐，记者写道："外形上，张国荣有一份讨人喜欢的孩子气，气质也不错，若能善用，他是有资格被捧的。"张国荣在剧中饰演一位学生，有一场戏讲一个男同学暗恋张国荣饰演的学生，并向他表白。张之珏一开始还担心张国荣会尴尬，而张国荣反而轻松地对张之珏表示，拍戏而已，没什么问题。可能是编导担心张国荣是首次演戏，没能放心地让他自由发挥，所以张国荣在剧中基本上是以对白来完成剧情，很多镜头则以沉思镜头来填补。张之珏虽然觉得第一次演戏的张国荣在表演上还很稚嫩，但也看到张国荣的表演潜质。张之钰后来回忆说："1978年、1979年我生日，他（张国荣）在连卡佛买了咖啡色的床单连枕袋送给我，质料、款式都很好，我还用到现在。我想这份厚礼，用了他那份薪水的很大部分。"

之后，张国荣和毛舜筠搭档又接拍了单元剧"爱情故事"之《十九岁》，在拍摄期间媒体称："五台山上亦传出两人（张国荣和毛舜筠）双双坠入爱河的消息，且感情进展非常迅速，广播道上，丽的餐厅内常见两人含情脉脉或是融融细语，状甚亲热，旁若无人。""张国荣和毛舜筠两人共坠爱河的消息近来正传遍五台山，两人在公众场合，新闻记者面前，表现得大大方方，亲亲热热，一点也不隐瞒他们之间的恋情。"对于跟毛舜筠的恋爱，张国荣当年说："起初，丽的（电视）替我们拍宣传片，手拉手啦诸如此类，我就跟Teresa（毛舜筠）说笑：我做你的男朋友好吗？她说好呀！""拍完了戏，我觉得她很好，很可爱，跟我很配合，就请她看电影啦，于是很多时候我们都一起合作，然后一同去玩。我没有对她说过很爱她，她也没告诉我说很爱我，但是我真的很喜欢她，我相信她也喜欢我的。"一向不太喜欢唱歌的毛舜筠，每次跟张国荣在一起，都会跟着张国荣哼唱起歌来，毛舜筠后来说："回想昔日还在丽的年代，我们坐车出去拍外景，我穿着一件白色吊带裙，阿仔（张国荣昵称）笑说很喜欢我这个肥妹仔，因为够健康够笑容，于是他要我一起唱《荷花香》，我又不是歌手，怎么懂唱？但是当阿仔唱起来的时候，我竟然能一句一句地跟上，大家很合拍呢！合拍到我们真的拍拖起来。"张国荣和毛舜筠两个人都有空的时候就一起去逛街，一起去玩，两个人都有工作的时候，就各忙各的，忙完再见面两个人也没什么情侣之间的别扭，跟之前一样开心，毛舜筠是张国荣第一个送玫瑰花的女孩子。张国荣还带着毛舜筠去见家人,带她参加姐姐的婚礼。张国荣的大姐张绿萍曾经说:"我还记得很久之前他和毛舜筠拍拖,他也曾经带她来我家吃饭见面,他们在我家中露台一角,我的孩子当时还很小,偷偷看他们,这个情景至今还留在我脑海。"

毛舜筠的父亲非常喜欢张国荣,这反而让毛舜筠产生了一些年轻人的反叛心理,那时候张国荣还时常与毛舜筠的父亲一起唱粤曲,张国荣在后来的访谈中对毛舜筠笑说:"那时候我有一点怀疑,是你爸爸喜欢我多一些,还是你喜欢我多一些。"毛舜筠的父亲一直保留着张国荣和毛舜筠约会时拍的合照。两人交往没多久后,张国荣便向毛舜筠求婚,这突然的求婚行动反而把毫无心理准备的毛舜筠给吓跑了。20多年后,当他们再谈起此事,毛舜筠说:"我当时真的是不懂得珍惜,要不然的话……"然后张国荣接着说:"可能你已经改变了我的一生。"各自经历过这些年来的世事洗礼,两人年少的感情已经到了另一阶段。

分手后两人十来年没见,后来在丽晶酒店的咖啡厅遇到,互相都感到有些生疏与尴尬,再后来两人合作电影《家有喜事》又重新熟络了起来。毛舜筠心情不好的时候,就会跑去找张国荣打麻将,有一段时间毛舜筠心情非常不好,张国荣就经常约她出来逛街、吃饭、聊天。有一天,张国荣特意约了毛舜筠在中国会吃饭,聊天的时候张国荣问毛舜筠喜不喜欢这里,毛舜筠说喜欢,然后张国荣立马把服务员叫了过来,跟服务员说以后毛舜筠来这里吃饭,账单就记在他的账上。有一年圣诞节,张国荣感觉到毛舜筠心情不好,就走过去对她说:"怎么了?以后圣诞节我们都一起过,以后每年的圣诞我都约你一起(过)。"这些都让毛舜筠非常感动。毕竟这个世界锦上添花的人比比皆是,但雪中送炭的又能有多少?有一次张国荣参加无线电视为东华三院筹款的大型慈善节目的演出,与毛舜筠在化妆间巧遇,一向喜爱粤曲的张国荣邀请毛舜筠一起演出粤剧《再世红梅记》,毛舜筠觉得自己唱不好,就婉拒了。后来在《家有喜事》的拍摄期间,毛舜筠告诉张国荣自己正在学习唱粤曲,就带着张国荣一起去唱粤曲,作为"任白"(任剑辉、白雪仙)的戏迷,他们在录音室即场灌录了"任白"的《再世红梅记》中的《脱阱救裴》，这也了了毛舜筠当年婉拒张国荣的邀请一起演出粤剧《再世红梅记》的遗憾。《再世红梅记》改编自明朝周朝俊最著名的作品《红梅记》，是著名粤剧剧作家唐涤生的遗作，分观柳还琴、折梅巧遇、闹府装疯、脱阱救裴、登坛鬼辩、蕉窗魂合六场。1959年9月14日晚，唐涤生的《再世红梅记》首演，唐涤生在现场观赏到第四场《脱阱救裴》的时候，因脑溢血昏倒，送院后不治于翌日清晨去世。

1995年毛舜筠与第三任丈夫、香港美术师兼导演区丁平结婚，张国荣亦受邀为座上嘉宾。当回看2001年张国荣受邀在毛舜筠《娱乐热卖十点半》节目上两人的谈话，当他们回忆起过往那一段恋情的时候，是如此心存美好，而这对昔日分道扬镳的年轻情侣之间的感情在时光的洗礼下也升华成了"兄妹"之情，张国荣亦对毛舜筠说："（我）把你当成妹妹和亲人，像是两兄妹，我觉得这是最珍贵的。"

20世纪20至30年代，德意志留声机公司创建了一个在国外发行唱片的商标——Polydor（宝丽多）。1941年，德国西门子公司和哈尔斯克电器公司收购了破产的德意志留声机公司，将其改名为Polydor International（宝丽多国际）。

20世纪50年代末，在香港修顿球场附近开牛奶店铺的葡萄牙籍人席尔瓦（Ren Silva）因为爱好录音，便采购了一些器材来满足自己的爱好，后来这爱好变成了他的事业——成立了钻石唱片公司，钻石唱片公司一开始只是从事境外唱片在香港的代理发行，后来逐渐涉及唱片制作，在20世纪60年代，钻石唱片公司大力支持本地乐队，签下了大部分的香港本地乐队，如之前提到的许冠杰的"The Lotus"、泰迪·罗宾的"Teddy Robin And Playboys"、林振强的"Thunder Birds"等，为这些乐队制作、发行过唱片。

1970年宝丽多国际进入香港，为了本地化策略开展唱片业务收购了钻石唱片公司，然后成立了香港宝丽多唱片（以下简称"宝丽多"）。1972年荷兰的飞利浦公司将旗下的唱片公司

Philips Phonografische Industrie改名为Phonogram，然后与西门子公司旗下的宝丽多国际合资成立PolyGram International（宝丽金国际），总部设在英国伦敦。PolyGram（宝丽金）取自"Polydor"的"Poly"与"Phonogram"的"Gram"。1979年宝丽多正式易名为香港宝丽金唱片（以下简称"宝丽金"），但仍保留使用"宝丽多"和"飞利浦"这两个厂牌，直到1993年，这两个厂牌才正式从宝丽金"退休"。

宝丽金是1999年以前世界上规模最大的唱片公司，也是至今为止世界上历史最悠久的唱片公司。从20世纪70年代成立开始，宝丽金便拥有大量知名的音乐制作人和歌手，在20世纪80年代至90年代中后期达到鼎盛，1998年宝丽金被环球唱片收购。张国荣在约满滚石唱片后，于1999年3月7日签约环球唱片，环球唱片更是采用了电脑签约模式向全球观众直播了签约仪式。2013年环球唱片重新开启宝丽金厂牌的唱片公司，陈慧娴成为宝丽金重开后的首位签约歌手。

环球唱片最初只是美国环球影业旗下的一个部门，1995年环球影业第六次被转卖，由日本松下电器卖给了加拿大酒业巨头西格拉姆公司。1996年买了环球影业踌躇满志希望进军娱乐业的西格拉姆公司又收购了"美希亚音乐"，并于1997年改名为"环球国际音乐股份有限公司"，1998年收购宝丽金后成立新的环球唱片集团。之后，环球影业又经历了两次转卖。2004年美国通用电气公司购买了环球影业80%的股份，然后将环球影业与美国全国广播公司NBC电视网合并，成立了新的NBC环球，一直至今。

签约丽的电视后不久，宝丽多找到张国荣，在试音后签约张国荣为宝丽多的基本歌星。张国荣签约宝丽多后不久，宝丽多便委任具有德国和英国双国籍的制作人强尼·赫伯特（Johnny Herbert）为张国荣录制歌曲，强尼·赫伯特是宝丽多的一位录音师、混音师兼制作人。1977年8月，宝丽多发行了一张杂锦唱片《多多宝丽多Summer Special》，收录了张国荣在宝丽多灌录的《你想造爱吗》（*Do You Wanna Make Love*）和《我爱做梦》（*I Like Dreamin'*）两首英文歌曲。*Do You Wanna Make Love*是美国作曲家兼歌手彼得·麦卡恩（Peter McCann）

当我重温您，在茫然中思忆里
所有冷冰的暖了

在1977年创作并演唱的一首歌曲，这首歌一经发行便在国际上引起轰动，在"美国公告牌单曲榜"最高排名为第五，此歌在加拿大、澳大利亚、新西兰等国家的音乐排行榜上也取得了不错的排名，是当年美国的年度金唱片歌曲。I Like Dreamin'，是美国创作歌手肯尼·诺兰（Kenny Nolan）1976年为他人创作的歌曲，后因一些变故他自己在同年演唱了这首歌曲。这首歌1977年2月在"美国公告牌单曲榜"排名第三。1988年，张国荣也将肯尼·诺兰和鲍比·克鲁（Bob Crewe）合作创作的歌曲《果酱女郎》（Lady Marmalade）改编为粤语版本的《热辣辣》并演唱。"美国公告牌单曲榜"是美国音乐杂志《公告牌》制作的单曲排行榜，单曲的排名根据单曲在美国境内的唱片销量、单曲在广播中的播放次数和线上媒体串流数全部加起来的数据来决定，此榜单被公认为是美国最权威的单曲排行榜。

《多多宝丽多Summer Special》还收录了许冠杰、许冠英、陈丽斯、陈秋霞、李振辉等宝丽多旗下歌手演唱的歌曲。这张杂锦唱片在当年销量逾3万张，获得了当年香港本地的"金唱片"奖，宝丽多便委派张国荣为代表在1978年4月8日举行的第2届香港"金唱片"颁奖典礼上领奖。"金唱片"奖由香港国际唱片业协会（IFPI）授颁。香港国际唱片业协会是国际唱片业协会的48个联盟成员之一，成立于1967年，自1977年开始颁发香港"金唱片"奖并举行颁奖典礼。奖项最初规定流行音乐唱片（含细碟和单曲）的销量25000张为"金唱片"，50000张为"白金唱片"，但后来因香港本地唱片销量下降，香港国际唱片业协会自2006年1月1日起分别将其调整为20000张和40000张，2008年1月1日始再次分别调整为15000张和30000张。

1977年8月，宝丽多在《多多宝丽多Summer Special》之后亦为张国荣发行了他26年演艺生涯中的第一张个人唱片，7英寸45转的同名细碟（Extended Play，简称"EP"）《张国荣（我爱做梦）》【Leslie（I Like Dreamin'）】，这也是张国荣所有唱片里唯一的一张细碟。这张投石问路式的细碟同样只收录了Do You Wanna Make Love和I Like Dreamin'两首英文歌曲，因为属于宣传性质，所以发行数量极少，一部分用来派台，一部分用来在市场上探路，还有一部分"躺"在了仓库里，最后不知所踪。这颗投出去的"小石子"丢入"大海"里，在激起几圈微小的波纹后便归于平静。但这张"薄命"的细碟当时肯定不会想到，在多年以后，它会成为张国荣所有唱片里"身价最高"的唱片，且难觅"身影"。如今这张细碟的意义，已经不在于它的制作质量或者张国荣演唱的水准，而是它承载了一位巨星的起步，一如张国荣在亚洲歌唱比赛上的参赛歌曲American Pie，对热爱张国荣的人来说，它代表着多少年后一位巨星的"诞生"。2006年，环球唱片以3英寸CD的介质重新发行了这张细碟，不过另外收录了宝丽多1982年发行的《香港映歌'82》杂锦唱片里张国荣演唱的《凝望》和1979年发行的张国荣首张粤语唱片《情人箭》里的《感谢你》（Thank You）。或许这正如张国荣曾经对黎小田说过的那句话："It doesn't make sense." 对于那时候自己的唱功，张国荣曾对记者说："我唱得不好，可是喜欢唱，我每（天）早上闹钟六点钟起来，练半小时歌，American Pie是我每天一定唱的歌。"

1977年8月27日，香港"青年音乐节"（POP FOLK）之宝丽多专场在政府大球场举行，张国荣亦与宝丽多旗下的许冠杰、温拿乐队、陈丽斯、区瑞强等歌手一起参加演出，这是张国荣自亚洲歌唱比赛后非电视节目类型的第一次对外公开演出。当天张国荣穿着红色T恤、白色裤子出场演唱，张国荣后来说"一出场，都不知道发生了什么事"，只听到嘘声连起，中间夹杂着"你回家休息啦"等喊声，从头嘘至尾。后来张国荣在访谈中说："哗，为什么会这样，为什么我会这样被人嘘？我又没做错事。"不过，当时张国荣还是"逆嘘而歌"，在台上唱完了自己演唱的歌曲，但是对刚出道的张国荣来说，他想不明白，为什么自己会平白无故遭遇上千人莫名的嘘声。张国荣虽然很不开心，但他并没有在一次莫名的嘘声后就气馁，反而被激起了不服输的斗志。他说："我既然选择了，就不可以在三个月里放弃，我不做，加上试过一次这么差的名声，张国荣被人'嘘'完就不做，我不可以这样。我这个人的原则就是，我做的事一定要做得好，我一定要让你们觉得我做得好，我是用心的，只不过在那时你不接受我，是因为你未必认识我是谁，你未必真是那么留心去听我的歌，或那时候我自己根本唱得不好。但始终有一天，当我练好了回来的时候，我就要你赏识我，要你看得起我。"虽然张国荣觉得自己很倒霉，这也被他自己认为是"第一次的滑铁卢"，但他并未把这件事一直压在心底，后来有记者问他这是不是他在演艺圈最失意的事时，他回答记者说："我不是那么看待以往发生的事，时常这样看的话，你个人看得太重，就会阻碍你自己的前途和你的前进的步伐，所以我不

当我重温您，在茫然中思忆里
所有冷冰的暖了

去衡量那件事是否最失意，我只是觉得我那次衰了，就只是这样，第一次衰就这样衰了。"

1977年9月12日，是张国荣的21岁生日，也是他踏入演艺圈后的第一个生日，丽的电视也为他举办了一个隆重的热闹的生日会，包括黎小田、妞妞、叶德娴等都齐来庆祝，张国荣在吃过蛋糕后表示："希望这几年能多些机会演出，赚多些钱，以后有机会到国外深造。"妞妞是丽的电视继毛舜筠后为张国荣"配"的另一位"荧幕情侣"，香港演艺圈当年流行艺人以"荧幕情侣"形象来宣传，如当年的郑少秋和汪明荃、薛家燕和黎小田、贾思乐和露云娜等。丽的电视一开始让张国荣和毛舜筠合作为"荧幕情侣"，不过没多久毛舜筠便去了佳艺电视，然后丽的电视就让妞妞和张国荣在《星期三晚会》节目上合作，虽然妞妞比张国荣小3岁，但是两人在外表上更像"姐弟"，所以观众对此并不买账。在《星期三晚会》停播后，丽的电视又换了周小君跟张国荣在《家燕与小田》节目中合作。周小君是二十世纪五六十年代香港电影当红配角周吉的女儿、香港知名的音乐人周启生的姐姐。周小君离开电视台后在酒吧唱歌，后来专注于唱和音，是香港很多巨星背后的和音歌手，更是张国荣演唱会经常合作的和音歌手。周小君说："其实最初我都不知什么是和音，后来哥哥（张国荣）的广告找我唱和音，那时我才明白。""张国荣告别演唱会，最后那个封咪（麦克风）仪式，他慢步向前，我们都感到他的不舍，和音歌手们都哭了。"周小君之后，直到张国荣离开丽的电视前，张国荣的"荧幕情侣"又有过袁丽嫦、文雪儿、倪诗蓓、阮佩珍等。那年生日的喜气也为张国荣带来了一个好消息，在《华侨晚报》举办的1977年第8届"十大歌星金骆驼奖"评选中张国荣获得了"最有前途歌星"的银星奖。张国荣后来说，这个奖在当时对他起到了非常重要的鼓励作用。

1977年，香港影坛发生了一场抢拍《红楼梦》的戏剧性大战。最初从邵氏兄弟（香港）有限公司（以下简称"邵氏"）"出走"的导演金汉带着他在邵氏的旧班子自组公司后，欲以其妻凌波反串贾宝玉、亦从邵氏"出走"的李菁饰演薛宝钗、台湾知名歌手李丽华饰演贾母，开拍"三代影后"合作版的黄梅调电影《红楼梦》（后定名《新红楼梦》）。邵氏听闻消息后，立马指派重回邵氏的导演李翰祥，以林青霞反串贾宝玉、张艾嘉饰演林黛玉、米雪饰演薛宝钗的强劲组合抢拍《红楼梦》（后定名《金玉良缘红楼梦》）。当金汉与邵氏正在"骂战"之时，佳艺电视又突然冒出来宣布要开拍长达100集的连续剧版《红楼梦》。就在众人抢拍之际，吴思远亦加入"战局"，宣布将由金鑫导演开拍《风月宝鉴》（后改名为《新潮红楼梦》，最终定名《红楼春上春》），并扬言将于1977年10月底在邵氏的对手嘉禾院线上映。邵氏得悉吴思远欲后来居上，立马召集了邵氏的4位导演于翌日起分头开拍《红楼春梦》，《红楼春梦》分四个故事，每位导演开拍其中一个故事，计划在10天内完成，抢在吴思远之前上映。正当邵氏埋头抢拍两部《红楼梦》之时，又"半路杀出个程咬金"，金声公司召开记者会宣布于10月27日重映徐玉兰、王文娟版的越剧《红楼梦》。邵氏闻之，遂下令李翰祥加工赶拍，将外景拍摄改为内景拍摄，必须在10月26日抢在越剧版《红楼梦》重映之前推出。在这场"红楼梦混战"中格外有意思的是，张国荣和他的情侣以及"荧幕情侣"们亦在其中出演不同角色，张国荣在《红楼春上春》中饰演贾宝玉，佳艺电视版的《红楼梦》中毛舜筠饰演林黛玉、文雪儿饰演史湘云，而妞妞在李翰祥版的《金玉良缘红楼梦》中饰演蒋玉菡。

《红楼春上春》是金鑫执掌导演的第一部电影，吴思远当初找张国荣饰演贾宝玉纯属偶然。吴思远在筹备《红楼春上春》之初，就想找一些年轻的演员，以适合《红楼梦》中大观园里人物的年龄，当其他角色都定了后，贾宝玉这个角色却一直找不到合适的人选。有一晚，吴思远在家里看电视，看到电视上正在综艺节目中演出的张国荣，吴思远后来对记者说："那俊美的外形，稚气未除而带娇嗲的神态，（我）禁不住大喊一声'有了'。"不过成事并不顺利，当《红楼春上春》的制片人张权去丽的电视提出想邀请张国荣拍电影时，却被丽的电视一口回绝，而且连张国荣的电话也不愿提供给他。通过丽的电视联系张国荣受阻后，张权几经周折通过娱乐记者问到张国荣家里的电话，与张国荣直接商谈。张国荣后来谈起此事时说："当时一位很有名的制片人打电话给我，让我去见他。我见到他以后，他说要拍一部类似《红楼梦》的笑片。我问他谁是女主角，他说是黄杏秀。我觉得能跟黄杏秀合作拍戏，当然很开心啦，尤其是第一部戏就做男主角。"当时电影公司给张国荣开了6500港元的片酬，而这个数字对张国荣来说也是一种诱惑，这是他当时入行以来最高的薪酬，而且张国荣对拍电影也很有兴趣，就跟电影公司签了合约，但他当时没想到就此上了一条"贼船"。在拍了几天戏之后，张国荣就觉得不对劲，这部"笑片"里面加插了很多色情的内容，但得于电影公司的势力，也只能硬着头皮拍完。张国荣说："拍床上戏时，我的心快跳出来了，我很难堪，但收了别人的钱，却不能不拍。以后一定要先看剧本才拍片，我害怕别人一定会取笑我呢！"当时吴思远找无线电视借黄杏秀来拍《红楼春上春》时，也只告知要拍古装幽默版的《红楼梦》，而黄杏秀在拍了两天之后，感觉跟张国荣的对白有问题，但没告知无线电视。后来无线电视的工作组在附近拍戏之余顺道来探班，发现了问题。无线电视遂告知吴思远黄杏秀辞拍，但吴思远表示已拍了两日，若换人损失甚大，最后经过谈判，无线电视表示，黄杏秀续拍也可以，但该片拍完之后，要待无线电视过目，如果认为有不妥之处，无线电视有权予以删剪。吴思远对此也表示同意。

黄杏秀背靠无线电视这棵大树好乘凉，而张国荣就没这么好运了，张国荣说："我曾反对（床戏）拍法的，但导演说剧情需要，没办法啦，只好硬着头皮演出，拍完这出戏之后，听到拍这类戏我就怕怕，见到阿瑛（片中饰演袭人的陈维瑛）也不好意思，面都红了。"陈维瑛虽然与很多男星拍过床戏，但她也表示，平时遇上张国荣，连她自己都感到难为情。对于他的第一部电影，张国荣后来在电台节目中说："这部电影一上映，反应非常'好'，首先就遭到电检处禁映，理由是太过色情，我就蒙受了不白之冤，之后倒霉了很多年。这部电影我从来都不太想去讲，因为这是我的第一部电影，也是第一次被人卖猪仔（上当受骗）的电影，发誓之后一段时间都不再踏足电影圈。"而这个让张国荣被"卖猪仔"的老板吴思远倒是对张国荣称赞有加："这小子（张国荣）外形、气质、演技都天才一流，将来一定前途无限。"撇开电影内容不说，张国荣的"贾宝玉"形象倒是深受业内人士和观众的称赞。三年后，邵音音生日宴，李翰祥和张国荣都被邀请出席，李翰祥对张国荣说："如果我再拍《红楼梦》，贾宝玉一角非找你不可。"李翰祥认为张国荣确有那股玉树临风的男儿秀气，是很漂亮的一个男孩子。在1993年的一次访问中，当记者说到张国荣的第一部电影《红楼春上春》的录像带现仍有卖时，顺道提议张国荣全部买回来，免得在市面上流传，而张国荣却毫不在乎地说："管它，也好让大家看到我以前受过不少委屈，挨过不少苦。"

出演《红楼春上春》的同时，张国荣亦客串了薛家燕和黎小田联合导演的电影《狗咬狗骨》。黎小田和薛家燕看到张国荣这样有才华却郁郁不得志的年轻人，也是有心提携他，让他在电影中客串演出。虽然张国荣在电影中只出现了很短的时间，但对当年的他而言，任何的演出都是一种机会和历练。在《星期三晚会》停播后，薛家燕极力向丽的电视的王牌综艺节目《家燕与小田》的监制推荐让张国荣加入，在这个节目里张国荣开始与周小君搭档，在节目里张国荣什么都做，唱歌、跳舞、唱和音、演出诙谐短剧等。这个节目后来增设了一个邀请香港知名影星客串演出20分钟短剧的环节，薛家燕说："张国荣一直说家燕姐给他机会，他会演戏的。所以我就想了一个故事叫《烛光》，我就给他演。"有次排舞，张国荣看上去心情很低落，薛家燕一问才知道张国荣在演艺圈事事不顺利，自己很努力做事却一直得不到认可，感觉自己没机会成功，说着说着张国荣更是伏在薛家燕的肩上哭了起来。薛家燕鼓励他："你后生又靓仔（年轻又好看），大把机会！"薛家燕安慰了张国荣很久，直到他破涕为笑。

之后，薛家燕也极力提携这个年轻人，自己去演出时经常带着张国荣一起，还帮他做演出的服装。1980年，薛家燕在台湾录制《薛家燕专集》，专门让张国荣在"专集"中独唱一首歌，张国荣披着向薛家燕借来的狐狸毛披肩，演绎了一曲《雪中情》。而知恩图报的张国荣后来也没忘记曾经提携过他的薛家燕，1989年张国荣特意邀请薛家燕去现场看他的告别乐坛演唱会，并当着台下上万观众的面感谢她，薛家燕在台下看着当年伏在自己肩上哭着倾诉的年轻人如今功成名就，感动又开心得几度落泪。后来薛家燕婚姻失败，一个人带着三个子女生活，张国荣知道后鼓励薛家燕要放开胸怀，并问她："你需不需要钱用，现在我赚到钱了，钱对我不是问题。""若经济上要帮忙就随时说，不要乱想。"1997年2月27日，薛家燕复出后首次担任女主角的电影《黑玫瑰结义金兰》首映，百忙之中的张国荣仍抽空去首映礼为薛家燕站台捧场。据毛舜筠回忆，薛家燕还曾是她和张国荣之间的"红娘"，因为张国荣一开始不敢约毛舜筠，就把自己的心思告诉了黎小田，而当时黎小田也刚好在追求薛家燕，就让薛家燕出面帮张国荣约毛舜筠，薛家燕就这样无意中成了两人之间的"红娘"。毛舜筠说："很多年后，我和家燕姐提起这件事，她才恍然大悟，笑得好开心！"

当我重温您，在茫然思忆里
所有冷冰的暖了

我要逆风去
必须坚忍
明白人一生
必经晦暗

Chapter
05

1978年1月1日，丽的电视开播由冯宝宝主演的电视剧集《追族》，同名主题曲《追族》由黎小田作曲，黎小田便向丽的电视提议由张国荣演唱，这是张国荣的第一首中文歌曲，也是他演唱的第一首由香港本土音乐人原创的歌曲。张国荣的首部电影《红楼春上春》自1978年1月19日起公映9天后，突然遭到电检处以"被删剪镜头疑出现在影院拷贝上"为由禁映核查。黄杏秀在电影公映后公开表示，思远公司是没有守信的，当初她接拍《红楼春上春》时，吴思远及导演金鑫向她有过三项保证：一是纯粹的古装喜剧；二是不会用替身补裸镜床上戏；三是拍好后先给无线电视的何家联及黄杏秀自己看过才公映。黄杏秀说这三项诺言他们一项也没有兑现。原来被"卖猪仔"的不止张国荣一个，背靠无线电视这棵大树的黄杏秀亦不能幸免。虽然这是张国荣的首部大银幕作品，但他却非常害怕去看，特别是跟亲戚朋友一起去看。张国荣说："我看这部片已不知多少次了，虽然是自己的作品，也会觉得腻了，若朋友一番好意要去看，我是不便推却的，不但又看一次觉得太多，同时还怕朋友问这问那，很不好意思的。"

1978年，宝丽多正式发行了张国荣的第一张英文唱片《白日入梦》（*DAYDREAMIN'*）。唱片内收录了11首翻唱自欧美各大流行榜的热门英文歌曲和1首改编自日文歌曲的英文歌曲，唱片依旧由之前参与制作细碟的强尼·赫伯特担任监制。主打歌《白日梦旧爱》（*Day Dreamer*）是美国歌手、演员大卫·卡西迪（David Cassidy）1973年3月打入英国流行榜冠军的歌曲；《我们都寂寞》（*We're All Alone*）是格莱美最佳蓝调节奏歌手柏兹·史盖茨（Boz Scaggs）横扫全球的原创成名作品，这首歌在"美国公告牌单曲榜"最高排名第7，自1976年3月发行以来被众多歌手翻唱过；《即使是现在》（*Even Now*）是美国创作歌手、制作人巴

当我重温您，在茫然中思忆里
所有冷冰的暖了

瑞·曼尼洛（Barry Manilow）1978年同名专辑的主打歌曲，在"美国公告牌单曲榜"最高排名第19，巴瑞·曼尼洛曾在自传《甜蜜生活》（Sweet Life）中说这首歌是"我个人的最爱，它一直打动着我"；《心难自控》（Before My Heart Finds Out）是美国流行创作歌手金·卡顿（Gene Cotton）1978年发行的热门单曲，在"美国公告牌单曲榜"最高排名第23；《早安忧伤》（Good Morning Sorrow）改编自日本创作歌手因幡晃1976年6月发行的首张唱片内的《感谢你，夏日》，这首日文歌亦分别在1983年和1991年被谭咏麟改编为粤语和国语版本的《迟来的春天》，1984年中国歌手周峰的热门畅销歌曲《梨花又开放》亦是改编自此曲；《卧底天使》（Undercover Angel）来自于美国创作歌手艾伦·欧戴（Alan O'Day）1977年的热门歌曲，曾在"美国公告牌单曲榜"上登顶冠军，年终排名第9；I Like Dreamin' 翻唱自肯尼·诺兰；《我需要你》（I Need You）是20世纪70年代初美国最受欢迎的民谣摇滚三重唱组合亚美利加合唱团（America）1972年发行的单曲，在"美国公告牌单曲榜"最高排名第9；《你令我相信奇迹》（You Made Me Believe In Magic）是苏格兰海湾摇滚客合唱团（Bay City Rollers）1977年发行的专辑主打歌，在"美国公告牌单曲榜"最高排名第10；《只要你现在的方式》（Just the Way You Are）是六次获得格莱美奖的美国创作歌手、钢琴演奏家比利·乔尔（Billy Joel）1977年演唱的歌曲，"美国公告牌单曲榜"上最高排名为第3；《多一些》（A Little Bit More）是美国钢琴家、创作歌手鲍比·高什（Bobby Gosh）1973年发行的唱片里的歌曲，不过更知名的是美国乡村摇滚乐队虎克博士（Dr.Hook）于1976年的翻唱版本，在"美国公告牌单曲榜"最高名次为第11；《及时行乐的旋律》（Pistol Packin' Mlody）是美国作曲家、创作歌手兰迪·埃德尔曼（Randy Edelman）1974年发行的单曲，也曾在"美国公告牌单曲榜"上榜。即使这张唱片内翻唱的好歌如云，但在推出后并未受到大众的欢迎与喜爱，而是收到了如"鸡仔声""不够成熟"等诸多批评，销量也就可想而知了。

许冠杰自1974年推出首张粤语唱片《鬼马双星》后，粤语流行曲逐渐大受欢迎，揭开了粤语流行歌曲的序幕。《鬼马双星》这张唱片在当年的销量就达到15万张，之后1975年的《天才与白痴》和1976年的《半斤八两》两张粤语唱片的销量更是分别达到20万张和35万张，自《半斤八两》开始，标志着香港正式形成了粤语流行歌曲的市场。在张国荣推出DAYDREAMIN'的1978年，许冠杰的粤语唱片《卖身契》在东南亚地区的销量更是高达55万张。而许冠杰站在底层市民的立场，用粤语俚语创作的那些歌曲，更是受到了大众前所未有的欢迎。

张国荣曾在访谈中说："我记得以前当我还是个初出道的小伙子时，许多人对我并没有太好的印象！记得有一次，我去一间牛仔裤屋买裤，左看右看才挑了一条合心意的，但那裤子却在缝制方面有点瑕疵，故此，我便问那些女售货员可否给我另一条看看，谁知那些女售货员竟然低声悄语，却又是刻意地给我听见，说：看他的样子，也是来捣乱的，给他五角钱唱歌吧！免得他再烦！"

虽然自己被"卖猪仔"且首部电影遭到禁映，唱片销量又不尽如人意更"收获"差评，但张国荣却在此时收到了一个好消息，丽的电视给他加薪了。原来，佳艺电视在筹拍电视剧集版《红楼梦》选角时，发现当时张国荣未满21岁，那么张国荣与丽的电视的合约介乎合法与不合法的灰色地带，便以6000港元的薪水来挖张国荣过档佳艺电视出演《红楼梦》，之前毛舜筠已经以同等薪水过档佳艺电视饰演林黛玉，若挖张国荣成功，那么佳艺版《红楼梦》中的贾宝玉和林黛玉倒是真实版的"情侣配"了。丽的电视听闻消息后，立马让钟景辉（另一说法是丽的电视一台节目副总监高亮）找张国荣谈，张国荣是个懂得饮水思源的人，他也没有想离开丽的电视，他对钟景辉说："是啊，我也挺喜欢留在丽的，就是薪水少了点！"然后钟景辉就将他的薪水加到了2980港元（另有说法为2900港元和2950港元），在首部电影和首张唱片接连受挫后，加薪对张国荣来说便是一件值得开心的事。加完薪后，张国荣的第一件事便是搬家，他觉得广播道不够安静，随时会遇到熟人，所以要住到一个熟人比较少的地方去，可以静下心

当我重温您，在茫然中思忆里
所有冷冰的暖了

来学习一些东西。1978年1月中旬，张国荣便迅速从广播道搬离，以1000港元的月租搬入了荔湾花园（Lai Chi Kok Bay Garden）一个300平方英尺的房子，在当时的张国荣看来，"有一个300平方英尺的小天地，我已经心满意足"。

张国荣除了在丽的电视的综艺节目中演出、担任第3届亚洲歌唱比赛"亲善大使"赴韩国访问以及在韩国"全国新人歌手甄别大会"演出之余，亦加入到丽的电视反映社会现实的长篇电视剧集《鳄鱼泪》的演出。《鳄鱼泪》是"以一名青年记者事业爱情的起伏为线，辅以描述现实社会上中下阶层之间各种争斗，揭露人性丑恶的一面，同时对社会某些不合理的地方加以讽刺批评"的电视剧集。张国荣在剧中饰演孟嫣红（陈曼娜饰演）的儿子尊尼，陈曼娜后来回忆说，虽然她在《鳄鱼泪》里演张国荣的母亲，但当时她只比张国荣大几岁而已。在丽的电视艺员倾巢而出的《鳄鱼泪》中，虽然张国荣的戏份并不多，但他俊朗的外形和出色的表演引起了麦当雄的赏识，麦当雄问他有没有兴趣加入戏剧组（以拍摄电视剧集为主），张国荣便欣然同意加入其中。虽然张国荣之前已经演出过张之珏的两部单元剧，但《鳄鱼泪》是他第一次参与长篇电视剧集的演出，作为歌手出道的他，丽的电视给他安排的角色在剧集中亦演唱了许多首歌，如许冠杰的《浪子心声》、拉尔富·麦可泰尔（Ralph McTell）的《伦敦街道》（*Streets of London*）、芭芭拉·史翠珊（Barbra Streisand）的《往日情怀》（*The Way We Were*）、约翰·丹佛（John Denver）的《今天》（*Today*）以及他自己曾在唱片中翻唱过的肯尼·诺兰的*I Like Dreamin'*。

除了长篇电视剧集《鳄鱼泪》外，张国荣还应邀参演了另一部由香港电台电视部与社会福利署联合制作的"屋檐下"系列单元剧之《十五、十六》。这部剧更是破天荒地把无线电视的贾思乐、丽的电视的张国荣、佳艺电视的毛舜筠和李通明聚在一起携手出演，加上制作单位香港电台，广播道"五台山"竟然有四台合作。张国荣在寓教题材的"屋檐下"之《十五、十六》中饰演一个问题家庭的富二代，是一个反面性的角色。自20世纪70年代开始，香港电台曾制作过很多不同主题的脍炙人口的系列电视剧集。"屋檐下"系列制作从1978年到1982年,共20集,每集两个独立的故事,每个故事20多分钟。张国荣后来还出演过的香港电台制作的单元剧包括1980年"屋檐下"系列之《死结》、1980年"历史回望"系列《岁月河山》之《我家的女人》、1981年"岛的故事"系列之《沙之城》、1983年"临岐"系列之《女人33》、1986年"香港八六"系列之《猛龙过江》以及2000年张国荣受邀自编自导自演的"无烟草"系列之《烟飞烟灭》。据1978年6月7日《明报》报道,"屋檐下"收视率最高达160多万观众,占全港观众的76%。

1978年7月底,张国荣因过度工作而使身体承受不住负荷,再加上吃了一些不干净的生蚝,以致积劳成疾患上了急性肝炎,在入院检查后医生表示病情较为严重,需要在医院休养一段较长的时间。原本丽的电视安排张国荣主持两集由宝丽多赞助的特辑,已定期在8月12日和8月26日播映,但因张国荣的突然住院只能换由其他艺人顶上。而之前张国荣已拍摄完一集的张之珏执导的单元喜剧《吴家有女》,亦临时改由第3届亚洲歌唱比赛香港区的冠军钟文康代替张国荣重新拍摄。"但就电视台节目就够他应付啦。"周小君去医院探望过卧床不起的"荧幕情侣"张国荣后说:"何况还要抽时间去灌录唱片和筹备音乐会呢,我也曾劝过他不要这般拼命,但他硬要逞强,说工作可以帮他减肥,现在却弄出病来,得不偿失呢!"张国荣就这样在医院躺了一个多月,虽然出院之前医生曾提醒他还未完全康复,需要休养以免复发,但张国荣还是准备尽早返回丽的电视重新投入工作,不过祸不单行,他在家里整理一些乐器的时候,不慎左手掌又被硬物所伤,缝了10针,这让他不得不继续休息。10月9日,张国荣正式返回丽的电视录制综艺节目《花花世界》,丽的电视亦给他安排了11月主持新的节目《好歌奔腾宝丽多》(后改为《跳跃奔腾》)第二辑。张国荣在录制完《花花世界》后,趁10月手上的工作不多便去了菲律宾旅行,以补偿自己躺在病床上的日子。或许真是如张国荣自己在伤了手掌后感慨的"流年不利",据媒体报道，在抵达菲律宾的第二天，他在旅行团的安排下，与众团友往百胜滩乘坐那些在急流上来往的小舟，玩得兴高采烈之际，突然与迎面来的另一只小船相撞，坐在他前面的女孩子，抵受不了撞击之力，便也把他撞伤了，幸好他只伤了眼角，不至于变成"独眼侠"。原本需要去医院检查，但张国荣担心医院又要让他住院，坚决不肯去，就自己用鸡蛋敷一敷解决了事。回到香港后，在10月23日参加为仁济医院筹募基金的义演时，眼角仍留有淡淡的瘀伤，所以他只能在眼部画上浓妆，以掩盖住瘀伤。虽然伤了眼部让他的这次菲律宾之旅有那么一些些不愉快，但在菲律宾美丽的风景和热情的人们的影响下，那些不愉快也很快就随风而去了。与他相熟的记者在文中写道："自这次后，他（张国荣）感到健康非常重要，所以他为自己写下一个时间表，多点休息，多吃点营养食物，同时定期前往医院检查，因为'肝病'会有可能复发。为了保持健康，他每天都抽时间跑步，恢复读书时的习惯。"

1978年11月18日，张国荣与袁丽嫦搭档的新节目《跳跃奔腾》正式首播。虽然张国荣之前在电视剧中也唱过中文歌曲，但在综艺节目中演唱还是首次。对此张国荣表示："唱中文歌曲在某些方面比唱英文歌曲还要困难，英文曲很注重个人风格，可以用不同的方法唱出来，而每次效果都可以不同，但中文歌则要忠于作者的原意，在这方面唱歌者的自由反而没有唱英文歌时大。"除主持新节目外，张国荣还出演了萧笙监制的电视剧集《浣花洗剑录》，萧笙在佳艺电视倒闭后加盟丽的电视。《浣花洗剑录》是他在丽的电视首部监制的电视剧集，张国荣在剧中出演主角方宝儿，这是张国荣首次在长篇电视剧集中担纲主角。丽的电视最初曾属意林锦堂出演方宝儿，但后来又不知为何突然换角改由张国荣出演。当萧笙找张国荣谈时，张国荣担心自己刚刚病愈，而且剧集题材又是自己从未尝试过的武侠剧，怕应付不过来，萧笙让他不用太担心，他在片中不需要经常演打戏，而且也没有特别多的招式，基本上"三招"便可解决，还会找人来教他一些没什么困难的普通招式。这还真是《浣花洗剑录》原作者古龙的风格，没有过多华丽的招式，无招胜有招，只需准而快便可取胜。

《浣花洗剑录》是古龙中期的作品，也是标志着古龙武侠小说的创作走向成熟期的作品之一。电视剧集讲述东瀛无名剑客白衣人西渡而来，公然挑战中原群雄，最终被中原武林至尊紫衣侯以半招取胜，白衣人留下七年之约后东归而去。紫衣侯虽胜却被白衣人震断心脉，临死前将七年之约重任交托给高手白三空的外甥方宝儿。方宝儿最终学成归来，一战而胜白衣人，平息了中原武林的一场浩劫。《浣花洗剑录》的同名主题曲由李龙基演唱，据李龙基后来在电视节目上回忆，当时丽的电视考虑到他的声线比较雄厚比较有杀气，所以才选择了由他演唱主题曲。后来张国荣想翻唱这首歌，亲自打电话给李龙基表示自己想翻唱的意愿以及向他借歌谱，李龙基很高兴有人翻唱自己的歌，遂开车亲自将歌谱送给张国荣。女主角紫衣侯的女儿小公主由文雪儿出演，这是张国荣与文雪儿的第一次合作，后来他们亦被丽的电视"配"为"荧幕情侣"。1980年12月，张国荣为了澄清外传在拍摄《小小心愿》期间与文雪儿坠入爱河的绯闻，告诉记者自己有一个相恋八年的女朋友，文雪儿是跟丽的电视的编导查传谊在谈恋爱。这无意的爆料让文雪儿非常不满与气愤，她说："我确实没有同张国荣拍拖，但他只需要否认好了，根本不用讲我的事，我是不是同查传谊拍拖，是我自己的事，用不着他多口。我和谁拍拖，并不关张国荣的事，所以希望他不要理我。现在我看到他，实在很不高兴，希望他以后不要理我。"不过这也就是女孩子的一时之气，1981年她与张国荣再次合作了《对对糊》和《甜甜廿四味》两部电视剧集，而且合作也是轻松愉快，私下嘻嘻哈哈玩在一起，而那时候张国荣的"荧幕情侣"已是倪诗蓓和阮佩珍了。在《对对糊》中文雪儿与曾三度合作的蒋金"配对"，文雪儿的影迷还为她打抱不平："怎么搞呀？咩咩（文雪儿昵称）配那个小胖（蒋金），不相称，我看还是与张国荣搭档最顺眼。"张国荣离世后，文雪儿说："真是不相信张国荣已经离开了，他那么爱惜自己怎么会自杀？所以生病真的是很恐怖，也没得解释。"

在拍摄《浣花洗剑录》期间，因为经常日戏兼着夜戏拍摄，为了来回交通方便，"搬家达人"张国荣在12月从荔湾花园又搬回了广播道丽的电视台的附近，这次月租2000港元，从

"300平方英尺的小天地"变成了500多平方英尺。首次拍摄武侠片的张国荣在拍摄外景的时候经常意外被刀剑弄伤,遍体瘀伤,这让他的父亲张活海非常不满,又很心疼。张活海说:"张国荣并非出身武打明星,不谙武术,所以拍起武侠剧来,经常失手被打伤。虽然受伤不重,但一次意外可能影响重大,目前他拍摄《浣花洗剑录》实在过分危险。"所以建议张国荣拍完此剧后不要再接拍武侠片,但张国荣表示:"武侠剧的演出是一项新挑战,虽然拍外景时难免有意外,但我的演戏经验增加不少。"所以张国荣依然坚持以后会继续出演武侠剧。虽然张活海一直反对张国荣在演艺圈做事,而且劝喻张国荣不要再拍武侠片也是一片爱护之心,但在"反对无效"之下,爱子心切的他特意去为张国荣购买了100万港元的意外保险。

1978年12月13日,《浣花洗剑录》在香港首播,虽然收看观众超百万,但剧集本身在当时并未引起太大的反响,反而后来在东南亚播出时,引起了一股热潮,特别是在泰国,当地观众将当时出道不久的张国荣视为超级巨星。张国荣在电台自传中说:"理由就是因为,我有一部武侠剧,也是我第一部在丽的演的武侠剧,叫作《浣花洗剑录》,原来在泰国那个地方,就大行其道,我饰演的方宝儿这个角色,在泰国一红就红了三年。我开始都不相信,直到我第一次收到一封泰国影迷来信的时候,我才发现原来我在泰国真的是有地位。"

1978年的某天,张国荣和朋友去一家餐厅,玩得正高兴时,有个差不多年纪的男孩子走过来对张国荣说:"喂,有人说我跟你好像。"张国荣便问他是谁,他说:"我叫Danny(陈百强)。"从那天起,张国荣与陈百强就成了朋友。有时陈百强也会去等张国荣放工,一起去逛街、一起去玩,那时候陈百强已经用路易·威登(Louis Vuitton)、卡地亚(Cartier)等高端品牌的物品,张国荣觉得这个年轻人好有钱。后来有一段时间他们还在同一个经理人的旗下,包括他们的另一位朋友钟保罗,虽然张国荣和陈百强曾因在媒体上被比较以及在事业上的竞争,彼此疏远过一段时间,但识于微时的友谊始终未变。张国荣后来说:"我们不是经常见面,但心里都会想到他(陈百强)。"张国荣觉得自己与娱乐圈的人甚少来往,又不喜欢走得太近,而陈百强圈子比他还窄,所以更加寂寞。张国荣在北京拍摄《霸王别姬》期间得知陈百强入院,多次打电话给香港的朋友询问详情,后来亦有去医院探望。张国荣曾在访谈中说:"我都有想念他(陈百强),因为这个朋友是值得想念的。我觉得他的个性很飘忽,但他从来不会伤害别人,他很喜欢自己做的事,永远都在自己的世界里面。""我觉得如果你讲品位、最佳衣着之类的,如果他(陈百强)还在的话,真是连我都要靠边站。"在张国荣心中始终有着陈百强这样一位朋友。

当我重温您,在茫然中思忆里
所有冷冰的暖了

成败有如一个转面
莫记当年

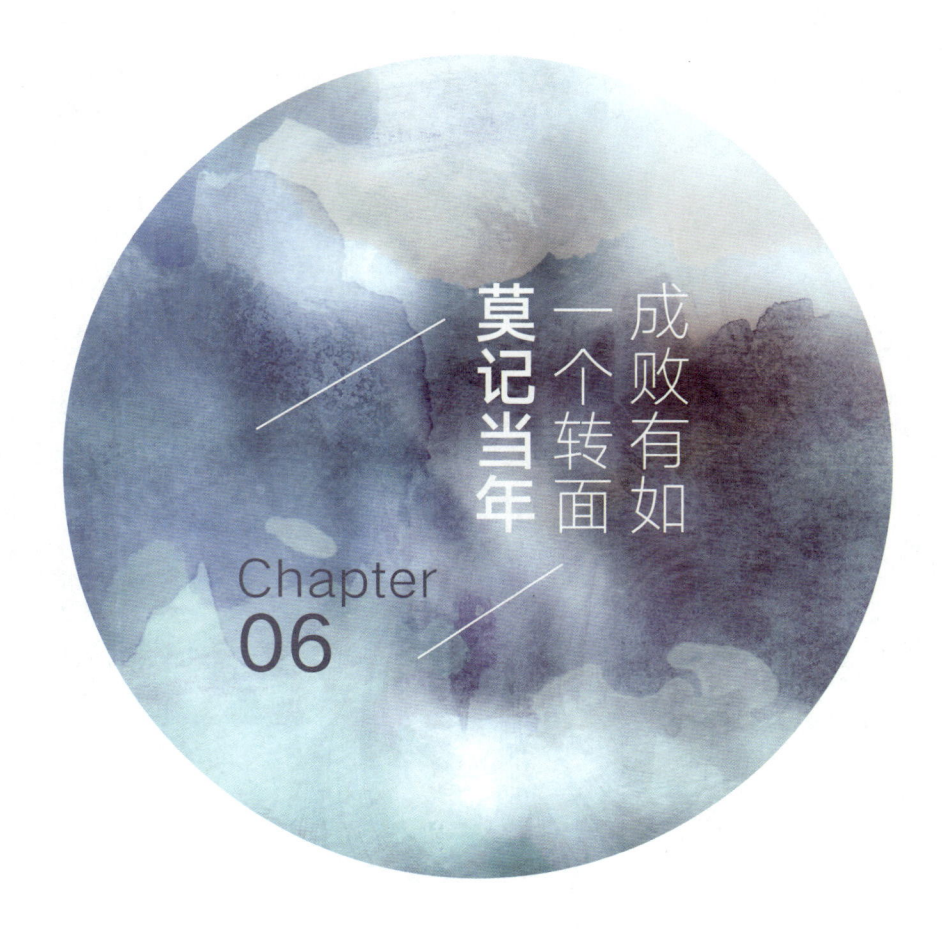

Chapter 06

丽的电视在1979年又推出了新的综艺节目《唓唓搔》，张国荣在拍摄《浣花洗剑录》的同时，与薛家燕搭档加入这一新的喜剧综艺节目中。直到1979年3月底，《浣花洗剑录》才杀青，张国荣自从拍摄此剧以来，一直未曾正式练声和唱歌。3月上旬新加坡举办"国际儿童年慈善晚会"义演，原本丽的电视安排了薛家燕、黎小田和张国荣一同前往新加坡参加义演，但《浣花洗剑录》的监制萧笙和编导李惠民不肯放人，这让好久没有在舞台上一展歌喉的张国荣郁郁寡欢了好多天。不过丽的电视的武侠新剧《沈胜衣》的同名主题曲安排了由张国荣来演唱，这也弥补了一些张国荣未能演唱《浣花洗剑录》主题歌和未能去新加坡参加义演的遗憾。1979年3月14日，张国荣正式为《沈胜衣》进棚录音，在"坐歌监"五个月后张国荣在录音室排练时被记者形容为"尽情地唱，把整个人都融入歌曲的旋律中"。丽的电视新剧《沈胜衣》播出后叫好又叫座，张国荣演唱的主题曲亦被称赞有加，宝丽金遂在4月份推出了一张《沈胜衣》的杂锦唱片，收录了张国荣演唱的《沈胜衣》和《变色龙》两首歌曲，《变色龙》是丽的电视制作的同名经典电视剧集的主题曲，原唱是关正杰。这张共收录了12首歌的杂锦唱片内同时收录了谭咏麟的两首歌曲，这是张国荣与谭咏麟的名字第一次出现在同一张唱片上，那时候没有人会想到多年后香港流行乐坛会出现"谭张争霸"事件。张国荣的《沈胜衣》自4月21日在香港商业电台的每周"中文歌曲擂台阵"首次上榜以来，一直到6月底他的另一首新歌《情人箭》接棒上榜之前，整个5月都排在第4位。而谭咏麟的《孩儿》亦在榜上停留数周，这是张国荣和谭咏麟的歌曲第一次同时出现在一张音乐榜单上。1980年2月，香港商业电台公布1979年度"最受欢迎歌曲擂台奖"榜单，张国荣的《沈胜衣》获得特别奖，谭咏麟的《孩儿》入选"二十大最受欢迎歌曲"，同时入选"二十大最受欢迎歌曲"的还有陈百强的《眼泪为你流》、李龙基的《浣花洗剑录》等。香港商业电台的"中文歌曲擂台阵"是后来香港商业电台"叱咤乐坛流行榜"的前身，以排名榜的形式每周报道歌曲的播放率和唱片销量，自1979年开

当我重温您，在茫然中思忆里
所有冷冰的暖了

始直至1987年结束。1988年3月27日"叱咤乐坛流行榜"开榜取代"中文歌曲擂台阵"。

在拍摄《浣花洗剑录》期间,亦有其他制片商找张国荣拍摄电影,因为跟《浣花洗剑录》撞期张国荣便放弃了,张国荣认为:"如果没有时间,却勉强同时做两件事,反而做得不好,倒不如分开来,一件一件地专心去做,或者更有成绩。"1979年3月底和4月初,张国荣分别参加了为元朗博爱医院筹款义演的"博爱满人间"慈善晚会和香港商业电台为广荫老人院筹款的第1届"超级巨星慈善篮球邀请赛"。完成这些工作之后,张国荣便去了泰国旅行,以犒赏自己这段时间的辛苦。张国荣主持的喜剧综艺节目《哎哎摇》和主演的电视剧集《浣花洗剑录》亦成为丽的电视最受欢迎的节目,在3月底的收视增长率分别为55%和42%。

从泰国旅行回来后,张国荣除了为香港商业电台"绕梁三日慈善演唱会"担任演出嘉宾以及参与一些丽的电视安排的活动以外,亦正式开始录制自己的第二张个人唱片,可偏偏这个时候他先是长了一颗智齿,接着手上又长了一颗粉瘤,让他叫苦连天。其实在1977年8月时张国荣就因为两年前手腕受伤导致骨髓间的一些分泌物发炎,在手部的皮肤上长出了一颗粉瘤,虽然不是很痛,但越长越大,为了美观他去医院做了割除手术。没想到21个月后又长出了一颗,在检查确认是良性瘤后,在医生的建议下,他还是忙里偷闲再次去医院进行了割除手术,这也使得他在丽的电视录影时不得不扎着绷带。

有一天,陈百强拿了一盒录制了新歌的盒带给张国荣听,张国荣听完后对他说最喜欢"有讲电话"的那首歌,那首歌就是陈百强自己创作的《眼泪为你流》。1979年2月,谭咏麟推出了在温拿乐队各成员单飞后的首张个人唱片《反斗星》;张国荣在6月推出了第二张个人唱片,亦是个人首张中文唱片《情人箭》;陈百强在9月推出了英语和粤语各占一半的首张个人唱片《初恋》(*First Love*)。1979年末,谭咏麟的《反斗星》获得了1979年的"金唱片",歌曲《孩儿》入选香港商业电台1979年度"最受欢迎歌曲擂台奖";陈百强*First Love*中的《眼泪为你流》令他一炮而红,这首歌亦入选香港电台1979年度"十大中文金曲"和香港商业电台1979

年度"最受欢迎歌曲擂台奖"。虽然张国荣的《沉胜衣》和《情人箭》两首歌也有在香港电台"中文歌曲龙虎榜"和香港商业电台"中文歌曲擂台阵"榜单停留数周,《沉胜衣》亦获得了香港商业电台1979年度"最受欢迎歌曲擂台奖"的特别奖,但唱片销量并不理想。据闻,在当时有唱片铺以"买罗文唱片送张国荣唱片"进行促销,甚至有人拿赠送的《情人箭》去垫锅底。

李重言后来写道:"《情人箭》是哥哥(张国荣)首张粤语唱片,碟内12首歌曲多为电视剧的主题曲或插曲,整张碟充满70年代末、80年代初期的风格。当时哥哥的声线较为幼嫩,但绝非差劣,而且唱腔也有其独特的一套。"《情人箭》由邓锡全、关维麟和强尼·赫伯特录音、监制。邓锡全何许人也?邓锡全后来是邓丽君的御用监制,原来是丽风唱片公司的录音师,后来被冯添枝邀请到了宝丽多担任录音和制作。而另一位监制关维麟则是谭咏麟的御用监制,为谭咏麟制作了众多高水准的唱片,谭咏麟的首张个人唱片《反斗星》便由该位仁兄监制。20世纪70年代中期到80年代中期,是香港电视剧的黄金时期,出产了无数经典的电视剧,在捧红了一批演员的同时,因电视剧的大受欢迎也捧红了一批演唱电视剧主题曲和插曲的歌手,像演与唱兼顾的汪明荃、郑少秋等,也有以唱为主的关正杰、叶振棠、叶丽仪等。在《情人箭》唱片的12首歌中,有7首是当时香港大热电视剧的主题曲,但唱片中属于张国荣自己的歌较少,有8首歌翻唱或改编自其他歌手的歌。《浣花洗剑录》《变色龙》《大亨》《大报复》分别翻唱自李龙基、关正杰、徐小凤、郑少秋演唱的同名电视剧的主题曲;《追族》《情人箭》《沉胜衣》则是张国荣为同名电视剧演唱的主题曲,后两首歌在香港电台"中文歌曲龙虎榜"和香港商业电台"中文歌曲擂台阵"榜上都取得了数周不错的排名;唱片内第一首歌《油脂热潮》改编自美国流行歌手尼尔·萨达卡(Neil Sedaka)1959年的单曲《单程车票》(One Way Ticket)。"油脂热潮"指的是20世纪70年代末电影《周末狂热》(*Saturday Night Fever*)和《油脂》(*Grease*)给香港年轻人带来的潮流与冲击,受两部电影中约翰·特拉沃尔塔(John Travolta)饰演的男主角造型的影响,全城掀起了一股迪斯科跳舞热潮。此后多年,"油脂仔""油脂女"亦取代了20世纪60年代"飞仔""飞女"的称呼,而唱片封面上

当我重温您,在茫然中思忆里
所有冷冰的暖了

张国荣的造型也契合这首歌的主题，顺应当时的这股风潮。"油脂热潮"也催生了一批与之相关的歌曲，除了张国荣的《油脂热潮》，还有像谭咏麟的《反斗星》、林子祥的《摩登土佬》等，可惜张国荣的这首歌并没有在当时这股热潮中因势而红；《三岁仔》是改编自美国面包合唱团（Bread）1977年的歌曲《抱紧》（Hold Tight），张国荣的粤语版本是一则以母亲的角度对孩子讲大道理和以孩子的角度要挣脱父母束缚的故事；《你教我点好》改编自美国女歌手多丽丝·特洛伊（Doris Troy）1963年的歌曲《只看一眼》（Just One Look），这首歌当年在"美国公告牌单曲榜"最高排名为第十名；《爱有万万千》改编自日本歌手泽田研二1978年的《无奈的女儿》；另一首英文歌曲Thank You则是1979年6月2日在韩国汉城举办的"1979年韩国汉城音乐节亚洲职业歌手歌曲创作邀请赛"的香港参赛歌曲，张国荣和奥金宝凭这首原创歌曲在大赛上分别获得"最有前途新星奖"和"最佳作曲奖"。张国荣原本还计划趁这次参赛的机会饱览汉城的风光，可惜因水土不服一到汉城便病倒了，以致带病参赛后不得不提前返回了香港。据媒体报道："张国荣在韩国得奖后，甚受当地少女的欢迎，竟然有不少歌迷拥进酒店去见他，并且要求与他举行联欢会庆祝，可是他没有时间，要赶返香港。"

虽然《情人箭》唱片的销量并不如人意，但是在当时的报刊上亦有一些中肯的乐评："张国荣的大碟《情人箭》，是张集各类歌曲大成的唱片，碟中的Thank You是大碟中唯一的英文歌，有类似电影开场的序曲，是首有动听旋律及歌词有深意的歌曲。Leslie唱英文歌本不错，咬字清楚，奈何略欠雄厚，若努力磨炼，该有更出色的表现。""总觉得他的Disco歌曲，像那清风轻轻拂过脸上，吹来时令人凉快得很，一抛暑热，过后却不留下点点，也许这就是与那些暴风式Disco歌曲的不同之处，不带给你疲累。""Leslie在碟内演唱很多别人唱过的电视剧主题曲……假若你不拿它们和李龙基、郑少秋和关正杰等人的原唱比较，你会更喜欢这大碟。不是说张国荣唱得不好，只是这些歌太过流行，而Leslie亦似乎未能把握尽歌中的意境，故唱来尚欠些东西。""《情人箭》打破传统式武侠歌曲，那管弦乐奏出引子，像乱箭向你心中飞射，使人有耳目一新之感。""张国荣必须再多下苦功,因他的声线始终偏温和一点,对演唱武侠剧歌曲来说便会稍微吃亏。"张国荣在1989年告别乐坛演唱会上说:"我要承认一件事,当我刚入行的时候,我所唱过的歌非常难听,全部是鸡仔声、呱呱声。不过在那个时候我肯认衰,也都肯认低微,所以我专找那个时候已经大红大紫的歌星的唱片回家日听夜听,从他们那里揣摩一下什么叫作唱歌,比如说阿Sam(许冠杰)、阿Lam(林子祥)、关正杰,还有今晚都有来的Roman(罗文),都是我学习的对象。"在《情人箭》唱片中,虽然张国荣的声线还较为稚嫩,而且部分歌曲的确有着模仿其他歌手演绎方式的痕迹,但是张国荣对于歌曲的理解和演绎也有了自己的一些方式,正所谓"宝剑锋从磨砺出,梅花香自苦寒来"。

丽的电视因歌星不够,大量减少了综艺节目的制作,张国荣也渐渐赋闲了起来。丽的电视原本有意安排张国荣出演古装武侠剧《沈胜衣》,但恰逢张国荣大病初愈,他担心自己病后身体负荷不了,便辞演了《沈胜衣》一剧,表示希望能演出一些现代时装剧。自张国荣辞演《沈胜衣》一剧之后,虽然丽的电视的现代长篇剧集一部连着一部地拍摄播出,但都没有张国荣的份,连演唱电视剧的主题曲都没有他的份,张国荣说:"所以我呢,就只有坐在那里,坐冷板凳,坐了差不多三个月。"不过这段时间他也接到一些如"好市民金笛奖""红歌星维园大会串""1979年度香港青年音乐节""1979流行音乐节""中秋彩灯会"和"反吸毒运动闭幕晚会"等社会活动演出的邀请,许冠杰亦邀请他参加自己的歌迷会两周年庆并担任演出嘉宾。赋闲期间,张国荣也曾找麦当雄表示自己坐得太闷,希望能够演出一些现代长篇剧集,麦当雄表示等《大白鲨》开拍的时候会有他的角色,但等《大白鲨》演员名单公布的时候还是没有他,这使张国荣很是郁闷。后来丽的电视提议可以加一个角色进去让张国荣出演,但张国荣觉得"既非在预算内,且故事开拍了才临时加他一角",所以没有接受丽的电视的提议。香港电台也曾有意找张国荣和黄杏秀主演一部单元剧,但因当时麦当雄与香港电台闹得不愉快,丽的电视声明不欢迎香港电台来借艺员,导致张国荣无法接拍这部单元剧。而这个时候无线电视再度派人来接触张国荣,游说他跳槽到无线电视,而他也觉得自己在丽的电视不受重用,而且1980年5月合约也将到期,遂动了跳槽之心。

当我重温您,在茫然中思忆里
所有冷冰的暖了

1979年12月，在丽的电视六周年庆活动之后，或许是丽的电视听闻了无线电视曾来找张国荣商谈跳槽、张国荣亦有意向跳槽无线电视的消息，丽的电视在即将于1980年开拍的现代长篇剧集《浮生六劫》（原名为《乱世四部曲》）中安排了张国荣饰演上海大亨车月亭的幼子车穗生（剧中昵称"毛头"）一角。《浮生六劫》讲述了在动荡年代剧中主角程瑞祥由身无分文、变卖妻子的难民，一步步成为成功的企业家，最后众叛亲离、郁郁而终的故事。"出淤泥而不染"的车穗生天生有心脏病，他的善良和正直与当时的社会格格不入，最后被害身亡。车穗生这个角色虽然戏份不多，却是个非常讨喜的角色，而张国荣也演得非常真实，给观众留下了深刻的印象。对于车穗生这个角色，张国荣说："演这个角色我真是完全投入进去的，其中有许多感人之处，我流的是真眼泪呀！"

在1979年这一年，张国荣经罗文介绍认识了一个大家称呼为"K.K.谭"的经理人谭国基，他是当时罗文的经理人，后来也成了张国荣的经理人。他手下的艺人张国荣、陈百强、钟保罗在合作电影《喝采》后被外界称为"三剑客"。张国荣后来因被谭国基私扣薪酬，在1982年底与之对簿公堂，张国荣说："我发现他（谭国基）在（薪酬）数目方面很不清楚，有一些欺骗成分，后来跟他有谈过，但他拒绝将我应得的钱给我。之后就有闹上法庭打官司，但是到了后来我都不知道为什么，就是两边都没收到钱。"当时有记者在他面前提起谭国基时，张国荣说："想当日我给他安排做'替场歌手'，他捧丹尼（陈百强）我不怪他，因为丹尼也是歌星，可是，我也是啊！但每次，他开演唱会，我就跟着上，试想想，我心内的滋味是如何难受，但我也尊重他的身份、地位，可是到头来，他竟克扣我的薪酬，欠我十多万（港元）。"1977年，在美国读书的陈百强在返港期间，凭一首自己创作的《岩石路》（*Rocky Road*）参加无线电视举办的1977年"香港流行歌曲创作邀请赛"获得季军。翌年，又获得"全港公开山叶电子琴大赛"冠军和1978年"香港流行歌曲创作邀请赛"季军，之后谭国基找上陈百强成为他的经理人。据郑国江介绍，当时香港四大外资唱片公司排名最后的百代唱片（EMI）欲扭转形势，想招揽罗文过档，因此跟罗文的经理人谭国基商议。谭国基开出的条件中，最重要的一条是如果罗文成功跳槽百代唱片，百代唱片则要全力替他捧一位新人，这位新人就是陈百强。张国荣虽然在谭国基手下的发展并不理想，但也一直努力做好自己的工作，后来他发现"以他目前八万块（港元）的片酬，之前拍了五部片，加上登台，估计自己赚了六十万（港元），但他真正落袋只有三十余万（港元）"。在拍摄《鼓手》期间，他亦几次主动找谭国基协商，但都没能达成一致，张国荣遂向谭国基发出律师信，"要求对方赔偿损失十三万（港元），并偿付利息"，但谭国基拒绝支付。最后张国荣为了维护自己的利益，不得不通过法律途径将谭国基告上法庭。他们的官司原本于1983年1月14日开庭，但谭国基向法庭提出延迟14日。当时张国荣不知道能否收到自己应得的钱，他表示："十多万买的，是一次大教训，如今，我不会再找来一个经理人，把自己困扰。也知道，怎么去为自己争取，如何去应酬别人！虽然'十多万学费'是贵一些，但总叫我以后，不会再吃别人的亏。"经过此事，当时的张国荣认为香港娱乐圈不宜设经理人制度，他本身台期亦非太密，以后亦不再聘用经理人了。张国荣说，他厌倦了娱乐圈的虚伪，所以决定三年后退隐。

图片授权提供：明报

当我重温您，在茫然中思忆里
所有冷冰的暖了

谁在命里
主宰我
每天挣扎
人海里面

Chapter
07

1980年2月4日，丽的电视开播《浮生六劫》后，张国荣在该剧中的演出颇受外界的好评，被观众称赞为"能够把握角色，表现得恰如其分，绝不夸张，惹人好感"。为了演好"车穗生"这个角色，张国荣说："为了演出自己的角色，我花了不少时间来琢磨、研究，由于故事前后发生的时间，相距十年左右，所以在演出方面，我的表现一定要愈来愈沉着和成熟。"在剧集拍摄期间，张国荣的母亲心疼自己的儿子拍戏辛苦，便搬到张国荣的住处亲自照顾张国荣，让张国荣非常感动，他说："主要是慈母的爱心，令她不觉得疲倦，她搬来一起住，可以照顾我的起居饮食，每天回家，都有丰富及营养的食物及汤点等着我吃。所以，拍电视剧，体力上虽很疲劳，精神上却是愉快的。"而外界对张国荣的评价也是给了他最好的回报。自从张国荣加入谭国基旗下，便将续约还是跳槽之事交与谭国基处理，在无线电视找谭国基谈张国荣跳槽的同时，丽的电视亦让黎小田代表麦当雄向谭国基洽谈张国荣与丽的续约事宜。虽然无线电视开出的薪酬要高于丽的电视，但张国荣觉得，"公司（丽的电视）既然诚意挽留，而且我又是公司栽培出来的，做生不如做熟啦"，遂与丽的电视续签了两年的合约。

在拍摄《浮生六劫》的同时，张国荣亦被香港电台邀请出演"屋檐下"系列的单元剧《死结》。《死结》讲的是青少年早恋及三角恋的社会问题，三个少年男女因家庭生活不美满，缺乏应有的关怀及照顾，在偶然的机会下产生了畸形的三角恋情。女的深感身处二人之间的痛苦，不知取舍，最后三人决定服药自杀以解决烦恼。丽的电视之前由于歌星不足的原因曾放弃制作综艺节目，但在制作的电视剧集热播的同时，遂又对综艺节目起了心，尝试制作实验性的小型综合性节目《猫头鹰时间》，由薛家燕和张国荣搭档主持，以试探观众的反应。与此同时，薛家燕和张国荣亦收到台湾地区电视局的邀请，担任1980年3月26日在台湾举行的第15届"广播电视金钟奖"颁奖典礼的颁奖和演出嘉宾。丽的电视非常重视这次邀请，薛家燕和张国

当我重温您，在茫然思忆里
所有冷冰的暖了

荣亦提前一个月就开始排练，原计划薛家燕演唱《天蚕变》、张国荣演唱《天龙决》，但在送审的时候台湾方"以该歌曲不适合演出"为由通知他们重新选歌。后来据闻，《天龙决》因歌词中有一句"江山归我取"而没能通过审查。薛家燕和张国荣只能临时换歌，因台湾方面亦有规定不准以地方方言公开演出，最后张国荣选择了他在《情人箭》唱片里《油脂热潮》的原曲One Way Ticket作为表演歌曲。因为这个规定，无线电视派出的郑少秋、沈殿霞便演唱《高山青》《玫瑰玫瑰我爱你》等歌曲。

在香港电台电视部推出的希望重塑香港历史的"历史回望"系列剧中，张国荣应邀演出"反映在父权制度下的女性地位，随着年代步伐而不断改变"的《岁月河山》之《我家的女人》。该单元剧在1980年获得第1届"英联邦电影电视节银奖"和第16届"芝加哥国际电影节金雨果奖"，张国荣亦凭此片获得"英联邦电影电视节最佳表演奖"，这是张国荣作为演员获得的第一个奖项。张国荣在剧中饰演男主角景生，导演黄敬强说："这个角色是个刚从省城读书回乡的年轻人，需要一种摩登的感觉，当时的张国荣是一张颇新鲜的脸孔，很容易就会联想到他。"《我家的女人》的编剧是"坚持找张国荣主演又说服他剪短头发的"的李碧华，李碧华说："（《我家的女人》）是一个民初的浸猪笼故事，自省城学成回乡的二少爷恋上了父亲的小妾，那时最怕改名字，偶翻元曲，见到'良辰美景奈何天，赏心乐事谁家院'，便给女的改为美好，男的唤景生。"张国荣在《我家的女人》中的表现也让该剧的导演黄敬强刮目相看，黄敬强说："有些演员叫他就位便就位，其他时间就在聊天，情绪会散，但张国荣真的很用心，一直在跟你谈这个戏怎么做、角色怎样揣摩，他很聪明，基本上跟他说什么，他便能照样演出来。"《我家的女人》原计划只有一集，后来因为拍摄的内容太丰富，以至于导演不舍得大量删剪，在跟监制张敏仪商量后遂分为上、下两集。张国荣自己也很喜欢这部单元剧，曾计划将它重拍为电影。李碧华后来在文中写道："因为你（张国荣）跟小思（卢玮銮）和仙姐（白雪仙）提过，你很喜欢廿年前在香港电台演过的一个电视剧《我家的女人》，想重拍。那是识于微时的我们第一次合作，还夺过国际奖。所以去年（2002年）5月1日我千方百计把你约到徐枫家开会，她乐意支持。我建议把剧本重写，情欲去尽些。你想用张柏芝，喜欢她的外形和演技，还很贴合剧中'十清一浊'的命格。"该剧导演黄敬强后来也曾在加拿大领事馆巧遇张国荣，黄敬强说："闻说他（张国荣）十分满意（《我家的女人》）这部作品，很有兴趣再次重拍，只可惜没有这个机会了。"

1980年4月底，《浮生六劫》终于杀青。之后，张国荣除了担任第5届"亚洲歌唱比赛"的香港区和澳门区的表演嘉宾外，原本薛家燕也邀请他在台湾的电视特辑《巨星劲歌薛家燕》中担任演出嘉宾，计划在5月5日赴台，后因张国荣没有入台证而作罢。新加坡牛车水人民剧院为牛车水联络所和安老院筹募活动基金，邀请在新加坡掀起热潮的电视剧《变色龙》的艺人于5月20日至22日一连三晚在新加坡国家剧院义演，张国荣亦随李兆熊带队的30来人的大部队赴新加坡担任演出嘉宾。他们一行在新加坡受到当地媒体和影迷空前热烈的欢迎，但可能因为张国荣并没有参演《变色龙》，所以焦点基本都集中在刘志荣、潘志文、刘纬民、魏秋桦、张瑛、吴回、李月清等这些参与演出《变色龙》的演员身上，并没有多少人留意到这个曾翻唱过《变色龙》主题歌的年轻小伙子。不过不久之后，《浮生六劫》便在新加坡热播，张国荣开始引起新加坡观众的关注，后来更是受到新加坡观众的疯狂欢迎。

在拍完《红楼春上春》之后，也曾有一些制片人邀请张国荣出演电影，不过都被他婉拒了，张国荣说："可能是自己第一次拍片，就觉得不称心，心理上的因素影响极大。再有其他人找我拍片，我都要小心应付，以免再蹈前辙。"在离开电影两年后，张国荣在陈欣健的极力邀请下，答应出演新成立的福山影业公司开拍的电影《喝采》。《喝采》曾先后叫作《眼泪为你流》和《鼓舞》，都是陈百强创作的歌曲，《鼓舞》也是电影《喝采》的主题曲，后来电影公映时将片名改为《喝采》，可能为了宣传效果，在陈百强的唱片内，《鼓舞》这首歌的歌名亦改为《喝采》。这是导演蔡继光的第一部电影作品，《喝采》原计划赶暑假的档期，所以1980年6月初便开始拍摄，只用了35个工作日便匆匆完成。蔡继光说："在开始构思故事时，我们已决定了找陈百强、钟保罗、张国荣等人。""除了陈百强，有些做电视节目的经验，但严格来说其他演员没有演戏的经验，唯一勉强称为有点经验的就是张国荣。所以有时为了迁就

当我重温您，在茫然中思忆里
所有冷冰的暖了

他们的演技、角色，我们不得不更改剧本。作为一个演员，假如他没有或很少有演戏的经验，最好就是要求他扮演他自己，这样比较容易控制。"陈百强之前客串过两部电影，《喝采》是陈百强第一部担当男主角的电影，而且也可以说这是一部为陈百强"度身定制"的电影，这部电影的顾问谭国基原本就是希望捧红陈百强。据女主角翁静晶后来回忆，她和张国荣第一次在陈欣健的办公室见面时，张国荣便问谭国基："这漂亮的女孩是谁？"谭国基轻描淡写地说："噢！她叫晶晶，是'丹尼'在戏中的女朋友。"张国荣又问："还以为是替我选的女朋友。那么我戏中的女朋友，又是谁？"这时制片、监制都尴尬地用笑来掩饰，而谭国基老练地打圆场："放心，这个任务，由我亲自负责！"当然，谭国基随口敷衍的一句话，根本不会兑现。翁静晶后来在文中写道："张国荣不会瞧不见连日在走廊轮候试镜的人潮，也不会不知道她们是来应征第一女主角。论戏份，饰演张的女友，几乎是半句'台词'也没有，称不上是主角。至于第一男主角是陈百强，第二男主角则是当红电台播音人钟保罗。张国荣只是第三男主角且饰演'反派'，这是当时的共识。"张国荣在电影中只是作为陈百强饰演的"正面角色"的反衬，饰演并不讨好的"反面"配角，他在整部电影中一共只有十几个镜头，虽然名义上是"主角"之一，但说是"客串"应该更为合适。翁静晶说："是敬业也好，是乐业也好，总之《喝采》中只得十个镜头的张国荣，绝无欺场。要是他与片中任何一个角色对调，相信也能演得一样落力（努力），演得一样出色。"《喝采》讲述了陈百强饰演的与家庭关系疏离但热爱音乐的富二代中学生，在经历生活的悲喜和人生的不如意后，仍不放弃自己的音乐理想，最后在朋友们的帮助和自己的努力下，参加校园歌唱比赛获得冠军的故事。张国荣在其中饰演一个与主角处处作对的成绩优异但很骄傲的中学生。《喝采》当年不是同期收音，而是事后由演员配音，翁静晶说："谭国基手下的三位男主角，最乐意学习配音技巧者，是全出戏只占十个镜头的张国荣，他更能火速完成任务。而陈百强，则在经历半小时的挫败后拂袖而去，最后的结果，是被配上了一把'老男声'！跟丹尼共同进退的我，则被配上'鸡仔声'，可谓是自作自受。成熟而敬业的钟保罗，情况当然大为不同。"《喝采》公映后，叫座又叫好，陈百强的形象更是为观众喜欢,而十来个镜头的张国荣虽然角色本身不讨好,但他在电影里的表现却引起了业内人士的好评。魏绍恩当年在文中写道:"从'亚洲歌唱比赛'到现在,张国荣一直在等待他的机会,且紧抓每一次。《浮生六劫》中初露锋芒,《我家的女人》扬威立万,而《喝采》,谁也不能否认在《喝采》中张的锋芒盖过了任何人,包括陈欣健。""一直以为《浮生六劫》里张的成功是角色的讨好占了一大半,看了《喝采》才相信并不一定是事实。《喝采》的角色其实一点也不讨好,然而张能够outshine(一枝独秀)所有人原因何在,至今仍然不明所以。"拍完《喝采》后,导演蔡继光非常喜欢在《喝采》中从头到尾只得十组镜头,却毫无怨言地坚守着本分的张国荣,翁静晶说:"讲起蔡继光,每提到当年拍《喝采》时的麻烦事,他必侃侃而谈。相对起'不在乎,不稀罕'演员工作的陈百强,蔡导演对戏中男配角张国荣,则予以高度的评价。"蔡继光觉得:"张国荣的态度真是一流,用心又肯学,每件事都看得好仔细。"或许,这也是张国荣最终踏上成功之路的原因之一。后来,蔡继光在筹备拍摄电影《柠檬可乐》的时候,就坚持要用张国荣饰演男主角。《喝采》是谭国基旗下的张国荣、陈百强、钟保罗第一次合作,也正是在这部电影合作之后他们被外界称呼为"三剑客"。张国荣在1985年的首次个人演唱会上,在唱起陈百强的《喝采》前说:"接下来为大家唱的这首歌,这位朋友曾经成日去迪斯科跳舞,现在不知道他还有没有去跳,不过,我跟他,如果以男性朋友来说,都有好多接触机会,因为以前和他一起拍过电影,也都有一起唱过歌,讲下我对他的感受给你们听,这位就是陈百强。我对他非常'不满',因为他写的歌实在太好听了;我对他也非常'失望',理由就是他的歌永远都没有写给我唱,拍电影,永远也是他做忠、我做奸。如果我们是女人就更惨,那么他肯定就是'余丽珍',我就是'李香琴'(余丽珍和李香琴是粤剧界非常出名的忠奸搭档,余丽珍演忠角,李香琴演奸角)。好了,就由我这个'李香琴'唱一首歌送给'余丽珍'听,各位,请为'余丽珍''喝采'。"当张国荣唱完《喝采》的上半段,间奏的时候突然很意外地发现了陈百强亦在现场。之后陈百强走上台,两个人在舞台上拉手拥抱,张国荣说:"哇,今晚真的值得看了,你的歌呢,首首我都能哼几句,不过最熟的就是这首,你可不可以同我一起合唱?"陈百强笑着抗议道:"我真的不想做'余丽珍'……因为'余丽珍'的头飞来飞去……(粤剧电影《无头东宫生太子》中的剧情)"最后在张国荣的一再邀

当我重温您,在茫然中思忆里
所有冷冰的暖了

请下,两个人拉着手合唱起《喝采》:"路上我愿给你轻轻扶,你会使我感到好骄傲,幸福欢乐陪着你,去找一生美好……"当合唱完《喝采》后,两人在台上再次拥抱,在陈百强离开舞台的时候,张国荣提醒灯光师给陈百强打一下聚光灯,以免灯光太暗跌倒。陈百强在舞台边上见到服装设计师刘培基时,又一脸认真地对刘培基说:"余丽珍无头,一个头飞来飞去,我不要做她。"在张国荣1985年演唱会最后一场,钟保罗亦来到现场捧场,张国荣向观众介绍钟保罗时说:"那时候我们有'三剑客'之称,一起拍戏好开心,但因为总有时候有些机会、有些际遇的问题,所以大家分开了一段颇长的时间。A Paul(钟保罗)做了出色的DJ,我在电视台拍电视剧,丹尼仔在唱歌。直至前几日,陈百强在舞台上跟我搭着肩膀一起合唱了以下的一首歌,我非常感动,有一种复合的感觉。所以在这里,我希望再有机会的话他会再来,有没有来啊?没有啊?没关系啦,那么我在这里尽量将他这首歌演绎得好一些给大家听。各位观众,陈百强的《喝采》。"张国荣说完这番话,便在台上唱起《喝采》。如今回顾这两个片段,不禁唏嘘。

张国荣在《浮生六劫》和《我家的女人》中的表现吸引了很多圈内人士的关注,他们对他刮目相看。当时,在香港逗留几天的台湾演员归亚蕾在电视上看到张国荣的表演后,说道:"这男孩子是谁?真可爱,我要认识他,我的新片正要找一个这么有气质和演技的演员,真是踏破铁鞋无觅处。"之后,归亚蕾与女导演李美弥合组谦记电影公司,筹备自资开拍一部电影《晚间新闻》,有意邀请张国荣、柯俊雄和她一起担任主演,细节问题也谈得差不多了,原本计划张国荣在拍完《喝采》和丽的电视的长剧《血泪中华》(后改名为《大地恩情》)后赴台,不过最后可能因为档期问题没有成行。直到1986年台视开拍剧集《福禄寿喜》时,担任该片制作人的归亚蕾再次邀请张国荣在剧中客串演出一名歌星以及为该剧演唱主题曲《千山万水》。

在此期间,张国荣亦忙里偷闲尝试创作剧本,当记者问他是否意欲从事编剧时,张国荣说:"没有,我希望将来有机会在电影导演的路线上发展,但是现在一切言之过早,我不想开空头支票，目前我对演戏兴致勃勃。"这应该是张国荣第一次公开发表未来要向导演发展的计划。虽然丽的电视安排了很多通告给张国荣，但张国荣在丽的电视并不快乐，电视台里人与人之间的明争暗斗让他觉得有一种莫名的生疏，缺少归属之感。虽然续约后丽的电视给张国荣的加薪幅度让他满意，但他觉得与丽的电视两年的合约到期后，应该不会再续约。拍完《喝采》后，张国荣偷偷去了日本的东京、大阪等地旅游，返回香港后，丽的电视安排他和张德兰、陈秀珠搭档，主持全新的综艺节目。综艺节目一直是丽的电视的弱项，因为缺少有名的歌星，被无线电视甩开了好几条街。这次，丽的电视扬言要制作大型的歌唱综艺节目，一边到处挖角邀请有名的歌星加盟，一边让现有的艺人先制作新的综艺节目投石问路。为了积累制作大型歌唱节目的经验，丽的电视亦提前练兵，筹备与香港电台合作先在香港沙田马场举办一场"香港歌唱大会"的户外慈善演唱会。

丽的电视之前曾安排张国荣在剧集《天龙决》《人在江湖》《大地恩情之古都惊雷》中出演角色，不过最终张国荣都没有参与演出。后又安排张国荣与陈秀珠搭档出演剧集"爱情故事"系列之《骤雨中的阳光》，但最后又临时改为由林国雄出演，不过张国荣自己也觉得那个角色并不适合他，所以对此兴趣并不大。原本热播的《大内群英》亦有安排张国荣出演一个角色，最后因时间问题张国荣亦没有参与演出。之后，丽的电视借《大内群英》的热播，"趁热打铁"开拍《大内群英续集》（原名《乾隆韵事》），安排张国荣在其中出演方世玉一角。丽的电视原本安排懂武术的程小东出演方世玉这个角色，不过程小东死活不肯出镜，丽的电视最后妥协，让他教张国荣"武艺"，他也就成了张国荣的武术指导。《大内群英续集》是张国荣的第二部古装剧集，因为该剧的时代背景是清朝乾隆年间，为了出演这个角色，张国荣不得不牺牲了自己的头发，剃了个光头。一开始张国荣很担心自己剃了光头后会很难看，不过剃完以后他才发现原来自己的光头造型也还不错。不过因为是第一次剃光头，他总有些不习惯，张国荣说："活了这么多年，都没试过头上没头发，每逢照镜子，或者摸起头来，就有一种别扭的感觉。"所以平时他就爱上了戴帽子，这光头还曾让他流了一次眼泪。张国荣说："有一次，我刚起床，就糊里糊涂抓起梳子往头上梳，哗，光秃秃没头发，一梳下去，说有多疼就多疼，痛得我眼泪直流。"而在戏里合作的女演员们觉得张国荣剃了光头反而更加俊朗可爱了，比起之前还有几分爽朗，而且开玩笑说清秀得连她们都"嫉妒"，所以文雪儿、马敏儿、陈曼丽等个个都喊他"靓仔"。不过这个"靓仔"牺牲的可不只是这"三千烦恼丝"，因为剃了光头，原本定下的几个登台演出就只能延期或者取消了，但一直自称有"阿Q精神"的张国荣觉得光头或许会带给他好运。

1980年8月23日晚8点，丽的电视和香港电台合作的"香港歌唱大会"慈善演唱会如期在香港沙田马场举行，香港电台第一台、第二台和丽的电视第一台进行现场直播，黎小田和邓霭霖担任司仪。当晚参与演出的艺人有关正杰、张德兰、柳影虹、叶振棠、张国荣、区瑞强、蔡枫华、岑南羚、陈秀珠等，另外还邀请了香港的资深歌手静婷和从台湾远道而来的歌手沈雁和江玲。张国荣当时因即将出演《大内群英续集》，已经剃了光头，他觉得总不能光着头像个小沙弥似的上台，就借鉴了泽田研二的扮相，穿了一套白色西装，戴了一顶海军帽，演唱甄妮的快歌《心曲》和陈百强的《飞越彩虹》。可能是因为他的造型太过于前卫，跟当时观众喜欢的穿西装打领带正装形象的歌手完全不一样，一出场便遭到嘘声一片，而当他演唱到高潮时，顺手将帽子脱下来，抛向了观众席，顿时现场嘘声再起，就在他一个转身之间，这顶去台下只"溜达"了一下的海军帽被抛回了台上，在此起彼伏的嘘声中又有人为"抛回帽子"的行为拍掌附和。虽然这样的场面令张国荣非常尴尬和难堪，但张国荣还是尽力在台上把歌唱完。在他之前演唱的区瑞强回忆说："我当时看着帽子落在一个歌迷手上，他第一反应不是欢喜若狂，而是嫌弃地把帽子扔回台上。"之后也有记者在报纸上评论："在电视前已听到现场观众的嘘声四起。"演出结束后，情绪低落的张国荣回到家里，查看电话录音时，有人留言："麻烦你滚蛋，回去读多点书啦，你知不知道丢脸啊！"虽然这样的打击让张国荣非常难受，但他并没有因此而消沉下去，反而激发了他永不放弃的斗志。张国荣后来说："我在歌坛早期的日子，虽然并不如意，但也不至失意得抬不起头来！无疑有好些痛人、刺心的琐事，也颇令我为之心伤！但，我更相信即使我不干这行，我也会遇到许多难以言喻的心酸，也会受许多的闲气！所以我一直以来，也不以此苦为苦，只是继续努力，默默地向上游！"1985年张国荣在电台节目中与主持人说到此事时，亦说："我不知道，可能这位朋友，扔回我那顶帽子的朋友，现在正在收听节目,我不知道他有什么感受,可能他已经结了婚,或者已经生了子女,但想一想人有时是要有一种宽恕人的心,我宽恕了他,但我不知道他宽不宽恕我。"当主持人问到他是否会因此在心里不舒服很长一段时间时,他说:"当然不舒服啦,但是呢,因为我很有'阿Q精神',我还会问人你那天有没有听我唱歌,就是我会这样。有时想想电视台播的时候会将嘘声调低,听不到我被别人嘘,那他们只会看到我的表演,我会这样想。"

张国荣曾在访谈中说:"又有一次,我收到了一个包裹,看着那个不认识的名字,我相信那是歌迷寄来的,于是乎我好欣喜地拆开那包裹,因为我那时甚少收歌迷送来的礼物,然而,这次可得到了,换言之,我也有这么一个知音者……可是,当我拆开来一看,里面的礼物竟是冥币,我好失望也好伤心!得不到任何礼物,也不会有任何失落感,可是得到这么一个包裹,是要我去死吗?不喜欢我,倒也不能勉强他们的,但也无须那样憎恨我!"

自从发行了唱片《情人箭》后,张国荣一直忙于拍戏,宝丽金也没有再联系他谈续约及制作下一张唱片的计划。有一天张国荣去到宝丽金的时候,宝丽金的高层冯添枝坦诚地跟他说:"你的合约已经满了,你已经和我们(合作)录了两张唱片,一张英文,一张中文,反应方面也都不是很理想,我觉得你可以随便去选择你的唱片公司,我们也都不需要或者没这样的意思跟你合作了。"张国荣听冯添枝讲完后没说什么,在谈话的会议室跟冯添枝握完手后就走了。他不好意思跟朋友说起这事,直到好长一段时间后大家才知道张国荣已经离开了宝丽金。而自从1980年8月27日《浮生六劫》在新加坡开播后,张国荣饰演的车穗生深受新加坡观众的喜爱,在当地人气急升。当地的一些娱乐机构亦有意向联系他到新加坡登台演出,他上次随《变色龙》剧组赴新加坡义演时演唱的 *One Way Ticket* 等歌曲也开始在电视台播出,新加坡本地的综艺节目亦有意邀请张国荣去新加坡录制节目。

1980年10月2日电影《喝采》公映后,只一周时间票房就逾200万港元,虽然张国荣的戏份不多,但也令他很高兴。拍完《大内群英续集》后,张国荣原本觉得终于可以休息一下,计划休息一段时间去日本散散心,不过香港电台的编导敬海林邀请他出演罗启锐执导的"岛的故

当我重温您,在茫然中思忆里
所有冷冰的暖了

事"系列的单元剧《大屿山沙之城》,张国荣饰演的年轻的出家人在剧中没有一句台词,这对张国荣来说是一个很大的挑战。有评论称:"他们(四个大学生)清早爬山的时候,张国荣却在做早课,他们看到日出,而张国荣却欣然微笑,如顿悟佛理,编导有意刻画出家人和俗世人处在两个不同的世界。俗世人拜神求佛是为避灾求财,而出家人是为达到更高的精神境界。四个男女在海滩杀蟹野宴,住持则在谈禅说佛,一动一静,成为强烈对比。张国荣的不发一言似乎是有佛在心、无须多言的表示。最后微笑执扫帚目送年轻男女下山,好像达摩拈花微笑。"《大屿山沙之城》应该算是一部实验性质的单元剧,没有戏剧冲突,如流水般平淡的故事情节,隐晦地表达创作者心中的"禅意"。不过,张国荣在剧中表现出来的那种"静",对一个年轻演员来说真是难能可贵。

1980年11月7日,张国荣与缤缤影业签了两部电影的演员合约。缤缤影业的制片总监张权主持签约仪式,与张国荣同时签约的余允抗导演,计划在1980年底开拍张国荣主演的影片《新一代》,而另一部计划由张国荣主演的影片则由无线电视的编导甘国亮导演。不过后来由于缤缤影业加入其他财团股东,人事变动,原计划一再延迟。当时,余允抗说:"有关剧本及人选问题,一早便已就绪,一俟缤缤通知便可开镜。目前尚未知道影片准确开拍日期,起码要到农历年过后才可以动工。"最后,缤缤影业原计划中由张国荣主演的两部影片全部告吹。后来,余允抗亦离开缤缤影业,与陈欣健等人自组世纪影业公司,张国荣应邀在余允抗监制的电影《烈火青春》中出演。

在拍摄《大内群英续集》期间剃了光头的张国荣,出演《大屿山沙之城》倒是很便捷,不过也正是因为这个光头,错过了丽的电视之前安排他出演的《大地恩情之古都惊雷》。不过丽的电视随即又安排了他与文雪儿搭档出演爱情剧集《小小心愿》(原名《爱情亲情》)。在1980年11月21日《小小心愿》的开镜仪式上,丽的电视也别出心裁地以潮流兴的"跳舞"形式取代了传统的拜神仪式,结果张国荣和文雪儿这对男女主角跳舞搭档以大热门的姿势赢得"舞王"和"舞后"。《小小心愿》开拍以后,张国荣每天7点早班通告,一天拍十多场,一直拍到深夜12点,有时候甚至到凌晨2点,以致他天天睡不够,脸上还长出了青春痘。而且因为之前剃了光头的头发还没有完全长出来,编导认为他们在剧中饰演的是时下的年轻人,如果光头就不大适合,所以安排他们戴假发。因戴着假发很不舒服，张国荣非常烦恼。不过有趣的是在该剧中，后来成为张国荣在舞台上的"最佳搭档"的梅艳芳以及她的姐姐梅爱芳客串了"路人甲"股民，这算不算是张国荣与梅艳芳的第一次合作呢？在这部剧中其实还有很多丽的电视的艺人或者幕后工作人员参与演出，如合作了《红楼春上春》后见到张国荣就会不好意思的陈维瑛、张国荣第一首中文歌曲《追族》的填词人詹惠风等。张国荣在《小小心愿》中饰演一直在酒吧驻唱有着歌手梦的沈再良，所以他在剧中演唱了数首歌曲：他自己的《爱有万万千》、吉姆·汉森（Jim Henson）的《舞出彩虹》（The Rainbow Connection）、约翰·丹佛（John Denver）的《乡村路带我回家》（Take Me Home, Country Road）、《乘喷射机远行》（Leaving on a Jet Plane）、《对不起》（I'm Sorry）、关正杰的《残梦》和《雪中情》、林子祥的《分分钟需要你》、陈百强的《飞越彩虹》等。

《小小心愿》原计划将在1980年的平安夜杀青，张国荣也一早安排好了圣诞节目，并计划圣诞过后去日本和韩国旅游，作为自己这段时间来日夜拍摄《小小心愿》的辛苦补偿。没想到《小小心愿》还没拍完，丽的电视又安排了他出演《珠海枭雄》，这让他叫苦不已："不但圣诞节目落空，且百上加斤，现在拍《小小心愿》只是一组戏，到本月中《珠海枭雄》开镜，我就要一日跳两组戏，更辛苦了。"然而雪上加霜的是，可能这段时间张国荣拍戏太累的关系，他的肝炎再次复发，医生嘱咐他短期内必须休养，不然对身体会有很严重的影响。为了身体着想，他向丽的电视提出拍完《小小心愿》后请假两个月入院治疗，但因为张国荣在《珠海枭雄》中的戏份较重，所以首次担任监制的梁天希望他能够拍完《珠海枭雄》后再入院，张国荣见此，于是将入院期押后，完成《珠海枭雄》一剧之后再入院医病。另外有一家独立电影公司亦有意邀请张国荣和文雪儿搭档拍摄一部"油脂电影"，但张国荣为了身体考虑，没有接拍。最终《小小心愿》于12月27日杀青，张国荣提议在翌日请剧中的一班同事打麻将、吃饭，他的提议得到了大家的积极响应。《小小心愿》开播后收视率一直骄人，广受年轻人的欢迎，张国荣表示，即使花费一笔请大家吃饭也很值得，大家既可联络感情，又可当作庆功宴。

迎头追赶见努力
前途纵远默默量

Chapter
08

1981年1月20日，民国初年背景的奇情动作剧集《珠海枭雄》开播。该剧"以描写珠江水域两大枭雄——杨秋萍和蒲四争霸的事迹为经，穿插其间的六角恋情为纬"，讲述了主角杨秋萍从文弱的爱国学生到后来落草为寇，最后投身于革命的洪流之中的故事。张国荣在剧中饰演一位"锦绣行"的富二代，绰号"十三行六"的孔六，他明面上是家道中落的富二代，而暗地里却是一个枪法快而准的独行贼。对于这个角色，张国荣说："我很喜欢这角色，在众多好戏的前辈之前，还可借机学到不少东西。"当时还未入行的梅艳芳在《小小心愿》里客串了股民后，亦在《珠海枭雄》里客串了护士一角。自1981年开始，香港电检处实行新的法例，要净化荧幕画面，《珠海枭雄》的预告片便首当其冲。预告片中有一段张国荣饰演的"六少"去打劫，店员被他开枪击中后当场喷血的镜头，被电检处判定为不适合出现在荧幕上，责令丽的电视删除该镜头。《珠海枭雄》原计划在1月12日开播，刚好与无线电视制作的同是民国初年背景的《流氓皇帝》正面打擂台，后改在1月20日开播，此时《流氓皇帝》已占尽先机，最终丽的电视的《珠海枭雄》收视不敌无线电视的《流氓皇帝》。

　　随着《浮生六劫》在新加坡、马来西亚的热播，张国荣在两地备受欢迎。拍完《珠海枭雄》后，张国荣应邀自2月15日起一连两个星期在新加坡美丽宫剧院登台演出。当张国荣穿着粉红色短袖T恤、蓝色牛仔裤在谭国基的陪同下出现在记者会上时，媒体称："闻风而至的迷姐迷妹，一窝蜂拥上来，要求偶像和他们签名拍照，忙得张国荣团团转，正在进行的记者招待会，也因此而中断。好不容易在有关方面负责人的劝导下，影迷才依依不舍地暂时离开偶像的身边。""有些要照片，有些要摸他一下。记者招待会简直变成了影迷招待会。全场里尽是她们的声音，身为记者们反而没法子开口了。"在张国荣忙得不可开交的时候，谭国基瞧准两位

当我重温您，在茫然中思忆里
所有冷冰的暖了

表现最热情的影迷,把她们叫了过去,请她们担任"张国荣新加坡影迷会"的代表,就这样,一个"影迷会"在记者招待会现场即刻成立了,这也算是张国荣的第一个官方粉丝组织了,两位被选为"影迷会"代表的女孩子更是欣喜万分、热情高涨,只一天时间,就招募了200多名会员。当张国荣从洗手间出来时,洗手间门口亦挤满了影迷,媒体写道:"有人要搂住他而拍照,以万古流芳。有人要抢住他接个吻,以笑傲江湖。张国荣没法子,耸了耸肩,都顺着她们啦。殊不知,闻风而至的人可不少,把洗手间外的小巷都堵住了。几经挣扎,一声又一声的道歉,方能冲出重围。"据记者的印象,"除了刘文正以外,就没有看过这种场面。张国荣十分开心。因为有这么多人拥护他,他神采飞扬。"张国荣自入行以来,应该是第一次受到如此疯狂的欢迎。张国荣在美丽宫剧院的演出亦是场场爆满,美丽宫剧院的老板刘明礼后来说:"张国荣当时就已经是一个很专业的艺人了,要求很高,演出时全力以赴,对观众也非常友善。"主办方为了感谢影迷的支持,更是推出了"与张国荣郊游野餐会""张国荣影友招待会""与偶像同游车河"等一系列相关活动。在抵达新加坡的翌日,张国荣立马被新加坡的丽的呼声电台"抢"去做接受观众电话访问的直播节目,据记者形容:"他穿着一件白T恤,蓝色牛仔裤,很cute(漂亮)很cute的软皮皮鞋,显得很轻松。他坐在徐惠民(节目主持人)的对面,头上戴了耳机,左脚跨在右腿上,呈'丁'字形,一面和听众对话,一面用手把鞋带解开又绑上,绑了又解开,一心二用,表情十足。"在新加坡的日子,张国荣同时应崇文联络所建所基金委员会的邀请,于2月17日始一连三晚在新加坡国家剧院参加"威来OVB歌舞迎春之夜"慈善演出,为崇文联络所筹募建设一所新的现代化联络所而义演。当他在台上唱完《爱你在心口难开》(*Love You More than I Can Say*)后,观众反应热烈,强烈要求'encore'(法语返场的意思,指表演结束后观众要求表演者再次表演),最后,他只能又清唱了一首《浮生六劫》的同名主题歌。*Love You More than I Can Say*是美国蟋蟀乐队(The Crickets)1960年的单曲,由蟋蟀乐队的桑尼·柯蒂斯(Sonny Curtis)和杰里·艾利森(Jerry Allison)联合创作,1961年由美国流行歌手鲍比·维(Bobby Vee)唱红,1980年英国歌手李欧·赛耶(Leo Sayer)重新演绎了这首歌，使得这首歌声名远播，红遍全球。

为答谢歌迷影迷的支持，1981年2月21日下午4点"张国荣影友招待会"在新加坡南洋商报礼堂举行，不过2点半刚过，就陆陆续续有影迷顶着大太阳来到招待会的现场，一过4点"一时之间，礼堂内就站得满满的。Leslie一出现，女孩子们都尖叫了起来。都不知道给多少人摸了几十下，捏了几十下，国荣方有机会挤上台去。""Leslie在台上谈笑风生。女孩子们（当然也有少数男孩子）有的专心听，有的光是在笑，有的在拍照，有的在warm up（暖身、预备），准备冲上台去。有的在问'相片呢？相片呢？'"影迷会最后，张国荣为现场歌迷、影迷清唱了一首电视剧集《浮生六劫》的插曲《戏剧人生》。现场记者表示："影友会于5点零6分宣告结束。那种要求签名及分相片的场面，只能用'恐怖'两个字来形容。""与偶像同游车河"活动，更是吸引了众多的粉丝参与，张国荣在游览车上和歌迷或握手或拍照留念，或唱出他们喜爱的歌曲，使得这些影迷度过了一个愉快的下午，张国荣自己也感到非常高兴。据当时担任张国荣当地临时助理的吴维贤后来回忆说："那次的观众影迷聚会，有5辆巴士、近200名观众啊，很热闹，而且，张国荣非常贴心，所以一路上，他是每一辆车的观众都照顾到，分别在车上和他们近距离接触，聊天拍照。""张国荣说，他很开心，也趁这个机会游玩了本地名胜。"

张国荣此次来新加坡，距离1980年随《变色龙》剧组来新加坡义演，不过九个月时间，但在当地受欢迎的程度，真是不可同日而语。张国荣也表示："我觉得，新加坡那边的观众不但有热情，而且真心，这对艺人来说是一种尊重，也是一种鼓励。""我喜欢在台上唱歌时，台下观众是全神贯注地倾听，和报以热烈掌声，那么我容易进入情况，尽情地表演。"在新加坡期间，张国荣的经理人谭国基向新加坡媒体表示，他在筹备一部名叫《模特儿》的电影，讲述张国荣饰演的香港歌手来新加坡开演唱会，从而发展到与一模特和一女学生发生一段恋情。故事在新加坡和中国香港两地发展，其中一位女主角会选择新加坡的女孩子出演，5月公布消息后，将在新加坡海选。张国荣返回香港没几天后，再次来到新加坡参加义演，新加坡《南洋商报》《快报》和波东巴西联络所重建筹款委员会为筹募波东巴西联络所建所基金于1981年3月3日、3月4日两晚在新加坡国家剧院举行"影、视、歌巨星慈善晚会"，波东巴西区国会议员侯永昌邀请丽的电视《浮生六劫》原班人马参加义演。

"影、视、歌巨星慈善晚会"的下半场45分钟属于"浮生六劫义演团"，由黎小田和陈秀珠分别介绍《浮生六劫》的艺人出场，张国荣在慈善晚会上演唱了2月在新加坡参加义演时演唱过的 Love You More than I Can Say 以及另一首甄妮的《梦中的妈妈》，和陈秀珠合唱了张德兰的《相识也是缘分》，场内3000多名观众反应热烈。《梦中的妈妈》是甄妮1980年改编自德国波尼M（Boney M）合唱团1979年的英文歌曲《巴哈马妈妈》（Bahama Mama）的中文版本。张德兰的《相识也是缘分》是改编自20世纪40年代"红遍上海滩"的"鼻音歌后"吴莺音的经典歌曲《明月千里寄相思》的粤语版。邓丽君、徐小凤等很多知名歌手都翻唱过《明月千里寄相思》，张德兰于1981年将其改编为粤语版。在完成筹款义演后，3月5日，由助理总监李兆熊带领"浮生六劫义演团"返港。张国荣则未随团返港，他因应新加坡广播局（原新加坡电视台）的邀请，要为其旗下4月开播的大型综艺节目《声宝之夜》（不是香港无线电视制作的《声宝之夜》节目，只是都由声宝电器赞助而已）录影。

首期《声宝之夜》于1981年4月19日在新加坡广播局的第八频道播出，由叶丽仪主持。叶丽仪正是1969年在香港无线电视的选秀节目《声宝之夜》中夺冠而出道。张国荣在节目中演唱了收录在他第一张英文唱片中的 Undercover Angel。在5月31日《声宝之夜》的第七集中，播放了张国荣演唱的歌曲《兰花草》。《兰花草》原本是胡适1921年写的一首名为《希望》的小诗，当年胡适的朋友送给他一盆兰花草，他带回家后悉心照料，但直到秋天都没开出花来，于是有感而发写下此诗。台湾音乐人陈贤德、张弼将胡适的《希望》从三段式修改为四段式后谱上曲，改名为《兰花草》，1979年由台湾歌手银霞演唱。可能很多人对银霞这个名字不是很熟悉，她就是儿歌《蜗牛与黄鹂鸟》的原唱。1979年，刘文正转投东尼唱片后翻唱了《兰花草》，刘文正演唱的版本当年还入选过香港"中文歌曲龙虎榜"，红极一时，这首歌也是华语乐坛的经典歌曲。杨凡在《花乐月眠》一书中曾写到当年还刚入行不久正默默向上游的张国荣与当红的刘文正第一次相遇的情景："有一次我们到张艾嘉干德道家中打牌，那晚牌搭子还有'情歌王子'刘文正，三个都是音乐中坚分子，自然牌桌上仙乐风飘处处闻。忽然张（张国荣）哼了一首法国情歌，张艾嘉说真好，要向张学，张马上答应，但是学好了要上他的电视节目。那时张艾嘉方才拍完李翰祥的《金玉良缘红楼梦》，正准备再拍胡金铨的《山中传奇》，全是超级大片，人气星运如日方中。然而张主持的节目是在'丽的'年轻人时段，假如邀请其他人，当会客气说一句'保持联络考虑中'。但是张艾嘉很爽快一口答应，之后也真的上了张的节目。多年之后，张成了一代巨星，对张艾嘉当年此举仍然心存感激。那天饭后送张、刘（张国荣和刘文正）二人回家返酒店。刘问我张是何方神圣，我说是未来的巨星，刘轻描淡写说了声'是吗'。"当时轻描淡写一声"是吗"的刘文正，必不会想到当日的年轻人日后真的被杨凡言中，成为华人演艺圈的骄傲。正如广东俗语说的："宁欺白须公，莫欺少年穷，终须有日龙穿凤，不信一世裤穿窿。"

1981年3月20日，张国荣与张德兰一起赴吉隆坡为当地亚洲歌唱比赛的选拔赛担任表演嘉宾，返港后参与丽的电视武侠剧集《游侠张三丰》的演出。《游侠张三丰》是《太极张三丰》的续集。《太极张三丰》在1980年底开播后颇受观众喜爱，丽的电视便趁热打铁开拍续集《游侠张三丰》。张三丰仍由万梓良饰演，张国荣在剧中饰演懿文太子。张国荣在该剧中的造型非常醒目，有报纸评论："《游侠张三丰》中，张国荣和林国雄的表现也相当突出。其中尤以张国荣的扮相比较自然，感情的收放，适可而止。"

当我重温您，在茫然中思忆里
所有冷冰的暖了

谭国基和张权合作自组创艺影业公司后，开拍创业作《失业生》。《失业生》由无线电视的编导霍耀良导演，这是霍耀良执导的第一部电影，男演员有谭国基旗下的陈百强、张国荣、钟保罗、黄恺欣，女主角则由徐枫的妹妹徐杰出演，谭国基还邀请了赵雅芝在片中友情客串。《失业生》和电影《喝采》一样，仍由陈百强饰演主角孔家宝，钟保罗饰演陈百强的兄弟孔家辉，生于富贵之家的一对富二代，孔家宝是个酷爱音乐的乖乖仔，孔家辉则很贪玩。张国荣饰演孔家宝的同学林志荣，绰号"荣少"，林志荣是个出身贫寒、善良但好面子的少年，在生活中经常受到歧视，自尊心和虚荣心让他在同学面前一直掩饰自己贫寒的家庭条件。毕业后面对前程，孔家宝坚持自己的理想，最终走上成功的道路；孔家辉留学海外；林志荣走上社会，在挣扎求生中误入歧途，葬送了自己的生命。电影中的主题曲和插曲都由陈百强演唱，虽然张国荣也是歌手出身，但是比起谭国基力捧的陈百强，此时连一家签约的唱片公司都没有的他又能怎么样呢？在谭国基眼里，只有陈百强是"亲生"的，张国荣不过是"收养"的。《失业生》拍完后，谭国基为《失业生》中的演员报名了台湾"金马奖"（全称为"台北金马影展"，以下统称"金马奖"）的竞逐，其中陈百强、徐杰报名角逐最佳男女主角，蒋金、邝美宝报名角逐最佳男女配角，虽然《失业生》当时能否参选台湾"金马奖"的资格尚不明确，但不管能否参选都与张国荣没有一点关系。虽然张国荣在《失业生》中的戏份比《喝采》要多很多，但依旧是个"反角"，用来衬托陈百强饰演的正能量角色，不过林志荣要比《喝采》中的角色讨好得多，在人物设定上也更复杂，张国荣在片中出色的演出，得到了大量好评。有评论写道："片中的张国荣虽然贫寒，扮演一个自尊心极强的落魄少年，却是有着反叛贵族气质的漂亮男孩，也成为陈百强最好的'绿叶'，况且用现在的眼光来看'荣少'，他真的比陈百强的乖乖仔形象更能引起青少年的共鸣。"《失业生》还有另一个Happy Ending（美好结局）的版本，最终林志荣改邪归正，走上正路。不过比起这个版本的结局，"死亡"的结局更为深刻。谭国基虽然一直力捧陈百强，但为了"平衡"张国荣两次饰演配角，所以许诺张国荣在创艺影业的下一部电影《模特儿》中饰演男主角，可惜张国荣又被谭国基忽悠了，而《失业生》也成了谭国基创艺影业公司出品的唯一一部电影。在拍摄《失业生》期间，张国荣还为丽的电视拍摄剧集《对对糊》。1981年8月11日，丽的电视安排了张国荣拍摄《对对糊》的通告，但张国荣却未有出现，导致无法开工，原来《失业生》突然有一场戏要补，监制张权要张国荣向丽的告假，但告假未获丽的电视批准，于是乎，张权等人便在丽的电视门口"埋伏"张国荣，一待他出门口马上拦途截劫，以致最后张国荣不得不向丽的电视做出解释。张国荣后来说："他（陈百强）发觉他自己呢，在电影方面就没我好，所以第二部戏，他听说要合作拍摄《失业生》的时候，就拒绝跟我合作，但因为拍《豆芽梦》的那个导演霍耀良坚持要用我，他就在好不愿意的情况下跟我演对手戏。电影方面来说，很多人都看好我，但在唱歌方面，他就凌驾于我之上，也可以说这个阶段有很长一段时间。"虽然张国荣和陈百强两人最终还是合作拍完了《失业生》，但张国荣觉得"就是因为在那样的情形之下，我们有少少不咬弦的感觉，或者见到他的时候，有少少避忌或者我有少少不是很高兴"。在《失业生》公映前，张国荣向记者宣布不再跟陈百强合作拍戏。据媒体报道："张国荣透露，电影《失业生》将会是他和陈百强的最后一次合作，在此之后，他再也不会与陈百强一起拍片了。随后张国荣透露个中原因，他表示，他与陈百强的形象实在太过相似，所以希望大家争取不同的观众，各自发展，顺便试一下自己的实力如何。"

拍摄《失业生》期间，正值张国荣与女朋友分手，虽然他情绪低落，但仍以专业的精神完成了片中的演出。拍完《失业生》后，1981年7月2日张国荣飞赴新加坡度假一周。在7月12日《声宝之夜》第13集中，张国荣演唱了《情人的眼泪》。《情人的眼泪》是1955年香港邵氏拍摄的影片《杏花溪之恋》的插曲，由陈蝶衣作词，姚敏作曲，新加坡歌手潘秀琼原唱。听说当年潘秀琼初次录音的时候，真是泪湿衣襟，不过不是被歌曲打动，而是最初的曲风与潘秀琼的风格相差甚远，初录出来的效果让她极不满意，急到直落泪。这首歌后来被姚苏蓉、蔡琴等众多歌手翻唱过。在新加坡休假的日子，张国荣天天在酒店游泳、晒太阳、看戏、打保龄球，

当我重温您，在茫然中思忆里
所有冷冰的暖了

他对相熟的新加坡记者说:"你知道吗?我只不过在香格里拉住不到一天,就有很多女子打电话给我。"他只好告诉酒店前台打到他房间的任何电话都不要转接进来。返回香港后,张国荣继续出演电视剧集《对对糊》。《对对糊》是一部轻松的青春爱情喜剧,故事发生在一幢三层的复式楼内,四个男孩子合租二楼,四个女孩子合租三楼。开始时,双方因误会而时常相互争执、捉弄,各不相让。后来他们以斗食和斗跑来定胜负,但成绩却是不相伯仲,接着又以打麻将决输赢,但结果还是平手。不过随着在"争斗"中彼此之间的逐渐了解,敌意消失,最终成为"四对"——"大官"张国荣和"二索"倪诗蓓、"风筒"林国雄和"嫦娥"陈秀珠、"水泡"蒋金和"咖啡鸡"文雪儿、"一公升"车保罗和"喊包"周美玲。后来张国荣和倪诗蓓、林国雄和陈秀珠亦成为生活中的恋人。林国雄与陈秀珠后于1983年秘密结婚,2011年两人结束28年婚姻,其中剧情犹胜一部大戏。倪诗蓓的暴脾气,在丽的电视人尽皆知,不过她却很听张国荣的话。倪诗蓓参加"慧眼识新星"选拔后签约丽的电视,《对对糊》是她出演的第一部电视剧集,倪诗蓓表示起初十分不习惯演戏的环境,幸而搭档张国荣经常指导她,使她演来流畅自然。因为是喜剧的关系,而且八位主角年龄相仿,在片场更是笑声不断,其乐融融,大家都拍得甚为开心。不过也偶有插曲,有一晚在尖沙咀拍外景时,一位喝醉酒的老外跑到摄影机前脱裤,他见无人理会,便对四位女主角毛手毛脚进行骚扰,最后被四位男主角和工作人员阻止,混乱中老外撞倒外景灯割破右手,剧组报警后,全被带往警察局,倪诗蓓更是一度昏倒。第二天,警察再次上丽的电视,与八位主角录取口供,使得原本只剩下三集便可杀青的《对对糊》,因为要上庭,不得不耽误时间。而另一次在海滩拍摄时,倪诗蓓的钻戒不小心落了一颗碎钻,遍寻不得,在那儿又哭又闹,监制刘家豪只好亲自上前安慰,这边安慰了好久才哄完倪诗蓓,那边文雪儿拍帆船戏落水昏倒,救上来后,戏里情侣搭档蒋金对其人工呼吸,文雪儿醒来后,看到这尴尬的场面,第一反应便是号啕大哭,刘家豪不得不再次亲自上阵安慰文雪儿。《对对糊》自1981年8月3日开播以来,至8月7日收视率高达50%,张国荣曾表示,假如这剧有40%收视率,他就请全剧工作人员吃饭。他亦言而有信,自掏腰包宴请全体人员庆功,记者说："张国荣虽然破财做东道，（但）他高兴得见牙不见眼地说，破财事小，收视理想，大喜事也，如果今后演出的剧集套套收得（收视率高），他情愿套套请客呢。"在这样一段轻松工作的时间后，张国荣也逐渐放下失恋的心结，他说："只要忙一点，没有时间在家中想东西，感情的烦事会快点忘记，幸然我拍完了电影，去新加坡玩了几天，回来后又开丽视（丽的电视）的剧集，一忙起来，我工作完毕倒头就睡，什么烦恼也易忘记。"

网上盛传："倪诗蓓后来转战台湾演艺圈，而1986年时，张国荣因为电影《英雄本色》到台湾参加金马奖，当记者问他和倪诗蓓是否还有联络，他表示好几年没联络了。当这番话传到倪诗蓓耳中时，她伤心不已，甚至在台湾家中服药自杀，幸好生命被抢救回来。"此传言实为违背事实的瞎编乱造。当时媒体称："一些台湾杂志报道倪诗蓓的私生活绯闻，倪诗蓓一直被这些耸动的报道困扰。"1989年11月14日，"倪诗蓓又听到一位在香港的知心朋友车祸死亡，心情更坏，起了轻生之念"。当晚倪诗蓓喝了很多酒，凌晨回家后吞食了很多安眠药，被朋友发现送医。15日下午倪诗蓓醒过来后，医生认为无大碍，遂出院，当晚又割脉自杀，被发现后再次送院急救，于16日晚出院。媒体报道："倪诗蓓出院后，以虚弱的声音接受访问时说，一些杂志把她说成'人尽可夫'，好像下午认识晚上就可以上床，使她备受伤害。"张国荣从记者口中得知倪诗蓓在台湾自杀的消息后，反应甚为惊奇，记者在文中写道："他（张国荣）表示很久没与倪诗蓓联络，只是早前在台湾见过一次面，他不明白倪诗蓓为何会如此看不开。张国荣称，他自己则不会为情自杀，且如果要自杀的话，早就为事业死了多少次了，但他觉得生命是自己的，且只能活一次，不应随便自杀。他更认为，人生最好玩的，是不知道未来会怎样，假若知道的话，会不好玩了。"1987年底，倪诗蓓对记者说："他（张国荣）是个很浪漫、很好的男人。我们拍拖（恋爱）的时候，大家都未考到车牌（驾照），每次约会，他来我家接我，总带着一打黄玫瑰，他知道我喜欢这种花。我们交往了一年多近两年，后来我到英国念时装设计，感情也淡了下来。"在张国荣离世后，倪诗蓓回忆起她与张国荣之间这段短暂的恋情时说:"他(张国荣)对我很好,我们俩最爱做的事情,就是看大戏。"记者写道:"倪诗蓓透露当年她和张国荣会去山顶餐厅吃浪漫晚餐,餐后在山顶散步,有时候他拍夜戏,早上收工就会送早餐去给她吃。如果他出国买包包,一定也会买个情人包送她。不管是拍戏或谈恋爱,张国荣都是一个非常体贴别人的人。"

《失业生》自1981年8月26日公映后,一开始取得了不错的票房,不过后劲不足,随之下滑明显,最终票房并没有超过《喝采》。外界对《失业生》的整体评价褒贬不一,一些专业评论人觉得《失业生》的剧情发展不合逻辑,缺少生活体验,作为一部反映社会问题的青春电影,"这种游离于社会之外的故事,又如何令人信服呢?"而《对对糊》则收视稳定,且受到年轻观众的喜爱,丽的电视便再接再厉以张国荣搭档钟保罗、蔡振川、倪诗蓓、文雪儿、关之琳开拍青春剧集《甜甜廿四味》。9月12日正值中秋,张国荣25岁生日,余安安、钟保罗、文雪儿他们送了一只金戒指给张国荣作为生日礼物,一起吃完晚饭后再去迪斯科跳舞。因为那段时间一直忙于拍戏,他们都好久没去迪斯科跳舞,所以几个人都玩得非常开心。张国荣的八哥亦送了一只放男士化妆品用的桃木盒子作为生日礼物给张国荣,家人的帖记也让张国荣非常满足。

《甜甜廿四味》讲述了三个刚踏出校门的年轻人,在进入社会后面对事业和爱情挑战的故事。三人既在事业上互相竞争,又在爱情上互相支持,在追求爱情的过程中,亦闹出不少笑话。在苦乐参半的青春道路上,印证他们充满朝气和斗志的年轻岁月以及彼此的纯真友谊,张国荣饰演的许杰最后也踏上歌手之路。一如剧集的宣传语——"苦苦的,甘甘的,甜甜廿四味!"《甜甜廿四味》自1981年9月15日开拍后并不顺利,先是才拍了九天戏的钟保罗受伤入院。9月24日,《对对糊》大队人马到北角堡垒街的一间餐厅拍戏,但到了以后发现该餐厅锁了门,又找不到开门的人,只能先去拍摄其他场景的戏。上车准备离开的时候,钟保罗突然想起忘了带东西,便下车去拿,这时后面刚好一辆货车经过,这辆货车撞倒钟保罗之后将其拖行数米,而且停车前后轮碾过了钟保罗的左脚面。张国荣第一个捧着钟保罗的脚,同其他工作人员一起将钟保罗送入医院,医生估计钟保罗起码要住院两个月。当时《甜甜廿四味》只拍了15集左右的镜头,而可以完整剪辑成集的估计最多只有10集,随后丽的电视紧急开会商讨对策,最后决定由莫少聪代替钟保罗顶上还没拍完的戏。最终钟保罗出演的戏只剪出了前7集,第8集开始便由莫少聪出演。再次是因为张国荣经理人谭国基的安排不妥,导致张国荣在拍摄《甜甜廿四味》的同时,又要拍摄邵氏的电影《柠檬可乐》,其间两片多次出现撞期,令张国荣左右为难。《柠檬可乐》的导演蔡继光曾一度考虑换掉张国荣另找男主人选,不过他与张国荣曾合作过《喝采》,对张国荣盛赞有加,也大致了解张国荣的为人处世态度,而且这也是因为经理人谭国基的安排失当出现的问题,蔡继光便跳过谭国基直接找张国荣商讨具体拍摄事宜。蔡继光说:"原来张国荣对这些问题全被蒙在鼓里,结果事件和平解决。张国荣也如常地参加拍摄工作。"另外有一次拍外景时,倪诗蓓与临时演员因误会起冲突,导致聚众"混战"。倪诗蓓与另一位主演张少媚,曾因在拍摄张少媚掌掴倪诗蓓的戏份时打到倪诗蓓而起矛盾。张少媚在拍摄掌掴镜头时,虽然倪诗蓓曾提醒过她下手请注意轻重,但张少媚仍下了重手,即使倪诗蓓及时闪避,但仍被张少媚打到了头,暴脾气的倪诗蓓便在现场指责张少媚在艺人班时老师是否没教过"借力打人"的方法,而张少媚亦不肯认句错,自此两人便有了心结。"混战"当日深夜,《甜甜廿四味》在丽的电视的停车场拍摄外景,当晚参与拍摄的有张国荣、文雪儿、倪诗蓓、张少媚和十来个临时演员。拍戏中途休息的时候,张少媚走到临时演员的位置休息,倪诗蓓经过的时候"藐"了她一眼,让边上的临时演员以为倪诗蓓对他们不礼貌,于是双方发生口舌之争,在倪诗蓓回到化妆间时临时演员亦尾随而入,倪诗蓓以为对方要动手,因对方人多势众,遂打电话找人,临时演员见她找人亦打电话叫人,双方剑拔弩张,在一触即发的混乱场面,更有人受伤。虽然最终在工作人员的调解下平息了事端,但临时演员亦拂袖而去。因为要赶戏,最后剧组只能把灯光师、道具师、剧务等幕后工作人员全部集中起来充当临时演员。丽的电视对此事非常重视，召监制赖水清和两位当事演员回公司调查，于10月16日召开记者会，表示只是两帮临时演员发生冲突，与丽的电视无关。倪诗蓓亦表示当晚很疲倦，不知道发生什么事，她没有"藐"他人，也没有人招惹她。在记者会上，张少媚和倪诗蓓亦笑对记者握手。倪诗蓓在拍完《甜甜廿四味》后便被丽的电视雪藏，再无通告，直到翌年与张国荣搭档拍摄短篇剧集《凹凸神探》才被"解冻"，不过那时又是一场风波。

因为张国荣在《甜甜廿四味》中饰演歌手，所以在剧中也演唱了多首歌曲，如区瑞强的《陌上归人》、卡洛尔·金的 *You've Got a Friend*、陈丽斯的《问我》和他自己的歌曲《暗恋》。因为当时张国荣已离开宝丽金，没有签约任何唱片公司，所以《暗恋》这首歌没有被收录在任何唱片内。钟保罗的受伤，以及赶拍《甜甜廿四味》睡眠不够，让张国荣在片场情绪低落。张国荣对记者说："钟保罗是个很好的人，与他交朋友，时间越长，会越发觉得他的优点，我喜欢他。"在"三剑客"中，张国荣年龄最大，钟保罗平时有什么想不通的事情，也会找张国荣答疑解惑。在钟保罗受伤的这段时间，张国荣在拍戏之余亦常去医院看望钟保罗，并鼓励他："你呀！是大难不死，必有后福之人，你看人家章国明那次染病几乎命都送掉了，后来做了金牌导演，你只要恢复，一定更成功的。"作为"三剑客"的经理人，谭国基决定于1981年10月底为钟保罗筹备一场慈善筹款演唱会，后延期至11月16日在大专会堂举行。当晚陈百强、张国荣、黄恺欣、吴民雄、万梓良均参与演出，张国荣打头阵，陈百强压轴。余安安、米雪、文雪儿、蔡枫华、翁静晶、霍耀良等都到场支持，钟保罗亦向医生请假到现场观看好友的演出。张国荣一身运动装上台演唱，在唱到第六首歌时，台下就有人大喊陈百强的英文名，张国荣唱完后走入后台，陈百强歌迷以为陈百强要出场了，顿时欢呼声大起，而当音乐声响起时，张国荣再次上台演唱，他说："我将会为各位唱首英文歌，不过你们要给我多点掌声。"话音刚落，台下喝彩声和喝倒彩声交杂着四起，在一片嘈杂的声音中张国荣镇定地说："你们不爱听英文歌吗？"说完便自顾自地唱起了他的英文歌。身在现场的翁静晶在文中写道："大家都是凭着一颗热心而来，却须承受不同程度的竞争。观众永远是跟红顶白，他们喜欢的歌星是陈百强，仍未走红的张国荣，非万众所期待。台下一些颇为残忍的反应，伤透了张国荣的心，相对于陈百强站在台上万千宠爱，更显得跟红顶白的残酷。"不过张国荣当晚的演出还是受到了众多好评："张国荣连着唱了八九首或广东话或英文的歌曲，平心而论他确是唱歌的料子，声音浑厚而音域广阔。""看过张国荣在当晚的表演，发现他的歌艺进步了，而且台风也突出，甚受欢迎，可惜，他的运气总是欠缺一点。"张国荣曾与记者聊天的时候聊起自己不受欢迎的原因，张国荣表示，俞琤曾对他讲了一句非常中肯的话，"你具备一切红艺人的所有条件，独欠一首属于自己的招牌歌曲"。俞琤讲得很对，陈百强有《眼泪为你流》，蔡枫华有《倩影》，但他没有。张国荣想过自己写歌，但这不是一蹴而就的事，需要机缘。

在此次钟保罗受伤事件中，张国荣深有感触，公开为钟保罗抱不平，指责丽的电视没有人情味。丽的电视在澳洲财团入主后，人事"大地震"，内部管理一片混乱，更别说人情味了，这也坚定了他约满后不再续约的决心。1981年10月下旬，拍完《甜甜廿四味》，张国荣便不用再两边分身，专心投入到电影《柠檬可乐》的拍摄中。柠檬可乐是一种饮料，就是将柠檬片放入可乐之中，在香港很流行，酸酸甜甜的味道，入口清凉舒爽，深受年轻人的喜爱。导演蔡继光在拍摄《喝采》的时候就计划拍摄一部以"柠檬可乐"为名的电影，《柠檬可乐》是蔡继光导演"青春三部曲"的第二部，第一部便是之前的《喝采》。《柠檬可乐》由邵氏出品，开拍前曾定名为《缤纷》。邵氏之前也曾找过张国荣拍摄楚原执导的电影《浣花洗剑录》，不过因为条件不合适张国荣没有答应，后来邵氏找了刘永出演。《柠檬可乐》是张国荣除了被"卖猪仔"的那部《红楼春上春》外，第一次作为男主角的电影，所以上映前他曾一度紧张电影的票房，不过最终520多万港元的票房，让张国荣甚为振奋。其实《柠檬可乐》如果不是让档期给邵氏的另一部在复活节上映的电影，票房还能更上一层楼。编剧高志森和导演蔡继光都曾在

当我重温您，在茫然中思忆里
所有冷冰的暖了

《喝采》中与张国荣合作过,高志森在电影《喝采》中参与了三分之一的编剧工作,他个人觉得张国荣是《喝采》中演得最好的一个,所以在构思《柠檬可乐》剧本的时候,他便极力向蔡继光推荐男主角非张国荣莫属,而蔡继光也认为张国荣最合适。蔡继光说:"《柠檬可乐》的男主角,一定要用张国荣。没有他我便不拍。"高志森曾谈起当时去找张国荣拍《柠檬可乐》的细节:"我记得当时他正忙于拍丽的的电视剧集,好像是《甜甜廿四味》或什么的,我们在片场等了他多个小时,见面后向他讲解了《柠檬可乐》的idea(构想),他很喜欢,一口便答应演出。"《柠檬可乐》女主角周秀兰在第2届"香港电影金像奖"上获得了"最有前途新人奖"提名,导演蔡继光获得"最佳导演"的提名,电影本身被评为1982年"十大华语片",在第19届"金马奖"上《柠檬可乐》获得"最佳原创剧本"和"最佳美术设计"两项提名。

在周秀兰的第一印象中,张国荣是个英俊而友善活泼的人,在现场跟大家玩成一片,不拍戏的时候张国荣也经常会邀请周秀兰、露云娜等朋友去家里玩,打打麻将。因为周秀兰家里管得比较严,她的妈妈不喜欢她随便到男孩子家里去,所以她一开始不太敢答应张国荣的邀约。有一次,张国荣邀请周秀兰去家里玩,调皮地把电话打到周秀兰家里,跟她妈妈说:"外母(岳母)呀?请你批准你的女儿到我家玩吧!"把周秀兰的母亲逗得很开心,周秀兰说:"这下可逗得我妈哈哈大笑起来,而且像张国荣这样的俊男最得我妈欢心,所以她就让我到他家里玩了。"

在《柠檬可乐》拍摄的过程中,张国荣对制片部门的态度感到很不满。在澳门拍摄外景的时候,制片部门安排张国荣和灯光师睡一个房间,张国荣倒不计较这些,他能理解在外地拍摄的不便之处,但是他们的态度让他非常不舒服,好像给了你片酬,就可以让你怎么样你就该怎么样,最后他自己去开了一个房间住。电影中有一首插曲由张国荣演唱,张国荣希望能让郑国江填词,但制片部门表示找郑国江填词价格太高,找个宣传部门的同事给你填词就行了。后来张国荣自己出钱去找了郑国江,郑国江说:"有一次,张国荣致电约我到一间中学见面,原来他那次在该校表演(拍摄《柠檬可乐》),虽然是第一次会面,但他好像遇到一个很相熟的朋友般,把心中积存的不满、怨气,通通在我这陌生朋友面前抒发出来。那次是因为他在电影《柠檬可乐》中,有一场戏中戏,需要一首插曲,请我为他写词。歌词的内容是描述罗密欧在舞会中初遇朱丽叶的感觉。就算没有听过他的陈述,我都会写好这首词,我亦希望能像《眼泪为你流》般,凭这首歌提升歌手在乐坛的地位。我能做到的是细读莎士比亚在这场戏中的描写,好好地消化于曲词中,于是写成了《凝望》。可惜,这首歌的配套,远比不上《眼泪为你流》,只是一部电影的插曲而已,没得到我们预期的成效。可能因为这是一部群戏,没突出张国荣的戏份。"从后来电影的宣传来看,邵氏制片部门的态度的确让人无法理解,《柠檬可乐》上映一周后票房意外得好,但邵氏的宣传部门却没有任何跟进的反应,导演蔡继光为了能有更好的票房,自己私人出钱请人张贴海报做宣传。此事传开后,业内人士皆认为邵氏厚此薄彼,宣传部门偏心,以致蔡继光不得不出此下策自己出钱做宣传。业内人士说的厚此薄彼,"厚"的是大导演张彻执导的《五遁忍术》。邵氏原计划安排《柠檬可乐》作为邵氏1982年的第一部影片上映,但后来因菲林冲印等问题,不得不押后定在复活节档期。为了把复活节这个黄金档期(香港电影上映四大黄金档期:农历新年、复活节、暑假、圣诞)让给张彻的《五遁忍术》,邵氏便安排《柠檬可乐》在复活节之前上映,可能邵氏也没能想到,《五遁忍术》最终只收得160来万港元的票房。《柠檬可乐》上映后,虽然很受年轻人的欢迎,但教育界的人士认为影片缺少深度以及没有起到教育的作用,蔡继光表示,他只是提出校园存在的一些现象,并没有意图去解答这些现象。原本戏里安排了一场张国荣和周秀兰裸跑的戏,不过张国荣建议导演改为意识形态式的做爱,对于拍摄大胆的戏张国荣说:"只要是剧情的需要,导演拍出来又不是肉麻,古怪的,怎么大胆的镜头,我都敢拍,演戏应该投入角色中。"导演最终接受了张国荣的提议,将裸跑改成了"在银幕上看不见"的做爱。

1981年11月20日《柠檬可乐》杀青后，张国荣便全心投入到世纪影业的电影《烈火青春》的拍摄中，而丽的电视即将开镜的电视剧《我要高飞》之前便安排了张国荣出演男主角。为了免得两边跑和撞期，张国荣便向丽的电视申请辞演了《我要高飞》，以能够专心演好电影《烈火青春》。《烈火青春》自9月开拍后，因为演员档期、修改剧本、海上戏拍摄等各种原因，足足拍了一年多，日后谭家明的"徒弟"王家卫更是将这"慢工出细活"的"技能"发挥到了极致。《烈火青春》原名《反斗帮》，由余允抗、刘镇伟监制，谭家明导演，张叔平担任美术指导，张国荣、夏文汐、叶童、汤镇业主演。《烈火青春》是香港新浪潮电影的重要代表作。香港新浪潮电影是指20世纪70年代末至80年代初（普遍认为是1979年至1983年），一批从国外留学回港在电视台从事编导工作的年轻导演，如徐克、许鞍华、谭家明、方育平、严浩、梁普智等，创作出一批在主题上更广泛开阔，在艺术性和社会性上更多元化的电影。这些电影与香港的传统电影相比较，在商业性与艺术性上的结合上更偏向于艺术性，力求突破传统，具有实验性的创新。虽然新浪潮电影时期这些导演的作品并不是他们最好的作品，但是他们启发了更多有想法的从事电影工作的年轻人，改变了当时香港主流电影固定的格局，使香港电影向更多元化的方向发展。这些新浪潮电影在当时大都叫好不叫座，但正如《烈火青春》里张国荣和夏文汐的一句对话——"怎么现在还流行歌舞伎的吗？""好的东西，无所谓流行不流行。"《烈火青春》的英文片名是Nomad，意为游牧民族、流浪者，跟片中男女主角的精神状态和生活态度非常契合，没有根的青春。评论称："青涩的张国荣，崭新的夏文汐、叶童，锁不住的苦闷与奔放，毫无顾忌的情与欲，预言式的日本皇军阴谋，上映后更史无前例需要重检，这点点滴滴，令《烈火青春》成为当年话题影片。"特别是张国荣与叶童在公寓的做爱戏和汤镇业与夏文汐的"双层巴士震"戏，引起了当时香港社会非常大的震撼。《烈火青春》于1982年11月20日上映午夜场后，引来了教育界人士的批评与反对，部分家长更是向教育协会和电检处投诉，随后，18个教育团体、26位中学校长联署向布政司请愿，指责该片存在意识问题。《烈火青春》原计划于1982年11月26日公映，但因遭到布政司下令电检处重新检查审核，《烈火青春》首映当日便遭到禁映。经《烈火青春》重检委员会长时间的讨论后，一致通过不需要禁映，但必须删剪性爱、暴力的镜头和对白，删剪的镜头包括上面提到的张国荣与叶童在公寓的做爱戏和汤镇业与夏文汐的"双层巴士震"戏，经删剪后于11月27日恢复公映。在《烈火青春》中，张国荣拍摄了一场全裸的戏，不过最终也被删剪，对此张国荣说："我不知道为什么电检处一定要剪去了我拍的全裸镜头。我也不是故意的暴露狂，我的身材也不见得太好，但是剧情的需要，我是会脱的。"张国荣自己认为《烈火青春》是他电影生涯真正的第一部电影，他说："我本身很喜欢《烈火青春》这部电影，谭家明是一个很好的导演，拍戏时，十分有心思，只是拍得太慢而已，我和他合作很愉快。"张国荣在电影里张弛有度地表现了这个"孤独而善良"的少年角色，获得了业内专业人士的一致好评，也让他获得了第2届"香港电影金像奖"的"最佳男主角"提名。电影中叶童说："我们对社会好像没有什么贡献啊！"张国荣说："什么社会啊？我们不就是社会咯！"在电影中，唯有这句对白不是张国荣的原声，而是时任《烈火青春》副导演关锦鹏的配音。谭家明后来说："我估计哥哥（张国荣）拍《烈火青春》时，在钱银方面比较'紧手'（生活比较拮据）。《烈火青春》配音的最后一天，本来影片的监制答应付片酬给演员，但监制到来时告诉哥哥，这天还未能按原来承诺的付片酬给他。他非常生气，甚至讲粗口。结果没有为最后那句对白配音。"这应该跟张国荣当时的生活是否拮据没有关系，他都可以自掏腰包为《柠檬可乐》的电影插曲请郑国江填词，或许这只是他的为人原则而已，不能接受没有诚信的人。

当我重温您，在茫然中思忆里
所有冷冰的暖了

来似风退如潮
刀剑下奋勇冲过

Chapter
09

1982年1月18日，首届马尼拉国际电影节开幕。29日晚上的颁奖典礼上，张国荣和陈秀珠获得"最佳杰出青年艺人奖"（亦称作"最有前途新人奖"），张国荣很开心能获奖，他说："以前在事业方面也不是不好的，我只是一个对自己要求很高的人，当然不满意自己的表现，心情大部分流于低潮时间。踏入1982年，可以获得'最有前途新人奖'，是观众投票选举的，我才真正了解到，观众并没有遗弃我呢。"

自从张国荣辞演了丽的电视的《我要高飞》和《爱情跑道》两部电视剧后，丽的电视就再没安排工作给他。张国荣在1982年1月30日返回丽的电视探班时表示，最近处于被丽的电视半雪藏状态，每个月都是拿合约艺人的基本薪水，不过他已经安排好了上半年的工作计划。张国荣说："1982年的上半年乃是耕耘的日子，暂且不敢想有什么大收获，但仍尽力而为，以祈望有较好的收成。"在澳洲财团入主丽的电视之后，澳大利亚的老板对电视台签合约艺人的方式没有兴趣，他们认为与艺人签长约不是一件合算的事，以致很多丽的电视的艺人在合约到期后都陆续离开。不过，这边有人走，那边有人收，在丽的电视放弃大量合约艺人的时候，邵氏则乘机发出诚意邀请，签约了一大批从丽的电视离开的艺人，就连萧若元、江龙这样的幕后功臣亦从丽的电视转投邵氏的怀抱。邵氏在与张国荣合作过《柠檬可乐》之后，也频频向与丽的电视合约即将到期的张国荣招手。张国荣当时已确定与丽的电视合约到期后将不再续约，他更希望自己在电影上有所作为，他也更喜欢电影的制作方式。张国荣说："人望高处，我相信这是自然现象。电视演员的曝光程度很高，一个演员，要自己的艺术前途能够发挥火花、光和热，只有电影适合，电视是多产的，一个艺员能够走红只是一段极短的时间、空间，故此我觉得在这电视圈的日子已经够了，等合约满了以后，我就会到电影圈发展，目前我手上的影片也是一部接一部的。"张国荣希望能够以自由身接拍电影，"其实我不与任何电视台签约，自由身便可以到处去,完全没有束缚已经很舒服了"。

1981年,张国荣在《柠檬可乐》的拍摄现场接受记者采访的时候,对于"弃视从影"曾有过一段很有意思的"牙刷哲学"。他说:"我觉得在电视圈中缺乏一种令人闪耀的元素,它只能让你保持一定的知名度,就好像一支牙刷,你每天都用它来刷牙,你知道它的存在,但却不会注意它或去理会它。但电影却能令我发出闪光。我希望做到的,就是电视观众们也去留心一下他每天都用的牙刷,然后尝试用它去比比其他不同牌子的牙刷,看看究竟哪一种品质较佳。"当记者问他日后是否会"演而优则导"时,张国荣回答:"无可否认,我对电影很感兴趣,而且一直在观察、学习导演的工作,例如如何运用镜头,如何取一个较佳的拍摄角度,如何引导演员去演戏等,但这并不表示我将会成为一个导演或制片,我从未想过这一点。"作为演员,张国荣除了做好自己的本分之外,对于合作的电影公司,他也有自己的观点:"我现在分别替大公司和独立制片拍戏,发觉一般独立制片公司做得比较好!大公司的财力足够,他们用一定的金钱拍一部电影,只求赚钱,并不要求水准,且在财政预算方面做得甚为严谨,而一般独立制片却在水准方面要求较高,金钱反而是其次,这可能是因为他们要博出名,大公司则根基已固了。独立制片的导演多是较新的,所以在艺术和技巧等各方面都肯去尝试,行政部亦放手给他们去干,加上制作态度认真,与他们合作,自己的演技亦得到提高!同时,大公司可能因为制度问题,显得各有各的工作,互不相干,缺乏了一种拼的冲劲,幸好,现在有些大公司也正招纳新导演们。新血的输入,是一个可喜的现象!"张国荣的观点让采访他的记者对他的印象大为改观,记者在文中写道:"以往,总主观地觉得他太过油腔滑调,脂粉气重。现在倒觉得他是个颇有思想并对事业认真投入的演员。"《柠檬可乐》的导演蔡继光表示,张国荣的演技是他最为欣赏的,在《喝采》中,张国荣和陈百强合作,而这次只用张国荣。蔡继光说:"张与陈(张国荣与陈百强)可能以后再不会合作了,因为他俩不论演出或唱歌方面都竞争得很剧烈,现在更趋白热化,所以这部片子也在考验张国荣呢!"《柠檬可乐》之后,张国荣一跃成为青春电影的当红炸仔鸡,片约不断,而他更是一口气接下了五部电影的片约。同时,由张国荣主演的电视剧集在东南亚地区热播,深受当地观众的喜欢,知名度非常高,特别在泰国曼谷的电视台，一周播出的三部电视剧集中都有张国荣，他在泰国的受欢迎程度更是胜过了罗文和郑少秋。泰国当地的娱乐商也看到了商机，以高薪酬邀请张国荣去曼谷登台演出。对此，张国荣表示："我要继续争取东南亚地区对我的认识。"他接受泰国娱乐商的邀请，于1982年5月赴曼谷登台演出，而6月又应邀赴新加坡登台演出。

丽的电视在半雪藏了张国荣几个月后，再次安排张国荣出演电视剧集《大将军》。该剧原计划由赖水清导演，黄元申、张国荣、黎汉持、文雪儿、关之琳等主演，1982年3月17日开机，张国荣被安排饰演武功高强的丐帮帮主。张国荣在出席记者会的时候表示："离开丽的电视前再拍一部好戏。"不过在临开拍前，张国荣因肝病复发无法出演，丽的电视紧急找了林国雄出演原本张国荣的角色。在张国荣拍摄《失业生》期间，他的经理人谭国基曾表示下一部戏《模特儿》将由张国荣主演。不过这部传说中的电影始终"只闻细雷声，不见雨点"，而当时谭国基计划在3月开拍新的电影《复制品三二三》，男主角却是吴民雄，张国荣再次被"邀请"客串。对此，大度的张国荣表示："我们之间无所谓的，不能计较得这么清楚，今日你帮我，明日我帮你。除了别人帮忙外，自己的努力也很重要的，在电视圈这几年，我的确磨炼到一些演技，这需要自己下苦功的。"张国荣曾对记者表示，只要对导演和剧本有信心，他不介意拍摄反派、配角和裸露戏，不过他也说："我虽然不介意，但也希望以后不要再叫我脱了，我无意做'脱星'的。"张国荣那几年一直专注在影视上面发展，他说："我知道自己一直在进步，我以前看戏，只知人家演得好与坏，但不知为何会好，现在我知道好在哪里和怎样会演好。"但以唱歌入行的他那几年都没有推出唱片，对此他也说："我最想演戏，而且我是适合演戏的。歌还是会唱，一边发展一边看形势而定。"张国荣原计划1982年3月从日本拍外景回来后将灌录一张新唱片，但谭国基并没有安排他签约唱片公司，也没有为他筹备录制歌曲，而是以创艺公司的名义接了卡通电影《七彩卡通老夫子：水虎传》的片头曲与片尾曲交由张国荣演唱。这两首歌曲都由黎彼得填词，这是张国荣与黎彼得的第一次合作。两年后，黎彼得为张国荣填写了在张国荣的演艺生涯中非常重要的一首歌Monica。《七彩卡通老夫子：水虎传》是一部改编自王家禧的漫画《老夫子》和四大名著之一的《水浒传》的喜剧动画电影，老夫子的

当我重温您，在茫然中思忆里
所有冷冰的暖了

卡通形象深受香港市民的喜爱。该电影于1982年7月10日在香港上映。

在演戏的同时，张国荣也有意从事编剧工作。以前在《家燕与小田》的节目中，他也曾编写过一些短剧，在谭国基新近筹备的电影中，张国荣也参与了部分编剧工作。张国荣说："心目中的故事大纲，以这几年在娱乐圈内耳闻目睹的事物为甚，将那些过往，作一浓缩，搬上银幕。"而对于从事幕后工作，他也有自己的想法——"香港不像外国，一个歌星或一位演员，艺术生命都不会太长久，将来有机会，可以退居幕后，此为长远之计"。当时，张国荣在未来的计划中，除了拍电影和灌录唱片外，更是准备与友人合伙开设时装公司，代理日本的男装品牌，消费群体为少年，在与日本厂商谈妥条件签订合约后便会着手开张。对于做生意，张国荣说："我有时很艺术化，但我做生意的话，都会不错的，我有头脑。"

1982年3月，张国荣因肝病辞演丽的电视的《大将军》后，4月初丽的电视再次安排他出演短篇剧集《凹凸神探》。该剧监制梅小菁说："以丽的如今的情况，找艺员拍剧集很难，非讲交情不可，比如张国荣原本于5月约满，但他肯演这剧，倪诗蓓与他是好友，于是便答应演出了。"这是张国荣在约满丽的电视之前的最后一部剧，而倪诗蓓自《甜甜廿四味》的外景现场事件后，被丽的电视雪藏了半年之久，而这次终于"解冻"。倪诗蓓也表示会全力拍好这部剧，监制梅小菁亦向丽的电视的艺人经理高亮保证，只要张国荣在，倪诗蓓一定不会再闹别扭。

1982年5月2日晚，张国荣接到《凹凸神探》外景队的电话，让他11点30分到外景现场拍摄尾戏，但当他到达外景现场时，连个人影都没有，随后他看到倪诗蓓亦到达外景现场，当时丽的电视的外景队迟到已是常事，所以他们便一起在外景现场等候。但等了许久后，倪诗蓓收到传呼机通知，表示外景队他们在吃夜宵，开工时间延迟到凌晨1点30分。张国荣和倪诗蓓在外景现场等了那么久，而外景队竟然因为在吃夜宵而延迟开机，令他俩非常生气，之后便离开了外景现场去迪斯科喝酒、跳舞。第二天，张国荣气消照常开工，但倪诗蓓怒气未消并没有出现在片场，只让张国荣传话给丽的电视，她昨晚曾到达外景现场开工，然后任凭丽的电视怎么"敲锣打鼓"也联系不上她。倪诗蓓在剧中只剩下最后两场戏没拍，在联系不到她的情况下，丽的电视紧急开会决定修改剧本，删去倪诗蓓最后两场戏的戏份。而张国荣一直拍到第二天凌晨4点多才结束《凹凸神探》中他的戏份，并正式与丽的电视结束宾主关系，与自己的小型私人乐队搭乘早上7点的飞机离港赴曼谷，之后在泰国摩天大酒店登台演出一周。在机场张国荣对记者表示他已赶拍完《凹凸神探》，正式告别丽的电视，日后以拍电影为主。而对于倪诗蓓的"罢拍事件"，之后丽的电视与倪诗蓓各执一词，相互指责，倪诗蓓与丽的电视的合约于6月到期，约满后亦离开丽的电视。张国荣在泰国登台结束回港后，应邀担任香港电台歌舞剧《青春旅程》的特别嘉宾。在5月18日出席记者会时，张国荣向记者澄清外传他与倪诗蓓的《凹凸神探》"罢拍事件"，道出当日事实真相，对于"罢拍"传言，他表示原本事情已经结束，但丽的电视不应说他罢拍，他与丽的电视4日便已约满，当时还有1个镜头没拍，如果按照合约他连这个镜头都不需要拍，但他还是在早上要飞往泰国登台的情况下拍到凌晨4点多，他说，自己已尽了艺员责任，真是无愧于心，虽然外间传说会对他的声誉造成不利，但同他相熟的人，会明白他的为人，现在外出拍电影，十分顺利。将来丽的有适合的剧及条件，他亦会重返丽的工作。

张国荣早年曾对记者表示，等他有钱了想在郊区买套别墅住。1982年上半年，张国荣在律师朋友的介绍下，在远离香港市区的元朗锦绣花园买了套房，然后于5月搬进了这套远郊的房子居住。新房为950平方英尺的复式结构，楼上睡房、楼下客厅，屋前还有个花园，有空闲的时候还可以约朋友一起在小花园里烧烤。因为是朋友介绍，所以买房的价格并不贵，但装修却花了二十多万港元，连他自己都觉得"客大过主"。对于再次搬家，他表示："居住环境对我十分重要，从广播道、荔枝角至郊区，不到两三年便转换环境一次，有时家中的摆设亦会偶尔做转变，这样环境才能有新鲜感嘛！"因为远离市区，回家路途遥远，而他的二手奔驰耗油厉害，他顺便把他那辆二手奔驰卖了，换了辆新的宝马。

1982年5月22日，张国荣出演电影《冲激·21》。《冲激·21》原片名为《新浪潮》，由陈全导演，张国荣、艾迪、露云娜、贾思乐、钟保罗等主演，这又是一部描写年轻人生活状态的电影。剧中一群20岁左右的年轻人通过飙车结识，在一次冲突中导致一名外国人死亡，众人大惊之下慌乱处理完尸体后离去，在欲逃亡的过程中发生内讧再次导致一名伙伴坠楼身亡，最后在警方的追逐下，其中三人逃入超市挟持人质，但最终都难逃法律的制裁。这部电影的内地译名为《死亡飞车手》，其实这个译名更为贴合剧情。张国荣演唱了电影中未知歌名的主题曲，也并不为人注意，而电影本身虽然集结了当时一班甚受观众喜欢的年轻演员，但在9月30日公映后，并没有受到观众的热捧，在叫好与叫座方面皆不理想，上映7天最终只得了190万港元的票房。《星洲日报》有影评这样写道："张国荣所饰演的愤怒青年，将一般年轻人的寂寞空虚表现殆尽，演技不在话下。"在拍摄《冲激·21》时，张国荣产生了自己执导电影的念头，这个念头得到了导演陈全和一班朋友的支持，在9月28日《冲激·21》的记者会上，张国荣向记者表示他有意投资电影，剧本已完成，现时希望找人合作，如果条件双方谈得拢的话，他将自导自演。而对于未来计划，张国荣表示已经与华星娱乐有限公司（以下简称"华星"）签约，将会在11月发行新的唱片，而1983年5月将举办个人演唱会。

1982年6月17日，张国荣应邀在新加坡万金剧院夜总会登台演出十天，其间场场爆满，邻国的迷姐迷妹们亦赶去捧场，现场观众对他的台风和歌声赞不绝口。在翌日的记者会上他春风满面、神采飞扬，向记者畅谈他在影视歌坛努力奋斗的经历。有位记者记录了他6月20日出现在餐厅的现场："他12点40走进餐厅，以很亲切、随和的笑容和每个人打个招呼。坐下后他就拿起一份杂志逐页翻阅。接着，又拿了另一份，也是每一页翻阅……等他翻完两本杂志，已约过了十分钟。他一声不响地站起来走了出去，约五分钟后才回到座位上。坐稳后，拿起筷子吃桌面上的点心。他表现得很不在乎，除了拍相时很认真外。"在新加坡的十天里，他亦应邀为新加坡电视台的一档娱乐节目《知己知彼》献唱，为节目生色不少。

张国荣自离开丽的电视后，无线电视亦曾与他接触，有意招他加盟，但当时张国荣短期内计划以电影为主，不想再出演电视剧，所以并未成事。那时张国荣手头上有五部电影片约，其中《冲激·21》《烈火青春》《鼓手》已在拍摄中。据张国荣1985年在电台的自传讲述，电影《鼓手》中张国荣要唱一些歌曲，而张国荣与谭国基从泰国登台回来后，因为谭国基账目不清正闹得不愉快，而电影中有一些歌曲需要录音制作，但导演杨权不可能因为张国荣跟谭国基有不愉快而放弃录制歌曲，所以就介绍了华星的陈淑芬给张国荣认识。张国荣与陈淑芬认识后，陈淑芬问张国荣需要多少薪酬，张国荣表示："我觉得报酬对我来讲不是最重要的问题，我需要的是争一口气，我需要将我录的几首歌拿去出版。"最后张国荣与华星签了两年的唱片合约，对此杨权导演后来还曾开玩笑说张国荣的走红他也有功劳。而对于他们的初识，陈淑芬在2001年的《娱乐圈见证录》中却有另一个版本的说法："当一张俊俏的脸，穿红Boot（长靴）跳跳扎的歌手在电视上表演的印象记忆犹新，我竟然在尖东香满楼碰上他。当晚琴姐（李香琴）请吃饭，便问琴姐可否介绍在房外正与友人吃晚饭的张国荣给我认识。那晚只是交换了电话及知道他已与宝丽金完约，现在是自由身，后来再见面，很投契亦很顺利地签了华星的歌星约。"对于此说法，李香琴后来表示没有印象，也不想邀功。李香琴表示，她与张国荣相识于某年的"狮子会"慈善筹款晚会，他们都是表演嘉宾，张国荣当时还未红，打头阵演唱《风继续吹》。此时张国荣已加盟华星，应是陈淑芬记忆有误。黎小田在离开丽的电视后先去了华星，而张国荣签约华星，在华星重遇这位在他前期音乐生涯中非常重要的伯乐。1982年12月8日，在黎小田与关菊英于海城酒店的婚宴上，张国荣除了到场祝贺外，亦在婚宴上助兴唱歌。

华星成立于1971年，是无线电视的附属公司，初时以代理国外艺人来港举办演唱会为主，兼为无线电视发行唱片等。1982年华星唱片部门正式成立，陈美龄成为华星唱片的首位签约歌手。虽然华星唱片的创业作是一张同名主打歌为无线剧集主题曲《组合曲》（Medley）和由无线电视艺人翻唱其他旧歌的杂锦唱片《群星高唱》，但其实在20世纪70年代末华星已经发行过盒带。在1977年至1979年，华星一年一集共发行了三盒《跳飞机歌仔》的儿歌磁带。1981年发行了华星首位签约歌手陈美龄的国语唱片《爱的咒语》。张国荣是华星签约的第一位男歌手，我们从华星的唱片编号发现张国荣的编号为3，比如张国荣在华星的第一张唱片《风继续吹》，唱片编号为CAL-03-1004（LP/MC），CAL为华星公司的英文名"Capital

Artists Limited"的首字母，03代表歌手编号，01是陈美龄、02是群星、03是张国荣、04是梅艳芳……依此类推，1004是唱片出版编号，《风继续吹》是华星发行的第四张唱片，以华星唱片正式成立开始计算，第一张是上面提到的杂锦唱片《群星高唱》。第二张是陈美龄的《漓江曲》。第三张是梅艳芳、林利、胡渭康和蒋庆龙的杂锦唱片《心债》。林利、胡渭康、蒋庆龙和第2届的新秀孙明光曾组成"虎子队"组合，后来蒋庆龙退出，1984年2月林利、胡渭康和孙明光正式重组为"小虎队"组合，这个香港"小虎队"组合比台湾著名的"小虎队"组合早了四年。第四张是张国荣的《风继续吹》。第五张是杂锦唱片《430穿梭机》。《430穿梭机》是无线电视的一档儿童节目，取代之前无线电视的儿童节目《跳飞机》，因为节目在周一至周五的下午4点30分播出，所以取之为430，梁朝伟、周星驰都曾主持过该档节目。节目中的主题曲《430穿梭机》由林子祥演唱，因当时林子祥属于百代唱片的歌手，所以华星在发行唱片的时候找张国荣重新演唱了一个版本，但电视台的节目中一直使用的是林子祥演唱的版本，直到1984年更换主题曲。在《430穿梭机》唱片里张国荣还演唱了一首日本东映制作的机器人动画片《宇宙大帝》的同名主题歌，在中国香港引进的时候改编了日本原版主题歌为粤语版，由威利演唱，因为威利不是华星的歌手，唱片亦改由张国荣演唱。唱片编号中的LP/MC代表唱片介质，"LP"是黑胶唱片，"MC"是磁带，之后又有"CD"。1984年张国荣与华星续约三年，直到1987年约满华星后转投新艺宝唱片。1982年无线电视与华星唱片联合举办"新秀歌唱大赛"，梅艳芳以一首《风的季节》夺得冠军签约华星。在20世纪80年代，华星是拥有众多大牌歌手、独当一面的唱片公司，后来因内部管理问题、盗版横行等情况，在20世纪90年代中期开始没落，1996年被南华早报集团收购。2001年10月20日，华星遣散员工，除版权管理部外，其余部门均停止运作。2008年，丰德丽收购华星，华星成为东亚唱片的附属品牌。之后，东亚唱片以"东亚+华星"的名义为华星发行唱片。东亚唱片2009年发行的张国荣精选唱片《最红》和2016年发行的张国荣新歌加精选唱片《哥哥的歌》，皆获得当年度"IFPI香港全年最高销量广东唱片"大奖。

《鼓手》这部青春励志片是杨权和周聪合组的诚意电影制作公司的创业之作，当时正值青春电影大行其道，但大部分的青春电影里的年轻人都是问题青年，而杨权认为社会上大部分的年轻人并不是如电影中的问题青年那样，所以想拍摄一部比较健康的年轻人的戏。剧中张国荣饰演一名热衷打鼓的学生，他的理想是成为一名专业鼓手，但遭到了父亲的强烈反对，练鼓声也引起邻居的怨言。而他并未因此放弃，在坚持理想的道路上，得到了女友和老师的支持，亦拜得"鼓王"为师，在自己的努力与坚持之下，最终成为青年业余乐团的一名鼓手。杨权选择张国荣为男主角是因为诚意电影制作公司的合伙人周聪的推荐，而杨权亦对张国荣颇有印象，他们都觉得这位年轻人有前途，可以给予机会，而且这部电影的内容亦与音乐有关，张国荣又是歌手出身，正是需要这样的歌影双栖艺人。杨权强调张国荣是个很不错的年轻人，所以很有诚意选择张国荣出演，也希望能捧红他。女主角的人选曾在周秀兰和黄杏秀之间考虑，因为杨权刚与周秀兰合作完一部电影，觉得周秀兰演戏很用心，所以选择了周秀兰。张国荣拍戏非常认真和敬业，在片中的打鼓镜头全部由自己完成，因为张国荣觉得由自己来拍摄打鼓镜头，会使这些镜头更加流畅和逼真，所以他特意跟导演商量，给他一些时间学习打鼓，而他亦随时向片中饰演他的老师的法兰嘉·比奥（Fernando Carpio）请教。说起法兰嘉·比奥，除了他被称为"香港鼓王"，他的女儿便是实力派歌手杜丽莎，以唱英文歌为主，在二十世纪六七十年代亦非常红，后来成为歌唱老师，香港乐坛很多歌手曾师从于杜丽莎，如林忆莲、郑秀文等。杜丽莎在2007年获得"十大中文金曲"的"金针奖"。法兰嘉·比奥还有个侄女叫韦绮珊，在梅艳芳夺冠的第1届新秀歌唱大赛中获得亚军，电影《家有喜事》中吴君如饰演的大嫂喜欢唱的《相逢何必曾相识》的原唱便是韦绮珊与蒋志光。1983年2月23日，张国荣参加无线电视《欢乐今宵》节目宣传《鼓手》时更是现场表演打鼓，亦演唱了《鼓手》的主题曲《人生的鼓手》。

周聪邀请了顾嘉辉作曲、郑国江填词创作电影《鼓手》的主题曲《人生的鼓手》与插曲《默默向上游》《我要逆风去》，这三首歌曲都非常励志，非常契合电影的主题。不过电影的主题曲并未流行，反而插曲《默默向上游》受到了很多人的喜欢。或许这首歌更像是张国荣早年在时运不济的日子里遭遇挫折后"默默向上游"的境遇，"幸运不肯轻招手，我要艰苦奋斗，努力不会有极限，若遇失败再重头；现实欺弄不担忧，我要跟它决斗，挺着胸对抗命运，用力握实我拳头。成功不会骤然降，喝采声不想白白承受，求能用心、求能用功、求能做好鼓手。像怒海的小孤舟，冷雨凄风继续有，我愿那苦痛变力量，默默忍泪向上游"。后来，张国荣重新录制了这三首歌曲，收录于翌年张国荣在华星的首张唱片《风继续吹》中，张国荣曾在演唱会上将"求能用心、求能用功、求能做好鼓手"中的"鼓手"改唱为"歌手"。郑国江后来在访谈中说："我觉得是张国荣的遭遇令我写就了《默默向上游》的，因为那时候，张国荣是谭国基旗下的歌星。谭国基有罗文、陈百强、他（张国荣），还有钟保罗，我帮罗文写了很多好好的歌，《红棉》《好歌献给你》都很受欢迎，和Danny（陈百强）更加不用讲了，《眼泪为你流》《偏偏喜欢你》，独独就是没有机会帮张国荣写歌。到有机会帮张国荣写歌的时候，我就把整个感觉，我把见到他们这三个歌手的那种感觉，他是最迟上位的，所以我就写了《默默向上游》。其实是我心里面的一份祝福来的。"

《鼓手》除了健康的主题外，其实是一部中规中矩的电影。在1983年3月公映后，很多影评人指出电影中的不足之处，但也给予了好评，特别是对导演杨权的制作诚意，然而电影并未受到观众的欢迎，上映6天只收获了122多万港元的票房。可能因为主题积极向上的关系，《鼓手》是很早进入中国内地市场的香港电影之一，对很多在中国内地的人来说，第一部在大银幕上看到的张国荣的电影可能就是《鼓手》。那个年代电影院相对少，很多地方都是露天放映电影，《鼓手》亦曾作为露天电影放映。《鼓手》虽然未能如杨权所愿捧红张国荣，但令杨权印象深刻的是，张国荣在电台说起《鼓手》时说："我终于拍了一部'对'的戏了。"合作《鼓手》之后，杨权与张国荣甚少联络，但杨权的儿女倒与张国荣比较熟，偶尔遇上了，张国荣便会托杨权的儿女带去问候。

1982年9月12日，张国荣26岁生日，在铜锣湾的一家高级饭店宴请朋友。虽然1981年至1982年张国荣拍了很多部电影，收入也不错，选择的酒店亦是高档气派，就连餐具都精美得很，但他却倒起了苦水："我几部电影的片酬全在经理人那里，他以为我不必吃饭供楼的。其实我并没有外界想象的那么好，目前全靠着登台赚来的外快度日。今晚请客以后，明天回家里可能要挨咸鱼腐乳了。"说起供楼，他那搬过去没多久的远在郊区的房子让他拍戏甚为不便，生日翌日凌晨4点《烈火青春》要在游艇上拍日出的戏份，张国荣不得不在酒店开个房间睡觉。《烈火青春》自1981年9月开拍，断断续续地拍摄，到1982年9月底终于要杀青了。《烈火青春》开拍时青春电影尚未成为潮流，而待到《烈火青春》公映时，青春电影已渐荼凉。

1982年10月8日，香港商业电台在香港大专会堂举办了一场演唱会，邀请张国荣和余安安担任特别嘉宾，不过在《冲激·21》记者会的间隙当钟保罗告知张国荣，工作人员在排名的时候把他的名字排在了最后，这让张国荣觉得自己不受尊重，不过最后他还是去现场演唱了We're All Alone和《柠檬可乐》的插曲《凝望》两首歌。在香港商业电台的演唱会上，张国荣与主持人对话聊起小时候的梦想，他解释为什么想当记者时，说了一句在当时看来很普通的话："其实我做人呢，挺好的，没怎么做坏事的，我都会上到天堂的，如果有一天，我真的上到天堂时，你有没看过天堂的人会病的？"是的，正如他接着说的："我听很多童话故事说，（天堂）是没病痛的，很好的。"

1982年11月16日，张国荣应邀与顾嘉辉和华星的苏孝良前往夏威夷参加20日举行的第1届"夏威夷音乐节"。这次音乐节上，张国荣的参赛歌曲是顾嘉辉作曲的《让我飞》。比赛当日张国荣在演唱时甚受好评，台下观众亦反应热烈，跟着他的演唱打着拍子。更有一位美国资深音乐人兼填词人赫尔·大卫（Hal David）很喜欢这首歌，希望顾嘉辉能让他将这首歌做成英文版。但张国荣最终没有获奖，有人表示这次比赛张国荣没有获奖除了对手强劲外，可能是张国荣演唱中文歌曲的原因，因为评委不懂中文比较吃亏。对此，张国荣说："我是中国人，中文是我的母语，其他国家的参赛者都是唱自己的语言，为什么中国人参赛就要唱英文歌曲。我相信有一天，中文歌曲一定可以扬威海外。"据《烈火青春》制作方世纪公司驻加州代表佐治在夏威夷期间向公司发回的消息称，张国荣的演唱在夏威夷大受欢迎，令他意外的是，张国荣在夏威夷有很多影迷，张国荣到哪儿，他们就跟随到哪儿。在这批影迷中有一位很迷张国荣又很漂亮的女孩，他已经经过女孩的同意拿到了女孩的资料，建议她加入电影圈，公司可以考虑携《烈火青春》的原班底加那位女孩在夏威夷

当我重温您，在茫然中思忆里
所有冷冰的暖了

拍外景，拍摄一部像《青春珊瑚岛》那样的青春电影。虽然没能获奖，但张国荣对夏威夷的自然风光却是盛赞有加，夏威夷的清新空气和风土人情也让他念念不忘，他觉得如果能在夏威夷的海滩上打鼓唱歌，是一件非常不错的事情，并希望有机会可以故地重游。张国荣返港后神采飞扬，他表示在旅途中与顾嘉辉相处一周得益匪浅，他与顾嘉辉谈的一些与音乐相关的问题，让他有新的启发。而接下来他则忙于为即将上映的《烈火青春》做宣传、拍摄杨群的《第一次》以及与华星筹备发行新唱片。

电影《第一次》原名《洋紫荆》，由杨群的"夫妻公司"凤鸣制作，杨群任制作人，他的妻子俞凤至任导演，这是张国荣与翁静晶在电影《喝采》后的再次合作。《第一次》是一部反映当下青年心理和社会价值观的写实电影，张国荣在剧中饰演一名底层出身的郁郁不得志的青年。杨群表示这部电影的灵感来自于他的两个女儿，她们的思想方式与他完全不同，在搜集了很多资料后，将一些互不相干的真人真事串联起来，客观反映他们的生活状态，但不对这种生活状态表态和评价，"俞凤至的拍摄手法和表现形式，是希望以一种很自然写实的手法去描写张国荣、翁静晶等几位少男少女的生活片段，他们在人海挣扎求存的苦与乐"。电影以张国荣饰演的阿凤和翁静晶饰演的小莹的偶遇、相识、恋爱、被迫分手为主线，穿插其他年轻人的故事线，来反映当下年轻人的生活状态。1983年5月7日，《第一次》午夜场首映取得28万港元的票房，成为当晚票房冠军，不过海报上翁静晶的玉腿功不可没。5月12日电影公映，杨群表示上映一周收180万港元票房他已经觉得很合算了，后来因为上座率理想，上映13天收得380万港元票房，更让杨群喜出望外。张国荣为了宣传该片也是尽心尽力，甚至告知记者自己"第一次"初尝禁果的故事。虽然张国荣与翁静晶曾在《喝采》中合作过，但在《喝采》中翁静晶主要是和陈百强搭配，这次才是张国荣和翁静晶真正意义上的第一次合作，有评论表示："张国荣实在是一个可以真正演戏的演员，这次与翁静晶配搭，圈内人说这配搭很好，两个人都有一点反叛个性，配搭起来会更适合。"在电影公司刊登在报纸上的宣传文中，这样形容张国荣："他已是香港影视圈炙手可热的青年偶像，被誉为香港'占士甸'，英俊中带反叛特质，颇为时下青少年认同。"

张国荣自1982年5月搬去元朗的新居居住以后，在工作上非常不便。12月中旬，张国荣决定卖掉郊区的房子搬回市区居住。张国荣表示元朗实在太远了，虽然对环境很满意，但工作时出入非常不方便，而且家中用人六姐的身体又不是很好，平时工作离家太远也不方便照顾她。元朗的房子是张国荣自己买的第一幢房子，在装修、购买家私等方面都花了不少精力，虽然有感情，但为了工作便利也只能忍痛割爱。12月22日，张国荣从元朗搬到港岛罗便臣道居住。无线电视之前曾邀请张国荣参演电视剧集《爱情安哥》，但他因有其他片约而无暇分身，不过张国荣答应无线电视会为其拍摄一部歌舞特辑，与梅艳芳、蔡枫华、蒋庆龙等合作，从平安夜下午开始拍摄，拍至凌晨一点左右收工便可去迪斯科通宵狂欢。已经两年没有放过大假的张国荣，亦计划25日圣诞节当天去东京旅行，顺便可以在飞机上睡一觉。

1982年12月9日，张国荣与唐鹤德在香港丽晶酒店（现为香港洲际酒店）重遇。2001年在毛舜筠的《旧情再热》电视访谈节目中，张国荣笑着说："有了他（唐鹤德）令我很开心，是一种Blessing（福气），是主赐给我的。"

当我重温您，在茫然中思忆里
所有冷冰的暖了

如果他朝
得到宝剑在手
扬威于天下
应是我

Chapter
10

1983年1月，华星发行了张国荣签约后的首张唱片《风继续吹》，这是张国荣真正意义上的第三张个人唱片，距离在宝丽多发行的第二张唱片《情人箭》已足足过去三年半之久。在这三年半里，虽然张国荣大部分时间专注于影视上的发展，但也并未荒废唱歌。他时常应邀在一些综艺节目和活动晚会上演唱和表演，在新加坡、泰国、马来西亚等国家登台演出，还演唱过一些电影的歌曲。虽然这些工作并没有为他在乐坛的发展打开新的篇章，却让他积累了不少在音乐方面的经验。机会总是给有准备的人，虽然新唱片《风继续吹》的发行，也没能让张国荣平步青云，但为张国荣在事业上的"起飞"奠定了基石。

华星和张国荣对这张唱片都非常重视，也颇费心思。一众大牌的名字出现在了这张唱片的制作名单上，如黎小田、顾嘉辉、郑国江、黄霑、奥金宝等。唱片的包装亦非常精美，使用了双封套的设计，张国荣更是邀请了在电影《烈火青春》中合作过的张叔平设计这张唱片的封套，摄影是《号外》杂志的御用摄影师孙淑兴。在整张唱片的12首歌里，原创歌曲占了7首，除了电影《烈火青春》的主题曲《流浪》、电影《鼓手》的3首电影歌曲和在"夏威夷音乐节"参赛的《让我飞》之外，还有同是黎小田和郑国江合作创作的歌曲《缘份有几多》和《那一记耳光》。据传《缘份有几多》是新婚不久的黎小田写给妻子关菊英的；而郑国江觉得张国荣除了"学生情人"的形象外，还多了一些野性，所以刻意填写了俏皮可爱的《那一记耳光》。在张国荣的前两张唱片中，原创歌曲非常少，基本上是改编或者翻唱经典歌曲，在这张唱片内亦有翻唱3首经典的英文歌曲：《不管您是谁》改编自苏格兰歌手安妮卡（Aneka）在欧洲各国排行榜大热的歌曲《日本男孩》（Japanese Boy）；《片段》改编自美国创作歌手柏帝·希金斯

当我重温您，在茫然中思忆里
所有冷冰的暖了

（Bertie Higgins）1982年与妻子看完经典电影《卡萨布兰卡》（Casablanca）后有感而发写给妻子的Casablanca，《片段》也是张国荣首次尝试填词的歌曲；《难以再说对不起》是美国摇滚乐队芝加哥（Chicago）合唱团的经典歌曲《难以说对不起》（Hard to Say I'm Sorry）。在20世纪80年代，很多香港歌手演唱的歌曲改编自日本的歌曲，而华星与日本的唱片公司一直有着良好的合作，在这张唱片内亦改编了两首日文歌曲：《风继续吹》改编自山口百惠的《再见的另一方》、《共您别离》改编自滨田省吾的《最后的演出》。山口百惠是日本国民级的女艺人，深受日本观众的喜爱，在整个亚洲都有众多粉丝。1980年21岁的山口百惠宣布退隐，《再见的另一方》正是她最后的告别曲。山口百惠亦是张国荣和陈淑芬的偶像，陈淑芬希望张国荣日后也能有像山口百惠那样的成就，所以选择改编了这首山口百惠的告别之作，并邀请郑国江填词。而郑国江在拿到曲子后并不知道这是山口百惠的告别曲，很用心地反复听这首曲子，他说："歌的引子、配乐，给我一种风的感觉，正因这感觉，我联想到海边。年轻时，我常到赤柱，黄昏时很多青年男女在那儿游泳烧烤。对着残余的火堆，该有很多故事发生吧！我又想起一首中学时学过的歌。那时候爱听一个叫《周末的旋律》的节目，主持人很多时（候）都播一些民歌和艺术歌曲，施义桂唱的《叫我如何不想她》是其中一首热播的歌。'天上飘着些微云，地上吹着些微风，啊……'想着想着就以此情此景写成了《风继续吹》。从《叫我如何不想她》中借来海风和野火堆增加气氛。"后来郑国江表示，如果他一早知道这是山口百惠的告别曲，他可能会按照原曲的内容作为主题来填词。正是这样的无意之间，一首山口百惠的告别曲成了张国荣在乐坛的"风起"之作。有一次，张国荣将录好音的《风继续吹》在电话里放给郑国江听，希望郑国江能给他一些意见，郑国江听完后对他说："歌坛中，有一个罗文已经够了，可以的话最好用自己的唱法再录一遍。"而黎小田也觉得，"他（张国荣）在*I like Dreamin'* 时期，还是没有找到自己的唱法，你稍微留心听就会发觉他有一点似罗文，亦有一点似谭咏麟。"后来张国荣在录音室录了很多遍的《风继续吹》，才有了我们在唱片内听到的这个版本，黎小田说："他唱《风继续吹》，我要他压低声线去唱，这样会比较sexy些，他的歌声比较像猫王皮礼士利。"在张国荣还是新人的时候,黎小田就已经觉得他是一个很有才华、很有音乐感的歌手。黎小田说:"他(张国荣)的节拍感很强,音域很广,可以唱到15度,每首歌给他听两次他就可以唱出来。由于他本身是唱英文歌的,他可以很容易便捉到一首歌的起承转合,更加懂得运用抑扬顿挫来表达感情,这都是他的优点。"张国荣是个有主见的歌手,虽然黎小田是监制,那时监制的权力大过天,但在录音的时候,这对"亦师亦友"的合作伙伴也会有争执的时候。在大家都不妥协的情况下,他们便会录几个不同的版本,然后找第三方如录音师或者唱片公司的总经理来决定选用哪个版本。但如果在录音的时候发现了问题,黎小田说:"我跟张国荣一起录唱片时,一发现有一个地方出了问题,就会播出来听,他又会把整首歌重新再唱,其实他本可以只重复唱那一句,但他都坚持整首歌再唱一次,以保持顺畅。因为补唱再接的地方,是会从呼吸声听得出来的。"

唱片《风继续吹》刚推出的时候,外界的反应并没有他们预期的好,电台DJ也没有用心帮忙宣传。张国荣说:"可能是因为我够运气,有些观众就觉得越来越好听,写信到电台去点唱的人也越来越多,所以呢,就这样开始了我(音乐上)新的一个阶段。"在1983年首届"十大劲歌金曲"第一季的季选中,入围季选候选歌曲的是《让我飞》和《人生的鼓手》,并没有这张唱片的同名主打歌《风继续吹》,直到第二季季选,《风继续吹》才上榜并入选,成为年终"十大劲歌金曲"总选的40首候选歌曲之一。虽然《风继续吹》唱片获得了如"在此大碟(《风继续吹》唱片)中,张国荣的表现叫人喝彩,在歌曲的演绎上有突破性的成绩,《风继续吹》是华星1983年度的全新贡献,是水准的保证,亦是歌迷不容错过的唱片"这样的好评,但却没有受到业内人士的青睐,在1983年年终的几大奖项榜上全都无名。不过继张国荣在宝丽多的两张唱片滑铁卢之后,《风继续吹》终于在销量上有所斩获,获得了当年度的"金唱片",这对张国荣来说,是莫大的鼓励与欣慰,或许还有着特别的意义,在很多年后张国荣的"为你钟情"咖啡店内特别展示了这张唱片。张国荣曾说这是其唯一的一张"金唱片",

其实不是，在同年推出的《张国荣的一片痴……》亦获得了"金唱片"，只是《张国荣的一片痴……》这张唱片的制作水准并没有凭着《风继续吹》的这股"风"更上一层楼，而且夹在起步的《风继续吹》与爆红的《张国荣（莫妮卡）》》【LESLIE（Monica）】这两张有着特别意义的唱片之间，所以容易被选择性地忽略。虽然《风继续吹》这张唱片并没有让张国荣大红大紫，但却为他在乐坛打开了全新的局面，而歌曲《风继续吹》亦成为张国荣标志性的代表作之一，也是他之后在演唱会上的必唱曲目。张国荣自此也与"风"结下了缘分。1985年的《不羁的风》被认为是张国荣在20世纪80年代的形象之一，1989年他亲自作曲的告别作因着有始有终之故取名为《风再起时》，环球唱片将他生前的遗作取名为《一切随风》。在1989年张国荣宣布退出乐坛后，香港有家杂志的文章标题叫《像风的浪子终要舍我们而去……》，其实很多歌手都有带"风"的歌曲，但在大众的眼里"风"似乎成了张国荣标志性的符号。

10个月后，华星再次发行了张国荣的全新唱片《张国荣的一片痴……》，这张容易被忽视的唱片虽然在制作上并没有超越上一张唱片《风继续吹》，但也不是毫无可圈可点之处。这张唱片仍是由黎小田监制，同时音乐人赵文海从这张唱片起，开始了与张国荣在华星时期数年的合作。唱片封套则由后来著名的设计大师陈幼坚设计，当时是陈幼坚自主创业的第三年，在事业道路上默默奋斗的两个年轻人，自此开启了长久默契的合作。陈幼坚说："他（张国荣）对我提出的每一个造型，从来没有异议。他懂得艺术和设计，亦是一个接受能力很高的人。他的眼光很准确，他知道这个人一定能做到他想要的东西，彼此有默契，他才会用的。""我和他的感情是建立在对彼此的专业的认同与尊重之上。我很欣赏他能发展成为这么多元化的艺人，他亦很欣赏我的设计意念。况且我们都是一起奋斗成长的，他由一个小歌手开始，我则由一家小公司开始，经历了这么多年，彼此都在社会上有一定的地位。我们是可以彼此share（分享）成长经历的朋友。"为了配合主打歌《一片痴》的情境，唱片封面亦按照这首主打歌表达的故事来设计，陈幼坚为张国荣设计了一个斯文靓仔的造型，然后要把这个斯文靓仔包装起来，但因为华星的制作费用有限，陈幼坚便将自己的名牌私藏借给张国荣。陈幼坚说："Leslie穿的这身衣服，除了西装外套和西裤之外，T恤衫、领结、背心乃至那只手表，都是我曾经穿戴过的。直到现在，我还珍藏着这些衣服和手表。"这次唱片内的12首歌中有9首原创歌曲，有4首电影或电视剧的主题曲，除了与邓志玉合唱的《杨过与小龙女》的主题曲《愿能比翼飞》外，其他3首都不是张国荣参与演出的影视剧的主题曲，不过他演唱主题曲的《北斗双雄》也曾找过他出演，只是他觉得剧本过于胡闹而婉拒了，想想在丽的电视时期，他主演的影视剧都没有他演唱主题曲的机会。这张唱片除了主打歌《一片痴》外，还是有很多耐听的歌，如《你的一切》《燕子的故事》《恋爱交叉》等，《恋爱交叉》也开启了张国荣新的快歌演绎方式。张国荣说，签约华星之后发现一个好处，就是可以参与一些无线电视制作的节目，比如《劲歌金曲》节目为歌手拍摄一些MV，把他拍得很好看。《恋爱交叉》的MV是27岁的张国荣和18岁的"小粉丝"吴君如合作拍摄。在吴君如还没进入娱乐圈之前，张国荣已是她的头号梦中情人，吴君如的父亲夏春秋是资深艺人，因父亲的关系15岁时吴君如已认识了张国荣。吴君如说："我很喜欢哥哥（张国荣），简直是疯狂暗恋的那种。有一次苗侨伟说我暗恋汤镇业，我极力否认。在这一行里，我唯一暗恋过的人，只有哥哥！"1999年在第5届"香港电影评论学会大奖"颁奖典礼上，张国荣颁发"最佳女主角"给吴君如，吴君如说："我知道哥哥颁奖予我，我才来领奖。"在这张唱片内，张国荣也首次尝试了独立填词。《情自困》便由张国荣独立填词，在张国荣的音乐生涯里填词的作品并不多，较为被大众熟悉的莫过于电影《东成西就》里与梁家辉那段舞蹈时演唱的《做对相思燕》，据梁家辉介绍，《做对相思燕》是张国荣根据原粤曲小调即兴填的词。而在这张唱片内也有一首小调歌曲《无胆入情关》，这首歌改编自1956年的香港电影《家和万事兴》的同名插曲，后又称为《一支竹仔》，是二十世纪五六十年代的一首经典歌曲，原词亦由作曲者周聪填写，张国荣版本的《无胆入情关》则由郑国江重新填词，张国荣后来亦在告别演唱会的境外场搭配《访英台》现场演唱过。主打歌《一片痴》入选了1983年"十大劲歌金曲"第四季季选的十首歌曲之一。

1983年1月31日，张国荣应邀为香港电台"临岐"系列的单元剧开工，搭档郑佩佩出演《临岐之女人三十三》（以下简称"《女人三十三》"）。"临岐"系列讲述青少年面对青春和人生分岔口自我抉择的系列故事，主题包含恋爱、毒品、杀人等，梁朝伟、周星驰等亦曾出演该系列单元剧。《女人三十三》讲述了因丈夫移情别恋而离婚的芭蕾舞导师珍妮，在一次重遇前男友的弟弟迈克尔后，迈克尔对她展开了积极的追求，但珍妮为二人的年龄差而深感困扰，在接受与拒绝之间无法取舍。在这个开放式结局的故事里，迈克尔最后在雨中对珍妮说的一段话或许可以是这个故事的注解："我知道你现在在想什么，但我觉得这世上没人能决定我们可不可能，你曾经跟我说过，我们喜欢的事，我们要去争取，不然我也念不了音乐。你可决定你的生活是为自己或别人。"《女人三十三》是张国荣和郑佩佩唯一的一次合作，也是初识。郑佩佩后来对记者说："我和张国荣合作的时候，他还没红。但是他很有抱负，一直在争取向上，后来真的红了。"郑佩佩第一眼看到张国荣就觉得张国荣很英俊，后来她在书中写道："当时张国荣还很年轻，是他还没有'得志'的年代。他虽然是那么漂亮，却是一副很失落的样子，郁郁寡欢的。他倒也不是初出茅庐，好像在娱乐圈混了一段日子了，却一直无法突破，正是前途茫茫。我在这年轻人身上，却嗅到一股说不出的傲气。他对自己的一切是那么自信，不管是对自己的样貌和才华，他都可以为自己打上满分的。到现在还没能'起'，只是时机未到罢了。"十年后，他们在电影《霸王别姬》入围奥斯卡"最佳外语片"的现场再次相逢，郑佩佩说："（十年后）两次我都是一个记者的身份，不过他倒没把我当成记者，仍有一份对前辈的尊敬。"而郑佩佩对张国荣亦非常欣赏："他的电影，我是一部也不会放过，都是第一时间，自己掏荷包买票子进电影院去捧场的。花钱看他的电影是值得的，因为太少香港演员像他那么执着，那么认真。"1994年，郑佩佩在看完张国荣主演的电影《金枝玉叶》后，在报刊的专栏写道："或许是我对张国荣有偏爱，不只是因为他认真的态度，他实是戏好，或许他自己仍然会比较喜欢《霸王别姬》，但是如果我见到他，一定会告诉他，在这部戏里，他的演技又向前跨了一大步，因为《霸王别姬》里，他虽然是非常出色，但是仍让人感觉到，他是非常用功、非常努力地在演好那戏里的'虞姬'，可是这部戏里，他完全不用去演，处处都已经是戏了。尤其是他和袁咏仪那一场作新歌的戏，演绝了，也唱绝了，是那么投入，就像是真的一样，那么狂，那么热，叫任何人看了都会心跳。我听说那首歌，已经出了唱碟，正兴奋，却得知不是张国荣唱的，真觉得有点残忍，有谁还能像他那样，用'心'来唱，唱出他的情……单单为了再听一下张国荣的那首歌，我不由自主再走进戏院。"张国荣和郑佩佩也曾约定再次合作，不过始终没能成事。郑佩佩在书中说："尽管上次和他见面时，他曾一再表示希望有机会能再和我一起合作。然而，却再也没有这个'缘'，不过我仍然是那么喜欢他、关心他。"

1983年3月4日，张国荣出席电影《鼓手》的记者会，他在记者会上表示，入行也有几年时间，但这些年的发展，与自己预期的目标有些距离，希望在未来的三年好好工作，能有所发展，如果还是没多大发展，欲转行去时装界。他觉得自己入错了行，娱乐圈甚为虚伪，更有些人欠缺职业道德。在与记者私聊的时候张国荣说："《风继续吹》这首歌是受落（被大众接受）了，但我仍觉得不满足，我不明白为什么我的运气总是比别人差的。以唱歌为例，和我同期出道的有陈百强、蔡枫华，他们在唱歌和拍戏方面机会和成就都比我好很多。我自问自己所下过的苦功不比他们少，但我总是不及他们！娱乐圈是最残酷最现实的，而在娱乐圈工作，也最浪费青春，有些时候，我想自己在内里打滚了这许多年，我想要红也应该红了，但既然还是半红不黑的，便该认命了。我打算再多做几年，如果还是这个样子的话，我便索性退休。"其实这几年来，张国荣的事业已经有所起色，不管是之前的电视、电影，还是签约华星后新推出的唱片，都有着不算差的成绩，而且外界对他的评价也甚高，在东南亚地区更是深受欢迎、登

当我重温您，在茫然中思忆里
所有冷冰的暖了

台邀约不断，只是因为与谭国基的解约和追讨薪酬官司迟迟未能解决，让他一时对娱乐圈的一些人或事心生厌倦而产生瞬间的不愉快情绪。后来他也表示，自己的话被误解，自己并不是因为失意而对娱乐圈心灰意冷。张国荣说："我前几天公开宣布，三年后会转行。许多人关心，问我是否对娱乐圈心灰。我为什么要心灰？我现在不好吗？你们不见我正在不断向上吗？一般人想东西很直接，我要离开娱乐圈，便一定是失意了。其实一个人不必失意才放弃一样东西，当你不喜欢时也会放弃，对不对？我知许多人喜欢拿我和陈百强比。有什么好比？他唱歌从来都比我好，我做戏什么时候都胜过他，各有所长，怎样比？其实，论收入的话，我这几年歌、影、视三线发展，又在外面登台，赚钱只有愈来愈多，怎会失意心灰？"

张国荣在1982年2月中旬为《杨过与小龙女》试镜后，与邵氏签了两部电影的合约。除了《杨过与小龙女》，另有楚原导演在筹备的改编自黄鹰武侠小说的《妖魂》，不过后来为免两部电影撞期，《妖魂》改由莫少聪出演，张国荣亦与楚原导演商量，在他拍完《杨过与小龙女》后希望出演一部楚原导演的现代背景的电影。除楚原外，张国荣亦希望能与两位女导演合作，他说："今年，我希望赚更多的钱外，最主要的一个心愿，是可以拍到两位女导演的电影，那是我一直的心愿，并不是今年的心愿那么简单。一位是许鞍华，另一位是单慧珠，我很佩服她们，如有机会演她们的电影，一定会加倍地努力。"张国荣与许鞍华两人真是"有缘无分"，后来双方几次有心合作，最后都不了了之。

1983年3月8日，邵氏举行记者会宣布当日开拍青春派武侠片《杨过与小龙女》。《杨过与小龙女》以金庸的小说《神雕侠侣》为蓝本，但并未照搬原著，而是选取了杨过与小龙女的感情线作为电影的主题。邵氏原本计划由黄泰来导演，但黄泰来因筹备另一部电影而抽不出时间，改由华山导演。对于男女主角的人选，华山说："原本打算用新人的，不过再三考虑之后，觉得用有名气的演员在叫座方面较有把握，因此现时已决定由张国荣与翁静晶分别担任男女主角。"对于张国荣和翁静晶，华山亦表示："他们的外形及演技均好，而且都有自己的一班观众，因此在宣传方面应会比较有号召力，尤其他们都很年轻，非常适合剧中的角色。杨过的角色，看起来有反叛倔强的气质，张国荣最适合不过。而翁静晶一向予人几分不沾人间烟火的'仙味'，小龙女角色非她莫属。"张国荣为了拍摄这部电影，已经看了数遍金庸的原著，他表示："我很喜欢杨过，我看《神雕侠侣》最喜欢小龙女与他的两人相处一段，拍戏最好就是拍到他们分手。小龙女一跳，便不拍了，让观众自己想下去。"他对原著中金庸写情、写命运捉弄人非常有共鸣。为了应付片中的武打镜头和更适合杨过这个角色，张国荣除了勤加健身，更节食减肥，瘦了六磅，他洋洋得意地表示成功减肥是他的杰作。张国荣认为："因为该片上半截，杨过是大孩子，胖一点点，倒没有所谓，而且很配合身份，后半截则不成，因为杨过已成为大侠，肥嘟嘟怎似大侠？非减不可。"

张国荣在拍摄《杨过与小龙女》的过程中可谓几经波折。邵氏影城的治安向来不太好，经常发生失窃事件，在张国荣初入邵氏影城拍摄时，便被偷去了800港元。虽然一向为邵氏拍片的恬妮，曾劝告过张国荣和翁静晶要小心财物，但张国荣和翁静晶还是都破了财，为此张国荣生气了好多天。张国荣当时应得的薪酬被谭国基私扣，还要跟谭国基打官司，是经济最不好的时候，800港元对他来说是一笔不小的数字。1988年，张国荣在澳门拍摄当时已是翁静晶丈夫的刘家良导演的电影《新最佳拍档》，拍完后张国荣请全部工作人员吃饭，花了近万港元。翁静晶与张国荣合作过三部电影，那时候拍电影有个不成文的规矩叫"万岁"，就是男女主角和导演都不时会买些吃的慰劳工作人员，或者直接请客吃饭，但之前她从没见张国荣"万岁"过，那时私底下更有人说张国荣小气。而这次看到张国荣大手笔请客，翁静晶跟张国荣开玩笑说："从来没见过你'万岁'，这次是破天荒啊。"对于翁静晶的玩笑话，张国荣说："晶晶，你知道吗，那时候，我的环境不太好，实在是没有能力。看见你经常请客，我亦感到不好意思，但穷之苦，你会明白吗？现在我有能力请'万岁'，就当是补偿吧！"翁静晶听完张国荣的回答，呆在当场，因为她觉得那时候一次"万岁"，也就500至1000港元出头而已，从来没想到过那时的张国荣在金钱上会有困难。翁静晶向张国荣说对不起，张国荣让她不要记在心上。后来，翁静晶写道："一幕又一幕发生在过往的事，不断重现，张国荣从苦难中熬出头来，实在是不容易。小人之心、君子之腹，张是君子，不容置疑。"

因为当时没有走红，张国荣和翁静晶在片场拍摄的时候经常要受到武术指导的刁难和发脾气。张国荣和翁静晶都是文戏演员，而古装武侠片很多动作戏，而且要吊"威亚"（简单一点说就是在演员身上绑钢丝），这对他俩来说都有一定的难度，但武术指导既不细心教他们，又要他们做出高难度的动作，令他们苦不堪言，还经常受到武术指导的呵斥。有一次拍摄他俩牵着手从古墓飞出去的镜头，不知道是武术指导故意的还是计算失误，开拍的时候张国荣和翁静晶的"威亚"竟然缠到了一起，两个人顿时撞向了边上的石柱道具，结果可想而知，张国荣头破血流，翁静晶被"威亚"的钢丝割破了手，而那名武师非但没有道歉，还骂他俩笨。记者来片场采访时，他们都不敢说出真相，怕遭到武师"公报私仇"的刁难与报复。这样的事情发生过几次之后，张国荣想出了一个妙计，去拜访了当时在邵氏很有威望的武术指导刘家良，并说出了他俩的遭遇，而刘家良为人仗义，更是亲自跑去片场看，当场就发现了问题并及时制止。但当时刘家良终究不是这部电影的武术指导，"救"得了今天"救"不了明天。后来翁静晶在专栏写道："刘师傅'过厂'相救需'出师有名'，哥哥当下就在众人面前称之为'契爷（干爹）'，我就'扮'师傅新女友！"正是这样之后他们才不被武师欺负。

1983年6月时，张国荣突然双眼红肿刺痛，开始以为是红眼病，停工了十多天，后来勉强回片场拍戏，但中途支撑不住又换了个医生去看，发现之前的医生误诊，不是红眼病，而是眼眶进了不洁物导致眼睛发炎。眼睛发炎让他损失了去欧洲登台十天的机会。直到6月底，他才回到《杨过和小龙女》的拍摄中。张国荣对工作向来认真与敬业，在该片试撞墙的戏时，他自己先用力撞了几个不同姿势，导演和摄影师提出意见后，他再撞。为了赶拍，有一次曾七个晚上通宵拍摄，导致张国荣差点因体力不支而晕倒。所以，导演华山对张国荣非常满意，有一阵子片中的神雕出了问题，华山说："我的演员那么拼命，我怎向他们交代？"可惜《杨过与小龙女》于12月2日上映后，票房并不理想，上映7天只有160多万港元的票房。

那段时间，张国荣在忙碌的同时，亦不忘参与慈善公益活动。他参加了为香港市民宣传和推广"十进制"的"你计我计十进制"晚会、为筹募老人院福利经费的"快乐谷狮子会"慈善演唱会、商业二台收益拨捐香港弱智人士服务协进会（现为匡智会）的第5届"超级巨星慈善篮球赛"、无线电视为联校科展筹款的"霓韵"晚会、为新加坡哥本峇鲁筹募建所基金的"星光灿烂"慈善晚会、为东华三院筹款的"欢乐满东华"慈善筹款晚会等。1983年6月4日傍晚，张国荣、苗可秀、潘立文、马敏儿、麦德罗等一行抵达新加坡参加6日至7日两晚在新加坡国家剧院举行的"星光灿烂"慈善晚会，他们刚下飞机就受到了粉丝们的热烈追逐。张国荣最受年轻女粉丝的欢迎，黑压压涌动的人群中还有人把穿着白衣服的麦德罗错认为是张国荣，最后他们一行人不得不使用"调虎离山之计"才得以脱身。在吃饭的酒店，心情大好的张国荣活跃无比，让众人大笑不已。当然，欢乐亦不忘打麻将，这行人里一堆的麻将迷，苗金凤更是翻查张国荣的行程安排表，相约空闲时间打麻将。而在练歌前等待的时间里，闷得发慌的张国荣更表示这时有副麻将牌该有多好，听说在他们一行人中还真有人从香港带了两副麻将牌过来。来自中国台湾的李亚明，在新加坡人生地不熟，常独坐一角，张国荣便过去跟他聊天。晚会当晚张国荣一边唱《风继续吹》一边走下台与观众握手，台下观众一阵涌动，他还问观众有谁还想要握手，众人皆举手，他说不如你们走过来吧，让围着保护他的警察如临大敌。张国荣更是被当地媒体称为"最会制造气氛"的艺人，《联合晚报》写道："台上台下，张国荣最会制造气氛，当周遭的气氛沉闷时，他会说些笑话或动作，逗得大家开心。在演出时，他从台上唱到台下，引得歌迷涌上前来，还得劳动警察护驾，难怪有人说，张国荣的风头最健。"6月7日下午3点，张国荣一身便装来到丽的呼声电台特意为他举办的歌友会，在场的歌迷人人争着想与他合影，而张国荣是来者不拒，一一满足他们的要求。对在场歌迷、影迷的问题，张国荣亦是幽默风趣地有问必答，自称是个"老天真"。当有人问他除了唱歌拍戏外还做什么，他说："我在香港开了一间时装店。"张国荣还开玩笑说自己所卖的服装，都是"穿了就烂"的，这样才会有生意。热烈的气氛从始至终，最后在歌迷、影迷的要求下，他边唱《风继续吹》边与众人共舞，更当场表示，9月将在新加坡登台，到时再与大家相聚。第二天，张国荣为新加坡广播局录制综艺节目，在短短的20分钟内便录完了两首歌曲，记者写道："歌曲播出来时，（张国荣）又静静地一个人聆听，有错再录，其表现与昨日歌友会上的他是截然不同的。"9月26日至10月2日，张国荣再次来到新加坡，在豪华歌剧院登台演出。张国荣表示："这次纯粹以歌艺会观众，绝不会令大家失望。"当谈起演员与导演的关系时，他带着玩笑的语气说："我是一个具有良好职业水准的演员，在拍戏时，从没与任何一个导演发生纠纷，而且也无人批评我不好。"张国荣在新加坡的歌迷、影迷甚多，10月他再次应邀来到新加坡为广播局录制节目，12月初应邀参加华星在新加坡的唱片代理商新丽声举办的"旋律'83"大型演出。

1983年7月20日，第2届"香港电影金像奖"在香港大专会堂举行，电影《烈火青春》获得"最佳电影""最佳导演""最佳编剧""最佳男主角""最佳美术指导""最佳电影配乐""最佳摄影""最佳新人（叶童和夏文汐同时获得提名）"共八个项目九项提名，张国荣亦凭此片获得"最佳男主角"的提名。虽然《烈火青春》基本上属于颗粒无收，最终只获得1982年度"十大华语片"，但这并不妨碍这部电影载入香港电影的史册。2005年，《烈火青春》入选"香港电影百年百部最佳华语片"；2012年，《烈火青春》入选由英国 Time Out 杂志评选的"香港百佳电影"。张国荣获得"最佳男主角"提名亦证明了他的演技得到专业人士的肯定，即使那几年外界对他在电影上的表现一直评价不错，但获得提名对他来说是一种鼓励与安慰。在颁奖典礼上，张国荣替鲍比达领取了"最佳电影配乐"，亦作为表演嘉宾演出歌舞。8月20日，同在这个场地，在第7届"金唱片"颁奖典礼上，张国荣凭借《风继续吹》获得了属于自己的第一张"金唱片"奖项。

1983年12月，酷爱搬家的张国荣再次迁入太古城居住，他觉得搬到港岛居住以后，运气都好了很多。他那元朗远郊的房子，虽然买入时并不贵，但因楼市下跌，而他当初装修又花了一大笔费用，翻个手卖出亏了十万港元。而张国荣1982年年底在香港与朋友合作开设的时装店，更是每月都亏好几千港元，不过张国荣表示："开时装店要守两三年的，现在只蚀几千（港）元，算是好成绩的了，三年后势可翻本呢。"

宝剑锋从磨砺出，梅花香自苦寒来。经过数年的"默默向上游"，张国荣终于看到了事业的曙光，1983年对张国荣来说是耕耘多年后开始收成的年份，正所谓"谁无暴风劲雨时，守得云开见月明"。虽然这些年来，张国荣遭受了诸多的挫折，但不可否认，他并没有如外界渲染的那么"凄惨"。或许是他对自己的要求比他人更高，让他感到自己的付出未能达到预期的目标，不过在逆境中迎风而上，也让他积累了更多的经验。或许没有这七年的磨炼，也就没有未来的那个张国荣，"伤仲永"的故事在娱乐圈这个大染缸未尝不是时有上演。当然，张国荣除了天赋，更多的是坚持与努力，在并不顺畅的事业道路上不断进取，最终让他看到了"风继续吹"。更重要的是，张国荣不是"故步自封"之人，在他开始走红时，他说："怎么霉的日子我也熬过，今天站稳了脚，我要更加争气了，因为我若不进步，别人就会赶上了。"是的，只有对自己有要求，不断地进步，未来才会有更广阔的天空。

当我重温您，在茫然中思忆里
所有冷冰的暖了

图片摄影／授权：周雁鸣

Part III

这个
茫然困惑少年
愿一生以歌
投入每天永不变

轻轻说声
漫长路快要走过
终于走到明媚晴天

Chapter 11

有人在1984年初预测，1984年是属于谭咏麟的；有人在1984年终总结，张国荣在1984年大红走运，交出了一张漂亮的成绩单，已有直逼谭咏麟之势，1985年将会是属于张国荣的。对此，张国荣认为："阿伦（谭咏麟）在乐坛十多年，基础稳固，明年会是他的天下。"在1984年年底"十大劲歌金曲"总选的候选歌曲中谭咏麟有十首歌曲入围，张国荣盛赞谭咏麟成绩甚佳。这一年，张国荣趁女友杨诺思放假回港一起去观看了谭咏麟的演唱会；这一年，谭咏麟跟日本音乐人谷村新司说："在香港还有一个叫张国荣的好歌手。"

1983年是无线电视首年筹备"十大劲歌金曲"评选，评选分为两个部分，每一季季选选出10首歌曲进入年终总选的候选歌曲，年终"十大劲歌金曲"总选便从这四个季度选出的40首歌里评选。1983年，张国荣有《风继续吹》和《一片痴》两首歌曲入围年度总选的候选歌曲。得奖的歌手其实在颁奖典礼前一个礼拜便已知道结果，因为得奖者需要排练得奖后在台上演唱的歌曲，而明知道自己没有得奖却有着"体育精神"的张国荣，在主办方的极力邀请下参加了1984年1月28日举行的"十大劲歌金曲"颁奖典礼，主办方让他坐在第一排他便坐在第一排。坐第一排的一般都是有获奖的歌手，第一排其他的人陆续上台领完奖，就剩下他一个是没有奖的。颁奖典礼结束以后，他们一群人一早约好了一起去海城看罗文登台演出，当现场灯光暗下来后，张国荣一声不出地在抹着眼泪。张国荣后来在《今夜不设防》节目里说出了当时哭的原因，这年的"十大劲歌金曲"颁奖礼罗文觉得自己应该有两首歌曲获奖，但最后只有一首歌曲获奖，所以罗文曾一度考虑不出席颁奖典礼，但张国荣明知道自己没有奖，却坐在第一排。当他在海城看到罗文意气风发地在台上演唱时，张国荣突然觉得自己好渺小，忍不住掉下眼泪。张国荣说："我那次哭，并不是因为我觉得自己委屈，而是我觉得，为什么？哪怕你只是拿了一首还是拿了半首也好，你已经有这样的机会去拿奖了，你还要考虑去不去拿。为什么我这么想拿奖的，却没得拿。"《明报周刊》后来在报道中写道："听说临门一脚，无线跟某唱片公司达成协议,将另一首歌加进'十大劲歌金曲',迫使《风继续吹》无故出局。"而对于一直以来议论不绝的香港乐坛"买榜"事件,向雪怀后来说:"付出和收取的人都不应该,这对年轻人不公平,年轻人是很脆弱的,容易受到打击。就拿张国荣说,当年他的《风继续吹》是可以拿到奖的,但是没拿到。这对当时很年轻的张国荣打击非常大,我当时在他身边,他非常沮丧,对我说不想再唱歌了。不过他后来还是成功了,但是,并不是每个人都是张国荣。"

虽然《风继续吹》排名11未能入选"十大劲歌金曲",但这并未影响张国荣准备在1984年大展拳脚的工作计划。1984年伊始张国荣便透露,1984年的工作计划早已安排好,上半年他会专心外出登台,去完东南亚之后,远征欧洲,四月间再去美国和加拿大,而下半年度,他将全情投入到电影的拍摄中。他答应了许鞍华新片《人间蒸发》的演出,很希望这部电影能拍得成。原本许鞍华计划在1984年12月中开拍新片《人间蒸发》,连日本外景地都已经定下,不过最终因剧本版权问题而延期。《人间蒸发》取材自许鞍华日裔母亲的故事,由郑裕玲当时的男友甘国亮编剧,原定由郑裕玲饰演"女儿"、张国荣饰演"儿子",而"母亲"一角准备游说葛兰出演。张国荣和郑裕玲都很喜欢这个剧本,也期望与许鞍华合作,郑裕玲从法国拍完《花城》回来后就开始等许鞍华开戏,其间更是推掉了一些工作,但后来不知为何女主角突然换成了缪骞人,张国荣依旧饰演"儿子"一角,剧本亦未经甘国亮同意做了修改。到了11月底,有媒体报道:"至于甘国亮的小说版权问题,一直未解决。最初,邵氏觉得剧本用小说的方式连载,对戏没有影响,然而甘国亮方面态度强硬,表示一切事情交由律师办理,这一来,邵氏担心抵触法令,因此也将事件交由律师处理,以免惹下官非。"由于版权问题久未解决,最后许鞍华于1984年先期拍摄了由张爱玲小说改编的电影《倾城之恋》。最终,邵氏放弃开拍《人间蒸发》,而甘国亮将《人间蒸发》的小说在《明报》连载了42个星期,且推出"剧照版"小说,由郑裕玲一人分饰"母亲"和"女儿"两角,设计小说体裁处理方式的其中一人便是后来爱戴墨镜的王家卫。许鞍华于1990年将其日裔母亲的故事重新交由吴念真编剧,拍摄了电影《客途秋恨》。虽然许鞍华导演很喜欢张国荣,张国荣亦诚心期待与之合作,但他们计划中的第一次合作—如片名般"人间蒸发"了。

许鞍华第二次邀请张国荣合作是1988年的《今夜星光灿烂》，她再次想让张国荣饰演"儿子"——林子祥饰演的张英全的儿子，林青霞饰演的杜采薇的恋人。不过当时因张国荣签约了新艺城，一开始新艺城不肯放人，制作人徐枫就想"肥水不流外人田"，因她刚签了吴大维，正准备力捧，遂换由吴大维出演该角色。虽然张国荣非常喜欢该角色，后来亦说服了新艺城外借自己拍摄该片，但徐枫在两难之下最终选择了自家的艺人吴大维，张国荣与许鞍华的第二次合作就此擦肩而过。1997、1998年间，许鞍华亦有意邀请张国荣合作，但最终两个拍摄计划皆胎死腹中。2002年，许鞍华再次邀请张国荣合作，编剧为卓韵芝。卓韵芝后来在微博上写："还记得某夜，许鞍华、哥哥（张国荣）和我吃了一顿漫长的饭，他看着我说'我很喜欢你'，然后我们一起去喝酒，他有很多话想说，是一个率性的人。那夜，他为那最后没被拍出来的剧本加上一句对白：不用道歉，爱我就好。"而据杨凡介绍："故事有点像Dustin Hoffman（达斯汀·霍夫曼）的*Tootsie*（《杜丝先生》，亦有另译《窈窕淑男》），中间还有一段男扮女装在夜总会表演的戏，许导演（许鞍华）和编剧还去了曼谷夜总会实地体验了几天。开过几次会，吃过几次饭，最后张（张国荣）决定不拍，那已是十月中秋之后的事了。"那时张国荣的抑郁症已非常严重，就这样又一次错过了合作。许鞍华曾向记者公开表示非常希望与张国荣合作，张国荣亦多次表示希望拍摄许鞍华导演的电影，但最终留下遗憾。不过有趣的是，作为"演员"的许鞍华倒是与张国荣合作过，在电影《金枝玉叶2》里面，许鞍华客串的空姐还真是与张国荣有对手戏，虽然只是10秒"快闪"般的镜头。许鞍华这次客串演出纯属偶然。当时许鞍华找梅艳芳出演新片《半生缘》里的曼璐一角，而梅艳芳此时刚好在拍《金枝玉叶2》，许鞍华便到《金枝玉叶2》的拍摄现场找梅艳芳。许鞍华说："去到之后，阿梅跟张国荣在化装、聊天，我就跟她讲想邀请她演曼璐，她不置可否，反而张国荣在旁边很大声地说那谁演沈世钧啊，我说黎明，之后又继续问谁演顾曼桢和祝鸿才。突然，有副导演进来说陈可辛导演想让我客串演空姐，我还说有这么老的空姐吗，最后就这样莫名其妙地帮他们拍了一场戏。"

当我重温您，在茫然中思忆里
所有冷冰的暖了

1984年1月30日，邵氏电影《缘份》开镜，这是张国荣为邵氏出演的最后一部电影。据陈嘉上介绍，《缘份》最初的男主角并非张国荣，而是一位片酬是张国荣4倍的当红明星。而当时在邵氏当场记的陈嘉上和后来成为梁家辉经纪人的余耀良、编剧阮继志等几个人看过剧本后，觉得女主角是张曼玉，男主角则用张国荣更为合适。虽然当时他们几个在邵氏只是小人物，但初生牛犊不怕虎，他们找到邵氏的高层方逸华并向她表示，他们年轻人更能明白年轻人的想法，觉得找张国荣出演会更好，但方逸华考虑到张国荣当时并未走红而没有接受他们的想法。陈嘉上他们几个就推着一块写着张国荣和另一位明星名字的白板，在邵氏的厂里四处找人投票，选哪一位更适合与张曼玉搭档，最后张国荣以高于另一位明星20倍的票数胜出。当他们将结果给方逸华看时，方逸华表示，既然大家都这么认为，那么就冒险一次邀请张国荣出演男主角。后来，陈嘉上回忆说："推着那白板时，我未认识哥哥（张国荣），我只是影迷，我听他的歌，我认为他将来会很成功。这个电影很奇怪的，中途我由一个场记变成了编剧，我跟哥哥由一个场记的关系变成了一个伙伴关系，那时我跟他及梅艳芳常常一起谈剧本，想着明天的戏要怎么拍，每场戏要怎样演，那时这出电影成为哥哥在香港第一出大卖的电影，我很开心，后来我们成为很好的朋友。"

张国荣为了该片也是尽心尽力，因为电影预算有限，张国荣便借出自己在太古城的居所给剧组拍摄。不过拍摄过程中工作人员将他客厅中价值八千港元的装饰石几打破了，而邵氏又迟迟不答应赔偿，令他很是不快。张曼玉原本在片中的名字叫迪翁（Dion），但在《缘份》制作的过程中，张国荣的新唱片发行，其中Monica一曲大红，电影公司顺道借Monica的东风，将Dion改为Monica，因为拍摄的时候还未改名，所以张国荣在后期配音的时候，不得不缩短Monica的发音时间，来配合"Dion"的发音口型。张曼玉2003年在法国著名电影杂志《电影笔记》中写道："记得当我第一次见到他（张国荣），我告诉自己这是我有生以来见过最漂亮的一张面孔！那是1984年的春天，当时我才19岁（应为20岁），主演我的第二部电影《缘份》，主角是Leslie、阿梅和我，十九年后，这部电影的记忆已经褪色了，但难忘的是，这部戏是一个当时知名度平平的男演员真正踏上星途的起步点，那首主题曲如此受欢迎亦印证了广东流行曲的新纪元，之后Leslie很多歌都登上流行榜，亦可正确地说，香港电影打出国际名堂他出过不少力。""虽然我们合作无间，我们却从不是很亲密的朋友，因为我们的性格和世界观很不同，但这无妨我欣赏他的美貌，以及他在电影中散发的敏感和作为一个歌手的才华。"黎小田当时亦有意让张国荣和梅艳芳推出合唱歌曲，而电影同名主题曲《缘份》也成了张国荣和梅艳芳第一首真正合唱的歌曲。这部由28岁的张国荣、21岁的梅艳芳和20岁的张曼玉共同谱写的爱情小品似的青春电影，在1984年10月3日公映后，收获了870多万港元的票房，这是张国荣当时收获票房最高的一部电影。2016年3月25日，这部三十二年前的电影被引进至中国内地公映，出乎意料地收获了1392万人民币的票房。

1984年4月，张国荣客串了两天翁维铨导演的电影《三文治》，有传刘培基是此片的投资人之一，所以张国荣挤出时间客串了两天，他在片中的角色名为Eddie（艾迪），而刘培基的英文名亦是此，这个角色亦与刘培基一样是位时装设计师。张国荣与刘培基相识于迪斯科。1979年，刘培基在迪斯科跟朋友喝酒聊天，张国荣亦在场，张国荣便向刘培基介绍自己。刘培基说："他（张国荣）很友善，跟我谈得很投契，深夜，朋友送我们回家，我住跑马地，所以先送我。Leslie依然谈兴甚浓，问我：如果你不嫌太晚，可否到你家聊天？""从言谈间，我知道Leslie对演戏和唱歌都充满热诚，很勤力，但仍欠缺一个'上位'的机会。道别前，他说他住在荔枝角，请我有空时去他家做客。（后来）我们成为经常见面的好朋友。"《三文治》在1984年年底上映前，翁维铨曾致电张国荣征求意见，能否将他以男主角的身份作为宣传的重点，不过被张国荣一口拒绝，他觉得他只是客串了两天戏，挂名男主角便是欺骗观众，所以无法答应。

1984年4月，张国荣与梅艳芳联袂飞往美国和加拿大登台演出，当地观众反应热烈，除了华人更有不少外国人观看他们的演出。梅艳芳表示，两个星期时间走了5个地方，坐了8次飞机，好像逃难，惊险、奇情、笑话兼而有之。第一站是温哥华，当地歌迷热情高涨，女歌迷一见张国荣便大声尖叫,梅艳芳亦不甘示弱,调起男歌迷的热情喝彩。接下来又去了渥太华、多伦多、纽约和波士顿登台,在纽约演出时,张国荣和梅艳芳还获纽约市长赠予金苹果,在纽约有两天空闲的时间,他们一行13人便去看自由女神像,去帝国大厦用晚膳。据罗启锐撰文,邀请他们去纽约演出的,正是罗启锐当时在唐人街打黑市工的老板,那个老板通常接的演唱会都亏本,而张国荣和梅艳芳的则赚了钱。因在登台途中染上了感冒,张国荣神情疲惫地于5月5日返港,接下来将会出演无线电视的中篇剧集《侬本多情》。无线电视的监制招振强曾于年初有意邀请张国荣与张曼玉合作其监制的电视剧集《画出彩虹》,但张国荣对于出演电视剧兴趣不大,而且开拍时间与他登台时间撞期,所以直接推辞了。

《侬本多情》是张国荣在无线电视出演的首部剧集,故事发生在20世纪30年代。张国荣表示:"我喜欢拍民初剧,因为我从来未拍过民初剧,好想试下。"据女主角商天娥回忆,这部剧集拍得非常赶,先在澳门拍了3天外景,然后回到香港就不停地在外景地和摄影棚来回拍摄了12天,总共用了15天拍完,大家每天大概只有两个小时的睡眠时间。在拍摄剧中张国荣与商天娥结婚戏的时候,导演跟商天娥讲话时,商天娥竟然睁着眼睛便睡着了。张国荣亦表示,好久没拍剧集,《侬本多情》的通告从早到晚不停,真是有点吃不消,张国荣说:"拍电视剧实在太劳神了,我只知道由早到晚开工,至于自己的表现如何,我一概不知。" 张国荣本没有兴趣接演电视剧集,但为了还人情债,才接拍了该剧。在拍摄过程中,商天娥表示:"他(张国荣)教了我许多东西,而且这套剧年轻人占绝大多数,大家都互相鼓励,希望做到最好。"《侬本多情》播出后,张国荣饰演的风流倜傥的花花公子詹时雨,深受好评,《侬本多情》更是被大众认为是张国荣的电视剧集代表作。对于"花花公子"的角色,张国荣说:"可能外形所限,我以前是扮演油脂青年,或者反叛性甚强的学生居多,但我很喜欢扮演有性格的角色,就是反派、变态人也在所不计,这次扮花花公子,我觉得很有新鲜感。"《侬本多情》的监制吴昊后来在张国荣去世后的一场研讨会上说:"张国荣演出过很多不堪的剧本……但他的演技超越了所有的剧本,就是什么烂剧本也不怕,我最欣赏他的演技。"而张国荣自从出演《侬本多情》后,瞬间涨粉,特别是女粉丝,每天寄到无线电视信箱给张国荣的信更是倍增。

因张国荣在无线电视没有信箱，无线电视只得再转给华星，张国荣说："每封信都由我自己亲手拆的，以前盼了许多年，都盼不到，现在有了，何必要假手他人。"张国荣演唱的同名主题曲《侬本多情》却有个"误会"，当初编导找郑国江填词，说是关于《倾城之恋》，郑国江便去买了张爱玲的《倾城之恋》小说来看，然后根据小说的感觉来写这首歌，到后来才发现不是《倾城之恋》，而是另一部剧《侬本多情》。这首歌原本也不叫《侬本多情》，而叫《一串梦》，承接张国荣上一张唱片里的《一片痴》，电视剧集播出的时候被改为了《侬本多情》。不过在1984年6月27日"十大劲歌金曲"第二季季选公布的候选歌单中仍是使用了《一串梦》这个歌名，而有些电台主持人也仍将《侬本多情》称为《一串梦》。

1984年4月1日，华星安排梅艳芳和香港小虎队组合参加"东京音乐节"，张国荣亦随同陈淑芬、黎小田等一行人到现场观看，张国荣看到一位叫吉川晃司的新人演唱Monica，被他一会儿前翻一会儿后翻的台风吸引，而且他觉得这首歌也很赞。张国荣后来说："看了那个人（吉川晃司）的表演，我说这首歌可能会有机会啊，然后我们回到香港后，刚好要出LESLIE（Monica）那张大碟，我们就问了版权，然后就出了这首歌，很快就得到乐迷的欢迎。"不过拿到Monica这首歌的独家版权还颇费了点周折。"东京音乐节"演出后，陈淑芬查到这首歌的版权在她的好朋友渡边太太的音乐版权公司，于是立刻与他们联系，他们亦口头表示应该没多大问题。直到陈淑芬一行返回香港，黎小田都找黎彼得填好了词，这首歌的版权合约仍未签署。于是，陈淑芬便多次向渡边太太"追要版权"。陈淑芬后来说："中间渡边太太来香港旅游过几次，每次都被我疲劳'轰炸'，希望要这首歌的版权，她都'好啦好啦'这样。"但渡边太太每次从中国香港返回日本后，就将此事交由公司的版权部门处理，然后进展就又停在了那里。数个月后，LESLIE（Monica）这张唱片到了非发行不可的时候，但Monica这首歌的版权仍未签约。陈淑芬后来说："终于有一天，我与她（渡边太太）游山玩水shopping（购物），其实搞到她与我都很累。返回酒店她准备进房间，我说不行，一定要跟我喝一杯，你明天就要走了，你知道你一回去，这首歌（的版权）又没下文了，我真的不能再等了。我觉得现在这个timing（时机）是最好的，如果要等下一张碟，可能要多等一年，到那时已经错过了最好时机，而且现在歌词又写得很好。终于在我的疲劳'轰炸'下，她说好啦，拿着印章让他们签下合约。"

1984年的夏天，华星唱片发行了对张国荣来说非常重要的一张唱片LESLIE（Monica），继在华星的前两张唱片《风继续吹》和《张国荣的一片痴……》之后，这张唱片使张国荣在乐坛站稳了脚，更是确立了新一代偶像的地位。而Monica一曲更是唱到街知巷闻，掀起了前所未有的热潮，也确立了张国荣在快歌方面的路线。Monica由黎彼得填词，当时他已封笔，当黎小田找到他，问他有没兴趣为这首曲子填词时，黎彼得担心重出江湖会有压力，也不知道写什么好，就将曲子搁在家里好久。就在他失恋后，突然灵感就来了，他想把这首歌写得感人，作为送给前女友的礼物，黎彼得后来说："我假想了一个叫Monica的女子，就是我以前的女友。歌词的内容是我的真实写照，只是前女友名字不同而已。她是个漂亮秘书，对我很好，愿意牺牲一切跟我，但我不懂珍惜，分手后才知'谁能代替你地位'。""后来，我想到了一个从来没有人试过的点子，就是在快歌中写一些很伤心的歌词，节奏明朗轻快之时却说些伤感的事。"当时的黎彼得也没想到，这首写给前任女友的"情书"，后来会在张国荣的演绎下掀起热潮，所以黎彼得觉得这首歌的成功是因为有着天时地利人和。黎彼得觉得这首歌的旋律快而密，跌宕又不够，并不容易唱好，他说："中间那段唱一句半句还可以，如果唱足全首，保证很多歌手唱到上气不接下气，连高低音都分不出来！没有基本功，就不要谈什么技巧，别说快歌，连慢歌都唱不好。""他（张国荣）唱得很好，很舒服，也很自然，他没有刻意在某句歌词上加点什么，所以听起来不会伤感。"后来柯尼卡公司找张国荣代言，更是将Monica的其中一句歌词改为了广告词"Konica，谁能代替你地位！"凭借Monica，张国荣首次获得"十大中文金曲"和"十大劲歌金曲"。1999年，Monica更成为"十大世纪中文金曲"之一。这首歌对张国荣来说具有非常特别且重要的意义，而对当时的香港乐坛来说，亦开启了不同于以往的快歌模式。

LESLIE（Monica）这张唱片的封套原本借用了张国荣女友杨诺思家的泳池拍摄，负责这张唱片封套设计的陈幼坚说："因为碟中有一首叫H_2O的歌需要重点宣传，以配合夏日动感，所以我想到在水中拍照，他（张国荣）也很喜欢这个构思。"不过因天公不作美，阳光太猛，照片的效果不太好，最后只能重新改在影楼拍摄。待封套印完后，才发现有问题，陈幼坚说："看底片没有问题，但晒大了，才发觉其中一个气泡刚好在Leslie的眼珠，令他恍似有点反白（reverse type）眼，可是唱片已出街，怎么办？唯有出动全体员工，用人手逐笔替他点睛，点了足足两万张！"张国荣的全新唱片 *LESLIE*（*Monica*）发行后，这张唱片和 *Monica* 这首歌一跃成为香港各大音乐流行榜的冠军，在香港电台的"香港大碟榜"，*LESLIE*（*Monica*）更是将谭咏麟在该榜蝉联五周冠军的全新唱片《爱的根源》拉下宝座，之后，*LESLIE*（*Monica*）连续九周成为该榜的冠军，销量亦突破四白金（20万张）。入行7年，张国荣终于获得了人生中的第一张"白金唱片"，不过对张国荣来说，这只是一个开始，在收成的年份新的开始。华星在1984年初开始为张国荣筹备官方歌迷会，8月31日，张国荣国际歌迷会（Leslie Cheung International Fan Club）成立庆祝会及首次聚会在富豪酒店内举行，这是张国荣唯一一个官方的歌迷会，此后至张国荣告别乐坛前举办过数十次歌迷聚会，后因张国荣告别乐坛而解散。虽然张国荣于1995年复出乐坛，但始终未曾恢复歌迷会，张国荣的官方歌迷会亦成为一段历史。

1984年10月8日，张国荣再次参演无线电视的剧集《武林世家》，这是他担任主演的最后一部电视长剧。《武林世家》也是有意思，在开拍前一直没有片名，直到开拍时才取了个暂名《豪门恩怨》，亦有叫《武林豪门恩怨》，后来才改为了《武林世家》。这是张国荣与张曼玉继电影《缘份》后再次合作，无线电视有意将张国荣与张曼玉塑造为荧幕上的"金童玉女"。刘青云亦在此片中"打酱油"，这也算是张国荣与刘青云的首次合作。在拍摄《武林世家》的同时，张国荣亦为新艺城客串电影《圣诞快乐》，因为张国荣在《武林世家》几乎天天有通告，而《圣诞快乐》又定了应景的圣诞档期上映，以致不得不赶着拍摄。张国荣分身乏术，只能见缝插针地抽时间赶往新艺城开工，在拍与麦嘉喝酒斗智那场戏前，他已拍了两个通宵的《武林世家》，睡了不到两小时便去新艺城开工，让高志森感动不已。另有一次让高志森觉得张国荣非常有义气，张国荣有一天去开工，对高志森说："千万不要对人说我来开工，因为TVB为我取消了通告。"一般情况下公司是不会为艺人取消已安排好的通告，特别是像无线电视这样强势的单位，除非艺人到了真的无法开工的情况，才会为艺人取消通告。取消通告本身就是一件很严重的事情，会影响整体计划的安排，但张国荣实在是抽不出时间，才出此下策。在《圣诞快乐》中，张国荣和陈百强同场出现的戏让高志森头痛不已，因为他俩已声明不再合作，无法同场出现，最后高志森只能使用替身来完成拍摄，有两个角色同时出现的场景分开来拍，一个正面，另一个则必定是替身出演的背影。贺岁片一般最后会有个所有演员齐齐出场的镜头，《圣诞快乐》里这个最后"大团圆"的镜头，张国荣的角色喝醉了酒，躺在地上，只有替身的背影入镜。虽然两边赶拍让张国荣苦不堪言，但他认为客串《圣诞快乐》是值得的。《圣诞快乐》在圣诞档期上映后，高收了2500多万港元的票房。《武林世家》在12月3日左右杀青之后，张国荣将会参与香港管弦乐团的三场演出，接着便飞往日本度假，返港后便要投入到永佳的新片《龙凤智多星》的拍摄中。

之前张国荣因拍摄《武林世家》，一直没有时间，永佳便从1984年10月底开始一边拍一些零零碎碎的镜头一边等着张国荣的档期。12月14日，张国荣终于进入《龙凤智多星》剧组。黎应就与陈勋奇等创立永佳之后，黎应就一直担任监制一职，《龙凤智多星》是黎应就首次执导的电影。《龙凤智多星》这部电影的制作名单上出现了一个后来在张国荣电影生涯中很重要的名字——王家卫。王家卫之前在新艺城担任基本编剧，当时新艺城的工资单由黄百鸣签字，黄百鸣一连几个月在工资单上看到有个叫王家卫的家伙，但他从来没见过这个人，一经查问才知道，郑则仕全组都在等王家卫的剧本，可是到现在王家卫连一个字也没写，黄百鸣便让王家卫去见他。黄百鸣说："他（王家卫）大概的意思是他要什么事情都不做，躲起来，什么人也不见，他要冷静地想出一个精彩的桥段，写出一个伟大的剧本。"黄百鸣本身就是个编剧，就限期王家卫两个星期交出剧本，一个月后王家卫交了一个剧本，但郑则仕表示这个剧本如废纸一叠，黄百鸣听完就炒了王家卫的鱿鱼。王家卫被新艺城赶出去后，香港电影圈的"奇才"陈勋奇收留了他，让他在永佳担任基本编剧。王家卫是《龙凤智多星》的编剧之一和策划，这也是张国荣与王家卫的第一次合作。黎应就真是有眼光，在两年前他便已与张国荣相约合作，如果不是提前有约，估计1984年的张国荣不一定会接拍这部电影。黎应就说："虽然今天的港产片在卖座纪录上以歌星主演的影片占较大优势，但同时歌星的片酬在制作成本中比重也较大。我和张国荣早在两年前有约，应该说，在制作投资方面，我们已吃到'甜'了。正如歌迷、影迷看到张国荣在影片里灵活而富于年轻气息的表演，自然也吃到甜头了。"而对于看中张国荣，黎应就说："我记得当年我在家看电视，正在播放张国荣主演的一出剧集，名称我已忘了，他演得很好，我的姐姐和弟弟都被他深深吸引着，一致认为他的气质与众不同，我觉得这就是观众缘。一个艺人有观众缘，即是所谓'入到屋'，便能够将家庭观众带到戏院，他的戏就有基本票房基础。"《龙凤智多星》的女主角是林忆莲，为了让男女主角先认识一下，黎应就就约了张国荣和林忆莲见面，但黎应就没想到，原来张国荣和林忆莲一早就已经认识，后来在拍摄的时候，两个人更是联合起来整蛊摄影师。黎应就觉得张国荣是个非常勤力又有天分的演员，日后定能大红成为巨星，而这次合作是张国荣帮了他。在电影宣传的时候，电影公司更是以张国荣1985年首部电影作为招牌，上映两个星期便收获了680万港元的票房。

1984年12月29日，"十大劲歌金曲"第四季季选揭晓，无线电视安排了谭咏麟和张国荣的歌迷到现场观看。据香港媒体报道："记得第四季季选特辑出街一晚，一群歌坛红星进入无线录映这个即晚出街的节目时，阿伦的歌迷和张国荣的歌迷还在无线大门外对骂起来，十足是当年陈宝珠、萧芳芳迷们为心爱的偶像起冲突的样子，可见得，阿伦在歌坛的地位，的确已受到张国荣的威胁。两位歌手本来是各有成功之处的，笔者亦无意去评定他们身价谁高谁低，但听说当晚阿伦迷先发制人'嘘'张国荣，自然会令人怀疑她们对张国荣的走红真的有戒心，怕他真的有一天会取代阿伦的地位。"此时埋下的导火线，离"谭张争霸"事件已经不远了。

1984年，对香港乐坛来说，是一个有特别意义的年份，以谭咏麟、张国荣、梅艳芳等为代表的年轻一代的歌手正式崛起，与早年走红的罗文、关正杰、郑少秋等歌手开始交接。这一年，谭咏麟风光无限，两张唱片皆取得不错的销量，在香港红磡体育馆亦举办了6场演唱会，来年颁奖礼上的奖项更是可以猜想，一举坐上乐坛的头把交椅；张国荣的电影《缘份》和电视剧《侬本多情》深受欢迎，吸引了一大批的粉丝，虽然是年他只出了一张唱片，但销量与好评齐进，*Monica*一曲更是奠定了他在乐坛的地位；梅艳芳亦不甘示弱，迎头并进。长江后浪推前浪，香港乐坛迎来了新的气象。

当我重温您，在茫然中思忆里
所有冷冰的暖了

Chapter 12

在情在理 他心我心
不必争论也懒问

踏入新的一年,香港电台在1984年年尾举办的1984年度娱乐圈"十大当红人物"评选,在1985年的第一天公布当选名单:谭咏麟、梁朝伟、刘德华、甄妮、钟楚红、张国荣、林姗姗、梅艳芳、张曼玉、陈百强。香港电台的娱乐圈"十大当红人物"选举结果由听众投票选出,根据得票数选出前10位。谭咏麟获得最高票数。

1984年,张国荣终于守得云开见月明。最多时一个星期内曾有七家电影公司争着找他拍电影,令他应接不暇。当新艺城向张国荣发出诚意邀请时,张国荣觉得之前为新艺城客串《圣诞快乐》时双方合作愉快,而且新艺城给出的片酬也较为理想,他对新艺城亦有所了解,符合自己在电影上的发展远景,另外经新艺城同意亦可接拍其他电影公司自己喜欢的电影,经过考虑之后,与新艺城签了两年至少四部电影的合约,合约在年末开始生效。新艺城的前身是奋斗影业公司,主要以黄百鸣、石天和麦嘉为核心,1980年奋斗影业公司注入外来资金后改为新艺城。新艺城的创业作是吴宇森导演的《滑稽时代》,但当时吴宇森与嘉禾有合约,所以化名吴尚飞友情帮新艺城拍了创业作后,就不方便继续为新艺城拍片,遂将徐克介绍给了新艺城。新艺城后来又加入了施南生、曾志伟和泰迪·罗宾,逐渐成为新艺城核心的"七人小组"。吴宇森在约满嘉禾后亦加入新艺城,1986年,在香港电影史上绕不过的一部电影《英雄本色》也就此诞生。

1984年7月4日,张国荣赴加拿大为一家新开张的夜总会剪彩。在多伦多,1983年电影版的"杨过"遇上了同年无线电视剧集版的"小龙女"陈玉莲。陈玉莲和陈超武两口子在大婚前亦受邀为该夜总会剪彩,翌日众人一起同游尼亚加拉大瀑布,虽然天公不作美,返程时下起了大雨,不过旅途中陈超武顺利邀请到张国荣去美国登台演出。1985年初,张国荣应陈超武之邀在美国登台两个星期,张国荣说:"美国的歌迷好热情,尤以这一次最甚,惨啦,连上装的袖子也差点给他们拉下来。"当记者问他有没有人拉他的裤子时,他说:"有,真的有,不过我事先做好准备,把皮带扣紧点,就不会有事。对付歌迷,我有绝招,如果形势太过混乱,我会要求他们安静下来,然后故作神秘地说有要事相告,趁他们不注意时,溜之大吉。"

1985年1月26日,1984年度"十大劲歌金曲"颁奖典礼在香港大专会堂举行,谭咏麟有《爱在深秋》《爱的根源》《幻影》三首歌曲入选"十大劲歌金曲"。《爱在深秋》入选当年度的"金曲金奖"和"最佳填词奖",《爱的根源》入选"最佳作曲""最佳编曲""最佳歌曲监制",谭咏麟本人亦获得"最受欢迎男歌星"。在上一年的"十大劲歌金曲"颁奖礼上张国荣的《风继续吹》"陪跑"之后,今年终于凭Monica一曲获得"十大劲歌金曲"之一,梅艳芳以《似水流年》也占得一席之地。

1985年的情人节,张国荣接受了《明报周刊》记者黄丽玲的第一次正式专访。2月24日,封面人物为穿着鹅黄色外套、白色裤子笑着向上跳跃起的张国荣的《明报周刊》出街,这是张国荣第一次成为《明报周刊》的封面人物。不过封面上的头条标题则有些标题党:《提起陈百强 张国荣就气》,神奇的是几个月后,有位叫张敬之的记者对陈百强的一篇报道标题竟然与之遥相呼应——《提起旧友张国荣 陈百强心烦意乱》。黄丽玲后来在怀念张国荣的文中说:"如果张国荣不是性子直,当我提到陈百强的时候,他大可以交出冠冕堂皇的答案,但他竟然说'我不希望他(陈百强)的名字出现在这篇稿子里'。""而我也没有遵从他(张国荣)的意愿,让陈百强的名字在稿里消失,反而一字不漏地如实报道,编辑更为稿子起了这样的题目'提起陈百强 张国荣就气'。同样的事情若发生在某些艺人身上,或许他会迁怒于记者,又或者他会否认自己说过这种话,指记者乱作、扭曲……张国荣没有,他敢于为自己的发言负责。"在《明报周刊》的访问中，当黄丽玲向张国荣提起陈百强时，张国荣表示："但他（陈百强）唱来是柔的，我是刚的；他高音，我低音。为什么偏要拿他跟我比呢？为什么不拿我跟阿伦或罗文比？"黄丽玲禁不住又问他："人们最近常拿你跟阿伦比，你有介意吗？"张国荣说："不介意，有得比才好。"

20世纪80年代香港流行音乐史上为众人周知的"谭张争霸"，在媒体的推波助澜下，在1985年正式拉开序幕。当时的香港乐坛，不管是从事幕后工作的音乐人还是站在台前的歌手，都是人才济济，巨星如云，整个行业百花齐放。"谭张争霸"从1985年始，至1988年2月13日谭咏麟在第10届"十大中文金曲"颁奖典礼上宣布"不再参加任何有音乐和歌曲比赛的节目"结束，历时三年余，"余震"一直持续至1990年1月22日，张国荣在最后一场告别乐坛演唱会上"封咪"退出乐坛。至此，这段街知巷闻的事件彻底成为历史。其实，在当时香港整个音乐行业的大盛世里，"谭张争霸"只是其中的一个片段而已，起初不过是歌手之间的正常竞争，各家歌迷为维护自己的偶像而产生的一些小争吵，但在媒体的"起哄"下，激起了歌迷的情绪，然后逐渐放大为群体性参与的事件，让歌手为之"买单"。谭咏麟和张国荣都不是这场事件中最终的胜利者，赢得这场胜利的应该说是香港媒体。但"谭张争霸"也有着正面的意义，其为20世纪80年代中后期香港流行音乐工业化的进程做出了不可忽视的作用。

无线电视为农历新年贺岁筹拍的粤曲折子戏《樊梨花三戏薛丁山》，本打算由罗文、汪明荃和张国荣主演，其中张国荣饰演樊梨花的义子薛应龙，不过因档期问题曾一度胎死腹中，最终张国荣是否有出演薛应龙不得而知，从无线电视后来在《无线大宝藏》节目中播放的《樊梨花三戏薛丁山》片段中，饰演樊梨花的演员由汪明荃换成了赵雅芝，并未出现薛应龙。张国荣曾在1984年年尾为甄妮的音乐特辑《不再孤独》担任客串嘉宾，无线电视亦计划在1985年上半年拍摄张国荣的个人音乐特辑。监制雷国强称，张国荣的音乐特辑会以戏为主，将邀请李丽珍为音乐特辑的特别嘉宾。1985年2月25日，张国荣为无线电视拍摄《武林世家》新宣传片的同时，个人音乐特辑《惊情》也在当日开工。3月15日，张国荣随香港影视明星队赴新加坡与新马骑师足球队在新加坡吡叻体育馆开展了一场慈善筹款足球赛，为新加坡怡保筹建残疾人士援助及治疗中心。香港明星足球队成员包括张国荣、曾志伟、刘家荣、洪金宝、钟镇涛、陈百祥、任达华、石修、苗侨伟等。

20世纪80年代中期始，香港流行乐坛的颁奖典礼，以香港电台的"十大中文金曲"和无线电视的"十大劲歌金曲"最受瞩目，其次为香港商业电台的"中文歌曲擂台阵"和国际唱片业协会香港会的"香港金唱片"。"十大中文金曲"的主办方香港电台是香港广播电视界中唯一的官方机构，而且创办时间长、评选相对公正、规模较大，所以成为香港流行乐坛最具影响力和代表性的音乐颁奖礼。"十大中文金曲"以香港电台每周公布一次的音乐榜单"中文歌曲龙虎榜"为基础，以每周榜上的冠军歌曲为候选歌曲，刊登于香港各大报刊，让大众进行投票，大众投票占70%，同时唱片公司、电台主持人和唱片销售商投票占30%，最后评选出票数最高的"十大中文金曲"。

1985年3月22日，第7届"十大中文金曲"颁奖典礼在香港伊丽莎白体育馆举行。张国荣凭Monica首次获得"十大中文金曲"奖项，他在台上发表获奖感言时说："好开心这次拿到这个奖，其实不是像岑建勋（刚才）那样笑话于我，不是说我年年有得提名都落选的，其实今年才是我的第一次，有这样的荣幸，有这样的机会去提名，这次只提名了一首歌，百分之百，拿到这个奖好开心，在这里多谢各位对我的支持和爱护。"谭咏麟有《爱的根源》和《爱在深秋》两首歌曲获得"十大中文金曲"奖项，谭咏麟本人也获得了IFPI大奖（颁给每一年获得"十大中文金曲"最多的歌手），关维麟监制的《爱的根源》亦获得"最佳唱片监制"。梅艳芳以《似水流年》亦占得"十大中文金曲"之一。

在香港商业电台的第7届"中文歌曲擂台阵"中谭咏麟以《雾之恋》入选、张国荣以 LESLIE（Monica）入选、梅艳芳以《飞跃舞台》入选。1984年对谭咏麟来说，是大获丰收的一年，也印证了曾有人说过的"1984年是谭咏麟的"这句话。谭咏麟、张国荣、梅艳芳等歌手在各大颁奖典礼上的得奖，也意味着香港流行乐坛的老一辈歌手与新一代歌手之间的交接棒逐渐完成，香港流行音乐将进入一个新的进程，并逐渐形成一系列的音乐工业的商业体系。

1985年4月6日，无线电视为庆贺启播十万个小时，在伊丽莎白体育馆举办"群星献艺展活力·无线十万小时庆祝盛典"。张国荣和陈百强这对时常被传出不和的好朋友，在台上合作演出歌舞，合唱双方的歌曲Monica和《粉红色的一生》，还翻唱了一首《你走之前请叫醒我》（Wake Me Up Before You Go Go）的粤语版本。Wake Me Up Before You Go Go是来自英国的威猛乐队（Wham）1984年发行的单曲，在英国、美国都曾上到冠军榜。这首歌不但红了威猛乐队，连MV中的两位和声都连带红了起来，在威猛乐队解散后两位和声自组乐队独立发展，不过在发行了两张唱片后亦告解散。《粉红色的一生》是陈百强1984年的唱片《百强'84》里的一首歌曲，改编自法国著名女歌手"传奇之雀"伊迪丝·琵雅芙（Edith Piaf）的名作《玫瑰人生》（La vie en Rose），这首原曲曾被世界各地歌手无数次翻唱。

1985年4月22日，张国荣因右眼患上黄斑点炎，遵医嘱要避免闪光灯的刺激，不得不戴着墨镜出席在尖沙咀一家酒店举办的第9届"金唱片"颁奖典礼。张国荣之前的《风继续吹》和《张国荣的一片痴……》皆为金唱片，这次凭LESLIE（Monica）首次获得"白金唱片"。他表示，能获得"白金唱片"很高兴，这是对自己所做的事的一种回报，唱片销量好对歌手来说是一种安慰，但也感到压力，以后的唱片需要更加提高制作水准。

"搬家达人"张国荣在1985年4月拍完电影《龙凤智多星》后，又从太古城搬到了以86万

当我重温您，在茫然中思忆里
所有冷冰的暖了

时候，发现《为你钟情》已被另一家公司注册，新艺城就把片名改成了《张国荣为你钟情》，这电影名字也算是够赤裸裸的了，最后竟然是先登记的那家单位不得不需要更改片名。这部电影除了张国荣真没什么亮点，当时当红的偶像以歌手为主，电影公司为了投观众所好，便将主演电影的歌手的很多大热歌曲放在电影里当主题曲或插曲，电影《张国荣为你钟情》里亦是收录了多首张国荣的歌曲，这部电影与其说是电影，不如说更像是张国荣的音乐特辑，而女主角李丽珍还真是刚参演过张国荣的音乐特辑《惊情》。

1985年5月中，继去年张国荣的唱片LESLIE（Monica）大卖后，华星发行了张国荣1985年的全新唱片《为你钟情》。在张国荣的提议下，《为你钟情》的首版采用了白色胶碟制作唱片，这是香港唱片史上的第一张白胶唱片，自此也开创了香港有色唱片的先河。整张唱片里的十首歌中有一半改编自日本的歌曲，其中《第一次》翻唱自中森明菜1983年发行的单曲唱片内的《禁区》一歌。而香港女歌手李丽蕊也同时将这首歌翻唱为粤语版的《恋爱热线》，原计划将收录于在张国荣《为你钟情》唱片发行之前的李丽蕊的新唱片《恋曲集》中。华星在听闻该消息后紧急申请了禁止令，李丽蕊所属的永恒唱片公司不得不将《恋爱热线》推迟收录在之后发行的《告别李丽蕊》唱片中。不过不知是永恒唱片公司故意为之还是无巧不成书，在李丽蕊的《恋曲集》中亦有一首名为《第一次》的歌曲。其实香港歌手翻唱、改编歌曲经常发生"撞车"，如1986年梅艳芳的《将冰山劈开》和张德兰的《夜之热力》，同是翻唱自德国女歌手桑德拉·安·劳尔（Sandra Ann Lauer）1985年的歌曲《炎热的夜晚》（In the Heat of the Night），为此华星又申请了禁止令，如果包括国语版本，这首歌还是个"多胞胎"，国语版本有张德兰的《日月轮回》和李采霞的《午夜门外》。香港乐坛翻唱、改编歌曲的"双胞胎"和"三胞胎"比比皆是，较为众知的如日本歌手近藤真彦的《夕阳之歌》，单单粤语版本就有"四胞胎"，除了陈慧娴的《千千阙歌》和梅艳芳的《夕阳之歌》外，还有张智霖和许秋怡合唱的《梦断》和蓝战士乐队（Blue Jeans）的《无聊时候》。神奇的是美国乡村女歌手斯基特·戴维斯（Skeeter Davis）1963年发行的经典名曲《世界末日》（The End of The World），这首传世之歌在全世界被无数歌手翻唱改编过，单粤语版本就有"五胞胎"——薰妮《别后重逢》、雷安娜《含羞草》、陈百强《冬恋》、周慧敏《情迷》和黎明诗《极度难忘》，而其他的中文版本还有张蔷《从黑夜到清晨》、李莎莎《一切，一切》、邓紫棋《后会无期》等。张国荣与其他歌手改编同一首歌曲的情况也不少见，除了前面说过的Good Morning Sorrow和谭咏麟的《迟来的春天》、《第一次》和李丽蕊的《恋爱热线》外，还有《片段》和景黛音的《关上心窗》、《有谁共鸣》和叶振棠的《春蕾》、《别话》和关正杰的《大约别离时》、《最爱》和何嘉莉的《一生一心》等。在上一张唱片里张国荣改编了吉川晃司的Monica，在这张唱片里张国荣再次改编了吉川晃司的歌曲，将《玫瑰人生》改编为粤语版本的《不羁的风》。虽然唱片的名称是《为你钟情》，但当时并未用《为你钟情》这首歌上电台打榜。陈淑芬后来在《娱乐圈见证录》中说："《为你钟情》虽然是好歌，但我嫌节奏比较慢，在电台播放没把握，我亦没有用它来做主打歌，选其为唱片名只是觉得歌名很正。"《为你钟情》虽然没有作为主打歌曲，但却大受欢迎。多年后，《为你钟情》更是成为很多荣迷的婚礼进行曲。1996年5月3日，张国荣在告别乐坛演唱会上向歌迷承诺的咖啡店开张，名亦为"为你钟情"。2010年，由郭子健导演，李治廷、文咏珊主演的电影《为你钟情》，以张国荣的《为你钟情》《一片痴》等多首歌曲贯穿整部电影致敬张国荣，女主角英文名亦叫Monica。

《为你钟情》这首歌被张国荣唱红后却让刘德华耿耿于怀了很久。刘德华1980年考入无线电视的电视艺员训练班，毕业后签约为无线电视的基本演员。1982年在电视剧集《猎鹰》中饰演卧底警察江大伟而为观众熟悉，后与黄日华、梁朝伟、苗侨伟、汤镇业并称为"无线五虎将"。1985年刘德华签约华星，准备制作首张唱片，黎小田为刘德华写了《为你钟情》，找了张国荣为刘德华唱《为你钟情》的demo（样带），刘德华也在录音室正式录了几首歌曲。这时无线电视向刘德华提出续约被拒绝，随之刘德华遭到无线电视的雪藏，制作唱片的计划也同时被搁置。但华星已支付版权费用的歌曲不可能因刘德华被雪藏而搁置，黎小田遂将之前计划给刘德华制作专辑的歌曲交由华星旗下的其他歌手演唱，其中《为你钟情》《我愿意》《心中情》三首歌由张国荣演唱并收录在《为你钟情》唱片内。后经调解，刘德华与无线电视和解并续约，同年华星发行刘德华的首张唱片。陈淑芬后来在《娱乐圈见证录》中说："后来我离开华星唱片，多年后，某一天饭局时，从几位资深记者口中听到这样的一个故事。刘德华很生气，因我偏帮张国荣，把一首本来写给他的好歌《为你钟情》给了张国荣唱，令张国荣红起来。我第一次听到这个故事不禁哑然失笑，张国荣在Monica之后已经很红，有很多好歌，不需要抢别人的歌来唱，况且演绎方式不同，出来的效果亦不会一样。""我从未听过小田为刘德华选的歌，因为只是初部运作，哪来'偏帮'的故事，令华仔生气了那么久，当时我不是为自己'洗脱罪名'，我实在全不知情，无理由要华仔继续为此事生气，于是请几位记者代为向他解释一下。后来记者对我说华仔不相信，叫我直接跟他解释，我觉得没有此必要，因为这是事实，他不相信也没有办法……真相大白，希望华仔体谅当时环境，不要再为此事介意，被人冤枉了这么多年，介意的应该是我吧？"2003年6月，刘德华接受黎小田、薛家燕主持的新城电台《家天下》节目访问，据媒体报道："当时小田突然向华仔道歉，解释当年一歌（《为你钟情》）之怨。""（在节目中）华仔则认为世事永远是这样，不可以嗟怨任何人。其后华星也替华仔创作了很多好歌，他深信就算《为你钟情》再落在他手，效果未必一样。"香港评论人郭缵澂在《明报》的一篇文中提到此事时如此写道："歌曲与歌手，就如明星与角色一样，是讲缘分的。有不少好歌，曾在不同的歌手中来来去去，最后才找到真正的演唱者，成为经典歌。事后，可能有歌手觉得有损失，但如果歌曲由他们唱，又未必会受欢迎。也有一些好歌遇错了歌手，本来有受欢迎的条件，无奈落在不适合的歌手身上，发挥得不好，红不起来。这些好歌，有时会被好歌手看中，重新翻唱，还它们一个公道。某首歌曲特别为一个歌手而写，却错有错着，让另一位歌手唱出来，因而流行。每首歌如人一样，各有命运，好命的，不怎样好听也可以流行，也有非常好的歌，被人冷落。"2005年，华星发行刘德华首张唱片的复刻版，收录了1985年录制的刘德华版《我愿意》

《心中情》以及另一首《第二次的爱》，但未见《为你钟情》。

1985年7月底，为了配合张国荣在8月的首次演唱会，华星发行了张国荣的新歌加精选唱片《张国荣夏日精选 全赖有你》。这是张国荣的第一张精选集，唱片内收录了两首新歌《全赖有你》和《留住昨天》，重新录制了《默默向上游》《风继续吹》《一片痴》三首旧歌，编曲亦有所改动。与陈洁灵合唱的《只怕不再遇上》是首次收录在张国荣的唱片里，原收录在陈洁灵1984年的唱片《倾出我心事》中。新歌《全赖有你》是张国荣为演唱会特意录制的歌曲，改编自英国歌手洛·史都华（Rod Stewart）1975年的经典之作《远航》（*Sailing*）。林振强的词仿似用借喻诉说张国荣这些年来的经历，以及对歌迷的感谢。这张唱片的封套设计由刘培基负责。原来华星之所以找刘培基负责封套的设计，是因为张国荣的首次演唱会华星找了刘培基负责服装。虽然刘培基曾经跟华星的总经理苏孝良有言在先，他只负责梅艳芳一个人的工作，但他最终还是答应了华星的邀请。刘培基说："他（张国荣）是我的好朋友，但我太忙，加上全情投入照顾梅艳芳，能够给他的时间与安慰，实在太少，心里一直觉得亏欠了他，而且每个人的每个第一次都是最重要的，他是一个踏着泪水过来的人，很知道努力的重要，如果我不帮他，有点说不过去。"刘培基答应了为张国荣的演唱会担任服装设计，华星就顺带把《张国荣夏日精选 全赖有你》的封套和海报设计也交给了他。刘培基发现张国荣之前的《风继续吹》和《张国荣的一片痴……》两张唱片封套都没有笑容，刘培基说："于是，定下设计的大方向，把他（张国荣）塑造成为简单、青春，一脸笑容的大哥哥，并找来一班天真活泼的小朋友，在他身边追逐……"刘培基选用了他自己很喜欢的设计师高田贤三设计的西装和裤子，当张国荣穿好衣服和裤子后，刘培基拿出了一顶帽子给张国荣，后来刘培基回忆起当时的场景时说："Leslie一脸错愕，一脸的难以置信，怎会给他帽子？在场的所有人都吓了一跳。帽子曾给他带来奇耻大辱！是的，这是兵行险着，就是因为他曾经受过如此不公平的对待,我要替他把心中的刺拔掉!"

1985年8月2日,张国荣的首次个人演唱会在香港体育馆举行。香港体育馆,因位于红磡,也称红磡体育馆,亦简称为红馆。香港体育馆虽然名为体育馆,其实很少举办体育活动,大部分时间都是歌手在开演唱会,或者举办一些文艺表演类活动。红馆在1983年4月启用后,许冠杰是首个在此开演唱会的歌手,此后众多歌手都在此举办过演唱会。20世纪80年代,能在红馆开个人演唱会的都是巨星,而歌手也以能在红馆开演唱会为荣。1983年7月9日至28日,是谭咏麟在红馆的第二次演唱会;1984年暑假谭咏麟曾在红馆开了6场演唱会,张国荣与杨诺思亦有去捧场观看;1985年谭咏麟更是破纪录地在红馆开了20场。张国荣的首次个人演唱会紧随谭咏麟的演唱会,因谭咏麟的演唱会太过火爆,张国荣还转租了两天的场地给谭咏麟,两人演唱会的监制竟然还是同一人——陈永镐,两个演唱会就隔了几天举办,以致陈永镐压力大得连痔疮都发作了。张国荣之前只计划开3场,但随着订票热烈而加至10场,因10场演唱会门票很快售罄,华星有意继续加开第11场,不过最终张国荣觉得应留有余地,便只开了10场,破了当时香港歌手首次个人演唱会的场数纪录。陈永镐说:"阿伦跟我说,一定要全力做好Leslie的演唱会,免得被人多说话。"不过如此短的时间内,两人在同一场地开演唱会,不免被媒体拿来做比较,张国荣说:"我不会拿自己去与阿伦做比较,如果我今年一下唱足20场,明年我还能再唱吗?所以我将前面的两天场租转给了阿伦,我觉得自己做得没错,不然他的歌迷一定很失望。"陈永镐也表示:"他(张国荣)有余未尽,还可以再开10场。"

虽然演唱会门票一早售罄,但还是有很多没买到票的歌迷抱着碰运气的想法来到红馆门口,希望能够在演唱会现场买到票。1985年8月2日晚8点12分,座无虚席的红馆内《为你钟情》的音乐响起,在欢呼声、哨子声和掌声中,"只闻其声、不见其人"地传出张国荣的歌声,张国荣在舞台中央的升降小舞台上缓缓升了上来,在唱了半首《为你钟情》作为开场曲后，正式以《第一次》开始自己的首次个人演唱会。在入行八年后，踏着挫折与坎坷一路向前的年轻人，终于有了属于自己的第一次个人演唱会，这些年来四处登台演出的磨炼，让他在舞台上更加成熟。当观众席上传来"靓仔荣，我们支持你"的欢呼声后，张国荣流下了喜极而泣的泪水。之前整整一个月风雨无阻的跑步、游泳等健身运动，也让他在边跑边唱的环节游刃有余。当张国荣走到观众席跟观众握手时，瞬间引起了一阵混乱。有两位女歌迷更是冲上了舞台，与张国荣在舞台上展开了追逐，在绕舞台跑了两圈后，保安终于拦住了歌迷，张国荣趁机迅速跑进了后台。梅艳芳是张国荣当晚演唱会的嘉宾，张国荣说："我跟她（梅艳芳）是好朋友，而她在不久的将来会有自己的演唱会，我觉得应该有个机会让她看看观众的反应，对一个歌手来说，那是一颗定心丸。"张国荣除了唱自己的歌外，亦演唱了陈百强的《喝采》和蔡枫华的《爱不是游戏》。在唱《爱不是游戏》的时候，蔡枫华更是开心地在现场摇着一枝花跟张国荣打招呼，张国荣看到后便邀他上台，他在台上拥着张国荣兴奋地说："我从未在其他人的演唱会上听到有人选唱自己的歌曲，今次是第一次，我非常感动……"其实张国荣早年在外地登台时也唱过蔡枫华的歌曲，如蔡枫华的经典歌曲《倩影》。当晚蔡枫华亦在台上唱了一首张国荣的《恋爱交叉》作为回报。那时谁也想不到，在翌日晚上，蔡枫华的"名句"——"一时的光辉，未必是永恒的"（后被流传为"一刹那的光辉不代表永恒"）诞生，这句话也让蔡枫华直接失去了无线电视《劲歌金曲》节目的主持工作。

1985年8月3日，张国荣"85演唱会"第二场，恰逢无线电视"十大劲歌金曲"第三季季选。当晚的季选由蔡枫华和卢敏仪主持，张国荣有《不羁的风》《我愿意》《少女心事》三首歌曲获选，为此无线电视特意安排了邓丽盈到红馆的演唱会现场为张国荣颁奖，并直播了演唱会上为张国荣颁奖和张国荣演唱三首获选歌曲的片段。因演唱会气氛非常好，而无线电视又是第一次直播演唱会，所以最后又多播了一首张国荣演唱蔡枫华的《爱不是游戏》。在"十大劲歌金曲"季选现场直播张国荣演唱《喝采》时，蔡枫华说："我真想在这里说几句话，其实一位歌手得奖与没得奖无所谓的，因为我自己好多时候没得奖，没关系，但是我很希望做歌手的，人家的歌也好，自己的歌也好，都一样欣赏。刚才看到张国荣的演唱会，我们都诚心恭喜张国荣得到三首的第二季的'十大金曲'，但是，一时的光辉，未必是永恒的……"虽然卢敏仪及时打断了蔡枫华的话，并安慰蔡枫华及提示插入广告，但"十大劲歌金曲"季选是直播节目，在电视机前收看的观众都听到了这番话。有人猜测原因可能是，根据观众投票和AGB调查蔡枫华的《爱不是游戏》有机会获选，但因评委的评分较低，最后排在第11位，让他心情低落，以至于说出以上一番话。也有人猜测，张国荣在演唱《喝采》前，开玩笑说的陈百强是"余丽珍"，他自己是"李香琴"，而引起蔡枫华的不满。《劲歌金曲》节目的监制杨健恩表示："蔡枫华以一个主持人身份，不该在节目谈及私人感受。他在节目中这样说，是对节目不尊重，因为一个理想的节目主持人，应知什么时候说什么话。"杨健恩更表示这番话对张国荣有影响，经开会决定，撤销蔡枫华《劲歌金曲》节目主持一职。张国荣在事后接受采访时表示，没觉得蔡枫华是在针对他，希望自己的歌迷不要憎恨蔡枫华，蔡枫华只不过是在不适当的时候说了不适当的话而已。张国荣说："别怪他（蔡枫华），他是说话时不知道自己在说什么，讲过以后才知道撞板的那种人，从前我也是这样，他其实纯得很可爱，而且他也没说错呀，没有一位歌星的光辉是永恒的。我的第一场演唱会他来看我，当我唱《爱不是游戏》唱至一半，忽然听到观众发出很多声音，转个头就看见观众席有个男人拿着一枝花拼命挥动，原来是蔡枫华，他很开心地上台，还感动得哭了，他很有风度地唱了我的《恋爱交叉》。"

1985年8月11日，张国荣"85演唱会"的最后一场，当张国荣手拿帽子以一身演唱会海报的造型（也就是《张国荣夏日精选 全赖有你》唱片的造型）出场时说："认不认得这套衣服……这顶帽子我想做完今晚（演唱会）都没什么用了……"然后张国荣戴起帽子唱起了当初参加"亚洲歌唱比赛"时的参赛歌曲 *American Pie*，唱至中段时他将帽子抛向台下的观众。五年前被抛回台上的帽子，五年后被观众争相抢夺的帽子，五年的时间，张国荣经过坚持与努力，终于踏上了一条成功的道路。演唱会在《风继续吹》的歌声中结束，在观众的encore声中，张国荣加唱了《闯进新领域》《不怕寂寞》《不羁的风》三首歌后，演唱会正式落幕，但现场的歌迷仍不肯退场，张国荣不得不再次上台，演唱了《留住昨天》《少女心事》《全赖有你》三首歌。演唱结束后，全场亮起了灯，乐队开始收拾乐器退席，工作人员开始准备拆台，但现场的歌迷依旧不肯离去，齐声大叫encore……约十分钟后，乐队不得不重新出来摆放乐器、开始调音……张国荣第三度出来encore，演唱了歌曲Monica，不过歌迷并不满足于第三度encore只演唱一首歌曲，留在现场久久不愿离去，最后在保安的多番劝离下才逐渐离开场馆，很多歌迷跑去场馆出口处聚集，希望能再见张国荣一面。张国荣的首次个人演唱会正式结束。张国荣是越唱越见状态，有看过数场的人表示看完第一场再看第十场，完全是不同的味道。黄霑在看了最后一场后亦说："已是第十场，张国荣半点疲态都没有，而且因为是最后一场，所以连心理压力都轻了许多。唱他自己名曲的时候，他自然奔放；唱别人的名曲，他也有别创一格的演绎。"张国荣在最后一场演唱会上说："1985年的夏天，是一个我好值得怀念的夏天，因为我终于交出了我的'第一次'……为了保证，我这个'第一次'不是最后的一次，所以我将会默默向上游。""真的到了有一天，如果我们很老很老的时候，一回想起我们在这个时候大家相处过，我希望你们是微抿着嘴笑。"

虽然张国荣的首次演唱会受到众多好评，但外界仍有各种谣言。据《明报》报道："张国荣自己也不知道发生什么事，但他表示不想澄清，因自己清楚地知道自己在做什么，不需向人解释，总有一日大家会明白。至于他和陈百强之事，张国荣承认在他失意时，曾感到陈百强对他有压力，也逃避过一段时期。但后来事业转好，开始明白'人在江湖，身不由己'的道理。张国荣透露，'现在和陈百强友谊较前更好，不然他也不会出席演唱会，还携手演唱。'张国荣声言，以后真不想再有他和陈百强不和之消息传出，以免破坏他们彼此之间的友情。"演唱会后，张国荣将与梅艳芳一起去欧洲登台，以及在澳门开个人演唱会，然后拍摄楚原的《偶然》，当时最让张国荣感到遗憾的是，没有机会拍到一部有代表性的电影，签约新艺城以后，他亦希望自己能拍到一部电影代表作。

电影《偶然》，原名《紫色的玫瑰》，楚原嫌这个片名老土，在拍摄期间改成了《偶然》。《偶然》是楚原离开邵氏后的第二部电影，集结了张国荣、梅艳芳、叶童和王祖贤一男三女的阵容，电影的下半部分更是全程在法国取景拍摄，是一部"靓人、靓歌、靓景"的电影。如果把电影内张国荣和梅艳芳唱歌的片段截取出来，犹如一场梅艳芳担任嘉宾的张国荣小型演唱会。在法国取景拍摄时，恰逢张国荣和梅艳芳在欧洲巡回登台演出，两人登台结束后即与剧组直接在欧洲会合开始夜以继日地拍摄。张国荣作为片中唯一的男主角，与三位女主角轮流演对手戏，从早上8点到凌晨3点，没有一点空余时间，当他看着三位女主角每次购物满载而归，直让他羡慕不已。剧组返回香港后，在香港大专会堂租了三天档期拍摄舞台实景，累得导演楚原更是患上慢性盲肠炎，最后电影于1985年11月底杀青。在欧洲拍摄时，原本张国荣和梅艳芳可以住更高级的酒店，但为了拍摄方便，他们便选择了离剧组最近的酒店，张国荣还请剧组同仁吃饭、看艳舞。《偶然》是张国荣与叶童的第二次合作。叶童后来回忆当年与张国荣在《偶然》中的合作时说："我想说的是哥哥对每一个人的关心，他根本没有必要招呼大家，或者随便请吃一餐饭大家都会很高兴，但他特意想出这个安排，知道我们没有看过，就安排我们去看，这种做法很窝心！""他们那一批（演员）都没有架子，好热爱自己的工作，现在有的演员可能会要求住好的酒店，但据我所知他们是自费，没有给剧组压力，他们的这套行事方法可能是因为他们是从最卑微的角色走到巨星，有过艰苦的过程，他们知道挣扎中的艺人面对什么，所以会体谅周围的人，这个是我学习的方向，会多要求自己，多体谅别人。"虽然《偶然》不是一部粗制滥造的电影，但故事逻辑性较弱，偏离现实，剧本先天不足，大量的素材挤在电影之中，使电影本身看起来更像是一个万花筒，而不是一部精彩的电影。《偶然》在1986年4月10日公映，上映18天收入450万港元票房。张国荣演唱的其中一首电影插曲《一张笑脸》，从未收录在他自己的唱片内。1991年，已离开华星的刘德华和黎明在歌坛走红，张国荣又已告别乐坛，华星顺势发行了一张他们三人在华星时期的杂锦碟《当代男儿》，收录了这首《一张笑脸》。

1985年，张国荣友情拍摄了一支商业广告——"大家乐"快餐广告。在张国荣的一生中，拍摄过的商业广告少之又少。对于接拍商业广告，他后来说："他们有人想找我拍一个饮品广告，我说可以，不过你得先说服我，那个饮品有什么过人之处？请我拍广告，价钱当然不会便宜，我对拍广告，比拍电影更挑，因为我觉得要我去推荐一项产品，那个产品必须先被我接受，不然我怎么能把它推荐给别人？""我开价钱，对方不一定付不起，万一你开高价人家也接受，你就（得）替人拍。所以我要人家先来说服我那个产品的好处。饮品，有什么特别之处？要真的好，我都喜欢，再讲价钱嘛！""大家乐"快餐始于1968年，但因当时自助快餐方式并不为香港市民接受，所以一开始生意并不好，直到20世纪70年代才逐渐盛行。"大家乐"快餐广告由纪文凤提供创意，黄霑的盛世广告公司制作，最初人选是钟镇涛，但因价格谈不拢而告吹，黄霑转而邀请张国荣，张国荣以友情价格接拍。张国荣的温暖笑容和简单明了的"为您做足100分"广告语，使这支广告成为香港广告史的经典案例。

1985年的乐坛，仍然是谭咏麟的天下。在翌年初的颁奖典礼上，谭咏麟领走了一堆的奖项，凭着1984年的《雾之恋》《爱的根源》和1985年的《爱情陷阱》这三张被称为"爱情三部曲"的唱片，谭咏麟的歌唱事业逐渐走向巅峰。张国荣在1985年加紧了追赶的脚步，虽然还没能威胁到谭咏麟在乐坛的地位，但风头日盛，逐渐与谭咏麟分庭抗礼。这一年，宝丽金旗下的张学友和华星旗下的吕方成为乐坛的生力军；这一年，许冠杰、林子祥、陈百强等众多歌手都发行了制作水准较高且很受欢迎的唱片，香港乐坛在谭、张、梅为代表的氛围里迎来了百花齐放的盛况。

当我重温您，在茫然中思忆里
所有冷冰的暖了

不信命
只信双手去苦拼
矛盾是无力去暂停

Chapter
13

ENDURING PRESENCE:
LESLIE CHEUNG

随风不逝・张国荣

1986年1月2日，香港电台揭晓1985年度娱乐圈"十大当红人物"评选结果，张国荣继1985年入选1984年度"十大当红人物"后，再次蝉联入选，其他入选的艺人有成龙、谭咏麟、梅艳芳、林子祥、张学友、梁朝伟、吕方、刘德华和林姗姗。这次评选很多艺人的票数都非常接近，周润发只以微弱票数之差排在第11位。不过人红是非多，1985年底张国荣曾应邀担任顾嘉辉和黄霑合作举办的"辉黄"演唱会的演出嘉宾，有家媒体传出有一晚张国荣在后台休息室与吕方发生争执并大骂吕方。后来张国荣对记者表示，自己与罗文在同一个休息室，如果说跟罗文发生争执还有可能，跟吕方根本不在同一个休息室，而且自己与吕方也是朋友，虽然关系没有跟梅艳芳那么好，也没有必要跟他发生争吵，早前吕方考取驾照之时，他还曾借过车给吕方，不知道这是非从何而来。传闻出街之前曾有人打电话向华星询问此事，华星的一位负责人已告知他此事，有一晚的确有人被骂哭，但骂人的另有其人。张国荣称，他在娱乐圈并非是十天，已有十年时间，什么事也看淡了。而另一边又言辞凿凿地传出张国荣已秘密结婚的消息，张国荣笑着说："不知道这个消息是怎么传出来的，其实这是一个十分乌龙的消息，结婚的不是我，而是我的哥哥，可能因此而误把冯京作马凉吧。"

1986年1月18日，1985年度"十大劲歌金曲"颁奖典礼在红馆举行，张国荣的《不羁的风》获得"十大劲歌金曲"之一，黎小田亦凭张国荣的唱片《为你钟情》获得"最佳唱片监制"。当晚由钟楚红为张国荣颁奖，在钟楚红颁奖之时却发生了一点意外。一名持有无线电视派发的工作证、坐在记者席自称姓麦的男子突然冲上舞台辱骂张国荣，该男子自称是钟楚红的恋人，他要保护钟楚红，随后保安立即将其拉走送离红馆。事后钟楚红表示，当时会场太黑，没看清楚，不知道发生了什么事。

当我重温您，在茫然中思忆里
所有冷冰的暖了

1986年1月25日，第8届"十大中文金曲"颁奖典礼举行，郑裕玲在颁奖之前说："揭晓金句，这句金句呢值得他拿奖了，'一刹那的光辉不等于永恒'。这句金句是哪位说的，有没有朋友记得？是赠给哪位的，你们又记得吗？我都记得。这位朋友呢，在他刚出道至80年代初，都没什么幸运女神眷恋他，我很少和他合作，他那个时候呢，仍然是'颓'风继续吹。我记得一次，1982年的圣诞，我要主持一个歌唱节目。大家注意哦，那晚我都要唱歌，和我一起演出的，有五六位歌星，大家可以想象一下，那晚是黄金档期，都愿意来唱，没有机会走场（同时到其他地方演出），也算是水平一般。但是，他在我们这么多人面前，人人在镜头前互相争位的时候，他仍然保持低调，仍然是好努力地（保持）演出水准，做好自己的本分。我必须承认这一点，就是大家常常所讲的气质。还有一次更惨，我记得在1983年的时候，我（任职）的机构举办劲歌的颁奖典礼。那时候，很有趣的，很多歌星，不知道是不是心灵感应，还是有内幕消息，要是没有拿奖呢，那晚一定不会出现的。但我见到这位朋友，就在那个颁奖典礼那里出现，我以为有奖拿咯，替他开心啦，这次有得拿奖。但我忘了数人头，因为10首金曲，却有11位朋友坐在那里，眼见这些奖一路地颁给那些歌星，只剩下他一个坐在那里……经过了这么多年，他现在拿奖都已经拿番够本了，其实不单只是'一刹那的光辉'，最终，他都证明了，一刹那的失落，亦都不是代表永恒的！各位张国荣的拥趸，请用你们的方式，欢迎Leslie出来！第3首'十大中文金曲'，得奖歌手，张国荣，得奖歌曲，《不羁的风》。"当晚，许冠杰获得最高荣誉"金针奖"，徐小凤、谭咏麟、林子祥、周启生等数位歌手在台上唱出许冠杰的经典歌曲，张国荣亦演唱了许冠杰1985年的歌曲《日本娃娃》。《日本娃娃》的歌词里注入了大量的日本文化，当中还引用了3首20世纪80年代经典热门歌曲的歌词，其中一首就是张国荣的Monica。

1986年农历新年期间，张国荣与梅艳芳搭档赴马来西亚登台演出，10天时间演出了21场，受到当地观众的热烈捧场。张国荣认为这是一次难忘的旅程，尤其是承办此次演出的夜总会老板，不但对他们照顾周到，还非常热诚，临走时更分别送给张国荣和梅艳芳一枚"金牌"。2月19日，张国荣从马来西亚返港，立即投入新艺城电影《英雄本色》的拍摄。因张国荣3月21

日将与梅艳芳搭档赴美国和加拿大登台演出，所以吴宇森需先加急赶拍张国荣的戏份。此次美国和加拿大登台是张国荣与梅艳芳搭档登台三年来的最后一次，此后短期内两人将不再合作登台。原计划两人将在美国和加拿大巡演两周，后因观众反应热烈，演出时间延长至一个月，于4月18日返回香港。张国荣与梅艳芳此次在美国和加拿大巡演，也是香港艺人在境外登台场数最多的一次，而他们亦是第一次到洛杉矶、三藩市等美国西岸城市登台，观众的热烈程度让他俩都非常意外。在芝加哥，更是首次有香港艺人在当地登台演出。张国荣向记者自曝了一段在此次登台演出中的糗事，有一场，当张国荣全情投入演唱时，顺应感情闭上了眼睛，没察觉到这时有位歌迷正上台献花，等他睁开眼睛时才发现身边站着一位上台来献花的歌迷，然后就被台下歌迷喝了倒彩。巡演期间，张国荣和梅艳芳还应何冠昌的邀请参观了老人院，他们也不忘慈善之心，现场捐出3000美金。

电影《英雄本色》原名为《谁可相依》，这部电影可以说是导演吴宇森和三位主演电影生涯的一个转折点。吴宇森在嘉禾期间，已有想法拍摄《英雄本色》这一类型的电影，但嘉禾并不支持，反而安排吴宇森去拍摄当时较为流行的喜剧电影。他拍摄的其他类型的电影，如1983年拍摄的《英雄无泪》更是到1986年才公映，在嘉禾期间郁郁不得志的吴宇森在拍完《黄昏战士》后正式离开嘉禾。狄龙虽然曾在邵氏的功夫片中大红大紫过，但时过境迁，功夫片逐渐没落，而他亦是风光不再没戏可拍。在等了整整一年后，狄龙给邵氏的方逸华打电话，方逸华却避而不接。他又放不下面子去演电视剧，好不容易等到一部出演男二号角色的电影，还受导演的气。周润发虽然当时已拍摄了一系列备受观众欢迎的电视剧，但他出演的电影却是叫好不叫座，周润发亦被称为"票房毒药"。比起他们三个，当时的张国荣已是演艺圈的当红"炸仔鸡"，《英雄本色》能获得投资更是因为有张国荣这个当红明星，但用他自己的话说："（到）目前为止他感到最遗憾的是，未有机会拍到一部有代表性的电影。"一位"不得志"的导演吴宇森加上"风光不再"的狄龙、"票房毒药"周润发、"遗憾未有代表作"的当红小生张国荣，合作完成了一部华人电影史上的经典之作。《英雄本色》是香港电影的里程碑之作，开创了英雄片的热潮，对后来的香港电影创作产生了深远的影响。1983年，吴宇森与徐克次数，我想那是他人生中顺心又愉快的记忆时段。虽然吴宇森无法为张国荣规划未来，却可以对他的理念与做法予以支持。"1998年，《红色恋人》北京首映式后，记者采访张国荣谈到合作过的导演时，张国荣说："我觉得最有义气的人是吴宇森，可是他现在已经去美国发展了。他每次回到香港，都对我特别上心……我觉得他是一个非常好的人。作为一个导演，当你拍完一部电影之后，你绝对不需要（对演员）负什么样的责任，就是怎么样联系啊，我碰到过那么多导演，什么样的导演都碰到过，可是我还是觉得，人嘛还是需要人情味的，我觉得吴宇森就能做到。"张国荣去世后，有记者越洋采访吴宇森时，吴宇森说："他永远是我《英雄本色》中的杰仔，有坚强的一面，有懦弱的一面，是一个非常光明磊落的人……当时我正在安排一个镜头，脑子里不停地出现张国荣的样子，想起一个接近完美的人。两个女儿不停地哭，说没了哥哥（张国荣），我和老婆相对无言。我睡不了，喝两种酒都睡不了，不停地想起他。最痛苦的是想哭但哭不出眼泪，眼泪流在心里面是最痛苦的！为什么上天这么不公平！"作为张国荣的朋友，吴宇森的妻子说："我眼中的张国荣绝对是凭着个人毅力前进的人，他费力拨开外界对他的褒贬之词，也不理外界对他虚实的报道，他是一个阶梯一个阶梯往上爬的好汉。"吴宇森觉得张国荣最伟大的地方是"把欢乐带给别人，把悲伤留给自己"。

1986年4月中旬，张国荣在美国和加拿大登台期间，华星唱片发行了张国荣的全新唱片《站起来》（*Stand Up*）。1985年的《为你钟情》曾发行了黑、白两种颜色的唱片，这次*Stand Up*华星则发行了黑、紫、黄、绿四种颜色，让歌迷可以随心选择自己喜欢的颜色，之后其他唱片公司亦纷纷效仿，让彩色唱片成为当时的一股热潮。陈淑芬后来说："当时遇到一个行家，刚刚引进一部新机（器），可以制作颜色唱片，但数量不能太少，因为他要停机，将黑色清洗干净，譬如《为你钟情》我指定要白色，只要这部机器还有一点点黑，（那）只碟就会变灰色。"在封套设计上，陈幼坚说："早期的唱片封套画面比较静态，*Stand Up*因为是快歌，要跳舞，封套自然需要有动感，便以Rock&Roll（摇滚）为设计概念。Leslie是一个天生的演员，做这些动作时，他的动作很'放'。"这张唱片一上市，主打歌曲*Stand Up*便首先入榜，在"十大劲歌金曲"第一季季选中*Stand Up*亦占得一席之地，张国荣与陈洁灵合唱的《谁

图片授权提供：明报

令你心痴》也入选了季选。1984年，张国荣在陈洁灵《倾出你心事》唱片中与陈洁灵合唱了一首《只怕不再遇上》。1985年底华星发行的陈洁灵同名新唱片《陈洁灵 Elisa》中，张国荣与陈洁灵再次合唱了一首改编自日本歌手小林明子的歌曲《谁令你心痴》。张国荣表示，较为遗憾自己喜欢的《黑色午夜》未能入选第一季季选，不过在第二季季选中《黑色午夜》与《打开信箱》双双入选。在唱片推出两个星期左右，Stand Up 的销量便已达到6白金。在之前的唱片中，张国荣曾改编了一些日本歌手的歌曲为粤语版，而这次华星则直接邀请了日本著名的作曲家为张国荣度身定做，像国吉良一作曲的《黑色午夜》、增尾元章作曲的《爱我多一点》（Love Me More）和《寂寞猎人》都是原创歌曲。唱片内亦有三首歌曲改编自其他歌手的作品，主打歌 Stand Up 改编自澳大利亚创作歌手瑞克·斯普林菲尔德（Rick Springfield）的同名歌曲，《打开信箱》改编自芬兰歌手马尔·阿罗（Markku Aro）的《你是女人》（Nainen säoot），《为谁疯癫》改编自法国音乐人伯纳德·阿尔卡迪奥（Bernard Arcadio）和安德烈·切卡雷利（André Ceccarelli）作曲的作品。在这张唱片的幕后编曲团队中，出现了一些乐队的乐手，如苏德华、黄良升，使得在编曲上更偏重于电子吉他，如《打开信箱》，更是加入了乐队的元素。在整张唱片中，或许是因为几首快歌过于突出，那些抒情的慢歌反倒变成了沧海遗珠，未能成为流行的金曲，如《分手》《刻骨铭心》等，不免有些遗憾。

无线电视曾在1986年2月，邀请张国荣出演电视剧集《王子与美女》，但张国荣因拍摄《英雄本色》分身乏术而婉拒，后无线电视由伍润泉监制的电视剧集《赤脚绅士》再次邀请张国荣出演，张国荣一开始曾答应出演，但最终因为撞期而辞演，该角色后由刘青云出演。不过之后张国荣还是为无线电视客串了一集《香港'86之猛龙过江》，这也是张国荣在香港拍摄的最后一部电视剧集。自美国和加拿大登台回来后，张国荣一边拍摄《英雄本色》剩余的戏份，一边准备为无线电视的港姐评选拍摄宣传片以及彩排，他除了与刘淑华、陈百祥一同担任表演嘉宾出演歌舞剧《飞跃星河》外，还要与何守信、钟镇涛合作担任司仪。张国荣对记者表示，如非无线这次极力邀请他，他是不会答应邀请的，因为他除了要担任表演嘉宾外，还要担任司仪工作，同时因换衫时间太赶，由司仪换歌衫只有半分钟时间，对他来说算是一个体力挑战。

原本他要化老装的，因时间问题现在唯有取消。张国荣与刘嘉玲在1985年的港姐评选中合作演出的歌舞节目曾获得国际奖项，这让张国荣觉得这次有些压力，不过张国荣觉得自己有把握接受挑战。歌舞剧《飞跃星河》讲述了一位巨星的奋斗历程，刘淑华饰演奋斗中的巨星，张国荣饰演巨星的监制，陈百祥饰演巨星的经理人。在为《英雄本色》日夜赶戏的张国荣，幸得新艺城通融，给他放了一个星期的假，让他有时间安心参与彩排。在《英雄本色》收尾之际，新艺城亦为张国荣准备了两部电影的剧本供他选择，令他应接不暇。另有很多公司希望向新艺城外借张国荣拍片，张国荣自己则表示："目前只希望安心为一家公司拍片，不想因外借而拍太多片了。"

1986年6月初，张国荣赴台湾与滚石唱片签约和商谈发行"国语"唱片的事宜，同时应归亚蕾的邀请，为电视剧集《福禄寿喜》客串一位不为家人所理解的当红歌星，并宣传演唱该剧主题曲《千山万水》。这个当红歌星的角色跟当年初入行的张国荣何其相似，当年他的父亲张活海亦极力反对张国荣在演艺圈发展。在赴台湾之前，李宗盛曾赴港为张国荣监制了歌曲《千山万水》，这是张国荣与李宗盛的第一次合作，之后李宗盛为张国荣的首张国语唱片填写了一首歌词。1995年张国荣签约滚石唱片后，滚石唱片原计划由李宗盛为张国荣监制唱片，张国荣也非常期待与李宗盛再次合作，不过最终未能成事。在电视剧集《福禄寿喜》里，张国荣客串了四场戏。当归亚蕾以一个大红包给予张国荣酬劳时，张国荣转手就将红包还到了归亚蕾手上，并表示麻烦归亚蕾将红包转送给孤儿院。张国荣早年亦曾与薛家燕搭档赴台担任过演出嘉宾，但如今他在台湾的受欢迎程度和歌迷的热情程度让他始料未及。滚石唱片在西门町百货商店前的广场为张国荣准备了一个开放式的小型歌迷会，现场人山人海，把广场围得水泄不通，一些歌迷更是直接爬上了舞台，滚石唱片为免发生意外，在张国荣唱完歌后立即带着他撤退，不少消息灵通的歌迷则跑去酒店等张国荣。在电视台录制凌峰主持的《玫瑰的夜晚》节目时，曾一度让张国荣感到不快，主办方交给张国荣一份台词，当张国荣看完内容后，表示对其中部分敏感的问题不能同意。几经沟通后，主办方临时修改了部分敏感的台词。在台湾的三天，张国荣的行程满满当当，从早上到深夜，只有趁有限的空闲时间在酒店附近转一转，未能一览宝岛风光。随行的《明报周刊》记者黄丽玲在文中写道:"返港之日,往机场途中,Leslie心情大好,让我一饱耳福,他起初大唱黄梅调,《十八相送》《楼台会》《访英台》歌词滚瓜烂熟。然后又唱'任白'的《紫钗记》《再世红梅记》,还给我说《再世》(《再世红梅记》)的情节,他说故事的本领跟唱歌一般高。如果有一天,他把当日的私人表演搬到演唱会,包管大家拍烂手掌。"

早些年,已有大量香港电影和电视剧进入台湾市场播映,很受台湾观众的欢迎。1985年,香港的一些唱片公司便计划让旗下的歌手采用与台湾本地唱片公司合作的方式,在台湾发行"国语"专辑进军台湾的歌坛,如华星与滚石唱片合作、华纳唱片与飞碟唱片合作等。华星原计划在1986年9月发行张国荣的首张国语唱片,唱片由齐豫监制,主打歌为《福禄寿喜》的主题曲《千山万水》,不过后来因张国荣工作忙碌而延迟。国语唱片与张国荣1986年的第二张粤语唱片赶在了同期录音,因电影《英雄本色》的热映,唱片名称亦改为《英雄本色当年情》。张国荣的首张国语唱片《英雄本色当年情》于1986年11月26日发行,黎小田和齐豫担任制作。可能唱片公司考虑到商业因素,虽然是国语唱片,但还是收录了一首张国荣的经典粤语歌曲Monica,而其他九首歌曲则全部是张国荣之前的粤语歌曲重新填上国语歌词,不过难得的是,像李宗盛、陈升这样的台湾音乐人的名字出现在了填词的一栏里。《英雄本色当年情》是一张华星把张国荣推向台湾市场的投石问路式的唱片,这不算是一张很精彩的唱片,但张国荣对于歌曲的理解与演绎却又有其独特的方式。在唱片发行前,很多人更多关注的是张国荣的普通话发音问题,对此,张国荣自信地说:"在台湾时,有李宗盛、李寿全帮我纠正发音问题,相信不会有什么大错。"张国荣也表示,自己现在的普通话发音已经不错,连监制齐豫也大赞他的普通话。齐豫对张国荣的第一印象是"他(张国荣)说着一口标准普通话,风度翩翩、气宇非凡"。在齐豫看来,"张国荣是个天生的歌手,音色很特殊、辨识度很高"。对于监制张国荣的国语唱片,齐豫说:"这张专辑是把张国荣在香港唱红的歌曲,重新找人填上国语歌词,当时找创作人詹德茂填了大部分的词,然后专程飞到香港帮张国荣进行配唱。当时张国荣已经很红了,我的主要工作也就是指导他的唱词,毕竟普通话和广东话的转音有区别。其他的事情完全不需要别人指导,而且他已经有了自己的演唱习惯,我还是少纠正他的好。"令齐豫难忘的是张国荣在录音室录音的过程,他会以"撒娇"的方式跟制作人沟通,齐豫后来说:"张国荣当时已经是巨星,不会用强势的态度做事,而是用一种带着温柔高雅的'男性撒娇'进行沟通,但绝非那种让人受不了的娘娘腔式的娇嗔。"

1986年6月21日,张国荣与麦洁文赴新加坡,23日起张国荣在新加坡世界贸易中心举办了一连四场的演唱会。首场演唱会,一身黑衣的张国荣以《黑色午夜》开场,随后唱出一连串经典歌曲,《打开信箱》《柔情蜜意》《我愿意》《不羁的风》《勇者无敌》《侬本多情》《少女心事》《分手》《全赖有你》和Monica。虽然现场观众反应热烈,又是献花又是献吻,但当张国荣在台上唱完《全赖有你》,众舞蹈艺员一字排开站在背后晃动着烛光时,观众却逐渐离场。原来当时在新加坡的个人演唱会不兴"encore",当张国荣唱完《全赖有你》,观众以为演唱会结束,遂离席而去,而原本准备在"encore"环节演唱的《风继续吹》和Stand Up两首歌就这样硬生生"夭折"

了。7月15日,张国荣随无线电视前往加拿大为"世界博览会香港之夜"担任表演嘉宾。因正值暑假,大批歌迷前往机场送张国荣,导致机场人山人海,当张国荣出现时,现场一片混乱,带队的负责人为免发生意外,赶紧将张国荣送进了候机室。7月18日晚,在"世博会香港之夜"上,张国荣单独演唱了《黑色午夜》和Stand Up两首歌曲,张国荣的劲歌劲舞表演引发了现场观众热烈的反应,正当全场气氛爆棚时,张国荣脚下一滑跌坐在了台上,但他并没有停顿,而是迅速跃起一如之前一般继续唱跳着,直到曲终。原来在他表演之前亚视的艺员刚表演过"火流星"的节目,为配合节目撒了一地的油。现场的一位记者后来在文中写道:"到了后台当各传媒记者追问他(张国荣)演出失误的心情……他不但没有抱怨任何人,也没有辩解是怎么发生的,只轻轻把话题带过,丝毫没有影响全场的气氛。这就是张国荣先生多年前留给笔者的美好回忆,及明白到什么才是王者应有的态度及气量。"

1986年对张国荣来说是非常忙碌的一年,自年初开始就一直跟时间赛跑,各种活动、演出等工作从未间断过,在忙碌中张国

当我重温您,在茫然中思忆里
所有冷冰的暖了

荣亦不忘参加慈善公益活动,如"女童军70周年庆典"、"爱心救地球"24小时慈善马拉松筹款、"国泰50周年"慈善秀、"白金巨星耀保良"、"博爱星辉迎中秋"、"群星灭罪夜"、"爱心显光芒"慈善音乐会等慈善公益演出。而就如本章开篇所说,人红是非多,总有不同的传言出现。外间传言说张国荣因《英雄本色》中角色不讨好致观众焦点都集中在狄龙和周润发身上而颇有微词、张国荣与华星不合、罗文觉得主办方刻意标榜张国荣而不满张国荣成为"博爱星辉迎中秋"的特别嘉宾……对此,张国荣表示,《英雄本色》角色不讨好在拍摄之前就知道,他并没有不开心而对谁有想法,对他来说,角色是否讨好并不重要,最重要的是让观众感受到他用了心,虽然周润发的演技最好,但只有三个人相互配合才能产生化学作用。上映前吴宇森曾头痛他们三个人的排名先后问题,张国荣听闻后主动向吴宇森表示把自己的名字排在最后,让吴宇森松了一口气,张国荣坦言:"论资历辈分,他应这样安排。"张国荣亦表示,与华星闹意见更是子虚乌有的事,现在自己正为华星效力,跟华星不合难道是要为难自己?而成为"博爱星辉迎中秋"的特别嘉宾,是华星的安排,与其无关,而且这只是渲染一个气氛,并没有实质性的区别对待。他之前参与了两年的"白金巨星耀保良"演出,都是头炮出场,对此他都毫不介意。罗文之后亦向媒体澄清,自己并非针对张国荣,而是对华星的安排不满。

1986年10月10日,新艺城开拍由徐克监制、程小东导演、张国荣和王祖贤主演的电影《倩女幽魂》。《倩女幽魂》取材于蒲松龄的《聊斋志异·聂小倩》。1960年曾由邵氏开拍由李翰祥导演,乐蒂、赵雷主演的版本,片名《倩女幽魂》亦为邵氏所取。虽然是旧瓶装新酒,但在旧版的基础上,这版的《倩女幽魂》增加了大量现代的制作方式与核心内容。之前在《英雄本色》的庆功宴上,徐克曾对张国荣说:"下一部戏,要认真考虑你的角色。"当徐克决定重拍《倩女幽魂》时,就找了张国荣出演男主角宁采臣,而张国荣却差点与"宁采臣"擦肩而过。徐克说:"因为觉得他(张国荣)个性中的某方面特质可以和角色融合起来,张国荣起初同意了,但后来听说是个古装片便拒绝了,因为不愿意穿着怪异的衣服去演一些怪异的故事。"为了消除张国荣的顾虑,徐克将定制完的服装给张国荣看,而且告知张国荣虽然是个古装片,但是电影的内核是现代的,最终将张国荣说服。男主角定了以后,女主角却一直没能定下来。新艺城考虑过日本女星，也曾考虑过多位香港本地的女演员，如罗美薇等，但始终未能敲定。当时，王祖贤已来香港拍片两年，虽然拍了11部电影，但名气并不是很大。王祖贤之前便与徐克合作过，当她听闻《倩女幽魂》女主角一直未定时，便打电话向徐克毛遂自荐。没想到试过镜后，王祖贤的聂小倩造型恰到好处，徐克遂决定由王祖贤饰演聂小倩一角，这也是王祖贤的第一部古装电影。《倩女幽魂》原本分了三条线来发展剧情，后来删掉了其中一条线，因电影中需要用到大量的特技，预算也由750万港元超至1000多万港元，年底因张国荣演唱会停拍了两个月，先后共拍了6个月。

因为《倩女幽魂》是古装鬼怪片，所以经常需要使用干冰或者烟火来放烟制造氛围，这让张国荣和王祖贤苦不堪言，更导致张国荣的眼睛一度红肿发炎。有一次记者探班后写道："在梯级的一旁，坐着男女主角张国荣与王祖贤，两人一身紫衣，带着倦容。导演程小东正在二楼，与工作人员商量一个镜头；一条塑料造的'长舌'，正从地板中闪出。各人经多次彩排后，才正式拍摄。这个镜头试了多次才完工，只见'长舌'破土而出的动作，重复地做了十多次，结果不是穿帮，便是祖贤遮挡了Leslie的面孔。着实苦了两位演员，面上身上尽是从风机喷射过来的枯叶，制片钟珍说张国荣的眼睛已红肿了好几天。"张国荣拍摄全程没有使用替身，所有镜头全部自己亲身完成，当时正值冬天，程小东后来回忆起当年的拍戏过程时说："当时拍摄环境很艰苦，而且又是在很冷的冬天，每一条NG20次是正常，多的NG会有50多次，演员都拍得不知道该怎么办好。"原本戏里有一幕张国荣与王祖贤的床戏，程小东说："张国荣当时为了这场戏和我们讨论了好多，他甚至还主动问我要不要脱掉裤子，我赶紧告诉他不用的，布景都能遮住。"为了这场戏拍得更精彩，张国荣还特意请教了"专家"——"不文沾"黄霑，可惜这场戏最后在剪辑的时候没有被采用。当黄霑听闻徐克要重拍《倩女幽魂》时，亦主动向徐克毛遂自荐要为电影配乐，但当时程小东已经找了配乐的人，徐克就拒绝了黄霑，黄霑虽然很失望但仍很有兴趣，过了半年又打电话给徐克，徐克仍如是拒绝。后来因为程小东找的配乐的人做的音乐不符合他们的要求，就又找了黄霑来重新配乐。黄霑在《倩女幽魂》访谈里谈到跟张国荣合作录音时说："张国荣是一个很专业的人，找他录音很好，你把歌交给他，他回去练好了就录，走进录音室，唱三四次就完成了，最多半个小时就可以了，跟他合作非常愉快，我喜欢跟他合作，他有效率。"据闻，张国荣一开始并不是很喜欢《倩女幽魂》这首歌，后来唱着唱着，外界的反应很好，也就不讨厌了。

《倩女幽魂》一开始公映的时候票房并不算好，但是看过的人都觉得不错，而且很多影评人都觉得好。口碑相传是最好的宣传，这使得电影的票房亦愈来愈好。这部叫好又叫座的电影亦获得了多项电影奖项的提名并获奖。《倩女幽魂》的成功，掀起了一股古装鬼怪片的热潮，随后众多电影公司跟风开拍此类电影。电影中张国荣饰演的"书生"和王祖贤饰演的"女鬼"受到了外界的一致好评，更是成为观众心中这两个形象的最佳人选。

1986年10月21日，英国女王伊丽莎白二世访港，在红馆欣赏了"香港青年精英汇演"。张国荣、钟镇涛、区瑞强和张学友作为青年精英的代表，演唱了由顾嘉辉和黄霑改编自多首民歌、为此次汇演特别创作的歌曲《这是我家》。张国荣表示能够参与演出，以及演出结束后能与女王倾谈，很兴奋也很光荣。张国荣觉得女王非常和蔼慈祥，当女王问他是不是歌星时，张国荣告诉女王自己还是一个明星，而当女王问他要不要做导演时，张国荣还指了指身边的钟镇涛介绍道："他就是导演"。

1986年11月中旬，华星发行了张国荣在本年的第二张全新粤语唱片《张国荣（迷惑我）》。这是一张有着特别意义的唱片，因为自这张唱片开始，张国荣参与到了唱片的监制工作，这也让他更易于掌控自己的音乐理想，使唱片的商业性与艺术性更趋向于平衡。虽然1987年华星发行了张国荣首张国语唱片《英雄本色当年情》的香港版本《爱慕》，但从更确切的意义上来说，《张国荣（迷惑我）》才是张国荣在华星的最后一张唱片。这应该也是张国荣在华星时期最精彩的一张唱片。张国荣在这一年推出的两张唱片也暗示了他与谭咏麟在乐坛真正分庭抗礼的开始。这张唱片中改编了多首日本歌手的歌曲，如半自传歌曲《有谁共鸣》改编自谷村新司的《如梦》、张国荣亲自填词的《爱火》改编自上田正树的《悲伤的色彩》、《爱慕》改编自西城秀树的《追忆的瞳罗拉》、《迷惑我》改编自小林明子《爱的动力》等，唱片内也收录了电影《英雄本色》的主题曲《当年情》。《有谁共鸣》由当时无线电视《劲歌金曲》节目的编导小美填词，在《劲歌金曲》节目中张国荣与小美就已有过合作，小美说："有时一些摄影师想歌手亲自试机位灯位，有些歌手是不太情愿的，但Leslie却十分专业，每次都亲身试位。他认为，'打灯是为打靓我的轮廓，别人怎能代呢？'处女座的Leslie事事追求完美，其实十分尊重专业。而我和Leslie十分投缘，他很疼爱我，我平生第一次去丽晶酒店吃早餐，也是由Leslie带我去呢！"当时小美已为罗文写了一首《几许风雨》，小美说："Leslie亦一听倾心，立时想我为他写一首关于心路历程的歌，Leslie当时的经理人陈淑芬凑巧为Leslie找了一首谷村新司的日文歌，想给Leslie改唱中文版，因缘际遇，就开始了为Leslie填词的机遇，但是这个机遇却充满电光石火，曲折非常。"小美写完《有谁共鸣》的歌词后，欣喜地立即将歌词手抄本传真到了录音室，以为会大受赞扬，谁知道没过多久黎小田便打电话给她，让她改一下"从前是天真不冷静，爱自由，或会忘形"这一句，小美觉得自己写得很好，当时虽然有点不开心，但仍表示试着改一下。放下电话后，小美想了半个小时，仍想不到更好的，就鼓起勇气打电话给黎小田，表示可不可以不改。黎小田告诉她，刚才张国荣看到这句歌词时差点把歌词纸扔到垃圾桶里去，让她还是试着改一下吧。小美说："据我了解，当时Leslie也许以为我直说他为人任性而有点不开心，但我真实的意思却是指他很有个性，不受束缚的一个人而已！我想了一想，于是便透过Leslie的经理人陈淑芬反映我的意思给Leslie！怎料不到半小时，小田再打来（电话）说不用改了！Leslie唱好啦！他录个带子给我！哗！开心得我跳起，发红的眼不再濡湿，立时如释重负。""对于Leslie，我是有一份莫名的偏爱。Leslie也是一个心水很清的人，他曾说过：谁雪中送炭，谁锦上添花，我都看得到！也正是因为这样，他格外喜爱《有谁共鸣》当中一句'笑问谁，肝胆照应'。也许亦是他当下心情的写照吧！"在这一年，小美亦

当我重温您，在茫然中思忆里
所有冷冰的暖了

为谭咏麟写了一首自传体式感谢歌迷的歌曲《无言感激》。《张国荣（迷惑我）》这张唱片在预告张国荣即将告别华星、告别合作多年的监制黎小田的同时，也预告着他在音乐上的一个新的开始。在张国荣的音乐生涯中，这张唱片是继1983年他在华星的首张唱片《风继续吹》后，再次起到承前启后作用的作品，或许是缘分，张国荣在华星的头和尾的两张唱片，都为他在音乐上的全新启程备注了特别的意义。

1986年12月25日圣诞夜，张国荣的第二次个人演唱会在红馆揭开序幕，张国荣原本计划开15场，但因场馆要迁就演唱会之后香港电台的"十大中文金曲"颁奖典礼，在与香港电台多次接触后仍接洽不成的情况下，不得不定开12场。这次的演唱会由张国荣代言的柯尼卡胶卷赞助，而12场演唱会的门票竟然场场不同。首场演出在当晚8点15分准时开场，在《全赖有你》的开场曲中，一句1985年演唱会录像中的"我真是舍不得你们"后，张国荣穿着黑色军裇出现在白色的舞台上。当晚现场座无虚席，非常热闹。因恰逢圣诞节，张国荣加唱了一首英文的圣诞歌曲，再配以白色碎纸片营造的下雪环境，现场很有圣诞的氛围，而和音和乐手亦戴上圣诞帽以应景。张国荣在演唱会之前曾向记者表示，自己以前无意说的话经常会引起不必要的误会和麻烦，讲多错多，所以今年他会"多做事少说话"，宁愿在演唱会中多唱歌。当晚的嘉宾有他的麻将搭子陈洁灵，两人除了合唱《只怕不再遇上》和《谁令你心痴》外，还在台上大爆对方的麻将趣事。演唱会上张国荣还演唱了自己的偶像徐小凤的《情比雨丝》和林子祥的《最爱是谁》。当张国荣唱出新歌《有谁共鸣》时，他对现场观众说："我答允唱这首歌曲时，以后都不哭！"全场观众听之都鼓起掌来。在鸣谢时，张国荣以改编Monica的歌词来唱出感谢的人与单位，令观众甚有新鲜感，最后在三度encore之后，张国荣以歌曲《为你钟情》结束了首场演唱会。

是次演唱会的监制吴慧萍说："一个成功的演唱会，并非是以时间的长短、表演嘉宾的多寡及五花八门的制作技巧去衡量的。最成功的演唱会是令所有观众在看罢整个演唱会后，仍然有一种想看下去的感觉。而事实上，一个太多枝叶的演唱会，对于歌手本身来说，是一种危险，因为这代表了歌手本身缺乏号召力；而另一方面，我们要知道，观众是很难满足的，过分思索制作花巧及增长演唱会的时间，只会贬低歌手的价值。"对于此次张国荣的演唱会，她表示："这次Leslie的演唱会，能够做到很sophisticated（尖端的），唯一称得上有瑕疵的，只是Leslie在说话方面，未能发挥到最好……"她认为每个人的要求和能力也不同，作为一个监制，她认为这次个唱，已能达到她的要求，同时也能发挥到Leslie的过人之处。1987年1月5日，是此次演唱会的最后一场，当晚气氛比第一场更为热闹，不少圈内艺人都到场观看，当晚之前的三位演出嘉宾梅艳芳、陈洁灵和麦洁文亦全部到齐。在演唱会接近尾声张国荣演唱《为你钟情》时，不禁流下了男儿泪，张国荣带泪说道："我不知道怎样感谢观众，只能衷心地说多谢各位的支持！"最后张国荣以一曲《当年情》结束了一连12晚的第二次个人演唱会。演唱会后，记者在后台采访张国荣时，问到他在台上落下男儿泪之事，张国荣说："其实自问很怕每晚都落泪，但实在忍不住情绪，演出虽辛苦，但亦有价值，我已经开始喜欢及投入演出了，一时间完结了演唱会，又未知何时再有机会演出，所以有点舍不得的感觉。"张国荣亦表示，演出至今状态一直很好，主要是做足了准备工作，此次演唱会他自己还是满意的，虽然有美中不足，但他已做到以成熟风格为主。一位分别看了头、尾两场演出的记者在文中写道："在头尾两场比较起来，发觉他（张国荣）越唱越好，去年听他唱最后一场，声线已略带沙哑，今年明显有进步，唱歌技巧成熟了许多，在我心目中，总觉得此子的潜质还未去到尽头，成就不止于此地步。如果Leslie能够稍敛锐气，更加接近群众，相信成就肯定比今天更上一层楼。"

1985年2月，黄丽玲曾在访谈中问起张国荣的感情状况，张国荣表示女朋友在美国念商科，"我们虽然认识七年，但还是前年才好起来的，可能因为过去她年纪太小，我没有那份感觉。去年我借她家的游泳池拍唱片封套，接触机会多了，感情也越来越好"。1986年2月，黄丽玲跟张国荣说起他的女友杨诺思时,张国荣说:"其实我跟她已经完了。我们聚少离多,每次见面都觉得很陌生,再也没有从前的感觉,我把心里的想法跟她爸爸(杨受成)说了,我想我不应该拖下去,她爸爸十分谅解。去年暑假乐诗(杨诺思)回来度假,我已经跟她清楚地说了,她当时松了口气,对我说:这也好,以后我不用再为你牵肠挂肚了。我跟她说我会把她做妹妹般看待,她依然是我最close(亲密)的朋友,乐诗很有脑,有思想,我一直认为她是我所见过最好的女孩子。"1978年,香港狮子会在九龙麦花臣球场举行了一场艺人篮球表演赛,杨受成是狮子会的创会会长,带着14岁的长女杨诺思到场观看。在杨受成自传《争气》里这样写道:"杨诺思在观众席上发现一名篮球队员,样貌英俊,笑容可爱,传中交补,矫健如荒原上的一匹骏马;投篮命中,灵巧如碧波里的一尾鲤鱼,不由得一双眼睛,闪闪发出童稚少女的光辉,看得痴了。杨诺思拉一拉爸爸的衣袖问:那个大哥哥,长得真俊俏,不知是谁呢?"杨受成一看原来是张国荣,当天张国荣作为丽的队的球员参加了比赛,杨受成爱女心切,在中场休息的时候,走下球场向张国荣自我介绍,并邀请张国荣与坐在观众席上的女儿认识。杨诺思19岁那年暑假,从美国回港度假,有一天跟杨受成说:"我有一个好朋友,想请他明天到家里吃饭,可以吗?"爱女要招待朋友,杨受成当然欣然应允。第二天,杨受成回家,看到家里除了杨诺思,还有"唇红齿白,眉目如画"的张国荣,以及钟保罗和上山安娜。杨诺思向父亲介绍时,杨受成才知张国荣已经是女儿的男朋友。自此,张国荣常去杨受成家做客,杨受成有空闲时也会经常和他们一起吃饭。之后,杨诺思回美国继续求学,张国荣在香港打拼事业,两人聚少离多,渐行渐远。1993年,杨诺思嫁给了香港导演张坚庭,张国荣亦是婚宴的座上宾。张国荣曾笑说:"她(杨诺思)终究要嫁个姓张的。"

1986年,对张国荣来说,是马不停蹄的一年,在乐坛和影坛取得了双丰收,虽然年尾演唱会的场次因场馆问题未能如愿多开几场,但在这一年,他给自己交出了一张优异的成绩单。这一年,谭咏麟在乐坛的地位依旧稳固,而张国荣也奠定了与谭咏麟真正分庭抗礼的基石,梅艳芳再次确立乐坛"一姐"的地位,老歌手罗文凭《几许风雨》枯木逢春,出道不久的张学友迅速上位……乐坛百花齐放,繁华热闹。年初时,有人将张国荣归到偶像派歌手,认为偶像派歌手走红一两年便会遭新秀淘汰,对此,张国荣对记者表示,他从来没有想过自己属偶像派,抑或实力派,他只考虑歌路上是否需要转变。其实偶像派歌手也并非容易遭新秀淘汰,日本的山口百惠便是最好的例子。乐坛新人涌现是好事,良性竞争下,他若能屹立不倒,便可证明自己是实力派,而非偶像派歌手。

190 ENDURING PRESENCE:
 / LESLIE CHEUNG
191 随风不逝·张国荣

图片授权提供：明报

如没意努力
你可不必
期望得到

Chapter
14

ENDURING PRESENCE:
LESLIE CHEUNG

随风不逝・张国荣

1987年1月2日，香港电台统计了四万多封有效投票信后，揭晓了1986年度演艺界"十大当红人物"评选结果，张国荣再次当选。自1984年年尾香港电台首次举办该评选以来，张国荣连续三年当选为"十大红人"，另外连续三年当选为"十大红人"的还有谭咏麟、梅艳芳和梁朝伟。在这届"十大红人"颁奖典礼上，电影《英雄本色》里的三位男主角再次聚首，周润发在上一年度的选举中以微弱的票数之差排在第11名，上一年周润发在电影《英雄本色》中的"小马哥"一角深入人心，在这届毫无悬念当选；首次当选的"豪哥"狄龙，更是取代了上两年连续当选的亲外甥女林姗姗的位置。此次当选的名单为：成龙、周润发、谭咏麟、张国荣、梅艳芳、陈百强、梁朝伟、狄龙、郑裕玲和张学友。香港电台中文台台长吴锡辉表示："这奖项有代表性，不论电视、电影或歌星，只要受欢迎就能得奖，更能对娱乐圈起鼓励作用。"美中不足的是，香港电台新闻稿上的当选名单将张学友错刊为许冠杰。正在如火如荼举行演唱会的张国荣，亦忙中抽空出席了颁奖典礼，从吴锡辉手中接过一把作为当选本届"十大红人"纪念的大红纸扇。

　　1986年，张国荣在香港推出了两张唱片，两张唱片皆叫好又叫座，唱片内的数首歌曲也都在流行音乐榜上取得了不错的成绩。在1987年1月8日张国荣86演唱会的庆功宴上，张国荣对记者表示，本年无线电视、香港电台举办的十大歌曲选举，他都榜上有名，因此，他很开心，而且视为多年付出的收获。每年年初，都是香港几大音乐颁奖典礼盘点上一年乐坛成绩的时候。1987年1月10日，第9届"十大中文金曲"颁奖典礼在红馆举行，张国荣演唱的电影《英雄本色》的主题曲《当年情》获得"十大中文金曲"之一，香港电台邀请了他在电影里的"大哥"狄龙为他颁奖。张国荣在出席完"十大中文金曲"颁奖典礼之后，于11日赴日旅行，以庆祝自己的第二次演唱会圆满成功，因1月18日是无线电视的"十大劲歌金曲"颁奖典礼，他便于17

当我重温您，在茫然中思忆里
所有冷冰的暖了

日返港参加翌日举行的颁奖典礼。在1986年度"十大劲歌金曲"季选评选出的40首总候选歌曲中,谭咏麟有《朋友》《第一滴泪》《无言感激》《珍重》4首候选歌曲,张国荣的入选歌曲有Stand Up和《谁令你心痴》《黑色午夜》《打开信箱》《当年情》《有谁共鸣》《爱火》。在张国荣赴日旅行的日子里,香港媒体流传出一份称"圈内可靠消息"爆料的得奖名单,张国荣的Stand Up和《当年情》《有谁共鸣》获得"十大中文金曲"、《当年情》获得"金曲金奖"、《黑色午夜》获得"的士高最受欢迎金曲",张国荣获得"最受欢迎男歌星"。因在澳大利亚登台演出而无法出席颁奖典礼的谭咏麟,只获得《无言感激》一首"十大中文金曲",张国荣以绝对优势打败谭咏麟。这份所谓"圈内可靠消息"爆料的得奖名单流传出来后,很多圈内人都表示惊讶,认为谭咏麟只获得一首金曲可能是受无法返港亲自到场领奖的影响。这份"言之凿凿"的名单也彻底激怒了谭咏麟的歌迷,加深了他们对张国荣的敌意和愤怒。在1月18日下午张国荣出席"十大劲歌金曲"颁奖典礼彩排时,记者将张国荣包围起来询问传言之事,张国荣委屈地说:"我宁愿拿少点奖啦,免得别人讲我是作假。"

1987年1月18日晚,1986年度"十大劲歌金曲"颁奖典礼在红馆举行。当晚,狄龙是第三首"十大劲歌金曲"的颁奖嘉宾,谭咏麟的歌迷可能猜测到接下来要颁发的是张国荣的《当年情》,当狄龙准备揭晓得奖名单之时,谭咏麟的歌迷便发出了一连片的嘘声。当张国荣上台时,虽然短时间的掌声压过了嘘声,但掌声一停,台下又是一片混乱的喧哗,谭咏麟歌迷的嘘声、骂声和张国荣歌迷喊叫"Leslie"的声音及助威的哨子声混合在一起。在张国荣和狄龙以改编《英雄本色》的经典台词在现场用配音的方式表演对话时,台下终于安静了下来,他俩风趣的对话引发了在场观众的一片欢笑声,周润发坐在台下更是笑得抬头仰面。当张国荣演唱得奖歌曲《当年情》时,某一片区域的嘘声再次响起。据现场记者报道:"当晚场面非常混乱,阿伦歌迷与张国荣歌迷出现互斗情况。由于早前有消息传出张国荣获得多个奖项,因此惹起阿伦歌迷不满,在场有不少阿伦歌迷大呼自己偶像名字,又大呼'无线作假',而张国荣歌迷有闻及此,反攻阿伦歌迷,并言阿伦是'皱皮伦'。在两批歌迷互闹下,引致气氛极其恶劣,而司仪俞琤频频随机应变地应付。"张国荣事后表示,他不希望两者歌迷闹至水火不容,他更不喜欢支持他的歌迷用"花名"反击对方，但对于此事他后来在《今夜不设防》节目中亦有说道："当然，我那帮歌迷也有骂，但是，事情是这样看的，人家先骂你的偶像，而你是去现场捧你自己的偶像的，当你偶像遭人骂的时候，你当然会反击，这是天经地义的。他们（新闻媒体）把这说成互骂，当然你（新闻记者）也可以说是互骂，但究竟是谁起的头呢？是人家先起的头。如果我的歌迷不反击的话，难道是默认吗？那么你最多也就是说不默认嘛。"谭咏麟的《朋友》和《无言感激》获得了第七首和第八首"十大劲歌金曲"。颁发第九首"十大劲歌金曲"的嘉宾是林翠，当林翠和司仪俞铮在台上对话时，台下非常安静，但到林翠宣布得奖的是张国荣的《有谁共鸣》时，嘘声再次汹涌而起，用张国荣自己的话说："那次可真是'有谁共鸣'了，一出台就被人嘘得像狗一样，一直嘘到（唱完）回后台。"现场的记者报道："当张国荣出场领奖时，有不少嘘声，但他的拥趸则吹哨子助威，对此，张国荣面露不悦之色，没有半点笑容。在唱至《有谁共鸣》时，他更在台上表明立场，自言他已努力多年，获奖乃应得的。"张国荣在《有谁共鸣》的间奏时说："有些人拿到成就，用很短的时间；有些人要拿到一些东西，就要比较长的时间，不过至少，我现在所得到的东西，是我自己用心拿来的。"在十首"劲歌金曲"颁奖完毕后，准备揭晓"的士高最受欢迎金曲"时，因之前传闻张国荣的《黑色午夜》获得该奖，谭咏麟的歌迷再次发出成片嘘声。可惜这次他们嘘错了人，结果是陈慧娴的《跳舞街》获得了该奖项，谭咏麟歌迷在发现嘘错了人后立即停止了嘘声。事后陈慧娴对记者表示，嘘声对她没影响，她承认在当晚被嘘歌星中，自己的嘘声算是最少的了，当她唱完《跳舞街》后，亦有掌声四起，此可证明观众真正目的非有意嘘她。她觉得当晚的嘘声应是无意识的，只是观众在发泄及闹着玩，不过，陈慧娴也认为那些搅事的观众很过分，对歌星非常不敬。最后一首颁发的是得票数最多的"金曲金奖"，当利孝和夫人宣布《有谁共鸣》获得"金曲金奖"时，据现场记者报道："有不少阿伦的拥趸立即离席，而张国荣的歌迷则拍手加以支持。"在颁奖典礼结束后，张国荣匆匆离场。这一年的"十大劲歌金曲"颁奖典礼，张国荣在嘘声中获得两首"十大劲歌金曲"和"金曲金奖"，谭咏麟在未到场的情况下，获得了两首"十大劲歌金曲"和"最受欢迎男歌星"，梅艳芳获得两首"十大劲歌金曲"和"最受欢迎女歌星"。罗文的《几许风雨》、林子祥《千亿个晚上》、张学友的《遥远的她》、叶德娴和陈洁灵的《千个太阳》分别获得"十大劲歌金曲"之一，陈慧娴的《跳舞街》获得"的士高最受欢迎金曲"，黎小田获"最佳唱片监制"，最佳作曲和编曲则是《当年情》的作曲和编曲顾嘉辉，最佳填词是《有谁共鸣》的填词人小美，许冠杰获得"荣誉大奖"。

1987年1月20日，张国荣出席香港商业电台举办的第8届"中文歌曲擂台奖"颁奖典礼时，被记者问及前晚的感受，他对记者表示，自己被嘘早已有心理准备，所以一早就有面对尴尬场面的心理。他仍然是做到最好，对演出没影响，他尽量做回自己。虽然张国荣一早有了心理准备，但显然现场的情况还是超出了他的心理预期，后来他说："我一出场已经嘘声四起，我听得很清楚，有人用很不敬的字眼来大声咒骂我，因为我有两首歌及其他大奖，所以我要数度出场，每次司仪俞琤宣布我的名字时，台下便会有嘘声，我很明白这些嘘声是人为及有攻击性的，所以当时我脑海转了两个念头，一我忍了你，不然的话，我'骂回'你，受人二分四，我尽我的力唱好歌，不喜欢我张国荣，但我自问对工作我是竭尽所能，问心无愧，但他们竟然公开用粗口骂我，而且是不止一次地侮辱我，到底，我为什么要受这样的屈辱，不过我后来又想到，我不做（这行），是我自己的意愿，我不是因为任何人的话，没有人可以赶绝我，有朝一日，我要离开，也要光荣地退出。"至此，"谭张争霸"事件到了不可缓和的阶段，更有谭咏麟歌迷认为张国荣"虽无过犯，面目可憎"，对此张国荣苦笑道："样貌是天生的，这又和我的人格有什么关系呢？难道要我去整容？"过完农历春节后，1987年2月1日，张国荣再次投入到《倩女幽魂》的拍摄中。张国荣在片场表示，新年后将会搬到浅水湾居住，之前发生了很多不愉快的事，他希望在新的一年，远离是是非非，安心在事业上发展。

1986年尾，在张国荣筹备第二次个唱之时，华星高层人事突发"大地震"。华星总经理苏孝良离职，无线高层陈庆祥也不再管理华星的业务，华星临时任命陈永镐担任华星总经理。随着几位搭档的离开，陈淑芬随后亦离开华星，自主创业筹备成立恒星娱乐有限公司（以下简称"恒星娱乐"）。张国荣与华星的唱片合约也即将到期，外传张国荣约满后亦会随着陈淑芬离开华星，其他唱片公司如宝丽金、新艺宝等亦开始接触陈淑芬和张国荣。

新艺宝是新艺城和宝丽金1985年合作成立的唱片公司，新艺城占大部分股份，所以唱片公司名称取"新艺城"前面两个字及"宝丽金"前面一个字而取名"新艺宝"。在新艺宝成立之前，新艺城曾经出过两张唱片，一张是《搭错车》的电影原声大碟，另一张是为电影《开心鬼放暑假》推出的《开心少女组》。虽然这两张唱片事前并不被人看好，但最后竟然都大卖特卖销量爆棚。基于此，新艺城便有意成立唱片公司。新艺宝成立后，宝丽金高层郑东汉原想邀请华纳的黄柏高担任总经理，但被黄柏高拒绝，之后便找了在香港商业电台任职的陈小宝，当时陈小宝正因上司俞铮的离职而被新任上司为难，虽然陈小宝之前没有唱片制作的经验，但他欣然上任。许冠杰离开宝丽金后，在康艺成音的发展并不顺利，但又不好意思开口重回宝丽金，同时许冠杰与新艺城签有演员合约，而新艺宝又是新艺城与宝丽金合作成立的，若是与新艺宝签了唱片约，那便能让宝丽金的班底为他制作唱片，所以在新艺宝成立后，许冠杰便名正言顺地签约了新艺宝。当华星人事变动，张国荣即将约满华星之际，陈小宝后来说："于是乎我便千方百计与Leslie的经理人陈淑芬联络上，表示我这间新唱片公司希望有更多巨星加盟，不过要一位成功的艺人贸贸然跳槽是谈何容易的事情，当时我还清楚地记得有不少人向我这个想法泼冷水，又讽刺新艺宝是名副其实的'新'艺宝，我的资历浅，公司还未上轨道……全都是不成理由的理由。"不过机会很快就来了，在"十大劲歌金曲"颁奖典礼当晚，颁奖礼结束后张国荣匆匆离场时，因红馆外面等待的歌迷久久不肯散去，因此他又被逼留在了更衣室。当陈小宝去后台恭贺许冠杰获得"荣誉大奖"时，刚好在更衣室遇到了张国荣，陈小宝说一看见张国荣，招呼和恭喜的话都来不及讲，张国荣便跟他说："快点谈合约啦！"

当时宝丽金、新艺宝等一些有意向邀请张国荣加盟的唱片公司都拿出了合作方案，唯独华星在1986年11月时只与张国荣提了一下续约事宜，但张国荣没有当场答应。虽然当时外传张国荣约满后会离开华星，但因有无线电视这棵大树，华星可能觉得张国荣不一定敢离开。陈淑芬也表示，其实华星与张国荣续约是他们的首选考虑，毕竟是老东家，合作一直顺利，张国荣又是在华星开始走红，也有感情，所以在陈淑芬去日本谈"东京音乐节"张国荣担任嘉宾事宜前，她曾嘱咐华星的负责人准备一下合约细则，等她日本回来后再详细谈。在陈淑芬离开香港的这几天，华星的负责人找了一个跟邵逸夫和张国荣都相熟的人约张国荣去邵逸夫家里吃饭。当天在座的还有无线电视的人，他们一直暗示张国荣若离开华星，无线电视便会封杀他。陈淑芬说："华星和电视企业（无线电视）千方百计想留住张国荣，透过很多张国荣身边的熟朋友，力劝他离开华星要认真三思，可能有很多后遗症。"陈淑芬的恒星娱乐原本除了制作演唱会、买卖音乐版权和经理人业务外，亦有意成立唱片部门，但张国荣也有自己的压力与担心，陈淑芬考虑到张国荣已经这么够义气，不想再增加他的心理负担，便搁置了成立唱片部门的计划，并开始与其他有意向邀请张国荣加盟的唱片公司洽谈细节。其实当时宝丽金很有兴趣和诚意邀请张国荣加盟，但张国荣和陈淑芬考虑到谭咏麟当时已在宝丽金，一山难藏二虎，而新艺宝的条件合适，又能给张国荣很大的自由度，且张国荣也是新艺城的合约演员，宝丽金也有新艺宝的股份，虽然新艺宝是刚起步的小公司，但毕竟有新艺城和宝丽金两家大公司作为背景。陈小宝也认为："新艺城和宝丽金都是大公司，张国荣也有一定地位，我就不信无线会封杀他。"

1987年2月，华星发行了张国荣1986年在台湾推出的唱片《英雄本色当年情》的香港版《爱慕》，香港版去掉了Monica和《分手》的国语版《握住一把寂寞》两首歌，增加了《张国荣（迷惑我）》唱片内的《爱慕》作为主打歌，还增加了一首狄龙与林青霞主演的电影《英雄正传》的主题曲《让我消失去》。之前华星推出张国荣的新唱片，会安排大规模的宣传，张国荣亦会配合宣传，而这次在张国荣续约未定的尴尬时间，华星推出《爱慕》这张唱片，没有配套的宣传策略，或许是为了"威胁"张国荣与华星续约。但现在的张国荣已不是五年前刚签约华星时的张国荣，在没有华星和张国荣自己的宣传下，这张唱片依然很快便轻轻松松卖上白金销量。

1987年4月8日，新艺城和新艺宝联合在香港海景假日酒店举行记者招待会，伍兆灿、麦嘉、石天、黄百鸣、施南生、张国荣、陈淑芬、陈小宝等一应出席，宣布张国荣提前续约新艺城和签约新艺宝,即日生效。对于离开华星,张国荣表示:"离开华星因为太久在一间公司,希望转换新环境,我与华星还保持良好关系。为配合电影有更佳的发展,故经过考虑之后也签了新艺宝唱片公司歌星合约,由即日开始生效。"陈小宝后来在书中写道:"我相信那是到目前为止(1989年)本港音乐(圈)历史中最轰动的一次歌星跳槽!记者会完了之后,我手心冒着汗,因为我明白到'陈小宝你已经身负重大责任啦!'"陈淑芬的恒星娱乐亦于1987年3月正式成立,张国荣与陈淑芬正式签署经理人合约。之前张国荣在华星唱片时,陈淑芬并不是张国荣的经理人,陈淑芬说:"当时'张国荣经理人'并不是公司(华星)的一个职衔,只是李纯恩给我的一个称号而已。因为张国荣个性太率直,很容易吃眼前亏,每次做访问,都会因为一两句由衷的话而变成了一篇负面新闻,对一个正在上位的艺人来说当然很不利。后来我开始有选择性地安排他做访问,久而久之,每次访问都要经我指定安排,我也一定在场,很多时候还要补充他的答案以免记者误会。于是,李纯恩在一次张国荣的访问中封了我做他的经纪人,想不到自此,很多人便这样称呼我。1986年华星人事变动,我离开华星成立了自己的经纪公司。因为我们之前几年合作无间,张国荣唱片约满后,也选择跟我离开,我才正式地成为他的经理人。"

1987年3月3日,电影《胭脂扣》开镜,因张国荣忙于电影《倩女幽魂》的收尾工作,等拍完《倩女幽魂》才能入组拍摄。《胭脂扣》并不是关锦鹏自己想拍的电影,而且最初的导演也不是关锦鹏,是唐基明。当时,唐基明已经为《胭脂扣》写了好几稿的剧本,但一直没有满意的定稿,一开始已敲定的演员也没有张国荣,而是梅艳芳、郑少秋、钟楚红、朱宝意和刘德华,但因为等待的时间太长,除了梅艳芳和朱宝意,其他演员都辞演了,后来连导演唐基明也不愿意再等下去,直接离开了威禾。威禾是嘉禾的子公司,也是何冠昌和成龙的公司,关锦鹏在进入威禾之后,曾提供了一个剧本给公司,但何冠昌和成龙觉得不够商业,就让关锦鹏接手《胭脂扣》。关锦鹏接手后,就找人写了两稿剧本。"十二少"一角在郑少秋辞演后,曾考虑过如刘松仁等其他男演员,但梅艳芳建议一定要由张国荣出演,梅艳芳表示自己与张国荣十分熟稔,沟通绝无问题,而此片需要较有深度的演出,如果跟对手不熟,怕难有合拍表现。但张国荣是新艺城的合约演员，新艺城的演员一向不外借，想要找新艺城借人跟登天一样难，梅艳芳向关锦鹏表示新艺城也在找她拍戏，试试能不能以人换人的方式向新艺城外借张国荣拍戏。后来，梅艳芳打电话给张国荣说明此事，请他帮忙，因为威禾之前也有接触过张国荣，问他是否有兴趣接拍此片，张国荣曾看过剧本，对此片也有兴趣，所以张国荣一口答应，主动向新艺城提出外借他参与拍摄《胭脂扣》一事。当时张国荣与新艺城的合约即将到期，新艺城正准备与张国荣洽谈续约事宜，张国荣将此作为续约的唯一条件，新艺城才破例答应外借。梅艳芳说："若非张国荣自己向新艺城提出，换了由嘉禾出面相借不一定会借得到。"梅艳芳公开表示感谢张国荣拔刀相助，之后梅艳芳为新艺城拍摄了《开心勿语》，张国荣笑言此举犹如"交换人质"。

　　张国荣刚接到《胭脂扣》剧本的时候，"十二少"这个角色的剧本只有三张纸，十几句对白，十个工作日的工作量。后来，张国荣在香港中文大学的演讲中说："事实上，在《胭脂扣》原著中，'十二少'这角色的重要性远远不及如花，但我接手此戏，到试了造型———袭长衫，如此风度翩翩——直教人觉得，这角色根本是为我度身定造的。碧华为我的魅力所打动，于是特别为我增写戏份，而导演关锦鹏也把我的拍摄期增至二十多天，电影最后以两个不同年代的双线形式发展。这也许说明了，我是一个有魅力的演员，（无论是）对一个作者而言，或从商业的角度而言，我对观众（都）有着一定的吸引力跟叫座力，这正是市场的基本需求。"对于这个角色，张国荣说："至于'十二少'这角色，实在是相当复杂，也是相当简单的，他舍得为如花放弃丰厚的身家，但在生死抉择之时，又表现得极其懦弱无力，乃至逃避。基本上，我觉得'十二少'是一个色鬼，也是一个无胆鬼，演这样的角色是一项挑战，因为在这个人物身上，充满了性与爱的张力。"张国荣在电影中演唱了粤曲《客途秋恨》和《胡不归》的片段，其实最初还有一段《山伯临终》。当时张国荣也已经录好了音，关锦鹏原本亦计划使用张国荣演唱的版本，但后来考虑到尊重原唱的伶人陈笑风，最终没有使用张国荣的版本。当"任白"的徒弟龙剑笙听说张国荣要在电影里演唱粤曲时，作为张国荣的朋友，她义不容辞地主动当起了张国荣的老师，教他造手和唱腔。龙剑笙是雏凤鸣剧团的台柱，是无数戏迷的偶像,当记者问她谁是她的偶像时,她毫不犹豫地回答是张国荣,张国荣的歌曲她更是分分钟可以哼唱。而在剧中饰演'十二少'母亲的谭倩红,更因为女儿是张国荣的粉丝而接演《胭脂扣》。谭倩红日后大赞张国荣友善。2015年接受《星级会客室》节目访问时,谭倩红说:"Leslie很好!我在电影中演他妈妈,现实中他亦称我'妈咪',每次他开演唱会必会请我去看。他曾经在夜总会唱歌,预留一台招呼我,很有心!"电影结尾晚景凄凉又老又丑的老年'十二少'亦是张国荣亲自出演,张国荣说:"原装正版亲身上阵,拍那场戏时刚好我在海洋皇宫登台,每晚登台完便得赶去片场,去到(现场)已经12点,化那个老装要花上4个小时,化完差不多天光,每晚只可拍1个小时,拍得两个镜头,又要到第二晚才可以继续。记得第一日拍出来的效果并不理想,要从头再拍过。"因为张国荣的皮肤太好,两个特技化妆师涂了三次皱纹水都没用,最后不得不做石膏倒模,然后在他脸上粘上一层层的假皮肤才算完成,单是这场戏就足足拍了四天。张国荣觉得这个老年"十二少"的样子很像他的父亲,但美中不足的是,由于美术指导要求他要加大鼻子,故此看来并不自然。张国荣表示所有熟悉他的朋友都知道其轮廓,所以大家都不赞成"大鼻",但最终还是要尊重美术指导之意。

电影《胭脂扣》公映后,大家都认为张国荣演活了"十二少"这个纨绔子弟,对他大为赞赏,但《胭脂扣》在"金马奖"获得了六项提名,其中三项获奖;在"香港电影金像奖"获得了十项提名,其中七项获奖,梅艳芳更是获得了双料影后,而张国荣只获得"香港电影金像奖"的"最佳男主角"提名,最后以一票之差落败给了电影《七小福》中的洪金宝。对于没能获得"金马奖"的"最佳男主角"提名,很多人猜测是因为张国荣在电影中的戏份过少,很多业内人士和影评人都为他感到可惜,但在张国荣看来,虽然没有获提名,但是外界对他演出的赞誉,他已经感到很开心,得奖固然是锦上添花,没有奖亦无所谓。虽然张国荣并没那么在意,但小说原作者李碧华却对此耿耿于怀。李碧华在专栏中写道:"最耿耿于怀的,是(《胭脂扣》的)男主角得不到('金马奖'的)提名。在名单正式公布的前一天,报上还有权威内幕消息,登了梅艳芳和张国荣的名字。一夜之间,就变了?因此失望得更厉害。但她提了名,他没有,戏内戏外,男女主角都难以团圆。为此有点惆怅。"

当我重温您,在茫然中思忆里
所有冷冰的暖了

虽然1987年张国荣没有准备举办个人演唱会，但从5月29日始，久未在香港本地登台演出的张国荣在香港海洋皇宫大酒店夜总会登台演出15场，因该酒店的老板数次诚意邀请，而张国荣亦希望拉近与歌迷间的距离，所以才答应演出。每晚能容纳1200人的场地座无虚席，加开的桌子更是摆放至通道，观众的反应十分热烈，掌声与呐喊声不绝于耳，现场的大部分人更是专门为了去看张国荣的演出，所以现场肯定少不了鲜花和礼物。张国荣也卖力演出，无半分偷工减料，犹如小型演唱会。有一晚，当张国荣唱至满头大汗时，台下观众给他递上了纸巾让他抹汗，他一时口快随口而出："多谢你的卫生巾……"对于为何会选择在夜总会演出，张国荣开玩笑地说："五年来再应邀在港登台，主要也是想试一试离开华星后本身的吸引力。从台下观众反应所知，自己的吸引力仍然存在。"对于在夜总会与在体育馆演出的区别，张国荣说："夜总会的观众较接近舞台，彼此间的距离小，要更懂得控制气氛，而且不可以单是唱歌。"因现场观众中很多带着小孩子的中年女性，张国荣笑道："自己没做过儿童节目，没理由将他误作张国强，自己更加没演过《妇女新姿》，也不明何来如此多妇女歌迷。"

自从加盟新艺宝之后，张国荣和唱片公司便开始筹备新唱片，因为这是离开华星后的首张唱片，外界甚为关注他跳槽后唱片的市场反应，所以张国荣和唱片公司的压力都很大，张国荣新唱片的监制之一杨乔兴更是每次开会都戴着墨镜，杨乔兴曾在张国荣的《情人箭》唱片中担任低音吉他。陈小宝说："大家都心知肚明，这次是绝对不能失败的一场仗。"因为张国荣将会担任1987年6月17日在日本举行的"东京音乐节"的表演嘉宾，所以唱片的主打打榜歌将会借助"东京音乐节"做宣传，而"东京音乐节"组委会规定歌曲必须是原创，陈小宝觉得刚出道的创作歌手郭小霖创作的歌曲很适合张国荣演唱，遂邀请郭小霖为张国荣的新歌作曲。当郭小霖交出歌曲《无心睡眠》的哼唱版demo时，所有人都吓了一跳，陈淑芬更是担心到"无心睡眠"。陈淑芬说："（这）首歌像是没有melody（旋律），好难handle（处理），但当时要赶着去'东京音乐节'，手头上就只有这首歌，唯有去日本找船山基纪编曲，Leslie又要自己想台风，能成功着实不容易。"监制杨乔兴更是没有信心，陈小宝说："杨乔兴拿着郭小霖的demo给我，说他作了这样一首歌，怎么办？我叫他不用害怕，郭小霖写歌正在行运，而且迎合市场口味，杨乔兴说：你觉得真是？我说是。唯一这首歌会拿去日本编曲，最紧要他要全程跟足。"当陈小宝提议这首曲子由林敏骢填词时，杨乔兴支吾其词，当时陈小宝和张国荣都不明白是怎么回事。陈小宝后来说："后来我们才发觉林敏骢原来是圈中驰名的'无尾飞砣'，'东京音乐节'组委会十二（道）金牌最后通牒，几乎连参赛权也失掉，最后才找到阿聪（林敏骢），在FAX（传真件）机上只见三段歌词及一句'歌名你改'，结果张国荣轻松地说就叫《无心睡眠》啦！"

张国荣于6月15日赴日录音、拍摄唱片封套及参加17日举行的"东京音乐节"，陈淑芬邀请了几位资深记者随团同行贴身报道。在参加"东京音乐节"的招待会时，张国荣和谭咏麟竟然不约而同地穿了同一款西装，令他俩十分尴尬，更被日本工作人员笑称是香港地区来的歌星两兄弟。6月17日晚，张国荣演唱了刚刚火热出炉的新歌《无心睡眠》，并和谭咏麟、赵容弼、森进一合唱了日文歌《维也纳之冬》。张国荣表示，因为当晚负责现场伴奏的乐队和乐器过于"斯文"，不够摇滚，使得没能尽情发挥出《无心睡眠》这首歌的味道。电影《英雄本色》在日本的上映，使得很多日本的歌迷、影迷认识张国荣，争相请他签名、合照。"东京音乐节"的第二天，陈淑芬便托陈小宝坐飞机亲自将《无心睡眠》的歌曲录音带带回香港派台播放，在各方的帮助和支持下，《无心睡眠》火速登上了香港各大流行音乐榜榜首，无线电视也难以阻挠。陈淑芬说："因为《无心睡眠》太劲，所有电台都很帮忙，无线不播是他们的损失；或许（无线电视）树大招风吧，行内人看到我们的状况，都会格外帮手，有锄强扶弱的心理。"在第一首派台歌曲《无心睡眠》收到极佳的反应后，新艺宝希望趁热打铁，计划以最快的速度赶在暑假档期推出张国荣的新唱片，但转眼杨乔兴和陈小宝又傻眼了，因为张国荣忙着拍电影，没有多少时间录音，他们排来排去也排不出更多的时间录音，只能把实际情况告诉张国荣，张国荣听完后笑着说："原计划的录音时间我还要再减掉两天。"陈小宝后来说："我和Patrick（杨乔兴）都深信唱碟很难如期完成，想不到录音当晚，张国荣气定神闲地走进来，问歌的伴奏是不是全部录好了，Patrick说还欠一首《共同度过》，不过录音期……话犹未了，在短短四五小时内,Leslie录了差不多五首歌,笑眯眯地从录音房内走出来,说'明天录好那首《共同度过》,后天我唱完不就得了!'回身对我说,'老板,这个歌星签得啦,录音费都省不少!'我翌日返公司一计,Leslie果然是在制作费上省了不少钱。通常一位歌手录一张唱碟,单在歌唱方面要二十至三十个小时,他只是用了十多个小时,而且效果很好。这或许解释了Leslie后期的唱碟在歌唱方面的流畅自然,理由很简单,因为他几乎是one take(一次)就完成。还有一件关于录音的事不得不告诉你知,Leslie录歌一向是唱得不好就会从头再来,一气呵成,与很多人一句一句补上去截然不同,听他在录音室内录新歌可以说是一种享受。"《共同度过》是改编自日本音乐人谷村新司创作的一首日文歌曲《花》,陈淑芬拿到这首歌的版权还曾跟谭咏麟有过一番"争抢"。陈淑芬在联系日本版权公司取得这首歌的版权之时,谭咏麟亦有意将这首歌改编为粤语版本,他遂直接向谷村新司表明改编这首歌的意向,而谷村新司当时不知道版权公司已将这首歌的版权给了陈淑芬,便一口答应了谭咏麟。陈淑芬后来说:"后来版权公司说,谷村新司已答应了(将这首歌)给阿伦唱,我说,不行啊,我已经准备放在(张国荣的新)唱片里,而且我们有个演唱会已经打算把这首歌作为压轴,很重要的,不可以有两个版本。"但张国荣并不清楚这背后的"故事",他反而觉得这张新唱片里有很多快歌,这首慢歌不是很适合放在新唱片里。陈淑芬费了一番精力才拿到这首歌的版权,自然不愿就此放弃,想尽办法最终说服了张国荣将这首歌收录在新唱片里。陈淑芬后来说:"结果这首歌出来的反响也是非常好。最初不跟他(张国荣)说(拿到这首歌版权的故事)是不想他因为这些理由去将这首歌……我希望他believe(相信)这首歌是适合放在这张唱片里的,不想他hold(保留)那么久,藏起来很久才唱,有时(推出)新歌的时间是很重要的。最终出来的效果都很好,那么他就有点信心喽,至少是对我有点信心。"

之前去日本参加"东京音乐节"的时候,张国荣与谭咏麟两人曾私下商量如何缓解歌迷之间水火不容的情况。之后谭咏麟在1987年的个人演唱会上演唱了张国荣的《风继续吹》,希望借以缓解歌迷之间针锋相对的现状,可惜毫无效果,在谭咏麟演唱《风继续吹》的时候还被自己的歌迷"嘘"了一回。张国荣对记者表示,自己与阿伦已出尽法宝缓和歌迷气氛,两人依然是朋友，但都不明白歌迷之间为何不能和平相处。张国荣与谭咏麟将在8月15日的"TOP POP马拉松慈善音乐会"上再次同台演出，传闻张国荣歌迷因不满谭咏麟歌迷向张国荣喝倒彩，欲向谭咏麟歌迷反击。张国荣听闻后立即向自己的歌迷呼吁，不希望再看到两派歌迷发生争执，张国荣对记者表示，一向不希望歌迷搅大事情，曾与阿伦私下谈及，两人都认为情况难以解决，事非自身能力所能挽救。不过他相信在"TOP POP"上情况应会有所缓和，因为当日纯粹是演出，并非颁奖礼。

1987年7月底，《英雄本色》续集开拍，吴宇森对张国荣在《英雄本色》里的演出未能获得"最佳男主角"的提名耿耿于怀。他认为张国荣是个好演员，不应被埋没，在《英雄本色》里因角色不讨好，以致观众将焦点基本集中在另两位男主角身上，所以在《英雄本色》续集中，吴宇森将"宋子杰"的性格重新改写，会比较讨好，希望能扭转张国荣在《英雄本色》里的局面。在续集中，张国荣饰演的"宋子杰"成熟了，但变成了悲情人物，中枪后在女儿出世的同时，在路边电话亭里与妻子通话中死去。"宋子杰"在电话亭濒死的这场戏不知令多少人动容。当电影的主题曲《奔向未来日子》响起的时候，很多观众偷偷抹起了眼泪。这场戏一开始拍的时候，拍了两次吴宇森便满意了，但周润发认为"宋子杰"死得太快，不够感动观众，于是周润发和张国荣在现场重新编戏写对白，最后的效果的确让观众更能被带入戏中。张国荣也因拍摄《英雄本色》系列电影与周润发成为好友。张国荣后来也多次表示，从周润发身上学到很多东西，特别是生活的态度。他们在为电影配音的时候，周润发有一场戏要用美式英语讲粗口，张国荣更是主动担任起了周润发的英文"粗口"老师。朱宝意在续集里依旧饰演张国荣的妻子，在拍摄《英雄本色》的时候，朱宝意就曾说："他（张国荣）是位充满了柔情而又懂得照顾关心别人的大男孩，有点怕单独和他在一起，怕自己情不自禁地爱上了他。"张国荣在《英雄本色》续集中终于不负吴宇森的一番苦心，除了赚取了观众的眼泪，亦获得了"香港电影金像奖"的"最佳男主角"提名，不过遇上了周润发凭《龙虎风云》《监狱风云》《秋天的童话》三部电影同时提名"最佳男主角"，最终败给了《龙虎风云》中的周润发。对于张国荣在《英雄本色》续集里的表现，吴宇森说："张国荣演技进步了很多，杰仔在第二集时也成熟了，少了愤怒，多了宽容。张国荣在处理这角色时，在感性和理性上的表达掌握得很好，演出更带点豪气。"

1987年8月21日，新艺宝发行了张国荣跳槽新唱片公司后的首张唱片《浪漫夏日'87》（Summer Romance '87），这张唱片是张国荣音乐生涯非常重要的里程碑，也是新艺宝唱片历史上的里程碑。这张唱片在商业上的巨大成功，更为张国荣后来能够把控自己的音乐风格奠定了基础。Summer Romance '87不再是唱片内的某几首单曲精彩，而是有了完整的唱片整体性意念与风格。张国荣在华星的五年，奠定了自己唱片销量的市场基础，他从华星的最后一张唱片《张国荣（迷惑我）》开始介入唱片的监制，逐渐来完成自己的音乐理想。Summer Romance '87由张国荣与全新的合作者杨乔兴、太极乐队的唐奕聪共同监制，日本的摄影师负责封套摄影，陈幼坚负责封套设计。这次唱片封套的照片其实并不是特意为封套拍摄，张国荣他们在日本的一家青山区餐厅吃完饭后，觉得那家餐厅很不错，张国荣就在门口拍了几张照片留念，回到香港后发现这张照片很有味道，就选用了这张照片作为唱片封套。张国荣也曾想过使用专门为唱片拍摄的照片做唱片封套，他选了一张看不到脸的，被陈淑芬直接否决了。这张唱片在日本录音完成，唱片公司邀请了一些日本的音乐人为部分歌曲编曲，使得整张唱片拓宽了音乐的广度，亦更加国际化。唱片内的最后一首歌《倩女幽魂》，从曲风上来说相对于其他的歌曲更偏向于"中国化"，但在编曲上的弥补，使这首歌在整张唱片中并不特别另类。之后与张国荣合作默契的填词大腕——当年出道没多久的林夕，他的名字首次出现在了张国荣的唱片内。离开华星的旧班底，与新的合作伙伴擦出新的火花，让这张唱片做得自信且大气，这也是内地第一张正式引进的张国荣的唱片。这张1987年度的销量冠军唱片，被乐评人称为"艺术性与商业性并重，为张国荣在新唱片公司新的起步打下了稳固的桩"。Summer Romance '87的成功，也让无线电视对张国荣无从封杀，眼看着张国荣跳槽后的首张唱片获得巨大成功，只好将气撒在了同样签约了陈淑芬恒星娱乐的柏安妮身上。

由于不少张国荣国际歌迷会会员不满现任歌迷会会长，为了缓和歌迷的情绪，张国荣决定

图片授权提供：Leslie Legacy Association

当我重温您，在茫然中思忆里
所有冷冰的暖了

重组歌迷会。1987年8月31日，张国荣在高山剧场举办了一场歌迷会重组后的盛大聚会，因张国荣生日即将到来，张国荣与歌迷提前庆祝生日。当天由卢业媚和郑丹瑞担任司仪，狄龙、朱宝意等均到场担任嘉宾，与张国荣一起切蛋糕。Summer Romance '87 上市后销量爆棚，陈小宝即席为张国荣颁发了六张白金唱片。

在拍摄《英雄本色》续集的某天，在香港鲗鱼涌拍摄外景的张国荣对记者说："快多看我的show（表演）、多听我的歌，这几年会尽量做，然后便急流勇退，去过我向往已久的平淡生活。"当记者表示怀疑他会否放弃现在多姿多彩的生活时，张国荣说："Don't look back（不要回头看）！光辉日子过去就是过去，只可留在记忆中。"在香港沙田马场举行的"TOP POP马拉松慈善音乐会"会场，张国荣亦对记者说："我会再做多三年，三年后我会退出。"不过在场的数十位记者无一人相信。其实在1987年，张国荣多次透露将会在三年后退休，移民加拿大过平淡的生活。张国荣表示，在这个圈子十年，看透这个圈子跟红顶白，在十年的艺人生涯里，曾受过不少挫折，幸好他命硬，挫折没能把他打倒。他觉得自己尝尽世态炎凉，对这个圈子有点失望，希望转变新的环境，在加拿大做点小生意，投资开设一家时装店，让自己有所寄托。而他亦在1987年底请朋友帮忙在加拿大物色房屋。

1987年9月12日，张国荣生日当天，张国荣从唱片公司下楼，发现有人在唱片公司门前贴了一张横幅，上面写着"张国荣死于艾滋病"。虽然事后张国荣气定神闲地对记者表示："一向以来，都有不少无中生有的抨击，似乎见惯了，自问亦不介意，反正歌迷很无聊，自己无法去控制。"但遇到这样的事，还是在生日当天，任谁都不会开心。10月24日晚，张国荣做完"千粒星之夜"慈善义演后准备离去，发现自己托成龙帮忙购买的落地才两个月的黑色小型客货车，被人用硬物划花了车身，令他非常心疼。这辆车当时全香港只有三辆，梅艳芳和成龙各有一辆。第二天当记者问起此事时，张国荣对记者表示，娱乐圈若能做到百家争鸣，是一件好事，即使你觉得人家不好，也不该去踩人骂人，他实在不明白歌迷何以有这种心理，但这却没办法！因他始终在明，人家在暗……竞争该在工作上竞争，他们做出这种行为，也无补于事……阿伦也曾劝过他的歌迷，却没有用！而因为种种不快事的发生，他现在跟阿伦碰面已感到十分尴尬，唯有以后尽量避免出席同一个场合！

1987年，张国荣不管是在电影上还是在音乐上都取得了巨大的成功，虽然在电影上未能获奖，但他的演技已被普遍认可。跳槽新艺宝后的新唱片更是在一片叫好声中卖到断货。但"谭张争霸"事件背后的某些歌迷的行为已经升级到了恶性事件，令张国荣防不胜防但又无可奈何。1987年伊始，张国荣曾希望自己能远离是是非非，但人在江湖，又岂能由得自己。有人的地方必有江湖，有江湖必有是非。

当我重温您，在茫然中思忆里
所有冷冰的暖了

Chapter 15

任你怎说 安守我本份
始终相信沉默是金

1988年1月7日，香港电台一年一度的娱乐圈"十大当红人物"评选揭晓，张国荣、汪明荃、成龙、徐小凤、梅艳芳、钟楚红、郑裕玲、谭咏麟、钟镇涛、周润发榜上有名，自1984年度首届评选开始，只有谭咏麟、张国荣、梅艳芳三人连续四年入选。张国荣对连续四年入选为"十大当红人物"很开心，也很感谢大家对自己的喜爱与支持。张国荣对自己在过去一年的发展感到满意，他表示，在歌坛已有稳固基础，希望今年能拍到一部较为满意的电影代表作。对于许鞍华将为邵氏开拍新戏有意找他演出，张国荣也很希望能与许鞍华合作，但暂时还没有人与他接触，而且虽然他很有兴趣，但需要新艺城同意外借却十分困难。

1988年1月15日，张国荣赴台湾为即将发行的第二张"国语"唱片补录一首歌曲，之后于1月17日返港出席无线电视的"十大劲歌金曲"颁奖典礼。在"十大劲歌金曲"颁奖典礼之前，香港媒体传出，谭咏麟之前与无线电视成功续约，是以三首歌曲入选"十大劲歌金曲"和蝉联"最受欢迎男歌星"为条件，无线电视同意其要求，但谭咏麟不得为亚洲电视主持"奥运"节目。当记者向谭咏麟求证该传闻时，谭咏麟否认传闻的真实性，且表示续约无线电视未有附带条件。谭咏麟亦对记者表示，虽然之前与亚洲电视达成协议主持"奥运"节目几乎到了签约阶段，但最终因某些小问题未能最终达成协议。张国荣在1月12日出席"中文歌曲擂台奖"颁奖典礼时曾表示，在"千粒星之夜"慈善义演当晚座驾被划花事件后，他觉得香港歌迷不够成熟，常令偶像尴尬，与其如此让歌迷不高兴，那就不如尽量不与谭咏麟同台演出。张国荣说："可以推的都会尽量推。私底下我和阿伦是好朋友，也不介意和他同台表演，但烦在歌迷的互不相让，每到我出场，阿伦的歌迷便报以嘘声，甚至说一些难以入耳的话，那种感受很难忍受的。他们不喜欢我，没必要再为他们演出，我只会为喜欢我的人演唱，歌迷们钩心斗角到头来损失的只会是他们。"对此，谭咏麟表示，这个问题他向来都明白，然而却没有如张国荣想得那么严重，其实最重要的是歌迷懂得节制，他们两人实在是无所谓。对于在本年的颁奖典礼上会否出现如上一年一样的歌迷"互斗"现象，谭咏麟表示，自己已劝过歌迷，相信他们会听话。

在1988年1月17日举行的1987年度"十大劲歌金曲"颁奖典礼上，谭咏麟的《痴心当玩偶》、Don't Say Goodbye、《无边的思忆》三首歌曲入选"十大劲歌金曲"，他本人还获得了"最受欢迎男歌星"，可谓是独占鳌头；张国荣的《无心睡眠》获得"十大劲歌金曲""金曲金奖"和"最佳编曲奖"；梅艳芳的《烈焰红唇》获得"十大劲歌金曲"、《似火探戈》获得"最佳台前演出奖"，同时梅艳芳本人亦获得"最受欢迎女歌星"；徐小凤、林子祥、张学友、林忆莲各获得一首"十大劲歌金曲"。因获奖结果印证了之前媒体的传闻，很多人都觉得无线电视作假，在谭咏麟领奖的时候也遭到了部分观众的嘘声。颁奖典礼结束后，监制杨健恩表示，虽然当晚谭咏麟被嘘，但他觉得跟去年相比，谭咏麟被嘘程度尚可以接受。当记者就无线电视作假传闻问及梅艳芳时，梅艳芳说："是不是作假我不知道，我是艺人，只会被人放在台上，无权过问一切！"虽然张国荣当晚只得了两个奖，但他表示，得奖就已很开心。张国荣说："我绝对认为（《无心睡眠》）连获三奖是实至名归，不是因为我本人喜欢这首歌，实际上歌曲的旋律很易上口，令观众容易接受，我每次演唱时都有一种畅快的感觉，且十分投入。"当记者问张国荣对颁奖结果是否觉得公平时，他说："我从来不对赛果置评，特别是人家的歌曲，我更不想多做评论，以免招惹是非。"

1987年2月2日，新艺宝在铜锣湾一家酒店筵开18席为唱片 *Summer Romance '87* 举行庆功宴，并推介2月5日即将发行的张国荣的新唱片《处雪》（*Virgin Snow*），广宴电视台、电台、报纸杂志等媒体人及唱片制作的幕后团队。张国荣事前并不知道庆功宴这么大规模，一进门看到摆了几十桌，把他吓了一跳，感觉像自己结婚一样。张国荣的用人六姐亦是当晚的座上客，张国荣在感谢完众人后说："如果说唱歌，就是小时候培养的，所以说我自己最要感谢的，我不是很有兴趣像很多人讲的那些笼统的感谢，刚开始的时候，谁给了五港元去报名参加歌唱比赛的，就是坐在这里的六姐了，我最感谢她。"

Virgin Snow 是张国荣在新艺宝的第二张唱片。自这张唱片开始，监制梁荣骏开始了与张国荣的长期合作，成为张国荣音乐生涯中非常重要的合作伙伴。可能是因为上一张唱片的大获成功，张国荣急于表达自己的音乐理想，在这张唱片的幕后制作中参与了更多，比起 *Summer Romance '87* 的"艺术性与商业性的平衡"，这张唱片的艺术性远高于商业性。*Virgin Snow* 是一张更"张国荣"的唱片，在整体性上更国际化，比上一张唱片更自我、更大胆，但也更小众。在唱片的制作过程中，陈小宝与张国荣有不少不同的想法，但张国荣根本不想听，陈小宝说："因为 *Summer Romance '87* 太成功，他的野心和个人主义大了，好像一匹野马般拉也拉不住，我们根本没有机会说服他放慢脚步。""*Virgin Snow* 是哥哥（张国荣）野心不小的唱片。这是正常的，前一张碟这样成功，他一定希望可以超越自己。一个艺人最矛盾，或者最有趣的地方是，艺人想超越的往往不是商业数字。我觉得 *Virgin Snow* 就是这样的情况。" *Virgin Snow* 在1987年下半年已开始筹备与录音，由杨乔兴、张国荣和梁荣骏共同监制，整张唱片都在日本制作完成。在陈小宝看来，这张唱片在商业上是个损失，因为成本太高。张国荣可能也考虑到唱片的制作成本问题，虽然唱片的封面远在加拿大拍摄，但拍摄过程中还是为新艺宝省了不少费用。1987年底张国荣在美国和加拿大巡回登台演出时，便计划在加拿大拍摄新唱片的封套。有天张国荣在酒店门口看到有个人带了顶"苏联帽"，他便借了来，然后跟摄影师两个人拍了半天，拍完回来后张国荣告诉陈小宝，唱片封套已经拍好了，陈小宝一脸愕然。陈小宝说："他回来后，像个小孩子般对我说'陈小宝，我帮你省好多了！我不需要拉大队去拍照，只随便找来一个摄影师，我带的帽也是问酒店的行李人员借的。拍落雪景，唱片我也改了名叫 *Virgin Snow*。'" *Virgin Snow* 来自于张国荣非常喜欢的音乐人唐·麦克林为纪念荷兰画家凡·高而写的一首歌 *Vincent* 里的一句。因为《无心睡眠》的成功，在这张唱片内特意邀请了《无心睡眠》的编曲船山基纪创作了一首歌《爱的凶手》。或许是为了应景，张国荣翻唱了《雪中情》并将这首他在"默默向上游"年代翻唱过很多次的歌曲收录在碟内，可能张国荣是真的很喜欢这首歌，在来年的 *Salute* 唱片中又翻唱了一次。在这张唱片里，张国荣的名字首次出现在了作曲一栏中，虽然在张国荣的音乐生涯中，他自己作曲的歌曲并不算多，但属于"重质不重量"。在1988年这一年，他作曲了三首歌，除了收录在这张唱片内的《想你》，还有为

当我重温您，在茫然中思忆里
所有冷冰的暖了

"踏上公民路八八献礼"公益活动创作的主题曲《共创真善美》和为许冠杰唱片Sam & Friends特意创作的《沉默是金》。

Virgin Snow这张唱片推出后，虽然外界反应热烈，也登上了香港流行音乐榜的冠军，但并没有达到他们的预期。或许正如陈小宝所言，这张唱片如果晚些日子出会更好，因为上一张唱片还没完全"消化"，歌迷需要"消化"的时间。但对张国荣来说，Virgin Snow是一次新的尝试，也为他在日后的唱片制作上积累了经验。陈小宝觉得张国荣是个很有自觉意识的歌手——"他（张国荣）不喜欢重复成功的元素，在我和他合作的过程中，重复的事情很少发生，Summer Romance '87, Virgin Snow, Salute, Final Encounter, 出了这么多张唱片，每张都很独立，完全没有因为成功而多来几次。"

1987年度的"十大中文金曲"颁奖典礼是该颁奖礼的十周年，香港电台隆重其事，于1988年2月12日和2月13日连续两晚在红馆举行颁奖礼。2月12日是"巨星新人夜"，谭咏麟在当晚获得"1987年全年总销量冠军大奖"和"金曲十年大奖"。2月13日是"金曲群星之夜"，当晚颁发的"十大中文金曲"中第四首是谭咏麟的Don't Say Goodbye，第七首是张国荣的《无心睡眠》，第九首是谭咏麟的《痴心当玩偶》。第十首的颁奖嘉宾是周润发和梁家辉，当周润发准备宣读得奖名单时，谭咏麟的歌迷在台下大声呼喊谭咏麟的英文名，原本准备宣读得奖名单的周润发听到台下谭咏麟歌迷的叫喊声后，说："又阿伦次次阿伦，你们以为是作假的！这次是政府电台办的，是真的，不是作假的。阿伦，阿伦，次次阿伦……都说了不要再叫阿伦了。"周润发的说话引起了台下观众的哄堂大笑和谭咏麟歌迷更大声的叫喊，第十首得奖的歌曲是梅艳芳的《烈焰红唇》，当周润发给梅艳芳颁奖时，再次说不是作假的。据媒体报道，台下的谭咏麟在听了周润发的这番话后神情十分激动。接下来颁发的两个大奖，"CD镭射大奖"（颁给1987年度销量最高的镭射唱片）和"销量冠军大碟奖"，均由张国荣的Summer Romance '87获得。当天张国荣因身体不适，在领取这两项奖项的时候已换好了提前离场的衣服和牛仔裤，然后演唱了《拒绝再玩》和新歌《热辣辣》后提前离

图片授权提供：Leslie Legacy Association

场回家吃中药。倒数第二个颁发的是"IFPI大奖"，这个奖并没有悬念，颁给了当年入选"十大中文金曲"最多的谭咏麟。当谭咏麟在台上唱完新歌《玩出火》后说："今年我拿了好多的奖，也有很多大奖，也有很多是非，这些奖令我得到很多的启示，也都看清楚很多事，所以我才会对今次得奖特别珍惜。今年拿的奖是我在乐坛最后的一次，因为在以后的日子里，我决定了不再参加任何有音乐和歌曲比赛的节目……"最后当众歌手在台上演唱本届"金针奖"得主陈蝶衣填词的《春风吻上我的脸》的时候，张国荣因身体不适已提前离场。有些人觉得谭咏麟的退出领奖是因为周润发所说的那番话，也有些人认为是张国荣逼走了谭咏麟，还有些人认为是谭咏麟没有勇气承受输赢的压力……大部分人都不赞成谭咏麟的此番决定，包括非谭咏麟的歌迷。对张国荣来说，在他追上对手的时候，对手突然说不玩了……谭咏麟的突然退出领奖，直接使"谭张争霸"这场张国荣追赶谭咏麟的游戏只留下戛然而止的结局。而很多谭咏麟的歌

当我重温您，在茫然中思忆里
所有冷冰的暖了

迷更是将此迁怒于张国荣,对于此事张国荣也向记者表示,这是谭咏麟自己的决定,绝对不是他逼的,即使没有他,也会有别人,自己作为歌手不理会任何事,只做回自己的事。对于谭咏麟退出领奖之事,谭咏麟的经理人张国忠在1989年1月20日向媒体谈及他的想法。媒体报道写道:"张国忠昨日赴台接洽合作拍片事宜,他透露,每年电视台、电台办音乐颁奖礼可算是乐坛盛事,不过这些颁奖礼为他带来不少困扰,因为公平背后有黑幕,为了替旗下歌星争取利益、盛名,几乎每年都要与几个台'讲数',由于他和阿伦对此有厌烦之感,所以两人均有意逐步退出娱乐圈。"

1988年3月初,张国荣的第二张国语唱片《张国荣(拒绝再玩)》发行,除了粤语歌曲《无心睡眠》外,其他九首国语歌曲都改编自张国荣自己的粤语歌曲,台湾音乐人周治平的名字出现在了这张唱片的监制一栏里。谈及这次与张国荣的合作,周治平说:"张国荣的普通话讲得很好,不像其他香港歌星唱国语歌必须精雕细琢,而且他唱歌有种巨星架势,在录音室非常要求完美,唱不好直接重来,一定要一遍唱完,不用接的。他在录音室配唱也跟一般歌星不同,一般歌星都是穿便服,打赤脚,选择最舒服的姿势配唱,张国荣最舒服的方式像在舞台唱歌一样,表情、动作都好像对着观众唱歌一样。对他而言,把表情做足了,声音的表情也就出来了,所以帮他配唱,不会去要求他的节拍要多准,而是注重整体的感觉。"

1988年3月5日,电影《杀之恋》开镜。张国荣一直希望与钟楚红和林青霞合作出演电影,可惜有机会的时候没档期,有档期的时候又没机会,钟楚红在1987年《倩女幽魂》公映后,也曾表示喜欢与张国荣这样讨人喜欢的男星合作。这次两人终于碰到了一起。黄百鸣原本是希望拍摄一部类似《孽缘》的惊悚文艺片,不过最后拍出来的《杀之恋》倒像是一部浪漫奇情悬疑片,电影刚开始的部分,直让观众以为是《倩女幽魂》的时装版。这是张国荣和钟楚红的首次合作,帅哥加美女的搭配非常养眼,可惜电影本身故事老套。在拍摄现场,张国荣除了跟钟楚红很投缘外,跟导演梁普智亦有很多话说,两人经常在一起探讨剧本。几年前,谭国基还是张国荣经理人的时候,张国荣就曾写过一个关于变态杀手的剧本,不过最终并未开拍,当时他希望和梅艳芳搭档出演，他也跟麦嘉提起过这个剧本，不过被麦嘉以商业性不足的理由直接否决了。《杀之恋》在暑假档期上映后，只取得了560万港元的票房。虽然《杀之恋》的票房不理想，但这个暑假档期对张国荣来说却是非常的热闹，他的唱片、演唱会、电影、写真集全都挤在了一起。

1988年4月7日，张国荣与百事集团签约，成为首位百事可乐亚洲区的代言人。百事可乐美国区的代言人是迈克尔·杰克逊（Michael Jackson）。百事集团在签约仪式上宣布，即将推出以迈克尔·杰克逊和张国荣为重点的音乐宣传及市场推广攻势，亚洲区将由张国荣出演以"百事——新一代的口味"为主题的广告片。4月28日，张国荣在伊馆举行"热身大行动"歌迷聚会，并在现场拍摄了百事可乐的广告。在演唱过程中，有歌迷为他送上饮料，张国荣跟她说："我现在代言百事可乐，不能喝其他饮品。"不过在该歌迷的坚持下，张国荣还是收下了她的好意。歌迷会最后，张国荣演唱了由他作曲、许冠杰填词的《沉默是金》。张国荣很喜欢这首歌，因为这首歌跟他的人生观很相似。当初，新艺宝计划让许冠杰跟新一代的乐队合作，制作一张Sam & Friends的唱片，因为是跟乐队合作，所以一开始并没有邀请张国荣参与。1988年2月8日，张国荣和许冠杰一同为"中文歌集"之群星贺岁录影，当天两个人在录影间隙聊天时聊出了一个构思：两人合唱一首由许冠杰作曲、张国荣填词的歌曲，将歌曲收录在许冠杰的唱片内。张国荣表示，这是肥水不流外人田。后来，就有了这首《沉默是金》，不过作曲的是张国荣，填词的是许冠杰，两人合唱版和许冠杰独唱版收录在了许冠杰的唱片Sam & Friends内。陈小宝后来在文中写道："《沉默是金》的灵感来自英文歌曲Silence is Golden（《沉默是金》）。Leslie正如我上文所写，久不久便会在说话上给外界的人大造文章，所以《沉默是金》是一句很好的座右铭，而Sam则是沉默信徒，这首歌曲由他们两位来合唱是最适合不过。歌词中提到的'书经指引'是Sam误会Leslie是佛教徒。"

1988年5月底，张国荣赴日本为参加当年"东京音乐节"的柏安妮捧场并担任形象设计，以及为自己的新专辑录音，并为演唱会排练舞蹈和选购服装。这段时间恰逢香港"金唱片"颁

当我重温您，在茫然中思忆里
所有冷冰的暖了

图片授权提供：Leslie Legacy Association

218　ENDURING PRESENCE:
　　　LESLIE CHEUNG
219　随风不逝·张国荣

奖典礼，虽然张国荣很支持"金唱片"颁奖，但是分身乏术无法出席。为了给香港的歌迷一个交代，他决定除了应得的"白金唱片"外，不再让唱片公司报名角逐其他奖项。张国荣3月在台湾推出的专辑因销量理想，台湾合作的唱片公司在6月再次邀请张国荣赴台宣传，还特意举办了一场"张国荣台北论舞大赛"。端午节张国荣也在台湾度过，还被邀请担任"警民联欢晚会"的嘉宾，表演完毕后，他兴致勃勃地亲自驾车回酒店，结果因不熟悉台湾的交通信号而误闯了红灯。刚参加完"警民联欢晚会"的张国荣立即被交警示意停车查看驾照，而张国荣又把国际驾照留在了酒店，当交警准备处罚时，同车的唱片公司公关向交警说明当时的情况，交警也认出开车的是《胭脂扣》里的"十二少"，便放了"十二少"一马。

张国荣的第三次个人演唱会自1988年4月18日开始第一批12场售票后，仅4天门票便告售罄，然后加了8场，但仍供不应求，最终加开到了23场，破了当时香港男歌手个人演唱会的场数。在演唱会首场当日，新艺宝发行了张国荣的全新唱片《炎热夏日》（*Hot Summer*）。因1988年上半年发行的*Virgin Snow*的销量有些许下滑，所以在制作*Hot Summer*的时候，唱片公司希望能够加强唱片的商业性，对此陈小宝说："我们觉得还是不要行得太远，退后一点点。那时他（张国荣）开演唱会有百事的赞助，我们要配合百事的要求，才有*Hot Summer*这个概念。"跟*Virgin Snow*相比，*Hot Summer*虽然保持了制作水准，但其商业性的确要远高于艺术性，在这张唱片中单曲的水准要远胜于专辑整体的水准，在1989年初盘点1988年度乐坛成绩的各大颁奖典礼上，张国荣得奖的歌曲便全部出自于这张唱片。

*Hot Summer*这张唱片的封套首次使用了3D技术，所以在唱片内附送了一副简单的3D眼镜。封套设计陈幼坚说："这张唱片有一点gimmicks（花招），我们用立体效果增强照片的感觉，还特别附送一副立体眼镜，有'多面看'的意思。Leslie拍照的时候，不是随便摆姿势的，而是有准备的，他很明白自己哪些表情或姿势是最好看的。至于他为什么一定要选这张照片做封面，我记得他说过这张照片中他的嘴和手指看来十分sexy，他觉得这样很charming（可爱）。照片中他望着歌迷，与歌迷有direct contact（直接接触）的感觉。"封套照片拍完

后，张国荣非常喜欢这张轻咬手指的照片，而陈小宝则喜欢另一张微笑的照片，陈小宝觉得轻咬手指这张太轻佻，不够稳重，张国荣觉得这不是轻佻，是可爱、孩子气。在封套设计最后截稿那天，陈小宝打电话给张国荣，表示封套最终将选用自己选的那张微笑的照片，张国荣回答他说："你说怎么样就怎么样。"陈小宝后来说："当时我很高兴，因为我终于凭我三寸不烂之舌说服了他（张国荣），跟着我便到广告公司开会，谁知突然收到一个电话说唱碟要迟一个星期推出，我连忙追问何解，今天早上已经定下的事情，为什么又要迟出。做唱碟生意时间很重要，一miss（错过）了timing（时机）销量也一定会受到影响，这点是我这个唱片经理万万不想出现的事情。后来秘书告诉我，皆因中午Leslie到陈幼坚办公室又改用了那张咬手指的照片，故此封面迟迟未完工，唱碟便要一再改期，几乎把我气死！"陈小宝之前花了几天时间曾想说服张国荣，可惜最终唱片封面还是使用了张国荣自己喜欢的那张，陈小宝觉得如果知道结果是这样，当初还不如直接使用那张会比较省心。2006年环球唱片旗下的正东唱片十周年庆时，举办了一场"10×10我至爱唱片"的选举，从由环球唱片旗下的正东、上华和新艺宝三家唱片公司发行的唱片中选出十大唱片，张国荣的*Summer Romance '87*和*Hot Summer*独中二元，*Summer Romance '87*的得票更是遥遥领先于其他九张唱片。

1988年的夏天可以说是一个属于张国荣的夏天。7月23日，张国荣推出了写真集《张国荣纯影集》；7月29日，破纪录的23场"百事巨星张国荣"演唱会首日，新艺宝应景地发行了张国荣的新唱片*Hot Summer*，新艺城也借张国荣演唱会的东风，电影《杀之恋》在8月11日公映。《张国荣纯影集》是首本香港男艺人的个人写真集，对于"纯影集"这个名字，张国荣表示："拍摄这本内容健康、绝对没有性感成分的摄影集，如定名为《写真集》定会被人误会张国荣以暴露形象展示出来。影集以艺术为主，于是改名为《纯影集》。这是一本首次在香港拍摄的纯男性摄影集，足足花了约两星期的时间才完成。"对于选入《张国荣纯影集》内的照片，张国荣更是亲自把关，每一张照片都必须他自己过目，并得到他的认同及满意。《张国荣纯影集》的美术指导周肃磐说："这本《张国荣纯影集》一共花掉我们超过14个摄影工作日，其中当然不包括比之更长的筹备时间与工作，用去的菲林亦约略统计有两万张。打从去年10月

图片授权提供：Leslie Legacy Association

当我重温您，在茫然中思忆里
所有冷冰的暖了

19日中午在丽晶轩跟张国荣一言即合后，摄影工作亦立即开始部署。摄影队走遍张国荣在浅水湾隐蔽处的双层住所、CBS录音室、重建的浅水湾酒店，以至中区闹市，利用影像捕捉张国荣与这城市的一切感觉。"对于《张国荣纯影集》的英文名 *Stark Impressions*，周肃磐表示很难精确解释为中文，他引用了专栏作家孔明在《明报》上的说法："即一切崇尚简洁高雅，从而显出张国荣与别人不同的气质"。张国荣亦表示："艺术这回事本来就是无价宝，价钱不是由人定出来的，撇开金钱，我很欣赏这次的作品，反应好与否我不理，好趁青春留倩影，试过就是。"

"百事巨星张国荣"演唱会，顾名思义由百事集团赞助。在演唱会之前，张国荣就表示，"演唱会上一定会有很多好东西让大家看，大家一定会觉得我的演唱会是好的。"演唱会由杨健恩担任监制，鲍比达担任音乐总监，柏安妮为特别嘉宾。无线电视对陈淑芬离职华星带走张国荣一直耿耿于怀，但在当时的情况下，无线电视如果封杀张国荣，对他们自己亦不利，而且也会招致外界的闲言，所以无线电视将陈淑芬恒星娱乐旗下的艺人柏安妮作为了靶子，如1988年的"东京音乐节"，无线电视在播出的时候就直接将柏安妮的演出片段腰斩了。陈小宝说："TVB有人坐下同我讲，一定不会给柏安妮机会。我说媒体不是推介渠道吗，他说有太多关系、太多缘由，加上柏安妮又是签给了陈太（陈淑芬），所以TVB一定不会撑柏安妮。"张国荣原本只邀请了许冠杰作为最后一场的嘉宾，但为了提携小师妹，所以特意邀请了柏安妮担任自己演唱会的特别嘉宾。张国荣为这次演唱会也是做足了准备，自5月23日拍完《杀之恋》后便积极投入游泳、跑步等健身运动中，5月中旬去欧洲为演唱会采购了大批服装，5月下旬在日本又特意排练了舞蹈并再次采购服装，原本还准备在日本专门学习一段时间的舞蹈，后因父亲张活海入院就医而作罢。这次由他自己和几位朋友负责演唱会的服装，张国荣笑称："前两次演唱会由刘培基负责服装，现在出师了，所以由自己负责。"在舞台设计上，灯光设备是特意从日本租赁的，舞台四面更是首次使用了每一面36台电视屏幕组合的巨大电视墙。乐队除了鲍比达自己的西式乐队，还专门邀请了中式乐团。张国荣也表示在演唱会上除了演唱粤语歌、国语歌和英文歌外，还准备演唱粤曲和黄梅调。因这几年张国荣在电影上颇受外界好评，所以他还将几部电影里的角色搬上了舞台。

在首场演唱会上张国荣看到观众的热烈捧场，感触良多，他在台上说："如果没有你们，我根本玩完，曾被人放暗箭，但可以唱到今时今日，主要是有你们的支持，没有那么快如别人说要退休。23场不是了不起，但凭着一股拼劲，跌倒后再爬起，自己好硬颈，不衰得，请容忍我的任性，那我们就好容易做到好朋友了。"在演唱《奔向未来日子》时他已忍着泪水，在唱到《有谁共鸣》和《共同度过》时，情不自禁地流下了男儿泪。演唱会后有记者评论："这次已是Leslie在红磡体育馆中举行的第三次个人演唱会，暂且不谈整个演唱会的铺排和选曲，就Leslie自己的个人表现，这次可谓相当成熟，更难得的是，Leslie在以往演唱会时所流露的冷傲，竟在这次个唱中消失得无影无踪，取而代之的是一个亲切可人的大众化形象，经过不断磨炼，Leslie的歌唱造诣和个人言谈也有了明显进步，总的来说，Leslie在各方面的表现都成熟了。"8月20日，"百事巨星张国荣"演唱会最后一场，当晚高潮迭起，嘉宾许冠杰和徐小凤的出现再一次掀起了高潮，许冠杰在台上邀请全场的观众站起来，一起合唱："Thanks，Thanks，Thanks，Thanks，张国荣！谁能代替你地位！"原本梅艳芳亦是这晚的演出嘉宾，不过这位"迟到女王"又迟到了。在第三度"encore"后，张国荣出来演唱《风继续吹》，在他刚唱完第一句，就遭到了全场观众的"嘘声"，因为《风继续吹》的第一句歌词是"我劝你早点归去"，而台下的观众根本不想离去，虽然他曾在嘘声中一路披荆斩棘走到今天，但这晚有史以来声势最浩大的"万人大嘘声"，对他来说应该是第一次，而且应该是幸福的"嘘声"。这晚张国荣之前一直没有哭，但在演唱《风继续吹》时，可能对即将曲终人散有所感慨，目泛泪光，这时台下的观众像约好似的，齐声大喊："张国荣，不准哭！"在听到台下的声音后，张国荣硬是忍住眼泪没哭出来。

张国荣一连23场的个人演唱会，得到了外界的一致好评，除了观众之外更有很多业内人士在媒体上赞赏张国荣的这次演唱会。记者史提芬在报纸上写道："其实这个演唱会是甚为成功的。成功的地方最重要的是张国荣不再标榜他的不羁形象，表现得甚为亲切，看这次的选曲种类便知道了。既然把歌者及观众的距离拉近了,歌迷及观众的投入程度亦相应增加了,当晚的气氛的确是演唱会中少见的好。"后来任职新城电台台长的朱明锐说:"抱着可有可无的心情去欣赏张国荣今夏的表演,好像已是第三次个人表演(演唱会)了,但今年却出奇地令我感到满足。张国荣这次的表现很淡定,说话不多,但勾着观众的情绪,唱劲歌时施展不错的舞步,唱情歌时感情专注,魅力就在不经意间散发。张国荣演唱会成功在于主角有优良表现,节目过程紧凑,灯光时间准确,乐队甚有水平,舞蹈的编排较多花巧,观众亦异常合作,热烈反应之外更爱惜偶像,整个会场洋溢着欢乐,这点正好就是音乐会最大功能,观众买票的目的是要找乐趣,听好歌,张国荣令乐迷喜出望外。"商台DJ胡启荣写道:"张国荣本身的表现,轻松自如之外,还有值得叫人欣赏的信心和努力,难怪他不断向人表示,对这次演唱会的表现非常满意。"而张国荣自己亦是感慨良多,他说:"十一年了。我1977年在'亚唱'获奖时,一心以为鸿鹄将至,以为大把世界。怎料几年之后,仍未能出一张唱片,还傻乎乎拍了些垃圾戏、咸湿戏。现看亚视回放的《甜甜廿四味》,忆起自己跟钟保罗、倪诗蓓一起拍剧集的日子,心中亦如二十四味。""我努力过,失败过,亦心灰过。就在我埋怨上天对我不公之际,老天爷忽又宠起我来,给了我许多许多。真的,他赐给我的,实已多过我所付出的。""现在我才知道,上天对我是太恩赐了,多少艺人比我更努力地干,挣扎了多年始终得个桔(收获不大)。我想告诉每一个人,坚持奋斗努力吧,不敢保证上苍对你一定公平,起码你已尽过力,对得起自己,也就不枉此生。得与失,反而并不那么重要。"

在演唱会期间,恰逢《猫儿》(Cats)剧团负责人来港洽谈演出事宜,他们有意邀请香港顶尖的艺人在《猫儿》歌剧中演出,在看过张国荣的演唱会后,他们欣喜地表示,张国荣非常适合在该歌剧中出演一位摇滚乐手的角色,并力邀张国荣出演。美国百老汇著名歌剧《猫儿》,是世界上著名的长寿歌剧,曾在美国、英国、日本做了长期性的巡回演出,每次都是邀请一些国际巨星出演。张国荣对此也很有兴趣,表示如能与国际巨星同台演出亦是一件很高兴的事。在与该负责人接触后,张国荣表示,因为要离开香港一年做巡回演出,对他在港事业可能有影响,不过站在演员立场,能够与世界一级巨星演舞台剧,他亦觉得是人生一个很大的转折点,故在做完个唱后,他打算去欧洲旅行一个月,趁此空档考虑在英国欣赏歌剧吸取经验。不过最终因为档期原因,张国荣拒绝了邀请。

1988年9月21日,张国荣携"张家旅游团"从欧洲返港后,即投入23日在澳门的个人演唱会。张国荣原本计划只开两场,不过最终因观众反应火爆,加了一场。26日,张国荣返港出席香港弱智人士服务协进会的捐款仪式。在演唱会之前,张国荣就曾表示会将其中一场演唱会的全部收入捐献给慈善机构。而他亦有意将在退休前计划举行的世界巡回演唱会的收入捐给各地的国际儿童慈善机构,他说:"儿童乃国家栋梁,也是我们的接班人,应该好好培养,况且我的童年很不愉快,好想各地儿童幸福点。"

1988年9月26日,亦是电影《新最佳拍档》开镜的日子。"最佳拍档"系列是新艺城制作的非常受观众欢迎的经典喜剧电影,1982年第一部《最佳拍档》公映后,以2600万港元的票房轰动香港,这使得新艺城与邵氏、嘉禾鼎足而立,其后在1983年、1984年和1986年推出的"最佳拍档"系列,屡破香港票房纪录。《新最佳拍档》是新艺城制作的"最佳拍档"系列的第五部,也是最后一部,除铁打的许冠杰与麦嘉组合外,加入了张国荣和利智。利智在1985年获得亚姐冠军,并在这一年与李连杰合作电影相识,后来成为李连杰的第二任妻子。这次的导演正是当年张国荣和翁静晶拍摄《杨过与小龙女》时为他们出头的刘家良。张国荣在电影中有不少动作戏,刘家良称赞张国荣的悟性极高,非常聪明,每个动作只需教一次便可丝毫无误地记着,打起来似模似样,属于一点就通的年轻人,而且在一帮演员中他做的动作特别漂亮。在片场,麦嘉、许冠杰和张国荣还喜欢跟利智闹着玩,而利智特别爱哭,他们一不小心就把她玩哭了,哭得多了,大家就习以为常当她是在打呵欠。利智虽然有时候被他们小小捉弄,但她觉得被三大巨星捉弄,自己一点也不介意。对于首次合作的利智,张国荣说:"她(利智)工作态度很认真,有时拍得辛苦而'背人垂泪',却没有半句怨言。"利智对张国荣说:"我很怕观众嘘我。"张国荣安慰利智说:"别怕,人们嘘到嘴巴累了,便不会再嘘。"后来利智更以"嘘声中成长"为荣。电影里原本有一首张国荣和利智合唱的插曲,不过最后并没有出现,

当我重温您,在茫然中思忆里
所有冷冰的暖了

可能是因为利智的录音效果不是很好。在跟许冠杰合作过《沉默是金》后，在电影中张国荣和许冠杰两人再次合唱了主题曲《我未惊过》。这首歌由许冠杰作曲和填词，收录在许冠杰1989年的唱片《许冠杰89歌集》内，可惜这么好玩的一首歌，除了在电影里唱过外，之后两位巨星都没有在公开场合演唱过现场版。自张国荣公开表示有意向做导演后，吴宇森听闻此事，便主动邀请张国荣和他联合执导一部文艺片，男女主角属意张国荣和张曼玉。张国荣在沙田片场拍摄《新最佳拍档》时，恰逢吴宇森在隔壁片场拍戏，有空的时候两个人就经常碰在一起聊剧本，吴宇森表示张国荣很有做导演的天分，彼此很容易沟通，希望跟张国荣联合执导电影迸发出火花。虽然1989年张国荣拍了两部电影，但并没有拍到令他自己满意的作品，他觉得甚是遗憾。

在张国荣拍摄《新最佳拍档》时，香港联合医院一位20岁的骨癌晚期患者声仔正在与病魔抗争，护士们在平时跟他闲聊的时候得知他的偶像是张国荣，他的愿望是能够见张国荣一面。于是，护士们想给声仔一个惊喜，希望能找到张国荣来探望声仔并鼓励他，也让他在离世前实现愿望。护士们便将此情况写了一封信给香港电台《周末碰碰车》的主持人车淑梅，希望她能够联系到张国荣实现声仔的愿望。因为声仔的病情非常不稳定，随时可能有变化，车淑梅便急着通过各种途径联系张国荣。可惜一直联系不上。11月23日，她打电话给护士黄小姐准备告诉她现时的困难，而黄小姐告诉她26日是声仔20岁的生日，可能是他的最后一个生日了。车淑梅听闻后，觉得张国荣的出现将会是给声仔最好的生日礼物，于是再次通过各种途径联系张国荣。苍天不负有心人，车淑梅终于在声仔的生日前夕联系上了张国荣的助手，当助手将情况告知张国荣后，张国荣立马给车淑梅打电话，告诉她26日他有电影通告赶不到医院，张国荣提议在电话里给声仔唱生日歌，不过唯一的条件是不能让媒体知道，低调进行。声仔生日当天，张国荣如约打去电话，在电话里给声仔唱了生日歌，在声仔微弱的欢笑声中，张国荣更亲口告诉声仔，要坚强地活下去，会再打电话给他。之后，张国荣也没有食言，每天都会给声仔打一个电话。12月3日晚饭时间，穿着深色衣裤的张国荣独自一人前往医院探望声仔，并送了一本签名的《张国荣纯影集》给声仔，声仔非常开心。护士李妙兰说："我记得，张国荣说话时十分温柔，还问到声仔的病情，声仔不停地说不痛、不辛苦，张国荣又很小声地问声仔，平日在医院吃什么，是否习惯了。从声仔说话和表情看得出他十分开心。"张国荣勉励声仔要坚强，明年生日他会再唱生日歌给他听。护士黄洁如说："声仔的病情已经没有好转的机会，但自从张国荣打电话过去之后，声仔的病情稳定，人也笑得多了。（张国荣去医院探望过声仔后）声仔很兴奋，也许那几天就是他入院以来最开心的日子。"12月8日，声仔因病情恶化去世，张国荣在9日"欢乐满东华"的彩排结束后得知消息，顿时神情呆滞，非常难过。在声仔去世后，车淑梅在电台节目中公开了此事，媒体写道："虽然声仔无法战胜病魔，但所有医院的护士、医生，甚至其家人都很感谢张国荣在今次事件中所付出的关怀与爱心。"当媒体向张国荣追问此事时，张国荣淡然说："只是举手之劳，没有什么好讲，只要能令声仔开心，我不介意为他多做点事，相信换了别人同样亦会如此做的。"2009年，香港联合医院推出《一起走过35年》一书，在书内记录了这段温情的故事。

可能是因为自己心情好，张国荣感觉1988年好像过得特别快，对于1988年这一年的成绩，他感到很满意，最开心的是自己亲自写了《想你》和《沉默是金》两首歌，在乐坛方面能兼顾幕后发展，不过在电影方面他觉得自己应该检讨，希望明年能拍一部有代表性的电影。在这一年，张国荣开始部署自己的"退休计划"和退休之后的安排。他计划在1989年开始做退休前最后的世界巡回演唱会，在年初的时候，陈淑芬已开始为他联络场地，陈淑芬说："张国荣在退休前将会做巡回性演唱，演唱会定名为'十全十美世界巡回演唱会'，现时准备选十个地方演唱，十个地方包括美国的三藩市、纽约，加拿大的温哥华、多伦多，英国伦敦，中国台湾，东南亚的泰国、新加坡、马来西亚，以及澳大利亚的悉尼，预计在1989年中启程演唱，每个地区只唱一场。"而在7月的时候，张国荣亦表示计划到内地演唱，他说："目前到内地演唱的事已在部署中，我好想去北京，看看万里长城。"同时，他亦计划退休后移居加拿大，在多伦多开设时装店，去修读工商管理课程。对于退休后的生活，张国荣无限向往，"在移居加拿大之后，一切会重新开始，事业、爱情都会展开新的一页，到时，我就恢复普通人一个，找个不知道我所有过去的女性做伴，结婚、生子，做正常人要做的程序"。

当我重温您，在茫然中思忆里
所有冷冰的暖了

Chapter 16

任旧日万念俱灰也经过
我最爱的歌
最后总算唱过

1989年，是张国荣三年前在沙田马场对记者说的"我会再做多三年，三年后便会退出"的最后完整一年，虽然三年前围着张国荣做访问的记者不下十数人，但当时没有人会真正在意这句话。在多姿多彩的娱乐圈，记者们已经习惯了艺人说的话并不一定会是真的，有些艺人说过的话可能他自己忘得比记者还快。不过，张国荣没有，他一直在逐步部署着自己的退休计划，他希望在退休前赚到足够的钱可以安稳地过以后的日子，他希望拍到一部属于自己的电影代表作，他希望能够在幕后从事导演工作，他希望在退休前开一个告别宴会与圈内的朋友作别，他希望在世界各地举行告别巡回演唱会并把部分酬劳捐给国际儿童机构，他希望退休后移居加拿大开一家时装店和咖啡店，他希望去修读电影课程和工商管理课程……他也正一步一步地在实现着自己的计划。

1988年，吴宇森在听闻张国荣的导演计划后，曾主动邀请他联合执导一部文艺电影，当时他们已开始讨论剧本与演员人选的问题，但1989年吴宇森因忙着拍摄《喋血街头》而无暇分身，张国荣遂计划在1989年底自己独立担任导演，将《血影情迷》改编为电影，讲述一位变态杀手迷恋一位当红的女歌星，最后因得不到女歌星的芳心而将女歌星杀害的故事。"变态杀手"这样的角色张国荣自己一直期望已久，所以他准备自己出演，女主角则属意梅艳芳或张曼玉。不过，张国荣1989年2月在美国度假的时候有了新的灵感，决定提前开拍，于是从美国回来后便进入了实际筹备阶段，他邀请黎小田任监制，并接触和邀请了一些香港优秀的电影幕后工作者开始组建团队，女主角的人选为钟楚红或叶童。1989年3月，张国荣在拍摄个人第二部音乐特辑《日落巴黎》时，邀请了吴宇森为《日落巴黎》担任导演顾问，他自己亦参与到整

图片授权提供：Leslie Legacy Association

个制作的过程中，有些镜头还由他自己亲自拍摄。张国荣说："我一向也积累这方面的知识和经验，因为我的理想是要自己做导演，所以很久之前就开始注意怎样才能导好一部片。"《日落巴黎》弱化了歌曲的比重，加强了故事结构与情节，开创了不同于以往的音乐特辑的制作模式，在无线电视播出后广受好评。在《日落巴黎》中全新的尝试，也为张国荣执导首部电影增强了信心，他说："做导演要求更多更高，我相信我导的首部片会做得更好。"

张国荣1988年在乐坛的成绩，让他在1989年年初的各大音乐颁奖礼上得到了应有的回报。在1988年度"十大中文金曲"颁奖典礼和1988年度"十大劲歌金曲"颁奖典礼上，除了各有一首半（《沉默是金》与许冠杰合唱，计半首）歌曲获选外，亦分别获得了两大颁奖礼重量级的"IFPI大奖"和"最受欢迎男歌手"奖项。在"叱咤乐坛流行榜"颁奖典礼上，张国荣获得了"叱咤乐坛全港电台播放率最高男歌手"金奖，在张国荣上台领奖的时候再次遭到了嘘声，不过更多的是掌声。因为谭咏麟的退出领奖，有些人认为是谭咏麟将大奖让给了张国荣，但"叱咤乐坛流行榜"是在颁奖典礼现场公布得奖歌手上年度的成绩。"叱咤乐坛流行榜"是以歌手所有上榜歌曲的播放率作为计算标准，然后综合各项得分计算总分。纵观各项指数，张国荣在1988年的香港男歌手中皆居榜首。据媒体报道，谭咏麟的经理人张国忠在谈到奖项时亦表示这些奖是张国荣应得的。媒体写道："今年（1989年）张国荣得到几个大奖，他（张国忠）认为是对方应得的，因为张国荣的歌技、台风的确出色，他是一位相当有潜质的艺人，如果因为这些奖项影响了张国荣与阿伦的友情，他认为很可惜。"在1988年度"十大劲歌金曲"颁奖典礼上，有谭咏麟的歌迷找张国荣的歌迷提议，让张国荣退出竞逐比赛，从此大家在各场合见面也可相安无事。之后，谭咏麟对记者表示这只是个别歌迷的意思，并不代表全部歌迷的想法。1988年，谭咏麟退出领奖后，他的歌迷曾表示要搅事，谭咏麟在机场接受访问的时候，在记者面前曾劝导他的歌迷不要搅事，退出领奖是自己的事，跟其他歌手无关。过后又在公开场合说："张国荣是成人了，应该自己想想，不要把什么事都推到他的歌迷身上。"1989年谭咏麟再次对记者表示，张国荣讲话太多，应该保持缄默，并强调自己的歌迷很自律，不会做出捣乱行为，希望外界不要再将矛头指向他的歌迷。对此，张国荣淡然地说："也许阿伦说得对，多说无益，我也深知沉默是金的道理，但有时心里的话不说出来，便像骨鲠在喉，不吐不快，不过要讲的已经讲完，而且也是事实，今后不会多言，免惹麻烦。"

在1988年年底，商业电台举办了"香港十大靓人"的选举，"香港十大靓人"评选没有特别的限定，只要是香港市民都有投票和被投票权，也没有年龄、性别、职业等限制，以得票数最高的前十名（五男五女）获选"香港十大靓人"。1989年2月22日，"香港十大靓人"颁奖典礼在香港丽晶酒店举行。对于此次选举，新闻界、演艺界和艺人们都非常重视，香港大部分的媒体都派出了记者到现场报道。香港商业电台在三万多张市民投票中统计出的"香港十大靓人"为周润发、陈百强、张国荣、谭咏麟、刘德华、张曼玉、李美凤、李嘉欣、林青霞和钟楚红。张国荣以压倒性的票数荣登榜首，成为"靓人中的靓人"。虽然是全民选举，不过演艺界的明星有着得天独厚的优势，时任港督卫奕信虽然没有获选，但也得到了非常高的票数，其他演艺界的明星如成龙、梅艳芳等皆以一票之差落选。在4月9日的第8届"香港电影金像奖"中，张国荣亦以一票之差与"最佳男主角"擦肩而过。当日颁奖典礼场面冷清，很多获得提名的艺人都以各种理由婉拒出席，素有体育精神的张国荣当晚在结束"饥馑30"的慈善义演后连衣服都没有换便立即赶往颁奖典礼现场。张国荣的"十二少"虽然惜败，但电影《胭脂扣》获得了多项奖项，在获得"最佳电影"时，监制成龙邀请张国荣一起上台，并在台上感谢台前幕后人员的合作。事后张国荣表示，虽然落败，但能获得提名对他来说已是对所拍的电影做出了贡献，不管是否能得奖，他身为被提名人之一，应该出席颁奖典礼。有机会两年都获得提名他已很开心，未来在选择剧本方面他会更加严谨，多接拍一些非纯商业性的电影。

在"香港十大靓人"颁奖典礼的同日，新艺宝发行了张国荣在1989年的首张唱片《LESLIE

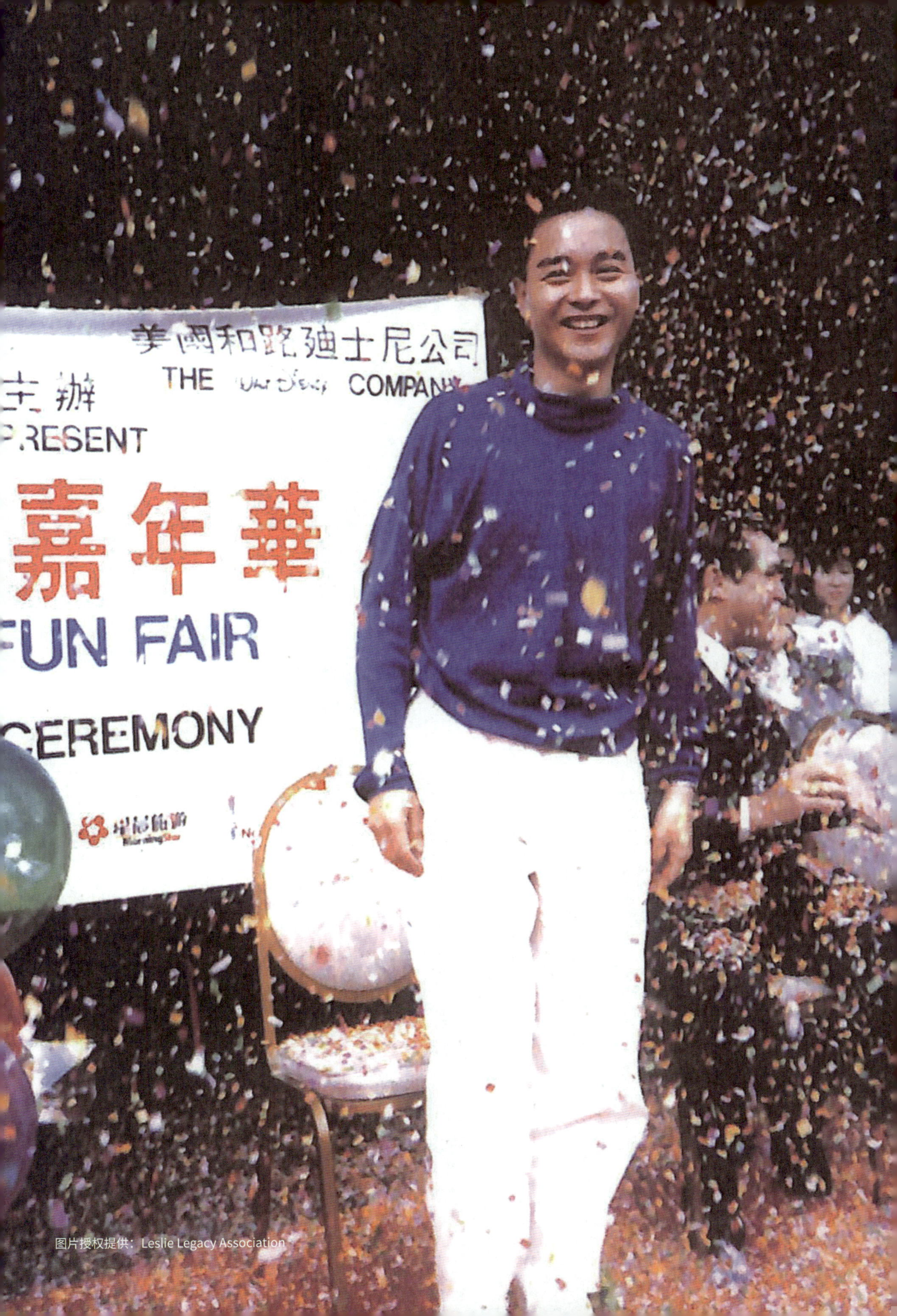

图片授权提供：Leslie Legacy Association

（侧面）》。在Virgin Snow的艺术性和Hot Summer的商业性尝试之后，《LESLIE（侧面）》是继Summer Romance '87之后又一张艺术性与商业性趋于平衡的佳作。在早前录制《由零开始》时，张国荣已向陈小宝透露出即将退休的想法，不过当时陈小宝并不相信，张国荣对他说："我写了一首歌，就是告诉大家我不唱了。"张国荣亲自作曲的《由零开始》和改编自齐秦《大约在冬季》的《别话》，都流露出张国荣即将告别离去的信息，只是没有人相信，张国荣会舍得离开演艺圈这个名利场。虽然对手"拒绝再玩"，但张国荣并没有因此而松懈，交出了一张制作精良的精彩之作。对于这张唱片，陈小宝说："（张国荣）有多少人生阅历，创作就有多少深度。"《LESLIE（侧面）》的封套亦由张国荣亲自提出创意，张国荣向陈小宝表示自己有个独特而简单的构思，只要给他一位摄影师便可。照片出来后效果并不理想，但在陈幼坚夜以继日用喷墨技巧修整下，便是呈现在我们面前的这张完美的"侧面"。陈小宝后来说："最奇怪和巧合的是选定照片和制作封面时，我们根本不知道大碟会有一首名为《侧面》的歌曲，更想不到《侧面》会成为风行一时的作品，这相信是天意安排，当每一次朋友问到为何唱碟要如此造作，有'侧面'照片又不以《侧面》为名，我都一笑置之！"在经典的唱片中，总会有很多"沧海遗珠"的歌曲，这张唱片亦如Summer Romance '87一样，虽然好歌如云，但一些精彩的单曲如《需要你》《烈火灯蛾》《抵抗夜寒》等在大热歌曲的光芒下被大众忽略。《LESLIE（侧面）》上市一个月便获得了六白金的唱片销量。2月底，张国荣亦在台湾推出了第三张"国语"唱片《张国荣（兜风心情）》，主打歌《兜风心情》是雅马哈山叶机车的广告曲，亦是台湾高收视率的综艺节目《来电50》的片头曲，由张国荣和小师妹柏安妮合唱，在台湾的传唱度非常高。虽然张国荣在台湾发行的三张"国语"唱片的整体制作水准无法与他同时期的粤语唱片相比，但他的歌曲却深受台湾歌迷的喜欢，他在台湾的唱片销量亦是当时香港歌手在台湾推出的唱片中居于首位。

因为《倩女幽魂》和《英雄本色》在日

本、韩国等国家的大受欢迎，张国荣在日韩等亚洲地区亦受到当地观众的喜爱。在韩国权威杂志年初选出的"十大最受欢迎外国明星"中，张国荣在港星中排名首位。1989年4月，韩国国宝级的国民女歌手李仙姬邀请张国荣在她的个人演唱会上担任演出嘉宾，现场观众的反应出乎意外地热烈，在能容纳15000人的场地，张国荣出场时，观众争先恐后地涌到舞台边上，令现场秩序大乱，主办方不得不出动大批警察和护卫员来维持现场秩序。新艺宝亦同时在韩国发行了一张张国荣的中文唱片，推出首日便卖出一万张，韩国唱片公司更是游说张国荣发行韩文唱片，韩国片商和广告商亦邀请张国荣出演和代言。在经过慎重选择后，张国荣于8月底赴韩接拍了To You（献给您）巧克力广告。To You巧克力的生产商东洋制果之前产品的市场占有率一直低于乐天和凯大两大巧克力公司推出的产品，为了扭转这一局势，东洋制果推出了全新的To You巧克力，并起用新人朴善英代言，使用蓝色调替代了之前咖啡色调的广告，意图重塑品牌形象。广告播出后，代言人朴善英一举成名，产品的形象亦有所提升，但唯独销量不见上涨。为此，东洋制果决定推出新一款的广告，他们策划了一个抽奖活动，在活动中抽选了15名韩国学生前往台湾地区旅行。到达台湾后，他们发现学生们都疯狂购买一位明星的唱片和照片，那位明星就是张国荣，于是他们在经过市场调查后决定邀请在韩国走红的香港明星张国荣代言。张国荣版的广告以一位男子在雨夜街头寻找女友为线索分为4集，层层推进，在不同的时间先后播出。广告歌曲选用了张国荣在台湾推出的《张国荣（兜风心情）》唱片里为台湾中视电视连续剧《天使之恋》而唱的同名主题曲，由张国荣亲自为歌曲填上英文歌词改编为《献给您》（*To You*）。在拍摄期间，张国荣受到众多韩国记者的围堵与纠缠，因广告在播出之前需要保密，记者锲而不舍的尾随让拍摄过程几经曲折。9月底，张国荣版To You巧克力广告首集播出后，大量观众写信到电视台、广告公司和东洋制果追问结局，甚至有些观众希望公布其他几集广告的播放时间，以便他们收看和录影收藏，张国荣演唱的广告歌曲*To You*也随着广告的播出登上韩国流行音乐榜的冠军。张国荣版广告播出后，To You巧克力在短时间内迅速占领市场并打败了其他两家巧克力厂商成为韩国巧克力市场的领导品牌，创造了广告播出后三个月内产品

当我重温您，在茫然中思忆里
所有冷冰的暖了

销量增长1000%的惊人纪录。张国荣版的To You巧克力广告也在广告史上被记载，成为经典之作。东洋制果之后有意邀请张国荣拍摄第二季，但张国荣因自己当时已退出乐坛而婉拒了邀请。东洋制果随后选择了刘德华拍摄第二季广告，结果销量一路下滑直至"一夜回到解放前"。

1989年8月23日，新艺宝发行了张国荣的全新唱片《致敬》（Salute）。这是一张翻唱其他歌手歌曲的唱片，对于这张唱片张国荣说："因为我这张唱片，都是收录一些别人所唱，自己又认为相当一流的好歌，我再重唱一次，而混音部分也重新录音，为了答谢这些好歌的创作人及歌手，我索性把这张唱片改名为Salute。"20世纪80年代的香港乐坛并不流行翻唱，像张国荣这样的明星翻唱其他歌手的歌曲，专门制作一张唱片更是闻所未闻，不要说一位声势如日中天的歌手，就是普通的歌手都不会去做这样一件事，这在当时是一件非常大胆及冒险的事情，珠玉在前，唱得好也就罢了，如果唱得不好，将会恶评如潮，新艺宝更是对唱片的销量无法预计。但张国荣做了，张国荣还把这张唱片扣除制作费后，所得的收益捐给了香港演艺学院的音乐系。张国荣表示，据他了解香港演艺学院向来经费不足，这样很容易扼杀一些在艺术上有才华的学生，他希望乐坛能有更多新鲜血液。Salute虽然因为版权、唱片内歌曲数量限制或其他原因未能尽录张国荣所喜欢的歌曲，但这张唱片在张国荣的音乐生涯中写下了特别有意义的一页，一如他在唱片内亲自撰写的序言所写："最后，亦是这张专辑面世的最主要原因，便是将每一首翻新的作品送给原来歌曲的主唱者、作曲者、填词人、编曲人，以作为他们在乐坛辛苦耕耘的回报及我个人向他们的salute。"既然是向他人致敬，为了表示对其他歌手的尊重，封套设计也尽量低调，完全不突出张国荣的个人形象。封套设计陈幼坚说："当时Leslie只穿一件很普通的T恤，坐在一张可旋转的吧椅上，一面看着镜头，一面随意地摇晃、转身，我们便趁机捕捉他最自然的一刻，所以照片特别自然和有深度。"但这样一次有意义的致敬音乐及同行的行动，却没有得到媒介的大力支持，大家都只是照例播放一下，不过张国荣的用意最终没有白费，在叫好的同时，虽然短时期内的销量未能与《LESLIE（侧面）》相比，但亦不输于人。更令人想不到的是，Salute这张唱片的生命周期之长，到如今亦是华语翻唱专辑的翘楚。唱片销量亦是常卖常有，令人惊奇。在选歌的时候，陈小宝觉得这样一张致敬其他歌手的唱片，在当时如果没有谭咏麟的歌必定会被人大做文章，闹得满城风雨，他亦多次试图说服张国荣在唱片内翻唱一首谭咏麟的歌曲，陈小宝后来回忆说："结果我们协议了有（谭咏麟的）《忘不了您》，不过在最后一分钟又告吹，我再用我强硬的立场打电话追问Leslie，这回他气定神闲地回答我：我们要向歌salute，不是向事情来salute。"

1989年9月17日下午2点，恒星娱乐在香港丽晶酒店召开张国荣年底演唱会的记者招待会。在记者招待会上陈淑芬向记者公布了将于今年年底举行的张国荣演唱会的详情后，张国荣拉下了身后覆盖在写着"张国荣告别乐坛演唱会记者招待会"文字背景墙的布幔，在场的记者一片哗然。张国荣表示，这是基于三年前所做出的承诺。张国荣强调自己个性非常倔强，说过的话一定会算数，之前说过了三年后退出，便一定会实行。三年前所做的退休决定，其实对他起着一定的鼓励作用，至少使他在工作中更加充满斗志。虽然工作中总有如意和不如意，但他对这些年来在工作中所取得的成绩还是满意的。完成演唱会后，他想先环游世界三个月，然后去美国纽约攻读约九个月的电影课程，毕业后会返港为嘉禾执导一部之前已应承的电影，待在演艺圈的一切工作完成后，他将会再去修读工商管理课程，然后重新开始过自己喜欢的平淡生活。

1989年5月，张国荣的告别巡演已揭开序幕，马来西亚吉隆坡是首站。原本张国荣和陈淑芬计划在世界各地十个城市巡演，不过最终因《倩女幽魂》续集《人间道》的开拍而取消了部分城市。《倩女幽魂》续集原计划在1988年年初开拍，张国荣亦为此去练了一段时间骑马，后因《杀之恋》开拍，而张国荣需要在1988年5月之后筹备暑假档期的演唱会，于是《倩女幽魂》续集改期至张国荣演唱会之后开拍，再后来因《倩女幽魂》续集投资预算过高，不得

当我重温您，在茫然中思忆里
所有冷冰的暖了

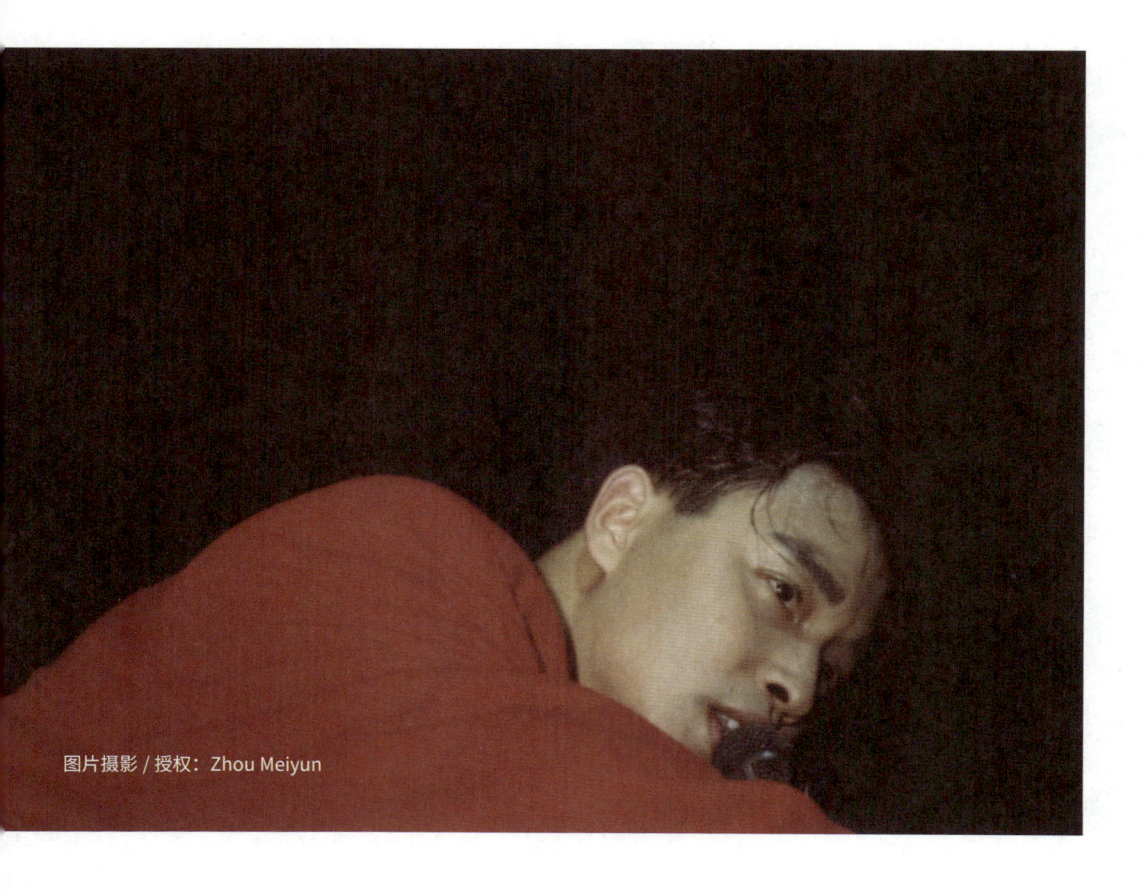

图片摄影 / 授权：Zhou Meiyun

图片摄影 / 授权：Zhou Meiyun

图片摄影 / 授权：Zhou Meiyun

图片摄影 / 授权：Zhou Meiyun

图片摄影 / 授权：Zhou Meiyun

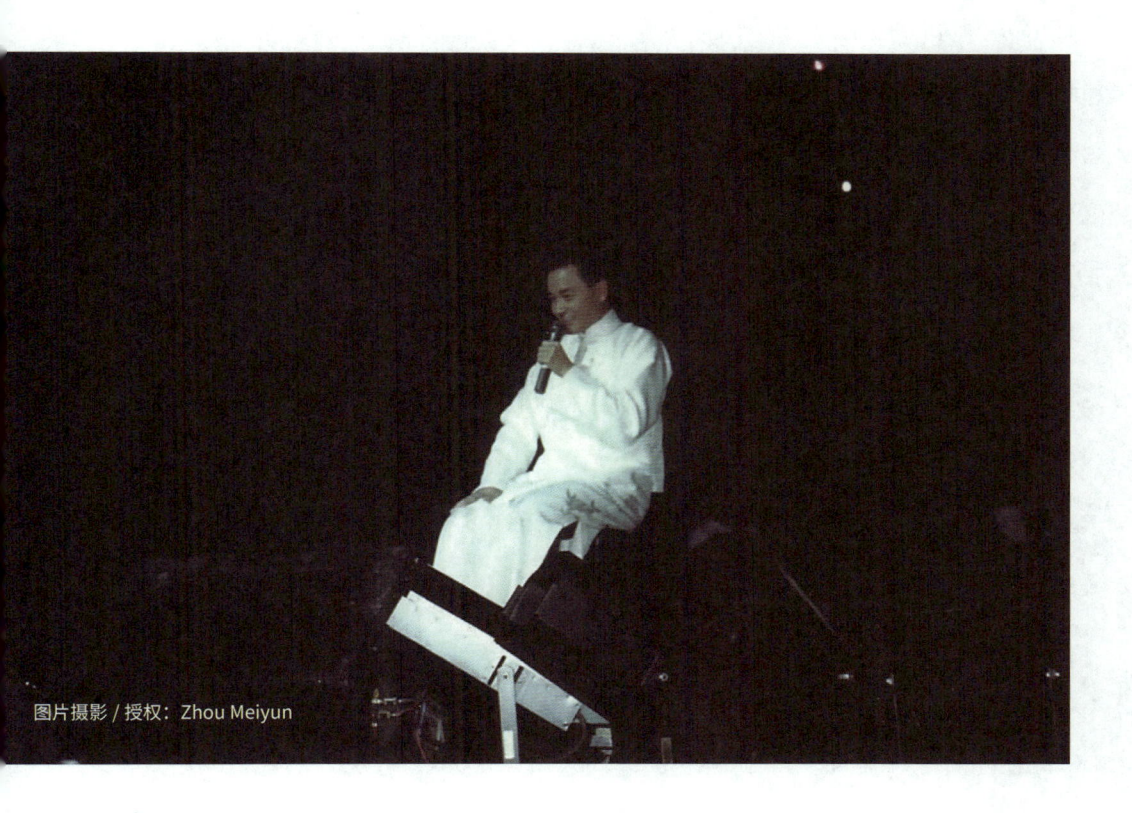

图片摄影 / 授权：Zhou Meiyun

图片摄影 / 授权：Zhou Meiyun

不重新修改剧本以削减预算，而先由程小东开拍《人间道》，所以最初的《倩女幽魂》续集跟《人间道》其实不是同一部电影，之后不知为何《人间道》又变成了《倩女幽魂》续集。在拍摄《人间道》的时候，正值农历七月半鬼节，而很多镜头都在荒山野岭取景，不过作为演员有通告就不得不开工。在此之前，张国荣曾说过从影以来拍得最辛苦的电影是《倩女幽魂》，不过拍了《人间道》之后，他才知道没有最辛苦只有更辛苦。他说："在这种大热天，既要穿上密实古装，已焗出一身汗，加上动作，简直挥汗如雨，一下子又是化学烟雾，有一次更要整个晚上躲在草丛中，出来后全身很痒，初时以为被蚊叮咬，后来一看之下原来是皮肤敏感。"因张国荣需要在1989年年底举行演唱会，所以程小东不得不跳着赶拍张国荣的戏份。而《人间道》的开拍也打乱了张国荣原本准备执导电影的计划，遂将之延期至告别乐坛演唱会之后。

虽然很多人为张国荣退出乐坛的决定而可惜，但还是有些人觉得张国荣告别乐坛是个噱头，只是为了博年底举行演唱会场数而已。谭咏麟在1989年除了1场好友慈善演唱会外，在香港分别开了12场"彩色浪漫"演唱会、12场"浓情浪漫"演唱会和14场"再续浪漫"演唱会，总计38场演唱会。对于张国荣年底演唱会的场数，很多人觉得张国荣可能会打破纪录开至40场，甚至50场，从售票情况看，第一批开售的23场在3天内便已售罄。张国荣对此表示，自己不会使用分段演唱会的形式，只要能超过自己上次演唱会的23场便好，但最希望能够开到33场，因为自己今年33岁，每一场刚好代表一岁，这样会更有意义，如果再要加场那么场馆档期也会有难度，希望歌迷能够谅解。1989年12月8日，在告别演唱会前，新艺宝发行了张国荣告别乐坛前的最后一张唱片《最后的相遇》（*Final Encounter*），唱片封套亦是张国荣坐在英文字母"FINAL"组成的舞台上。这张唱片对于歌迷的意义其实已经超越了唱片本身的制作，在当时来说，这将是张国荣最后一张新唱片。虽然唱片内好歌众多，但无疑都被张国荣为告别乐坛演唱会特别创作的《风再起时》抢了风头。许冠杰在听说张国荣要告别乐坛后，特意写了一首《急流勇退》想送给张国荣,不过之后他听闻张国荣自己已写了一首《风再起时》,便又偷偷藏了起来收录在了他自己的唱片《香港情怀'90》中。Final Encounter这张唱片也是监制杨乔兴最后一次出现在张国荣唱片的幕后名单中。在张国荣、杨乔兴三年时间的合作中,不得不提杨乔兴在张国荣唱片商业性上的把控起到了非常重要的作用。唱片中最后一首歌《未来之歌》,其实是一首儿童歌曲,之前张国荣计划将世界巡回演唱会的部分收益捐赠给当地的国际儿童机构,希望专门写一首歌作为每一场世界巡回演唱会结束时的主题歌曲,不过最终因为开拍电影《人间道》而打乱了世界巡演的完整计划。或许真是缘分,《未来之歌》的填词林夕在张国荣复出歌坛后与张国荣开始了默契的长久合作。1989年12月21日至1990年1月22日,33个晚上,张国荣与现场观众依依惜别。当他唱到情至深处忍不住流下眼泪时,现场的歌迷一边大喊"Leslie,不要哭……"一边亦流下了眼泪。最后一个晚上,当张国荣唱起《风继续吹》时更是泣不成声,无法完整唱完整首歌。在唱完他为自己告别而写的《风再起时》后,张国荣默默凝视四周观众,然后在歌迷疯狂的大喊声中,将麦克风轻轻放在舞台中央他亲自设计的麦克风架上,在万余人的见证下完成"封咪"仪式,走向舞台一角的茫茫烟雾之中,回眸,然后坚决离去……正如张国荣在告别演唱会上对观众所说的:"来得安去也写意,今次可以讲是潇洒告别,不过每晚对着你们这么多朋友,我始终也有点不是太忍心。给我到外面去闯下好吗?就算焦头烂额,我都一定要闯出个名堂!"这是张国荣十三年演艺生涯一个阶段的结束,也是新的生活开始,而他的歌迷,能做的唯有送上一声祝福,"莫愁前路无知己,天下谁人不识君"。

1990年1月21日,无线电视1989年度"十大劲歌金曲"颁奖典礼在香港演艺学院举行。当晚无线电视派周慧敏到红馆为正在举行告别乐坛演唱会的张国荣颁奖并现场直播,张国荣亲自作曲的《由零开始》获得"十大劲歌金曲",张国荣亦蝉联"最受欢迎男歌手"。张国荣接受奖项后在台上说:"虽然今年是我最后一次在乐坛拿奖,不过很开心这么多朋友仍然支持我,我一定要好好珍惜这个奖,多谢你们!"从1983年"十大劲歌金曲"颁奖典礼首次举办,至

1989年张国荣告别乐坛，"十大劲歌金曲"颁奖典礼见证了20世纪80年代香港乐坛的黄金时期，也见证了张国荣从崛起到努力奋斗成为巨星，直至离开乐坛的人生历程。1月24日，香港商业电台1989年度"叱咤乐坛流行榜"颁奖典礼举行。根据1989年全年歌曲的播放率，张国荣有10首歌曲上榜，是当年上榜歌曲最多的歌手。张国荣虽因已告别乐坛而未出席，但"叱咤乐坛流行榜"颁奖典礼并不因为歌手的缺席而取消奖项，如谭咏麟在宣布不再领取奖项后，即使未出席1988年度"叱咤乐坛流行榜"颁奖典礼，但香港商业电台根据谭咏麟全年歌曲的播放率仍然颁发了"叱咤乐坛全港电台播放率最高男歌手"银奖给谭咏麟。这个奖项也引起了谭咏麟的不快，谭咏麟的经理人张国忠表示香港商业电台不尊重谭咏麟不再领奖的决定，但香港商业电台表示，歌手是否领奖是歌手的决定，而香港商业电台颁奖是根据全年实际的播放率统计结果颁发奖项。张国荣在1989年度"叱咤乐坛流行榜"颁奖典礼上获得了"叱咤乐坛全港电台播放率最高男歌手"金奖，张国荣的《LESLIE（侧面）》唱片获得了"叱咤乐坛全港电台播放率最高大碟IFPI大奖"。

1990年1月22日，张国荣在不舍与坚决之中结束了一连33晚与歌迷的告别，随后开始了他的旅行计划。在半年的旅行时间里，间中亦有回香港与朋友小聚。虽然他已声言拍完之前答应的《阿飞正传》和《纵横四海》两部电影以及完成与嘉禾的一部导演约后会正式退休，但仍有很多片商想尽办法游说他接拍电影。当初张国荣决意退休时，陈淑芬力劝未遂，最后只能尊重他的想法，但陈淑芬觉得张国荣还年轻，希望他以后会改变主意，所以在张国荣的告别演唱会命名上，在"告别"之后特意加了"乐坛"两字，为他留了后路。原本张国荣计划在国外进修完电影课程后返港完成与嘉禾的导演约，不过在与杨德昌的一次小聚后他改变了主意。当时杨德昌邀请张国荣拍电影，虽然张国荣以退休为由婉拒了邀请，但杨德昌仍与他大谈电影相关的事，张国荣听杨德昌谈到筹备新的电影，整整花了一年多的时间，相关的参考资料更是摆满了满满一书柜，而且全都看过。杨德昌的敬业与专业态度，让张国荣十分敬佩，他觉得虽然自己拍了数十部电影，但在导演行业还是新人，开拍自己的导演处女作，必须有充分的准备，不然宁愿不拍。后来，张国荣对记者表示，他有兴趣做导演，但亦要看他自己的能力是否足够，他也不讳言此片是他第一部作品压力自然特别大，直言若他肯自导自演一部电影，有不少公司愿意开价200万港元酬劳，嘉禾更开出250万港元高价请他自导自演，但他并不想以自己的名气拍戏赚钱，真正以实力赚来的酬劳才更加馨香。

农历新年期间，坊间突然传出张国荣在加拿大遭遇车祸，伤势严重，这让张国荣自己都感到莫名其妙，不过他对记者笑称自己仍"健在"。所谓人红是非多，想躲也躲不开。香港电台曾在1985年至1988年连续举办了四届（1984年度至1987年度）演艺圈"十大当红人物"的评选，张国荣曾连续四届当选。1989年初，香港电台联合无线电视、亚洲电视和商业电台举办"80年代十大演艺红人"评选，旨在总结20世纪80年代香港演艺圈的成果，为90年代香港演艺圈新秀树立典范楷模。该活动由香港新闻界的权威人士讨论并提供168位艺人名单，再从中选出30位候选艺人向社会各界公布，然后由全港市民投票选出"80年代十大演艺红人"，每人只限投一票，重复投票者会被取消参加资格，最终结果由专业会计师事务所统计。3月10日下午，香港电台在香港文化中心揭晓评选结果并隆重举行颁奖典礼，"80年代十大演艺红人"获奖名单为：成龙、汪明荃、沈殿霞、周润发、徐小凤、梅艳芳、张国荣、郑裕玲、钟楚红及谭咏麟。张国荣的破例出现也掀起了颁奖礼的高潮。对于过往他曾声称不再出席颁奖典礼，张国荣表示，主要此奖项意义重大，有别于一般的奖项。他认为该奖项代表了他是20世纪80年代的演艺红人，意义深长。香港电台中文台台长吴锡辉对记者表示："这个选举表扬他们对演艺界的贡献，而且这批演艺红人除对演艺界付出努力外，更跳出演艺界，服务社会大众，由于他们是青少年的偶像，相信可以对青少年起渗透作用。""今次最感谢的是张国荣的出席，多谢他还答应在不再踏足舞台之后再次出席这个盛会，如果没有他，这个盛会便不完整、有缺憾。"

图片授权提供：Leslie Legacy Association

图片授权提供：Leslie Legacy Association

张国荣在悠闲的旅行假期后回到香港，准备投入到电影《阿飞正传》的拍摄。王家卫对长了一身肉回来的张国荣说："哪有这么胖的阿飞？"然后便让这个"肥阿飞"去减肥，在天天游泳等运动下，张国荣终于从146磅减到了130磅。这部成为张国荣电影代表作之一的电影，与张国荣的"相遇"纯属偶然。1989年夏天，张国荣约陈善之在文华酒店吃午饭，告知他准备退休的决定。陈善之曾在华星工作过，亦参与过张国荣1986年演唱会的幕后统筹工作，1986年年底华星总经理苏孝良离职后，不久陈善之亦随之离开华星。张国荣在吃饭时随口向陈善之提到想拍王家卫的电影，而当时陈善之刚应在无线电视时的同事王家卫的邀请加入《阿飞正传》剧组担任策划，在确认张国荣真的想拍王家卫的电影后，他即刻打电话给王家卫，约定下午6点在半岛酒店见面。没想到王家卫与张国荣一见如故，张国荣说："我在跟王家卫的谈话中，感觉他十分有理想，我认为他是现今最promising（有前途的）的导演。"

《阿飞正传》是王家卫执导的第二部电影，脱胎于他之前构思中的《爱在一九六六》。王家卫原计划拍摄一部1966年香港暴动时期一个警察与一个女恐怖分子之间的爱情故事，但在计划的过程中王家卫发现因为主题过于庞大而显得杂乱，几经斟酌后决定先拍一些比较个人的想法及遭遇的东西，编写了一个从之前的构思中发展出来的20世纪60年代香港的爱情故事。原计划拍摄上、下两集，后来，王家卫又觉得这个故事的架构不足以撑起两集，所以又加了一条菲律宾的故事线在里面。不过王家卫在上集拍到三分之一左右的时候，发现之前的筹备工作与预算不足，遂将该架构再次浓缩，浓缩的故事便是后来我们看到的《阿飞正传》。而那原始的构想便是王家卫童年时身边发生的故事，王家卫说："我想，每个人对自己的童年所发生的事都特别难忘，60年代正是我的童年，所以我想拍一部60年代的电影。《阿飞正传》所说的，就是60年代。"《阿飞正传》最初的演员只有梁朝伟、张曼玉和刘德华，后来才有张国荣、刘嘉玲和张学友的加入。张国荣原本是以客串的方式进入剧组，后来王家卫在拍摄的过程中发现张国荣的表现非常好，遂在边拍边改中，张国荣变成了上集的男主角，而梁朝伟则是下集的男主角，在现在的公映版本里，片尾梁朝伟几分钟的镜头便是预告下集的主角梁朝伟即将出场。《阿飞正传》是王家卫追忆自己童年的一部电影，他曾想过将电影献给他的母亲，不过后来放弃了这个想法。王家卫说："如果在电影开场时亮出献给自己的母亲这句话，有点做作，且明知留待完场后，整间戏院的人都会'问候'她……"《阿飞正传》在拍摄上集的时候，其实已经一起拍完了下集大部分的内容，但最终因上集公映后票房滑铁卢，只收了900多万港元的票房，使邓光荣亏了1700多万港元，导致下集就此人间蒸发。黄霑曾有意接手下集，在原有已拍摄的内容基础上发展出梁朝伟与刘嘉玲的故事，但最后因《阿飞正传》一些合约性的问题未能解决而告吹。

我们现在看到的"六星齐聚"版的电影海报，便是拍自《阿飞正传》开拍的首日，这是《阿飞正传》在拍摄过程中唯一的一次全明星齐到场的阵容。当天拍了张国荣玩牙签的镜头，一共拍了14次，不过比起后来张国荣与张曼玉在房间缠绵的镜头拍了47次，14次NG根本不足一提，47次NG也创下了张国荣电影生涯NG的最高纪录。在首日开工结束后，因接下来没有张国荣的戏份，他便飞回了加拿大。等他从加拿大回来，便是与张曼玉在南华会拍摄"一分钟的朋友"那场经典的戏。原本在电影中，张国荣饰演的旭仔在菲律宾的火车上，并不是我们现在看到的被杀手枪杀，而是在火车驶过一座桥时，旭仔跳桥自杀，不过最终因为拍摄难度与危险性太高，拍了8次便告结束，最终公映的版本亦未选用，只有在浸会大学大专会堂第一次试映时，使用了"旭仔"的这个结局，但也没有使用拍摄的跳桥镜头。在谭家明的剪辑中，旭仔站在行驶中的火车门边，接下来便是同一场景旭仔已不见，表示他已跳了下去。试映结束后，观影的专业人士及影评人全都默不作声，陈善之后来说："大家先入为主，误以为是占士甸的《阿飞正传》，一定有格斗、跑车，突然跟想象不同，自然有点震惊。"1990年12月15日，《阿飞正传》在金公主和新宝影院双院线强势上映，12月27日，影片在谩骂与质疑声中匆匆下线。在电影放映的过程中，甚至有愤怒的观众在戏院现场站起来喊道："谁是王家卫？"对于

当我重温您，在茫然中思忆里
所有冷冰的暖了

票房失利，王家卫淡然地说："《旺角卡门》上映之初贬多于褒，直至半年后才获得接受，或者有一天，《阿飞》同样受到称许，但我不知道会在何时，又或可能就此被置诸死地。"不得不佩服王家卫的远见，在不久的将来《阿飞正传》获奖无数，成为香港电影史上的经典之作，为无数人追捧，一如诺基亚的一句广告语："我能经得住多大诋毁，就能担得起多少赞美。"在《阿飞正传》上映20年后，在香港电影评论学会举办的"香港十大电影"评选中，《阿飞正传》排名首位。张国荣在等待与努力多年后，终于拍到了自己的电影代表作，也获得了他电影生涯的第一个"最佳男主角"奖项。在《阿飞正传》公映前，张国荣曾对记者说："《阿飞正传》是我从影以来最佳的作品。"

在拍摄《阿飞正传》的空闲档期，张国荣亦加入到吴宇森《纵横四海》的拍摄中。吴宇森一心想拍一部中国版的《朱尔与吉姆》，讲述二男一女既是朋友又是情人关系的故事，于是就有了这部《纵横四海》。由于《纵横四海》定于农历新年的贺岁档期公映，是一部贺岁片，既要迎合观众，又要兼顾票房，所以在片中增加了很多夸张的喜剧元素，与吴宇森原来的剧本有一定的出入，吴宇森因此对电影的风格不统一而感到十分可惜。电影于1990年10月在法国先期拍摄一个月，之后返港拍摄香港的戏份，因赶贺岁档期，只有两个多月的时间，所以拍摄非常紧张。但在法国拍摄时，张国荣因为退休后心情轻松，平时曲不离口，大唱"任白"名曲、黄梅调和陈宝珠、萧芳芳时代的电影插曲，令众人大饱耳福，钟楚红说："我们全体工作人员一起吃饭，张国荣一唱歌，几张桌子的人都放下筷子，静下来欣赏免费演唱会，因为太精彩了。"在电影中钟楚红说："我希望我们收山之后，找一个太平的地方……"在拍完《纵横四海》之后，钟楚红自己亦收山嫁人，《纵横四海》成为她的息影之作。在拍摄《纵横四海》之前，周润发曾提议张国荣一起成立"荣发"慈善基金，但因为各忙各的始终未有碰面，在《纵横四海》拍摄期间，两人终于碰头商讨"荣发"慈善基金事宜，张国荣表示"荣发"这个名字太土，不如叫"润国"，周润发是电影圈老大哥，名字应该排在前面。不过慈善基金牵涉的东西太多，张国荣觉得1993年再成立比较合适，而且1993年亦是周润发入行20周年，做这个会比较有意义。

或许真是"有心栽花花不开，无心插柳柳成荫"，在退出乐坛后张国荣一连拍摄了两部经典的电影，《阿飞正传》虽然票房失利，但成就了作为演员的张国荣，也圆了张国荣之前在电影方面一直未能获得奖项肯定的遗憾，《纵横四海》公映后更是叫好又叫座。没有了作为偶像的包袱，张国荣在电影上的发展也开启了一个新的起点。虽然张国荣已退出乐坛，但新艺宝在1990年仍发行了两张张国荣"新歌+精选"的唱片，在韩国发行了 To You，收录了新歌 To You，即巧克力的同名广告歌曲，在香港发行了新歌《做梦》（Dreaming），Dreaming 原是张国荣在制作告别前最后一张唱片 Final Encounter 时录制的歌曲，但最后未选入这张唱片中，在张国荣告别乐坛之后，新艺宝从商业利益角度出发，发行了这张"新歌+精选"。不过也挺应景，1977年，张国荣首张个人细碟以 I Like Dreamin' 开始，十三年后，以"新歌+精选" Dreaming 结束。或许这十三年亦是一个梦，从在嘘声中"默默向上游"的少年，到事业如日中天的天王巨星，再回归平淡的生活，不是每个人都能遇到这样波澜起伏的人生。或许正如他在歌中所唱："但愿用热烈掌声欢送我，在日后淡淡一生也不错……"

1989年时，张国荣的父亲去世。在父亲去世前张国荣曾对记者表示："父母对孩子的影响会是一生一世，我今日的事业，是父亲间接地激励，甚至我家中各兄弟姊妹的婚姻也受到父亲的影响，包括我自己在内。"1990年，从小照顾张国荣长大、与他相伴三十多年胜似亲人的用人六姐去世，张国荣难过地说："六姐一生无欲无求，只知全心全意地照顾我，唯一要求的，是希望有一层楼，为了达成她的心愿，曾送了一间屋给她，但享用的日子却不多，她去世时，未能见她最后一面，实在十分遗憾。"

当我重温您，在茫然中思忆里
所有冷冰的暖了

Part IV

是时候相信
纷扰不过闲事
到头来谁都可以
云淡风轻过日子

图片摄影 / 授权：周雁鸣

每个转角也有
刹那天地

Chapter 17

张国荣在完成电影《纵横四海》的配音工作后，正式告别曾承载他梦想与奋斗历程的香港演艺圈，赴加拿大开始他新的生活。热爱他的歌迷、影迷通过记者传达，希望在他离开香港前送他一程。张国荣在感激粉丝的盛情之余因不想他们在机场辛苦守候，遂提前于1991年1月27日悄悄离开香港。在离开香港前，他已将香港的房子出售，家具等物件亦托运至加拿大，唯留下了他在最后一场告别乐坛演唱会上"封咪"仪式时的麦克风架。张国荣笑称："不要这个云石咪座（麦克风架）主要是因为太过笨重，而且移民加拿大，便希望全心全意过平凡的生活，做一个普通人。假如带这个象征自己退出江湖的咪座到加拿大，便容易触景生情，过往的回忆，可能会成为情感上的包袱，所以索性抛弃。"

张国荣在赴加拿大之前已在加拿大城郊买了一块地，拆除了原本木式结构的房子，重新建造了带花园的小楼，离开香港在加拿大安顿好一切后，他开始了悠闲的"退休"生活。张国荣后来说："开始时，觉得那里真的是天堂，觉得自己在云海的上端，好像仙人一样，可以在那儿饮酒、作诗。每天早上起床都会有这样的感觉。"他觉得这样美好的生活正是他所向往的，自由自在的他一边满足自己的兴趣计划在加拿大开一间只要能收支平衡的咖啡厅，一边选择就读电影课程的学校。不过，没多久张国荣便对每天同样的生活感到了厌倦，他说："原来每天起床都是这样的。三个礼拜后，见到有只鹿走进我花园里吃花，觉得很好啊，有只鹿可以让我看。谁知六个礼拜后，它又来吃花，我给它取了个名字，'斑比，你又来？走吧，你把我的花吃光啦……'原来在加拿大的生活是这样的，感觉这样的生活对自己来说好像早了一些，像在那里等死一样。"这时他才觉得原来香港才是他的天堂。张国荣对在加拿大就读的电影课程亦感到不甚满意，因为学校基本上教的都是些理论性的东西，而对于他这种在实践中磨炼了十数年的演员来说，课程过于肤浅，张国荣觉得还是需要去美国重新寻找更合适的学校就读。在此期间，从香港传来了好消息，他凭《阿飞正传》被提名为"香港电影金像奖"的"最佳男主角"。他曾想过回香港出席"香港电影金像奖"的颁奖典礼，不过张国荣后来说："我都收拾好行李想回来，但是我却想到，万一我回来，可是拿不到奖，岂不是好瘀（丢脸），因为做演员，有哪个不想拿奖，说不想拿是傻，但是又想到，万一我搭了几个小时飞机回来，到我拿奖时，说不定又有人说我是内定的，所以回来不回来都不好，既然如此，倒不如不回来了。"张国荣更开玩笑道，如果没拿奖，连机票钱都亏了。

1991年4月21日晚，第10届"香港电影金像奖"在香港文化中心举行。陈淑芬事前预计"最佳男主角"奖项大概会在加拿大时间早上6点颁发，遂与张国荣约定，若他得奖便会打电话给他。张国荣因情绪紧张，在入睡前吃了一颗安眠药，等他醒来的时候已是早上7点，没见到陈淑芬打电话来，便以为自己再次落选了。他没想到实际颁发"最佳男主角"奖项的时间与陈淑芬预计的时间有差，没多久他便接到陈淑芬的电话——他终于凭借在电影《阿飞正传》里的精湛演出获得了梦寐以求的影帝头衔，遗憾的是他未能上台亲手领奖。在张国荣26年的演艺生涯里共8次获得"香港电影金像奖"的"最佳男主角"提名，这是唯一的一次获奖。张国荣后来表示："假如当日是专程由加拿大返港出席金像奖颁奖典礼却又落败的话，那就会更加遗憾。"不过这届"香港电影金像奖"组委会应该会较为遗憾，因为当日"最佳女主角"得主郑裕玲亦未出席，重量级的影帝、影后奖项得主双双缺席。

自张国荣宣布退休远赴加拿大，一直有很多香港的电影人邀请他接拍电影，不过他皆婉言拒绝。张国荣表示，除非有非常合适的剧本，不然不会再接拍电影。1991年5月初，张国荣秘密返港，领取"最佳男主角"的奖座及接洽找他拍片的王家卫、吴宇森、陈凯歌等导演。自合作《阿飞正传》后，王家卫有意再次邀请张国荣出演续集；吴宇森亦准备了一个他觉得非常适合张国荣出演的剧本；李碧华在张国荣"退休"前曾一度表示，若非张国荣出演"虞姬"程蝶衣，就不卖《霸王别姬》的电影拍摄版权。最早接洽张国荣出演《霸王别姬》的是罗启锐，1981年罗启锐为香港电台拍摄"香港香港"系列单元剧，由李碧华根据1979年撰写成型的小说亲自改编为上、下两集的单元剧《霸王别姬》，段小楼由岳华出演，张国荣则饰演程蝶衣，一开始张国荣已答应出演，不过后来张国荣当时的经理人谭国基以"角色破坏形象"为由向罗启锐辞演，之后罗启锐找了余家伦出演程蝶衣，李碧华亦以此剧本为蓝本重新改编为小说，并于1985年出版。1988年，嘉禾意欲将《霸王别姬》搬上大银幕，计划由关锦鹏导演，嘉禾旗下的成龙和新艺城的张国荣搭档演出，因电影涉及同性恋，成龙与张国荣先后婉拒。张国荣表示，他看过原著小说，十分喜欢，但考虑到他有很多年轻的歌迷和影迷，心智还不成熟，容易对他们造成影响，而且同性恋角色也会影响自己的形象，经理人公司不会同意接拍，自己又是新艺城的合约演员，要向新艺城借人是件非常困难的事。嘉禾和关锦鹏后又多次接洽张国荣未果。另一边，徐枫在陈自强的推荐下看完《霸王别姬》的小说后，汤臣亦有意拍摄电影版的《霸王别姬》，但原著李碧华表示，出卖电影版权的条件是必须由张国荣出演程蝶衣。汤臣原计划邀请张国荣搭档尊龙，不过张国荣亦同样婉拒，同时张国荣觉得尊龙太柔，不太适合段小楼一角。

几经周折，嘉禾说服了成龙出演《霸王别姬》，张国荣亦表示，如果成龙同意出演，他非常有兴趣跟成龙合作，但因为涉及同性恋和被军阀施暴的戏份会影响形象，所以片酬必须为200万港元，而导演必须是关锦鹏或者许鞍华其中之一。张国荣亦说，段小楼一角除了成龙之外，如果是《老井》中的张艺谋出演，他亦会考虑出演。成龙之前曾邀请过张国荣出演《龙兄虎弟》和《警察故事》续集，不过张国荣觉得成龙拍的都是动作戏，不太适合自己，但自己和成龙是好朋友，既然成龙诚意邀请，他当时亦表示会在看过剧本后再决定，不过最终张国荣皆因档期问题推却了。在嘉禾说服成龙的同时，李碧华也曾几次与张国荣联系，游说他出演程蝶衣一角，而徐枫更是与"难缠"的李碧华面谈了三天三夜，李碧华最终答应将《霸王别姬》的电影拍摄版权卖给汤臣。在签下《霸王别姬》的电影版权后没几天，徐枫就动身前往戛纳电影节，在戛纳电影节上徐枫观看了入围当年戛纳影展的陈凯歌导演的《孩子王》，连同行的侯孝贤这样爱拍"闷片"的导演都觉得《孩子王》很闷，徐枫却觉得陈凯歌很有才华，遂在翌日约陈凯歌相见，交给陈凯歌一本《霸王别姬》的小说，并表示这个电影非常适合他来导演。而陈凯歌当时手上刚启动电影《边走边唱》的项目，徐枫表示可以等待陈凯歌拍完《边走边唱》。陈凯歌在看完《霸王别姬》的小说后，觉得《霸王别姬》是本通俗小说，他没兴趣拍，之后徐枫花了一年多的时间终于说服了陈凯歌。徐枫说："我当时为了拍《霸王别姬》，跟他（陈凯歌）谈了200多个小时，他当时连张国荣是谁都不知道，我还借了许多（张国荣主演的电影）录影带给他看。"

在徐枫说服和等待陈凯歌期间，李碧华也没闲着，将《霸王别姬》再次改编为剧本，其间几易其稿。陈凯歌在答应徐枫执导《霸王别姬》后，觉得李碧华的小说过于单薄，人物之间的关系没有真正建立，而且语言也不够本地化。1990年4月，陈凯歌在香港与李碧华初步接触后，建议找一位内地的编剧合作创作剧本。陈凯歌之前看过芦苇编剧的电影《疯狂的代价》，通过顾长卫联系了芦苇见面，表示想写一个关于戏剧的电影剧本，而芦苇又恰好是戏曲发烧友，遂受陈凯歌的邀请加入到《霸王别姬》的编剧中，以小说为素材对剧本进行了二度创作。1991年1月，《霸王别姬》的剧本初稿完成。1992年1月31日，陈凯歌拿到《霸王别姬》的最后定稿。

在李碧华和徐枫的心中，程蝶衣的第一人选始终是张国荣，特别是李碧华，她在写小说的时候便是以张国荣为蓝本。虽然张国荣几番推却，但她们并没有放弃与张国荣的接触与游说，特别是张国荣在获得"香港电影金像奖"的"最佳男主角"后，亦松口表示愿意接拍合适的电影。陈凯歌在看过张国荣主演的电影后，认为张国荣并不是饰演程蝶衣的第一人选，相比于徐枫和李碧华强烈提议的张国荣，他自己则更倾向于尊龙。可能陈凯歌考虑到尊龙演过《末代皇帝》，属于国际级影星，而之前他都不知道张国荣是何许人。在筹备阶段，导演陈凯歌、执行导演张进战、联合编剧芦苇、摄影师顾长卫和录音师陶经，五位《霸王别姬》的主创人员聚在一起讨论程蝶衣的演员人选时，芦苇讲了一个左宗棠当陕甘总督时的故事，认为在选角上，应该只问演技，而不管来头，只管演员是不是适合角色，而不必管演员的牌头大还是小。陈凯歌遂提议投票决定，最终除陈凯歌之外的四位主创人员全投给了张国荣。陈凯歌见此，也不再坚持，觉得其他四位都投给了张国荣，一定有其道理，于是决定选择张国荣。在拍摄期间，胡文阁曾向媒体爆料，陈凯歌选择程蝶衣演员时第一人选是他，不过后来当记者拿着胡文阁的照片向陈凯歌求证时，陈凯歌不悦地否认了；很多年后，蔡国庆也在电视节目中称他是饰演程蝶衣的第一人选，陈凯歌还曾让一位副导演联系过他，被他拒绝了。

1991年5月25日，陈凯歌到港与张国荣首次见面，两人对面而坐，陈凯歌给张国荣讲《霸王别姬》的故事。陈凯歌后来说："其实之前也特意看了些他（张国荣）的电影，并不认同他的某些银幕形象，不过跟他坐在一块的时候，一切顾虑便打消了。这个人有一种卓尔不群的感觉，一点都不谄媚，很自然，很真实，和这行里绝大多数人完全区别开来，何况那时我感觉香港是花花世界，在那么喧嚣热闹的环境里保持干净，一定是比单纯环境下的干净可贵很多。"张国荣原本希望《霸王别姬》能够在1992年的9月开机，这样他可以在完成学业后安心拍戏，但陈凯歌表示1992年2月必须开机拍摄，张国荣后来说："我毫不犹豫便答应了，因为我了解导演有他工作的难处，这次是个千载难逢的机会，多方面配合得这么好，可以说是机不可失，我宁愿尽量迁就，念书迟些念算了，作为一个演员，找到一个这么好的角色，怎可轻易放弃。"陈凯歌曾想过自己出演段小楼一角，不过被徐枫断然否决。有一次姜文路过香港在徐枫家吃饭，徐枫向姜文提到筹拍中的《霸王别姬》，徐枫问姜文要不要来出演霸王一角，姜文以为是京剧，他表示自己更愿意出演虞姬。多年后姜文在杂志访谈中说："我当然愿意演虞姬了，有挑战嘛，演霸王就没什么挑战。你哪能知道我是什么样，当然人家（徐枫）像你们一样觉得我开玩笑，最后，虞姬也没让我演，霸王也没让我演。但如果真死乞白赖让我演，我确实想演虞姬。"徐枫的脑海中也曾闪现过让成龙出演段小楼的念头，不过她觉得成龙与巩俐搭档不太适合，最终否决了。在徐枫心中，觉得段小楼应该是那种一出场就能镇住观众的演员，而陈凯歌提议张丰毅，徐枫觉得张丰毅经常出演痞子一类的角色，并没有她心目中霸王的感觉。徐枫说："他（陈凯歌）说霸王这个角色应该是台上是霸王，台下是吃喝嫖赌样样都来，我说那就张丰毅。因为人有时候会一下子塞住，但是他一说就对了。"徐枫在戛纳见过巩俐后，认定了让巩俐出演菊仙一角，但陈凯歌因为巩俐是张艺谋的"御用演员"而不太愿意，不过最终徐枫说服了陈凯歌。

似乎一切都已水到渠成，但汤臣与张国荣的合约却迟迟未能签订。因为张国荣希望在合约内注明正式拍摄期限为四个月，而汤臣在征求陈凯歌的意见时，陈凯歌表示限定拍摄时间会让他有压力，所以汤臣只愿意与张国荣将拍摄期限作为口头协议，而不写入合约内，但张国荣反对口头协议。在双方僵持期间，半路杀出个"程咬金"，尊龙听闻张国荣还未曾签约，而他又有意与陈凯歌合作出演《霸王别姬》，于是致电陈凯歌倾谈数小时毛遂自荐，希望陈凯歌能够游说徐枫重新考虑程蝶衣的演员人选，尊龙亦托徐枫身边的很多朋友向徐枫传话，表示他非常想演程蝶衣一角，且愿意自降片酬。徐枫一边因拍摄期限问题与张国荣始终谈不下合约，一边又接收到尊龙发动的多方游说，遂与尊龙通了电话，谈妥了片酬。张国荣在此期间亦接了永高的《家有喜事》和永盛的《蓝江传之反飞组风云》两部电影，并于1991年11月10日自加拿大返港与黄百鸣洽谈《家有喜事》剧本，其间张国荣向记者表示因档期问题已正式辞演《霸王别姬》。徐枫亦于1991年11月12日向记者表示，对因双方时间无法配合而未能与张国荣合作甚觉遗憾，现尊龙以150万美元片酬正式接演《霸王别姬》一片。

当外界一致以为程蝶衣一角已尘埃落定之时，尊龙却因一条小狗而使程蝶衣一角再起波折。虽然尊龙与汤臣在片酬上已达成协议，但尊龙的律师出面附加了三大页纸的条件，如住五星级酒店，配私人化妆车、私人司机、私人保镖等，徐枫觉得尊龙作为国际影星，这些条件也不算不合理，故全部答应，最后问题出在了尊龙的一条小狗上。尊龙要求徐枫让他在美国的小狗坐全世界最好的航空公司的飞机飞至北京，且要徐枫打通北京海关的关系，因他的小狗必须与他同时出关，不能将小狗独自留在北京海关入关检疫，因为一般动物入关检疫需要三天。之前在12月6日台北举行的亚太影展上，尊龙和张国荣都是颁奖嘉宾，徐枫在见到尊龙时马上意识到自己选错了角，因为尊龙虽然俊俏，但脸部线条棱角太多，过于硬朗而缺少柔美感。当时徐枫非常着急，因为做人要讲信用，虽然还未签约，但已经与尊龙口头谈好了大致条件，不能违约，但尊龙的确没有比张国荣更适合演出程蝶衣一角。而在接下来的几天，纠结中的徐枫又在不同的场合多次见到尊龙和张国荣，更是让她觉得自己做了一个错误的决定。所以，本来徐枫已经在为选错角而烦恼，此时恰好尊龙提出"小狗条约"，顿时让她火冒三丈，于是决定撤换尊龙。

张国荣在《号外》杂志的邀请下，拍摄了一辑《奇双会》青衣造型的照片刊登在1991年12月的杂志上，无论是扮相还是姿态，都让人觉得是"虞姬"的不二人选。而在这敏感的时期刊出这一辑反串照片，张国荣表示，并非有任何特别的意思，纯粹是觉得好玩而已。这是他和杂志社齐齐构思的一个点子，他答应拍摄，是因为站在艺术的角度上，只想为自己留下一辑可作纪念的照片而已。在台湾时，张国荣亦送了一张底稿给陈凯歌，张国荣说："就算不拍戏，也可以和陈凯歌做朋友。"张国荣在台湾与尊龙碰面时，两人亦拥抱问好，张国荣虽然与程蝶衣一角擦身而过，但他仍鼓励尊龙："我们都看好你的。"

在"小狗条约"事件后，尊龙觉得汤臣如果有诚意，就应该安排好一切让他得到信心，去了解他的生活习惯，如果连一些小细节都照顾不周的话，他便无法专心演出。12月24日，尊龙公开发表声明表示辞演《霸王别姬》，声明称："基于近期种种突然变化及莫名其妙的指责，显示有关方面缺乏诚意，为避免各种无谓的揣测，本人谨向观众宣布放弃演出虞姬一角，并多谢各界一直以来的关心与支持。"对于尊龙的辞演，张国荣说："其实一日未正式签约，未白纸黑字写明，不能成事亦不足为奇，亦不能定谁是谁非。无可否认尊龙是十分适合演虞姬一角，他接拍不成，实在相当可惜。"对于自己是否会再次接拍《霸王别姬》，张国荣向记者表示，之前汤臣和他谈了几个月也得不到一个拍摄期限的决定，而高志森到加拿大找他接拍《家有喜事》，只谈了15分钟便决定合作，而且让他有选择导演和演员的自由权。他向汤臣提出的条件一点也不苛刻，与拍《家有喜事》和王家卫新片的条件都一样，他们皆可以接受，他觉得汤臣亦可以。张国荣认为合作最重要的是爽快，在长达几个月与汤臣的洽谈过程中，他感到汤臣的律师在有些小节方面实在太执着，所以再次接拍《霸王别姬》的可能性很小，因为之前他非常有热诚出演时几个月都没谈成，现在那股热诚已经冷却，而且自己已接拍了两部电影，档期已经排满，汤臣也未有跟他再次正式接触。

程蝶衣的演员人选两次在签约前告吹，令徐枫很不是滋味，她更是在一时之下表示，以后汤臣实行导演制，汤臣只管出钱，其他细节一概不理。不过李碧华并没有放弃继续游说张国荣，陈凯歌更是先后两次专程从北京飞到香港找张国荣，说明原委，并简单交代电影筹备的进度，双方恳切地交换了意见，陈凯歌问张国荣如果再次接拍，有什么样的要求。其实张国荣除了之前与汤臣一直谈不下的将限定拍摄时间写入合约外，并没有其他特别的要求，就像他后来说的，他去拍戏，如果剧组去接他只要不是货车就行，因为他不是货物，人家吃什么他也吃什么，他也没有特殊要求专门为他准备，他自己一个人拿个袋就去开工了。对于陈凯歌提出的问题，张国荣对记者说："我什么要求也不要，反而令陈凯歌很感动，立即给了我所有给尊龙的条件。""我没要求加钱，因为我志不在此，只是一心想大家拍好一部好戏。"之后，徐枫再去跟张国荣谈，张国荣也没有因为对方回头来找而摆出架子，一切都好谈，最后汤臣同意将限定拍摄时间写入合约。张国荣在北上试妆后，他的扮相令陈凯歌眼前一亮，陈凯歌非常激动。陈凯歌后来说："最有意思的是，他（张国荣）扮上以后不怎么抬眼，眼帘就那么垂着，本来京剧的化装和箍头都使眼角稍稍往上，而他又不怎么抬头，那真是千娇百媚。"

1991年11月14日，张国荣为电影《家有喜事》拍摄造型照时，黄百鸣向在场众多记者宣布，他和罗杰承合资成立的永高电影公司将以500万港元片酬邀请张国荣加盟永高为第一基本演员，三年五部片约，黄百鸣更希望张国荣能够自导自演其中一部。在张国荣与永高准备正式签约期间，恰好陈凯歌找张国荣再次接拍《霸王别姬》，张国荣便与黄百鸣谈及此事，黄百鸣表示，《霸王别姬》是一部难得的好电影，而且可以进入国际市场，如果张国荣不介意回头再次接拍的话，站在朋友和演员的立场他都会支持张国荣，并答应张国荣修改合约，将合约生效时间推迟半年，待张国荣拍完《霸王别姬》后合约再生效。1992年2月20日，张国荣在出席永高春茗会时，正式向外界公布他之前已与汤臣签约接拍《霸王别姬》。兜兜转转十年，是张国荣的终究是他的，程蝶衣一角最终尘埃落定。

1991年五六月间，中国发生严重水灾，尤其是华东地区的安徽和江苏两省。香港演艺界为赈灾发起各类筹款活动，香港电影导演会筹备义拍"忘我大电影"《豪门夜宴》。《豪门夜宴》以1959年的同名义拍电影为蓝本改编，组织了200多位香港演艺界人士的全明星阵容参与制作。1991年8月24日开镜，9月3日便杀青。张国荣亦专程从加拿大返港参加义演，8月27日一进入拍摄场地的张国荣便笑称："没我怎么成事啊？"虽然只有短短半日客串几个镜头的戏份，但为了赈灾筹款义拍没有人会在意戏份的多寡，都是为了尽一份心、出一份力。在温哥华演艺界卡拉OK慈善赈灾大会上，为了筹得更多善款，张国荣更是主动提议帮忙唱歌，这是他"退休"后首次在公开场合再开金口演唱，张国荣说："以后如果开金口，都希望是为了做善事。"

　　虽然张国荣之前客串了《豪门夜宴》的两场戏，但《家有喜事》应是张国荣在"退休"后首部正式接拍的电影。《家有喜事》最初计划由周润发、林子祥和黄百鸣出演三兄弟，不过周润发无档期，林子祥答应出演后又因故未能接拍，黄百鸣便想游说张国荣和周星驰联袂出演，于是黄百鸣托高志森和于仁泰去加拿大邀请张国荣返港拍摄《家有喜事》。在温哥华张国荣请他们吃饭时，高志森向张国荣表明来意，并向张国荣讲了《家有喜事》的故事梗概，张国荣表示没问题。在片酬方面，黄百鸣因为需要支付周星驰800万港元的片酬，考虑到影片成本问题，所以希望能用较少的片酬友情游说张国荣出演，但高志森向张国荣提出了一个比黄百鸣给的数字更低的片酬，张国荣表示没问题，大家都认识那么多年了，更是给面子主动少收了5万（港元）。1991年11月10日，张国荣返港，翌日与黄百鸣和高志森洽谈《家有喜事》拍摄事宜。当时角色还未定型，黄百鸣和高志森有意让张国荣饰演三兄弟中的老三"情圣"角色，也就是后来周星驰饰演的角色，但张国荣表示这类角色他已厌倦，不如他演一个"娘娘腔"的角色，毛舜筠亦表示自己亦可以演"男人婆"，最终黄百鸣决定由张国荣出演老二，并将角色定型为"娘娘腔"。

当我重温您，在茫然思忆里
所有冷冰的暖了

图片授权提供：Leslie Legacy Association

《家有喜事》也是谷德昭第一次接触电影,当时他担任现场编剧,主要的工作就是跟这帮大牌明星交流当天的拍摄情况。在拍摄中大牌之间的良性竞争也让谷德昭这个编剧新人甚感荣幸,谷德昭说:"三组演员,黄百鸣和吴君如,张国荣和毛舜筠,周星驰和张曼玉,他们的戏都是分开拍的,而我是唯一一个知道所有人拍了什么的人。所以,他们每天在开工前,都会先跟我谈一个小时再去化装。然后,周星驰和张曼玉就会跟我打听'听说他们(张国荣和毛舜筠)昨天拍了一个很好笑的,是什么啊?讲给我听听,一会吃饭的时候,你和我们一起吃,我们要想出来一个(更好笑的)。'然后到了第二天,轮到张国荣开工,他又会拉着我说'肥仔,坐,吃点什么,告诉我,他们昨天拍了什么?'你有一种PK的感觉,那种感觉很一流。"张国荣在演出中增添的一些小细节也为影片增色不少,如老二常骚整理完毛巾后的轻拍手掌和那场打麻将的戏等。因为周星驰喜欢抢戏,所以记者问张国荣与周星驰演戏会不会吃亏时,张国荣说:"对付星仔,我有我的办法,你们到时去看(电影)便知道了。"高志森也曾一度担心周星驰抢戏会让张国荣不开心,不过在电影公映后,张国荣饰演的常骚获得了一致的好评,大家认为周星驰的光芒并不见得能盖得过张国荣。高志森在很多年后说:"无可否认,当时周星驰的戏是较'抢',但时间证明一切,今时今日再看这部片,你会发现张国荣与毛舜筠那条线比较'耐看'。张国荣每个镜头的演绎方法都是可以仔细解读,可以慢慢'嗒'的。"有业内人士表示,"封咪"后的张国荣没有了以前偶像包袱的束缚,在演出上更放得开,反而给大家带来惊喜。

《家有喜事》也是好事多磨,1992年1月9日凌晨12点多,数名手持手枪、利刃的蒙面劫匪闯入东方冲印公司,声明不劫财,只要《家有喜事》的菲林,因当时同时有几部电影在东方电影公司冲印,冲印的工作人员不清楚《家有喜事》的菲林放在哪儿,最终劫匪随手劫走两盒菲林。对永高来说,运气不好的是劫匪随手拿走的两盒恰好是《家有喜事》的菲林,不过幸运的是,这两盒菲林基本上是NG镜头和韩国版的枪战结尾戏。因张国荣主演的《英雄本色》在韩国如"神"一样的存在,所以韩国电影商希望张国荣在《家有喜事》里也有枪战的镜头,黄百鸣就专门为韩国版拍摄了一个枪战的结尾。1月10日,劫匪用1000港元让一名女子致电多家媒体,表示要破坏张国荣的工作和投资,其上映的电影也会受到捣乱和破坏。之后,亦有其他路人致电媒体,表示若张国荣和黄百鸣仍不识时务的话,将会有更大的麻烦。当劫匪通过路人传达,将矛头指向张国荣和黄百鸣时,有人猜测有可能是之前有人向永高借张国荣拍戏不成而出此下策。此后,虽然警方拘捕了一名电影公司董事,不过第二天该董事便由律师保释。后来,《家有喜事》补拍的被劫走菲林的戏份及冲印胶片的过程,皆有警方保护,在冲印公司的警察也成了首批观看《家有喜事》的观众。

虽然《家有喜事》遇到了不可预计的情况,不过最后仍赶上原定的档期公映,从另一个角度来说,劫持菲林事件也为《家有喜事》的宣传做出了"贡献",《家有喜事》公映后取得了4900万港元的票房,刷新了当时的香港电影票房纪录,不过只维持了几个月便被周星驰的另一部电影《审死官》打破。虽然未能维持当年的票房冠军,但《家有喜事》成为非常"长寿"的香港喜剧的经典之作。2016年,黄百鸣将《家有喜事》修复后加上了当初韩国版的枪战结尾再次在香港上映。

1991年12月13日,香港商业电台在红磡体育馆举办"十大健康形象"颁奖典礼,张国荣亦榜上有名。当张国荣出现时,原本井然有序的现场顿时一片混乱,虽然事前大会做了充分的准备,但仍未能阻挡为一睹张国荣风采的观众涌向台前,现场更是尖叫声连连。张国荣在台上说:"两年前在这里与歌迷讲再见,今日我再返来拍戏,希望你们仍然继续支持。"观众亦用喝彩声表示支持。

以20世纪60年代香港"四大名探"之一蓝刚探长为蓝本的电影《蓝江传之反飞组风云》在1991年12月中旬开拍。张国荣在《阿飞正传》之后再次饰演"飞仔",这是张国荣除了早期青春电影外极少见的饰演同类型的角色,张国荣表示这部电影是商业化的《阿飞正传》,但两个角色本身是不同的,这将是他最后一次饰演"飞仔"的角色。出品人向华强希望把《阿飞正传》中未能满足观众的"飞仔"的生活拍出来,永盛之前拍摄的同样讲述四大探长之一吕乐的电影《雷洛传》受到观众的欢迎,所以向华强希望将二者结合起来,而不是纯粹拍摄蓝刚的传记电影。张国荣说:"向华胜认为那个时代的阿飞是爱跳茶舞,永远不见天日的,但我认为这个角色比较阳刚,《阿》片的旭仔则较阴柔。这部戏很商业,不太讲内心,节奏又很快,不用观众思考。我想这正是向华胜成功的地方。"

女主角周慧敏在知道男主角是张国荣后,非常兴奋,因为在她心里张国荣是遥不可及的天王巨星。周慧敏的男朋友倪震是张国荣的朋友,倪震在知道女朋友将与张国荣合作后跟她说,张国荣是很好的人,让她不用紧张,有时间他会去探班。不过戏还未开拍,在试造型的几次见面后,周慧敏和张国荣已经非常熟络了,根本用不着倪震探班,在拍摄期间周慧敏更是经常与张国荣去唱歌。后来张国荣还主动说要为周慧敏写一首歌,周慧敏以为张国荣说说就算了,没想到两天后张国荣打电话给她,让她在电话里听他演唱为她写的歌曲的demo。那首歌便是周慧敏后来收录在1992年唱片中的《如果你知我苦衷》,周慧敏之后亦演唱了改编的国语版《从情人变成朋友》,在1992年周慧敏主演的电影《现代应召女郎》中,周慧敏还翻唱了另一个粤语版本《后悔》。虽然电影拍完后他们并没有再次合作和经常见面,但周慧敏说:"能够成为他的朋友,感到很骄傲。他是独一无二的,他在我心内仍占据一个很重要的位置,他的地位无人可以代替。"张国荣也是片中另一个演员吴国敬的偶像,在合作对手戏时,吴国敬更是战战兢兢,在拍摄一场吴国敬要掌掴张国荣的戏时,吴国敬难以下手,最后还是在张国荣的再三鼓励下才完成了这个镜头。

在拍摄期间,张国荣与导演刘国昌合作非常愉快,而且张国荣觉得刘国昌值得他学习,所以主动提出要做刘国昌下一部戏的副导演。刘国昌表示张国荣是巨星，做他的副导演自己会有压力，张国荣则向他保证一定会很专业，做好副导演的工作，不过最终刘国昌还是没有去找这位巨星做他的副导演。张国荣曾在片场向记者表示，他会凭这部电影角逐1992年"香港电影金像奖"的"最佳男主角"，不过有意思的是，最终饰演蓝江的向华强被提名，这让向华强一度认为这是一次恶作剧，因为他们所有人都认为应该是张国荣被提名，可能是考虑到商业元素，虽然名为《蓝江传之反飞组风云》，看似蓝江是第一主角，但实际主角已转移到了张国荣饰演的"飞仔"身上。在导演刘国昌的眼里，张国荣是一位非常好的演员，可以摆脱偶像的形象，告别唱歌以后少了顾虑，演起来也较放得开。在拍摄期间，张国荣亦随时偷师，为自己日后从事导演职业做准备，张国荣更是有意将他倾慕已久的题材粤剧《再世红梅记》改编为电影搬上大银幕，张国荣说："visual（视觉）一定很大、很美。"

Chapter 18
因为我仍有梦

拍完《家有喜事》和《蓝江传之反飞组风云》后，张国荣返回加拿大搬家。虽然张国荣一直以来都喜欢搬家，但这次却是情非得已。因他在加拿大的住所在街边，被人认出后地址遭到泄露，引来了很多歌迷、影迷围观，更可怕的是，旅行社竟然把他的住所当成了旅游景点，张国荣说："有日我在露台喝下午茶，正当投入之际，竟然见到有两部旅游巴士停在我门口，数十人排队下车，然后听见导游说这间就是张国荣的住所啦，你们参观啦。于是那些游客就在门口处拍照，沿屋四周游览，我当堂吓了一跳，究竟是怎么一回事！"所以考虑到隐私与安全，张国荣决定搬家，这次他吸取教训，不再选择街边的房子，等安顿好搬家的事情后再返回香港，他始终还是喜欢香港，张国荣表示："香港可以做事，没事做，又可以约朋友打麻将、开派对，不愁没有节目，但加拿大太闷了，一日24小时，都好似不用工作，无聊到要自己找事做，所以还是喜欢留在香港。"

1992年2月23日，无线电视为表彰许冠杰在乐坛的贡献，在丽晶酒店举办了"许冠杰光荣引退汇群星"大型宴会，邀请了上百位香港演艺界台前幕后的人士出席。众人除谈对许冠杰的印象与感受外，也唱出许冠杰的经典歌曲向其致意，作为许冠杰的朋友，张国荣亦有受邀出席。因张国荣不再在公开场合唱歌，所以无线电视曾计划让张国荣以朗诵的方式与许冠杰在宴会上合作《沉默是金》，但张国荣觉得这样没意思，也没有诚意。张国荣原本计划只是前往捧场，但他与许冠杰友情甚笃，最终还是在宴会上与许冠杰合唱了《沉默是金》，这也是张国荣告别乐坛后第二次在公开场合演唱。

1992年2月24日，《霸王别姬》在北京开机，先期开拍小孩子的戏份，陈凯歌找张国荣要了童年时的照片，对着张国荣的童年照片寻找饰演小时候程蝶衣的小演员。张国荣于3月2日与李碧华飞往北京,进行普通话和京剧的学习与训练,剧组邀请了程砚秋的高足张曼玲和她的丈夫史燕生为张国荣指导京剧身段等基本功训练。在初次见面前,张曼玲心里想着:"他(张国荣)虽然是个大名人,可我是国家剧院的演员,一定要保持不卑不亢。"但见面后张曼玲就觉得自己多虑了,张曼玲说:"当时张国荣在王府饭店门前迎接我,看见我下车,赶紧跑下门前的高台阶来搀扶我。他说:张老师,我叫张国荣,能见到您我很高兴。"张曼玲觉得,张国荣自我介绍时说"我叫",而不是"我是",一个字虽然可以很轻,但也可以很重,重到足以证明一个人的人品。一开始张曼玲称呼张国荣为张先生,张国荣对张曼玲说:"张老师,我是您的学生,不要这么称呼我,叫我的名字,国荣,好吗?"自此,张曼玲也一直称呼张国荣为国荣。虽然张曼玲只教了张国荣一个来月的基本功,却开始了他们的一段忘年之交,张国荣后来去北京,无论多忙都会去探望他们夫妻俩,张国荣还邀请张曼玲全家去香港看自己的演唱会,张曼玲的丈夫史燕生生病之时,按照香港的风俗当年张国荣不能探望病人,但他仍去张曼玲家中陪了史燕生一个下午。张曼玲说:"对于我和国荣来讲,工作上的合作,也就一个多月,我要做的事情,已经完了,你说我一个搞京剧的,这么大年纪了,他能图我什么?可我们的友谊一直到他……让我终生难忘的是他的为人。"

到北京后,一开始张国荣压力非常大,毕竟之前从未接触过京剧,在勤练了一个星期基本功后,渐渐有了信心。在学习京剧的一个多月里,张国荣上午去片场练,下午回酒店练,连吃饭、走路都在练,风雨无阻,甚至发热到了38.9摄氏度还在坚持练习,如果遇到疑问便立即向老师请教。《霸王别姬》中张国荣需要出演昆曲片段,看到张国荣这么刻苦,张曼玲还特意为他邀请了昆曲名角北昆的蔡瑶铣为他指导。原本陈凯歌考虑到张国荣从未接触过京剧,为张国荣找了刁丽作为戏中京剧表演的替身,但张国荣不赞成使用替身,表示要自己亲身演出。《霸王别姬》的艺术指导、陈凯歌的父亲陈怀恺提议张国荣以学习梅派的京剧为主,平时由梅派传人刁丽指导张国荣,张国荣自己亦看录像带自学。刁丽说:"张国荣的悟性非常强,对几出戏的理解能力都非常强。"在练习之余,张国荣便去看京戏,拜访京剧名家,从不少跟梅兰芳有过合作的名家口中了解梅兰芳、了解京剧的历史和京剧艺人的心态,张国荣更是亲自提出前往梅兰芳墓前拜祭，张国荣说："我觉得应该去拜拜他，与迷信无关，只觉得尊重这位中国艺坛瑰宝是应该的。"张国荣还买了一本《梅兰芳舞台生活四十年》认真阅读，读后他说："这是一本好书，令我对大师的一生了解深了。"《霸王别姬》台前幕后的工作人员，除了李碧华和张国荣来自香港，其他全是内地的工作人员，张国荣表示："香港人在内地人心目中，印象并不好，我更加要做好，令人对香港人的印象改观。"张国荣与剧组的上上下下都打成一片，完全融入这个临时的大家庭中。当记者去探班时，私下问其他工作人员对张国荣的评价，每个人都竖起了大拇指，他们说："我们上下都欣赏他、喜欢他。"剧组给张国荣安排的特别助理李振铎说："张国荣人真好，酒店的工作人员叫他签名，他从来都不会推却，就算叫我们做事，也是连声谢谢，礼貌十足，张国荣的态度那么好，我们做起事来也方便，不会碰钉子。"

1992年3月底，张国荣正式投入《霸王别姬》的拍摄。自从他来到北京后，一直未曾回过香港，即使中间有假期，他亦留在北京，在养精蓄锐之余练习普通话，在北京城四处逛逛，了解北京城的文化。张国荣说："我来（北京）的时候，有人说我一定待不下去，要跟我打赌，说我两个星期后，一定会飞回香港，结果到现在已整整两个月了，我一日都未离开过，好像这几日，我有几日假期，大可以飞回香港打几圈麻将，或者跑一场马，再回来也行，但我没有这样做，我一直留在这里，我喜欢专心做好一件事，一回香港，心就散了！"虽然他没有回香港，但不时有香港的歌迷、影迷、朋友、记者北上探班。虽然这是张国荣第一次在内地工作，但在任何场合都有人把他认出来，找他签名和拍照，张国荣向记者表示，在北京签的名比在香港还要多。很多张国荣的歌迷、影迷为了见到张国荣一面，到北京电影制片厂门口、酒店门口等张国荣有可能出现的地方等他，有些更是从早等到晚，这让张国荣非常不忍心。有一次，几个高中生守在北京电影制片厂外，一直等到夜里11点张国荣一行从外景地拍摄回来。张国荣见到他们，轻轻责备道："这么晚了，还不回家？"然后和司机一起将这几位学生一一送回了家，直到凌晨2点。告别前张国荣叮嘱他们："不要再来了，先念好书。"这让之前不知道张国荣的陈凯歌对香港记者说："我没后悔再找张国荣演出，因为他是真的好，我没想过张国荣在北京这么红，也想不到他的工作态度，如此被人称许。"张国荣的敬业态度和表演水准除了得到陈凯歌的赞许外，更让专业人士对他刮目相看。张国荣亦说："如果我生长在北京，我相信一定在京剧界发展。"当时他的老师张曼玲就很肯定地说："是真的，他（张国荣）很有天分。"在拍摄《贵妃醉酒》那一场戏时，出演高力士的据说是一位京剧名家，拍完这场戏后，他悄悄问工作人员他戏里的搭档学了几年戏，工作人员告诉他，张国荣是香港明星，没有学过戏，这让他大吃一惊，对张国荣赞不绝口，并相约有机会一起合演折子戏。

令陈凯歌感慨万千的是程蝶衣因犯鸦片瘾而狂性大发那场戏，在拍摄时张国荣全情投入，不慎手指被飞溅的玻璃削去了一块肉，血流如注，但他并没有停下来，直到把镜头拍完，拍完后张国荣在现场泪如雨下，久劝不停。陈凯歌说："拍之前我也留心两个演员的状态，看张国荣是铁青着脸，张丰毅坐在旁边咬牙，我就跟摄制组说快快，这两人都进去（进入状态）了。果然一开机张国荣就疯了，然后就是拿着棍子乱打这墙上的镜框，玻璃碴四处飞溅，张丰毅在后头抱着张国荣也是感情丰沛，可以说现场两个人的表演已经惊心动魄。我不禁对自己说，这哪是烟瘾犯了发疯啊，这是人在眼前爱不得的极度痛苦，是面对不公命运拼尽全力的反抗。"拍摄"文化大革命"前夕张国荣的一场单人戏时，陈凯歌说："本来张国荣就是走这么一个简单的动作，他穿了一身扣得紧紧的灰色中山装，戴着副老派眼镜，提一个那个时代的小塑料包。但这边拍的时候，张国荣突然就站住了，我吓了一跳，不过他只提起脚轻轻地抖了抖，之后又接着往前走，我才注意到原来那地上有很多煤渣子。张国荣的动作非常自然流畅，但这不经意间的一个小细节，相当传神地表现出了程蝶衣这个人的洁癖，而这里又何止是洁癖，原来所谓'零落成泥碾作尘，只有香如故'，就是那个样子了。"拍摄批斗那场戏，正值北京最热的时候，全身行头的张国荣挂着大牌子跪在火盆边，整整拍了一天，拍完后张国荣更是病了一场。陈凯歌说："热到拿摄影机拍火苗子已经看不到颜色，空气也成了一浪一浪的热。张国荣、巩俐、张丰毅都在，尤其张国荣满脸是戏妆，但得涂得乱七八糟，身上裹着稀烂的戏服……那也是感情很重的一场戏，控诉检举，大义灭亲，人近乎疯魔的状态，整整折腾了一天，辛苦可想而知。那天有个著名的法国演员伊莎贝尔·于佩尔也在现场，就定定地在那里看这三人演了一天，临走时跟我说，真是太棒的演员，太棒的电影。"

1992年7月10日，张国荣拍完《霸王别姬》后离京返回阔别四个月零四天的香港，在香港逗留数日后，再回加拿大休息。在离开北京前，张国荣特意在香格里拉酒店宴请《霸王别姬》剧组的工作人员。四个月虽然不长，但大家几乎天天在一起都有了感情，难免离愁，即使现场气氛热闹，但张国荣仍几欲落泪。当众人安慰他时，张国荣说："我虽然他日也许会再有机会与巩俐等合作，但幕后的工作班底，必定人面全非。"在宴席上，众人也一一向张国荣敬酒，一位中国京剧院的女演员和她的老公亦过来敬酒，据英达透露，张国荣"啪——"一拍桌子，站起来指着那男的说："你要是再敢打她，我就叫香港的朋友来收拾你！"场内片刻安静之后，只见那男的结结巴巴地说："兄弟，有话好好说……"当时的气氛非常尴尬，张国荣的眼神和音量吓倒了在场所有的人，其实那天那唱京剧的男的有好多武生朋友在现场，真要打起来，张国荣肯定吃亏……英达强调说："张国荣就是那么男人地站起来，说出了所有人想说的心里话。"据闻那晚张国荣喝了十数杯白酒，回酒店后狂呕不止。因拍摄批斗戏时张国荣生了病，在离开北京时他说："我带走了离愁，也带走了工作人员送我的丝质内衣、古董小摆设，更是要将在北京种下的感冒菌带往加拿大。"

在拍摄《霸王别姬》期间，张国荣表示："我好庆幸，自己在这个年纪才拍《霸》片，这个年纪，见的事多了，人成熟了，可掌握角色。"张国荣的演出让陈凯歌一直觉得张国荣就是程蝶衣，程蝶衣就是张国荣。对于程蝶衣这个角色，张国荣说："程蝶衣，一个绝对自恋而且自信的人，他在舞台上的狂热与灿烂，让我看到了自己的影子。但在情感上，他则是空虚而乏力的，一个绝对的悲剧人物，他这一生，并没有太多的快乐日子，他唯一的辉煌，是和他的师哥一起在舞台上演《霸王别姬》———出以死亡换取结局的悲剧。我想演他，却不希望是他，我比他幸运太多了。"2002年张国荣在香港中文大学的演讲中谈到出演程蝶衣这个角色时说："作为一个演员，我只有尽力做好自己的本分，演好程蝶衣的角色，把他对同性那份义无反顾的坚持，借着适当的眼神和动作，传递给观众，而某种程度上还是要注意怎样平衡导演对同性恋取材的避忌。""在我演绎的过程中，基本不受原著的局限，我以为演员应有开放的胸襟，而电影亦可以是独立于文字之外的，是一个开放的空间，演员可以透过全新的演绎给予角色另一番生命。"而对于电影的结局程蝶衣之死，张国荣说："其实电影这个结局是我跟张丰毅二人构思出来的，因为我跟他经历了电影前部分的制作跟演绎，都有感在大时代的浪潮中，电影是难以安排霸王渡江南来的！"张国荣认为："主角二人的感情根本无法走出《霸王别姬》这个典故，是最合理和最具戏剧性的处理。而且以程蝶衣的性情，'她'是怎么也无法接受这样的爱情：霸王已无用武之地，要在'她'铅华尽洗之际苟延情感，是难堪的局面。现实生活里，程蝶衣是个放纵的人，却也因此，'她'不能接受现实走到恶劣之境。再者，在我们理解中的程蝶衣，是一个有梦想的'女子'，'她'向往舞台上那种热烈生动的演绎，也只有在舞台上，'她'才有最真实的生命。所以，让'她'死在舞台上，是最合理，也是最具戏剧性的处理。"陈凯歌后来在访谈中说："张国荣是一个伟大的演员，他有难以测量的勇气和真诚，去追求艺术的完美境界。而他的优秀，他的成就，是中国人的骄傲。"

张国荣在北京拍摄《霸王别姬》期间，他的朋友陈百强于1992年5月18日在自己的寓所昏迷入院。张国荣得到消息后几次打电话给香港的朋友询问陈百强的情况，张国荣在当年的2月25日离港北上之前，曾在中环的迪斯科与陈百强相遇，他俩还一起唱歌、合影，可能这次相遇是张国荣与陈百强的最后一次相见。虽然有一段时间两人在媒体口中常被传不和，但在张国荣退出乐坛后，每年生日或圣诞宴会都会邀请陈百强一起相聚。当张国荣的记者朋友汪曼玲北上探班时，两人的话题亦大部分谈及陈百强，汪曼玲说："张国荣口中的丹尼仔，好好人，又不谙事八卦、口德好、没有什么是非。丹尼仔口中经常说闷、寂寞，张国荣说：他有点钻牛角尖，也许是他要求高，丹尼仔一直希望拍到有质素的电影，但我和他不同，我对拍电影上瘾，又比较喜欢工作。"虽然张国荣因风俗本命年不宜探望病人，但从加拿大过完年返港后，立即与查小欣一起去医院看望陈百强，他要求查小欣"千万别通知记者和不要拍照"。陈百强留院17个月，一直未苏醒，于1993年10月25日因脑衰竭不治去世。

在《阿飞正传》票房失利后，王家卫在之后两年的时间里一直没有开拍新电影，他与刘镇伟成立了泽东电影公司，一边筹集资金，一边寻找下一部电影的方向。1992年9月21日，王家卫邀请了众多大牌演员开拍古装武侠电影《东邪西毒》。王家卫表示潮流兴古装电影，而他又从未拍过古装电影，他觉得拍古装电影可以天马行空，所以决定拍摄一部古装电影。最初，王家卫因为喜欢"东邪西毒"这个名所以准备开拍一部《东邪西毒》的电影，东邪和西毒都是女人，由林青霞和王祖贤出演，是完全不同的另外一个故事。不过在购买版权的时候，王家卫发现购买《东邪西毒》的版权和购买《射雕英雄传》的版权没有分别，遂决定购买《射雕英雄传》的版权，不过他最有兴趣的还是他觉得"非常自私"的东邪和"悲剧"的西毒这两个人物。王家卫一开始想找小说作者金庸了解这些人物年轻时候的故事，但没能接触到金庸，于是他就自己构想他们成名前的故事。原计划《东邪西毒》分为上下集，上集由王家卫执导、刘镇伟监制，下集则互相调换岗位。一开始人物设计是张国荣饰演东邪，在拍了一个月左右的戏后，眼看还有一个月就要交片了，还没理清头绪的王家卫跟刘镇伟说："我想过了我还是拍不来，你先来。"刘镇伟对王家卫表示，"你上集都还没拍好，观众怎么知道我下集在讲什么"。王家卫表示没事，让刘镇伟先拍，帮他先应付东南亚地区片商。刘镇伟后来说："《东成西就》是我最痛苦的一部电影，最不喜欢的一部。如果你问我最喜欢哪部电影我说不出来，但最恨的一部就是《东成西就》。没有剧本，要27天拍完交货。"

为了赶在农历新年上映，刘镇伟从答应到开拍只有八天的筹备期，连他自己都不知道自己要拍什么。原本《东邪西毒》上集是讲这些人物成名前的故事及决定华山论剑，下集则讲华山论剑和前后几天的故事，现在上集都没着落，但碍于时间与资金的压力，刘镇伟只能先开拍下集，为了让观众无须根据上集的剧情连贯着来看，而且在贺岁档上映，于是将下集独立出来，改为搞笑的贺岁喜剧《射雕英雄传之东成西就》。一开始刘镇伟的脑海里只有"香肠嘴"的欧阳锋这一个创意，于是就先开拍"香肠嘴"的欧阳锋这一段，这段戏刘镇伟一共拍了三天，为的就是拖延时间来想其他的剧情。然后就边想边拍，刘镇伟说："一直拍到大殿里打的最后一场高潮戏，我实在太累了，我回酒店跟王家卫说：'给我三小时睡觉，我不知道后面发生什么事，你帮我根据故事写一写。'等我回来，他说：'写不出来，你比我写得好，还是你来，我先走。'我抓住他，'你不能走'，掉头我就离开了。他又找了我三个钟头，等我回去还是没有剧本，他又走了。我叫所有的人睡觉，等我完成剧本。梁家辉进来，问：'导演，我今天做什么？'我说：'还不知道，你先去睡觉。'"在《东成西就》刚开拍的时候，《东邪西毒》并没有完全停下来，所以演员同时得在两部片子里轮流拍摄，刘镇伟说："（演员）晚上去王家卫那里做戏，很闷的，神情好像快要死掉的那样，到我这里，则要发疯式地做喜剧，演员简直要精神分裂。"

1992年12月，在香港新界的嘉龙片场，张国荣为《东邪西毒》补拍屋顶踢翻瓦片的几个远镜头，据在现场的*People*杂志中文版的台湾记者柯志远文中写道："简单的一个镜头，他（张国荣）吆喝一声，双踝连环扬起，分别踢落一片屋瓦；可是因为灯光、踢脚连度、瓦片翻落的位置和角度……似乎，一连NG重来了几次。他也不嫌烦累，发自丹田的吆喝音量，一回比一回洪亮，踢起的力道也始终强劲利落。"几次之后，武戏导演洪金宝喊了暂停，重新布置现场。柯志远说："现场布置停当之后，他又被请上了屋脊，机器在动，强灯闪亮，张国荣认真执着地在重复那一个在银幕上可能不过两三秒长度的镜头。'呀喝……'他虎吼一声，瓦片被高扬踢起，跌落，碎裂。'Cut——'洪金宝喊停了摄影机，一切好不容易大功告成，而那个穿古装的明星，却兴高采烈地转腰扭臀，自顾自地在屋梁上跳起舞来。"后来柯志远因一篇中肯的"张国荣专访"的文章，与张国荣成为朋友。柯志远因为妹妹想见见从自己口中听到的这个完美的张国荣，在与张国荣见面时便不经意地说："很好笑，我妹妹说想见你耶！"张国荣不假思索地说："好啊！下次我到台湾时，记得把你妹妹约出来见个面吧！"柯志远只当张国荣是敷衍的玩笑话，也没放在心上。后来张国荣再去台湾见到柯志远时，问道："咦！你妹怎么没一起来呢？"让柯志远当场一愣。之后王家卫觉得之前拍的戏不理想，决定重起炉灶，王家卫认为张国荣做"东邪"没有惊喜，让他改演"自卑又不想受伤害"的"西毒"，张国荣在得知消息后对林青霞诉苦："我拍了30天的戏全都不要了。"随后，王家卫将演员档期全部让给赶拍中的《东成西就》，重新筹备《东邪西毒》。

张国荣很多年前就说过希望与林青霞合作,但一直没有机会。当年许鞍华开拍《今夜星光灿烂》时两人差一点合作,不过最终还是擦肩而过,在《东邪西毒》和《东成西就》中,张国荣与林青霞终于首度合作。在片场,工作人员都叫林青霞"姐姐",叫张国荣"哥哥",张国荣说:"拍《倩女幽魂》时王祖贤叫我哥哥,她叫妹妹,后来就个个都叫我哥哥。"不过"哥哥"这个花名虽然源自《倩女幽魂》之时,却传于拍摄《东成西就》与《白发魔女传》时,几年之后"哥哥"这个称呼成为张国荣在众人口中的昵称。张国荣这次回港拍戏租住在湾仔的会景阁公寓,与林青霞是同一座大厦的楼上楼下。那段时间两人几乎天天见面,一起搭剧组的小巴开工收工,彼此谈心交流,闲时亦一起打麻将。有一次,张国荣说:"那天'东方不败'打败了'东邪西毒',我要再拼一次,我不相信'东邪'会输给'东方不败'。"林青霞在文中说:"有一次,在乘车途中他(张国荣)问我过得好不好,我没说上两句就大颗大颗的泪珠往下滚,沉默了几秒,他搂着我的肩膀说他会对我好的。从那一刻起,我们就成了朋友。"在拍摄过程中,两人有不少的对手戏,合作亦非常默契。张国荣更是提议由刘镇伟导演,他与林青霞合作翻拍新版《梁山伯与祝英台》,如果是正经版由他饰演梁山伯,林青霞饰演祝英台,因他俩的反串都很受欢迎,也可以翻拍搞笑版,角色互调,不过张国荣笑称,如果他反串饰演祝英台,因他皮肤较黑,到时候可能会变成"非洲版"祝英台。在片场,张国荣跟每个人都是好朋友,林青霞给他取了个花名叫"万人迷",张国荣后来笑说:"他们叫我'万人迷',说我勾三搭四,连林青霞、王祖贤、张曼玉也不及我迷人,所以最后梁家辉也忍不住说'我爱你'。"张国荣与梁家辉的那段搞笑的歌舞戏,由张国荣和梁家辉亲自提出创意,张国荣更是现场即兴填写了这段歌舞的戏中曲《做对相思燕》的歌词,这也是张国荣真正意义上最后一次完整填词,后来为陈冠希作曲的《极爱自己》只填写了rap(说唱)部分歌词。在电影《花田喜事》内演唱了戏中曲《求神》后,张国荣再次亲自上阵,与幕后代梁家辉演唱的黄霑合唱这首改编自1938年电影《王老五》主题曲的《做对相思燕》。

《东成西就》虽然是刘镇伟最痛苦、最不喜欢的一部电影,但在上映后非常受观众的喜欢。相比它那性格迥异的孪生兄弟《东邪西毒》在上映后,一开始"既不叫好又不叫座"的反应,

《东成西就》是叫好又叫座。直到如今，《东成西就》仍是港式无厘头喜剧的经典之作，更被一些影评人认为《东成西就》靠截图就能打败现今拍摄的华语喜剧片。在拍摄《东邪西毒》和《东成西就》的空档，张国荣接拍了黄百鸣东方公司的另一部贺岁片《花田喜事》。1992年11月1日，阔别乐坛三年的张国荣再次踏入录音室，为《花田喜事》的戏中曲《求神》录音。这次张国荣肯答应演唱一小段戏中曲，是因为这段戏中曲的确是剧情所需，而且黄百鸣和高志森也付出了很大的诚意，黄百鸣更是书面向张国荣保证此段歌曲不会在媒体单独播放、不会出版唱片，只用于《花田喜事》电影之中。《求神》是香港人耳熟能详的粤剧《唐伯虎点秋香》的经典名段，在《花田喜事》里借用于张国荣饰演的魔术师高柏飞追求关之琳饰演的白雪仙的一场戏中。张国荣1984年在无线电视的《欢乐今宵》节目中亦与张德兰合唱过这首粤曲。《花田喜事》中白雪仙的唱段由毛舜筠幕后代唱。虽然张国荣数年没进过录音室，但一切驾轻就熟，原本一次便过，后来因为歌词改动又多唱了一次，让在场的人听出耳油，资深记者林冰说："在收录《花田喜事》插曲的现场，我听张国荣清唱，觉得他声线依然吸引人，唱歌技巧依然卓越，真为他的退出感到惋惜。现在唱歌当红的哪儿有他这个水平。"

《花田喜事》改编自《水浒传》第四回《小霸王醉入销金帐》和戏曲《花田错》，全片大部分戏在新加坡的"唐城"实地拍摄，被称作是古装版的《家有喜事》。张国荣在片中的一些造型被称为许仙翻版，张国荣表示徐克的《青蛇》曾邀他出演许仙一角，但他觉得许仙优柔寡断、用情不专，虽非大奸大恶，却害了白素贞，这类个性不鲜明的角色他没有兴趣出演而一口拒绝，张国荣更是觉得法海比许仙更有戏。在新加坡拍摄期间，每天早7点开工，晚6点收工，时间非常规律，让他们一行人非常轻松，再加上本身又是喜剧，每天都是开开心心的，张国荣更是在片场嘻嘻哈哈"风骚"不已。唯一麻烦的是"唐城"的游客非常多，而且还有为见一众偶像的歌迷、影迷，因《花田喜事》是现场收音，且是古装片，所以游客和歌迷、影迷直接影响了拍摄的进度，以致后期拍摄的时间非常紧迫，张国荣心里念着赶拍中的《东成西就》，如果因为他而影响《东成西就》的进度他觉得会很不好，幸好《花田喜事》最终如期杀青。张国荣这位准导演在现场非常有动力，不单给自己和对手设计桥段，连对镜头、摆位都有很多想法与高志森交流，高志森也是在大部分情况下接受张国荣的建议。高志森说："我必须要强调的是，张国荣提意见不会野蛮，他从不尖酸刻薄……他是个十分有教养的人，他会有礼貌地将自己的看法说出来，他的意见是make sense（有意义）的，是为了做好一件事……每当拍摄遇到阻滞时，能够碰上一个像张国荣这样的演员就好了，他不单不需要你照顾，或者给你添麻烦，而且还会替你解决问题。"张国荣在《霸王别姬》的舞台上反串演出虞姬，这次在《花田喜事》中亦有反串演出的片段，当有记者问张国荣在生活中是否有幻想过自己是女性时，张国荣表示，就算自己再无聊也不会有此念头，如果有投胎转世，还是喜欢做男人多过做女人。虽然戏拍得很赶，但演员之间相处愉快，高志森笑说："张国荣的状态好好，在杀青庆功宴那晚他与阿Sam两人合唱《沉默是金》，所有酒店员工停下手不做事，应该要找他们收钱才对。"《花田喜事》在贺岁档期上映后，与周星驰先上映一星期的《逃学威龙3：龙过鸡年》打擂台，因周星驰是当时港产片中唯一的票房保证，所以很多人都估计周星驰会赢，包括高志森和张国荣，不过最终《花田喜事》以高于《逃学威龙3：龙过鸡年》1000万港元的票房获胜，在当年香港电影票房榜上排名第二。

一直有意当导演的张国荣，在拍摄《霸王别姬》后期时，已形同于副导演，张国荣对记者说："问凯歌，我几乎成了这部戏的副导演。什么事都会提意见，我也是为戏好，我们看毛片，看到有哪个镜头不满意便改拍到满意为止，慢工出细活。"而他自己的导演计划反而暂时搁置了，在跟好的导演合作过之后，张国荣觉得自己在导演的工作上还欠缺经验，而且之前计划导演的青春爱情片在票房上没有把握，所以暂时先安心做好演员的工作。原本黄百鸣的东方电影公司拍摄的《李洛夫奇案》亦邀请了张国荣出演，不过与张国荣赶拍中的《东成西就》撞期而作罢；陈凯歌也希望张国荣能出演1993年由他执导的一部好莱坞投资的大片。

1992年12月26日，《霸王别姬》先于1993年1月1日香港公映前在香港会展中心举行首映，吸引了众多的媒体、影迷、业内人士等，一票难求，现场更是几度混乱。张国荣的粉丝一早便在门口等候，张国荣一到场，便蜂拥而上，将他重重包围，连保安都挡不住。媒体形容张国荣粉丝的疯狂与热情，与当年他还未告别乐坛时在公众场合引起的轰动有过之而无不及。张国荣自己在看了15分钟后便已流下了眼泪，汪曼玲写道："他（张国荣）说：'因为我知道陈凯歌怎么样去拍我的童年的戏，那些童星真是挨打的，所以戏里面看到他们，觉得那些小演员好惨，忍不住哭。'张国荣问旁边的张丰毅有没有纸巾，张丰毅转去问巩俐，巩俐没有，再问方小姐借纸巾，给Leslie抹眼泪。"看完戏后，张国荣更是问周围的朋友"好不好看"。张国荣说："成组戏，只有我一个香港人，我不能丢人，其实巩俐、张丰毅都演得这么好，我不可以失败，一定要为香港人争光。"首映后，《霸王别姬》和张国荣得到媒体的一致赞赏，有媒体更是赞誉"张国荣制造香港神话"，而《霸王别姬》入围戛纳电影节，让徐枫、陈凯歌、张国荣等一众主创开心不已。很多年后仍有人提出"是《霸王别姬》成就了张国荣，还是张国荣成就了《霸王别姬》"的问题，但这已经不重要了，正所谓"台上一分钟，台下十年功"，在张国荣成功饰演程蝶衣的背后，他所付出的汗水是观众在大银幕上看不到的。

图片授权提供：Leslie Legacy Association

图片授权提供：Leslie Legacy Association

当我重温您，在茫然中思忆里
所有冷冰的暖了

Chapter 19

天爱上地不会完全凭运气

1993年1月，张国荣为无线电视"十大劲歌金曲"评选担任评委，不过颁奖典礼当晚他并未出席，而是留在家中收看电视，最终得奖的十首"劲歌金曲"与他的评选完全相同。在2月与李碧华等朋友的聚会中，朋友提议他去内地唱歌，对此张国荣说："（说了）不唱就不唱，上台玩玩另作别论。我知道内地的歌迷很好，很真心。作为艺人有这样的歌迷很开心，但我是下决心不唱。"《东成西就》在2月初已经公映，而《东邪西毒》的开拍日期还在云外飘，黄百鸣的东方电影公司给王家卫的泽东电影公司发了一封通知函，表示张国荣4月将接拍东方电影公司的《白发魔女传》，张国荣在《东邪西毒》的戏份需要在3月底前完成。因此，外传张国荣与王家卫不和，对此传闻张国荣则表示，东方电影公司发函给王家卫，只是按照手续办事，自己与王家卫并无不和。张国荣说："我和王家卫之间，没有不快！我这次从加拿大回来，我们有相约吃饭聊天，我们之间无问题。一向都知王家卫拍戏，慢工出细活，而我又一早签了东方（电影）公司，4月中一定要拍他们的《白发魔女传》，东方很重视这部片，当然不想撞期，所以事先通知家卫！"后来《白发魔女传》延迟到5月开机，张国荣表示在拍摄《白发魔女传》之前，可以给王家卫档期，不过他也明白王家卫的拍戏方式，如果拍不完只能在《白发魔女传》拍完后再拍《东邪西毒》。4月25日，王家卫的《东邪西毒》再次开拍，张国荣非常开心地说："开拍了，真的！好不容易等到这天了。"

　　《白发魔女传》改编自梁羽生的名著。梁羽生于2009年去世，据媒体报道："梁羽生（生前）最爱做的事除了读书，便是看电影，尤其是哥哥（张国荣）的电影，他甚至能一口气说出张国荣拍过的几部电影，对张国荣曾和林青霞一起主演的由他的小说拍成的电影《白发魔女传》也很欣赏。"《白发魔女传》的导演于仁泰对原著进行了非常大的改动，提取了原著中男女主角的感情线，弱化了时代的背景，甚至把原著中卓一航懦弱的性格改成了离经叛道、潇洒不羁、吊儿郎当，让人耳目一新，按照原著中卓一航这种讨人厌的性格，估计张国荣会像嫌弃许仙一样推却，于仁泰说："现在一定要重新塑造卓一航的性格，否则观众很难接受，所以我便将卓一航改成十分离经叛道的人，甚至比张国荣在《阿飞正传》中的表现更甚，更像占士甸一样。"于仁泰在导演自己的第二部作品《救世者》时便有意邀请张国荣出演，但未能成事，很多年后两人终于在《白发魔女传》遇上。女主角练霓裳原本计划邀请杨紫琼出演，但杨紫琼没有档期，便换成了林青霞。"哥哥"和"姐姐"在《东成西就》后再次在电影里相逢。

《白发魔女传》投资3000多万港元，更是邀请了曾获奥斯卡金像奖"最佳服装设计"的日本服装设计师和田惠美设计服装。在这次合作中张国荣与和田惠美也成为好友，张国荣在去世之前筹备自己执导的电影《偷心》时，亦邀请了和田惠美担任制片之一和服装设计。和田惠美说："我和演员好少能成为朋友，不过打从《白发魔女传》开始认识Leslie，大家竟然变成好朋友，我还答应过，为他首次执导的电影做美指，可惜戏未开他已走了，在半岛酒店跟他最后一次见面，令我印象深刻。"以"布料+设计"闻名的和田惠美在片中给林青霞设计了一件内衣，质料非常好，张国荣看了后，也非常喜欢，不过他想用来做窗帘。电影的摄影指导是后来凭《卧虎藏龙》获得奥斯卡金像奖"最佳摄影"的鲍德熹。据鲍德熹介绍，张国荣在《白发魔女传》中亦构思了两场戏，一场是卓一航等人返回武当时，他的师父及武当同门被杀；另一场是卓一航与姬无双的决斗，张国荣认为应让观众与卓一航同步，通过卓一航的眼睛看到姬无双。张国荣这位准导演在现场亦提出了很多可行性的建议，鲍德熹说："他绝对不是dominating（霸道），不会凌驾导演，他是一个非常尊重导演的演员。其实我们拍电影的，遇到演员提出有建设性的意见会特别高兴。"导演于仁泰亦称张国荣是一个十分认真和专业的演员，为影片提出了很多意见，张国荣拍完其中一场戏回家后，反复思考，第二天向导演提出以另一种方式演绎，然后重新演了一次给于仁泰看。后来鲍德熹与张国荣还合作了《金玉满堂》和《夜半歌声》，在鲍德熹心中，张国荣是一个充满个性魅力的演员，光彩夺目。

张国荣与林青霞在水中缠绵的镜头，亦由张国荣设计。对于在片中与张国荣的大胆演出，林青霞表示，她对于仁泰有信心，而且对手是张国荣，大家是好朋友，她信得过张国荣，事前也曾沟通好，所以演出时非常自然。曾在《游侠张三丰》中饰演张国荣"父皇"的罗乐林，在多年后再次与张国荣合作。罗乐林觉得张国荣虽然在外貌上变化不大，但在工作处事等各方面成熟了很多，虽然张国荣已是巨星，但对他仍很客气，毫无架子。在《白发魔女传》中担任编剧、剪辑和配乐的胡大为表示，张国荣对电影触觉敏锐，是个有做导演能力的人，如果张国荣做导演，一定会光芒四射，胡大为还答应张国荣为他执导的首部电影担任剪辑。在拍摄《白发魔女传》期间，因经常遇上大雨天，这让导演于仁泰愁眉不展，担心无法如期完成。有一天，又遇上大雨，于仁泰正在烦恼时，张国荣跑过去跟他一起躲雨，而且在他边上哼了几句歌。哼完后张国荣问于仁泰好不好听，于仁泰表示很好听，张国荣对于仁泰说："这首歌送给你。"愁眉不展的于仁泰没反应过来，张国荣向他表示《白发魔女传》需要一首主题曲的嘛，于仁泰赶紧说多谢。于仁泰也是一个很有意思的人，因为当时他正在烦恼下雨天的事，所以事后他觉得张国荣送歌给他时他的反应不够强烈，所以后来在义映的记者会上，于仁泰讲了一遍张国荣送歌的事，并对记者表示，"我好兴奋啊，发达了！"于仁泰说："我是真的兴奋，只是当时没表达出来。"后来黎明听了这首歌后很喜欢，遂在征得张国荣的同意后，改编为他自己的粤语版《一生最爱》，收录在黎明同年的专辑《梦幻古堡》中。由张国荣作曲的《白发魔女传》的主题曲《红颜白发》在同年第30届"金马奖"上获得"最佳电影歌曲"。

1993年5月13日，第46届戛纳电影节开幕。5月19日，入围戛纳电影节的《霸王别姬》在当地召开记者招待会，徐枫和陈凯歌带领一众主创出席，因前一天放映的记者优先场口碑甚好，以至记者会座无虚席，吸引了300多位中外记者主动参加，现场气氛更是非常热烈。当晚，《霸王别姬》在戛纳首映，电影放映结束后，现场的3000多位观众起立鼓掌长达10分钟之久，之后又掀起第二轮鼓掌。在徐枫和陈凯歌带领的代表团回酒店的路上，沿途不断有外国人用不同方式表示对电影和主创人员的赞美。张国荣说："在《霸王别姬》放映时，我有一个很强烈的感觉，我以后会逐渐减产，不再拍烂片。作为一个演员，希望得到人家的尊重，而拍到一部好电影，我完全感受到被尊重的满足感。"《霸王别姬》在戛纳的首映获得空前成功，影评人亦看好张国荣会获得"最佳男主角",各家媒体更是使用张国荣的照片作为报道重点,而张国荣表示,自己只是抱着去见识和观摩的心态前往戛纳,虽然心情很兴奋,但是不会给自己压力,也希望《霸王别姬》能够获得金棕榈大奖。在抵达戛纳时,张国荣笑着对记者表示:"得奖请你们吃晚餐,没赢吃早餐。"《霸王别姬》在戛纳电影节亦被11位国际影评人全票通过获得"国际影评人大奖",这也是中国第一部获得此奖的电影。

本届戛纳电影节金棕榈奖共有世界各地23部电影入围角逐,在影展期间每日放映2部,各国的影评人也会在每日观片之后给电影打分,在先前放映的18部电影中,《霸王别姬》一直高居分数榜冠军。15位世界各地影评人中,有4位给了10分满分,还有4位给了9分的高分。5月24日晚,第46届戛纳电影节颁奖典礼举行,赛前呼声甚高的张国荣最终以一票之差与戛纳"最佳男主角"擦肩而过。事后,评委会主席路易·马卢说:"张国荣是让人难忘的好演员,可是投票是众人的事,不是一两个人的意见可以扭转的。"评委英国男演员盖瑞·欧曼表示:"你不能以输赢论英雄!张国荣并没有输,事实上我是投他最佳男主角一票,因为他的乾旦表演,我只能以'特殊奇观'来形容,因为实在是太特殊,太抢眼了。他与英国影帝大卫·休利斯是不同的表演风格,只能说有一些评审将票投给了大卫,而没有给张国荣。不过,在选女主角时,竟然有一张票是给张国荣的,是意大利艳星歌迪亚·卡汀娜投的,因为她认为张国荣比女人更能演活女性角色。"在颁奖典礼举行前,徐枫已听说《霸王别姬》会获大奖,大家都喜形于色。颁奖礼的高潮便是颁发最高奖项"金棕榈大奖",评委会主席路易·马卢在宣布"金棕榈大奖"时报出了《钢琴之恋》,在全场的掌声中,《霸王别姬》的团队一脸惊愕,不过路易·马卢接着报出了《霸王别姬》,原来是《霸王别姬》和《钢琴之恋》同时获得"金棕榈大奖",此时全场起立热烈鼓掌,声势一时无二,徐枫更是紧紧地抱住陈凯歌。这是中国电影第一次获得戛纳电影节最高奖项"金棕榈大奖",也是至今为止唯一的一部。张国荣虽然未能获得戛纳"最佳男主角",但他在《霸王别姬》里精彩的演出,获得了国际影评人较高的评价。据内部人士透露,戛纳电影节一向有不成文的规定,最佳影片与最佳男主角通常不会是同一部电影。张国荣虽败犹荣，在国际知名度上更是迈出了坚实的一步，在戛纳电影节的惜别宴上，一些国际电影人纷纷邀请张国荣出演英语电影，之后也有一些国际电影公司到香港邀请张国荣出演他们的电影。

《霸王别姬》在欧美上映后好评如潮，更被称为是中国版的《乱世佳人》。《霸王别姬》在国际上亦屡获大奖，如美国金球奖的"最佳外语片"、美国国家电影评论学会的"最佳外语片"等，也在奥斯卡金像奖上获得"最佳外语片"和"最佳摄影"的提名，但《霸王别姬》在内地的公映却遭遇了尴尬的境地，历经了批准上映、被禁、再度解禁的命运，幸运的是《霸王别姬》在重重波折后最终得以在内地公映。《霸王别姬》因涉及一些历史原因，虽然经修改后允许在内地放映，但明令实行"不宣传、不报道"的规定低调处理，如禁止发布上映广告、禁止举办首映礼等，原定首映的影院不得不把"首映礼"易名为"见面会"。原定1993年7月26日在上海大光明电影院的首映在易名"见面会"后如期举行，但不得不取消了记者招待会。首映的票价高达50元人民币，在当时是内地有史以来最高的票价，黄牛票更是高达100元人民币，但仍一票难求。据当时媒体报道："一大早，门口已有众多手捧鲜花的少女在等候，为的是下午能一睹心中偶像的风采。下午2时许，张国荣的车行驶至大光明门口，上千名等候已久的观众骚动起来，黑压压的人群一时把南京路堵得水泄不通，20路电车如同火车车厢排起了长队……好不容易，张国荣被保驾着，进入大光明，身后的几千名观众，尤其是少男少女们，拼命用力试图挤进大门，刚刚装修一新的大光明电影院，敞开的玻璃门被挤得吱吱嘎嘎，摇摇晃晃，数秒钟之后，随着人群的挤压，两扇玻璃大门犹如电影中的慢镜头徐徐倒下，哗啦啦响声震耳，玻璃碎片撒了一地……保安人员不得不采取措施。此时，许多被挡驾在大门外的少女们，从清晨站到下午，结果连张国荣的脸都没看见，更不用说把代表着心意的鲜花献给他了，委屈而伤心地呜呜哭了起来……"时任大光明电影院总经理的吴鹤沪后来回忆说："进场的时候，大光明的12毫米的玻璃（门），都被当场挤碎，旁边的领导头发上面都是玻璃碎片，还记得张国荣跟我说上海的观众太热情了，他的西装上的扣子全没了。在剪彩以后，张国荣把彩球抛向观众，谁都想要拿着个彩球不放，彩球就变成了彩条，很长，我们在台上看到，有观众从口袋里拿出个旅行小剪刀，大家在剪，剪成一块一块放在口袋里。"在场内的观众都异常兴奋，一潮接一潮地齐声大喊着张国荣的中文名和英文名……对于《霸王别姬》在上海的首映盛况，媒体如此报道："电影院大门被挤破、演员下不了车、张国荣差点'被挤死'、交通堵塞、140名警察维持秩序……"对于《霸王别姬》在内地"不宣传、不报道"的规定，张国荣表示："《霸王别姬》只是一部电影而已。"《霸王别姬》7月26日在上海首映后，随即在上海30多家影院公映，预售票都卖到了8月10日；北京则从28日开始，在30多家影院公映。在北京的见面会上，据媒体称："最后出现的张国荣赢得的掌声最为热烈而持久。他自言已经变成了北京人，回到北京很亲切。他说，拍摄《霸王别姬》是他最辛苦的一次经验，他最大的愿望还是希望影片能在内地公映。"因为不准宣传，电影发行公司的领导带头上街叫卖首映票，一度被路人以为是骗子。最终2700多个位置，卖出了4000多张票，有1000多人无座。虽然在有关规定的限制下，《霸王别姬》的公映被低调处理，无意中却成了《霸王别姬》很好的宣传之一。

《霸王别姬》原计划春节档期在台湾公映，但因台湾地区"赴大陆拍摄的电影起用大陆编导演人员不得超过二分之一"的"二分之一"法未能获准公映，之后台湾的几大企业联手发起"万人支持《霸王别姬》上映签名活动"，最终台湾有关部门在与学者、专家和民意代表的数次会议讨论后，采纳多数人的意见，决定开放优秀影片在台湾商业公映，优秀影片是指在戛纳电影节、威尼斯电影节、奥斯卡电影金像奖、柏林电影节和纽约电影节上获得最佳影片的电影。台湾方面在核查《霸王别姬》的投资来源后，最终批准《霸王别姬》在台湾公映。1993年12月8日，《霸王别姬》在台湾首映，陈凯歌在现场感慨万千："这是一部为中国人而拍的电影，终能在台湾的土地上公演，实在是功德圆满了！"据媒体报道："在群星闪烁中，张国荣还是最亮眼的巨星，从踏进酒会会场的第一步，以至到戏院，他都是影迷和摄影机捕捉的焦点。"台湾京剧名家在酒会上对张国荣的京剧扮相更是称赞不已。首映现场观众爆满，即使是贵宾，晚到了也只能站着观影。在电影放映结束时，观众热情的掌声亦历久未歇。《霸王别姬》在台北上映两天便突破千万台币票房，上映不到一个月，票房已轻松破亿。

重新开拍的整个《东邪西毒》剧组幕后团队于1993年6月6日抵达陕西榆林，6月12日，张国荣、梁朝伟、梁家辉和张学友抵达榆林。王家卫之前还表示计划过将《东邪西毒》拍成一部古装公路电影，从青海那边开始顺着黄河一路拍到壶口，但最终考虑到演员的档期而放弃。王家卫说："但难度实在太大，没办法支持得住，而且根本无可能。找张国荣、林青霞这些演员跟你拍公路电影啊！"不过后来王家卫还是拍了一部公路电影《蓝莓之夜》。1992年底《东邪西毒》因资金、时间等一系列问题，先由刘镇伟开拍了《东成西就》，虽然《东成西就》在香港的票房不错，但并不能完全弥补《东邪西毒》的资金缺口，张国荣亦帮王家卫找投资。张国荣说："北影那边，我们拍了那部《霸王别姬》，建立了良好关系。国内可以筹到一笔钱。《霸王别姬》在欧洲有很好的反应，那边的发行人亦看过《阿飞正传》，很喜欢，估计《东邪西毒》可以卖到外埠，（还能）筹得到另一笔钱。"王家卫在拍摄过程中也最大限度地做出妥协，以节省开支，香港一个武师需要900港元一天，而在榆林只需要20元人民币一天，王家卫最终选择了陕西榆林作为电影的主要外景地。有一场戏需要1000匹马，但为了节省费用，最后只使用了300匹，为了达到视觉上的效果，将大马放在前面呈现在镜头前，而小马放在后面。从香港前往榆林，需要在西安转乘支线小飞机，张国荣在首次抵达榆林搭乘过小飞机后，再也不愿意搭乘，宁愿自己包车前往。在《霸王别姬》北京见面会后，张国荣自己包了一辆车从北京前往榆林继续拍摄《东邪西毒》。车在行驶没多久后便发生了故障，只能换一辆车继续前行，没想到，这辆车也好不到哪儿去，在荒山野岭的途中四次熄火，张国荣不得不几次亲自去推车。在第四次熄火后，为了能够顺利到达榆林，张国荣又另外租了一辆吉普车随行，以备万一之需。很快这辆吉普车便派上了用场，在第五次熄火后，张国荣转坐吉普车前行。吉普车内坐着两位粗犷的彪形大汉，不断地打量着张国荣，让张国荣以为自己遇上了坏人，颇感不安，也不敢打瞌睡。后来司机开口对张国荣说："你是演《纵横四海》的那位张先生吗？"张国荣点头称是，想着原来是遇上了影迷，也就放下心瞌睡了会儿。

榆林虽然风光很美，却是僻壤之地，也没有什么娱乐设施，张国荣看大家不拍戏的时候都很无聊，就想方设法调动大家的生活乐趣。杨采妮说："他（张国荣）是一个很神奇的人，总是能自己弄出一些快乐的事情来,任何娱乐活动几乎都是他发起的,在剧组属于主意很多的那种人。"杨采妮在拍摄《东邪西毒》时还只是个20岁不到的学生,新人进大牌林立的剧组,很多时候会不好意思,杨采妮说这时候张国荣就会神奇地出现。在片场张国荣称呼杨采妮为"阿囡",杨采妮就叫张国荣"爸爸",杨采妮说:"因为这个词(阿囡)的粤语发音等同女儿,而且在片场,他真的就像爸爸一样照顾我。"有一次早上,有一场很多对白且是长镜头的戏令杨采妮非常紧张,杨采妮后来说:"我当时没什么表演经验,'爸爸'(张国荣)知道我紧张,就一大早进化妆间,主动跟我对词,其实那天早上他是没有戏的,等到看我台本都没问题,又说了一些鼓励的话,才轻松自在地'飘'回去睡觉。他当时的背影我一辈子都不会忘记,很潇洒。我很感恩。"1993年8月21日,《白发魔女传》在香港首映,张国荣返港出席首映礼。当时杨采妮的戏已结束返回香港,张国荣亲自打电话邀请杨采妮参加首映礼,杨采妮说:"当天所有人都围着他,可他依然没有忘记坐在比较旁边的我,把我拉到身旁同许多跟他打招呼的人说:她叫杨采妮,要多多照顾。他就只是想对你好,其实对后辈的提携,不光我,莫文蔚、林嘉欣都曾经说过,他的这些照顾,是我们做新人时永远都无法忘却的记忆。"

夏天在沙漠拍戏,非常炎热,他们就去买西瓜吃降暑。有一天,张国荣发现原来沙地底层的温度很低,他就发动大家在沙地里挖洞,把西瓜埋在洞里,等第二天再挖出来吃的时候,西瓜就会很凉。但因为沙地上没有什么标志物,所以经常会找不到之前埋的西瓜,然后就大家一起找西瓜,埋西瓜和找西瓜也给他们无聊的沙漠生活带来了很多欢乐。张国荣还不知从哪里找来一副羽毛球拍,然后大家就在剧组边上的空地一起打羽毛球。杨采妮说:"因为他总是和蔼又有趣,我就很喜欢坐在他身边,而他也从来没有厌烦的时候。收工了,他们打麻将,我就跟在他身边嗑瓜子、花生,他手气好一直赢钱,就喊一声'阿囡'去收钱,然后大家笑作一团。他们笑归笑,我还是很认真地把零钱找回去,其实哥哥很少输钱的,不过每次他赢得多了,又主动'放水'故意输钱给大家。"有一天,为了迁就其中一位演员的档期赶拍一场戏的时候,张国荣被一只白色的蝎子蜇了颈部,伤口又红又肿,找了当地的医生也是手足无措,只表示"白色的蝎子毒性不大,大家放心"。正当大家都不知道接下来该怎么办时,张国荣却坚持继续拍戏，忍着痛坚持到了最后。张国荣害怕在睡梦中毒性发作，就找制片人陈佩华陪了他一晚上，庆幸的是过了一夜后，红肿的伤口逐渐消退了下来，杨采妮说："两个人（张国荣和制片人陈佩华）一直熬到第二天天亮，看着红肿的伤口渐渐消散，才安心睡了一小会儿。后来他对我说，其实那一晚心里也很忐忑，但不想整个剧组都替他担心，影响大家心情，妨碍第二天开工。"张国荣事后说："我脖子痛，心里害怕，想到就这样被毒死了，真的很不甘心。"陪伴张国荣熬过一晚的陈佩华是香港电影圈内非常有名的制片人，2017年4月28日，陈佩华因癌症去世。

因《东邪西毒》一众大牌演员各有档期，所以经常撞期，有时候只能使用替身，只有张国荣从头到尾足足跟了40组戏，最终"西毒"成为贯穿全片的人物。张国荣为了《东邪西毒》也是尽心尽力，除了帮忙解决投资问题，还打友情牌邀请梅艳芳客串了一天。梅艳芳原本没有兴趣客串演出，但在张国荣的游说下点头答应，不过最终我们没有在电影中看到梅艳芳客串的镜头，不知道是没有拍摄还是被剪掉了，不过在王家卫的电影中即使被剪掉也是正常的，后来在《春光乍泄》中关淑怡演出的镜头，被王家卫全部剪掉。

《东邪西毒》自1992年9月开机，前后整整拍了一年，"慢工出细活"的王家卫之后又花了一年的时间进行后期制作。王家卫说："比较难得的是张国荣，他基本上是'擂台趸'，所有角色都会路过他的旅店……张国荣不单只做到姿态从容，而且角色统一。所以，对张国荣来说，这套戏是一个成就！"《东邪西毒》的剪辑谭家明表示："我觉得（在《东邪西毒》中）最好始终是张国荣。好像那段推销杀人的台词便做得很好，我头尾用了两次。"在1995年第1届"香港电影评论学会大奖"的评选过程中，评委舒琪、林纪陶和刘成汉认为："《东邪西毒》中欧阳锋一角对演员有很高的挑战性，张国荣不但能克服拍摄时的不连贯性，高度含蓄的演出更准确地表现出角色的悲剧命运，掌握了一份中国电影中罕见的'反讽'味道。"评委舒琪说："我总觉得中国演员，甚至可能是中国人，有一个元素是极罕见的，那便是对irony（反讽）的处理。我感觉之中几乎没有一个中国演员明白什么叫作irony，而张国荣对这个角色的含蓄的掌握则完全达到这要求。而我从来没见过一个演员可以表达出这种irony的悲剧和苦涩的意味……"评委刘成汉说:"我相信连导演也未必可以清楚地告诉他(张国荣)整出戏的发展会怎样,或者他与其他人物的关系,而他能够在这(种)情况下演出统一的技巧和风格,并且颇有魅力;这角色又跟他一向演出的角色有很大的差别,挑战性很大,而他做得很好。单以去年而论,在技巧上没有人及得上他。"评委登徒说:"张国荣在《东邪西毒》的演出是这么含蓄,他在一出很需要演技带领的影片中做得很好。"还有一部分评委赞同评委李焯桃的观点:"张国荣虽然演得也很好,但他的演技早已获得肯定,拿过很多奖……"这些评委不记得的是张国荣之前在电影上只得过一次"香港电影金像奖"的"最佳男主角"。最终在22位评委的投票下,张国荣在《东邪西毒》中的演出,赢得了第1届"香港电影评论学会大奖"的"最佳男主角"奖项。

1993年9月24日,日本东京国际影展开幕,张国荣应邀与美国导演保罗·奥斯特(Paul Auster)、德国导演文·温德斯(Wim Wenders)等担任评委。以前张艺谋、陈凯歌、张艾嘉等也曾担任过国际影展的评委,但都是以导演的身份,张国荣是首位以华人演员身份担任国际影展的评委。张国荣表示,这是他个人的荣誉,所以应邀答应,张国荣主演的《霸王别姬》亦应邀成为本届东京国际影展的观摩电影。在本届东京国际影展上,台湾导演蔡明亮的首部长片电影《青少年哪吒》亦有参加竞赛,张国荣主动邀请蔡明亮餐叙。在餐叙过程中,张国荣聆听了蔡明亮的创作理念,张国荣也为蔡明亮分析参赛片中已看过的一些电影并给出自己的一些建议,并为其打气。两人一见如故,当蔡明亮问起张国荣喜欢什么老歌时,张国荣即席轻轻哼唱了老歌《我的心里只有你没有他》,并表示特别喜欢"我的眼泪为了你流,我的眉毛为了你画"这两句。蔡明亮后来说:"几天之后,他(张国荣)在颁奖典礼颁给我生平第一座电影奖,那晚,也是我们的最后一面。"虽然后来张国荣几次去台湾亦有找蔡明亮,但皆因蔡明亮有事而未能赴约。2006年蔡明亮应邀为法国罗浮宫拍摄首部罗浮宫典藏电影《脸》,在筹备阶段他表示可能会邀请张曼玉出演,希望让张国荣的影像在罗浮宫里和张曼玉重逢,还想找到张国荣唱的《我的心里只有你没有他》放在片中。虽然最终张曼玉并没有出演该片,但蔡明亮说:"因为他(张国荣),拍《脸》的时候,我决定让蕾蒂莎在一片纯白雪地里,对着一只美丽的公鹿唱《我的心里只有你没有他》这首情歌的西班牙原曲。"蔡明亮表示,每次听到这首歌曲,都会想起1993年跟张国荣在东京见面的那个夜晚,张国荣哼唱这首歌时温柔的声音。

在东京国际影展前一天,张国荣出席由日本《香港电影通信》(Hong Kong Cinema Express)主办的特别活动。在活动上,日本饮茶俱乐部向张国荣颁发了1992年度(以电影在日本上映年份算)"最佳香港男演员"的奖项。《香港电影通信》由热爱香港电影的篠原夫人创办,是日本关于香港及亚洲电影最具权威的出版物。多年前,篠原夫人在香港观看了电影《阿飞正传》后,对此片一见钟情,于是买下了《阿飞正传》的版权在日本放映。她对这部电影的热情令她决定成立一个电影放映公司,并向《香港电影通信》的会员介绍香港电影。饮茶俱乐部是《香港电影通信》旗下影迷会,是日本最大的亚洲电影影迷会。1993年始,他们正式通过影迷会会员从当年放映的影片中投票选举出最佳香港影片、最佳男(女)主角和最佳导演,每人只可投一票,由《香港电影通信》公布投票结果。从1993年至2002年十年间,饮茶俱乐部的会员由3000人增加至18000人,而张国荣连续十年获得"最佳香港男演员"。1999年,张国荣因有《新上海滩》和《色情男女》两部候选电影的原因,投票数被分散,最后黎明凭《甜蜜蜜》获得"最佳香港男演员",但张国荣在"历年影迷心中最佳香港男演员"中获得"最佳香港男演员"。虽然该评选不是A类国际电影节的奖项,但它由日本最大且最权威的亚洲电影影迷会的影迷投票选出,也从侧面反映出张国荣在日本影迷心中的影响力。

于仁泰在拍完《白发魔女传》之后觉得意犹未尽,遂计划开拍续集,续集的情节完全杜撰,与原著基本没什么关系,所以起名为《白发魔女2》,去掉了"传"字。《白发魔女传》在参加米兰影展期间,外国片商为该片的诡秘怪异吸引,大力要求于仁泰开拍续集,并追问续集中有没有张国荣和林青霞参与演出,于仁泰对他们的问题反追问原因,原来他们对《白发魔女传》中的张国荣和林青霞情有独钟。虽然《白发魔女2》仍由张国荣和林青霞挂领衔主演,但张国荣只在电影的头与尾出现，实乃于仁泰的宣传之道，以致很多喜爱张国荣的粉丝在电影院观影时痴痴地等待"卓一航"的出现。张国荣顾及与黄百鸣的友情答应客串五天的戏，因为张国荣认为《白发魔女传》完全没有拍摄续集的必要。结尾张国荣与林青霞在火中拥吻的戏，于仁泰说："两人为拍'火中拥吻'这场面，足足拍了十个小时，吻得林青霞晕陀陀（晕头转向），而张国荣更笑言吻到嘴都肿。"张国荣继为《白发魔女传》创作了主题曲《红颜白发》后，亦为《白发魔女2》创作了姐妹篇主题曲《忘掉你像忘掉我》，由王菲演唱，首次收录在王菲1994年《最菲》精选唱片中。

1993年12月4日，张国荣应邀出席第30届"金马奖"并担任颁奖嘉宾，令他意外的是，由他作曲的《白发魔女传》的电影主题曲《红颜白发》获得了是届"金马奖"的"最佳电影歌曲"。张国荣在台上表示，他志不在此，希望来年可以获得另外一个奖——最佳男主角。在12月5日《霸王别姬》台北的记者会上，张国荣亦表示希望来年能凭《霸王别姬》获得"金马奖"的"最佳男主角"奖项，记者在文中写道："他（张国荣）特别指出希望他为该片（《霸王别姬》）所花的心血，能够在明年先后获得金马奖、金鸡奖、百花奖和美国奥斯卡奖的肯定。一般影星遇到得奖问题时，总是难免客套，但是张国荣丝毫不掩饰他的企图心：'在金马奖颁奖典礼上，我说明年的最佳男主角是张国荣，我真是很认真说的。'张国荣一脸严肃：'坦白说，我就是想得这个奖。'"可惜终究事与愿违。虽然张国荣在《霸王别姬》中的表演备受称赞，但为张国荣个人带来的奖项并不多：第4届日本影评人协会大奖"最佳外语片男主角"、东京电影评论家大奖"最佳男主角"、第4届中国电影表演艺术学会特别贡献奖。作为一部名扬国际的中国电影，《霸王别姬》皆被内地、香港和台湾的电影颁奖礼拒于门外。"香港电影金像奖"组委会以《霸王别姬》非香港电影、非香港导演和香港演员参与人数较少为由只能以"外语片"参选，不能参选其他奖项；"金马奖"在来年的颁奖礼举行之前专门出台了一套"二分一制"的规定，"光明正大"地拒绝了《霸王别姬》参选。

在1993年戛纳电影节后，很多国际片商邀请张国荣出演英语电影，当时张国荣也表示，明年秋天将和奥斯卡影后艾玛·汤普森（Emma Thompson）和汤米·李·琼斯（Tommy Lee Jones）合作《变态杀手》。《变态杀手》根据真实事件改编，讲述一位学医的华裔留学生，杀了女友后将其分尸，开车沿路抛尸。警方和检察官都无法将他定罪，最后一位女检察官，用计突破了他的心理，使案件真相大白。张国荣将在片中出演华裔留学生，汤米·李·琼斯出演男检察官，艾玛·汤普森出演女检察官。张国荣说："我想演两种角色，一种是盲人，一种就是这种心理变态的。他自己的女朋友，他为什么要杀她？又为什么把她肢解得这么漂亮？一点一点，那种心理不是一般人想得到的。有得演！"不过不知何故，该片最后没有开拍。1993年12月，在《东邪西毒》杀青后，王家卫计划开拍新片《旺角火宅之人》，后来改名为《重庆森林》。在《东邪西毒》杀青前王家卫亦曾邀请张国荣出演《重庆森林》，但张国荣因接拍了黄百鸣的《大富之家》无暇出演而推辞。之后，王家卫敲定由林青霞、梁家辉、刘青云和王菲参与演出，计划在两个月内拍完。王家卫说："拍了一年的古装片，我有点厌，我希望拍一部时装片。"不过后来不知何故，男演员又换成了梁朝伟和金城武。《重庆森林》原本有三条故事线并进，后因其中一条故事线过长被砍掉了，这条故事线便是后来王家卫的《堕落天使》，王家卫原本亦有意邀请张国荣出演该电影，但张国荣同样因撞期而未接拍。

1993年12月初，《大富之家》开拍，张国荣因在《东邪西毒》仍有部分戏需要补拍，为了连戏蓄了胡子，在与黄百鸣商量后在《大富之家》里以中长发和蓄须的造型出现。当张国荣向来探班的记者问起是否喜欢他这个造型时，记者表示不喜欢，连助手英姐都不喜欢。助手英姐从张国荣在新艺城拍戏开始，一直跟随张国荣，直到张国荣告别乐坛。张国荣表示，因《大富之家》演员众多，所以他找英姐来当他的助手，让她赚点钱过年。记者在文中写道："最后这句我听得分明，分明是他照顾她……"在张国荣空闲的时候，英姐拿来一叠张国荣的照片让张国荣签名，张国荣跟她开玩笑说签名要5港元一张，张国荣一边签名一边还和英姐煞有其事地算账，让记者误以为张国荣真要收签名费。张国荣当然不会收英姐钱，记者说："一老一少，时有如此这般的嬉戏。"记者更是称呼英姐为"张国荣的活动八宝袋"，英姐穿的背心里有很多口袋，口袋里装满了张国荣要用的物品，只要张国荣一动，英姐就知道张国荣要做什么，张国荣看她一眼,她就知道张国荣是要抽烟还是要喝咖啡,真不愧是曾经跟随张国荣很多年的助手。虽然记者和英姐都不喜欢这个造型,不过毛舜筠十分欣赏,大赞张国荣有型,有艺术家的味道。张国荣表示,自己现在追求的是男人味,要成熟而且又带点风霜感觉的那一种,希望观众不要只留意他靓仔的一面。张国荣说:"我希望做点实质的事,在演技上加倍用心,只要做得好,也会是另一个层次。"在对他这个造型的一片反对声中,有一天张国荣像宣布喜事一样告诉大家:"我明天会剪头发和剃掉胡须。"在《大富之家》的最后一场戏中,剪了头发剃了胡子恢复靓仔形象的张国荣,让许多观众大呼惊喜。

拍摄《大富之家》期间,基本上每天都是准时开工、准时收工,拍摄顺利、不用赶戏,令每个演员都笑容满面。不过在拍摄张国荣和刘青云在网球场的那场戏时,却出了点意外。按照剧本,刘青云要将网球打在张国荣的背上,但拍了十几次一直没打中,最后无意间网球在地上反弹后打中了张国荣的左眼。刘青云心里过意不去,在张国荣看完医生回到片场后,再次向张国荣道歉,张国荣笑着说:"你道歉?又不关你事,要道歉是地道歉,它反弹的嘛!"大家都叫张国荣先回家休息,张国荣一边答应着一边喊着"打麻将、打麻将"让毛舜筠约人。当毛舜筠约好麻将搭子后,张国荣就在片场等毛舜筠收工一起去打麻将。当相熟的记者劝他眼睛会累不要打麻将时,张国荣对毛舜筠说:"听到没有?眼睛会累,单眼跟你们打,你们得把牌都放在我右边来!我今天一定赢,一只眼斗你们六只眼!哈哈哈哈!"当有人拿照片让张国荣签名时,"单眼"的张国荣说:"我只有一只眼睛,是不是签名也只要签半边?"最后还真童心未泯,签的每个字都只有半边。毛舜筠问张国荣要不要吃素鸡,张国荣听成是"鸡",表示"素鸡也是鸡",不过在他听到还有菠萝时,又立马把素鸡还给毛舜筠要吃菠萝。一伙人在一起,开开心心地拍了一部欢乐愉快的贺岁片。张国荣曾经在首次个人演唱会上开玩笑称自己是"李香琴",陈百强是"余丽珍",《大富之家》是张国荣自《家有喜事》后再次与李香琴合作,之后他们又合作了《星月童话》。李香琴表示,张国荣很乖,非常尊重前辈,两人非常投缘。在合作《家有喜事》期间,李香琴生日,张国荣还特意送了一个西班牙奢侈品牌Lladro的瓷偶作为礼物,李香琴亦一直将此瓷偶珍而重之。

《大富之家》于1994年1月19日杀青，2月5日在香港会展中心举行首映。自退出乐坛后甚少在公众场合露面的张国荣，最后一刻出现在首映现场，一到门口便被众多粉丝包围，记者表示："（张国荣的到来）即时令场面混乱，众人像整天饿肚子没饭吃，一旦到有得食就立刻蜂拥过去抓一把，像要把他放进肚子一般。"待张国荣好不容易进入会场后，又立刻被新闻媒体和嘉宾包围，以致无法接受记者采访。原计划2月底返加拿大的张国荣，为了配合《大富之家》的首映，在香港多留了一个星期，之后才返回加拿大过农历新年。对于自己在1993年的忙碌，张国荣说："我的努力没有白费，但1994年决定减产。回顾1993年，总算拍到《东邪西毒》这样的好影片，希望以后能更上层楼。"

当我重温您，在茫然中思忆里
所有冷冰的暖了

来日你我
再度相见
仍是旧日
动人笑面

Chapter
20

1994年1月1日，新一期女性时尚杂志ELLE国际中文版出版，张国荣成为ELLE创刊以来首位登上国际中文版的男性。以多种语言在全球发行的ELLE杂志定位于女士时尚、美容、健康和休闲，由皮埃尔·拉扎瑞夫（Pierre Lazareff）和艾莲娜·高登（Hélène Gordon）于1945年在法国巴黎创办。据ELLE国际中文版发行人刘炳森介绍，过去鲜有男性登上ELLE杂志封面，据他所知，除了国际英文版曾有一次以男性模特为封面外，连在总部巴黎发行的法文版都未曾有过。刘炳森表示，国际中文版编辑部向总部提出以张国荣为封面的理由是，张国荣虽为男性演员，但在《霸王别姬》里，以洗练的演技与优美的身段，诠释出中国传统京剧女性角色的古典美。因《霸王别姬》在法国上映后叫好又叫座，张国荣在《霸王别姬》中的扮相与演出，让法国观众赞叹不已，所以ELLE总部通过了该项构想，总部的工作人员不但称赞这个构想非常有创意，还要求国际中文部将此次张国荣的照片寄回总部，以便给法文版或国际英文版使用。刘炳森说："如今以演员张国荣为中文版封面的构想，能让总部接受，也代表中国电影与演员在国际影坛受瞩目的光荣成就。"当时已很少为媒体拍摄主题照片的张国荣，拍摄当天特别挑选了他自己喜爱的黑色基调与暗红色系衣服出镜，沉稳中透露着自信与优雅。在拍摄现场，张国荣像个大孩子一样，赤着脚在化妆间与摄影棚之间开心地来回跑着。这个年纪的张国荣，既不青涩，也不沧桑，浑身散发着男人的魅力。

1994年1月16日，1993年度"十大劲歌金曲"颁奖典礼在红馆举行。张国荣自1993年担任"十大劲歌金曲"幕后评委后，久未出席音乐颁奖礼的他首次为"十大劲歌金曲"颁奖典礼担任颁奖嘉宾，他甫一出场，便引得台下观众掌声与欢呼声连连，获得"最受欢迎男歌手"的黎明从这位"乐坛前辈"手上接过奖项。1986年，黎明在参加新秀歌唱大赛后，张国荣是第一个约他吃饭的巨星，黎明说："那时Leslie教我，无论做人和着衫，都要踏实，至今我仍谨记。"张国荣觉得黎明不太合群，有点孤立，跟以前的自己有一些相似之处，所以对黎明也关心多一些。当有媒体指责黎明唱歌经常走音时，张国荣主动在记者面前为黎明声援。1993年，黎明改编张国荣作曲的《红颜白发》为《一生最爱》收录在唱片《梦幻古堡》内，张国荣除了为这首歌担任监制外，亦为他监制了唱片内的另一首歌《心爱》。1994年下半年，在黎明的新曲加精选唱片《情缘》，张国荣的名字亦与黎明的另一位唱片监制陈永明一同出现在监制一栏中。据媒体报道，有一次黎明举行演唱会前，在香港一家名品店看到一款衣服非常喜欢，想买下来作为演唱会的服装，但同一款有两件，如果只买下一件，担心另一件被他人买了提前穿出来，但同时买下两件，价格太高又太浪费，他左右为难。黎明与店家商量，希望可以将另一件暂时收起来，在他的演唱会结束后再售卖，商家虽然能理解黎明的心情，但无法达成他的愿望。张国荣知悉此事后，去买下了同款的另一件衣服，将其束之高阁。黎明也曾一度对媒体表示张国荣是他的师父，虽然张国荣从未收过徒弟，但他表示："黎明不错，但不够勤力，不够用功，他本身的声线好，可以更进一步，他要认我做师父？叫他勤力一些啦，我才肯认他做徒弟。"

1994年1月20日，张国荣与成龙等一帮朋友应滚石唱片邀请赴台湾观看"我们都爱李宗盛"演唱会最后一场，拍完《东邪西毒》和《大富之家》后剃了胡子的张国荣让台湾的粉丝眼睛一亮，虽然张国荣没有上台演出，但媒体称："他（张国荣）的出席让演唱会增色不少。"演唱会后，大家聚在成龙的房间里喝酒聊天，喝了几杯酒的张国荣说："刚才看到你们在台上唱，我真想冲上台唱。"当大家问他为何不上台时，张国荣却又笑而不语。1994年6月20日，张国荣应新城电台邀请为其新节目担任揭幕嘉宾，被问到退出乐坛的日子里有没有过冲动上台唱歌时，张国荣说："当然初期会有点不习惯，需要时间慢慢适应，后来已完全将唱歌的心态放下。直至那次到台湾欣赏李宗盛暂别演唱会，被现场气氛及乐队演奏吸引，一刹的念头就曾经浮现，但只是转瞬即逝那种。"张国荣表示，到目前为止，完全没有任何冲动的心态再踏足乐坛，只想专心拍戏，其间参与一些私人聚会才会唱首歌，娱乐一下，但他亦表示日后或有其他演出的可能性。虽然张国荣自己暂时没有复出歌坛的决定，但他十分支持梅艳芳复出的决定,他觉得只要自己开心,无须理会外间的批评。其实在张国荣退出乐坛后,不时有唱片公司游说张国荣复出乐坛,但张国荣基本上都是一口拒绝,陈凯歌当初亦游说过张国荣演唱电影《霸王别姬》的主题曲,张国荣同样拒绝了。之后,张国荣在电影《花田喜事》和《白发魔女传》中开了金口,更让一些唱片公司觉得正是游说张国荣复出的最好时机。滚石唱片亦于1993年年中开始接触张国荣,有意游说张国荣复出乐坛签约刚成立的滚石唱片香港分公司(以下简称"滚石香港")。滚石唱片是台湾地区首家本土唱片公司,创立于1980年,张艾嘉、罗大佑等签约为第一批歌手,此后,李宗盛、陈升、齐豫、小虫等音乐人陆续加入滚石。20世纪80年代至90年代初是台湾滚石唱片的鼎盛时期,旗下拥有众多优秀的制作人和歌手。随着台湾滚石唱片业务的蒸蒸日上,1993年滚石在香港成立分公司,随之签约香港歌手,制作和发行粤语唱片,亦与亚洲电视合作制作《滚石音乐杂志》节目,直到2005年,滚石香港结业退出香港,由环球代理发行部分歌手的唱片。张国荣当年的第一张国语唱片,便是华星与滚石合作制作发行。传闻此次滚石唱片接触张国荣,承诺会由滚石旗下知名制作人李宗盛为张国荣制作唱片,滚石唱片其他知名制作人如罗大佑、陈升等亦会倾力支持。当年李宗盛曾为张国荣监制过国语歌曲《千山万水》,虽然《千山万水》这首歌最终没有收录在他的第一张国语唱片中,但张国荣非常欣赏李宗盛,所以没有直接拒绝滚石唱片,但也没有点头应允,滚石唱片遂通过不同方式与张国荣沟通,包括邀请张国荣赴台湾观看李宗盛的演唱会。

1994年1月30日,张国荣返回加拿大过农历新年,在加拿大一帮朋友的陪同下,张国荣笑称天天有节目,气氛比在香港还好,大年初三他与一帮好友前往美国为梅艳芳在当地的登台演出捧场,张国荣称赞梅艳芳在台上举手投足都有其个人的独特风格。令张国荣最开心的是,2月9日公布的《霸王别姬》获得奥斯卡金像奖的"最佳外语片"和"最佳摄影"提名的消息。张国荣说:"虽然此片未能为我带来最佳男主角入围机会,但有份角逐最佳外语片已经很好了,可以说是我新年的最大礼物。"之前1月24日,《霸王别姬》在洛杉矶举行的第51届美国金球奖中获得"最佳外语片"奖,这是金球奖51年来首次有中国的电影获得"最佳外语片"奖,遗憾的是张国荣因《大富之家》片约在身,未能出席金球奖的颁奖典礼。当张国荣得知《霸王别

图片摄影 / 授权：周雁鸣

图片摄影 / 授权：周雁鸣

姬》获得奥斯卡金像奖的"最佳外语片"提名后，他表示这次定会前往。3月16日，张国荣提前从加拿大前往洛杉矶，张国荣表示，提前到洛杉矶，是为了采买行头，作为第一个参加奥斯卡的香港演员，他感到很光荣。此次行程他要做的第一件事情是见史蒂文·斯皮尔伯格（Steven Spielberg），史蒂文·斯皮尔伯格早前曾透过陈凯歌表示"希望见张国荣一面，希望看看虞姬的真面目"。在洛杉矶他亦会与《变态杀手》中饰演男检察官的另一位男主角相见会谈。3月18日，奥斯卡颁奖礼前几日，加州政府为入围本届奥斯卡的中国电影《霸王别姬》和《喜宴》举办祝贺酒会，徐枫、李安、吴宇森和张国荣四人在酒会上喜相逢，徐枫在现场更是提出四人一起合作的构想。李安正在筹备中的改编自严歌苓小说的新片《少女小渔》，亦邀请张国荣出演，该影片讲述了少女小渔从中国来到美国纽约，并以假结婚圆"绿卡"梦的故事。不过后来张国荣并未有出演，李安亦未亲自执导，只担任了制片和编剧，翌年改由张艾嘉执导，刘若英和庹宗华主演，影片的主题亦由少女小渔的经历带出移民海外的华裔女性的成长历程。3月21日，第66届奥斯卡金像奖颁奖典礼举行，

颁奖礼之前"最佳外语片"获奖呼声最高的《霸王别姬》最终惜败于当时外界反响并不大的西班牙电影《四千金的情人》（Belle Epoque），陈凯歌为此还特意去观看了这部电影，看完之后他并没觉得这部电影有多好，后来陈凯歌向奥斯卡评委询问《霸王别姬》落选的原因，答案竟令他哭笑不得。据后来采访陈凯歌的媒体报道："奥斯卡评委说，他们不是看不懂这部电影（《霸王别姬》），也不是觉得这部电影不好，而是缺乏沟通。他们想，陈凯歌这部电影已经得到了金棕榈大奖和金球奖，又没有见到陈凯歌关于此片的人和宣传活动，所以他们以为陈凯歌已经不需要这个奥斯卡奖了。而陈凯歌谈起当时的想法就是，既然这部电影已经得到了金棕榈大奖和金球奖，当时认为这部电影已经有很强的竞争力了，对奥斯卡竞争的规则也不了解，所以居然没做任何的工作，以致错失良机。"

黄百鸣在重看了20世纪30年代的经典电影《夜半歌声》后，他觉得虽然旧版《夜半歌声》的节奏与拍摄手法比较老套，但故事本身很有吸引力。虽然20世纪60年代也曾翻拍过，但他仍有意再次翻拍，当时他初步构想由于仁泰导演，找张国荣和黎明

出演。同一时期，陈可辛亦有意找张国荣合作两部电影，其中一部是当时筹备中的《等着你回来》，由张国荣和张曼玉搭档演出，不过因某些原因影片迟迟未能开拍，后来因为张之亮喜欢这个剧本，陈可辛便将此剧本交给了张之亮，张之亮之后找了梁朝伟和吴倩莲搭档出演，而陈可辛另开炉灶为张国荣度身定做《金枝玉叶》。1985年尊龙曾参与演出的美国电影《龙年》有意开拍续集，制片方亦邀请张国荣出演，张国荣因所演角色预料与尊龙差不多，可能演黑帮坏分子，又可能做坏人，虽然他并不介意，但已是缺乏新意而推辞，张国荣反而更期待张之亮邀请他出演的《弘一法师》，不过《弘一法师》最终并没有开拍。

高志森筹备开拍新电影亦想邀请张国荣出演，但张国荣因为是黄百鸣东方电影公司的合约演员，所以外借给其他公司拍片需要经过黄百鸣的同意，张国荣对高志森表示，作为多年的好友，他这边没有问题，让高志森去向黄百鸣征求意见。当时高志森拿出一张100万港元的支票给张国荣，张国荣多次推却，高志森说："没关系，这只不过是我想告诉你我的诚意而已，你可以不拍的，你可以先问问黄百鸣。"因黄百鸣当时在新加坡开会，张国荣并未答应高志森，只是在几次推却未果的情况下勉为其难地暂时收下了高志森口中的"诚意金"，但高志森却对外放出消息表示已邀请到张国荣出演他的新电影。待黄百鸣从新加坡回来，找张国荣问清楚外面的传言后，因黄百鸣自己的公司要开拍新版《夜半歌声》，而且高志森也没有提出跟黄百鸣合作，所以黄百鸣并没有同意，张国荣之后亦忙于《金枝玉叶》和《锦绣前程》两部电影的拍摄，在一个多月后将当时盛情难却而暂收的100万港元的"诚意金"支票退还给了高志森，并跟高志森说："你知道怎么回事，我不可以拍这部戏啦！"张国荣亦向高志森表示：如果你愿意跟黄百鸣合作，那么就有得商量；如果你不愿意跟黄百鸣合作，那么现在就没得商量了，只能等我跟黄百鸣合约到期，两年后再合作了，这件事就到此为止，大家也不要再说什么了，你也知道是怎么回事。但高志森之后为了宣传电影，约了某周刊做访问，炮轰张国荣没有道义、收钱不认账，并向该周刊出示了一张没有画线、没有日期、没有签名，只写了"高志森"和"张国荣"两个名字的300万港元的支票，令事件火药味甚浓。虽然张国荣对高志森为了宣传电影用如此手段非常不快，但考虑到自己、黄百鸣和高志森三人多年合作的友谊，并未开口澄清。当有记者向他问到此事时,张国荣表示不要跟他说这垃圾事情。直到7月29日,张国荣应邀担任吴君如和黄伟文主持的电台节目《娱乐性骚扰》访谈嘉宾,当吴君如问到此事时,方才在节目中将事件的前因后果澄清,并指出高志森向周刊记者出示的这张300万港元"伪支票"的漏洞:第一,这张支票没有画线、没有日期,也没有签名;第二,行内人应该都知道张国荣拍戏那么久是不以"张国荣"这个名字收支票的。虽然张国荣因此事对高志森非常不满,但他并未一直耿耿于怀将此事记在心上,他珍惜这么多年在合作中建立的友情,后来亦与高志森合作了《九星报喜》。

1994年4月22日,第13届"香港电影金像奖"颁奖典礼在香港文化中心举行。虽然《霸王别姬》被组委会认定为非香港电影而无缘角逐个人奖项,但素有体育精神的张国荣仍然应邀出席为颁奖典礼致一段数分钟的激励香港电影工作者的开幕词,之后他与梁家辉又一起为凭《新不了情》获奖的袁咏仪颁发了"最佳女主角"奖项。之前张国荣与袁咏仪曾在《大富之家》中有过合作,但基本没有对手戏,之后两人再次合作由陈可辛导演的电影《金枝玉叶》。陈可辛表示,《金枝玉叶》是先有张国荣,之后选定袁咏仪,后来才开始量身定做剧本,因张国荣曾是歌星,所以写了一个以乐坛为背景的故事。陈可辛说:"我拍的电影一向都是小男人式的,觉得这类型的角色若放在梁朝伟或梁家辉身上会很合适,他们会演得很好,但张国荣则似乎太有巨星味,与此类型有点抽离,所以很有难度。后来与许愿闲谈间,才想出这个意念来。可以说顾家明这个角色是为他(张国荣)而度身定做的。"在《金枝玉叶》的拍摄期间,张国荣同时友情接拍了陈嘉上的《锦绣前程》,在《锦绣前程》中张国荣正出演了一个在陈可辛眼中觉得不适合张国荣饰演的"烂瘫"角色,在《锦绣前程》中的演出为他翌年获得香港影评人协会大奖"最佳男主角"在评委讨论阶段加了分。《金枝玉叶》除了一早便定下的男主角张国荣外,曾有意向找金素梅作为女主角与张国荣搭档,而"玫瑰"一角在刘嘉玲之前亦一度考虑过叶玉卿,曾志伟的角色则找过罗文出演,但最终条件未能达成一致。《金枝玉叶》原计划在1994年3月开拍,后来一再延迟,直至5月才开镜,因为拍摄时间紧迫,不得不边拍边修改剧本,《金枝玉叶》虽然由阮世生编剧,但却是一个集体创作的结晶,张国荣的名字亦出现在剧本创作的名单里。在拍摄的过程中，张国荣除了演好自己的角色外，也提出了很多建设性的意见，陈可辛说："他是我所见过最具专业水准的演员，交戏极准，无论走位、记台词均一流。他演喜剧的收放自如更是我始料不及的，演一个有性别疑惑的男子对他来说是一次新挑战，想不到他除了努力演出外，更提供不少有趣的笑料给我们，我只可说个人极期待下一次再与他合作的机会。张国荣是极有主见的演员，他会提很多意见，但并不一定要他们接受。有些演员提意见是对自己的角色有利，但未必适合于整部片，张国荣却不然，他的意见是有益有建设性的。"《金枝玉叶》中的很多对白都是张国荣自己的发挥，特别是最后一句，陈可辛说："拍摄到最后，他（张国荣）有那样的感觉，所以认为一定要讲那句——'男又好，女又好，我只知道我喜欢你'。我想给他这个credit（信任）。"

《金枝玉叶》是张国荣与袁咏仪真正意义上的首次合作，这位张国荣亲手颁发奖项的新出炉的影后，在首次与张国荣演对手戏前，张国荣看她在片场轻轻松松，像什么事也没有的样子，就对她说："听说你背台词很厉害。"袁咏仪笑着回答张国荣："以前比较好，现在有点退步了。"张国荣笑笑表示，等会儿就和她对下台词。没想到开拍时，袁咏仪一对着张国荣，就口舌打结，台词上句不接下句，直接NG了九次。袁咏仪说："我太紧张啦，对着他（张国荣）我简直彻底失败。在我乱成一团糟的时候，他却完全没事，哪一句接哪一行，记得一清二楚。"拍完这个镜头后满头大汗的袁咏仪，再也不敢轻松，她更是反省自己平时太懒，决定向张国荣学习。袁咏仪说："张国荣每日都有做功课。我呢，最多看熟自己的戏，不理会人家怎么做，Leslie不同呀，他不但熟读自己的戏，还记住对手当时站什么位，如何走位，讲什么（台词）。我做戏时，每讲一句，Leslie都给到我反应，不同的对白，他有不同的反应，镜头未必拍到他，他都做足反应帮我入戏。"去现场采访探班的记者在文中写道："拍摄场地所见，Leslie确是非常认真，他对每一位演员的对白及场口均了如指掌。比方有场戏说Leslie替参赛者面试，他连对方在上一场戏时所唱的key（音乐的调）都记得，然后更亲自作示范！"虽然NG了九次，让袁咏仪觉得很没面子，但张国荣说："其实NG九次不算多呀，我拍《阿飞正传》，同张曼玉试过NG五十几次，都没事呀，只是演员同导演沟通不一致而已。Anita（袁

当我重温您，在茫然中思忆里
所有冷冰的暖了

咏仪）都算是一个好聪明的演员，但还差点时间。"而袁咏仪直来直去的性格，也颇受张国荣喜欢，袁咏仪亦有事没事对着张国荣撒娇作怪闹着玩，拍戏间隙两人有时也会相互捉弄一番，张国荣还给袁咏仪的男友张智霖写了一首歌曲《自首宣言》。后来在拍摄《金枝玉叶2》时袁咏仪对记者说："现在他（张国荣）除了是我偶像之外，还是一个好好的前辈，有些事我该不该做，怎么做，我都会去问他，如果他说不好，我就不会做。我很喜欢和他聊天，讲心事，诉苦，他很照顾我。他最能改变我的，是待人处事，我很感激他。（他很）有信用，答应你的事一定做到，比如教我唱歌，经常关心，一个这样高位的前辈教一个新人，很难得！跟他熟了便很易知他心情，他最讨厌别人迟到、懒、蠢。"其实与张国荣相熟的记者都知道他的心情，记者小不点说："他（张国荣）情绪好的时候会说他妈的闷得个屁都没有！情绪不好就说没什么，高兴就回来玩玩喽。他情绪好，我要拍照，他把黑衬衫敞开说拍呀拍呀，脱了拍都可以。情绪不好他就矜持起来啦，会客客气气地说不要拍好不好或他不想拍照。"有一次张国荣心情不错，在拍摄现场还捉弄起了记者，他（张国荣）本来声明不愿意接受访问，谈下去却滔滔不绝，但先要过他一个口试测验。他说："谈谈，可以！请坐！来！坐这里！"又问："贵姓？怎么称呼？"又说："你好！"跟着递出手紧紧与记者握手，还说："先生，几位？去哪里玩呀？一个人呀！得闲（有空）多来帮帮衬！"让想采访他的记者哭笑不得。不过张国荣也有"马失前蹄"的时候，因为他是拍摄现场的焦点，他走到哪里就有摄影师跟着拍到哪里。有一次他突然转身，却没看到摄影师，于是张国荣只好笑着对边上的人说："我还以为他（摄影师）在我背后拍我，想着同他讲'拍什么照，你是哪家的，因为什么事拍我照片呀！'哪知他不在那里！没得玩！"令摄影师和记者当场面面相觑。

那时候，张国荣与梁朝伟和刘嘉玲住在同一幢楼，张国荣住9楼，梁朝伟和刘嘉玲住18楼。张国荣跟刘嘉玲合作《金枝玉叶》时，除了片场相见，两人也成为麻将搭子。因为张国荣家里的客厅是丝绒装饰，不方便抽烟，他便跑上楼去刘嘉玲家里抽，理由是刘嘉玲不介意难闻的烟味。张国荣说："我们（张国荣和刘嘉玲）是楼上楼下，她家的女佣煮的菜不好吃，我叫她来我家吃饭，然后上她家打牌，我就可以大抽特抽了。"说起张国荣打麻将，刘嘉玲说：

"在麻将台上他（张国荣）依然是好优雅，每次他叫胡，我们一定知，他就像小朋友一样不可以输，所以一叫胡就好紧张，每个人都看到。"梁朝伟在拍摄《重庆森林》的时候与周嘉玲传出绯闻，有一天在《金枝玉叶》片场，张国荣递给刘嘉玲一张他和刘嘉玲的情侣造型剧照说："摆家里！别让他（梁朝伟）以为就他一个，他是嘉玲都成，你也有国荣呀！"逗得刘嘉玲哈哈大笑。

因剧情需要，自《花田喜事》和《白发魔女传》之后，张国荣再次答应在电影《金枝玉叶》中开金口演唱歌曲，但仍然附带跟之前一样的条件——不能出版发行，所以在《金枝玉叶》的电影原声带中，《追》和《今生今世》是李迪文（Dick Lee）演唱的版本和纯音乐版本，让很多人甚感遗憾。在最初决定唱什么歌的时候，行政监制钟珍表示不能选择英文歌，因为英文歌版权费太高，预算费用有限，而香港本地歌曲的版权费比英文歌要便宜很多，为了节省开支，张国荣遂提议演唱自己的旧歌《为你钟情》，大家也一致赞同。不过后来张国荣在电影中还是翻唱了一首来自前调乐队（Top Notes）1961年的英文歌曲《摇摆吧，宝贝》（*Shake It Up, Baby*），1962年埃兹利兄弟（The Isley Brothers）乐队翻唱时将歌名改为了《摇摆与呐喊》（*Twist and Shout*）。后来，张国荣在唱片和演唱会中亦翻唱过这首歌曲。可能为了节省费用，张国荣在电影中演唱的另外两首歌曲《追》和《今生今世》则是由许愿创立的星工场全新创作。《今生今世》更是由提供《金枝玉叶》故事雏形的许愿作曲，并由《金枝玉叶》的编剧阮世生填词。《追》在第14届"香港电影金像奖"上获得了"最佳电影歌曲"，后来亦成为张国荣的经典歌曲之一，而导演陈可辛反而一开始并不喜欢这首歌。陈可辛说："我不喜欢流行歌，刚开始没听进去，也没感觉。到了拍戏接近尾声，有次开车好好听了一次，奇怪越听越感动，听到哭了，那时候才觉得整部片归位。"

这次是许愿与张国荣的第二次合作，第一次则在1985年，许愿为香港小姐担任演出助理负责舞蹈编排，而张国荣正是演出嘉宾。许愿回忆说："排舞老师是一位外籍女士，家住愉景湾，当时愉景湾过了午夜12时就没有船返家，排舞老师对PA（制作助理）说，过了12时，公司要安排地方给她睡。当晚拍摄过了午夜的2时，排舞老师显得很彷徨。我记得那一幕，Leslie站在门旁吸烟，而他们正在谈论这个问题，PA叫排舞老师在排舞室的榻榻米睡，并说就算是artist（指张国荣）也只得到同样的待遇，Leslie听到后以英语答PA：I am not an artist, I am a star!（我不是艺人，我是明星！）我刚来港做事，我弱小心灵觉得他好犀利、好正，Leslie这种自信和自我肯定，有些人或会认为是'寸'（嚣张），但对我来说，就是他那样的'寸'，令他更有光芒，能成真正的star（巨星）。"后来他们三个人一起去利园酒店开了一间房，张国荣提出由他结账，他会以他的名义让华星唱片支付，将房间给排舞老师睡觉，他和许愿则坐在大堂聊了一个通宵。许愿说："多年后，你们称呼他（张国荣）为哥哥，其实很多年前他已经有这种心态，好喜欢去照顾人，很自然的那种，不是充英雄式的，Leslie是疼爱你的那种照顾。但他不喜欢就很不喜欢，是爱憎分明的。"在《金枝玉叶》的合作中，许愿说："《追》他（张国荣）唱了三次，由头到尾没有停过，一次，我说好，二次，我说好，再来，都好，三个都是无懈可击的，三个都有不同的feel（味道），三个都是一次过录完，和这种歌手合作最开心，用功得连歌词也熟读才走进录音室。93年（1993年）我觉得他的声线比退休前还好。《今生今世》更加犀利，因为《今生今世》是没有音乐，即弹即唱的，通常即弹即唱要有拍子，因为跟着钢琴唱是很难的，但他竟然不需要拍子机辅助，他说：得了，阿熹（赵增熹）弹我唱。在no meter（没有节拍）下唱了《今生今世》，亦是一次过录完。"在张国荣去世前半年，张国荣购回了这两首歌电影版本（非后来收录在唱片中的版本）的版权。许愿觉得"90年代的张国荣，打开了香港有史以来从来未有过的adult contemporary（成人抒情乐）的category（范畴）"。许愿说："我认识的张国荣，这么多年来，他是积极追求进步，不停挑战自己，追求最美丽最美好，无论在黑胶上或者CD、DVD、LD上或者菲林上，他都交出他最好的……"

《金枝玉叶》由UFO（电影人制作公司）出品，UFO是曾志伟、陈可辛、钟珍、张之亮、李志毅等几位电影人合作创立的电影制作公司。在拍完《金枝玉叶》后，张国荣义务帮助好友为UFO免费友情客串了《记得香蕉成熟时II：初恋情人》，在电影中饰演20世纪80年代的张国荣,对于这个角色,张国荣表示,饰演张国荣有谁能够比我更像。《金枝玉叶》上映后在一片叫好声中取得了近3000万港元的票房,张国荣饰演的音乐监制顾家明的形象也深入人心,袁咏仪凭此片更是蝉联"香港电影金像奖"的"最佳女主角"。不过张国荣后来说:"其实《金枝玉叶》的结局我不太认同,而且在某种程度上,我觉得香港人对同性恋的处理太喜剧化,太丑化,我觉得并不需要如此。志伟在戏中(把同性恋)演得很好,但其实最适合演的不是他。最好是由我一人分饰两角,演一对同卵双胞胎,两个人各走极端,这一人是那一人的影子。"陈可辛在张国荣去世后说:"张国荣是我见过的最专业的演员,他演戏总比我们要求的要多,在香港你会感觉他的戏过于夸张了点,但这在好莱坞是对的。我觉得他是一个好莱坞演员,他是个大屏幕演员,我们的屏幕不够他大,中国内地开放市场很大,可能那个时候才是他最适合生存的空间。我真的觉得香港的电影圈,其实包括他做人的方式,包括他的完美主义,包括他的性格,包括他的性取向,任何东西,我觉得我们都不够大。我觉得我的胸怀也不够大。其实在所有的范围里面,他比我们大。""我曾称赞过他是一个很精准的演员,他的台词从不会记错,每一个take的走位可以完全一模一样,可是他不喜欢这样的'称赞'。他说'精准'不一定是一个好演员的特质。我想,因为我这导演太不够准确了,所以他给了我很大的帮助。但我觉得,精准绝对是一个好导演的特质。哥哥曾表示过想做导演的,但这些年来推却了很多机会,我想是他太完美主义了。如果能有机会和充足的时间,我相信他一定能成为一个很好的导演。我想,也许是我们的银幕太小,还有我们的心胸不够阔去容纳像张国荣这样的一个人。"

在拍摄《金枝玉叶》的同时,张国荣接拍了陈嘉上的《锦绣前程》。除了在丽的时期外,已多年没有同时接拍过两部戏,外称"张一组"的张国荣表示,此次接拍《锦绣前程》完全是突发性的。因为陈嘉上是他的好友,陈嘉上找他拍片救急,向来重义气的张国荣当然欣然应允。当时永盛电影的王晶找陈嘉上急着开拍一部电影,陈嘉上表示,那么急的话,主要演员人选只有他的两个好朋友张国荣和梁家辉可以信任。《锦绣前程》由王晶监制,虽然有不少人批评王晶的电影内容低俗,更有人夸张地称他为"烂片之王"，但不能否认王晶的电影在商业上有丰厚的票房回报。对于那些为了迎合观众的"胡闹片"，向来对电影选择有要求的张国荣并不认同，张国荣曾说："太多导演算计着票房来拍片，这样子搞电影一点也不漂亮。"所以张国荣从未出演过王晶导演过的电影，张国荣这样描述他与王晶的关系："王晶与我一碰面便都不言而喻地同时在笑，他知道我不会拍他的戏，我亦知道他不会找我拍戏。"不过王晶最想合作的演员却是张国荣，王晶说："我现在最想合作的演员是张国荣，至今我们未曾合作过。他在娱乐圈这么多年，如今最成熟，味道好过全港小生，潇洒味全部出来了，愈看愈好，愈来愈少局限，俊得来有味道。"后来王晶也找过张国荣拍他导演的戏，不过被张国荣婉拒了。在张国荣去世后，王晶做客北大百年讲堂"爱问王晶电影向前"论坛时表示入行30年最大的遗憾是张国荣未曾出演过他导演的戏。王晶说："我虽然和张国荣一起拍过戏，但是张国荣始终没有演过我导演的影片。其实我找张国荣谈过一起合作拍戏一事，但没有成功，这件事让我终生遗憾。"1998年，张国荣出演中国香港与日本合作的电影《星月童话》，电影还未上映时，王晶在媒体上对《星月童话》大泼冷水，公开表示中国香港与日本合作的电影不会有好的票房。对此，张国荣回应说："我同王晶一向交情都挺好，他都赞过我是好演员。他都是全港有头有脸的导演，我从来未拍过他的戏，都觉得好遗憾。（不过）大家继续保持朋友关系好些，我宁愿继续遗憾。"

1994年6月7日，《锦绣前程》开镜，一向被外界认为不适合饰演"草根"角色的张国荣，在《锦绣前程》中饰演了一个"衣冠禽兽"的"烂瘫"角色，最初陈嘉上告诉张国荣这次让他演一个"衣冠禽兽"时，张国荣开心地表示："好呀！好呀！我从未试过做衣冠禽兽呀！"但仍在拍摄《金枝玉叶》的张国荣不得不在两个完全不同的角色之间奔走，因为两部戏都在赶拍，一早一晚档期交替，让他叫苦不已。《锦绣前程》是一部励志的文艺轻喜剧，陈嘉上说："这个故事，亦可算我与张国荣、梁家辉十多年前相识、相知的感情，大家识于微时。我想讲的，主要是友情，无论环境如何变迁，感情仍是最重要的。"回忆起当年三个人初识之时，陈嘉上说："当时，我们三个很穷，穷到袋中只有几块钱（港元），唯有齐齐去买菠萝包，虽然那段日子很清贫，不过，却很值得回忆。"《锦绣前程》也是陈嘉上第一次以导演身份与两位好友合作，陈嘉上说："故事其实是想讲我们三个人，我们的以前，一些过往的感觉。这两个人很好的，他们都明白《锦绣前程》的那些角色，都说那几个角色是我的生命分割成三部分，我最好的部分是林超荣，好的部分是梁家辉，我傻的部分是黄子华，他们跟我说'我便是演绎着你'，他们便把我的坏处统统放在角色上。当时想这个题材是因为想有那种重逢的感觉，捕捉年少时刚起步的、什么都不懂的、努力挣扎的那个过程，我们面对过不太好的社会、面对过很多人和事，挣扎，但我们都坚持我们要做回一个好人。"当时有很多人对张国荣饰演小人物类型的角色并不看好，陈嘉上说："我跟其他人说你们太小看张国荣，他是个演员，他知道角色要的东西。我跟他合作的强项是，我知道他有些东西可以去，有些人不够胆，他们觉得张国荣是一个模样，我跟他们说你们别以为张国荣只是一个模样，他是千变万化的，他深不可测，你敢找他演出他便敢做，我很appreciate（欣赏）。我曾经给人指骂过，有没有搞错，让张国荣穿成这个模样，但我很开心，把一个漂亮的张国荣打扮得这般'老土'，但大家不知道张国荣要很努力才可以这般'老土'呢，这是很困难的，要让人对他有这个感觉！"《锦绣前程》后期制作的时候，因为片长的关系，陈嘉上忍痛割爱剪掉了一场张国荣"无良"的戏，原本张国荣饰演的林超荣出场时在地铁内碰到一个漂亮女子，他便跟女子搭讪："靓女，你很像我以前的一个女朋友！"而女孩子回答他："是呀，我便是你以前的那个女朋友！"然后林超荣就想："我哪时结识她的？"原来那个女孩子真是林超荣的前任女朋友。张国荣在出演这场戏时，现场一阵爆笑。监制王晶在看完这场戏后对陈嘉上说："我以为我无良，原来你更无良呢！"陈嘉上说："其实他（张国荣）平常的日子是很低调的，他不会像在电影里那个很多话的角色，当你给他角色，他就可以放开自己，他就去做，有趣的是，他会演出一些大家认为巨星不会演出的角色，所以他是个真演员。"

有一次张国荣与梅艳芳闲聊时，谈起他们当年拍摄《胭脂扣》的事，张国荣非常怀念那段时光，所以有意构思拍摄《小明星传》，沿用《胭脂扣》的旧班底，由关锦鹏导演，他和梅艳芳主演。小明星原名邓曼薇，是二十世纪三四十年代著名的粤曲演唱家和电影演员，1942年在登台演出时昏迷，于翌日去世。1994年底，李碧华欲将《小明星传》搬上银幕，计划由她自己编剧、徐克监制、刘家昌导演,梅艳芳饰演小明星,张国荣饰演作曲家王心帆,嘉禾投资出品。而徐克则有意让张国荣出演小明星,梅艳芳饰演王心帆。1995年,在嘉禾表示有兴趣投资的情况下,李碧华和刘国昌开始筹备《小明星传》,但此时张国荣考虑到梅艳芳正在失恋期,不应该让她出演这类悲情的角色,对自己是否出演《小明星传》举棋不定。为此,刘国昌做了两手准备,他亦接触了尔冬升,如果张国荣辞演,那么考虑由尔冬升出演王心帆。看似万事俱备之时,嘉禾那边却打起了退堂鼓,嘉禾在做了成本预算后,觉得成本与收益不能平衡,对投资犹豫不决。张国荣亦跟李碧华说:"阿梅本身命苦,应该演开心的戏,你不怕一语成谶吗?不要拍啦!"而李碧华在写这个故事时,心中也始终"预感不祥",后来便搁置了。

自《霸王别姬》后,徐枫有意开拍《延安最后的口红》,但陈凯歌却想拍叶兆言写的《花影》(后电影改名为《风月》)。徐枫对陈凯歌表示,自己不懂这个故事,不要拍,但陈凯歌坚持想拍,徐枫不得不向陈凯歌表明立场:"虽然我们签了合约,但这部戏我让你找其他公司拍,太多人愿意投资了。"陈凯歌觉得这样会让外界以为他与徐枫之间不和,不是很合适。徐枫明白无误地告诉陈凯歌:"没有关系,下部戏我们再合作吧,反正电影圈太多是非,你开戏时,我可以去探班,那不就和(了)吗?"虽然话已至此,但陈凯歌并未罢休,仍努力说服徐枫投资开拍《风月》,最后连徐枫的丈夫汤君年都看不下去了,他希望自己的妻子能够多点精力放在自己的生意上,而少花点精力在电影上,所以劝徐枫:"陈凯歌喜欢拍什么,你就让他拍吧。"徐枫跟汤君年说:"不是陈凯歌想拍什么,就让他拍什么,那不成的。"但在陈凯歌和汤君年的多番游说下,徐枫最后让了步,徐枫说:"老公一天跟我讲到晚,凯歌又猛跟我讲,后来我大概知道那是什么样的故事,就让他拍吧。"陈凯歌花了一年零四个月的时间打造剧本,在分镜头剧本中,连每一场景、每一人物的状态都有详细的描述。1994年8月9日,《风月》在安徽黟县开机。男主角人选在《霸王别姬》拍摄完毕后,陈凯歌早早便已定下张国荣,而女主角却一直未有合适的人选,叶兆言有意让梅艳芳出演,但陈凯歌内心属意巩俐出演,而巩俐当时正在拍张艺谋的《摇啊摇,摇到外婆桥》,没有档期,最终几经挑选与权衡,确定由毛遂自荐的台湾模特王静莹(汤臣将其改艺名为王莹)出演女主角如意。黟县宏村小县城来了大明星，顿时整个县城喧哗了起来，剧组入住的招待所周边都是围观的人群，有人为了见张国荣一面，赶了十几里路而来。就在张国荣抵达的第二天晚上，窗外突然传来张国荣的歌声，原来招待所楼下黑压压的一片人群中，有人抱了个四喇叭的录音机在播放张国荣演唱会的录音带。住在张国荣隔壁的周野芒（在片中饰演郁忠良的姐夫）说："观众的热情真让张国荣很感动也很无奈。因为他是个十分认真严肃的演员，他需要一个安静的环境研读剧本。没法子，最后剧组只得请保卫人员出面，才软硬兼施劝走了这些热情的歌迷。"张国荣对艺术的严谨也让周野芒印象深刻，张国荣在剧中有句上海话"三天之内，人到上海"，张国荣找周野芒帮他正音，虽然只有八个字，但张国荣不停地反复练习，而且细致到连语气语调停顿都问得仔仔细细。拍摄那天，张国荣顺利拍完那场戏，周野芒后来回忆说："剧组人员想起他（张国荣）为两句上海话付出的辛苦劳动，不由鼓起掌来。最后这句'三天之内，人到上海'的上海话几乎人人会说了，连陈凯歌也戏言'这以后可以成为我们组的接头暗号了'。"有一次拍一个表现郁忠良惶恐不安的长镜头，现场因为刚下过雨，所以路很滑，张国荣跟摄影师说："如果我在奔跑中滑倒了，你不要停，跟着我，我会处理很好的。"周野芒后来在文章中写道："实拍时，他真的在奔跑中踉跄了一下，但没倒下，然后他在一堵巨大的墙前猛然停下一抬头，惊恐万状地盯住墙上自己的影子。事后，陈凯歌几次提及张国荣这场戏的表演，说他这双眼看得人真有点毛骨悚然。"除了工作状态外，生活中随和、爱开玩笑的张国荣，也让周野芒记忆深刻，张国荣对剧组的几位小朋友就像大哥哥一样，跟他们玩的时候，赢了就会高兴得大叫；输了，便扮鬼脸装出要吃掉他们的样子。周野芒说："总之，短短的一个月，张国荣给我的印象既是一个有艺术造诣的明星，又是一个善良随和的普通人。"

当时电影《风月》拍摄的外景地宏村镇离黄山有两个多小时的路程，条件非常不好。张国荣后来说："在黄山（宏村镇）拍戏，好辛苦呀。一连十几日，我未吃过肉，未吃过海鲜，只吃罐头和菜。那是一个小镇，一个礼拜有两日停电，有时酒店无电无水，房间有蚊、虫、盐蛇（壁虎）。"一个星期固定的两天停电，令拍摄的进度也受到影响，而王静莹迟迟不能入戏，也令剧组头痛不已。虽然开拍前徐枫曾让王静莹去中央戏剧学院学习了一段时间，陈凯歌也给了很多时间让王静莹去适应，先拍简单的，等王静莹熟悉了，能应付了，再拍难的，但王静莹始终停留在起点。张国荣举例说，有个要王静莹哭的戏，陈凯歌和他一起教她哭，跟她讲了很多伤心的事，又让她想一些伤心的事，好不容易要哭了，陈凯歌赶紧让摄影师开拍，没想到刚开机，王静莹又哭不出来了，直到王静莹"哭"得眼睛都肿了，那个镜头仍未完成。有个要拍她天真无邪笑的镜头，从早上拍到中午都没拍完，拍到陈凯歌都忍不住骂人，张国荣说："我跟导演说，你发火，她害怕，让我来。我跟摄影师说，机器开着，别管我在不在镜头里。我走到她（王静莹）面前，跟她说：要你笑你就笑啊，连笑都不会啦？！傻X！她一听，还真笑了，完全是我们的要求，可是我一闪身，她就又不笑了。"1994年8月底，陈凯歌拍完了张国荣在黟县的戏，因为还有一部分其他演员的戏没拍完，陈凯歌便让张国荣先行回上海休息待命，但张国荣在9月2日偷偷回了香港，为王家卫的《东邪西毒》配音。之前张国荣在黟县拍戏的时候，王家卫找了一个录音师去到《风月》的外景地，让张国荣找一个安静的角落为《东邪西毒》配话外音，王家卫说："张国荣以为一个小时就录完，就答应了。没想到拿到手里的是一摞纸，很多很多内容，他那个时候很崩溃。找了一个没有人的大庙，录了几天几夜，好像整个故事都是他一个人在讲。"因为在野外配音效果不好，还能听到鸟鸣声，趁张国荣有几日空闲，王家卫便赶紧让他返港重新配音。

《风月》在拍摄了一个多月后，因王静莹始终无法进入状态，陈凯歌在与徐枫、张国荣等商量之后，决定换掉平均一天只能拍一个镜头的女主角王静莹。陈凯歌说："其实不是我想换王静莹，而是如意这个角色在告诉所有的人'这样演不行'。是如意这个角色在排斥，在呼唤，在抗争。王静莹的失败，在于她的杂念，她是一个经验既不足，又有很多杂念的演员。"《风月》的制片主任陈勇说："王静莹演技很差，入戏也慢，有一场王静莹与周野芒的对手戏，王静莹拍了一天也找不到感觉，有时陈凯歌说她几句，王静莹也不服，俩人闹得很不愉快，因为王静莹使得剧组拍摄进度非常缓慢，本来汤臣公司想借这部影片把王静莹捧红，后来见她实在不行，只好换人。"换下王静莹，就必须尽快找到新的女主角，刘嘉玲曾有意出演，但陈凯歌觉得她年龄不合适；王祖贤亦毛遂自荐，试镜后因发福而落选；许多内地的女演员亦都前往试镜。当时陈红正在离苏州不远的乌镇拍摄《霜叶红于二月花》，陈凯歌派了一位副导演前去接了陈红到剧组试镜后，决定选用陈红出演女主角，虽然陈红对如意一角亦非常心仪，但最终未能出演。陈凯歌说："陈红的合约问题是造成她不能扮演这个角色的主要原因，因为制片公司有自己的原则，徐枫不愿意陷入合同的纠纷中去，特别不愿意给人以强凌弱的印象，让人觉得我们'夺人所爱'，我自己支持徐枫的态度，这对于陈红来说，她尽了很大的力量。"当时陈红正在拍摄的《霜叶红于二月花》已接近尾声，但陈红在拍摄《霜叶红于二月花》时接了另一部电影《银饰》，陈红为了拍摄《风月》决定弃演《银饰》。据《银饰》的导演纽立山的说法，他在劝说陈红未果的情况下，给徐枫和陈凯歌发了一封电报，大致内容是陈红已与《银饰》剧组签约，如《风月》用了陈红，将严重影响《银饰》的拍摄，由此带来的一切后果将由《风月》剧组承担。1994年11月初徐枫亲自回电纽立山，表示"为了维护同行的利益，《风月》剧组不会使用陈红"。后来陈红没有向《银饰》剧组报到，也没有出演《风月》。之后，陈凯歌看到周迅拍摄《女儿红》的一些剧照，便找周迅前去试镜，周迅在试镜时念了一句"女人比姑娘漂亮"便泪如雨下。虽然陈凯歌对周迅赞赏有加，但最终周迅因为外形"小了一号"而落选，后来陈凯歌仍在电影中安排了一个舞女的角色给周迅。周迅说："我挺难过的，但我也通过那件事悟到一个道理，是你的就是你的，你努力过了，不是你的，就一定要让它过去。当天晚上，我就问凯歌导演要了一粒安眠药，第二天就好了。尽管那个角色没有争取成功，但那时凯歌导演一直说，周迅是一个特别好的心灵沟通者，他挺珍惜我身上有的一些可能是天赋的东西，就和我说，你留下来看我拍戏吧，我就在剧组待了大半年，每天看张国荣和巩俐演戏，对我帮助非常大。"在几经考虑之后，陈凯歌决定先行开拍不涉及女主角的戏，然后停拍等待他心目中的第一人选巩俐拍完张艺谋的电影。

1994年9月17日，在接近一年的后期制作后，王家卫的《东邪西毒》上映。《东邪西毒》一如谭家明《烈火青春》的状况，开拍时正是香港武侠片热潮，上映时武侠片风潮已式微。当年《东邪西毒》上映时很多观众都看不懂，主演之一林青霞后来亦在书中写道："十四年之后

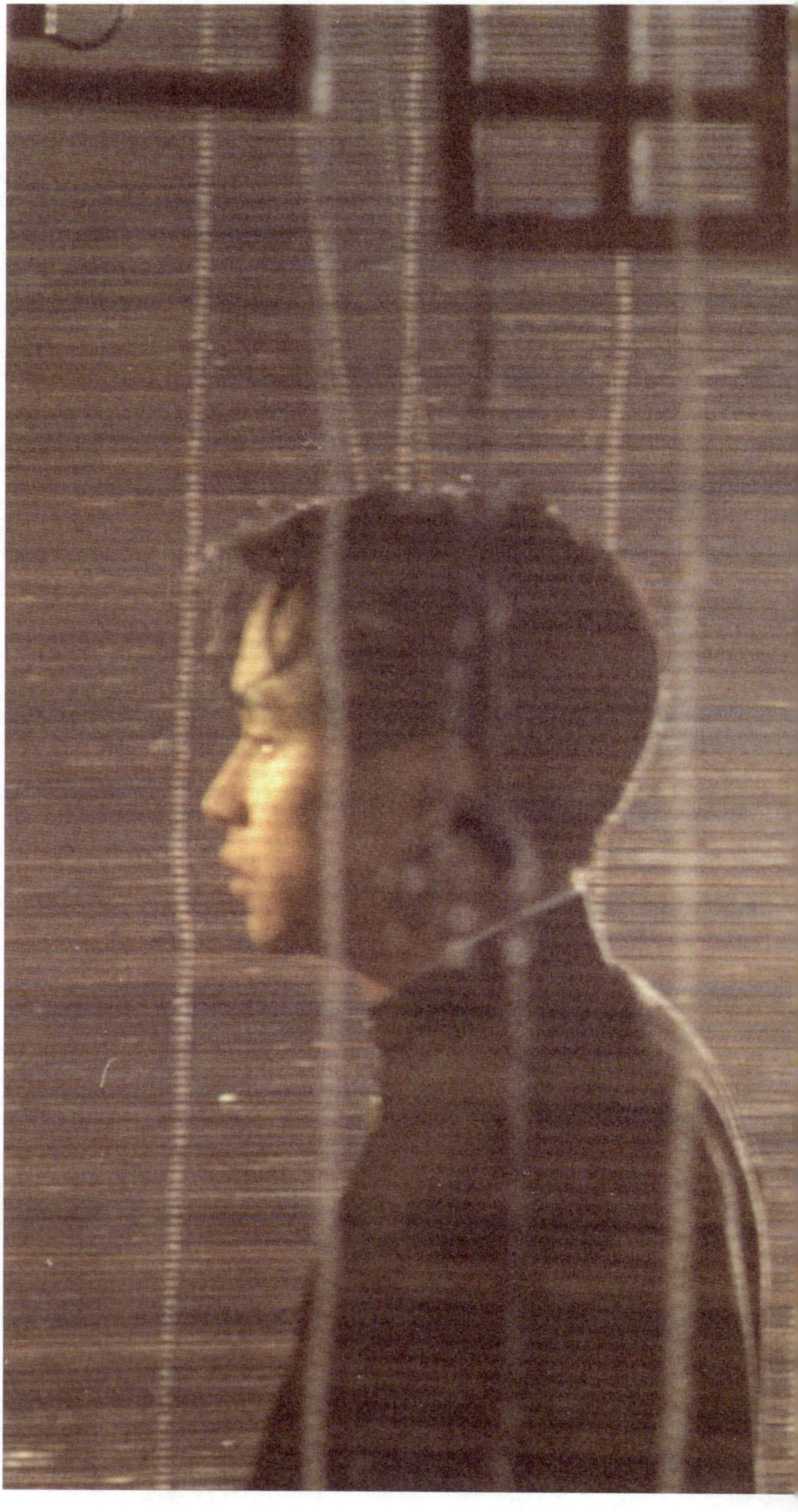

图片摄影 / 授权：周雁鸣

再重看《东邪西毒》，不只我看懂了，其他人也看懂了。不知道是不是王家卫的思想领先了我们整整十四年？十四年前在威尼斯影展，我第一次看《东邪西毒》没看懂。心想为什么每个人说话都没有眼神接触，好像个个都对着空气讲话。到底谁爱谁？到底谁跟谁好？这么多人物，谁是谁都搞不清楚，怎么会好看？看完电影我失望地吐出三个字——不好看！"1999年，泽东电影公司的很多电影菲林遭到损坏，王家卫决定用技术修复《东邪西毒》。2008年5月18日经过修复的《东邪西毒（终极版）》在戛纳电影节首次亮相。王家卫表示："戛纳电影节一直是张国荣极为看重的舞台，因为《霸王别姬》的遗憾而归，他一直期望《东邪西毒》能够让自己在戛纳再次起舞。所以'终极版'最大的目的是用以纪念张国荣，将影片的全球首映放在戛纳，就是为了还张国荣的这个心愿。"在王家卫与张国荣的三次合作中，王家卫觉得《东邪西毒》里的张国荣是最特别的一个。王家卫说："其实充当一个故事讲述者的人物并不一定会最出彩，但是张国荣却能一路守住这份注意力，这是一个不简单的功力。而且他在戏中的表演也具有很多的层次，重在大银幕上放映，连我也发现了很多新鲜的东西，这很让我感慨，原来我也错过了许多。"谈到对张国荣的印象，王家卫说："大家都说他（张国荣）的才华、他的样子，但在我印象中，他的色、貌、艺都很强，他还非常努力，非常重义，他答应做一件事情，不管怎么样，他一定会做到。就是像我们那个时候在沙漠里面，他是唯一一个从头待到尾的。"为了纪念张国荣，王家卫在《东邪西毒（终极版）》里特意将最后一个镜头留给了张国荣。戛纳首映之后，《东邪西毒（终极版）》在全球再次公映。

《风月》停拍之后，张国荣返港接拍了徐克导演的贺岁片《金玉满堂》（亦称《满汉全席》），这是张国荣真正意义上第一次拍摄徐克导演的电影。之前两人合作的《倩女幽魂》和《英雄本色》，徐克都是以监制的身份参与。徐克也曾找张国荣出演过《青蛇》以及续集，不过因为张国荣觉得许仙这个人"面目可憎"而没有接拍《青蛇》，张国荣对《青蛇》续集倒是有意向，但最后不了了之。徐克原本在1994年10月已开始筹备开拍一部香港歌舞片，男主角一早已锁定当时仍在断断续续拍摄《风月》的张国荣，其他主要演员包括袁咏仪、吴奇隆和杨采妮。后来因为考虑到贺岁档期，而拍摄歌舞片耗时较长，又恰逢《风月》停拍张国荣有一段时间空闲，便改变主意筹备开拍《金玉满堂》。《金玉满堂》是徐克好几年前的一个剧本，原本是讲述"两个厨师斗法的故事"，后来徐克对剧本做了大幅修改，将其变成了"一个两代继承的故事"。徐克一直以来有很多角色希望找张国荣出演，比如唐僧、西门庆等，徐克觉得看着张国荣的成长与变化，看到张国荣的多面性是一个很有趣的地方，他说："不知何解，他（张国荣）的多面化好像永远得不到较多的发挥机会，我总觉得他可以演绎很多不同类型的角色，容许演员尝试不同人性的东西是一件好事，我一直希望与他合作搞一些不同的东西。"这也正与张国荣希望出演一些不同类型角色的想法不谋而合。所以在《金玉满堂》里，徐克想让张国荣尝试出演"小混混"的角色，不过在拍完以后，徐克觉得这个角色因为考虑到观众的接受能力未能让张国荣有更大的发挥，徐克说："发现他（张国荣）的角色好像有点模糊，其实可以去得'尽'一点，让Leslie有更大的发挥，当时实在是保守了一点，有些地方怕观众不接受而写得不够大胆。"

在拍摄《满汉全席》期间，外传张国荣签约滚石唱片，将以慈善方式复出歌坛。对此，张国荣表示，他暂时还没有决定复出，如果复出也绝对不会以慈善为借口，但他并不否认在合适的时候会再出唱片的可能，不过，那时他必定声明不会角逐任何奖项，也不会出席任何宣传活动，他唱歌纯粹是为知音人而唱。张国荣笑说："我只是唱歌而已，又不是去杀人，为何要找借口。"自从张国荣在《金枝玉叶》大开金口以后，很多唱片公司频繁接触张国荣，希望能够游说张国荣复出乐坛，在众多接触的唱片公司中，张国荣承认对滚石唱片更感兴趣，但还没有进一步的决定。张国荣表示，现在心境跟以前已不同，在这些年里他也想通了，觉得做事不需太执着，只要自己开心，但又不伤害人就好。而对于1994年自己的成绩，张国荣说："自己很幸运，近年可以拍摄商业片外，还有机会拍艺术味较重的电影，最难得是两者观众都接受，有今日的成绩，是努力了多年的成果，但自己仍然觉得意外。"

图片摄影 / 授权：周雁鸣

Part V

我就是我
是颜色不一样的烟火
天空海阔
要做最坚强的泡沫

Chapter 21

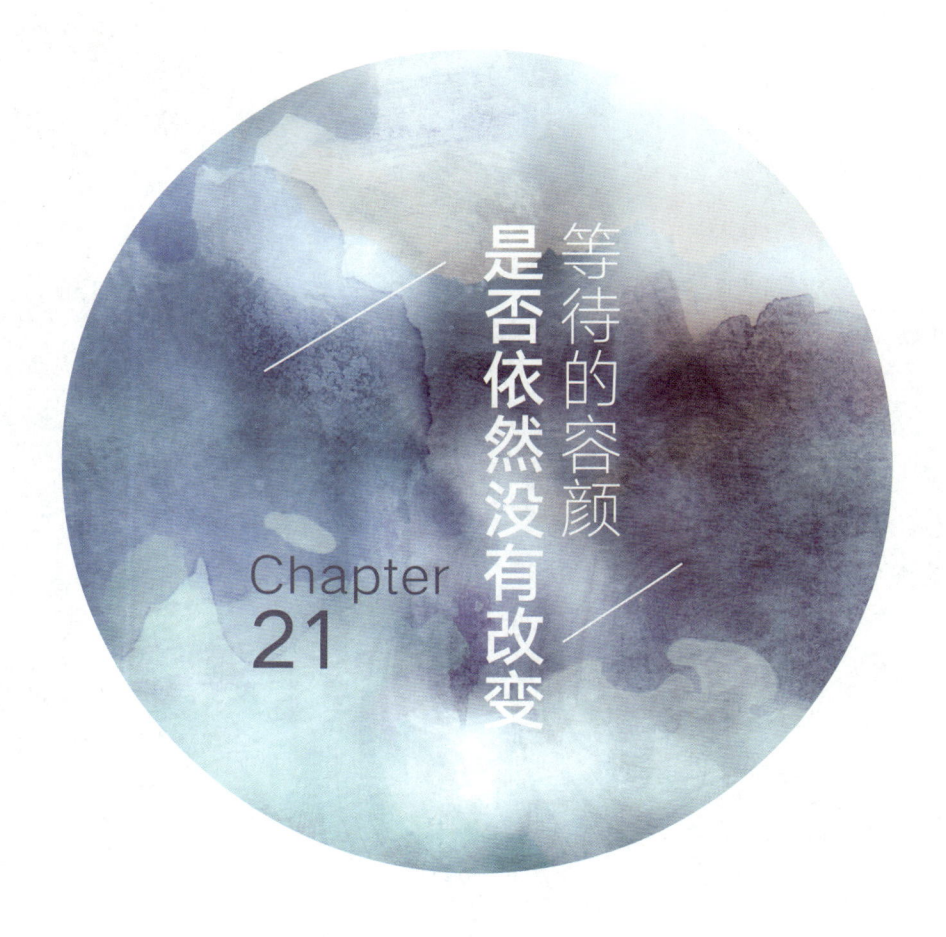

等待的容颜
是否依然没有改变

ENDURING PRESENCE:
LESLIE CHEUNG

随风不逝・张国荣

1995年1月8日晚,张国荣出席毛舜筠和区丁平在君悦酒店的婚宴,因他与毛舜筠情同兄妹,他更以大舅子自居,开玩笑地要一对新人送条大舅裤给他作为礼物。1月13日,"日本影评人协会大奖"获奖名单公布,《霸王别姬》获得"最佳外国影片",陈凯歌和张国荣凭《霸王别姬》分别获得"最佳导演"和"最佳男主角"。"日本影评人协会大奖"的评审团由14名专业影评人组成,评选要求甚高,1994年张曼玉凭《阮玲玉》获得"最佳女主角",而此次张国荣获得"最佳男主角"是首位中国男演员获得该奖,也是至今为止唯一获得该奖项的中国男演员。对于此次得奖张国荣表示,作为演员得奖等于努力地做好一件事情后,获得成绩被赞扬一番,为向支持他的观众有所交代,以后会尽量拍好戏。2月6日,他前往日本参加颁奖典礼,张国荣坦言:"(领奖时)简直有为国争光之感!"1月15日,《金玉满堂》杀青。1月23日,张国荣回加拿大过农历新年,在忙忙碌碌的一年后,与好友搓搓麻将,过一个平静安宁的新年。虽然搓麻将是张国荣的兴趣爱好,但在张国荣看来,"打麻将就好似做人一样,一定尽量做好"。

1995年2月23日,新版《夜半歌声》在北京开镜。在新版《夜半歌声》中,张国荣应导演于仁泰的邀请,还担任了影片的"行政监制"。对于初次尝试监制工作,张国荣说:"做这部戏的执行监制,是因为监制可以学到比导演更多的东西,而且我很明白和了解这部戏。很早以前已非常熟悉这个故事,所以很希望能参与一些幕后工作,不论是编剧、音乐,或配搭上的问题,尤其是音乐。说真的,也许香港还未发展到舞台剧的气候,但观众总应有选择的机会,让他们可逐渐吸收。"黄百鸣原计划在1994年开拍新版《夜半歌声》,但于仁泰对黄百鸣表示,男主角必须是张国荣,而当时张国荣几部片约在身,分身乏术,最后黄百鸣决定推迟一年拍摄。最初黄百鸣担心张国荣可能不愿意出演"毁容"的角色,当他与张国荣倾谈之后,张国荣反而很有兴趣做这样的尝试，一点都不介意毁容后以丑陋的脸孔出演，不过黄百鸣考虑到观众的接受程度，希望导演尽量减少这部分的戏。

新版《夜半歌声》脱胎于1937年马徐维邦导演的《夜半歌声》，据说，当年的版本还吓死过一个胆小的观众，之后在1956年、1962年和1985年都曾翻拍过。此次重拍除了故事的基本情节来自于旧版外，在结构、人物命运、故事结局等处理上都有明显的不同，旧版中女主角的名字李晓霞亦被改为杜云嫣。与旧版"恐怖片"相比，新版《夜半歌声》的基调更加华丽与浪漫，更多表现的是爱情，张国荣说："40年代曾经有人拍过此片，当时是很棒的，《夜半歌声》被拍成了一部'鬼'片。现在是90年代，就要加进新的元素，而不是哗众取宠地将它拍成一部鬼片，而是要着重爱情、幕后制作。"为了全新的视觉效果，剧组专门在北京电影制片厂搭建了一座"歌剧院"，这也是当时国内搭的最大的景。"歌剧院"长48米，宽63米，高14米，圆顶直径有25米，单单这个圆顶就用了26吨钢材和40立方米的苯板，"歌剧院"的后台花了80多立方米的木材，整个搭建费用高达1000多万元。拍"歌剧院"起火的那场戏时，用了20多吨防火材料，动用了120个消防人员，80个辅助人员，现场有1000多人，如此壮观的"着火"，是北京电影制片厂有史以来最大的一把"火"。

女主角杜云嫣由并不算漂亮的吴倩莲出演，于仁泰表示，吴倩莲身上有一种古典的味道，张国荣说："我很希望和吴倩莲的戏有一点火花，这是我期待的，因为有些演员是要让他的，有些演员是要帮他的，而吴倩莲就不用这样，当然，演员间是要互帮互让的，这样才能擦出火花。"在电影中，张国荣与吴倩莲有一场激情戏，张国荣说："与小倩拍那场床戏，我则避免与她有太亲密的肉体接触，她是乐坛新进，做歌星最讲形象，拍我们拥抱时，我以双手撑着床板，镜位是摆我们脚尖互贴那部分，真正是以脚尖引发她的自然激情，我很满意效果。"黄百鸣当时考虑邀请黎明出演第二男主角韦青，但张国荣觉得黎明与他自己有相似的地方，会让观众觉得太刻意，建议找有点名气的新人出演效果会更好。张国荣在拍《霸王别姬》时，在陈凯歌那儿看到黄磊演的《边走边唱》，他觉得黄磊不错，后来便邀请了黄磊出演韦青一角。黄磊说："拍《夜半歌声》时他（张国荣）是巨星，大家都叫他'哥哥'，可是他并没有离你很疏远。我记得开机之前他请我们全体剧组人员吃口福居的涮羊肉，他很周到，每个人他都给问候。我能拍这部戏是因为有他的推荐，我以前拍过陈凯歌的《边走边唱》，而他刚好拍了《霸王别姬》，他从陈凯歌那儿看到我的片子说这个小孩不错。"在拍戏的空档，张国荣和黄磊便一起跑到传达室抽烟，张国荣问黄磊有没有听过新版《夜半歌声》的主题曲，黄磊表示没有听过，然后张国荣就当场清唱给他听，黄磊之后也跟着唱。黄磊觉得张国荣是一个非常具有亲和力、让人难忘记的人。黄磊说："拍《夜半歌声》他（张国荣）对我很照顾，结尾有一场戏是在大雨中，那是三四月份，要用水龙。剧组给他买了潜水衣穿在身上，因为他是男主角。我们是新人就没有潜水衣，只有拿保鲜膜一条条地裹，并不怎么管用，水还是会进去。他拍完了，就把他的潜水衣给我穿。当时他把所有的宣传都让给我。拍戏时很多难忘的事，比如眼光间的交错，他是会一直去思考创作的人，包括别人的戏。最清楚记得的就是有一场戏，他毁容后忽然摘掉面罩，那种感觉不是演戏，是真的吓到我，他那个表情。"黄磊原本在电影中的戏份非常少，但张国荣把很多自己的戏都给了黄磊，让黄磊出演的韦青也成为一个主要的角色，因此黄磊一直觉得张国荣对他有知遇之恩。

张国荣在《夜半歌声》的戏中戏里，自《柠檬可乐》后再次出演罗密欧，而其中朱丽叶的扮演者是内地女演员谢兰，谢兰说："从广州回北京，脚还没有站稳，我直接被拉到电影《夜半歌声》剧组。听说要和张国荣演戏中戏，这一路我狂欢不已。在化妆间我看到他时，他正站在我身后，正透过化妆镜端详着他眼前的朱丽叶。稍后他摸了摸我的头发说扮相真好，（然后）转身优雅地离去。这一刻我感到我身后的人更像是个大哥哥，而不仅仅是红遍天的大明星！"谢兰跟张国荣只有舞台上的一场戏，拍摄当天她要拍的剧本就是一页歌词，那时刚毕业不久的谢兰因为能和自己喜欢的明星合作，除了欣喜若狂之外还有些紧张，所以一直静不下心来。谢兰说："这时他（张国荣）走过来，很安静地坐在我身边，陪着我轻轻地哼着这首歌，一遍又一遍，直到我大致会唱了，他也没有起身走开。而是依旧静静地坐在我的身边！紧张这个东西不知不觉中消失了。此刻，我的内心是兴奋的，充满信心的！"走位后，张国荣与谢兰有说有笑，让她放松不要紧张，告诉她试戏的感觉很好，她一定能演好。实拍时，两个人很快就进入角色，非常顺利地完成了这场戏。谢兰说："拍完这场戏后所有人都鼓掌，他（张国荣）给我一个拥抱，在感受他力量的同时，他却说：刚才忘了夸你了，你很漂亮。""和张国荣演对手戏很舒服，你根本不用费劲，在他情绪的带动下，你跟着他走，他的戏真是好极了，他很快能把你带入戏的角色里，你觉得不是在演戏，而本来就是那样。我虽然不喜欢拍接吻戏，但这时根本没有杂念，戏走到那儿时，动作就很自然地完成了。"虽然只有短短的一场戏，但谢兰对张国荣的人品和演技赞不绝口："张国荣无论是演戏还是做人，都是一流的。"张国荣去世后，谢兰说："他（张国荣）是我唯一的、深刻喜欢的好演员！"

对于宋丹平这个角色，张国荣表示："其实他（宋丹平）有点似我，同样是喜欢作曲和唱歌。因他以前原本是个歌王，且对爱情专一，然而却遇上不好的际遇，被人毁容貌。许多人可能不知道，这其实亦是我多年的心魔，以往我曾收过一些纸钱、香烛、冥钞等东西，那时脑海中实时便会猜想此人下一步会做些什么，他可能会刺你一刀或毁你的容，这是我内心一直存在的恐惧，这亦是加速我离开歌坛的原因之一。故可以说《夜半歌声》的宋丹平是我对这种无形压力的一次意外的宣泄。"虽然张国荣与角色有相似之处，但他觉得宋丹平这个角色并非是为他量身定做的，张国荣说："我想除非是演回自己，没有一部戏或一个角色是真真正正为某演员度身订造的，因为一部戏有许多东西是编剧和导演的idea（想法），故只能说演员只是做到很接近角色，但是演员绝对不是角色，故绝对不能说成是度身定做。"张国荣在出演《夜半歌声》时，除了担任行政监制外，还负责了电影歌曲的创作。为了更契合剧情，张国荣借鉴了国外歌剧的咏叹调来创作音乐，他说："戏中的宋丹平是个很前卫的音乐家，故若编作一些很中国调的歌曲，会很不适合。于是我作了颇大胆的尝试，略偏重于带少许类似外国舞台剧opera（歌剧）那种感觉的音乐，全无敲击部分，更用上了歌剧式的唱腔。我一共作了三首歌，都是应剧情的需要而写的，间接地亦或多或少显示了我个人的心路历程。"电影同名主题曲《夜半歌声》获得了第15届"香港电影金像奖"的"最佳原创电影歌曲"和第32届"金马奖"的"最佳电影歌曲"提名。新版《夜半歌声》拍摄期间，于仁泰因赶着要去美国拍片，而吴倩莲忙着进军歌坛灌录唱片，张国荣则4月也要再次进入《风月》剧组，所以筹备与拍摄的时间都非常短，彼此之间也缺少深层次的沟通与交流，虽然于仁泰力图重塑《夜半歌声》，使之成为一部新时代版的经典之作，但最终并未达到预期。对于新版《夜半歌声》，张国荣后来在关锦鹏的《男生女相》里说："我觉得（新版《夜半歌声》）有一点忽略了剧本的可塑性，还有他可能和自己那种……例如那个歌王毁容后的宿命和打击，整件事就变成流于层面化和比较注重儿女私情，其实我知道在旧的戏里，要说的信息就比较多。"

《风月》自开拍以来，在经历了几易女主角、导演陈凯歌的父亲去世、停拍，直到女主角巩俐与张艺谋分手后，于1995年4月再度开机。在停拍期间，陈凯歌对《风月》的结构、拍摄风格等又进行了新的思考。《风月》最初由陈凯歌委托叶兆言撰写故事，定名为《花影》，后来陈凯歌又找了王安忆和舒琪一起打磨剧本，同时改名为《风月》。据说陈凯歌不满意叶兆言的故事，最终在电影的幕后名单中亦未出现叶兆言的名字，对此，叶兆言曾说："我写出一个作品，就像养了头猪，既然猪已经卖给别人了，别人是想拿'它'做红烧肉还是做鱼香肉丝，我都没什么意见。至于所谓的合作'不愉快'，我就一句话，他做他的事，我做我的事，隔行如隔山。你觉得电影好吗？不好啊。上面没我名字，反而是件好事！况且我觉得这也不重要。"在叶兆言和余斌合著的谈话集《午后的岁月》中，叶兆言也曾谈及此事："这件事挺恶心，像吃了只大苍蝇。""反正这对我是个教训，这样的事以后再也不会做了，一个人不能连吃两回老鼠药吧。我当时也太单纯了，直到剧本写好，实际上就是写了两稿后，都没谈过报酬的问题，一个字都没说过。"后来，叶兆言在《花影》第三版时说："《花影》的女主角妤小姐，本来是为当年的梅艳芳所写。她的艳丽，她的芬芳，她的痴迷，她的疯狂，曾给了我巨大的想象空间。小云自然应该是张国荣,这个角色非他莫属,也只有他才合适,只有他才配得上小说中那副墨镜,那幅只有两个小黑圆圈的老式墨镜。怀甫就让刘德华或梁朝伟来扮演,谁演都会出彩,谁演都会有一番新的创造,这个人物一点也不简单。可惜呀,可惜这都是些良好的愿望,是空中的楼阁,是海市蜃楼。人面不知何处去,桃花依旧笑春风。不过才十多年的工夫,往事早已不堪回首。美艳如花的妤小姐还在小说里不死不活,小云从小说中出走,可是梅艳芳死了,张国荣也死了。"对于自己饰演的郁忠良这个角色,张国荣表示:"郁忠良这个角色比程蝶衣还难演。忠良是一个真正的悲剧人物,相比之下,程蝶衣一点也不悲,因为他可以自主地去面对眼前的一切,比如在舞台上的醉生梦死,比如他对师兄的感情,他都是义无反顾去做的。而忠良则无法控制自己,这个人物的复杂不仅在于他的感情戏太重,更主要的是围绕着他的一切都被玩弄于命运之中,在爱与恨面前,他不知道自己是谁,身在何处,他根本没法选择怎么去做。因此忠良的演法和程蝶衣完全不同。这个人物像我在《阿飞正传》中的阿飞,又像我在《胭脂扣》中的陈振邦,也有《东邪西毒》中欧阳锋的影子,这些人物合起来再加以创造,完全靠演技来诠释。"对于演绎这个角色,张国荣也做了很多功课,张国荣表示:"多看二三十年代的电影,尽量模仿那个时代人物的举止神态,并且与导演陈凯歌频频开会,研究人物的表达方法。"

陈凯歌、张国荣和巩俐合作过《霸王别姬》之后,再次合作也非常顺利和默契。不过当时有传闻张国荣因巩俐经常迟到而导致两人不和,对此,张国荣说:"我与巩俐已是老朋友,今次又不是第一次合作,而且巩俐有着北方人爽直的性格,自从巩俐到剧组报到后,一切都非常顺利。"张国荣更笑言,巩俐自从换了男朋友后,他也得益不少。拍《霸王别姬》时,当时巩俐的男朋友张艺谋也曾前往探班,但作为艺术家的张艺谋连女朋友都不会哄,而这次不同,黄和祥知巩俐爱吃零食,每次探班都带着大包小包的零食,他亦间接受惠。据媒体报道,剧组的工作人员每天都要忙两件事:"第一,忙于处理来观看张国荣的歌迷;第二,清除杂音,以利现场收音。张国荣在内地好红好红，每天来看他工作的歌迷便有二三百个，每拍完一个镜头，张国荣便要找地方躲起来，以图安静一阵。"

1995年5月24日，这是张国荣在《风月》剧组的最后一天，拍完最后八个镜头后，第二天便要返回香港。当晚，张国荣在松江红楼宾馆宴请全体剧组同仁。虽然满桌美味佳肴，但是"醉翁之意不在酒"，剧组工作人员都跑去主桌跟张国荣敬酒和合影，最后张国荣被大家热情地从座位上拉了出来。制作总监孙慧婷在演唱了一首《何日君再来》后说："我不是个好表演的人，因为刚才张国荣先生对我说'你能不能为我唱首歌'，所以我选了这一曲。现在，我要对张国荣先生说'你能不能为大家唱首歌'。"没容张国荣回应，现场的众人在掌声中齐声替他做出了回答，众人更是有节奏地喊着"张国荣——唱一个，张国荣——唱一个……"作为东道主的张国荣盛情难却，为大家演唱了一首张学友的《祝福》。在张国荣深情的歌声中，众人都静了下来，直到张国荣唱完，都没从张国荣的歌声中缓过来，饰演端午的林建华、饰演小忠良的任雷、饰演天香里其中一位女人的舞蹈家周洁等更是泪流满面。当时出道不久的林建华，在拍摄《风月》时向张国荣请教如何演好戏，张国荣告诉他："演员拍戏常受外界干扰，所以好的演员要随时能进入状态，要想着幕后工作人员的辛劳都是为了你，所以要享受孤独，不受外界影响。"虽然之后两人没有什么联系，但林建华表示张国荣说的一句话——"演员就是要当众孤独"却一直影响着他。在电影中饰演郁忠良姐姐的何赛飞，后来回忆起张国荣时说："张国荣的演技我很喜欢，非常细腻。有一次拍完戏我仍然沉浸在里面，感觉肝部特别疼，人抖个不停，他就始终抱着我，等我停下来了平静了再放开，我觉得很感动。"饰演贵妇人刘太太的王路，虽然在电影中与张国荣只有一场戏，但对张国荣亦印象深刻。初见张国荣时，王路说："第一次见到张国荣的时候觉得他长得很瘦弱，很文气。他非常静，静得几乎让你忘了他的存在。下了戏的时候他常常一个人坐在角落里吸烟，嘴里还念念有词。我觉得他吸烟的样子好像仙一样，虚无缥缈，飘荡在半空中，让你不敢接近。只有远远地站在一旁。他有时会主动

当我重温您，在茫然中思忆里
所有冷冰的暖了

地跟你说话,轻声简短地问你一些问题。拍戏的时候他却很友善,会主动跟你交流,他会告诉你可以怎么做。比如说,他告诉我可以抚摸他的头发,头发弄乱了没关系。"给王路留下印象最深刻的是:"有一次我们大家吃饭的时候,他(张国荣)没有吃,而是在戏里的一段楼梯上咚咚咚不停地跑上跑下,几乎能有二十几趟。因为下一场戏就是他跑进客栈上楼梯的镜头,他利用大家吃饭的时间在练习。一个大明星如此认真值得我们小演员学习。"在他俩的戏中有一个王路回望张国荣的特写镜头,因为镜头中看不到张国荣,所以陈凯歌安排了一个工作人员站在王路回望的方向那里,王路说:"当我满怀深情地回头看他时,好像在对一个木头做表情。我对自己这条不满意,正准备拍第二条时,张国荣推开那位工作人员说'我来,我来'。当我第二次回头时,我看到了张国荣深情的目光,哀怨的表情,感悟到了对手给我的信息。一个国际大牌明星能如此认真对待每一场戏,并且如此尊重和配合对方,我只能用'敬业'二字来解释了。"张国荣还认了饰演小忠良的任雷做干儿子,任雷说:"我以前很自闭,没有安全感,刚进《风月》剧组的时候就这样,后来跟干爹相处很近的那段时间,我开朗了许多,那时候陈导演也说我演戏越来越放松了,包括现在,我看待一些事情都不会像过去那么极端,再难的事情也尽量保持一个好的心态。我的转变不是别人教的,是从我干爹身上学到的。干爹非常懂得爱,珍惜爱,从他对待张奶奶、史爷爷、宋老师,还有北京他很多很多的朋友,我都能感觉到,他对每一个人都是真诚的,他不会因为自己是明星就站在很高的位置上去看别人,他总能很好地融入一个集体,用他的方式来表达他要表达的。"

拍完《风月》之后,张国荣决定休息一段时间,好好地享受生活,下半年暂时不再接拍电影。张国荣自从退出乐坛卖掉房子后,每次返港,初时不是居住在酒店就是居住在契妈(干妈)张玉麟夫人谭爱莲家中,后来张国荣在梅道买了一套房。1994年他又卖掉了梅道的房子,买了一套龟背湾的别墅,委托张叔平帮他做室内设计,他自己也正好趁这段时间打理一下,希望能在9月生日之前入住。张国荣说:"那是我梦寐以求的居所,我会在那里过我的一生。"1994年，香港女导演陈丽英有意将顾城的一生搬上大银幕，意欲邀请张国荣出演顾城，张国荣闻之婉拒。1995年，内地导演田壮壮亦联系张国荣拍顾城的故事，虽然张国荣有诗人的气质，但他觉得时间与角色都不太合适，亦推却了。后来田壮壮筹备《小城之春》时，有人提议让张曼玉演玉纹、梁朝伟演章志忱、张国荣演戴礼言，田壮壮开玩笑说，要是那样的话，那就把机器架在那儿得了，他们可以吃面条去了。在拍摄《风月》之前，陈凯歌曾有意执导《金瓶梅》，张国荣表示自己是西门庆的合适人选，更提议由巩俐饰演潘金莲、林忆莲饰演李瓶儿。在《风月》拍摄期间陈凯歌曾计划拍摄《徐志摩与陆小曼》，相约张国荣饰演徐志摩，巩俐饰演陆小曼，不过最终不了了之。在《风月》杀青之后，陈凯歌再次联系张国荣希望合作《荆轲刺秦王》，属意张国荣饰演秦始皇，姜文饰演荆轲。有人认为张国荣眉清目秀饰演秦始皇不太有说服力，对此张国荣表示："秦始皇18岁已有功勋，是属才智过人之辈，并非纯武夫一名，剧情是着重秦始皇成长的心路历程，对出演此角甚感兴趣。"不过陈凯歌一拖再拖，直到1997年才开机，而那时张国荣因举办世界巡回演唱会未有档期出演，姜文因对剧本不满意和与陈凯歌对荆轲一角的理解不同而辞演。最终，李雪健出演秦始皇，张丰毅出演荆轲，巩俐出演赵姬。虽然张国荣与陈凯歌合作愉快，《风月》之后陈凯歌也多次表示想与张国荣再次合作，但《风月》却是他们的最后一次合作。嘉禾的《小明星传》在找张国荣的同时，有传关锦鹏将执导《末代皇帝续集——三寸金莲》，电影讲述末代皇帝退位前在宫内的生活与感情，由黄百鸣的东方电影公司与巩俐新男友黄和祥合作投资拍摄，张国荣和巩俐分别出演男女主角而再次合作，不过该片最终亦是不了了之。原定于1995年10月开机的《小明星传》，张国荣亦最终辞演。不过张国荣在关锦鹏应邀为"电影百年"拍摄的《男生女相：华语电影之性别》中作为受访者，接受了关锦鹏的访问，谈及电影与性别等话题。1994年关锦鹏拍摄《红玫瑰与白玫瑰》时，曾邀请张国荣为电影演唱主题曲，张国荣答应了，但后来小虫表示《红玫瑰与白玫瑰》将会出版电影原声大碟收录电影主题曲，张国荣因此推辞，最后《红玫瑰与白玫瑰》的电影主题曲是由林忆莲演唱的《玫瑰香》。

拍完《风月》后，张国荣返回加拿大打理事务。1995年5月29日，一身休闲装束的张国荣飞往台湾与滚石唱片商谈复出的具体事宜和录制新唱片歌曲。在机场遇到记者的张国荣笑称，一大早住处停电，连头发都来不及吹。6月9日，张国荣与滚石唱片在台北西华饭店三楼宴会厅举行签约仪式。"张国荣加盟滚石唱片亚洲记者会"现场挤满了来自中国香港、中国台湾及新加坡、马来西亚、日本、韩国等地的200多位媒体记者，现场更是精心布置，以张国荣自己作曲的乐谱作为会场背景。当张国荣一身白色装束笑容满面地出现在签约现场时，记者的呼喊声与照相机拍照的声音重叠交响，犹如一首狂欢的乐曲，特意自创了一个新发型的辛晓琪现场为张国荣献花，滚石唱片总经理段钟潭送了一款"电影百年纪念"的手表予张国荣，期望双方合作愉快长久。在一轮拍照之后，滚石唱片和张国荣公布了签约因由、出碟详情，并回答了记者的提问。张国荣与滚石唱片合约为期三年，每年发行一张唱片，每张唱片拍摄三个MV，不上电视、不做宣传、不角逐和接受奖项。张国荣在滚石唱片的首张唱片计划于7月7日发行，张国荣希望有充裕的时间投入创作，制作出满意的音乐作品。当有记者指其出尔反尔时，张国荣表示："我多年来个人心路历程有很大转变，当年坚决退出是因为那时候还小，但现在人长大了，成熟了，知道自己想要的是什么，所以我又复出。"但仍有记者抓着问题紧追不舍，一位女记者更是话锋尖锐，而张国荣突然话锋一转说："什么时候，我们再一起打麻将呢？"原本紧张的气氛被张国荣轻轻一搅和，顿时轻松起来，避开了针锋相对的尴尬场面。对于张国荣此次签约的薪酬，滚石唱片总经理段钟潭表示，跟张国荣谈合作前后谈了近两年，但谈薪酬和细节却只花了30分钟。段钟潭承认张国荣是滚石唱片薪酬和制作费最高的歌手，但具体数字不便透露，反正是一个很合理、很不错的条件。张国荣亦笑言滚石唱片对他很好，所给的钱足够使他这一辈子不必再熬。记者会结束后，张国荣接受媒体分批采访，在接受香港记者采访时，张国荣还特意换了一套便服出镜，免得镜头太过单调。签约仪式后，张国荣便全心投入新唱片的制作中，6月底，录完新唱片从日本旅行回来自称"失业汉"的张国荣，前往加拿大宣誓入籍。虽然自7月开始，张国荣正式成为加拿大的公民，但工作和生活重心都在中国香港的他特意对加拿大的朋友们说："赶快见面，可能在两年内，我都不会来加拿大了。"张国荣表示，以后大部分时间会留在香港。

1995年7月7日，张国荣签约滚石唱片后的首张唱片《宠爱张国荣》全球同步发行。《宠爱张国荣》一经推出，便引发了抢购热潮，据媒体报道："在尖沙咀的HMV上午10时开始，已有人排队轮候，在旺角信和中心一唱片铺，开卖后一小时已沽去一百多张，平均一分钟卖两张，气势吓人。近来唱片业一片愁云惨雾，有人谓张国荣复出后的大碟简直是'救市'之作！""而单是HMV这个唱片连锁集团，便入了25000张张国荣大碟，足有半白金之数。昨日旺角信和中心人山人海，唱片铺老板谓全因张国荣大碟推出而带旺整个商场。下午5时过后，更有一批写字楼白领放工涌至，加入抢购行列。由于到下个星期二唱片铺才能补货，故唱片商人估计张国荣的大碟价钱在这一两日会被炒高至一百五十（港）元左右。"虽然当时唱片市道低落，但张国荣的新唱片在香港推出两天便卖出了13万张。在《宠爱张国荣》之前，华星唱片听闻张国荣即将复出后，在5月初推出了一张《always in my heart 张国荣"常在心头"袁咏仪》的精选唱片，唱片内收录了13首张国荣在华星时期的情歌，袁咏仪特别客串以四段独白的方式引出这张精选唱片中"悲""欢""离""合"的四个主题，该唱片在推出后亦曾掀起一股抢购热潮，以致唱片店卖到断货。

《宠爱张国荣》内收录了六部张国荣曾经主演的电影的十首电影歌曲，一如唱片封套上写的"戏王张国荣最宠爱的六部从影代表作 歌王张国荣最值得你宠爱的十首主题曲"。在张国荣的音乐生涯中，这张新唱片其实更像是一张试水市场的精选唱片，在开启"后张国荣"音乐年代之前的一道分水岭，将张国荣的音乐生涯分割成前后两个阶段。因为是几部不同的电影，而每部电影的歌曲各有各的概念，所以在这张唱片中歌曲个体的光芒盖过了唱片的整体性，以致很多人觉得张国荣"变"了，变得平淡而随意，变得没有技巧。虽然张国荣对歌曲的演绎方式有所改变，但对歌曲的掌控却进入了一个全新的阶段。对于这张唱片，张国荣说："说到歌曲，可以解释的是因为这批电影歌曲都较为静，借以让大家在静态中回忆剧情。其实，电影歌曲在制作上是较为困难的，因为已有一个既定的大纲来规限。我自己写的时候也会依据剧情的进度、所放的位置在那里来互相配合。写歌也要知道以前的歌及现在的趋势，才能从中吸收到不同的经验。""这一次，在歌曲演绎上，我来得比较客观，几乎完全由监制去定以怎样的唱法来演绎，当然，我亦加入了一些意见。若是大家觉得变了，那是监制的功劳。""我觉得身为artist其实是不应说太多的话，只要一心一意做着自己所喜爱的事情，而不是太去计较消费者是否接受。当然，我亦想知道别人有怎样的看法，但我已把唱歌作为很个人的一件事，能够唱自己作的曲是很开心的，只是在录音室工作而不需理会其他亦是我所享受的，所以，无论如何我一定把自己放在首位。如果消费者也同样有共鸣的话，那是额外的一份满足感。"有人不明白张国荣在这张唱片中的转变，但亦有人明白，新加坡乐评人史海伟写道："作为（张国荣）阔别歌坛六年后复出的首张专辑，人们对张国荣的期待是可以理解的，问题是，期待什么？期待一个和六年前完全一模一样的张国荣？那你肯定（会）失望。今时的张国荣，唱的是一种心情，随意而淡泊，无所谓。如果你无法体会歌声之外的某种人生况味，那整张专辑对你而言，何止平淡无奇。古人说，功夫在诗外，莫过于艺术的最高境界。张国荣追求的正是这种境界，是否至善至美，另当别论，起码他的探索是具有诚意的。整张专辑的处理手法很'电影'，为了凸显画面感，张国荣不惜降key，用嗓音中最磁性、最浪漫的特质，营造歌曲气氛。有人说张国荣的这种处理手法，深情有余，力度不够，歌声中缺少内在的张力，给人搔不到痒处的感觉。没有唱功的唱功，不留痕迹的诠释，恰是张国荣挑战的难度所在。在我看来，这是一张淡而有味的专辑。"专辑的封套非常温暖，在张叔平和杜可风的操刀下，面容柔和的张国荣在金色的水波纹里浅浅地笑着，简单却又华丽。对于六年后再次推出新唱片，张国荣对相熟的记者表示："若说没压力，是骗你的。不知有多少双眼睛在看着我呢！有人希望我好，也有人盼我衰。尽管我自己也有信心，但时代在改变，听众的口味又如何？我所唱的歌还会有多少人喜欢？这些问题无形中也给了我很大压力。你知道，我这个人是好要脸的一个人，不想衰给人看。"

最终这张包含英语、中文和粤语三种语言的唱片不负众望，在唱片推出的首日，便登上香港IFPI销量榜。此唱片在香港的销量达到近30万张，而全球的销量更是超过200万张，在1995年的"IFPI香港十大销量唱片"中居于榜首，第二是周华健的《弦途有你》，第三是张学友的《过敏世界》。IFPI执行秘书王子田表示，10张最畅销唱片是根据IFPI销量榜的数字统计的，然后知会其唱片公司是否参与角逐"IFPI全年最高销量大奖"。当然，一早已声明不会再角逐奖项的张国荣，更在意的是唱片的本身与观众的接受程度，奖项对他来说已不再重要。

《宠爱张国荣》唱片中有《深情相拥》和《眉来眼去》两首男女合唱的歌，张国荣亲自提出与滚石唱片旗下的台湾女歌手辛晓琪合唱。还在拍摄新版《夜半歌声》时，张国荣听到辛晓琪的一首《领悟》，非常喜欢辛晓琪的声音，所以特意找她合唱《夜半歌声》的插曲《深情相拥》。其实张国荣与辛晓琪的第一次见面是在1993年《霸王别姬》台北首映后台，当时已进入滚石唱片的辛晓琪在滚石同事的介绍下与张国荣认识，但当时现场混乱又嘈杂，滚石唱片的同事拉着辛晓琪跟张国荣合照，张国荣很绅士地搭着辛晓琪的肩与她拍了一张合照，两人并没有说什么话，辛晓琪说："但他（张国荣）给我一个很好的印象，人非常的随和、nice（友善）、亲切。"再次相见，已是张国荣找她合唱，他们也从那时开始成为好友。录制《深情相拥》时，张国荣在控制室听辛晓琪录音，辛晓琪唱完从配唱室出来后，张国荣用迷人的眼神看着辛晓琪说："你唱得真他妈的棒！"因为《眉来眼去》是一首粤语歌曲，辛晓琪不懂粤语，在录音之前，张国荣便耐心地教辛晓琪粤语发音与咬字，一字一句地发音给她听。辛晓琪说："（张国荣）就像一位大哥哥在身旁照顾小妹一样，很暖心！跟他一起在配唱室里录音，是我最幸福的工作时光，因为常常唱完一句会看到他那迷人的眼神，而耳朵听到的是性感的声音。"有次张国荣抵达台湾已经很晚了，找辛晓琪一起出去吃东西，当张国荣打电话给辛晓琪

当我重温您，在茫然中思忆里
所有冷冰的暖了

时，辛晓琪担心碍他巨星颜面，提前跟他声明："一我开的是小破车，要不要坐计程车算了；二这么晚了我妆已卸了，也不化妆了，而且我的隐形眼镜拿掉了（只）戴（着）很厚的近视眼镜喔！"张国荣表示没有关系，当辛晓琪在西华饭店接上张国荣后，辛晓琪说："一上车看到我的样子，（张国荣）就哈哈大笑。一路上一直学我戴厚眼镜、眯眯眼开车的模样，嘴巴还发出噗噗噗的声音，就像带一个调皮捣蛋的小男生出门一样，让我又好气又好笑。"后来，张国荣举行"跨越97"演唱会，特意邀请辛晓琪担任嘉宾，辛晓琪回忆说："他（张国荣）亲自带我去买演唱会要穿的衣服，让我受宠若惊。记得当时住在红磡体育馆旁的酒店，每天就好像上下班一样，差不多下午三四点去场馆开始梳妆，然后演出完回饭店，偶尔会跟哥哥吃夜宵。那种一连开二三十场演唱会的盛况，换到现在，已然不复存在。尽管连着唱这么多场，哥哥仍然敬业每天彩排，不断出新点子，我就像个圈外的小女生，看着哥哥在台上彩排，欣赏膜拜他的风采。"张国荣更是向辛晓琪承诺，如果哪一天辛晓琪开个人演唱会，他一定担任嘉宾。但是，张国荣最后没能等到辛晓琪开个人演唱会。2004年辛晓琪发行新歌加精选唱片，在歌词页写了一段话给张国荣。2006年，辛晓琪"承诺"台北个人演唱会举行，这也是辛晓琪首次举办个人演唱会，在演唱会前，她对演唱会的特别来宾极度保密，只说了一句："他会来，他一定会来。"演唱会首日，辛晓琪在唱完《回忆》（Memory）后《深情相拥》的前奏响起，辛晓琪在台上介绍这场演唱会的唯一嘉宾："曾经有一位朋友说我个人开演唱会时，一定要来当我的特别来宾，今天我还是把这个位置留给他。"然后与张国荣隔空合唱了《深情相拥》，中间数度哽咽唱不出声，很多观众边以掌声鼓励辛晓琪边陪着她落泪。一曲毕，舞台的大屏幕上打出文字——"哥哥 今天的舞台 是当初的约定 所有的承诺 都在今晚实现 想你的晓琪"。辛晓琪也曾在香港独唱过《深情相拥》，她说："我曾在香港独唱过电影《夜半歌声》主题曲《深情相拥》，虽然在舞台上尽力演绎着这首歌，没有想太多，但一走下舞台，就忍不住涌起一种凄凉感，原本两个人的歌，只剩一个人独自吟唱。"对于这样一位巨星"哥哥"，辛晓琪表示，从张国荣身上学到谦卑。

1995年7月8日，刚推出新唱片的张国荣出现在新版《夜半歌声》的首映礼现场，当晚戏院大堂惨变"战场"。各大新闻媒体的数百人一早便在戏院二楼电梯口守候，而戏院门外更是有数百张国荣的粉丝守候，很多人还拿着刚发行的新唱片，希望能让张国荣在上面签名。因前几天戏院安排换首映票时，创下了一开门在三分钟内大堂悬挂的小旗海报和墙体的宣传海报被洗劫一空的纪录，所以为避免发生意外，现场还安排了警察维持秩序。晚上9点15分，张国荣在保安的围护下抵达戏院，刚踏上电梯，便引发了一阵混乱，各媒体记者一拥而上，场面一度无法控制，张国荣虽然在保安的人墙内，但仍身不由己，任由人群推动，挤得透不过气来。据媒体报道："人墙中的荣哥哥就如一只笼中小白兔，看见疯狂的人群，目标正是自己，面上表情也有点僵住，似怕是有什么意外会发生。"原定的记者采访环节不得不临时取消。待张国荣终于安全进入戏院座位后，各媒体记者趁保安不备亦尾随跟入，粉丝亦趁乱混入，递上照片、明信片、海报等要张国荣签名，张国荣倒是来者不拒，有来有签。有人递上一张没拆过封的新唱片让张国荣签名，张国荣笑道："你都不拆开了让我签！"最后在公关和保安的努力下，张国荣终于能够安安静静地观看电影。电影结束后，张国荣不得不从安全通道悄悄离开。事后张国荣向记者表示，自己无意拒绝接受访问，只是现场环境不容许，电影公司无法安排。他也对自己在首映礼上受到观众的热情欢迎表示开心，观众对他的热情未减，令他更有信心。

张国荣的新唱片在台湾10天卖出21万张，滚石唱片为回馈歌迷，安排张国荣前往高雄、台中、台北三地举办签名会。1995年7月16日，张国荣从香港直飞第一站高雄，在高雄的机场500多名张国荣粉丝举着条幅和海报欢迎张国荣的到来，张国荣出闸后，他们齐声喊道："让我们等了六年，等了好久！"最后在机场工作人员的协助下，张国荣才得以离开。而高雄"第五街唱片行"签名会现场更是聚集了2500多名歌迷、影迷，附近的交通亦几近瘫痪，人潮的涌动加上炎热的天气，张国荣签得全身是汗，大家看着心疼，频频掏出手帕为张国荣擦汗。在签完500个名后，看到还有很多没有签到名的，张国荣三度主动提出延长时间，直到快要赶不上飞机才不得不结束。当张国荣正要离开时，三位前一天从台东赶来的歌迷因没签到名而急得哭了起来，张国荣闻声特意留步为他们签完名才匆匆离去。台中的中友百货签名现场，挤进了3000多人，有人因挤不进现场而堵住了外面的快车道，使外面的马路陷入瘫痪，而商场更是挂出了"暂停营业"的标牌。因现场的人实在太多而秩序失控，不但影响交通，主办方还担心粉丝间推挤会发生意外，张国荣不得不提前结束签名会。傍晚匆匆赶到台北西门町"淘儿唱片行"签名会现场的张国荣，再次引起人潮涌动，排队等待的人潮占了两条街道，一位40多岁的女性表示，她足足排了7个小时的队。虽然张国荣一天从南到北赶了3场签名会，但粉丝的热情令他非常感动，张国荣说："虽然手很酸，但很感谢歌迷的热情。"他亦表示，会唱好歌来回报粉丝们的热情。而有人则感叹，有张国荣的地方，交通就完了。

1995年7月22日，从台湾返港的张国荣与唐鹤德一起去龟背湾别墅查看装修进度，发现门口停了一辆黑色私家车和一辆的士。当张国荣离开时，发现那辆私家车仍在。而在张国荣新居外盯了好几天的车上的某周刊狗仔，看到张国荣的车驶出别墅区后便开始偷拍。当张国荣发现被偷拍后，一开始并未理睬，后来调头返回，当狗仔看到张国荣的车折返，竟落荒而逃，张国荣的车就跟着他们来了一场"反跟踪"。后来，狗仔的车在不可调头的地方急转弯时，将张国荣驾驶的保时捷的左车灯撞烂，让张国荣心痛不已。对于"反跟踪"一事，张国荣说："我只是做自己应该做的事。当时我的第一个感觉应是怕，无端停一辆车在你家路边，谁知道他们想做什么。打劫？绑架？我一直都很平静，但心里就好气，我是表面越没什么事，心里越是有火，不过，我没发火，我不是想将他们的照片胶片曝光，我光明磊落，没必要这么做。我返回去只是想问个明白，他们要采访，为什么不大大方方对我说。我也想让他们明白，我知道我很红，有很多值得拍照的地方，但我不喜欢他们偷偷摸摸，他们还不如明白告诉我，我摆个姿势让他们照个够！"撞车之后，张国荣下车与狗仔理论并报警，事发时正巧有另一辆车经过，车主是惩教署人员，目击了整起撞车事件，张国荣希望该车车主能为他作证。狗仔下车后向张国荣递上名片，表明自己三人是某周刊记者，当张国荣问其为何偷拍，并对驾车的司机说："熄了引擎啦，（这样对车）很伤的。"狗仔答："因为你红所以要拍你。"随后张国荣拉开车门，狗仔非常紧张以为张国荣会有什么行动，谁知张国荣说："请坐过去一点，我想抽支烟。"狗仔赶紧让出位置让张国荣坐下抽烟等警察到来。由于现场没有人受伤，双方都不用上警察局录口供，如果十天内双方私下和解便不用上庭，张国荣只要求狗仔对撞烂的左车灯做出赔偿。后来，某周刊在报道中将撞车责任完全推到张国荣身上，并表示自己是"合理"地采访，并用拍到的几张模糊的照片对张国荣与唐鹤德的关系加以揣测。可能狗仔忘记了，整起撞车事件有目击证人。张国荣表示，这次被撞车事件也有一个好处，就是让他知道了别人在偷拍他，使他有足够的心理准备，去面对以后所发生的事。

1995年8月9日，张国荣应邀前往新加坡为英国王妃戴安娜的御用美发师金·罗宾逊（Kim Robinson）在新加坡的分店"Le Salon Orient"（皇宫发廊）剪彩。张国荣的新唱片在新加坡畅销唱片排行榜高居榜首，为回馈歌迷的热情，在唱片公司的安排下，张国荣亦在新加坡文华酒店举行庆生签名会。因有台湾地区签名会的"前车之鉴"，有媒体在预告张国荣来新加坡的新闻中提醒："届时，势必造成轰动，请张迷自重，尤其注意安全第一，免得争偶像争到'损手烂脚'。"8月9日下午2点25分，张国荣抵达新加坡，他的到来令接机的歌迷欣喜若狂，高声尖叫，张国荣刚踏出闸门，歌迷便一拥而上，幸好有保安护卫，才得以"安然无恙"地离开。8月10日下午3点，张国荣在莱佛士酒店的一个小会议厅出席滚石唱片安排的记者会，这个会议厅是供一些国家首脑休息和开会使用的。在记者会之前，唱片公司曾叮嘱记者不要问张国荣私人问题，不然张国荣会拂袖而去，以致记者们提前到达现场后大家大眼瞪小眼地嘀咕等下该问什么问题，甚至猜测张国荣出现时会否神态严肃、气氛紧张。不过随后出现的张国荣面带笑容、和气友善，让在场的记者嘘了一口气。关于此次复出歌坛，张国荣表示连国际巨星也反悔过，他也不是圣人，能够忍耐六年已经不错了，而且每个人的心态每天都在改变。张国荣认为滚石唱片是一家专注音乐的公司，自己现在的形象适合滚石，即靠实力而非面孔，另外，唱片公司向他提出的"利诱"和表示的诚意，也使他无法抗拒。虽然唱片公司曾有叮嘱记者不要问私人问题，不过也有记者拐弯抹角地问张国荣："你在电影《金枝玉叶》里头说过一句话，你说不管是男的还是女的，只要喜欢就好。现实里头，你的爱情观又是怎样的？"张国荣并没有如唱片公司说的拂袖而去，而是冷静而礼貌地说："感情不谈。You just think what you think（随你怎么想），身为一个艺人，我只要你听我的歌或看我的戏，其他的都不重要。"8月11日下午6点30分，张国荣与林忆莲前往义安城高岛屋百货为"皇宫发廊"剪彩，两人一抵达现场，立时引起一片混乱，门外围观的人群一股脑往前挤，将空地挤得水泄不通，张国荣和林忆莲最后不得不从后门进入，快速完成剪彩仪式。剪彩结束后，张国荣独自前往新加坡文华酒店出席"庆生签名会"。耐心等待的歌迷们一早便将宴会厅"占领"，更有歌迷早上10点便来排队，等待的千余歌迷排了几条长龙，但获准进入的名额只有800人。除了歌迷，媒体也组成了一个"媒体团"，除了新加坡本地媒体，还有中国香港以及马来西亚等地的媒体，见过大场面的记者都说："哇！真的是巨星，只有张国荣才有这样的场面。"一身白色西装的张国荣在歌迷的欢呼声中出现，可惜一到门前便被歌迷团团围住，好不容易才从人群中突围而出挤到台前，然后人群又将他挤上了台。神采飞扬的张国荣，一上台便笑容灿烂地高声与歌迷打招呼，歌迷闻之更是拼命往前挤，险些挤出意外。张国荣看到后，立即呼吁道："亲爱的，你们往后面坐下来，乖，大家听话呀！"张国荣声音刚落，歌迷便听话地往后退，乖乖地排起队来。签名会由"933醉心频道"的江江主持，而江江本身就是张国荣的歌迷，以致在主持过程中多次异常兴奋，情绪激动，把"开香槟"都说成了"切香槟"。在唱完生日歌、切蛋糕仪式后，张国荣许愿说："我希望有一天再来这里开演唱会。"不过随后又补了一句："我这个生日的承诺，不知什么时候能实现。"张国荣的生日愿望引得现场的歌迷情绪高涨，看到现场热情的歌迷，张国荣心情亦非常好，称自己是被上帝宠坏的孩子。签名会开始后，听话的歌迷井然有序地排着队上台，索取张国荣的签名，直到800个签名结束。歌迷们带着喜悦的心情离开，张国荣虽然签名签得手酸，但仍非常满足。

1995年9月11日，张国荣生日前一天在君悦酒店筵开十席，宴请好友。虽没能如愿在生日前入住新居，但新居入伙在即，一些朋友亦以适合新居的装饰物作为生日礼物，正合张国荣的心意。永盛娱乐筹备开拍《新上海滩》，由徐克监制、潘文杰导演，有意邀请张国荣和刘德华搭档演出，正在积极筹备剧本的徐克表示，《新上海滩》将偏重于许文强、冯程程和丁力的三角关系，与电视剧的情节有别，希望能给予观众焕然一新的感觉。有记者问张国荣对哪个角色较有兴趣时，张国荣调皮地说："我不选了，让华仔先选啦，选剩那个就由我做啦！我觉得哪个角色都没问题，一点都不介意。"刘德华表示："许文强及丁力这两个角色，以往已经给大家留下深刻印象，所以知道要演出实有些担心，我认为许文强这个角色比较适合张国荣，因对方的文才气质比较足，但最终决定在监制和导演。"另外，尔冬升亦敲定来年3月张国荣、梁朝伟和关之琳出演他的新片《我爱你》，谢晋与许鞍华合作，为配合香港回归而筹拍《鸦片战争》亦接触张国荣，谢晋希望张国荣能够出演年轻买办一角，不过最后张国荣因没有档期而辞演。

1995年9月25日，张国荣出现在中国香港机场，准备前往日本出席东京国际电影节，这时一名小孩走上前来想跟张国荣合照，心情甚好的张国荣便满足了他的要求。合照完，小孩问张国荣："哥哥，你是谁啊？"张国荣笑着告诉小孩："我是郭富城。"把尴尬的场面轻轻巧巧化作众人的笑声。9月26日，为期两周的"香港电影节"在东京开幕，张国荣在日本很受欢迎，许多制作人都趁机接触张国荣希望能与之合作，其中最有诚意的是石田和男。当时，石田和男正在筹备一部法国歌剧，该歌剧构思以《梁山伯与祝英台》为蓝本，由史提夫·汪达（Stevie Wonder）的日本演唱会经纪人清籁润、香港的独立监制和著名经纪人郑振邦及石田和男自己担任制作人,邀请了曾跟张国荣合作过《白发魔女传》而成为好友的和田惠美担任美术指导和形象设计,曾为电影《末代皇帝》配乐的坂本龙一负责音乐,希望由区丁平担任导演,张国荣和翁倩玉联袂演出,计划在1996年11月在日本东京首演,随后将在东南亚及世界各地公演。张国荣表示,对于与翁倩玉合作,他颇有兴趣,但因1996年的工作已排满,如果真的接演歌剧,一切就要重新部署。张国荣说:"我都好想试试演歌剧,所以如果事成,就算迁就档期也无所谓!"对演出歌剧和舞台剧甚感兴趣的张国荣,在10月15日观看了由高志森监制、导演的舞台剧《我和春天有个约会》的压轴演出,张国荣对几位女演员的演出非常赞赏,谢幕后,张国荣特意到后台探望剧组人员以示对这出舞台剧的欣赏,几位主角亦拉着张国荣一起合照。滚石唱片在10月制作了500套张国荣"从心宠爱稚幼心灵"电话卡,由香港电讯发行,发行后立马被抢购一空,共筹得17.4万港元,善款全部捐给儿童群益会。对于新唱片在1995年的"IFPI香港十大销量唱片"中居于榜首,张国荣表示很开心,张国荣认为自己是努力的艺人,目前出唱片只是玩票性质,虽然唱片销量成绩理想,但他还是无意角逐奖项,也不想领奖。

1995年12月11日,徐克执导的贺岁片《大三元》在澳门开镜。1994年在贺岁片《金玉满堂》中饰演厨师的张国荣在《大三元》中饰演"靓仔"神父。徐克觉得张国荣演过很多类型的角色,但从未演过神父,所以提议张国荣出演神父,张国荣说:"演员什么都要试一下,徐克想拍神父戏,叫我做,我就试下啦!""外国电影里的神父,大多数是英俊潇洒,不是教友迷上神父,就是神父经不起考验,但我这个神父则是十全十美的,迷倒了女生,又经得起考验,他有一点点欲念,但自己能把持。"为赶贺岁档期,《大三元》每天拍摄时间超过16个小时,有时甚至长达20个小时,日夜赶戏,让张国荣非常疲惫,拍摄期间更是患上感冒,开工第一天便有两处受伤,张国荣表示眼袋都掉下来了。张国荣说:"在日前通宵班开工,手指尾撞到,手指节受伤下,手指尾弯曲了,目前要借助木板将手指夹直。手指受伤后,双腿又告扭伤,幸好只是小意思,没有影响工作。"跟张国荣再次合作的袁咏仪,当场打趣道:"看来张国荣要向成龙挑战。"而导演徐克亦拍到生病，因为赶拍，生病了也得继续拍，而且当时没有完整的剧本，徐克只能边写边拍，徐克说："其实我是想讲一个年轻神父与一个妓女的爱情故事，但感染力始终未到一个满意的程度，所以拍出来……其实我是拍早了，应该迟半年才拍，便有多点时间将剧本搞好些。""主要是赶贺岁档没时间去改，戏一边拍一边写，问题便出现了，当看完剧本发觉有不妥需要去'执一执'时，已经没时间。"徐克原本想拍一场张国荣尝试"猫王"造型的戏，但最终只在电影中出现了数秒，徐克表示："我觉得Leslie扮Elivs（'猫王'埃尔维斯·普里斯莱）应该很有趣，戏服都做了，但可惜没有一场戏写到给他演……应该让他演一场戏扮'猫王'唱歌，本来的设计也是这样的，但剧本未写好，歌又无，音乐又未做好，根本都无时间。"张国荣连着两年拍摄徐克的贺岁喜剧，徐克觉得"张国荣很少演喜剧，但他有自己一套方式演喜剧，我们喜欢找他是因为他演什么都会好看，哪个角色由他来演便会有所不同"。张国荣饰演的神父，不但迷倒了剧中的角色，公映后更是迷倒万千观众，被称为"史上最靓的神父"。虽然重负荷的赶拍让张国荣甚感辛苦，但在拍摄间隙仍不忘缓解现场紧张的气氛，有一场戏现场的道具表不见了，正当大家敲锣打鼓寻找时，张国荣突然冒出一句："NO表NO拍。"当他口渴时，会跟剧务孩子气地开玩笑："呐，三分钟内我如果喝不到一杯可乐……"虽然《大三元》创意独特，剧情热闹，演员阵容强劲，在香港电影市场的低谷中亦收获了2500多万港元的票房，但《大三元》并未成为一部经典的喜剧电影，在徐克导演的作品中亦属平庸之作。

红像蔷薇
任性的结局

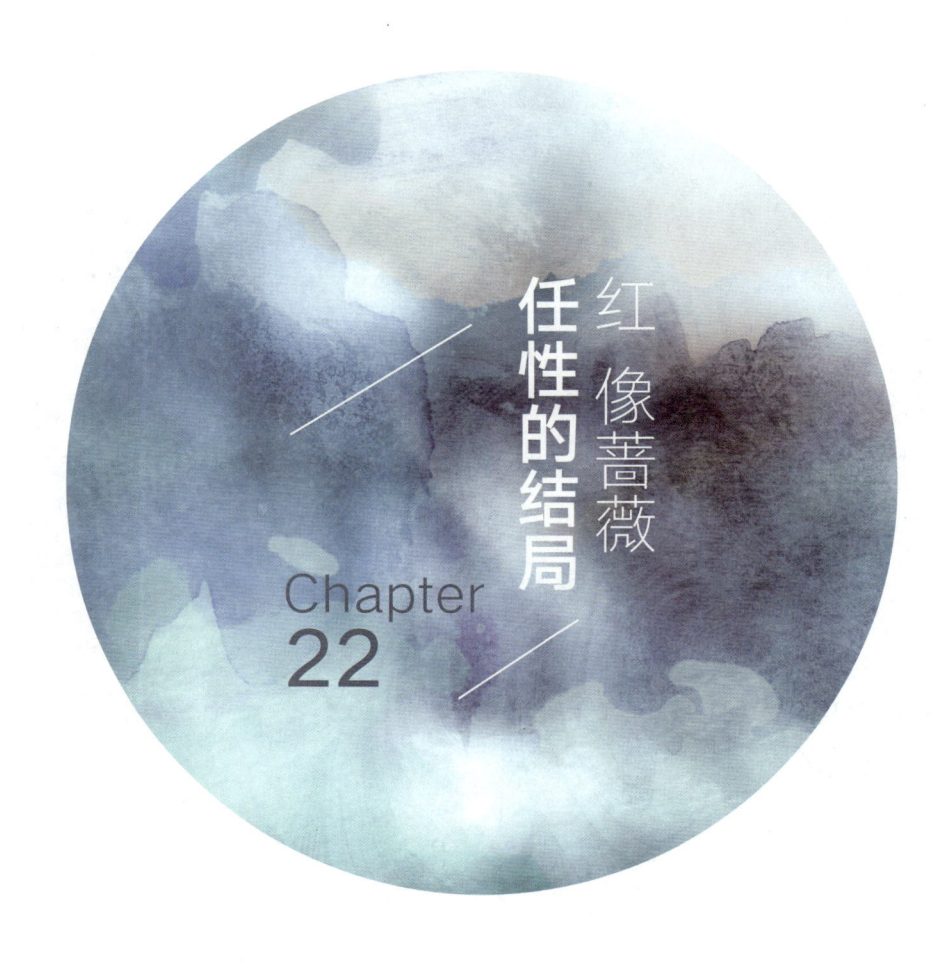

Chapter 22

自《家有喜事》开始，张国荣已连续五年为黄百鸣的东方电影公司拍摄贺岁片，在拍摄《大三元》期间，黄百鸣表示，如果之后有机会的话，希望张国荣能亲自执导电影的拍摄，他也一定会鼎力支持。与东方电影公司合约到期后未再续约恢复自由身的张国荣说："不是拍过几个好导演的戏，自己就可以做导演，有机会再说啦。不过即使我真的当导演，第一部戏也不希望是贺岁片，因为我本身喜欢文艺片多一些。"之前，张国荣与一帮朋友在徐克家吃大闸蟹，闲谈之间发现，原来张国荣和张曼玉都很希望与对方再次合作。张国荣说："其实我同张曼玉坐下来谈过，希望大家可以再一起拍戏，于是我们开始想想有些什么好的故事。我们想拍一出很认真、很纯正的文艺片，就是连一句搞笑也没有的那种。"张国荣在告别乐坛演唱会上曾承诺粉丝，以后他开咖啡店，凭告别乐坛演唱会的票尾可以免费兑换一杯咖啡。1996年年初，张国荣表示将与皇后饭店老板于德义合股开设"为你钟情"咖啡馆，现正紧锣密鼓地装修中，当年的承诺也即将得以实现。张国荣表示，咖啡馆取名"为你钟情"，主要是想让一些男孩子在约会女朋友时，只要一说出约会地点"为你钟情"，就会令对方甜在心里。张国荣说："如果生意好，我会在兰桂坊多开一间'侬本多情'咖啡座。"

每年的12月，都是香港红馆的黄金档期，很多歌手会向市政局递交场地申请。1995年底，在与张国荣商量后，张耀荣和陈淑芬向香港市政局递交申请红馆1996年12月的档期，同时递交申请的艺人亦有谭咏麟等。香港市政局在综合考量和研究后，将12月的档期交给张国荣。张国荣亦在《新上海滩》开镜时向记者证实将在1996年年底至1997年年初举办演唱会，中国香港是首站，之后将前往美国、加拿大、欧洲、澳大利亚、东南亚国家、中国各地举行巡回演唱会。张国荣坦言，这次再踏上舞台，不会理会外界的任何批评，会全力做好演唱会。其实这几年来，一直不断有演出商邀请张国荣再开唱。1995年，就有内地的演出商开出极高的酬劳，大力游说张国荣前往内地开演唱会，但当时张国荣还未决定再次开演唱会，所以婉拒了。张国荣觉得自己很幸运，新唱片推出后仍然有很多人支持他，于是决定再开演唱会。张国荣说："希望年长一辈的歌迷，有机会重温我的歌；也希望年轻一辈的，看看我在台上的演出。"张国荣当时准备在7月前完成其他的工作，然后专心筹备他的个人演唱会。张国荣在1996年初收到法国一家电影公司的传真，邀请他前往法国拍戏，同时张坚庭亦将《纹身女郎》的剧本交到张国荣手上，希望张国荣可以出演，不过当时工作已经排到1998年的张国荣表示，忙得都没时间看剧本，估计接拍的可能性很小。

1996年1月28日，《新上海滩》在永盛娱乐的办公室开镜，由张国荣饰演许文强、刘德华饰演丁力、宁静饰演冯程程，虽然人物名字仍沿用了旧版剧集中的名字，但故事情节基本上与旧版关系不大。张国荣版的许文强变身为从台湾流落上海的革命党人，与周润发版的许文强已完全不同，对于外界不可避免地将两者进行比较，张国荣说："我的演法硬朗少少，而且好狠，好孤独，跟发仔的做法不同，何况毕竟也这么多年，根本不能比较。电视时间长，可以更详尽，但电影一定精细得多，始终不能比较，可能是发仔自己的功力。"《新上海滩》因在香港、深圳和上海三地拍摄，办理相关的拍摄手续就花了不少时间，而女主角宁静在拍摄中又受伤入院，令本来就因拍摄时间不够的《新上海滩》不得不加紧速度赶拍。为了赶拍，剧组谢绝了媒体的探班，导致小道消息不断，其间有媒体传出刘德华不甘自己的戏份少，亦对张国荣在拍摄时意见多犹如"太上导演"而不满。对此，刘德华澄清说："其实我没想过大家的戏份有多少，或者你多我少的问题，而是一早听这个故事的时候，觉得自己那一条线很好看，所以就接拍，我不会理事实上在整个戏中我那条线占多少戏份。""我日日都和他（张国荣）一起拍，又不大觉得他意见多。其实拍之前大家已经围读过几次，根本上已经定了怎样去演，不会在现场突然改变，所以也很少在现场谈戏。"张国荣亦表示："这些事情，我真是懒得讲太多，我在圈中二十年，有什么事未见过，这些新闻翻来覆去，搞个没完，我现在百毒不侵。现在的市道那么不好，不如努力拍戏，不要去搞这些事情，以前我跟不少人合作过，如果说我是'太上导演'，喜欢提意见，不如去问一下和我合作过的人。"这个传闻更是令导演潘文杰气愤不已，潘文杰说："那即是说导演被人点来点去，会影响我们声誉的，太不公平不负责了。其实一切都在事前谈好，大家合作很愉快。"潘文杰更表示，张国荣请大队人马吃饭都吃了好多次。而监制徐克解释说："可能外间未必知道，导演与演员之间的合作方式其实有很多。演出一场戏前导演会先与演员沟通，演员或会问导演可否尝试这样演呢，这十分正常，并不是他想教导演。如果导演认为这个演法以前试过，可能会提议换一个方式去演，但如果演员觉得演得不舒服，他或会建议不如试一试这样演好不好呢。外间或会将这些当作拗撬（闹矛盾），但其实不是，全世界拍戏都是这样。"

与张国荣初次合作的宁静，小学时便已开始听张国荣的歌，宁静说："他唱歌很投入，我很喜欢他的歌。好多年前，听说张国荣也开始拍戏，我还觉得很失望，怎么歌星都去演戏，后来发现他演戏的时候你根本不会认为他是个歌星。或者这个人是个例外吧，我还是第一次碰到一个这么会演戏的男人。他在现场的时候，你看不出他怎么用功，可他的表演可以看出他在'家'里一定是细心揣摩过。每一个戏都不夸张，很自然。演戏时，我看他的脸，我想是不是表现得不够啊，可演完了我一看监控器，他表达的每一个细微的部分都很准确。我觉得他很有天分，就像搞文学的、搞数学的，他像是干这一行的。"宁静后来回忆说，自己拍《新上海滩》时差点成了张国荣的干女儿，张国荣拍《霸王别姬》时有个小演员叫张国荣作干爹，宁静便跟张国荣调侃："你都有干儿子啦，我能不能做你的干女儿呀？"张国荣开玩笑掐指一算称："你比我小十四五岁，我可生不出你来。"张国荣觉得宁静人漂亮又很会演戏，平时也像对待妹妹一样非常照顾她，在香港拍摄期间，张国荣看宁静在剧组吃得不好，便经常邀请她到家里亲自做饭给她吃。后来张国荣在筹备自己执导的第一部电影时，更是亲自前往北京邀请宁静出演女主角。而从小便是张国荣粉丝的李蕙敏，对能与张国荣合作开心不已，更是将一张与张国荣的合影奉若至宝。李蕙敏后来说："哥哥（张国荣）是我儿时偶像，这张照片是我的命根！这张照片是我同哥哥拍电影《新上海滩》时，在幕后被偷拍的。我同哥哥等人因为拍戏缘故，每日都会见面，收工后会一起出去四处逛和吃饭，大家就像家人一般。能够和哥哥这位很友善的搭档合作，我好开心，好享受。"张国荣也公开称赞过李蕙敏，并邀请她在自己的MV

当我重温您，在茫然中思忆里
所有冷冰的暖了

里演出。2014年李蕙敏首次开个人演唱会时，她说："好开心有机会跟张国荣合作拍电影，当时他还叫我的中文名蕙敏，说将来我开演唱会，会帮我做音乐总监，当然这件事没有发生，如果远方的他知道我今日开演唱会，相信他一定会替我感到开心。我们对他的思念，不会因时间而停止。"

张国荣认为，要演好许文强这个角色，连他的帽子都要有性格，所以他特地跑去百货公司买了一顶名牌毡帽，张国荣说："我试过（电影）公司的（帽子）都不合适，看见这顶很好，便立即叫华仔也去买，不过他的头比我大，没有他的尺码。"电影中有几场下雪的戏，一般拍摄下雪的戏，会使用泡沫粒或盐来造景，但这次为了不反光，潘文杰使用了化肥来造雪景，拍摄时用排风扇把化肥从地上吹起来，能戴口罩的都戴起了口罩，但演员在拍摄时就只能忍耐了，张国荣在拍摄雪景戏时，化肥的刺激导致双眼通红。其中有一场火景戏，让张国荣事后仍有心悸。当天张国荣根据剧情在大火中与临时演员出演的角色发生争执，然后愤而离场出镜，但临时演员仍需在原地继续演出，有位临时演员站到了张国荣之前站的位置，突然一声巨响，一条火舌将临时演员卷入火海，幸好众人搭救及时，临时演员只烧焦了耳朵。站在镜头外的张国荣目睹此景，久未平静。

在《新上海滩》拍摄期间，亦有媒体传出小道消息：刘德华私下争唱电影主题曲。对此，张国荣表示，因刘德华演唱会和发行新唱片临近，所以由刘德华演唱电影歌曲。而对于敏感的排名问题，张国荣亦表示，自己不介意刘德华排名在自己前面，虽然在原来的《上海滩》故事中，许文强才是第一男主角，华仔扮演的丁力则属于第二男主角，然而这部电影做了很大的改动，两个角色所占戏份一样，已分不出哪个是第一哪个是第二，"排名先后不足以代表演员的真正分量，真正分量排在观众心中"。

1995年年底，张国荣与滚石唱片旗下的陈淑桦合唱了电影《风月》的主题曲《当真就好》，收录在陈淑桦1995年12月发行的新唱片《生生世世》中。时任滚石唱片总经理的陈勇志后来说："在（《当真就好》MV的）剧情里难免会有情爱镜头。对于演技已炉火纯青的张国荣，从头到尾都带着陈淑桦入戏，甚至take care（关心）陈淑桦的服装、化装等小事情，是一个对女生很体贴的男人。"说到对曾经共事过的张国荣的印象，陈勇志表示："张国荣给人的印象，是没有阴影的人，而且很有自信。在跟张国荣的合作过程中，从来没有看过张国荣有负面的情绪，甚至连生气从来都没有过。张国荣人相当好、非常敏感、注意细节、很爱干净、体贴别人。"情人节期间，林忆莲推出了首张英文唱片《我发誓》（I Swear），滚石唱片邀请张国荣在唱片中与林忆莲合唱了一首李迪文创作的英文歌曲《从此以后》（From Now On）。张国荣与林忆莲很早便相识，之后还合作过电影《龙凤智多星》，张国荣在唱片Salute中还翻唱过一首林忆莲的《滴汗》。1994年，林忆莲与私人助理杰勒斯（Jealousy）欲为新唱片的第二主打歌《赤裸的秘密》造势，Jealousy在电话里与林忆莲面红耳赤争论四个小时后，终于说服林忆莲制作一版《赤裸的秘密》的剧场版在电台播放。然后对于男主角的人选，Jealousy首先想到了待林忆莲如妹妹般的张国荣，但当时张国荣已退出乐坛，是否能成事实在无法确定，于是Jealousy决定抱着试一下的心态致电在加拿大的张国荣，并将详细情况告知，没想到张国荣爽快地一口答应。为了配合录音档期，张国荣在飞往新加坡的旅程中，特意回到香港为《赤裸的秘密》剧场版录制独白。Jealousy说："录音当晚，Leslie习惯性地准时到达。问他对剧本有没有意见，Leslie说基本上没有大问题，尊重写稿人的心血，不用改了。当晚只单录Leslie一人的独白，录音过程非常顺利。"身在洛杉矶拍摄唱片封套的林忆莲为了感谢张国荣的拔刀相助，在拍完唱片封套后便赶往加拿大亲自向张国荣致谢。在共进晚餐时两人心血来潮，餐后即到李宗盛在温哥华的录音室又重新录制了一遍。Jealousy说："Leslie曾帮过不少人，忆莲只是其中一人。然而，灌录这条音带看似简单，实际上却困难重重，已退出乐坛的Leslie做一些与音乐有关的事务，似乎有点自相矛盾，要面对不少压力，但是Leslie对忆莲的确宠爱有加，懒理他人的看法，再一次豁出去了。"

Jealousy早年还曾打趣说过要做张国荣家里的用人。虽然很多朋友羡慕Jealousy早年在香港商业电台的工作，但自Jealousy去过张国荣的家后，她说："我发现天外有天、好外有好的道理。Leslie的家务助理一职，才是'天下第一大好的工作'，他们都有非一般的待遇，直接要叹句'打你（张国荣）工好过自己做老板'。"因为她发现，连张国荣家用人的房间都"布置得很舒适，颜色也很好看，看得出是经过一番设计的，非一般工人房可比。更甚的是他们大部分的电器都是B&O（铂傲）的！而我家仅有一部B&O的电话！怎不叫人羡慕！"Jealousy接着说："看到此情此景，我已有转工的意念，马上追问Leslie我有什么可以为你效劳的，聘用我吧，请我当你的家务助理吧！"而张国荣跟她说："家务助理也是家中的一分子，我当然把他们像家人般看待。无论住在哪一间屋，我都要亲自设计，配颜色、家私摆设等，当然包括家务助理的房间，不过既然他们（在）这里工作，这里就是他们的家，在设计上都应该跟他们商量，完成工程后，问他们一句'Do you like it'（你喜欢吗）。"后来Jealousy在文中写道："Leslie坦言有不少外国用人都是受过高等教育的大学生，就如他家中的一位，本来是一位牙医，只因国家经济环境欠佳，工作难求，才越洋来港打工，其实背后的辛酸，实不为外人道。所以Leslie对他们特别和蔼，视用人为一家人，尽量为他们提供一个舒适的家，让他们愉快地工作，要不然他们工作得不愉快，Leslie会感觉不好意思，这也算是对他们的一份尊重。"

1996年3月中旬，台湾制作人杨佩佩在香港洽谈《新龙门客栈》的版权时，遇到张国荣，张国荣对她说："你下一出戏我一定帮你演第一集，而且是免费客串！我好久没演电视剧了，正好借此过过戏瘾。不过，最好不要拍古装戏，因为我戴头套戴怕了！"张国荣主动愿意客串，让这位大制作人非常兴奋，杨佩佩更是表示要把该集设计成犹如一出独立的电影般。3月28日，由大股东英皇集团投资筹建的"英皇明星城"在上海举行奠基动土典礼。虽然当天天公不作美，但成龙、曾志伟、张国荣、谭咏麟、梅艳芳、张艾嘉、李宗盛、刘嘉玲、周华健等一众明星小股东都到场出席典礼，引发了市民围观潮。张国荣前一日在酒店接受记者采访时，笑谈自己曾乔装打扮逛外滩的情形，虽然张国荣很喜欢看外滩的那些旧建筑，但因为怕被路人认出来遭围观，所以只能短暂停留拍几张照片便匆匆离开。

尔冬升之前表示，在开拍由张国荣、梁朝伟和关之琳主演的《我爱你》之前，会开拍一部小成本的三级片《色情男女》。尔冬升表示最初想找的就是张国荣，但张国荣要拍摄《新上海滩》和《金枝玉叶》续集，所以没有档期。之后尔冬升便接触张学友，但张学友以不能接受片中的大胆演出而辞演，而出品公司嘉禾的蔡永昌提出希望由周星驰出演，周星驰看过剧本后亦同意出演。据闻，原定1996年4月15日开机的《色情男女》，在开机前周星驰推翻了之前已谈好的细节，以及要求尔冬升修改剧本，尔冬升一怒之下再找张国荣。张国荣虽然在《新上海滩》收尾后即将出演陈可辛的《金枝玉叶》续集，但仍接拍了《色情男女》。外传《色情男女》是为周星驰量身定做的剧本，所以男主角的名字也叫阿星，对此尔冬升澄清说："最早出剧本时男主角已是这个名字（阿星），完全和周星驰无关，他叫'尔冬升'都没问题！"之后，尔冬升之前决定执导的《我爱你》由李仁港在1997年执导开拍，而尔冬升则担任监制，张国荣、梁朝伟和关之琳亦都未出演，改由袁咏仪、方中信和吴镇宇出演。

1996年5月2日，张国荣向《新上海滩》剧组请假回港，出席《风月》香港慈善首映。张国荣抵达时，立即被大批歌迷和媒体包围，现场挤得水泄不通。之后《风月》在台湾的首映礼，张国荣因"为你钟情"咖啡馆开张和急着赶回上海为《新上海滩》收尾而无暇出席。5月3日，张国荣与于德义合股的"为你钟情"咖啡馆定于下午3点开张，但一早便来了百余名歌迷、记者和市民在咖啡馆门口围观，更有日本的歌迷远道而来。现场一片拥挤，《苹果日报》的记者更是在人潮中被相机撞伤额角，以致警察不得不将咖啡馆门前的勿地臣街封路。虽然"张老板"没有准备剪彩仪式，但罗文、刘嘉玲、关之琳、徐枫、陈凯歌、张叔平等一众好友皆来捧场，张国荣的母亲和两位姐姐亦有到场。张国荣亦信守当年的承诺，他说："因为当年，我开告别演唱会答应过歌迷，请他们饮咖啡，他们只要保留票尾，来到此店，便免费获赠咖啡或奶茶一杯。"但实际上并没有多少歌迷拿演唱会的票尾去兑换，在很多歌迷的心中，演唱会票尾的意义，远远甚于一杯咖啡。"为你钟情"开张后，客来如云，营业额日日上升，也令身在上海拍戏的张国荣非常开心，张国荣更是建议延长营业时间。之后几年，咖啡店生意一直稳步上扬，直至2001年张国荣退股。张国荣说："退股的原因，一方面是因为无暇打理，另一方面则是与于先生意见有异，不想失去这位好朋友，故此便做出退股决定。"在张国荣退股后，于德义沿用了一段时间"为你钟情"的招牌，后来生意逐渐回落，2002年3月"为你钟情"咖啡馆改为

"皇后饭店"分店。5月12日，已拍完《新上海滩》所有戏份的张国荣，与巩俐和杜可风前往戛纳出席5月14日《风月》的戛纳首映礼。《风月》虽然在香港上映后外界反应不是很好，但在戛纳却受到了外国人的热捧，不过遗憾的是《风月》最终在戛纳铩羽而归。

1996年5月27日，由尔冬升和罗志良导演的《色情男女》开镜。《色情男女》是一部三级片，对当时片约不断又对接拍电影较为谨慎的张国荣来说，之所以会接拍这部三级片，除了张国荣觉得《色情男女》本身是一部有内涵的电影外，最终让他决定接拍是因为尔冬升的一句话。张国荣说："那时我其实可以有很多选择，但既然他（尔冬升）找到我，我也因为当时他的一句话而决定接拍。他说你帮助一下后辈啦！那个导演叫罗志良。那时我不知道究竟谁是罗志良。后来见面，我才发觉他很面善（面熟）。原来他跟过王家卫。"罗志良第一次见到张国荣，还是在他十六七岁的时候，那时的他还是张国荣的歌迷，根本没有想到日后会跟张国荣合作且成为朋友。当时张国荣已加入华星正是开始走红的阶段，有一次罗志良在一个酒吧遇上在该酒吧登台演出的张国荣，罗志良说："有人会认为在酒廊献唱地位是次级的，别人在酒廊表演或会基于赚取酬劳，唱完那45分钟便即离场。我完全没有这个感觉，发现他（张国荣）真是十分喜爱唱歌，他是唱给所有在场的人（听），哥哥（张国荣）在整个过程均非常投入，这该是他的本身，很喜欢表演，很喜欢唱歌，希望他的表演会使在场的人开心。这是我第一次接触的哥哥。"而再次遇见，便是罗志良担任《东邪西毒》的副导演时。因为王家卫要求高，所以当时作为副导演的罗志良每天都很辛苦，也很紧张，经常苦着一张脸。罗志良后来回忆说："我清楚地记得有一天在工作中非常疲累，苦恼着明天的通告、该怎么去解决难题之际，哥哥走过来跟我说小朋友，不用太担心，所有事退一步想便算不了什么，事情明天便成过去，没有事情是不能解决的！我想这句话有影响我的一生，亦希望其他人跟着这句话，真的，凡事退一步看，到了明天便成过去，没有解决不了的困难。这算是我第二次认识张国荣。感受是特别的，当时的大明星，很少会跟副导演说这样的话，我感受到他很关心其他人，有些明星在某个地位的时候，与身边的crew（工作人员）会建立一个距离，但哥哥是不会的，他对负责茶水的小工也很好的，对所有人都一样细心。"

图片摄影 / 授权：周雁鸣

当我重温您，在茫然中思忆里
所有冷冰的暖了

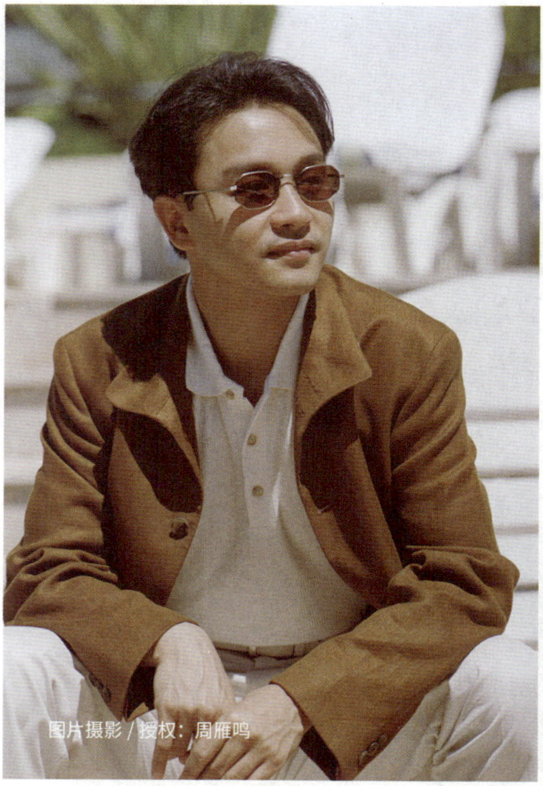
图片摄影 / 授权：周雁鸣

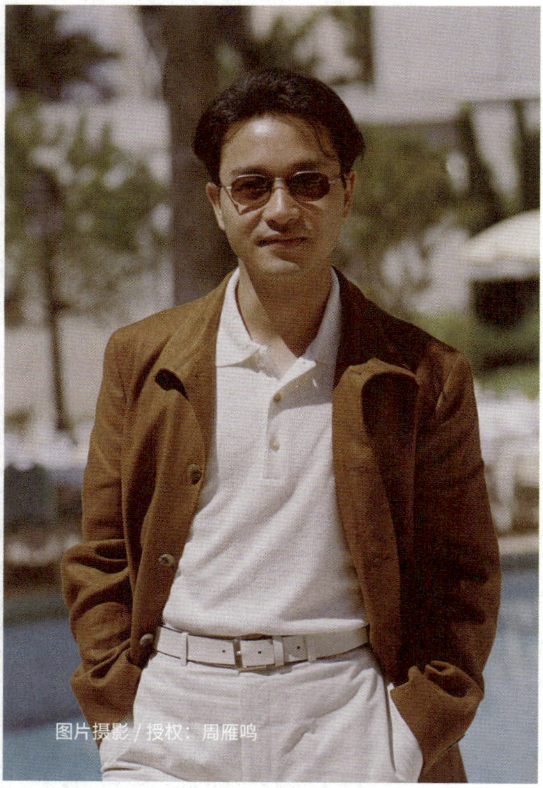
图片摄影 / 授权：周雁鸣

图片摄影 / 授权：周雁鸣

图片摄影 / 授权：周雁鸣

当我重温您，在茫然中思忆里
所有冷冰的暖了

《色情男女》是罗志良跟张国荣的第一次真正合作。虽然当初尔冬升对于男主角第一考虑是找张国荣，但因为戏中有脱戏，所以除了张国荣当时没有档期，罗志良亦觉得以张国荣的巨星地位，应该不会答应演出。尔冬升在联系了张国荣后，罗志良仍担心张国荣会否提出'能否不脱'的条件，不过罗志良的担心是多余的，张国荣在看完剧本后，觉得"脱"是剧情需要，罗志良说："他（张国荣）看了剧本就爽快答应了，完全没有多问什么，反而我们不放心又说了一遍那些尺度比较大的镜头的细节，他说这个戏需要脱，为什么不脱。后来到了真要脱的时候，他是很自然地把这个东西脱掉。""他跟我表示电影里的导演很抗拒拍三级片，倘若'不脱'的话，这电影拍来的意义也没有了。他是跟着戏的需要的，他那一刻不会想自己是一个明星，他会当自己是一个演员，这对我们是一个鼓励，我们是害怕到最后找不到演员演出的。到现场他也继续鼓励说不要怕，这戏是该这样拍摄的！"在拍摄《东邪西毒》的时候，王家卫经常一个镜头会要求演员NG很多次，张国荣最高的NG记录也是王家卫所赐，但毕竟导演是声名在外的王家卫，而《色情男女》是罗志良第一次担任导演，他担心张国荣会否抗拒多次NG，而且罗志良的朋友也同样担心，一个新导演跟一个大明星合作，新导演经常会被大明星欺负，这种事历来就有。罗志良说："虽然跟哥哥（张国荣）以前也是相识的，但可能他已经忘记了，我曾经当过《东邪西毒》的副导演。原来他的记忆力很好，他见过一次都能记住，到拍摄现场时大家已经尝试寻回以前的一种感觉。还记起到了第二或第三组戏的时候，有一镜头我也take（拍摄）了第七或第八次，我会担心他会否开始有抗拒，但他不会，他一直继续下去，他不会欺负一个新导演。"

在《色情男女》中，两位女演员莫文蔚和舒淇当时都算是新人，张国荣在做好自己的分内事外，亦会协助导演罗志良去帮助两位新演员。拍摄电影中第一场床戏的时候，罗志良希望将这场床戏拍成有夸张的喜剧感，所以希望演员用over-acting（过度表演）的方式去表现。分开拍对手戏时，莫文蔚一直放不开，拍了十几次后还是非常拘谨扭捏。罗志良觉得莫文蔚可能担心出丑，只能演出到这种程度了，就去拍张国荣的部分，罗志良说："张国荣完全没有这些想法，他演就全部投入进去，完全发了疯似地演出，比我想象的效果还好上几倍。"对张国荣的演出非常满意的罗志良，便叫大家一起来看回放，莫文蔚在看完张国荣演出部分的回放后，觉得自己演得不够好，希望罗志良再给她个机位重拍一次，但当时罗志良觉得莫文蔚之前放不开是不信任自己，所以还在生气，就没同意。最后还是张国荣劝罗志良："就给她一个机位好啦，她还是刚刚出道，你说的她还不大明白，不如再给她一个机会。"罗志良后来说："莫文蔚当时是一个新演员，她未能到达那种over-acting的程度，作为一个新导演，我以为这或许是极限了，哥哥（张国荣）跟我说还未完，试试继续拍下去，会有的。因为有些镜头是见不着哥哥，我们在拍摄莫文蔚的戏份时，哥哥会在镜头外协助她，他会挠着莫文蔚的脚协助她反应。理应一个演员完成了自己的戏份，绝对可以不用照顾其他演员，但他会当大家是一个整体，他不会认为自己演得好便可以，他要其他演员也演得好。当我作为一个新导演，未能协助其他演员演出同样的满意时，他是在协助我去完成工作。他也有尽力地去协助舒淇，有些场面我会觉得若然少了哥哥的协助，不会有现在的好效果。"在

电影中饰演张国荣母亲的是梁醒波的女儿文兰（梁葆文），其活跃于二十世纪五六十年代，息影后一直未有再重返影坛，这次答应出演，只因为能与张国荣合作。文兰表示，自己是张国荣的歌迷，听说与张国荣合作，二话不说便答应了，但只此一次，下不为例。当张国荣知道与文兰合作时，也是非常惊喜。

《色情男女》也是张国荣与尔冬升的第一次合作。1977年，当时入行不久还在做演员的尔冬升在电影公司的安排下去观看了亚洲歌唱比赛，而张国荣正是这届的参赛者之一，尔冬升说："这是他给我留下的第一个印象——他很英俊。"不过在第二年，张国荣出演了一部三级片《红楼春上春》，这让尔冬升大惑不解，不能明白张国荣为何第一部大银幕作品便会接拍这样的电影。可能也正是这样，那时尔冬升对张国荣存了一种偏见，张国荣后来在访谈里也说过："其实尔冬升以前是不喜欢我的，那大约是十年前的事。我想他认为当时的张国荣无substance（实质），无content（内涵），但一个人总会有进步，我想我亦经历了这个阶段，比以前少了一些棱角，年纪大了，

当我重温您，在茫然中思忆里
所有冷冰的暖了

可能人也不像从前肤浅。"之后不管是作为演员的尔冬升还是作为导演的尔冬升,都一直没有跟张国荣合作过,直到张国荣"退休"定居加拿大。尔冬升说:"他(张国荣)从加拿大回来后,我看到他整个人都改变了,很轻松,很多事都看通了。当时他已将歌手的包袱放下,不再担心形象问题。"当尔冬升去找张国荣拍《色情男女》的时候,其实他自己心里也没底张国荣是否会答应出演,尔冬升说:"当他(张国荣)一口答应愿意做这么大胆的演出时,我也有点怀疑,不知他是不是真的接受得来。他跟莫文蔚那一段亲热戏,主要是靠他的引领。他的大胆令人意想不到。"在拍完《色情男女》后,尔冬升不但对张国荣的印象完全改观,更是赞不绝口:"在一线男演员里,张国荣是最大胆、最伟大三级片男星。"尔冬升也跟吴宇森、徐克等那些优秀导演一样,在合作后发现了张国荣"作为演员的空间",尔冬升说:"我个人认为一般电影反而容易做,像《色情男女》这样严肃题材的是很难演的,合作后发现他(张国荣)的发挥空间很大。后来《枪王》以至《异度空间》的角色都是心理有问题的,他轻轻松松地便能表演得很好。"

《色情男女》虽然是一部三级片,但其实更是一部香港电影人自嘲与反省的电影,故事原型来自于尔冬升的朋友林庆隆。尔冬升在开镜仪式上表示:"《色情男女》是一部主题严肃却不heavy(沉重)地反映部分圈中人现况的喜剧,会有不少幻想场面,其中不乏张国荣的性幻想,希望达到乐而不淫的搞笑效果。"张国荣在片中有全裸演出的戏,为了有理想的效果,他还特意减肥,而对于床戏,张国荣说:"我觉得拍床上戏一定要好投入,好多人就是有所顾忌,亲热时都好似双手悬空那样,出来感觉好尴尬,不伦不类。""如果拍这些镜头不去到尽,不如不拍。说明是'色情',无色情的东西看不如叫《电影男女》好了。"但张国荣对自己在电影里面的表现亦表示:"我相信我在银幕上的表现,观众不会有猥琐的感觉,他们只会觉得好真实,看得投入和目瞪口呆。我对这部戏好有信心,看片之后觉得很有美感。"张国荣在片中饰演充满理想却不得志的导演阿星,因为票房不理想,最后不得不拍三级片,而阿星在片中导演的一场情欲戏,亦是由张国荣亲自执导。尔冬升说:"拍摄途中我在想,哥哥(张国荣)在戏中扮演导演,而这部戏又一直在说怎么去拍好一部三级片,但完全不提内容,于是便想到ending（结尾）的那一场由他亲自来拍。哥哥也很有兴趣，拍摄当日他拍了一半我便要走。那晚他拍了六七个小时啦，事后剪接配乐都是由他一手包办，我没有干涉他，任由他自由发挥。"虽然只有短短两分钟的镜头，张国荣却绝不马虎，做足了功课，徐锦江说："张国荣拍那场戏之前做足准备功课，还将故事内容写在板上，还教我怎么演，接着就放日本艺术片《沙丘之女》给舒淇看，要她学那套片里的那种感觉，到正式拍摄时，张国荣就放音乐给我听，结果足足拍了七个小时，真是拍得很细致，我都没见导演这样拍三级片，怪不得舒淇事后会说'哥哥把我们拍得像亚当和夏娃那么美呀！'"尔冬升在看了这场由张国荣执导的戏后表示："单看剪接已看得出他（张国荣）很有创造力，况且事前只有一个多星期准备，确实拍得不错。"尔冬升更是表示，找张国荣拍戏实在是超值，因为张国荣不但自己演戏出色，还能帮助其他演员，又免费客串导演。张国荣在拍完这场戏中戏后说："做导演真是好辛苦，拍一组戏已经好大压力，做演员轻松得多了。"

因为张国荣一早接拍了《金枝玉叶》续集，而《金枝玉叶》续集赶暑假的档期，张国荣也在接拍《色情男女》时跟尔冬升声明过，所以《色情男女》在拍摄的过程中不得不让期给《金枝玉叶》续集，《色情男女》全部三十几组戏里，只有两组戏不用张国荣出现，以致《色情男女》拍摄进度缓慢，从5月27日开拍直到8月16日才杀青。当时虽然连着几天下雨，但张国荣必须在8月19日前赶到阿根廷向王家卫的《春光乍泄》剧组报到，所以8月16日当晚只能冒雨赶拍《色情男女》的最后一场戏。一向畏高的张国荣，在当晚的戏份必须在七楼吊着威亚拍摄，不过张国荣最后只拍了两次便大功告成，让他如释重负。张国荣说："很害怕啊！环境又黑，而且都吊得那么高。"罗志良觉得在与张国荣合作《色情男女》的过程中，就像张国荣给他上了一课，罗志良说："他让我明白电影不是一个人的事，电影是一个整体的事，（合作）《色情男女》哥哥（张国荣）让我学会怎样跟人合作，怎样去信任一个演员，怎样去帮助一些演员！"虽然尔冬升非常看好张国荣的演出，而张国荣亦凭《色情男女》获得"香港电影金像奖"的"最佳男主角"提名，但最终并未得奖。对于张国荣与奖项"缘薄"，尔冬升后来说："奖项只不过是行家给予行家的一个鼓励，又不是赛跑，跟做不做到戏无关。做一个show，发

当我重温您，在茫然中思忆里
所有冷冰的暖了

一件奖品，大家很快便会忘记。Leslie只在乎他工作的过程和结果是否令他满意。对于奖项，他笑笑便算了。后期他追求的是艺术成就，继续要唱更好的歌，拍更好的戏。意义是自己赋予自己的，那一旧铁（奖座）对他来说已不太重要。"尔冬升原本计划1996年11月开拍一部爱情片，把人与动物共冶一炉，希望与张国荣再次合作，但张国荣因需要筹备1996年底的演唱会而没有档期。

《金枝玉叶》在当时逐年下滑的香港电影市场狂收3000万港元的票房，让UFO决定开拍《金枝玉叶》续集，但陈可辛认为续集缺少可继续的构思，张国荣也认为《金枝玉叶》没有开拍续集的必要，所以始终没有进入实质的筹备阶段。在陈可辛花了一年多的时间拍摄的移民题材电影《嫲嫲帆帆》的后期制作期间，他开始筹备另一部移民题材的电影，一个内地小人物移民到大城市所发生的故事，也就是之后的《甜蜜蜜》，以及计划开拍一部关于婚外情题材的故事。钟珍觉得婚外情故事可以套入到《金枝玉叶》的续集之中，陈可辛便将这个想法告知张国荣，张国荣认同这个想法，遂答应出演，《金枝玉叶2》亦随之进入筹备阶段，但因陈可辛自己忙于《嫲嫲帆帆》的后期制作和筹备《甜蜜蜜》的剧本，所以将《金枝玉叶2》的故事交给了编剧。之后，陈可辛趁黎明和张曼玉的空闲档期，决定先开拍《甜蜜蜜》香港部分的故事，直至1996年4月中旬陈可辛在结束《甜蜜蜜》香港部分的拍摄后，看到《金枝玉叶2》的剧本时，对剧本产生了很多问号，于是决定重新整理剧本。为了完善《金枝玉叶2》的剧本，具体开拍时间一拖再拖。《金枝玉叶2》在5月15日开镜后，一直没有实际开拍，因为跟发行商与片商约定了在8月上旬上映，所以到了6月中旬非开拍不可了，陈可辛才决定在边拍边改剧本的状态下正式开拍。6月18日，《金枝玉叶2》在山顶举行了一场盛大的开镜礼。所剩时间不多，以致不得不在一个来月的时间内赶拍完。为了赶戏，陈可辛最后分了三组同时开拍，得到曾志伟和张国荣的义务帮助各执导一组戏。

《金枝玉叶2》的演员除了《金枝玉叶》的旧班底外，还有新加入的梅艳芳。当时梅艳芳与赵文卓分手后，每天郁郁寡欢，令很多朋友担心。为了让梅艳芳早日走出失恋的伤痛，张国荣劝李碧华放弃开拍《小明星传》，担心《小明星传》的剧中人太过悲苦的命运，影响到梅艳芳。张国荣在与陈可辛商量后亦邀请梅艳芳出演《金枝玉叶2》，希望她在热闹的电影剧情中，能够开开心心地度过这段日子。在张国荣的极力游说下，梅艳芳答应出演，这是自《胭脂扣》之后，张国荣与梅艳芳再次在电影里合作。梅艳芳说："张国荣是真正关心我的，好朋友不用多见多言，有难时肯相帮、开解已经足够，我虽然有过不开心的时候，但一切都过去了，不开心的事不想再提，我现在只想悟佛理，认真工作。"拍摄时张国荣义务帮助陈可辛执导的一组戏正是梅艳芳出演的戏，梅艳芳说："他拍得好快，似模似样好有导演风范。"梅艳芳更是称赞张国荣，既能唱歌，又能演戏，还能作曲，现在连导演都做了，简直是艺术天才。在《色情男女》友情执导后再次客串执导，张国荣表示，客串执导只是为未来做导演的实习，他非常感谢陈可辛的信任，而陈可辛亦大赞张国荣做导演的水准。张国荣除了客串导演外，还主动借出了自己的"为你钟情"咖啡馆作为拍摄场地。在咖啡馆拍摄的时间刚好是营业的黄金时间，为了清场，不得不对顾客佯称停电暂停营业，张国荣笑言，为此咖啡店损失了两万港元的收入。《金枝玉叶2》的主题曲《有心人》，亦由张国荣创作，《有心人》亦被"香港电影金像奖"提名为"最佳原创电影歌曲"和"金马奖"提名为"最佳电影歌曲"。对于《金枝玉叶2》，陈可辛说："说老实话，若然多给两个月时间我可拿到100分，但我宁愿现在以80分推出，因为除了电影质素外，对各方面的承诺也很重要，这是一个信用问题。"

　　张国荣虽然先后为《色情男女》和《金枝玉叶2》客串导演义务帮忙执导了部分戏份，但对于自己的首次独立导演计划，则希望在1997年的年底实现。在《色情男女》和《金枝玉叶2》拍摄期间，张国荣曾表示想翻拍楚原的首本名作《爱奴》，张国荣说："我对《爱奴》这部戏，印象非常深刻，所以自己第一次做导演，我很想重拍这部戏，而我觉得青霞很像当年的贝蒂，由青霞饰演训练'爱奴'的角色就十分适合。以我和青霞的交情，我相信能请得动她。"之后张国荣改变主意希望开拍《林凤传》，因为一直以来他对林凤的故事情有独钟，张国荣说："她（林凤）是一个好全面化的演员，我自己做演员亦渴望做到这一方面，如果说我自己第一部执导的戏，可以拍到她的生平事迹，我会觉得好开心。"张国荣觉得袁咏仪的外貌和眼神都有点像林凤,所以属意袁咏仪出演林凤,但袁咏仪太瘦,而且林凤有其独特的走路姿势,所以张国荣还要求袁咏仪去增肥和学习林凤的走路姿势,而袁咏仪亦非常听话去增肥。袁咏仪说:"我已经非常努力啦,每餐都尝试吃很多东西,结果塞到胃痛,医生告诉我,还是不要吃那么多,吃七分饱就好。"与林凤有过合作的薛家燕,在听闻张国荣要执导《林凤传》后,建议张国荣:"林凤非常注重仪态、服装及造型,她的鞋及手袋必定是一套的,还有其特征是一双又浓又粗、如一把起角弯刀的眼眉呢。"之后,张国荣表示,自己首部执导的电影不会是《爱奴》和《林凤传》,虽然他希望执导《林凤传》,也收集了不少的资料,但因为林凤有后人,所以会有一些法律上的问题需要解决,暂时他还没接触林凤的家人,不知版权能否解决。林凤是香港20世纪60年代的著名演员,是当时香港最受欢迎的女演员之一,1976年因服食过量安眠药去世。张国荣亦表示,他的导演处女作会是一个原创的剧本,题材还未定,可以肯定的是,他自己会专心做好导演,不会兼做演员。在拍摄两部电影的间隙应香港电台的邀请,张国荣为香港电台的《香江岁月(第二辑)》演唱了主题曲《永远记得》,亦为"香江岁月音乐会"录制了一段话,现场观众以为张国荣讲完话后,会出来演唱,热情的掌声不断,最后发现张国荣并未出来,才知道是一段录音。张国荣演唱的《永远记得》首次收录在1996年滚石唱片的杂锦唱片《驿动男人心》中。这张杂锦唱片里亦收录了一首张国荣演唱的《金枝玉叶2》的插曲《谈恋爱》。这首歌翻唱自台湾音乐创作人黄舒骏的作品。当时黄舒骏一直以为这首歌只有"诙谐幽默"一种诠释方式,对于唱片公司将这首歌交给张国荣翻唱,黄舒骏保留极大的怀疑。当张国荣演唱的版本出来后,黄舒骏立即对自己产生了很大的怀疑。黄舒骏后来表示,张国荣浪漫轻松的诠释方式,让他极为惊讶。黄舒骏说:"因为原本一直以为这首歌曲只有一种演唱情绪,没想到张国荣重新赋予歌曲不同的生命与情感,这是好歌手的本能。"这也让黄舒骏认为:"张国荣是个优秀的歌手,对于歌曲的诠释也都自有一套方法。"2001年,黄舒骏在写给1995年因车祸去世的好友杨明煌的歌曲《改变1995》中亦提到张国荣的情感取向。对此黄舒骏解释道:"其实大家在长久的时间里面(对张国荣的情感取向)都有诸多的揣测和怀疑，可是他后来真的非常自在而勇敢地表态，他并不是用说的承认'我是'，而是用很多行动去表达他情感的取向，而我觉得这个勇敢的举动会鼓舞很多人，在历史上我们的生活环境里是很重要的一件事。"

1996年7月29日，王家卫的《春光乍泄》在兰桂坊一家酒吧举行开镜仪式，现场吸引了上百名的记者到访，张国荣和梁朝伟出现时，媒体和影迷将现场挤得水泄不通。因电影里有两人跳探戈的情节，王家卫还专门找了专业探戈老师和乐队，在开镜仪式现场张国荣和梁朝伟亦摆出探戈舞姿给记者拍照。《春光乍泄》原名《布宜诺斯艾利斯事件》，当时的故事中梁朝伟的父亲表面上有妻有子，但暗地里却与张国荣有着一段20年的感情，张国荣因无法公开这段感情，遂远走阿根廷布宜诺斯艾利斯欲忘却过往，但被梁父找到。梁朝伟接到阿根廷警方通知其父出事，于是前往布宜诺斯艾利斯处理后事，在父亲的遗物中发现父亲有一个情人，为了探查真相，遂接近父亲的情人，发现原来父亲的情人是个男的，在与父亲的情人相处了一段时间后，发现自己爱上了父亲的情人……在电影中梁朝伟亦有女朋友，这个女朋友的角色传闻由张曼玉饰演，但张曼玉的戏全部集中在香港和澳门。张国荣表示，这是一部逃情的故事，他逃梁朝伟父亲的情，而梁朝伟又逃他的情。不过张国荣亦说："因为王家卫的剧本经常大改小改，所谓手中无剧本，心中改剧本，大家都是蒙查查（迷迷糊糊）去拍，奇又奇在经常被提名，又拿奖！"不幸被张国荣言中，最终拍摄完成的《春光乍泄》与这个最初的剧情完全无关。此片中张国荣与梁朝伟有接吻镜头，张国荣表示，他是一个专业演员，这是他的工作，不管跟男演员或女演员接吻都是一样。对于这次拍摄同性恋题材的电影，王家卫后来说："香港那时也出现很多同性恋题材的电影，但我看了不太舒服，要不就是搞笑，轻轻地带过；也有些比较偏激，有了预定立场。其实到现在大家都这么接受这个事情。对我来说，两个人在一起，不管是男跟男，男跟女，或女跟女，都没有关系，这个戏的重点是'两个人'的爱情故事，它已经超越了一个同性恋的故事。"张国荣后来在访谈中说："如今，爱是有许多种的。即使两人都是男人或女人，仍然可以产生爱情。爱上的人是男是女并不重要。因为王家卫在这一点上和我有共识，而且他试图非常客观地描述男人之间的爱情，所以我接受了这个角色。"而这也是张国荣接拍这部电影的原因之一，张国荣笑称："《春光乍泄》讲的是一个非常简单的爱情故事。在过去很多年里，香港导演们在处理同性恋题材时，总是将同性恋者描绘成小丑一般的人物或者不成熟的人，但王家卫以一种更加现实的方式来拍摄。我之所以决定接拍这部电影是因为他试图拍摄一个具有普遍意义的爱情故事，特别是他在这部电影里让香港最美的两个男人合作！"有记者问到，张国荣近年演出的电影多有涉及同性恋题材，担不担心被定型，张国荣表示："演员要试不同角色，我也很想学成龙一样，由30层楼跳下来，只是有没有人肯拍，我自己又是否做得来，可以的话，我就会做。"曹可凡后来问王家卫是如何说服张国荣和梁朝伟出演《春光乍泄》的，王家卫回答："张国荣基本上是，他是很开放的，他认为演员什么戏他没有演过他都会演，梁朝伟基本上就是说也是这样的想法，但是他会说：我是做男的还是做女的？我说：你这个还是很肤浅的想法，在这种事情里面没有男的跟女的，只有两个人。"

1996年8月19日，《春光乍泄》剧组一行数十人出发前往阿根廷。抵达阿根廷后，因阿根廷当地合作的制作公司在勘景费用方面虚报高价而出现了一些问题，以致大家等了足足三个星期，更是受到阿根廷方的恐吓威胁。在这三个星期里，大家也没闲着，世界顶级探戈舞王胡安·卡洛斯·科佩斯（Juan Carlos Copes）教张国荣和梁朝伟探戈舞，舞王大赞张国荣跳舞有天分，而张国荣亦希望舞王能够为他年底的个人演唱会排一段舞。王家卫让张国荣和梁朝伟培养感情，让杜可风试拍一些空镜头寻找感觉，而他除了到处勘景外，平时则经常在小咖啡馆里打磨剧情。直到《春光乍泄》正式开机前，王家卫说："而我这导演除了脑海中两名男主角和他们的居所外，空无一物。"9月11日，《春光乍泄》正式开机，开拍后来电影中的第一场戏——张国荣与梁朝伟的床戏。王家卫之前只告诉他们会在戏中接吻，并未告知他们会有做爱的戏，张国荣后来笑说："王家卫用一个假故事误导了我们。当我们知道要拍摄两个男人做爱的戏时，都非常困惑。"梁朝伟后来亦说："我被他（王家卫）骗了。起初说我不是'gay'（同性恋）的，去阿根廷找爸爸，遇到张国荣。但我去到才知道根本不是找什么爸爸，我的角色根本是'gay'的，还要第一天第一场便拍床上戏。"虽然张国荣和梁朝伟对这场戏都毫无心理准备，但张国荣还是很快做好了准备，但梁朝伟还在思考怎么"脱"的问题，梁朝伟说："两张床，接吻，做爱，起床抽烟，全部要做，我怎么遮掩才好？工作人员对我说张国荣准备好了，你看看他怎么防止走光吧。原来张国荣粘上了胶纸，我一看，呀，是这样的吗？"梁朝伟也不敢多想就照做，他担心一想便不敢做了。在清完场开拍时，张国荣和梁朝伟尝试找到感觉，摄影师杜可风亦在寻找感觉，王家卫在一旁随时提出想法。最后梁朝伟直接豁出去了，跳上床就狂吻张国荣，杜可风在摄影手记里写道："Don't know how or why, but Tony is 'on top'. I don't know why or how, either."（不知为何，梁朝伟突然占了'上'风，不知其然，也不知其所以然。）拍完这场戏后，梁朝伟发了几个小时的呆，之后几天更是没人敢惹他，怕他发脾气。而达成愿望幸灾乐祸的王家卫说："他（梁朝伟）就有三天不能讲话，我非常开心。"这场戏从9月11日一直拍到翌日，而9月12日正是张国荣的生日，剧组特意为张国荣送上生日蛋糕，在片场为他过了一个生日。梁朝伟很多年后回忆起这场戏时说："Leslie的须根很厉害，kiss时太投入，把我的脸擦得很痛，感觉好像在沙子上磨。"

在很多年前，张国荣已经很欣赏梁朝伟，林燕妮在文中曾写道："其实早在拍《春光乍泄》之前，伟仔（梁朝伟）初出道的时候，一夜我跟张国荣在街上漫步，在不远的前面伟仔也在走路。张国荣那时已是天王巨星，他跟我说他很欣赏伟仔。张国荣是心直口快的，他欣赏谁便会毫不吝啬地说出来。于心地纯良的张国荣而言，没有同行如敌人这回事。"1989年张国荣在《今夜不设防》节目中被问到喜欢哪些男演员演戏时，张国荣说："我喜欢梁朝伟演戏。"主持人问："你有没有跟他拍过戏？"张国荣爽快地回答："我没有，我未和他拍过戏，但我喜欢他的戏。"当《春光乍泄》剧组赴阿根廷后，有记者问刘嘉玲，梁朝伟离她那么远她放不放心时，刘嘉玲开玩笑地说："我很放心他，我不放心的是张国荣，因为他一直跟我说他很喜欢梁朝伟。"张国荣之前虽然跟梁朝伟合作过《阿飞正传》《东成西就》和《东邪西毒》，但与梁朝伟的交往并不多，后来张国荣搬去梅道居住，跟梁朝伟和刘嘉玲做了楼上楼下的邻居，开始熟络起来，刘嘉玲说："我们真正熟络反而是大家做了邻居，一起搬到MayTower（梅道），他住9楼，我住18楼，开始不时地一起打麻将、串门子。我俩凑巧又是找同一个修甲师

当我重温您，在茫然中思忆里
所有冷冰的暖了

傅Maria，有时知道他在修甲，我又会去找他闲聊。"与张国荣合作《春光乍泄》后成为好友的梁朝伟说："我同哥哥（张国荣）在《东邪西毒》对手戏不多，是去到《春光乍泄》才开始成老友的。"梁朝伟后来亦表示："当时（拍摄《春光乍泄》时）对同性恋角色存有疑虑、无信心，幸好有哥哥做对手，他很认真和投入，实在帮助我不少，有他鼓励我才演绎出如此成功的角色。"在拍摄《春光乍泄》时，梁朝伟甚至把张国荣当作刘嘉玲来入戏，刘嘉玲说："当时梁生（梁朝伟）和哥哥要做一对情侣，但梁生不知道如何入戏，完全找不到那种感觉，后来他说将哥哥当作是我就可以入戏，感觉就来了，因为我俩十分相似。"梁朝伟后来也公开说张国荣跟刘嘉玲有相像之处："他（张国荣）是一个非常有才华的人，不但是电影人、音乐人，我觉得他是一个非常有才华的人，非常聪明，学东西学得非常快，很感性，然后很直的一个人，和嘉玲有点像，就是很直的，不会拐弯的那种人，很直接，很好的一个人。"有一次，梁朝伟笑张国荣的性格像刘嘉玲，建议张国荣改名叫张嘉玲，不过向来反应快的张国荣立即笑着回应梁朝伟，"幸好我不姓周，否则会变成周嘉玲"（周嘉玲与梁朝伟在合作《重庆森林》时曾传出绯闻）。

张国荣在拍摄《春光乍泄》时一度腹泻不止，因张国荣本身肠胃不是很好，吃油一些的食物便会腹泻，所以他以为是普通的肠胃病，一开始并没太在意，梁朝伟知道后，拿了一些止泻药给张国荣吃，但吃了药立马就好了，药一停便再次腹泻。后来有一天张国荣跟张叔平和梁朝伟去吃意大利菜，突然觉得非常不妥，就去看医生，但医生检查后表示没什么事。这时张国荣开始担心，觉得是不是感染了阿米巴菌，之后梁朝伟打电话给香港的私人医生，确认了张国荣的病症的确是感染了阿米巴菌，然后就根据医生的建议，给张国荣对症下药，吃药期间张国荣还不能吃饭，只能喝粥和吃咸蛋白。张国荣在接受访问时说："幸好有梁朝伟，谢过他很多次了，不再谢他了，他找了一个医生朋友，算是救了我一命。"张国荣在异乡生病的日子里，梁朝伟亦非常用心照顾他，梁朝伟说："在阿根廷拍戏的日子，Leslie病了，同行的人只有我和他住在同一间酒店，其他人住别的酒店，他病得很严重，我是很认真在照顾他。"王家卫后来亦表示："梁朝伟很会照顾人，他真的是张国荣的一个好护士。在榆林拍《东邪西毒》时，张国荣被蝎子蜇了,梁朝伟很是关心。我们在阿根廷拍《春光乍泄》时,张国荣中了阿米巴菌,脸色煞白。那段时间,梁朝伟每天都亲自熬粥喂张国荣喝。所以在影片中,他们两人的感觉才那么贴切自然。"在张国荣去世后,刘嘉玲说:"当人人都哭的时候,他(梁朝伟)一脸严肃,好像没什么事似的,等人们个个都接受了这件事时,他就来了!过了三四天,他实在忍不住了释放出来,哭到崩溃。"有一次,梁朝伟到内地演出,演出完毕离开之时,在他离开的必经之地一位等在此处的女性影迷向他喊道:"黎耀辉,你还记不记得何宝荣?"梁朝伟驻足望向喊叫声的方向,然后点了点头。《春光乍泄》里的爱情不会延续到生活中,但在拍摄《春光乍泄》期间建立的友谊,仍会在生活中延续。2013年,在香港商业电台《云妮钟情》之《十年后给哥哥(张国荣)》节目中,梁朝伟说:"这十年里面,我久不久就会想起他(张国荣),有时是因为一首歌,有时会是一个回忆。他还会经常在我梦里面出现,其实只要你心里面有这个人,他在哪里,又有什么所谓。"

张国荣在最初接拍《春光乍泄》时,便跟王家卫说:"这戏不可再像《东邪西毒》般,没有time limit(时间限制)了,因为我要做演唱会,有唱片要录……"王家卫答应他说:"没问题,你会觉得好舒服,好像放假一样……"王家卫原计划在1996年9月底拍完《春光乍泄》离开阿根廷,但向来"计划赶不上变化"的王家卫,当时只拍了三分之二左右的戏份,而张国荣合约期已过,9月17日开售的演唱会门票亦一早售罄,必须赶着回香港筹备演唱会。10月3日,张国荣返回香港出席"跨越97"演唱会的记者招待会,张国荣后来说:"在阿根廷,他(王家卫)也是不好彩(运气不好),和那边的production house(制片公司)发生问题,那我便等足三个星期,而且还生病。档期过了,我便飞回香港筹备演唱会的事,但我并不是那种'喂,这个合约期过了,我走了'。开完记者招待会,我还是飞回阿根廷拍了十几日extra days(合约期外)的戏,而且是without pay(无薪水)。我不会太介意钱银的事,其实内里还有很多乾坤……我只可以说整套戏我也不是拍得很舒服,身心也不舒服。"当时剧组的大部分人都拍得身心疲倦,都想离开,梁朝伟甚至还想到偷偷溜回香港,杜可风说:"剧组的每个人都很羡慕张国荣,因为每个人都待不下去了想走,但是每个人都做不了张国荣。"后来,有人私下放出传闻，说张国荣在阿根廷戏未拍完，便返回香港筹备演唱会，王家卫留他，张国荣表示没时间，最后张国荣提出补片酬50万港元，才肯多拍几日。他们当时觉得张国荣不是没时间，而是想补片酬而已。对此，张国荣回应告知他传闻的记者称："没有这样的事。你哪里听来的？好容易的，可以叫他将账目摊开来看的，我没有拿这笔钱，实有账目。你信他们不会给我现金的啦。"后来经媒体查证，张国荣的确没有多收王家卫50万港元片酬。《春光乍泄》之后，张国荣觉得与王家卫的合作应该停一下了，张国荣说："王家卫拍戏没有时间观念，这点大家都知。无剧本，化装时才递张纸给你念对白，这些大家也听过。只是，我愈来愈觉得不习惯了。我想，或者是时候——也许他也会觉得，要停一停。不知是否年纪大了，我会走两个极端，有些事是比较容易compromise（妥协），有些东西则不可以compromise。"之后，有记者问王家卫关于张国荣表示暂时不再与他合作的看法，王家卫笑着"打太极"说："这是张国荣在帮电影宣传。"不过，《春光乍泄》的确成了张国荣与王家卫的最后一次合作。

《春光乍泄》上映后，有记者问张国荣在电影中的表现，张国荣说："戏太少了，本来是两个男人的故事，现在加多了一个……"而对于《春光乍泄》的评价，张国荣说："《春光乍泄》其实是《阿飞正传》的gay version（同性恋版本），伟仔时常也说'我其实是张曼玉加刘嘉玲的version，给你个阿飞滚'。至于整出戏，我觉得也是时间问题，正如王家卫在拿了康城最佳导演后也说，有些东西他是被迫如此拍的，好像我受了伤伟仔照顾我那段戏，他其实是最不想要的，好像sit com（situation comedy，情景喜剧）般；但反而那一段却最多人buy（接受）。我也不知，可能是世纪末，也不单是在香港，有很多事情，对与错已分不清楚，有很多东西，讲得太多，别人可能会觉得我小气，但如果不说，我又觉得屈住（憋着）很不开心。"虽然张国荣在《春光乍泄》里的戏份被减少，但他仍表示："《春光乍泄》是有些东西能touch（打动）到你的。我有些朋友，even（甚至）是一些好straight（直）的男人，在看完《春光乍泄》后，也会觉得这段感情与一般男女的感情没什么分别。在这方面，王家卫是成功的，他看事的胸襟和他想表达的，实在与一般的导演不同。"

舒琪认为，《春光乍泄》对张国荣来说是一种剥削，而他对王家卫拍摄此片的动机亦有所保留。舒琪说："《春光乍泄》对王家卫来说是他个人事业的一个里程碑，于梁朝伟亦可说是一个得着，至低限度可让他在康城出了一阵子风头和赢得另一个'香港电影金像奖'，但对张国荣而言，则是一个遗憾。遗憾的是他的演出被忽略，与其说被忽略，倒不如说是被歧视，或者影评人和评审基于俗世的偏见和谬误，故意将他冷落。张国荣在"金马奖"输给了谢君豪，高志森就这样说：算啦张国荣，谁不知他会演戏，人家（谢君豪）初出道好需要个奖，才有机会嘛，张国荣还需要奖来做什么？""如果我的理解无错，Leslie后期（跟王家卫）不开心的原因之一，是王家卫剥削了他，他利用Leslie的个人经验放在戏中，将他摆上台！他不是要保护自己，只是觉得自己私人的经验与角色是两回事，不相信他本人就是戏中人。他理解到这件事后所以不开心，因为觉得王家卫剥削他，对他不公平，所以他不喜欢这部戏，或者到后来不愿意与王家卫再合作。"而对于大部分影评人一面倒倾向梁朝伟而冷落张国荣，认为张国荣本身是同性恋，只是演回自己，而梁朝伟本身是个异性恋，舒琪说："无可否认张国荣演得很好，但正因为王家卫聪明地利用观众对Leslie私生活的好奇，将他与戏中人画上一个等号，观众觉得他只是做回自己，所以不需要演技，其实这个观念是错的，表演能力和是否'做回自己'是两回事，一个角色愈贴近自己其实愈难演，因为要将自己暴露于人前，所以那一定是一个表演。"而关锦鹏亦同样认为："我觉得张国荣在片中的表现比梁朝伟出色，因为他能卸下包袱，对角色毫无保留，不介意别人怎样看他，演出充满激情，将自己所有感情投放在这个角色上。""谁说演自己容易？我认识的大部分演员，其实最怕演回自己。一个演员能否将真实经验和感受公之于世，愿意放得下是一个问题，能否有足够能力演绎自己的感觉，又是另一问题。"林奕华亦表示："实际的情况是，《春光乍泄》一出，大家都说梁朝伟演得太棒了，张国荣反而无声无息。其中的'戏份多寡'自然占上分数，但是，我有理由怀疑，梁朝伟的优势是来自投桃报李，一半是同情分。""大家都说梁朝伟演得好，潜句子是'不是基佬（同性恋）而把基佬演得这样好'，潜潜句子，甚至可能是'没有和基佬上过床而不介意演基佬床上戏，岂有不好?'这种价值观念,乃将性取向二分法,异性恋属'正常',所以'高级',同性恋'变态',因此'低等',目的是强化和捍卫'正常人'们的优越位置。""当然,本身是gay,但在银幕上从未间断饰演异性恋者的男演员,就不会因为'扮直'而捧奖了,理由简单不过'把角色如何演好才计数,阁下的性倾向,岂可当特权使用?'"而张国荣自己则说:"其实我也听过很多朋友说我做得很好,我一点也不介意有些人刻意说伟仔好,某些人是有目的的。"

张国荣虽然凭《春光乍泄》被提名为"香港电影金像奖"和"金马奖"的"最佳男主角",但现场主持人对同性恋的"调侃与歧视"真不是两大电影颁奖典礼该有的行为。在"香港电影金像奖"颁奖礼上,主持人用夸张的表情调侃男人与男人接吻的电影,并公然在台上做出"呕吐"的动作,在此期间镜头多次"聚焦"坐在台下的张国荣,但张国荣仍带着宽容的表情安静地看着他们在台上的表演,时而礼貌地鼓掌。而台湾"金马奖"颁奖礼更是离谱,作为那一年"金马奖"评委的林奕华后来说:"有一次去金马奖当评审,大家都要评《春光乍泄》这部电影,到底最佳男主角提名谁,所有的人,几乎九成的评审都说梁朝伟,我就觉得很奇怪,为什么会是梁朝伟呢?为什么张国荣就不是?那个电影是两个男主角的戏份,几乎都一半一半嘛。然后他们说,因为梁朝伟演一个同性恋者,演得那么好,但是他自己又不是同性恋者,所以应该提名他。我在那边就傻眼了,我就说,那张国荣演了那么多异性恋者,岂不是每一部电影都应该拿一个提名,他们听了轮到他们傻眼,然后大家都投票给张国荣。"张国荣之后听到传闻说,林奕华是持"梁朝伟不是gay,所以他没可能演得像gay"的理由而否定了给梁朝伟"最佳男主角"的提名,林奕华后来说:"是以个把月后当我和张国荣在柏林见面,他便颇为紧张地要我澄清,一边拍我的手一边说你真这样想便不对了。"当林奕华将事情原委向他解释清楚后,张国荣笑着对他说:"颁奖礼进行到评审团进场时,我看见你没有往我那边看去,我心里已有个大概了。"林奕华说:"那不是张国荣对我说过的最后一句话,只是这句话对于我和他的交往,却有点睛般的意义——从不自觉到自觉。穷我们一生都是借着几时被看或看人,如何被看或看人来厘定自我的价值。目光如是成为价值的指针,犹如一双翅膀,它可以飞得很高,又可以因乘载不起重量而折断——过去二十六年来,多少人把目光聚焦在张的身上，但当中有谁明白他想看见什么，他想被谁看见，和有什么是他最不想看见的。"在"金马奖"的颁奖典礼上，当颁奖嘉宾秦汉在台上说着"那种男人爱男人的戏，开玩笑，我可演不来啦……"时，镜头数次扫过张国荣的脸，而张国荣一如之前保持温厚的微笑看着台上。有记者表示，张国荣未能凭《春光乍泄》获得任何一个奖项是一种遗憾，以奖项而言，张国荣的付出与收获绝对不成正比，舒琪说："这个无所谓，时间是最好的证明，张国荣在中国电影历史上的地位是不会改变的。他未必会真的不开心，虽然他的性格是需要别人去肯定他，但他'聪明'，你不去肯定他，他都会懂得教你怎么去肯定他。"

在阿根廷拍摄《春光乍泄》期间，张国荣"跨越97"演唱会的主办方在1996年9月初已开始演唱会门票的内部认购。陈淑芬说："张国荣的门券未开始发售，内部认购已经好踊跃，最高票价的认购已超出25场，而最便宜的票价亦全部认购，最难销的中价票亦卖了一半，真是厉害，稍后门券公开发售时，先公布开20场，然后再看反应决定会否再加。"9月17日，张国荣"跨越97"演唱会门票公开信用卡订购，据信用卡订票热线工作人员表示，截至9月20日，短短3天内，最贵的380港元和最低的80港元门票，已经一扫而空，而380港元的高价票在首天接受订购便即售完。1996年12月31日和1997年1月2日两场的中价票，亦告售罄。10月3日，瘦了10磅的张国荣由阿根廷返港出席"跨越97"演唱会记者招待会，因信用卡订票反应热烈，主办方宣布原定1996年12月14日至1997年1月2日的演唱会加开1996年12月12日和12月13日2场，合计22场，加上张国荣以往在香港红馆举行的4次演唱会场数，正好100场，张国荣开心地说："对于我来说，演唱会没有场数的限制，开多少场都不成问题。现在我在香港体育馆举行演唱会的总场数可以突破百场大关了，我第一次在那里举行演唱会场数是10场，第二次是12场，第三次是23场，第四次是33场，现在是第五次了，开22场，加起来就刚好是100场。"10月24日，张国荣"跨越97"演唱会门票正式公开发售，虽然主办方未有提前刊登广告，但消息灵通的歌迷，在前一天便带着食物，打地铺，提早来到红馆售票处，霸占位置等售票。排在最前面的两个小青年说："我们从中午12点开始占位置，预备好了晚上在这儿睡个通宵。要说怎么知道有票卖的，我们早几天就来这儿打听过了。"主办人之一张耀荣听说此事后，更是兴奋地说："我保证他们一定买到第一行的位置。"

1996年11月，之前连续五年出演黄百鸣东方电影公司贺岁片的张国荣，因筹备演唱会而未有接拍贺岁片《97家有喜事》，不过黄百鸣亦不放过他，邀请他在其中客串一场戏。张国荣说："黄百鸣话江湖救急，叫我帮忙，我就帮下啦。"张国荣的到场，令附近的居民层层围观，现场的其他演员亦争着跟张国荣合照，而主人家黄百鸣更是"近水楼台"。在张国荣拍完原定剪彩的戏后，黄百鸣特别要求临时加拍一个自己跟张国荣祝贺的镜头，张国荣笑着对黄百鸣说："我客串啊！"之前尔冬升亦找张国荣拍贺岁片，但二十几万观众在等着他的演唱会，他不得不推辞。

　　张国荣在签约滚石唱片的记者招待会上曾表示，希望每年的7月7日发行一张新唱片，但1996年张国荣先是因赶拍《色情男女》和《金枝玉叶2》而无暇制作唱片，之后又因拍摄《春光乍泄》而迟迟无法返港录音，连商讨演唱会细节都只能在《春光乍泄》的拍摄间隙通过传真与电话进行。张国荣说："今次演唱会，所有音乐和演出的安排都在我的脑子里，所以，每晚回酒店，单是打电话，写FAX都够忙了。"1996年10月中旬，张国荣为《春光乍泄》补完戏离开布宜诺斯艾利斯返港制作新唱片和筹备年底的演唱会。11月初，张国荣录制完成全新唱片，11月26日，滚石唱片发行了张国荣七年来的全新粤语唱片《红 张国荣》。这张唱片的封套由张国荣与滚石唱片共同参与创作，封套恰如唱片主题，只有一片汪洋的红色，内页几张黑白迷离舞动的照片，在红色封套的背影后妖娆而孤独。有记者问滚石香港总经理黄达辉，这样的封套和主题会不会担心引起外界的指责，黄达辉则表示："张国荣红是人都知啦！何况滚石向来都爱搞些古灵精怪的东西，张国荣又玩得起，不会有什么问题的。"但在唱片的海报上，滚石还是加上了一张小小的张国荣的照片，不过只有近距离才能看得到，张国荣说："我提供给滚石的构思是纯粹一张红色海报，便可道出主题，但可能公司要顾及商业因素，想消费者清晰地知道这是张国荣的新唱片，所以加了一张细相（小照片）啦，都是合理的。"因此，有些记者还打趣地称呼张国荣为"红少""红少爷"。《红 张国荣》这张唱片的发行预告了张国荣真正开始了属于他自己的音乐年代，或者说是张国荣的"后音乐年代"。

在《红 张国荣》这张唱片的幕后制作名单中，除了曾在新艺宝时期长久合作的监制梁荣骏和当时偶有合作的林夕、唐奕聪（Gary Tong）外，基本上都是全新合作的制作班底，如江志仁（C.Y.Kong）、辛伟力（Alex San）等。张国荣与这些音乐人全新的合作，也擦出了耀眼的火花。林夕包办了整张唱片的词作，此后也开始了张国荣、林夕和C.Y.Kong在张国荣后音乐年代的精彩合作。滚石唱片在游说张国荣复出时已提出由李宗盛监制张国荣的唱片，张国荣加盟滚石唱片的其中一个因素亦是希望与李宗盛自《千山万水》后再次合作。对于在滚石唱片的第二张唱片，张国荣之前在接受记者采访时说："我对下一张唱片充满信心，因为你们要知道，这张专辑将由李宗盛全权负责。"但最终并未成事。2005年，李宗盛在北京观看过一场打着纪念张国荣旗号的舞台剧，在开场时无言泪湿，可惜这是一场毫无诚意的以张国荣为噱头的"纪念"，或许之后李宗盛亦感觉到了，中途便离场而去。虽然《宠爱张国荣》取得了全年的最高销量，但张国荣说："我觉得唱片的成绩都算不错，而且也卖得好。不过，由于大碟内收录了好多电影插曲，所以不能太花哨，受到一定的限制。我也承认，制作方面可以做得更好。"在与滚石唱片的制作会议上张国荣也提出了一些自己的想法，用之后由滚石唱片全权制作下一张唱片《春天》（Printemps）换来了《红 张国荣》的全权独立制作。在新艺宝时期张国荣与梁荣骏已合作多年，梁荣骏说："我在华纳入行，接着进了新艺宝，刚好张国荣签约新艺宝，有一次他找我做制作，我觉得他非常好，总的感觉就是自然。给我机会，但没有让我有施舍给我的感觉，而是很朋友式的感受。""和张国荣合作学到了不少的东西，并把这些东西放到王菲的新唱片上，所以感觉在她的身上有张国荣的元素，毕竟是从张国荣那里学过来的。"而对于再次担任张国荣的唱片监制，梁荣骏则表示："他（张国荣）复出找我一起合作《红》，重新合作就有了不少的新鲜感，最可贵的，是他对我的信任，所以就有了一张相当满意的唱片《红》。""（制作《红 张国荣》唱片）就好像拿着照相机拍相片，当看到相片后会有惊喜的那种感觉。我就是摄影师，捕捉那一刻，用音乐做记录。所以没有什么预先的定制，画好了框框，是那时想什么就做什么，加上和张国荣的一拍即合。"

当我重温您，在茫然中思忆里
所有冷冰的暖了

《红 张国荣》不算是一张非常主流的唱片，但绝对是一张经典的唱片。对一些从《宠爱张国荣》这张唱片中没有得到满足的歌迷来说，《红 张国荣》带来了意想不到的惊喜。这张唱片内音乐元素与风格的多样性，如trip-hop（神游舞曲）、rock（摇滚乐）等不同音乐风格使整张唱片有了更丰富的内容，而林夕、C.Y.Kong和Alex San对于唱片概念的把握与再体现能力也是这张唱片成为经典的重要因素。首次与张国荣合作的C.Y.Kong说："是哥哥（张国荣）和监制说，希望我能为他编曲和作两首歌。其实我那时不太敢见他，不知道怕什么，直至完成工作后，到1999年才正式第一次与他见面。之前在录音室虽然曾经碰头，但他还不知道我就是替他编曲的那个人呢！""他（张国荣）的声线就是我最大的灵感，当我一幻想他会如何去演绎这首歌时，那些旋律、感觉就会涌现。我会把小时候一直觉得他应有的形象、风格、歌路写出来，例如如何表达感性、性感、活着的感觉。像他这样成功的人，给我的感觉已经让我有很多画面。"张国荣找全新的音乐人合作，应该也是希望摒弃以前作为偶像年代的一些制作理念，纯粹以音乐为桥梁与歌迷交流，就如张国荣之前所说："我的偶像派形态已过了，现在的我只是音乐人，希望以动人的音乐和爱乐者分享。"在唱片的制作过程中张国荣也给予合作伙伴最大的自由创作空间和信任，从中寻找自己想要的方向。C.Y.Kong说："他（张国荣）从来没有给我任何限制，只要我有什么新的想法，总之是不普通的，他都会放手让我去做。所以我所做的歌都会比较贴近他想尝试的方向。"虽然张国荣与林夕之前的合作并不多，但此次由林夕包办全部歌词，张国荣只指定了《红》这首歌的歌名，其他则全由林夕自由去发挥。唱片中的那首《怪你过分美丽》，是林夕无意识地哼出旋律时想到的六个字，林夕说："因为我实在是真心的，真的怪他（张国荣）过分美丽，哪里有人这么漂亮的，黄霑赞张国荣'眉目如画'，黄霑的朋友，所谓'赞人无一漏网'的倪匡，同样赞他'眉目如画'，两大高人都赞他'眉目如画'，我怎么就不能写一个更加厉害的《怪你过分美丽》？"而这首歌的作曲唐奕聪说："我最喜欢《怪你过分美丽》，这首歌十分适合他（张国荣），他也演绎得很好，歌词像在形容他自己。"唐奕聪在1987年就曾与张国荣合作过，唱片中他作曲的《妄想》亦是由林夕填词，那次更是林夕首次为张国荣填词。对于复出后的张国荣，唐奕聪后来说："复出后，张国荣唱的歌比以前更有深度，例如《红》这首歌。在唱功上，张国荣更是没有缺点可言。他是个不断力求进步的人，复出前已是这样，复出后更使人耳目一新。往后每张唱片的风格各有不同，每次都为歌迷带来惊喜。"张国荣作曲都是直接哼出来的，然后找音乐人将旋律记下来，以致唐奕聪一接到张国荣的电话，就习惯性地去找纸和笔。在两人的合作中，唐奕聪表示："与张国荣合作的确是件乐事。他是个很专业的前辈，来到录音室前已把歌练熟，只需两三次便完成了录音工作，所以与他合作感觉很舒服。在编曲过程中，他很尊重乐队的每一位成员，让大家觉得身份一样，无分彼此，所以会更加卖力。""我们在他身上学到很多东西，同时，他亦很尊重我们的专业知识和顾及每个人的尊严。"

张国荣作为《红 张国荣》这张唱片的幕后制作之一，对于唱片的主题概念，张国荣说："我要去探讨的问题，就是'人'跟'性'的问题，性方向、性取向的问题。"张国荣在唱片内亲自创作的三首歌曲，再次展现了他的作曲才华，除了《金枝玉叶2》的主题曲《有心人》，另有唱片的同名主打歌曲《红》和《意犹未尽》。这张唱片在张国荣的音乐生涯中占据了非常重要的地位，它预示着张国荣从早年偶像歌手向后期纯粹音乐人身份的转变，放弃了偶像包袱的张国荣，能更随性地做一些自己想做的音乐——有着"张国荣"标签的音乐。《红 张国荣》在推出的首个星期便取得了香港流行音乐销量榜亚军，第二周即登上冠军，使得不少业内人对这个亚军的成绩抱质疑态度，滚石香港总经理黄达辉说："有好多事不用讲得太白，自己是这个圈（里的）亦明白游戏规则，不只是IFPI，其他音乐颁奖礼亦一样，有同无只差一线，坚持要有，老板与歌手都好痛苦。"但令黄达辉感到奇怪的是，在香港唱片市道不景气的大气候下，《红 张国荣》推出两个星期已达到12万的销量，虽然唱片销量非常好，但电台的播放率却

当我重温您，在茫然中思忆里
所有冷冰的暖了

很低,一个星期只有30次。黄达辉表示:"既然唱片有人买证明歌迷中意听,但为什么电台会不播?反而碟都未出的歌,就播得很积极,真是不合理。"虽然黄达辉为此心感不快,但张国荣自己反而对这些事早已经看开。

在新唱片中张国荣参与了从选歌、制作、包装以及MV拍摄等全过程。在新唱片发行之前,为新唱片中的四首歌曲拍摄MV,张国荣找了张文干来执导、奚仲文担任美术指导,而为了提携莫文蔚和舒淇,张国荣则提议张文干找莫文蔚和舒淇演出。张国荣亲自托人找张文干合作,令张文干很是惊讶,张文干觉得张国荣的形象有些"双性",于是设想将《红》和《偷情》的MV拍摄成内容互相关联的上、下集的风格,用一段三角关系,通过他对于张国荣形象的那种感觉,大胆呈现人的"双面性",试图通过"一个人的梦"来表述"一个真实的自我与隐藏的自我在斗争"的那种双面性。在当时大众思想仍保守的亚洲社会,这样大胆的主题难免无法被大众接受,滚石唱片亦担心会被禁映,不过张国荣听了张文干的拍摄概念后,爽快地一口答应,并放手让他们制作。张文干说:"我相信每个人都是双面的,只是自己察不察觉而已。Leslie很明白这种感觉,当我们一说到某个镜头想交代什么,他都很快掌握,几乎不需要任何指导。"MV的拍摄时间非常紧张,只有四天,张国荣为了保持最好的状态投入拍摄中,与张文干约定每天工作时间为下午1点至11点。11月17日,《红》和《偷情》的MV在香港成丰片场开拍,为了这次拍摄,滚石唱片也下了血本,一切按照拍摄电影的规格制作,而张国荣甚至把家中的壁橱原样搬到了现场。张国荣在MV里有一个咬火柴的镜头,而有媒体在报道中写道:"请注意,哥哥(张国荣)咬火柴是有型的代名词,若阁下有样学样,逛街只会给警察叔叔问话。"对于《红》与《偷情》两首MV的关联,张文干说:"《红》的画面是黑白色的,交代虚幻的梦,到最后一刻才透出红色,《偷情》就是七彩浓烈之余带点迷离。""(《红》的MV中)最尾一幕那抹红,是为了配合《红》这首歌,以及承接下一集,贯彻真与假这个主题。""如果上集是一个梦,那下集就比较现实。因此,Leslie才会在派对中遇上真实的

Karen，Karen也对哥哥有似曾相识的感觉……"比起意识流的《红》和《偷情》，《怨男》的意识则更大胆，之后更是被电视台禁播，对于这种走在时代前端的创意，张文干说："他（张国荣）很清楚自己的底线，一旦决定了就会去做，这是他成功的原因。我完全看不出他的挣扎与顾虑，反而在拍摄过程中，愈来愈有信心。我们之间亦从来没有质疑过对方，互相信任。他甚至说我和他是best partner in crime（'犯罪'的最佳搭档）。"《怪你过分美丽》的MV跟歌词没什么关联，张文干原本计划拍一场办公室政治，讲述人与人之间的冲突，不过在拍摄过程中最终加入了一些性的联想。在与张国荣的合作中，张文干表示："很多演员觉得自己了不起，会不停给意见或插手去管，但他（张国荣）从来不会。他是行动型，会直接用自己的演绎去证明他的能力。如有不满，他会说出来。他对我们每位工作人员都很好，完全没有架子。与Leslie的合作是很愉快的，甚至是我执导生涯中最愉快的日子。"

Chapter 23

今晚再遇见 仍是有一丝暖意

张国荣因之前拍摄《春光乍泄》滞留阿根廷感染阿米巴菌，瘦了20磅，为了在1996年底的"跨越97"演唱会上以最好的状态演出，张国荣在全力筹备演唱会的同时，亦在私人健身教练陈旭达的指导下勤加锻炼。陈旭达曾经在香港赛马会担任健身教练，因张国荣经常去香港赛马会运动锻炼而相识。之后，陈旭达想出去闯一闯，便辞掉了健身教练的工作，乱打乱撞却成了一名体育用品推销员，陈旭达说："那时才发觉自己最喜欢的职业是当健身教练，但已恨错难追。"张国荣在"跨越97"演唱会的大半年前，打电话给陈旭达，邀请他去看自己的演唱会，在闲聊间才知道陈旭达已经从香港赛马会辞职，在从事不感兴趣的体育用品推销工作。陈旭达说："他（张国荣）提议我做他的私人健身教练，为大半年后的个唱练气、keep fit（保持健康），做好准备。就这样哥哥（张国荣）一手把我带回健身行业。"陈旭达表示，张国荣是个很自律、很听话，也很勤奋的学生。张国荣按照陈旭达的指导，早睡早起，每天早上10点半开始健身，一星期做足六天。张国荣除了支付比香港赛马会更高的工资给陈旭达外，为了让他节省来回交通费，便让自己的司机接送陈旭达，怕他工作忙没时间吃午饭，还会让他跟自己一起吃午饭。陈旭达说："哥哥（张国荣）真的像我兄长般照顾我，他生日和圣诞开派对都会邀请我和我太太去，又特地安排我坐在他身旁，介绍我给朋友认识时都说'我教练'，我知道他的目的是想介绍多些学生给我。他的朋友都叫我'哥哥教练'。哥哥运用他的影响力，令我工作上更顺利。沾他的光，他的很多朋友都成为我的学生。哥哥无形中为健身行业打造了'私人健身教练'的新模式。"张国荣在结束香港的演唱会后，因忙于演唱会的巡回演出和其他工作，健身的时间并不多，陈旭达便向张国荣请辞。张国荣对他说："是我没有时间做健身，不关你事，又不是你没空，学费我当然要照付。"直到张国荣知道陈旭达开始忙不过来时，才结束与他的私人健身教练关系。陈旭达表示，在张国荣的身上学到了很多东西，特别是张国荣的爱心，陈旭达说："哥哥（张国荣）除了做很多善事外，从一些生活小节上也可见到他的爱心。

图片授权提供：Leslie Legacy Association

图片授权提供：Leslie Legacy Association

图片授权提供：Leslie Legacy Association

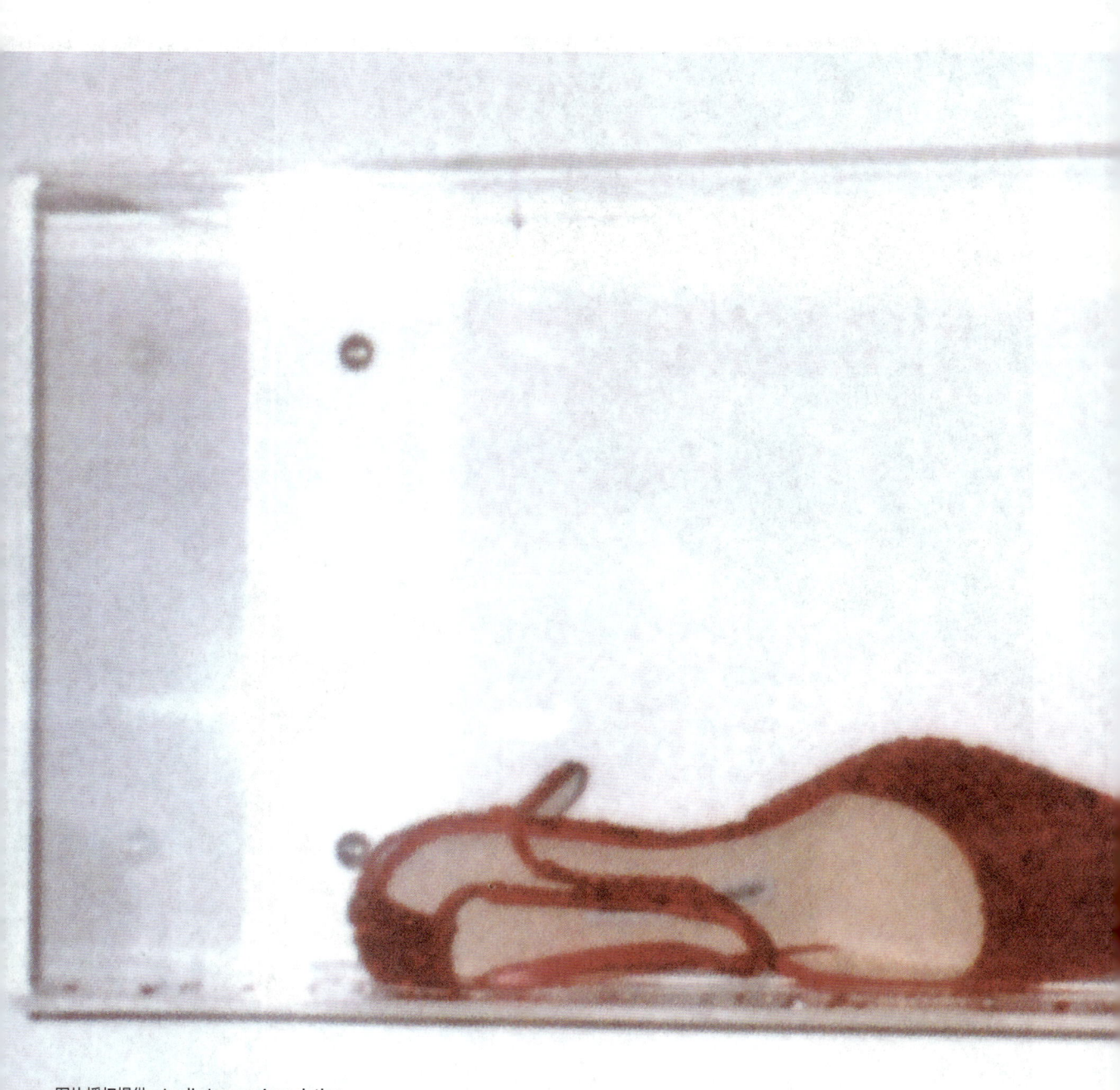

图片授权提供：Leslie Legacy Association

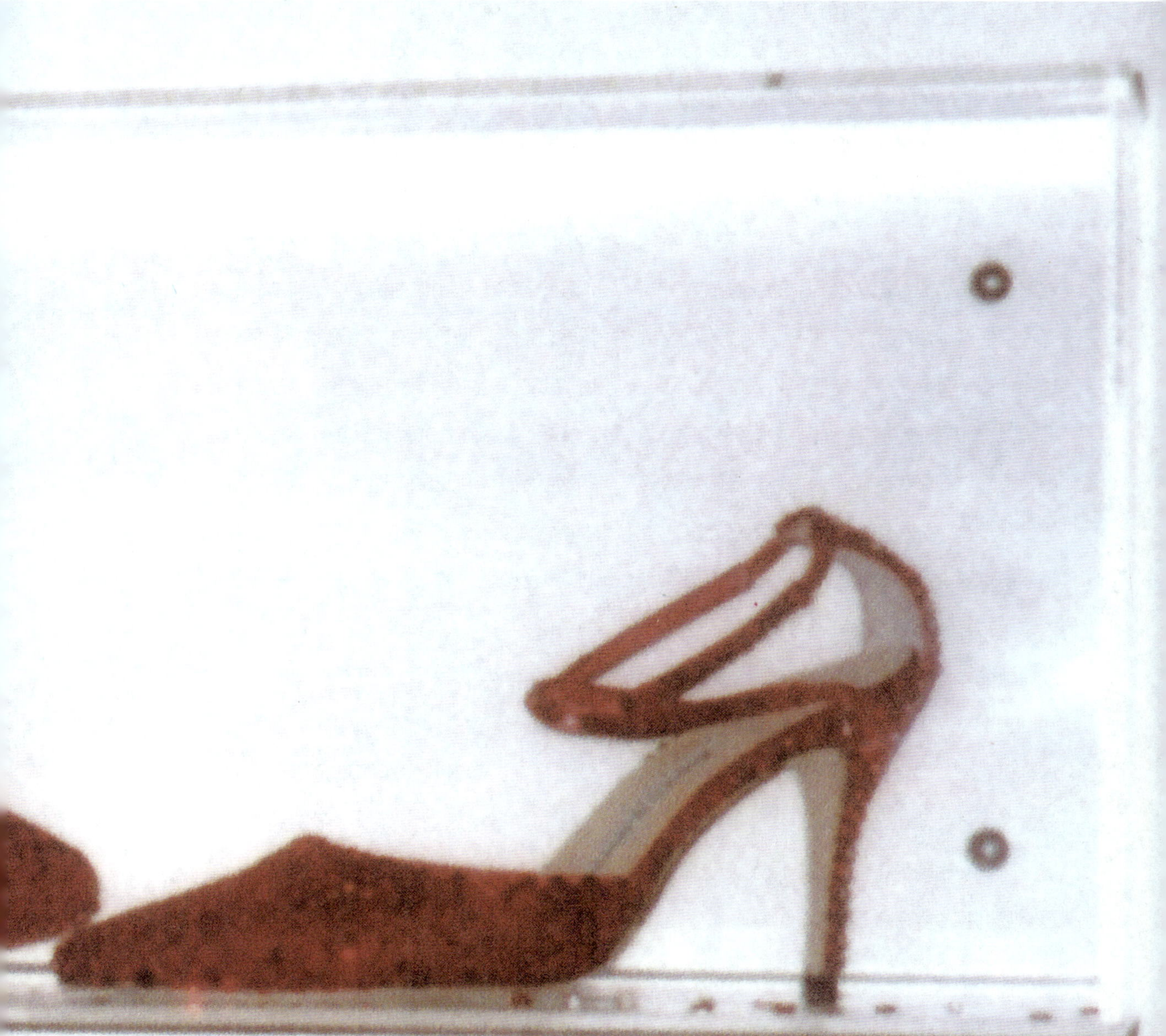

有一次，在健身期间，一只飞蛾飞入屋内，造成很大的滋扰，我打算拍打它，哥哥则说如果你可以捉到它，但又不打死它而又放它走的话，你捉它吧。我没这个把握，就由得那飞蛾飞来飞去，哥哥没半点不高兴，他就连小昆虫也照顾到。"2002年，陈旭达自己创业开设私人健身中心，张国荣亲自道贺并为他的健身中心开张剪彩。2003年3月9日，张国荣出席朋友的生日宴会，陈旭达坐在张国荣身边，陈旭达说："他（张国荣）有很多话题，我们倾谈了很多……他还跟我说有什么不开心的，一定要跟别人倾诉，又叮嘱我有心事一定要告诉他。"张国荣去世后，陈旭达在采访中说："哥哥（张国荣）教会我要及时说多谢，感恩可以放在心里，感谢一定要说出口。所以现在不论别人帮我大忙小忙，我都必即刻讲多谢。""我是因为哥哥给我一个机会，拉我一把，令我可重回健身界。我现在对有为的员工也是采取这样的态度，必定给他们机会发挥。哥哥教会我，不论有什么才华，都需要一个机会。""多谢哥哥，你是我的恩人。没有哥哥给我机会，没有今天的我。"

在张国荣全力投入演唱会的筹备期间，有传香港电台有意将1996年度的"金针奖"颁给张国荣、谭咏麟或梅艳芳三人中的其中一位。对于传闻张国荣则表示，自己不会上台领奖，如果颁给他，他最多说一句"多谢"，所以最好还是颁给谭咏麟。不过张国荣提议"金针奖"应该考虑颁给像张耀荣、陈淑芬这样为香港演艺界的发展不遗余力在背后做出贡献的人。1996年12月11日，张国荣在演唱会彩排空档召开记者招待会，张国荣在记者会上说："今次再做演唱会，我好兴奋，想对社会有贡献，所谓取之于社会，用之于社会，我决定用我个人名义，捐出100万（港）元给香港儿童癌病基金。"张国荣同时表示他将会在红磡体育馆外面设立"有心人摊位"，只要捐赠100港元以上，便可获得一套三张印有张国荣肖像的"R"（Regain，重新）、"E"（Extended，延续）、"D"（Dream，梦想）心意卡，意为"（为他人）重新延续梦想"，为香港儿童癌病基金筹款。对于选择为儿童癌病基金筹款，张国荣则说："因为我觉得同他们好有缘分，首先这个基金会的主席莫太（莫何敏仪），即莫文蔚的妈咪，可以说是我加入娱乐圈的恩人，当年我参加歌唱比赛初赛时，是莫太选我入围的。""因为我婆婆是患癌病（癌症）死的，有次我去探望她，（婆婆病房）对面是儿童病房，我见到那些小孩子好可怜，给我好深刻的印象，小朋友是我们的将来，所以先由小朋友入手。"张国荣同时呼吁原本想在演唱会上送花给他的粉丝，将买花的钱化作爱心捐款，去帮助那些患癌症的小朋友，他会更开心，张国荣说："过往我收到超过一万扎花，希望fans（粉丝）不要再送花，花好易凋谢，不如用买花的几百块买心意卡，对小朋友好有意义。"除了在红磡体育馆门口，张国荣同时也在他的"为你钟情"咖啡馆和林青霞丈夫邢李㷧的Esprit各门店设立了募捐箱，希望有更多的爱心人士为儿童癌病基金捐款。张国荣在香港举行演唱会期间共筹得善款96万港元，张国荣与张耀荣更是凑足了100万港元捐赠给儿童癌病基金。

1996年12月12日，张国荣在阔别七年后再次踏上红磡体育馆的舞台，拉开了"跨越97"演唱会的序幕。在现场观众的万千呼唤声中，在当年为告别乐坛特意而作的《风再起时》的乐曲声中，张国荣身着白色毛大袄，缓缓移开手持的面具后唱出："风再起时，寂寂夜深中想到你对我支持，再听见呼唤里在泣诉我谢意，今晚再遇见，仍是有一丝暖意，仍没有一丝悔意。"或许，所有的告别，都是为了再次重逢，观众热情的尖叫声和欢呼声让张国荣心情甚好，他在台上笑称，张叔平设计的白色毛大袄将他变成一只绵羊，张国荣在台上向现场的观众表示："七年后我重踏舞台，一定保证令你们尽兴。"虽然时隔七年，但从不故步自封，追求创新、引领潮流的张国荣，在演唱会上加入了很多不同的元素，使得整个演唱会更加丰富和多元化，让观众享受到了一场听觉和视觉的盛宴。张国荣在台上说："（我）从未后悔自己当年的决定，要离开一阵这么多（时间），大家今日再来看我，一定没选择错误，现在的我似一朵花盛开最灿烂的时候，若问到我会唱到几时，我会答唱到今生今世。"在新歌《红》的演绎上，张国荣与朱永龙更是编排了一段"雌雄同体"的舞蹈，张国荣脚着红色高跟鞋，边唱边与男性舞蹈演员出演了一场意识大胆的舞蹈，而这段舞蹈也更像是一段音乐剧。张国荣在表演完《红》后说："台上做演出有这个好处，可以一时做男人，一时做女人，刚才全情投入做女人，相信观众不介意我是男还是女，做男人可以好有型，（做）女人可以好靓女。"事后有记者表示《红》的演出意识大胆，张国荣则回应："没关系，张国荣是浮游物体，没有形象，做

当我重温您，在茫然中思忆里
所有冷冰的暖了

演出当然是要这样的,要有talking point(话题),中意觉得好看的就当是艺术,不好看的就说是猥琐,无界限的。"在演唱会的曲目编排上,张国荣亦花了不少心思,如开场曲演唱《风再起时》的副歌部分对应当年的告别;组曲《是这样的》《梦》和 A Thousand Dreams of You,让人回到了怀旧的旧日时光:《是这样的》是以20世纪60年代为背景的电影《阿飞正传》的主题曲,《梦》是顾嘉辉1961年创作参赛的第一首作品,由顾嘉辉的姐姐顾媚原唱,A Thousand Dreams of You是以20世纪20年代为背景的电影《风月》的插曲;组曲《红颜白发》《最爱》,则演绎了卓一航与练霓裳的虐恋;组曲《啼笑姻缘》与《当爱已成往事》巧妙结合,张国荣在演绎《当爱已成往事》时还邀请了当年在北京拍摄《霸王别姬》时结识的一帮戏曲学校的孩子上台演出。同时,张国荣为了提携后辈,还邀请了辛晓琪、莫文蔚和舒淇三位女将担任每晚演唱会的固定特别嘉宾。辛晓琪与张国荣合唱《深情相拥》、莫文蔚与张国荣这对叔侄女合唱《只怕不再遇上》,舒淇则为张国荣的《热辣辣》伴舞。演唱会结束后,现场的观众迟迟不肯离去,但张国荣一早就声明这次演唱会不会有encore环节,张国荣说:"一早讲了无encore,不想有欺骗成分,我觉得给足了好东西,观众看够了,可能我这样做完之后会变做潮流,以后的演唱会都无encore。"

在圣诞夜的演出中,张国荣更是为三位嘉宾送上圣诞礼物,张国荣在台上说:"我今晚要做圣诞哥哥,会送圣诞礼物给我今次个唱的三位特别嘉宾,一人送她们一颗十二卡(克拉)的钻石(戒指)。"让三位特别嘉宾惊喜不已,张国荣更是打趣道:"邢李㷧送给(林)青霞的钻石(戒指)都只是八卡(克拉)啦。"在每一场演唱会上张国荣都会呼吁现场的观众共襄善举,为儿童癌病基金筹款。有一场演唱会上三位特别嘉宾捧着募捐箱现场筹款,一位男观众将钱投入舒淇的募捐箱后,而心意卡刚好售罄,最后这位男观众得到了舒淇的一个香吻。

张国荣的"跨越97"演唱会给香港的乐坛带来了强烈的冲击,虽然一些媒体以"2级半演出""男女不分""红色高跟鞋"等字眼为标题吸引眼球,以及配发一些视觉冲击力较强的图片,但对于演唱会的整体效果大部分媒体都给予了好评,如"哥哥(张国荣)没有刻意回避当日的承诺,但只是淡淡地说了一句,七年后再踏足舞台保证今个晚上不会令大家失望,没有刻意回避,又或者刻意去交代复出原因,但两句简单的说话,已令大家听得十分舒服,充分显示出哥哥不理会世俗批评这种出尘态度。""在演绎上,无论快歌、慢歌,Leslie都有较成熟的表现,抒情歌曲方面自然更觉韵味,快歌则仍有劲舞场面,也有复当年的劲度……整个演唱会都予人听觉上的舒服,尤其在慢歌方面,更觉其嗓子醇美,不知是否戒了烟之后的正面效果!""站在台上的张国荣,无疑仍具一派巨星风范,对于舞台及气氛的控制仍始终有他的一套。""或者这算不上是个花哨的演唱会,然而在整体的感觉上,是予人舒服温暖的感觉。每样都恰到好处,甚至连encore也没有,一切都在安排下进行,一个计算准确而又自然的演唱会。""除视觉享受外,今次Leslie在演唱时,无论快歌慢歌,演唱会的编曲方面也做得很好,都更见成熟及韵味。整体令人听得陶醉与舒服。""哥哥的确不负众望,令人刮目相看……形象已经令人耳目一新,但至激的还是哥哥一时做男人一时做女人的精彩演出,简直看到全场观众哗然大叫,拍案叫绝。""张国荣演唱会舞台没有太多花哨设计,一切焦点尽归其个人身上,不像其他歌星以不惜工本设计舞台为噱头,玩包装玩意,他做到观众是欣赏他的表演,舞台是一个让他表演的地方而已,一切视听之娱尽在他个人身上……可谓高潮一浪接一浪,满足捧场客,难怪在舞台上的张国荣不时流露出自信及胸有成竹的眼神。"张国荣自己亦自信地表示:"我一向都在带动乐坛,不管是离开多久,这一次足以证明了。"

不过没有前往现场观看过张国荣"跨越97"演唱会的郑经翰,在道听途说一些消息后,却在电台节目中对张国荣的演唱会做出了激烈的批评,指责张国荣出尔反尔复出乐坛,在演唱会上做三级演出,更是表示歌曲《红》部分的演出会导致小朋友性别混淆,提醒小朋友应由家长陪同观看,还建议香港电检处的工作人员前去看看,不过后来郑经翰的节目遭到了大批观众的投诉。1996年12月16日,张国荣在第五场演唱会上演唱《为你钟情》时,突然泣不成声,在现场观众劝张国荣不要哭的叫喊声中,张国荣强忍泪水感谢大家这么多年来对他的支持,接着又说:"今次演唱会我希望做一些未做过的东西给你们看,但有些所谓的卫道之士又说我的演唱会是三级,其实我的演出是艺术表演,他们还说我出尔反尔,事实上外国有好多歌星,甚至球星都试过（复出），为什么无人去讲，说我的那些人就是所谓的知识分子……"观众以热烈的掌声表示对张国荣的支持。不过有意思的是，针对郑经翰指责中的"建议"，在当晚《红》演出之前，突然增加了一条现场广播，以略带搞笑的声音"特别声明"："以下演出的内容颇为大胆，曾受非议，所以十六岁以下的观众最好由家长陪同收看。"引得观众哄堂大笑。一些媒体刊登的"视觉效果强烈"的照片，也差点使时任香港广播处长的张敏仪"受骗"，张敏仪说："初时只看到报纸的照片，我都'哗'了一声。但其实相片是定了格，同真人在台上跳舞是有区别的。在台上表演，必要特别些，同电视节目不同，电视入屋的，而演唱会就可以选择看不看。"张国荣演唱会引起的话题，让个别香港议员对香港广播处提议对演唱会进行分级，但张敏仪不赞成对演唱会分级，表示舞台上应有很大的创作空间，张国荣这样的演唱会必不可少，更是鼓励类似张国荣这样的演唱会。张敏仪在看完张国荣的演唱会后说："真心直说，张国荣这个演唱会真是好好看，一点都不猥琐。无论唱歌、舞蹈都好好。"

在演唱会举办期间，因观众反应热烈，有很多人不断去售票处咨询门票，陈淑芬和张耀荣鉴于此，再次游说张国荣加场，为了满足观众的需求，张国荣最终答允再次加场，不过因场地问题，最后只能再加2场，最后一共开了24场。虽然张国荣的演唱会受到一些人的抨击，曾让他一时不开心，但看到那么多观众、媒体和业内人士的支持，每晚都有不少圈内的朋友前往捧场，张国荣很快便恢复了心情，更是时不时露出鬼马本色。在演唱会中每晚都有一个与观众握手的环节，在第一场的时候，他对观众说，七年没和你们握手了，然后开心地跑去舞台边缘跟观众握手，但热情的观众用劲抓住他的手就不放，抓得他手痛，甚至到最后手都被抓破了。在之后的场次，与观众握手的环节中，张国荣笑称每晚这个时间是"禽兽"时间，并大声笑说："好啦，我又来同你们这班'禽兽'搏斗啦。"话未说完，便见到一帮自认"禽兽"的观众快速地冲到舞台边上来握手。有一晚，有位女观众想捐赠500港元给儿童癌病基金，原本捐赠完只想跟张国荣握个手，而张国荣却主动献上一个吻，令该名观众开心不已。另有一晚，莫文蔚当时的绯闻男友周星驰前往红馆捧场，张国荣见到周星驰，特意装作跟莫文蔚亲吻，然后对着周星驰说："那，我们晚晚都是这样亲嘴的。"在台上当着万余观众称赞辛晓琪的歌艺："真他妈的棒！"在演唱

《偷情》时为营造舞台效果，张国荣需穿着短裤和浴袍站在风口上，以致受凉感冒，甚至流鼻水，而他则在台上打趣道："不要以为我又哭啊，我伤风啦！"张国荣为这次演唱会准备了20多套服装，从圣诞夜开始，张国荣换上了另一批服装登场，张国荣说："今晚我会加料，之前的衣服已经给报纸登到没什么好看，今晚我会开始穿些新衣服给大家看。"而当晚在演唱《为你钟情》时，他更应景地戴上圣诞帽。12月31日，张国荣与万余观众在红馆倒数迎接1997年的到来，张国荣开心得满场跑。事后张国荣表示，很开心在演唱会中与一万两千名歌迷一起迎接1997年，因为1997年是个重要日子，他希望香港人可以开开心心度过。许久未曾与张国荣在舞台上合作过的梅艳芳，也是当晚的特别嘉宾，在演唱完《梦伴》后，与张国荣合唱了他们的经典歌曲《缘份》。

1997年1月4日，张国荣"跨越97"演唱会最后一场，这是张国荣在红磡体育馆的第102场个人演唱会。当晚众多圈内朋友前往捧场，台上台下星辉相映。张国荣的家人亦是座上宾，在演唱《月亮代表我的心》之前，张国荣在台上说："其实，可能我自己不算一个太孝顺的儿子，因为，其实由我开始唱歌到现在呢，已经有十几年，我开演唱会也都开过好多次，每一次我的妈妈都会到这里同我分享我的快乐。但是我没有一次是真真正正点一首歌给她听，我妈妈今晚也有到。妈咪，为什么你可以生得我这么得意这么靓仔的呢？是不是你那晚心情同爸爸特别开心，特别High（兴奋）呢？妈咪，我今晚在这里送一首歌给你。同时，这首歌也要送给另一位，我觉得在我生命里面好重要的一位好朋友，就是你的契仔啦。在我最失意的时候，经济最差的时候，他可以将他所有的工资，几个月的工资，借给我渡过难关。你应该知道我讲的是谁，当然是我的好朋友唐先生啦。在这里我要将这一首歌送给我这两位挚爱的朋友和我的亲人。送给你们以下这首……当然，也都送给在座的所有的朋友听。"然后深情地唱起了《月亮代表我的心》。演唱会结束后，在庆功宴上，张国荣为答谢所有的工作人员，除了自掏腰包给大家发红包慰劳外，还举办抽奖游戏送出旅游券，当有戏曲学校的小朋友抽奖抽到旅游券时，因为旅游券对他们来说不实用，所以细心的张国荣直接将旅游券折成了现金给他们。

张国荣"跨越97"演唱会在赞誉声与话题声中圆满落下帷幕，24个晚上，令现场的歌迷陶

当我重温您，在茫然思忆里
所有冷冰的暖了

醉，也令他自己满足。七年后重踏舞台的张国荣，在舞台的控制、气氛的调动、歌曲的演绎等方面都更加成熟和收放自如。对于此次演唱会，张国荣说："好多时会觉得好感动，二十四晚个唱，晚晚的反应都好犀利，虽然不是百分之百爆满，但这八九成观众的反应也相当好。我这个演唱会实在不易做，歌迷要求高，要听歌的少点料都不能站在台上做。观众好好，能够带动我的情绪和舞台艺术，今次是真真正正的演唱会，能够得到观众的信任，扮男又可以，女又可以，这些要走好长的路，才可以做到，没有（香港）艺人敢做的。"除了极个别人士外，大部分媒体、评论人和圈内人士都对张国荣此次演唱会做出了正面的评价，香港《文汇报》更是给这次演唱会打了满分，《文汇报》评论称："Leslie永远是走在潮流尖端的歌手，在80年代如此，90年代末期的今天亦如是……因此，今时今日张国荣在舞台上的新尝试、新作品我们亦不要大惊小怪，煞有介事地看待，诸如他穿着浴袍来一幕春光乍泄、手插入内裤、与舒淇火辣演出、穿女高跟鞋与男舞蹈员的缠绵舞蹈等。将来或许有一日会成为演唱会的潮流及趋势，正是抱着'人不敢，我敢''人未做，我先行'的念头，张国荣才由80年代初走红至今，仍屹立不倒。"张国荣亦表示："这些东西是见仁见智的！有些人又保守的！十年前麦当娜、米高积逊已经做过，不是穿高跟鞋就说三级！""其实，中意我这个演唱会的占大部分，只是有些人搞小姿态、小动作！语不惊人誓不休嘛！不过，嘴巴生在人家那儿，他们中意怎么讲就怎么讲！"

在完成香港的演唱会后，1997年1月23日张国荣启程赴日举办世界巡回演唱会，这是张国荣首次在日本举办个人演唱会。1月25日和1月26日在东京举办两场，1月28日在大阪举办一场。张国荣一早便声明不会演唱日文歌特意讨好日本的观众："日本歌星来（中国）香港都不会唱广东歌，为什么我要唱日文歌呀？"虽然张国荣在日本演唱会的票价不低，但仍一票难求，在门票公开发售后三小时内便被抢购一空，以致主办方与张国荣商量希望能够加场，而张国荣世界巡回演唱会的日程一早便已定下，最终决定于6月其他各地的演唱会结束后再在日本加开三场。张国荣的东京演唱会在1996年刚建成的东京国际会议中心A厅举行，这是当时世界上极少数能容纳5000人的室内一流音乐厅，音响效果比开放式的体育场更加劲爆，张国荣也是首位在该场地开演唱会的华人歌手。东京演唱会当晚当张国荣出现在舞台上的时候，座无虚席的场馆内立即沸腾了起来，没有客套式的开场白，张国荣直接以快歌《恋爱交叉》开场，歌曲的第一句还没唱完，观众便站起来鼓掌，全场几乎没有坐着的人。在一连串劲歌劲舞之后，张国荣首先用普通话和广东话向现场的观众打招呼，张国荣说："我知道你们大多是日本人，但我想你们都晓得广东话或普通话吧？"之后再用英文和日文打招呼。之前张国荣在香港的演唱会，已有很多日本的歌迷飞去观看，而此次在日本演唱会，同样有很多内地、香港和台湾的歌迷前去捧场，张国荣在台上与观众交流时更是普通话、粤语、英文和日语四种语言齐上。原来各地的观众都是差不多的，当张国荣表示要边唱边跟观众握手时，瞬间大片的观众以最快的速度涌向舞台边缘，无数只手争抢着去抓张国荣那一只手。演唱会全场唱足150分钟，当张国荣唱到演唱会最后两首歌《明星》和《追》时，在台上数度落泪，他对观众说："我这么多年来一直都想到日本（开）演唱（会），可惜没有机会。今次得到好多日本赞助商协助，终于在如此伟大壮观的场馆举行，我好高兴，希望在不久的将来，我再来日本演唱。""你们接受我是一个演员及歌手，请容许我可以在台上多做尝试……多谢。"而台下的观众亦用掌声回应他，并用粤语喊道："哥哥，不要哭啊！"场面非常感人。当张国荣唱完《追》后向现场观众深深鞠躬，随后离开舞台，在张国荣离开舞台后，全场仍是经久不息的掌声和欢呼声，直到工作人员提醒演唱会已结束。现场观看演唱会的记者表示："应该说，这（张国荣'跨越97'世界巡回演唱会东京站）是意味深长的一幕。它的意义在于，不仅仅对于张国荣个人来说，这是他二十年歌手生涯中首次日本公演，也算是近几十年中，华人流行乐手在日本乐坛最为隆重的一次盛会。""最重要的是我们已做到了，至少那么多人，不同的语言，不同的地区，不同的国籍，却共同为我们自己的华人歌手在世界舞台的精彩表演而欢呼喝彩，这个梦想的实现，对每一个人来说，都是意义非凡的。"

结束大阪演唱会后，张国荣于1997年1月30日从大阪经香港转机前往新加坡，之后两晚在新加坡继续开世界巡回演唱会。穿着黑色皮夹克，神采飞扬的张国荣一出机场入境闸，便与大批前来接机的当地粉丝点头微

图片授权提供：蝦叔 & Bobby

图片授权提供：蝦叔 & Bobby

笑着打招呼，见到现场人潮汹涌，张国荣担心一起前来担任特别嘉宾的莫文蔚被挤散，立马紧牵起莫文蔚的手，当起了护花使者。当晚心情愉快的张国荣在安顿好之后，与主办方老板一起兴致勃勃地逛起了牛车水年货市场，并一路赞叹新加坡的城市建设。之前，张国荣将在香港为儿童癌病基金筹款的心意卡售卖到了日本的演唱会上。这次新加坡演唱会，为秉承张国荣的慈善之心，主办方亦捐赠了3万新加坡币予新加坡儿童癌病协会。一连两场的张国荣新加坡演唱会于1月31日和2月1日在能容纳11000名观众的室内体育馆举行，虽然《红》的MV在新加坡被禁，但《红》的演唱会舞台版仍然斤两十足，全本奉上，全场从开始到结束一直气氛爆棚，观众的热烈反应让张国荣在结束时再次在台上掉下了男儿泪。据工作人员透露，张国荣在离开室内体育馆后，在车里情绪依然波动，他对身边一位宣传人员说，十年没到新加坡表演，而新加坡观众还是这么支持他，但他却不知什么时候再有机会回到狮城演唱，所以感触极深。不过演唱会的圆满结束，也让张国荣恢复愉快的心情，返回酒店沐浴更衣后，便与台前幕后的工作人员一起去纽顿小贩中心吃夜宵。为见张国荣一面以及索取签名，一批粉丝更是追到纽顿小贩中心，记者说："一些公众人士乍见张国荣出现在纽顿（小贩）中心，也不愿错过大好机会，身边能找到可以让张国荣签名的东西都拿了出来，报章杂志都递到张国荣面前要签名。"

2月11日，张国荣在肇庆揭开世界巡回演唱会内地站的序幕，这也是张国荣首次到内地举办个人演唱会。当年开告别乐坛演唱会时，他曾有计划在北京和广州举行演唱会，不过最终因某些原因而取消。原本两场的肇庆站演唱会，因张国荣生病而取消了12日的那一场。之后，张国荣相继于2月28日及3月1日在佛山、3月7日和8日在汕头、3月14日和15日在中山继续世界巡回内地站演唱，巡回演唱会内地站因内地规定在演出上做了一些相应调整。不过现场观众的反应仍然一如既往的热烈，因演唱会门票抢手，黄牛更是将门票炒高几倍叫卖。

张国荣之前在香港演唱会的最后一场，曾在舞台上公开表示自己有个大恩人，并指向在现场观看演唱会的薛家燕，感谢薛家燕早年带着自己演出。2月27日，薛家燕复出后首部担当女主角的电影《黑玫瑰之义结金兰》首映，正在准备世界巡回演唱会内地站的张国荣在百忙之中出席首映礼，为薛家燕站台捧场。3月初，在演唱会的间隙，张国荣亦应邀出席嘉禾老板蔡永昌女儿的婚宴，张国荣曾为嘉禾拍过电影，蔡永昌亦一直对张国荣赞赏有加。1989年，蔡永昌听闻张国荣有意往导演方面发展，便已邀请张国荣为嘉禾执导电影。蔡永昌在看了《色情男女》后，获悉张国荣执导了一组镜头，非常欣赏张国荣的才华，亦再次邀请张国荣为嘉禾执导电影。

3月29日开始，张国荣于美国、加拿大及东南亚的一些国家举办世界巡回演唱会。3月29日和30日在美国大西洋城，4月5日和7日分别在加拿大多伦多和温哥华，4月9日和11日分别在美国三藩市和洛杉矶市，4月25日、27日、29日分别在中国台北、台中和高雄，5月6日在英国曼彻斯特，5月9日在荷兰阿姆斯特丹，5月11日在英国伦敦，5月25日、5月30日和6月2日分别在澳大利亚柏斯、悉尼、墨尔本，6月5日、6日再次回到日本东京，6月9日在日本大阪，直到6月13日至15日在中国广州举办张国荣"跨越97"世界巡回演唱会最后一站。原本广州站的演唱会定在2月，而重回日本演唱是最后一站，但当时因国家领导人邓小平逝世，广州站改期后成了张国荣是次世界巡回演唱会的最后一站。在广州站的演出中，张国荣一改之前的造型，以浓妆中长卷发形象出现在舞台上，同时亦加了几套新的服装。广州站之前的日本演唱会，张国荣曾邀请了他非常敬佩的叶德娴前去观看，看完第一场后，叶德娴向张国荣提出了一些自己的建议。张国荣说："我在舞台上，垂下了两幅三十英尺高的巨型画像，是我在《霸王别姬》及《阿飞正传》的扮相，这样的impact（效果），日本人很受落（喜欢）。而Deanie（叶德娴）提议我出场时，最好拿一把扇，效果将会更理想，而她又人好，第二日已帮我在日本街头买了把扇，果然反应热烈。"之后，张国荣在演唱《啼笑姻缘》与《当爱已成往事》的组曲时，就拿了一把扇子。在广州演唱会上，张国荣想要一把牡丹花图案的纸扇，但工作人员在街头和商店遍寻不着，最后他只能拿一把没有图案的纸扇，但他非常不满意。虽然一把扇子并不会影响演唱会的演出，但追求完美的张国荣为了达到想要的演出效果，当晚还是让助手赶回香港的国货公司买了一把有牡丹花图案的纸扇。广州演唱会那些天天公不作美，连着下起大雨，虽然露天的天河体育场的座椅全被雨水打湿，但现场观众的热情丝毫不减，没有观众提前离场，全都淋雨站着观看，让张国荣非常感动，亦三番两次走入雨中陪着观众淋雨。张国荣说："虽然今

当我重温您，在茫然中思忆里
所有冷冰的暖了

图片授权提供：Leslie Legacy Association

400　ENDURING PRESENCE:
　　　LESLIE CHEUNG
401　随风不逝·张国荣

晚天公给我这么大一场雨，但你们依然坚持风雨无阻地支持我，好多谢，我觉得好荣幸，多少后浪都无所谓，坚持就是我的信念。"因现场气氛太过热烈，一些观众更是涌向台前观看，令现场秩序一度陷入混乱。在张国荣返回后台换服装时，警察便建议张国荣在台上劝说观众回到座位上，以免出现意外。在完成广州站一连三场的演唱会后，张国荣"跨越97"世界巡回演唱会完美结束，虽然仍有很多地方邀请张国荣前去举办演唱会，但张国荣表示时间难迁就，然后笑说："我不想穿着双高跟鞋穿足整年。"张国荣曾在台湾演唱会的记者招待会上说："（歌迷）只要从我的演唱会中，感到很满足、很快乐就可以了。"相信张国荣做到了，歌迷得到的又何止是满足和快乐。

1997年7月1日，香港回归中国，张国荣应邀在庆祝香港回归大型文艺晚会上演出。不久前刚从个人演唱会上《红》的魅惑中出来的张国荣与刘欢、林子祥、叶倩文、巩俐、那英和谭晶合唱主旋律歌曲《团聚》。在一众大腕中，谭晶当时还是一名学生。因为之前没排练过，演出当天，张国荣和巩俐找谭晶去练歌，让她告诉他们谁唱哪一句，当他们穿过一大群跳艺术操的学生到达彩排的场地时，谭晶后来回忆说："所有人像疯了一样，尖叫着冲过来。他（张国荣）的第一反应却是先护住我。"张国荣的绅士风度也让谭晶记忆深刻，谭晶后来说："演唱结束后，大家都在车里等着最后上台谢幕。下车时，张国荣让所有女士先下，穿过观众席，张国荣一直拉着我的手，直到护送我上台。"这是谭晶第一次跟香港明星合作，也是跟张国荣唯一的一次合作，虽然只是小小的片段，但谭晶表示："他（张国荣）很敬业，唱歌的时候他会和我有意识地对视。我提出合影时，他专门走到镜子前去认真照了照，检查完自己后，才走到我旁边摆出一个迷人的微笑……"对于受邀演出，张国荣也非常开心，这也是他首次面对现场八万观众演出。三年后，他自己一个人站在了上海八万人体育场的舞台上举办个人演唱会。

自演唱会后处于休息状态的张国荣，闲来便与朋友喝喝下午茶、出席一些邀约的活动。1997年7月18日，徐克导演根据《倩女幽魂》为蓝本拍摄的动画片《小倩》首映，张国荣应施南生的邀请前往捧场。当张国荣在施南生的陪同下抵达香港海运戏院时，大批闻声而至的粉丝早就等在那里,在二百余名粉丝此起彼伏的尖叫声中,张国荣好不容易才走上楼梯。在楼梯边上放着一张《小倩》中宁采臣的卡通纸板像,公关人员便拉着张国荣与纸板宁采臣合影,张国荣大赞纸板宁采臣可爱。对于未能为宁采臣配音张国荣也很遗憾,张国荣说:"我把声音给唱片公司买起(唱片公司拥有张国荣声音的发行权),心愿未能达成,实际上很难争取。"7月21日,嘉禾、中国星及年代电影公司举行记者会,宣布合资成立"嘉年华影视娱乐有限公司",张国荣亦应邀出席。记者会上有记者向张国荣询问早前洛杉矶片商通过网络联络他拍摄电影一事,对于此事张国荣并没有什么兴趣,他对记者说:"吴宇森有问我会否离开,可以带我过荷李活(好莱坞),I am happy(我好开心),但我更满足自己在香港的地位,我这个人很易满足。并非输不起,始终我认为荷李活仍看不起中国人,有人对我讲,说在美国戏院看Tomorrow Never Dies(《新铁金刚之明日帝国》)的trailer(预告片),杨紫琼一个镜头也没有,但在香港及亚洲,宣传点都放在她身上,这便看到荷李活怎样对待中国演员。最低限度,现在美国、欧洲都识得我,今年柏林(柏林国际电影节)邀请我做评判,之前东京(电影节)又试过(做评审),证明我有个stand(地位)。而且我已经不是新人,我已经在这个圈二十年,为何要去别人的地方做新人。"7月28日,张国荣出席一个酒会,与记者谈及脱发烦恼,张国荣说:"为了这次的演唱会,我去驳发,怎知那些头发天天被绑住,令到头皮也受伤,现在正找医生治疗。如果没特别的事,我会尽量令自己起居饮食正常,令自己身体机能可以加快新陈代谢。"8月15日,张国荣赴北京为当晚举行的"飞图杯全国青年歌手大赛"总决赛担任评委。当晚,接受记者采访时张国荣表示,即将投入新唱片的制作,这次的新唱片将由滚石唱片的监制全权制作,自己不会参与意见,纯粹做好歌手。之前滚石唱片和无线电视有些不愉快,他最近亦为他们做和事佬,他觉得唱片公司与电视台应该是相辅相成的关系,他帮他们搭通一座桥梁,希望他们的关系可以缓和,这样对歌手也能公平。

1997年9月11日,张国荣应黄百鸣的邀请出席许鞍华执导的电影《半生缘》的首映礼。张国荣一到场便引起轰动,人群涌动导致场内的玻璃杯纷纷被撞落在地,黎明见到张国荣更是喜出望外，并希望张国荣看完电影后能够给予意见。同时，黄百鸣有意邀请张国荣拍摄《花田喜事》续集，但张国荣兴趣不大，因他即将拍摄严浩的新片，不想两边赶戏，而且他觉得许冠杰已退休，黄百鸣拍摄《花田喜事》续集还不如重起炉灶构思一个新的剧本更为合适，不过黄百鸣仍未放弃游说张国荣出演。9月12日零点，张国荣与家人、好友在自己的"为你钟情"咖啡馆内庆祝生日。1997年这一年的生日，张国荣一早已通知朋友们不要送礼，将礼物折成现金，他将全数捐赠给儿童癌病基金，张国荣说："以后的生日我都会考虑同样做法。"张国荣觉得这样做更有意义。张国荣在咖啡馆内大约逗留了一个小时后离开，离开时还帮在店内的记者和粉丝一起买了单。张国荣将龟背湾的别墅出售后，10月2日正式迁入何文田加多利山，新居仍由张叔平设计，当日心情甚好的张国荣在新居拜完神后，更是手拿新居钥匙倚在门边与记者聊天。

1997年10月初，刘德华在电台节目中表示王家卫最初找他饰演电影《春光乍泄》中张国荣饰演的角色，不知为何无缘无故换人，身在纽约的王家卫听闻后向记者澄清说，他当初的确先找过刘德华，不过刘德华的经纪人表示刘德华没有档期。10月9日，张国荣出席梅艳芳的生日宴被记者问起此事时表示，自己并不清楚此事，导演在未最终决定由哪个演员出演时经常会找很多演员，对于记者问到听闻该消息会不会不开心时，张国荣说："不会，每个演员都有不同的演绎方法，没得比较！"在梅艳芳的生日宴上，张国荣送了一幅在法国购买的油画给梅艳芳作为生日礼物，张国荣说："（这）幅画画了一个女人同两只雀仔（麻雀），意思是自由，我祝阿梅开心自由。"张国荣因翌日要客串出演奚仲文的电影《安娜玛德莲娜》，不能玩得太晚，没逗留多久便向梅艳芳先行告辞。

《安娜玛德莲娜》是美术指导奚仲文首部执导的电影，由金城武、郭富城和陈慧琳主演，张国荣、袁咏仪和张学友在听闻好友奚仲文即将首执导筒时，都主动提出在电影中客串一个角色。张国荣在片中客串了一个被袁咏仪饰演的编辑暗恋的中年主编，这种角色对张国荣来说易如反掌，一个晚上便拍完，纯粹是为了帮助好朋友。2000年，奚仲文再次执导电影《小亲亲》,张国荣便主动问奚仲文有什么需要帮忙,因主演之一陈慧琳没有受过正式的表演训练,也缺少演戏的经验,奚仲文便亲自带陈慧琳到张国荣的家里,让张国荣指导一下陈慧琳演戏。奚仲文说:"哥哥(张国荣)真是好厉害,演戏好有心得,他讲出一个演员应怎么去揣摩、怎么去幻想一角色,因为他可能没有这方面的经历。他说一个演员看完剧本后应要为自己设计角色,然后用心代入角色再赋予它生命。他讲得非常好,犹如一个演技速成班,我自己听了也觉得有收获,终究他是一个资深的演员,天分又高……"张国荣告诉陈慧琳:"就算我是示范给你看如何演,或者导演教你怎么去演,你跟着做,但如果你演得不舒服,观众都会看得不舒服,所以一定要经过你自己消化,发自内心,很自然地表达出来,不可以照抄人家的演法。""例如,惊吓的反应可以有好多种,为什么要这样演,一定有原因。"接着张国荣更是亲自为陈慧琳示范不同情况下的不同演法。电影拍完后,奚仲文亦在电影片尾的字幕中感谢张国荣。奚仲文更称赞说:"平时我们看哥哥(张国荣)演戏好像很不经意,其实他下了很多功夫,不是我们在银幕上看到的那么简单。""他(张国荣)最擅长演那些性格矛盾、内心复杂的角色,演来都是不着痕迹。"对于张国荣这位好友,奚仲文后来说:"他由衣着、生活格调以至个人喜好,都有自己的一套美学观,很有品位。""平时我们看到哥哥的衣着低调含蓄,但他的表演却可以很放,什么都敢尝试,就算人家提醒他这样做会很危险,但他仍愿意一试,很大胆,艺术家本色就是挑战一些未试过的东西。他不会太计较市场反应,不理人家的看法,但不表示不顾及别人感受,只是觉得自己是对的,便应坚持下去,他很有自信。""有很多艺人,观众不喜欢的他们一定不会做,但哥哥会觉得我不是来讨好你,你不喜欢我是你的选择,这就是他的艺术家脾气。"

监制南燕曾邀请关锦鹏为其执导电影《真女人》,关锦鹏本已答应,原定在1997年初开拍,由张国荣、张曼玉和于莉等演出,不过后来关锦鹏一再延后开拍时间,最终胎死腹中。严浩计划在11月开拍筹备了两年之久的由张国荣主演的电影《给戴妃的信》。《给戴妃的信》是一部以动作包装的文艺片,张国荣在其中出演一个卧底警察,与对人失去信心的旧搭档的女儿发生一段感情,但因张国荣11月需要出演黄百鸣的贺岁片《九星报喜》,严浩便将开拍时间延至1998年农历年后，但最终因资金问题没有开拍。虽然张国荣几次表示过不喜欢接拍贺岁片，但他一直记着当年黄百鸣支持他拍摄《霸王别姬》而将当时合约生效时间延后的恩情，连续五年接演了黄百鸣的贺岁片，虽然1996年年底因筹备演唱会没有档期，但仍因黄百鸣的一句"江湖救急"而客串了两场戏。1997年应黄百鸣的邀请，盛情难却下张国荣再次出演东方电影公司的贺岁片《九星报喜》，片酬还打了个下不为例的九折友情价，这也是张国荣最后一次出演贺岁电影。1999年，黄百鸣签下林心如，而张国荣是林心如的偶像，林心如向黄百鸣表示希望与偶像张国荣合作，黄百鸣亦力邀张国荣与林心如合作贺岁片以促成林心如的心愿，林心如得知后兴奋地表示："我的美梦要成真了。"不过，最终张国荣因"不想档期太赶"无意接拍贺岁片而推辞，黄百鸣亦随之放弃原本的计划，改拍了贺岁片《大赢家》。

1997年11月12日下午，《九星报喜》在香港西贡成丰片场举行开镜仪式。黄百鸣坦言，在香港电影市道不景气的情况下，这次能够开拍成《九星报喜》，全靠一众演员肯减片酬。而破例减片酬的张国荣，也是看在与黄百鸣的交情上，张国荣说："我收打九折给黄百鸣啦，我要维护演员原则和尊严，首次破例减价是因为黄百鸣老友，只此一次下不为例。"其实这次张国荣愿意减片酬，除了自己与黄百鸣的交情外，还有另外一个原因，张国荣私下与相熟的记者朋友说："香港电影市道差，百鸣能开贺岁片，为不少人提供了就业机会。"《九星报喜》改编自意大利著名喜剧作家卡洛·哥尔多尼（Carlo Goldoni）的作品《扇子》，20年前香港青艺剧社就曾将之改编为《锦扇缘》公开演出过，当时导演高志森是剧社的灯光设计，黄百鸣出演与《九星报喜》里相同的角色。这次改编重拍，在原剧的人物关系与故事脉络的基础上，加入了许多现代的元素和全新创作的场面。之前传闻高志森与黄百鸣发生矛盾，以致数年未有合作，此次高志森再次担任黄百鸣贺岁剧的导演，是高志森自"伪支票事件"后，与张国荣的再度合作，但这也是张国荣与高志森的最后一次合作。在拍摄《九星报喜》之前的一天，张国荣和陈宝珠打麻将，在麻将桌上，陈宝珠向张国荣透露有意复出做舞台剧，并问张国荣现在的哪些舞台剧监制比较可靠，张国荣向陈宝珠推荐了高志森。在《九星报喜》开拍的第一天，张国荣便将这个好消息告诉了高志森，让高志森赶紧去找陈宝珠，并对他说："呐，算我一个哦！"

高志森在张国荣的穿针引线下联系了陈宝珠后，开始筹备以讲述粤剧界传奇人物任剑辉、白雪仙和唐涤生三人生平逸事的舞台剧《剑雪浮生》，但最后高志森"过河拆桥"并没邀请张国荣出演。高志森说："我知道Leslie好想参与此盛会，但我公司有谢君豪，刚拿了影帝，我签了他三年，他做与不做我都要支人工（工资）给他，而事实上谢君豪演唐涤生是OK的，张国荣当然好，但张国荣加陈宝珠，我的成本要多少钱一场呢？当时对我来说是不能舍谢君豪取张国荣的。如果用张国荣，整件事会变得更盛大，但我会蚀本（赔本），为什么我做生意不选择既OK而又profitable（有利可图）的呢？当时杜国威坚持用谢君豪，因为他们合作过《南海十三郎》……我一直没有找张国荣是这个原因。"在商言商的高志森之后也未致电或亲自找过张国荣，解释没法找张国荣出演的原因或者咨询是否可以减片酬，后来高志森说："当宝珠姐落实到演出后我忙到晕，不过我估（猜）就算我跟他（张国荣）说，他仍然会生气……"如果高志森亲自向张国荣说明一下原因，张国荣不一定会生气。如果张国荣知道不能找他演出其中有一个原因是成本会太高，说不定张国荣还会主动减低片酬或者以另一种合作的方式参与演出，1998年片酬600万港元的张国荣就以象征性的1港元接演了"创意联盟"的电影《流星语》，因为他觉得这是一件值得去做的事情。1999年4月13日，张国荣还陪着白雪仙去香港演艺学院观看了《剑雪浮生》的第36场演出。之后，高志森与张国荣一直没有联系，直到再次在公开场合遇上，高志森后来说："大概两年后，在CASH（香港作曲家及作词家协会）的dinner（晚宴）大家再见面时，他（张国荣）已很冷淡，我知他对我生气，这是很无奈的事……他很帮我，甚至那个重要的消息都是他告诉我的……记得当年媒体访问他，他还向记者透露将会参与高志森一个大project。"

1997年11月21日，《九星报喜》剧组一行数十人前往广东番禺拍摄外景。因为筹备时间充分，每天朝九晚六开工放工，住的又是五星级酒店，大家都觉得像度假一样舒服，而且剧情热闹，大家有说有笑合作愉快，所以都非常开心。不过酒店的菜却让大家不敢恭维，高志森表示："演员下榻的是五星级酒店，饮食方面的确较差，基本上每餐的菜肴都是茄子或一些蔬菜类。本来这些菜是无问题的，但因前阵子天气较热，使菜变味，变得又酸又臭，根本无法吃得下。"张国荣在番禺的第一天便闹了腹泻,当晚便返回了香港,之后几天张国荣都从香港自带矿泉水和方便面,每餐就以方便面为食。《九星报喜》中使用了很多用歌唱来交代角色对白和内心活动的方式,所以一众演员都需要在片中唱歌,张国荣在片中唱了数首歌曲,出场便唱了一首黄梅调《山歌》。因为《九星报喜》国语版和粤语版分开录音,所以在电影中出现了一首"独此一家"的《红》的国语版。在开镜的第二天,主要演员就齐齐进录音室为片中的歌曲录音。可能因为是跟张国荣合唱,黎姿在录音的时候非常紧张,张国荣就耐心地教她如何演绎。黎姿说:"我觉得又惊又喜,初时真是好紧张,因为我未唱过'二重唱',一开始掌握不到,后来哥哥叫我不要紧张,他还指导我,所以好开心。"除了唱歌,在拍戏的时候,张国荣亦教黎姿如何扑蝶、怎样嬉春……因为是古装片,张国荣在电影中是长发造型,在拍摄间隙,黎姿就经常为张国荣梳头,口中还念念有词,改编传统的"上头十梳歌":"一梳梳到尾,二梳片酬不会烂尾……"《九星报喜》是张国荣与钟镇涛自《满汉全席》后第二次在电影中合作,虽然两人早就相识,但并没有深交,直到合作《满汉全席》时才成为好友。钟镇涛说:"早年我和他(张国荣)合拍《满汉全席》电影,工作朝夕相处才变成无话不聊的好友,我们一块脚底按摩,也聊男女情事,他喜欢聊八卦,连我交几个女友,他也交了哪些女友,我们都会交换意见。"两人还做过一段时间邻居,钟镇涛还经常去张国荣家串门,在交往中他发现张国荣交友贵知心不贵多,钟镇涛说:"他(张国荣)(请客)请来的朋友,绝对都是他的知心好友,我每回去参加,碰到都是梅艳芳、梁朝伟、刘嘉玲、林青霞等这些老面孔。"1997年金融风暴,炒楼投资失利的钟镇涛欠下巨额债务,那段时间也让钟镇涛看尽人情冷暖,有些以前求他拍戏的,知他出现经济问题后,不是给脸色就是离得远远的。当张国荣接拍《九星报喜》时,便提议黄百鸣邀请钟镇涛一起来拍《九星报喜》,黄百鸣说:"他(张国荣)跟我说雪中送炭对阿B(钟镇涛)很重要,大家都是拍电影,需要互相扶持,这件事更加令我知道张国荣是一个非常重情义的人,所以我亦一口答应邀请钟镇涛演出。"张国荣去世前两个月,钟镇涛在半岛酒店遇到张国荣,当时已申请破产的钟镇涛正是最落魄的时候,钟镇涛说:"他(张国荣)拍拍我,只问了一句有什么需要帮忙的吗。"钟镇涛觉得,他们之间不必多说,也不必多问,只要一个动作、一个眼神,朋友都会了然于心,一切尽在不言中。得知张国荣去世的消息后,被记者追问时钟镇涛红着眼说："这种锥心的痛，痛得我讲不出话来，比我负债4亿（港元）、宣布破产时，还重，还痛。"

从1984年张国荣客串《圣诞快乐》到1985年签约新艺城，再到张国荣"退休"后，黄百鸣找高志森和于仁泰远赴加拿大邀请他接拍《家有喜事》，直至《九星报喜》张国荣与黄百鸣最后一次合作，黄百鸣是张国荣电影生涯中合作最多的电影人。黄百鸣说："我从来不会签一大批演员，只签一个。从新艺城到我在东方的早期，只签了一个演员，这个演员就是张国荣。""张国荣是唯一一个肯放低自己来提携后辈的巨星，安排他衬新人，他从不计较。他还会帮演技生疏的演员对戏，讲笑话让心情不好的同事开心，为患病的工作人员安排医生，给生活困窘的小龙套找活儿干。"1997年12月11日，《九星报喜》杀青，张国荣宴请全体工作人员聚餐。在宴席上张国荣向记者表示，明年2月他将应邀担任柏林国际电影节的评委，张国荣的受邀具有里程碑般的意义，他是首位担任欧洲三大国际电影节（德国柏林国际电影节、法国戛纳国际电影节、意大利威尼斯国际电影节）评委的华人男演员。至今为止，亦只有张国荣、姜文和梁朝伟三位华人男演员担任过欧洲三大国际电影节的评委。

张国荣拍完《九星报喜》后前往台湾为"金马奖"担任颁奖嘉宾以及录制自己的新唱片。除了担任颁奖嘉宾外，张国荣亦凭《春光乍泄》获得是次"金马奖"的"最佳男主角"提名。在11月10日获悉提名的消息后，张国荣表示："今次已经是我第三次入围"金马奖"，之前就有《阿飞正传》同《风月》入围……其实入到围已经好开心，而且香港我都赢过最佳男主角，又在日本得过全日本影评人（协会）大奖，所以对得失已经不是看得那么重。"张国荣同时表示，要多谢梁朝伟，每部电影的对手都会影响他的演出，对于梁朝伟没有提名，张国荣觉得可惜。张国荣说："我有提名，等于他（梁朝伟）都有提名，希望他不要因此不开心。"最终，谢君豪凭《南海十三郎》获得是次"金马奖"的"最佳男主角"，对于好友张国荣未能获得"最佳男主角"，当届"最佳女主角"张曼玉亦替张国荣感到不值，事后张国荣表示："他（谢君豪）在《南海十三郎》中固然表现出色，但我自觉在《春光乍泄》中亦表现出色，落选纯粹是评审喜好问题罢了。我自己也曾担任过国际性影展评审，绝对明白评分纯粹是看评审的个人口味。"张国荣表示不会再去想此事，将全情投入新的工作。"金马奖"之后，张国荣便留在台湾录制新的"国语"唱片。张国荣与滚石唱片的合约也将于这张新唱片后结束，当时很多唱片公司闻风而动，接触张国荣洽谈过档事宜，对于是否会与滚石唱片续约，张国荣表示，机会只有一半，最重要的问题是他听闻滚石不重视香港市场，但唱粤语歌对他来说是相当重要的事情，为此他曾询问过滚石的老板，对方对他保证不会放弃广东唱片市场，其实问题不是滚石要放弃香港市场，而是人事调动闹出的很多问题。

Chapter 24

不用闪躲 为我喜欢的生活而活

1998年1月5日，张国荣前往上海拍摄叶大鹰导演的电影《红色恋人》，张国荣在电影中饰演一位20世纪30年代的共产党员。叶大鹰早前在筹备电影《红樱桃》时，做了大量的采访，从中了解到革命先烈的许多动人的感情生活，当时他便起了拍摄《红色恋人》的念头。叶大鹰说："很多片子在表现共产党人的时候就是英雄事迹，很少涉及精神状况，但在那样的一个年代背景之下，他们对精神的追求应该是更大的，对于信仰的执着应该是最强烈的。《红色恋人》描写一对革命恋人在当时的特定历史时期下的奇特的爱情经历，其中对于信仰、对于情感、对于忠诚、对于背叛到底怎么认识怎么看。"所以在筹备《红色恋人》的时候，叶大鹰开始考虑电影中的共产党员的形象应该是怎样的，叶大鹰说："在我心里一直都感到他不再是游击队的队长，不再是武工队的队长，而是具有深厚修养、有过很多经历的人。他应该有一种新的形象，他的坚定顽强存在于他的内涵之中，是确确实实有一种精神生活的男人，而不是五大三粗、张口骂娘的那种人。"《红色恋人》以好莱坞的方式拍摄，有大量的英语对白，通过一个在上海的外国医生的视角来看中国的共产党员。叶大鹰之前曾有意找尊龙出演，在写剧本时亦以其为想象中的形象，叶大鹰在前往美国找尊龙时路经香港，与朋友褚嘉珍谈及此事，褚嘉珍向他推荐了张国荣。叶大鹰表示："我的概念里头吧，我就觉得张国荣就是演那种，那时候搞那个什么歌星唱歌，搞点这个《胭脂扣》什么的，我基本上也挺喜欢的，但是属于比较偏门的那一类的，有点女气那种劲，我就挺不接受的。然后经纪人（褚嘉珍）就说咱们约着一起吃顿饭得了，我说行，吃顿饭吧。"然后褚嘉珍就向张国荣谈及此事并约了吃饭时间，叶大鹰亦在此期间看了大量张国荣主演的电影。吃饭当天，叶大鹰一看到张国荣就觉得他很有心，他觉得张国荣已经看过剧本做了功课，叶大鹰说："他往那一坐，胡子茬微微地留在那，我一看，他是为这顿饭，喜欢这个角色已经做了功课了。第一眼我这心'咯噔'一下，就开始聊。"张国荣跟叶大鹰说自己对革命这事不太了解，然后叶大鹰就跟张国荣讲人，讲一些理想主义者的革命领袖的故事,在讲故事的过程中,叶大鹰也在观察着张国荣。叶大鹰后来说:"他(张国荣)的那个眼神跟着你,有些演员吧,你跟他聊个天,他脑子在那呢,你看着他眼睛也看着你,看到脑勺后的那玩意儿。(张国荣)不是,他是能把眼睛都停在你的心这,他跟你一起,你能感觉到。那顿饭一吃完,我心里就知道,我说这哥们儿行,绝对行,他太内秀了,但是他能不能演好,我也不知道,谁知道,对不对?但是我是觉得,他们香港演员既然有这么好的一些能力,就是现场的能力,我说很相信这点,而且他的职业口碑又那么好。"叶大鹰觉得张国荣就是他心目中那个共产党员的形象,就直接取消了前往美国的行程。后来,张国荣说:"叶大鹰是一个很特别的导演,他是一个理想化的导演。我觉得他很不简单,是非常有希望的导演。他来香港的时候,我还没答应拍这部戏。看过《红樱桃》之后,我觉得他拍得非常好,很震撼人。我希望和他的合作擦出另一种火花。"叶大鹰与张国荣互相看上了眼,合作电影的事就顺理成章地水到渠成了。但叶大鹰起用一位香港明星饰演共产党员,却引起了一些争议,一些反对的声音从电影开拍前一直持续到电影上映后,有些人更是希望反对的呼声扩大化,呼吁有关部门禁映此片,有人甚至直接写信到相关部门告叶大鹰的状……而电影研究者李以庄则撰文有理有据逐条对这些反对的声音进行反驳。在电影上映后,张国荣饰演的共产党员形象不仅让一些之前的反对的声音消失了,反而加入到赞赏的阵营,有一些老艺术家在看过电影后更是为张国荣声援。著名演员张瑞芳说:"我是1938年入党的老党员,张国荣演的靳,我能接受。"在电影《永不消逝的电波》中饰演共产党员的孙道临说:"张国荣演的靳与我演的不一样,但同样是地下党人的形象。"李以庄说:"我原先曾担心张国荣不能演好这一角色,但影片的实际则证明张的演出成功,他的气质符合角色。对导演的创新勇气我充满敬意。我特别不能接受一些人甚至对张国荣进行人身攻击,罗列他过去演过的同性恋者、阿飞等角色,把他们代入为演员本人,再加以挖苦。"

《红色恋人》于1997年11月开机,因张国荣那时还在拍摄《九星报喜》,所以叶大鹰先跳拍好莱坞演员泰德·巴勃考克(Todd Babcock)和内地演员梅婷的戏份。泰德·巴勃考克与张国荣首次见面时，张国荣一口标准的英式英语让他印象深刻，他觉得张国荣就像一个英国绅士——高贵而又彬彬有礼。在之后的拍摄中，两人也成为好友，在拍摄空档期间还经常一起玩闹。不过好笑的是，泰德·巴勃考克告诉张国荣他最喜欢的一部电影是吴宇森的《纵横四海》时，竟然不知道身边的张国荣就是主演之一，引得张国荣笑着抗议："我也有份演出呀！"泰德·巴勃考克在与张国荣相熟之后，觉得张国荣就是一个老顽童，非常淘气，跟最初见到的那个绅士简直判若两人。张国荣平时对这个远离家乡在中国拍戏的外国小伙也是照顾有加，张国荣亦让自己的助手在照顾自己的同时帮忙照顾泰德·巴勃考克，让泰德·巴勃考克感到非常温暖。《红色恋人》是泰德·巴勃考克的第一部电影，泰德·巴勃考克觉得在影片拍摄的过程中张国荣帮了他许多。2015年，泰德·巴勃考克在脸书上写道："我曾劝说张国荣像他的好友周润发一样，来美国发展电影事业，他却不为所动。我只能想象，如果他还在，又会创下怎样的一番事业。他仿佛无所不能。"《红色恋人》亦是梅婷出演的第一部电影。在拍摄《红色恋人》时梅婷还是个学生，她听说要和张国荣合作后，心里紧张得不得了，不过见面后她觉得张国荣一点明星架子都没有，对任何人都很和善。之后，张国荣更是成为她的良师益友，梅婷说："在哥哥（张国荣）身上我学到了勤奋的敬业精神。演对手戏的时候，哪怕镜头不是对着他，他眼里都是戏，积极地配合我，让我很感动，也让我懂得自己要成为一个怎样的演员。只要张国荣在场，我的心里就特别踏实。"片中有一场张国荣病发，梅婷为唤醒张国荣，用粗盐粒揉搓张国荣背部的戏，由于梅婷情绪过于紧张，在揉搓的过程中用力过度，把张国荣的背搓破了，盐粒的刺激令张国荣觉得非常疼痛。梅婷当场吓得哭了起来，反而张国荣一再安慰她，让她放松情绪继续拍摄。梅婷说："我们不是站在同一个台阶上，有些东西不到某个年龄，很难理解。"所以张国荣经常会想办法带她入戏，耐心引导她，私下也会告诉她一些演戏的方法。《红色恋人》在香港首映时，张国荣亦向香港媒体介绍梅婷，张国荣也曾邀请梅婷去看他的演唱会，请她到家里吃饭。梅婷后来回忆说："有一次去香港，我就住他家。他送了我一套完整的唱片，可我是个大大咧咧的人，居然把那套唱片忘在了他家里……"张国荣送过梅婷一副墨镜，让梅婷的同学、张国荣的粉丝章子怡羡慕不已。后来，梅婷与张国荣亦有几次相见，

当我重温您，在茫然中思忆里
所有冷冰的暖了

但都没有深谈，因为梅婷总觉得还有下次。在张国荣去世后，梅婷说："他（张国荣）算是我入行以来的第一个老师，从人格上来说，他是一个非常伟大的演员。"有一次在参加一档电视节目时，主持人问梅婷："如果你现在还没有结婚，如果张国荣先生现在还在，你还会从心底爱上张国荣吗？"梅婷毫不犹豫地回答："会！"在《红色恋人》中饰演反派的陶泽如，虽然跟张国荣的对手戏不多，但私下两人也有过交流，陶泽如觉得"张国荣是个天性很好、很有才气的人，作为演员他很用功，对艺术要求也很严格，人很随和，没有大明星的架子"。在《红色恋人》宣传期间，两人在飞机上聊了很多，陶泽如说："张国荣其实很乐观上进，情绪也很正常，没有什么厌世的表现，还流露出许多成熟的想法，他称自己不再是青春偶像了，应该给香港娱乐圈的年轻人留点位置出来，自己去做一个成熟男人。"对于张国荣的去世，陶泽如亦感慨道："我们拍摄《红色恋人》的那段时光是特别快乐的，只是那样的时光不能长久。"

叶大鹰在与张国荣合作《红色恋人》的过程中，完全打消了他最初与张国荣见面时虽然认定了张国荣但对张国荣能否演好这个角色的不确定。张国荣的敬业与能力，让叶大鹰一次次被震撼到。叶大鹰说："他（张国荣）不是念那个信，就是秋秋给他留了一封信，那个词我都忘了，他在念，念完了，他说导演你希望我怎么演，香港演员不像咱们这启发半天，你想着革命，你想着……说半天，香港人特直接，他就说你让我做到什么样，他理解不理解是另外一种东西，他演绎的方法跟我们这个不太一样，你知道吗？我就说我特希望这个人在念这封信的时候，眼泪涌出来了，但是要停在眼眶里，但是念到一半的时候，他的眼泪要这样，要出来，（信）看到一半过去以后，就要把眼泪收回去。他说为什么要把眼泪收回去，我说因为他不允许自己把眼泪掉下来，这是属于自己的一种行为，他没有人看，但是他这个人是这样去理解儿女情长的情感，只能收在这，他要感动，但是他不能，这叫革命者。如果他流出来了，他一定不是革命（者），这是一个理解问题。OK了，明白了，然后拍。现场很静，一拍，拍完了以后，（张国荣）说我能看一下吗，回放，我看一遍，他还想来一遍，我说很好了，这一条眼泪确实在我说的那点上，太牛了这事，太技术了，我念，念到第几句然后那个眼泪要到这，到第几句停一会儿，再收回去，这事真的有点邪乎，我这么说显得这事有点不真实，有点夸张，不是，真的是这样，他说我能做得更好，我说那再来一下。张黎也是非常好的摄影师，很好地捕捉（到）这个（镜头），他（张国荣）确实，那个心那个沉，指甲开始微微抖，你看不出来那个抖，但是都在。我说这场戏真的是特牛，确实是特牛。"拍摄《红色恋人》的时候，上海特别冷，在拍张国荣下囚车就义的那场戏时，梅婷后来说："张国荣当时身着一件单薄的衬衫站在寒风中，脚上还戴着脚镣。当时有工作人员建议张国荣戴一副假的分量较轻的脚镣，可是追求画面真实感的张国荣不愿意，一直戴着很重的脚镣。甚至有个镜头已经不需要拍到脚步特写，张国荣还是坚持不拿下脚镣，直到最后脚踝的皮肤被链子磨得'血肉模糊'。"叶大鹰说："他（张国荣）真的是能够让你觉得，他跟你的那个心，他的戏演出来以后能让我觉得比我想象得好很多，（张国荣）经常会让我觉得，这场戏哎哟他又演出那样，我原来想的是这样，他演的是那样。""他（角色）的精神世界，那个是我们写出来的人物，不是他（张国荣）身上有的，但是他（张国荣）能够给我们展现出他（角色）那种坚定感，因为他是一个非常好的演员，他这方面太出色，他演了这么多戏。"叶大鹰跟张国荣说："你拍完之后内地演员会比较难处理类似的角色，尤其是这种演绎的方式。"摄影师张黎则表示："张国荣的确是一个造诣很深、实力派的演员。无论是在他的造型、外部用光上都不用刻意地去雕琢，运用自然朴实的摄影手法，凭他的演技足以能完成靳这个角色的需求。"

张国荣为了出演《红色恋人》也做了很多的功课，按照导演的推荐，他看了很多关于那个年代的书籍、资料和电影，后来张国荣还为电影取了一个英文名 *A Time to Remember* 送给叶大鹰。对于导演对他敬业和专业能力的称赞，张国荣说："我演了20年的戏，知道导演要什么，观众要什么。为什么导演不用我（在镜头里时）也要亲自上阵，是因为我觉得我的身体语言是独特的，是替身无法做到的。年轻的时候，有一次我同时拍三组戏，赶不过来，只好找替

当我重温您，在茫然中思忆里
所有冷冰的暖了

图片授权提供：周雁鸣

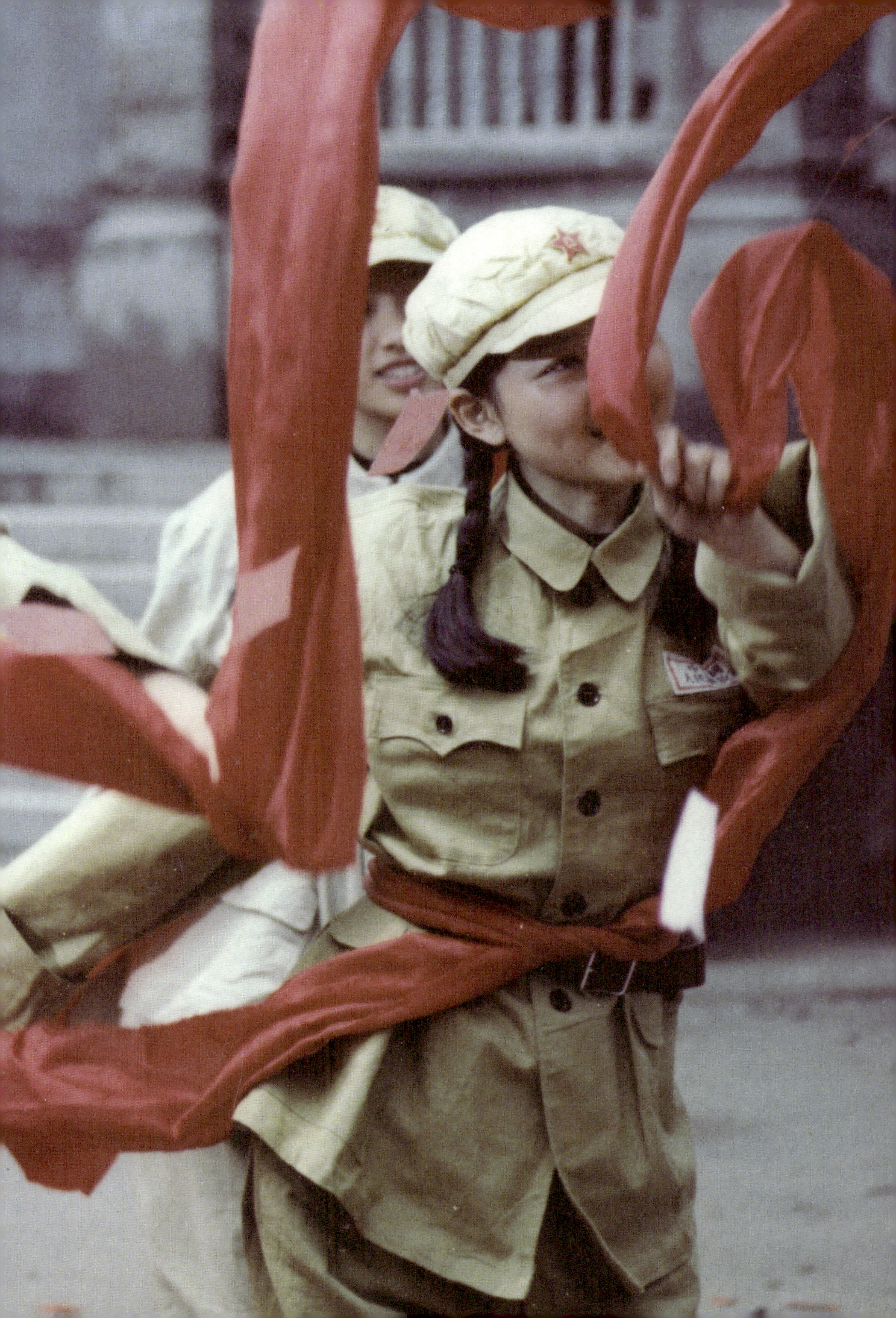

图片授权提供：周雁鸣

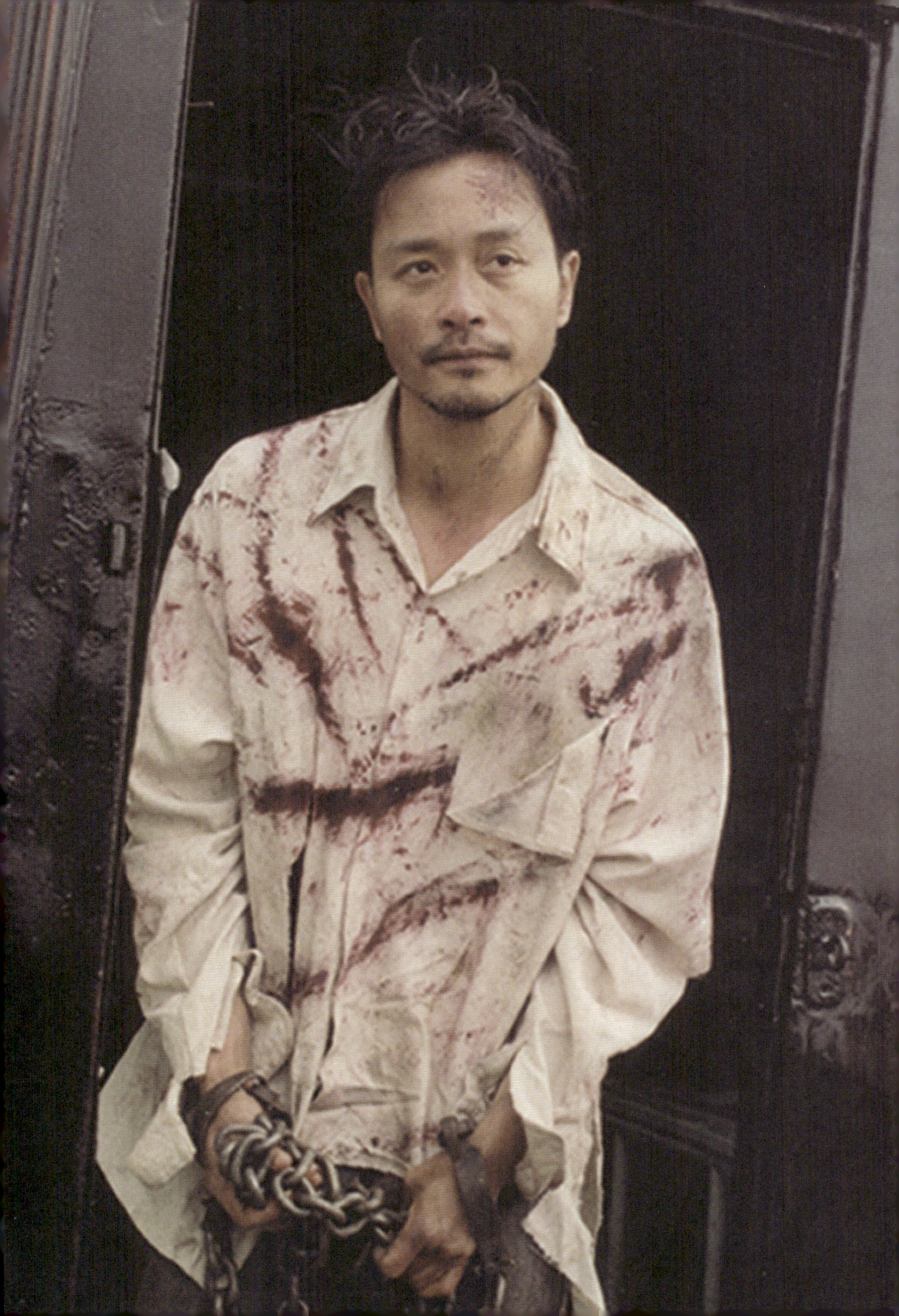

图片摄影 / 授权：Fei

身拍背部的戏,那一次(替身的演出)我很生气,发誓从此无论如何,哪怕只是远远的一个镜头,一丁点,也要自己来。"《红色恋人》虽然引起了很多争议,但也颠覆了几十年来共产党员在银幕上的形象,改变了之前观众对于革命英雄的刻板印象,让更多的人重新认识到有血有肉的革命前辈。张国荣在电影中的精彩演出,也让观众看到一个有别于以往角色的张国荣,这对张国荣来说是个挑战,也丰富了张国荣多元化的演员之路,是他演艺生涯中非常重要的一个角色。叶大鹰表示:"我觉得他(张国荣)在《红色恋人》当中跨了一大步,作为一个演员的张国荣,《红色恋人》是他非常特殊的一部作品。我不是说要拿《红色恋人》否定别人,他在别的片子里一样的精彩,但是他在这一部中太另类了,这个角色在他所有的演艺生涯中太特别了,我觉得是这样。"

1998年2月初,张国荣在完成《红色恋人》的拍摄后,前往柏林担任柏林国际电影节的评委。作为电影节的评委,张国荣每天要看三到四部各种类型的电影,这让他觉得学到了好多东西。日本导演中川阳介在去电影院观看《中央车站》(Central Do Brasil)时,刚好遇到张国荣亦前往影院观影。中川阳介后来在博客中写道:"那一年(1998年)担任电影节评委的一位电影演员,他(张国荣)才是本文的主人公。他,可以称为亚洲,不,是国际电影界的瑰宝。他,通过出演多部电影作品,带给观众欢笑、眼泪和感动。那一天,他,只是一个人来到电影院。大概是为了评审Central Do Brasil来观影的吧。他,在场内照明暗下时进场,电影放完在场内照明未亮前即离座。大概是为了避免和观众发生不必要的摩擦吧。众多的电影演员和导演,带着自己的工作人员在电影节会场昂首阔步;而我见到的他,总是一个人凛然地走着。他那个样子,即使是在柏林的石板路上,也是非常美丽非常高雅的。真不愧是巨星!"2月11日,第48届柏林电影节开幕,电影节主席莫里茨·德·哈登(Mortiz de Hadeln)亲自在门口迎接评审团,更称呼评审团是"一群IQ很高的亲密团体",评委之一的张国荣,一身正装与其他国际评委一起乘坐小巴抵达会场。虽然德国影迷没能认出张国荣是电影《霸王别姬》里的程蝶衣,但一看到微笑着走上会场的张国荣便惊声尖叫,并互相打探这个英俊的亚洲评委是谁。评审团主席班·金斯利(Ben Kingsley)在张国荣上台时,对满座德国人介绍说:"他是《霸王别姬》里,完美演出的男演员。"张国荣微笑着站在台上向大家挥手答礼。作为首位欧洲三大国际电影节评委的亚洲男演员,站在台上的张国荣不单代表着他自己在国际上被认可,更是代表着亚洲电影圈的光荣。在担任电影节评委期间,张国荣亦接受了法国权威电影杂志《正片》(*Positif*)的专访。在专访中,他真诚地谈到自己的演艺历程、对电影的认知和合作过的在国际上知名的电影人。

1998年2月14日,滚石唱片发行了张国荣的全新粤语EP《这些年来》。4月21日,滚石唱片再次发行了张国荣的全新国语唱片*Printemps*。虽然两张唱片是同样的监制,EP中四首粤语歌曲的旋律亦同样来自于国语唱片,歌曲都以爱情为主题,但风格却迥然不同。《这些年来》的深沉与*Printemps*的回归自然让大家看到两个完全不同的张国荣。*Printemps*的制作时间差不多有两年,张国荣在制作完《宠爱张国荣》后,便开始筹备这张唱片,在挑歌的过程中试录了很多歌,也舍弃了很多歌,直到1997年7月左右才开始正式录音。《这些年来》和*Printemps*的监制都是台湾的刘志宏和刘思铭,两人合作为不同歌手创作了很多优秀的歌曲,在台湾音乐圈被称为"双刘"。张国荣这次选择与监制"双刘"、编曲的周国仪、陈爱珍等全新的音乐人合作,除了因为他们比香港的制作人更清楚台湾市场外,也看到他们身上的动力以及希望与不同的音乐人擦出不同的火花。张国荣说:"以前像香港的Alvin Leong(梁荣骏)那些,已经合作太久太默契了。以前我录歌的方法是灵感来了就唱,一个半小时,唱完收工,但这次真的好辛苦,有一首歌录了五天,破了我的纪录,可是后来仔细听过之后,会发现这五天不是白干的,因为真的有找到一些新的东西,而且因为他们是在台湾长大,台湾在'国语'创作市场上是一个主流。还有,如果我找的是很著名的大牌制作人,其实他们并不会很在乎,因为他们已经'上位',反而像'双刘'他们,会付出很多的努力去做,会很在乎,这样才能有新的火花。跟制作人他们刚开始显得有点没默契,不知道对方要什么。不过他们也希望这次的张国荣和从前的张国荣不一样,希望能挖掘到我一些新的东西。"对于唱片的制作理念,张国荣则表示:"我们在制作方面会尽量想有深度地去做一张专辑,去探讨现在新新人类想要的是什么。""我希望大家来挖我内心的东西,透过我的歌曲,令他们有共鸣、能认同,所以,这张专辑不同于《红》（《红 张国荣》）探讨的是人在'性'方面的取向，而想探讨的是在'情'方面，这有很大的分别。这次我想要的、想做的，可以说都在专辑里做到了。"唱片内除了"双刘"创作的歌曲，亦收录了张国荣自己创作的《以后》的国语版本《作伴》；日本组合恰克与飞鸟（Chage and Aska）的CHAGE柴田秀之亦为张国荣创作了全新的歌曲《棉花糖》，国语版为《爱像魔术》（*Love Like Magic*）；曾在《红 张国荣》唱片内为张国荣创作了《不想拥抱我的人》的陈小霞，此次亦创作了一首《取暖》。陈小霞说："录完音他（张国荣）让我听，他看我的那个眼神让我觉得，他很希望知道我是怎么看待他唱我的歌的。"后来，张国荣亦再次向陈小霞邀歌，陈小霞亦答应为张国荣写歌，只是很可惜还没来得及再合作，张国荣就走了。2011年，陈小霞在自己的音乐会上演唱《取暖》前，向观众表示，这首歌不能开玩笑，还与现场的观众分享她与张国荣之间的故事。偏日式流行音乐风格的唱片*Printemps*，虽然从概念、挑歌、编曲、混音、企划到包装花足了功夫，张国荣更是前往日本拍摄随碟写真集，而在中国台北也随处可见巨型的绿色宣传海报，但这张唱片在商业上并未取得成功。唱片内很多单曲独立来听都非常精彩，然而整张唱片的全新风格对很多人来说并未带来特别的惊喜，反而只有四首歌的EP《这些年来》更让大众喜爱，一出来便登上IFPI销量榜冠军。张国荣在接受台湾杂志采访谈到*Printemps*时说："这张专辑我比较平常心面对，但我希望也要加一些新的元素，因为过去的我大家应该都很熟悉，除了《红》之外。可是《红》是一张粤语专辑，在有广东人的地方都卖得很好，至于上一张专辑《宠爱张国荣》又明显受到电影主题曲的限制，所以一直都没有表现到真正想要的。而这张专辑会比较接近我自己，比较耐听，也比较配合到所谓的新新人类的感觉，也适合台湾地区市场。"

在新唱片发行前的3月底，张国荣前往台湾拍摄新歌的MV。负责此次张国荣新歌MV拍摄的导演是马宜中。虽然马宜中当时在台湾已是很有名的MV导演，但听到要为张国荣拍MV时仍是很紧张，更是担心会拍不好，马宜中后来写道："（滚石唱片）专案部的黄文辉找我一口气要拍六支MV，把我的作品寄到香港给哥哥（张国荣）看，

当我重温您，在茫然中思忆里
所有冷冰的暖了

没想到他真的同意了让这个台湾来的陌生女生拍他。消息传到我这边时,真是让我心跳加速到喘不过气来。连拍六支的这个做法,对我来说是一个新鲜的尝试,但也是个危险的尝试。我知道这样一口气拍下来,可能会累到连眼睛都睁不开,会晕倒,更大的可能是会拍不好!因为真的太赶太紧凑了。不过,谁会因为考虑这些问题,而不拍张国荣呢?"去见张国荣前马宜中是既兴奋又紧张,马宜中表示:"话说新人看到我会紧张,其实我这个老导演看到崇拜的大明星(张国荣),也是会紧张的啊。"在张国荣入住的酒店房间里,黄文辉将马宜中介绍给张国荣后,开始谈拍摄的具体细节,在谈到歌曲《作伴》的时候,张国荣希望马宜中能同时为粤语版的《以后》拍摄一个对嘴型的版本,并现场就要放《以后》给马宜中听,但房间里没有《这些年来》的CD,于是张国荣就说:"没关系,我清唱吧。"马宜中后来描述说:"那是一间日式的房间,我就坐在榻榻米上,他(张国荣)走过来跪在我旁边,慢慢地靠近我的左耳,轻轻呼吸好像怕吓到我似的,然后就用他低沉迷人的嗓音唱完了整首歌。虽然我听不大懂广东话,不能了解他在唱什么,但那美好的声音和气氛,依然给我一种喝醉般醺醺然的感觉。走出饭店,我整个人一直发抖,站在那里不能动。我不相信刚刚发生的事。张国荣唱歌给我听啦!而且就在我的耳边……这一切,太不真实了!"

首先开拍的是主打歌之一的《我的上帝》(My God),马宜中希望能让张国荣"在展现巨星演唱的风范之余,还能跟台湾的本土环境进行更贴近的互动"。所以她设计的内容是从火车站到台北中山纪念馆、从南京东路地下道到内湖的天桥……张国荣在台北的许多角落一直走路或奔跑着,然后在每一个场景都预先准备好音响设备,只要张国荣一走到那个位置就能拿起麦克风演唱。马宜中说:"他(张国荣)一路走一路玩,唱得好开心。而我们个个睁大眼睛看着巨星在面前演出,只觉得好不可思议。他的每个举手投足都充满了魅力,仿佛连回个头都能迷倒众生。每一个镜头拍完,全体工作人员都忍不住鼓起掌来,不是要拍他马屁,而是真的太精彩、太好看了!"他们从早上一直拍到黄昏,马宜中想要在天黑前再抢拍一个张国荣在天桥上走路横越过镜头的画面,马宜中问张国荣累不累,张国荣表示没问题,要马宜中赶紧抢光线。但当时天其实已经有些暗了,地上有一摊水大家都没看到,全情投入的张国荣一脚踩在水里没稳住就摔了一跤,把现场的工作人员吓坏了,赶紧跑过去扶张国荣,张国荣自己站起来拍拍屁股说:"没事,先拍片要紧,再来……"虽然大家心里担心,但仍按照张国荣的意思继续拍摄,不过又拍了两遍后张国荣就痛得无法行走了,大家就赶紧收工把张国荣送回酒店,找医生前往酒店给张国荣诊治,医生诊断后表示必须休养一个礼拜。马宜中看着躺在床上的张国荣,一直忐忑不安地跟张国荣说对不起,反而张国荣笑着安慰她:"把你们吓坏了吧?没事的,休息一个礼拜就回来,不是你的错。"马宜中后来说:"虽然他(张国荣)没有责怪我,我的眼泪还是差一点掉下来。因为他是张国荣,其实他大可以很生气地骂我们为什么没有检查好环境来保护他的安全!可是他却没有。就因为他是张国荣。正是像他这样有阅历的人,反而不会计较。他知道我们不是故意的,他看得出来。那些真与假、虚与实,他都懂。他知道我们很努力很用心,这才是他所珍惜的。他就像个真正的哥哥一样,反而担心我这么一延误,会不会来不及交片?"之后张国荣便返回香港休养。1998年4月2日,张国荣坐着轮椅前往日本宣传电影《新上海滩》和新唱片 Printemps 的日本版《礼物》(Gift)。4月3日,在日本新宿米兰剧院举行的记者招待会上,虽然张国荣因腿伤未愈仍需坐在轮椅上,但这并不影响他全程谈笑风生、妙语迭出,让现场的日本歌迷疯狂惊叫。在谈到电影《新上海滩》时,张国荣表示,不知道为什么刘德华在跟他拍摄一场跳舞戏时一直在发抖,随后张国荣开玩笑说:"Andy Law是'笨蛋'(日语)。"引得全场哄堂大笑。这本是一句玩笑话,却被香港一些媒体报道为张国荣在日本大骂刘德华是笨蛋。之后有记者问刘德华对此事的感受,媒体报道称:"华仔脸部表情很平静,看不出是喜还是怒,他先答一句没有感觉,再补一句很好笑。事发至今,问张国荣有没有打电话向他解释,(他回答)没有。刘德华觉得,以他对张国荣的了解,张国荣不可能骂他,他觉得张国荣对日本媒体可能是讲他在戏里跳舞时的表情呆呆的,不是讲他的人'笨蛋'。'我不会放在心里',刘德华很有风度答一句,说完再笑笑补一句,'不过,我一向记忆力很强哦!'……"

1998年4月8日,张国荣再次从香港前往台湾拍摄MV,从日本回来的张国荣还给每位工作人员都带了礼物,令大家非常感动。马宜中说:"他(张国荣)送我的是两瓶精油。他说:宜中,我看你太拼了,要多爱惜自己一点……那两瓶蓝色精油我一次都不舍得打开用。放在房间里，每天都可以看到它们。"马宜中回忆起拍摄《真相》的MV时说："我跟他（张国荣）说你就唱歌，然后假想自己从镜子里看到了真相，可以流泪就流泪，不要勉强。结果一开机，他看着自己，眼泪止不住地流下。我在监视器旁更是哭得稀里哗啦。我真的没有要求他必须这么入戏，可是他进去了，就通通给了我。真是一个伟大的演员！"在拍摄《每个人》（Everybody）的MV时，马宜中邀请了八位模特与张国荣一起演出，马宜中说："当哥哥（张国荣）进入棚内的时候，她们八个人几乎同时尖叫起来，全部抢着要跟哥哥合照，兴奋得好像都变成了台下的粉丝，完全忘了形象，忘了自己是人人羡慕的美女明星。"当时刚出道的林志玲也是参与演出的模特之一，当模特公司通知林志玲去拍摄张国荣的MV时，林志玲觉得除了不可思议外根本没有其他的形容词可以形容。林志玲后来在谈到心目中理想的绅士标准时说："任何成功的男人都是大气而谦和的，让我第一次感受到这两种气质的人，就是只有一面之缘的张国荣。多年前，我曾为当时正走红的张国荣拍摄MV。为达到预期效果，张国荣与大家一样反复彩排，虽然只相处一天，但对他体贴、真诚和谦和的为人，我刻骨铭心。从那时起，我就把他当成一个好男人的典范。"在参与演出的八位模特中，有一位听力障碍的模特王晓书，因王晓书听力不便和口齿不清，模特公司担心会影响拍摄的进度，便极力告知马宜中和滚石唱片王晓书的困难和不便，但滚石唱片告知他们没有问题，为了应付突发状况，已经做了完善的准备，并且事先会给模特歌词，不用唱完整首歌，只需要哼唱其中的一段，他们也会请专人指导王晓书。不过，计划赶不上变化，虽然王晓书之前已将歌词背得滚瓜烂熟，但在现场拍摄时临时要改歌词，而且模特要跟唱整首歌曲，对于突如其来的变化，听力有障碍的王晓书非常焦虑，对于当时的情况王晓书说："原本我想可以模仿对方的唇形合唱，应该就没有问题，可是这是一首热闹、活泼的快歌，旋律和节拍有时快、有时慢，变化无穷，像我这样临时抱佛脚，实在无法抓住音乐的正确节拍，而且更糟糕的是面对镜头时，我无法看到其他人的唇形，即使有大字报在前面，总不能眼睛一直盯着大字报而不在镜头的焦距之内，那样拍出来的画面一定会非常奇怪。"尽管王晓书尽力将旋律和节拍死背下来，但越是想做好越是容易出问题，内心的焦急和担心给别人带来麻烦的压力让她十分沮丧，同时也令她的努力成果大打折扣。王晓书后来写道："而当我在一旁闷闷不乐，极力背诵歌词的同时，张国荣先生将一切都尽收眼底，他走过来，伸出善意的手，亲切地告诉我要怎样抓住节拍和旋律，并且轻声细语地缓缓唱给我'看'，更要我配合他的唱法'唱'给他听。这一来，我的精神仿佛整个被鼓舞起来，天王巨星的一举一动，受到媒体的重视和青睐，这是一场所有团队的工作表现，张国荣先生和在场的工作人员不时地在我旁边为我加油打气，虽然我唱不好，可是大家也并没有责备我，也没有讥笑我为什么唱得那么难听，突然，我觉得先前在意自己表现不佳的心态是多余的，一想到事实就真的是这样，大大让我松了一口气，好像有一道快乐的光芒照射下来一样，最后顺利地完成了拍摄。"原本另一首《作伴》的MV并不是王晓书出演，但在拍完Everybody后，张国荣可能是感觉到王晓书在拍摄过程中的不自信，就临时跟马宜中商量，由王晓书再次出演《作伴》的MV。王晓书后来说："那个时候我听到真的很惊讶，他竟然是挑我耶，而且没有要我张开嘴（唱歌），只要静静地陪他在旁边跳舞就可以，我发现原来张国荣是这么有爱心的一个人，我真的很感谢他，他很照顾我们，我很感动，我好佩服他。"拍完全部MV后，张国荣在返港前请马宜中吃饭，在饭局上，张国荣提议马宜中去拍电影，他跟马宜中说可以找法国的资金给她投资电影，张国荣觉得王晓书的故事很感人，也值得改编成电影。马宜中后来说："他（张国荣）也说他从我拍摄时的投入看到了我做事的态度，甚至连说故事时都有一种独特感人的叙事魅力，也很令他欣赏，让他很放心。可惜的是，我后来并没有回复哥哥（张国荣）说我要不要拍。因为我总觉得我还没准备好，很怕他的满腔热血会被我给毁掉，所以也就不敢再跟他联络。后来的几年，每次经过香港，明明知道他在那里，我都没再去看他。那时我总想以后有机会见到面，再当面跟他道歉吧。谁知道后来，他就走了。"

1998年4月26日，第17届"香港电影金像奖"举行，同时凭《春光乍泄》获得"最佳男主角"提名的张国荣和梁朝伟一人牵着刘嘉玲一只手出现在红毯上。虽然颁奖过程中被主持人恶意调侃，但张国荣仍保持一贯的宽容，礼貌地微笑着鼓掌。最终梁朝伟获得"最佳男主角"，梁朝伟在领奖台上说："谢谢有一个这么好的对手张国荣。"曾在年初时，传得沸沸扬扬的华纳唱片、贝塔斯曼唱片（BMG）、新力唱片等唱片公司高价争夺张国荣在约满滚石唱片后跳槽的消息，在5月6日终于尘埃落定。滚石唱片高层除了用诚意说服张国荣外，更开出高价挽留，最终与张国荣达成续约协议。续约当天，滚石唱片在台湾西华饭店举办"情定今生永结同心 春天庆功暨续约仪式"记者招待会。记者会吸引了百来位记者到场，在续约仪式上，滚石唱片送出一张巨型空白支票让张国荣填写价码，张国荣先写了个"4"字，记者们都以为张国荣要填写"4000万"时，张国荣写下了"情义"二字，以示"情义无价"，原来一开始的"4"是竖心旁。滚石唱片亦送上一对龙凤碗给张国荣，取其圆满之意。张国荣说："今次选择与已合作三年的滚石再续约，是因为两者之间的情义结，虽然有其他唱片公司接洽，但主要公司之发展空间大，双方既（然）合作愉快就不想有改变。"张国荣亦表示，续约自然不会是低价，这次继续合作高价虽然是其中原因之一，但他一定是销量保证，滚石唱片才愿意在淡市出高价力邀续约。不过最终可能因理念不同，张国荣一年后便与滚石唱片"分手"，签约环球唱片。之前有传许鞍华筹备一部类似于《海角惊魂》（Cape Fear）的电影，意欲与张国荣合作，让张国荣在影片中饰演一个变态杀手，不过最终没有了消息。1997年年初时，亦有传许鞍华有意邀请张国荣与黎明合作拍摄新片，不过当时张国荣表示这部片暂时还没影，还没收到剧本，最终亦不了了之。1997年时，张国荣曾表示，要在1998年导演自己的第一部电影，想找岸西编剧，写一个平实的爱情故事，成本不会太大，只要观众感受到那份诚意，不过在与滚石的续约仪式上，张国荣则表示自己执导电影的计划要推迟到1999年实现，现在正在寻找好的编剧。

1998年5月14日，张国荣前往韩国为新唱片 Printemps 宣传。在韩国的三天两夜里，张国荣接受了多个平面及电视媒体的专访，参加了为韩国孤儿院筹款的慈善活动和出席签名会等。在访谈中，除了关于新唱片，张国荣亦谈到明年将会执导的电影构想，计划将王晓书的故事搬上银幕，一个小时候因疾病对人失去信任的少女在成长过程中恢复对人信任的故事。同时，张国荣也再次声明了暂时没有去好莱坞的计划，虽然最近有德国片商邀请他拍摄电影，但他会在慎重考虑后再做决定。在张国荣看来，自己在亚洲市场有一定的影响力，也有很多拍片邀约，他希望自己能出演一些好的电影，使亚洲电影在国际影响中有所突破。5月16日，张国荣在出席完签名会后返回香港。5月17

日，张国荣为顾嘉辉和黄霑的"辉黄真·友·情"演唱会的首场演出担任嘉宾，当晚张国荣的出场掀起了全场的高潮。之前发行的张国荣的新唱片的写真集里有一张他在温泉露胸的出浴照，有经验的健身教练根据照片断定张国荣有42英寸的胸肌，之后一些媒体便把报道的视角定在张国荣42英寸的胸肌上，所以张国荣在台上与黄霑对话时，表示最近不要提"胸"字，因为好敏感。张国荣更开玩笑道，最近去颁奖礼都输给别人，所以要学胸襟广阔一点，不然会气死自己，黄霑表示并不是每个人都会经常拿奖，张国荣笑道："再等就要拿'终生成就奖'了。"在演唱会上张国荣演唱了《明星》和《当年情》两首歌，并没有演唱原本计划中的《倩女幽魂》，这让观众大感失望。有传因演唱会超时，在跟张国荣商量后，减掉了一首，不过事后黄霑说："谁敢减他（张国荣）的歌呀！"亦有传张国荣听闻演唱会超时，自己主动要求少唱一首。

1998年7月18日，由李仁港导演、张国荣与"日剧女王"常盘贵子主演的《星月童话》在香港海逸酒店举行盛大记者会宣布开镜。《星月童话》由亚洲七个地区联合投资拍摄，当日亚洲各地数百名记者将记者会现场围得水泄不通，现场一片混乱，更发生日本男摄影记者推搡中国香港女记者事件。其实记者因争位发生小摩擦是经常发生的小事，但某家报纸唯恐天下不乱，大肆夸大事件，说日本摄影师拳打脚踢女记者，扯烂女记者的衣衫，更质疑男主角张国荣在台上目睹一切不发一言，正义心何在。该女记者后来向其他记者表示，只是被推了几下，并非如该家报纸所言。《星月童话》的监制褟嘉珍表示，当日情况好混乱，一开始她和张国荣都没注意到，后来看到后，张国荣立马跟她打了眼色，她也立即喝止了那位日本摄影师，事后也让日本摄影师道了歉，这样质疑张国荣非常不公平。而且这次事件也不是很严重，当时她也出声了，张国荣又忙着接受访问和拍照，真是兼顾不到。张国荣对被质疑一事只是一笑置之，张国荣对褟嘉珍表示，他已经被人冤枉惯了，多一次也没什么关系，反而安慰褟嘉珍不要生气。

7月19日，《星月童话》在香港荃湾南丰纱厂举行开镜仪式后正式开拍。《星月童话》原名《星月盟》，由日本著名编剧青柳佑美子和中国香港导演罗志良编剧，最初的概念来自于青柳佑美子的亲身体验，她曾遇上一个跟已去世的男友长相非常相似的人，而罗志良则负责张国

图片授权提供：Leslie Legacy Association

图片授权提供：Leslie Legacy Association

荣做卧底的那条线的编剧。最初的剧本是一个悲剧结尾,张国荣饰演的石家宝亦死去,而张国荣觉得,近期香港经济低迷,市民都愁眉苦脸的,不应再雪上加霜拍一部悲剧结尾的电影,于是大家一致通过改为完美的结局。张国荣接演此片很大的原因是在香港电影低迷的市道下,希望有更多的电影人可以有工作,香港电影人一起携手渡过难关。《星月童话》虽然由七个地区投资,但日本的投资占了一半,电影的女主角常盘贵子在接拍前指明男主角必须由张国荣出演。常盘贵子虽然在日本贵为"日剧女王",但这是她的第一部电影,常盘贵子也是张国荣的忠实影迷。当时连着拍摄电视剧的常盘贵子感到很厌倦,拍戏拍得都快机械化了,然后她向社长提出,如果还安排她继续这样不断地拍连续剧,她就不当女演员了。社长便问她接下来想干什么。常盘贵子原本只是想休息几天,没想到社长会这么问,既然社长问了,常盘贵子就索性对社长说:"想演电影,而且是香港电影。合作的男演员是张国荣。"她没想到社长很干脆地向她表示可以去问一下。常盘贵子后来表示,其实她对男演员没有多大兴趣,但唯一喜欢的就是张国荣,那是全世界的男演员中她最喜欢的大明星。没想到她一气之下提出的无理要求竟然实现了。正好那时香港播出了常盘贵子出演的几部连续剧,所以张国荣和工作人员也知道她。在拍摄期间,常盘贵子与张国荣也建立了私人情谊,在接受记者采访时她就经常将张国荣挂在嘴边,常盘贵子说:"Leslie San(张国荣先生)真是好好人,我好尊敬他。他不但靓仔,对人还好亲切。在餐厅吃饭会帮我夹菜,又送laser disc(激光唱片)给我,好有绅士风度。无论是演戏,还是其他方面,他都教了我好多东西。他在我心目中是世界上最好的演员,有机会同他合作,我真是好幸运,可以说真是死都值得。""他(张国荣)是公认的性感,既靓仔,皮肤又好,他既是成年人,但有时又会流露出童真的一面,这种feel(感觉)是他最性感的地方。"当记者问常盘贵子是否会选择跟其他的香港男演员合作时,常盘贵子说:"我还是选Leslie San!"因常盘贵子是第一次拍摄电影,对电影的工作流程还不熟悉,导致压力过大而肠胃不适,张国荣知道后,还亲自以中药煲汤带给她喝,让她感动不已。在《星月童话》拍摄完后,常盘贵子有时也会偷偷去香港玩,而张国荣都能找到她,并请她吃饭,听常盘贵子向他倾诉感情和工作的烦恼,而且还会给她很多建议,常盘贵子觉得张国荣就像一个有趣又可以依靠的大哥哥。张国荣去世后,常盘贵子在自己的官方网站上写道:"变成这样,连我自己也吓

当我重温您,在茫然中思忆里
所有冷冰的暖了

了一跳，因此变得好焦虑。现在我还不能接受（张国荣去世）这件事。""他（张国荣）实在是太精彩了，散发着绝妙的光芒，希望大家不忘记他是个演员……"常盘贵子在得知张国荣出殡的时间后，原本想不管一切放下正在拍摄的电影前往香港为张国荣送行，但最后未能成行。2011年，常盘贵子前往香港拍摄广告，一到香港便前往宝福山拜祭张国荣（陈淑芬在宝福山为张国荣设立了一个牌位）。

杨紫琼前往好莱坞发展后，首次回港拍戏便是在《星月童话》里免费客串了三天的戏。这除了是因为褟嘉珍的极力游说外，更是看在与张国荣的交情上，她才答应回港客串。《星月童话》不管是在香港地区外景地拍摄时还是在日本外景地拍摄时，都吸引了大批喜爱张国荣的影迷前往观看，特别是在日本拍摄时，很多日本影迷为了一睹张国荣的风采向公司诈病请假。导演李仁港说："我们在日本拍街景，日本女影迷对他简直疯狂，原以为是常盘贵子在日本（有）较大吸引力，实际上是哥哥（张国荣）风头盖过了她！"《星月童话》是张国荣与李仁港唯一的一次合作，在拍摄的过程中，个别戏当台词无法充分表达出某种气氛的时候，李仁港就会放一些歌曲来表达戏里需要什么样的氛围。李仁港说："他（张国荣）会很快地理解我的思路，真不愧是专业歌手。"李仁港更表示，一般的演员在只拍摄身体的某个部位的时候，都会让替身去演，但张国荣连影子都自己亲自上阵演出，其他演员与张国荣影子的戏，拍了好几次，张国荣也不会不耐烦。李仁港说："基本上张国荣经验太丰富，我只要提出对角色的guideline（指导方向），他会懂得发挥，再细微的要求，只要说得出他都做得来。""演员因人而异，有的人演某种角色很成功，但是换了一种角色就不行了。不过令我吃惊的是张国荣不管扮演什么样的角色都很成功。他确实是一个很有经验，又很聪明的人。""他在全部的拍摄过程中都在场，大家团结在一起把影片拍好这种意识很强。"在工作之外，张国荣与李仁港两人亦兴趣相投，时有相约闲聊，李仁港觉得，张国荣是个愿意和别人共同享受悠闲时光的人。《星月童话》虽然在筹备的过程中困难重重，令监制褟嘉珍心力交瘁，曾几度想放弃，不过想到在香港电影市场不景气的情况下为挽救香港的电影业尽一份力，开拓一条新的出路，她便坚持了下来。《星月童话》后期制作期间，褟嘉珍在文中写道："现在，同一日本投资者不断催邀我们部署其他制作，而香港地区和日本的再度合作也涌回市场。香港电影在此低潮下又多了一条出路，不敢居功，却是事实，是继《星月童话》后开始。"

1998年10月18日，张国荣的母亲因癌症去世。张国荣的父亲去世时，张国荣因当时正在外地举办世界巡回演唱会而未能见到最后一面。此次母亲去世，张国荣和兄弟姊妹都守在母亲身边，陪伴她走完了人生的最后一刻。1997年底，当医生确诊张国荣的母亲患上癌症时，向来孝顺的张国荣非常担心，曾想尽办法遍访名医为母医病，不过情况并不乐观。好友黄百鸣介绍了一名治好了他太太癌症的"高人"给张国荣认识，张国荣亦尽力一试。1998年七八月间，张国荣母亲的病情有所好转，走得动也吃得下东西了，生活亦完全不需要依赖别人照顾，闲来还能打几圈麻将，令张国荣开心不已。拍摄《星月童话》期间，有记者曾问张国荣今年的生日如何庆祝时，张国荣面色一沉说："我妈咪身体不好，我今年不会大搞，想陪一下老人家。"生日当天，张国荣亦一反往常广宴好友，只在家中与几位好友吃餐饭，为母亲冲病。而后的几个月，张国荣的母亲经常出入医院，情况非常不乐观，张国荣和家人亦做好了心理准备，张国荣更是推掉很多需要离开香港的工作，争取多一些时间陪伴在母亲身边。10月22日，张国荣与家人在红磡世界殡仪馆为母亲设灵。10月23日，张国荣母亲出殡，虽然之前张国荣一脸憔悴、神情哀伤，但一直表现得很坚强，但在瞻仰母亲的仪容与母亲告别时，不禁悲从中来，掉下眼泪。仪式结束后，张国荣手捧母亲遗像坐上灵车，前往柴湾哥连臣角火葬场，送母亲走完人生最后一段路。

1997年年底的亚洲金融风暴之后，香港电影亦遭到严重的打击，金融市场动荡带来的影响、盗版横行、电影同质化、美国大片的侵袭、外埠投资与市场的进一步萎缩等一系列原因，使得当时香港电影产量急剧下降。由1993年顶峰时期的年产234部锐减至1998年的92部，很多电影幕后工作者都无电影可拍，香港电影业陷入一蹶不振的低潮期。为了自救，岑建勋提出了"创意联盟"的想法："如果主要人员包括演员肯降低酬金，冲印费可以迟些缴付，那么大约只需要过往的百分之四十的投资金额便可制作一部电影，减收片酬的演员可日后分红或成为

当我重温您，在茫然中思忆里
所有冷冰的暖了

股东，这样便可以较低的成本制作更多的电影，同时亦可分担投资者的风险。"张同祖、尔冬升、张之亮、陈嘉上、陈可辛等导演讨论后，都觉得这个提议非常好，张同祖说："我们拿着剧本和演员谈，希望他们暂时不要收钱。用他们的片酬来投资，我们想将制作费，好好放在电影制作上，不希望因为市场的萎缩，而因货就价，令电影受到伤害。"之后，他们邀请了王家卫、许鞍华、关锦鹏、张艾嘉等20位知名导演，每一阶段5位导演，每人拍摄一部不同题材的电影，导演张之亮分在了第一阶段成了"开路先锋"。张之亮说："我在想香港人现在怎样能笑呢，我们又怎样拍喜剧呢？于是我们找来查理·卓别林（Charlie Chaplin）的戏反复重温，有一部让我感动的，*The Kid*（《查理与小孩》），我当时想着谁来演查理的角色呢。倘若*The Kid*这个喜剧能够重拍，是希望让人们察觉自己失去太多东西，例如我们会有亲人离开，经营生意或会失败，有很多不如意的事等，但这众多不如意的事情其实不能取缔我们身边生活的人，我们香港人太过为了生活而烦恼致使疏忽了我们身边和我们一起生活的人。在那个时刻，我觉得能以喜剧形式带出信息是一件值得做的事。"张之亮因之前与梁朝伟合作过《等着你回来》，觉得梁朝伟在该电影中的形象与现在这部电影中的角色有些相似，于是第一时间便想找梁朝伟出演。张之亮虽然认同"创意联盟"的理念，但对让演员低片酬甚至无片酬出演电影仍深感疑虑，他担心演员会否以为这是他们一帮无电影可拍的幕后电影人为拍片找的一个借口。尔冬升在知道张之亮开始筹备《流星语》后，便建议张之亮找张国荣试试，因为尔冬升之前与张国荣闲聊时，曾谈起过"创意联盟"，张国荣觉得香港电影的确需要一种新的动力去刺激市场，"创意联盟"的理念值得支持。张之亮之前倒是从未考虑过张国荣，张之亮表示："因为梁朝伟给我的感觉似演员多一点，比较感性，答允的成数会大些；而哥哥（张国荣）是巨星，成功（邀约）的机会应该不大。我当时不太了解哥哥，但是我知道如果哥哥肯演，一定比梁朝伟更有吸引力。既然尔冬升这样说，我也乐于尝试。"张之亮虽然在新艺城的电影《圣诞快乐》中担任过制片，在《金枝玉叶》时亦与张国荣同场客串过一场戏，但与张国荣并不相熟，于是他让尔冬升问问张国荣的意向，在尔冬升的"搭桥"下，张之亮与张国荣在半岛酒店约了见面。张之亮说："见面时心有点扑扑跳，一方面他（张国荣）真是相当的……哈哈，也是自己喜欢的人嘛！另一方面是自己像推销着一件事情，'你不要收钱呀！'当我还未开始讲述剧本的故事时，哥哥（张国荣）已经示意表示明白，或许他事前已经向别人或是跟施南生他们打听过整件事的来龙去脉，想来我的担心是多余的，一群电影人，都是被人能够喊出名字的，而大家都是为了做好一件事情。哥哥说他的心态，参与此事是希望大家都有工开，最重要的是工作人员有收入，其他的安排他不会介意，重要的是拍一出好戏，大家一起工作就好。我心在想来得这么快的，我还未讲述故事呢！从那刻开始，他从没有反悔，也没有怨言。"之后，张国荣向张之亮表示要先看一下分镜头剧本，看完后会很快答复他，张之亮便将分镜头剧本交给张国荣，并表示不合理的地方随时可以修改。不到一个星期，张国荣便致电张之亮，再次相约见面，张国荣告诉张之亮已经认真看过分镜头剧本，并对剧本内容提出了一些想法。张之亮说："他（张国荣）的思路很清晰，提出的问题都是有实际修改的必要。告别时他对我说这计划很好，他一定支持，他只希望工作人员有工开，让我用心拍啦，他有信心。"至此，张之亮与张国荣开始了"创意联盟"救市的首部作品，因为合约必须要有一个价码，张国荣便以一港元的片酬接拍了《流星语》，合约除了列明如不能有色情暴力镜头或诋毁第三者的言论等一般性演员保障条款外，张国荣没有提出其他特别要求。这是张国荣首次以出品人的身份参与电影制作，电影《流星语》的股份张之亮占51%，张国荣占49%。张之亮后来表示："在谈到报酬问题的时候，有许多演员面露难色，而张国荣接受了邀请，当时真的令我很震惊。张国荣能出演这部影片会带来很多效果。首先，他的演技有实力，他出场就等于说会很上座。作为国际派影星，他在国外也是很有影响力的。这样的大明星能够第一个带头，会对其他影星有刺激、促进作用的。对于一部影片来讲，能够确保演员的演出是件很难的事。我想他带头出演这部片子，以后一定会继续有人出来和我们合作。"2008年，张同祖在"追忆张国荣的艺术生命"研讨会上说："'创意联盟'到现在，唯一拍到的电影就是《流星语》，这个是因为张国荣，他二话不说。我知道他当时拿取的片酬，是这行业里的前三名，他能够这样做，我觉得他是一个真正热爱电影、热爱艺术生命、热爱香港的演员。所以他很值得我尊敬。"

《流星语》原名《藕头芒》，藕头芒

当我重温您，在茫然中思忆里
所有冷冰的暖了

是一种生命力非常顽强的种子，在人经过的时候，便会依附在人身上。对于藕头芒张之亮有着自己的理解："我觉得它（藕头芒）好像感情、回忆，你以为没事，其实它一直留在心中。"但因为每次跟别人提起"藕头芒"都要向别人解释一遍，张之亮就想着这个片名是否不够大众化，后来张国荣跟张之亮说，他想为电影写一首叫《流星语》的电影主题曲，因为影片中张国荣饰演的李兆荣很喜欢观测流星。张之亮觉得《流星语》这个名字不错，也很符合他要表达的意思，遂将电影名称改为了《流星语》，而张国荣作曲的电影主题曲后来反而改为《小明星》。女主角原属意由梅艳芳出演，但因梅艳芳没有档期只得作罢。之后，张国荣亲自致电关之琳邀请她出演女主角，关之琳想都没想便答应了张国荣，但关之琳在得知要饰演一个抛弃亲生骨肉的母亲一角时，有些迟疑，担心影响形象和演不出那种内心感受，最后还是辞演了。张之亮说："他（张国荣）也主动电话联络数位演员，但在他的角度里他有难处，由于他本身参与了这出电影，他不想站在最前线，他只能在背后帮忙。"后来，电影的主创人员讨论后决定邀请一位新演员来出演。1997年12月29日，任达华与妻子琦琦在君悦酒店举办婚宴，张国荣曾应邀出席，他觉得琦琦不错，便向张之亮推荐琦琦："既然找不到演员，为何不尝试找琦琦，她是模特界的明星。"因为琦琦长得很高，张之亮便问张国荣是否介意，张国荣答复张之亮不介意，张之亮遂联系琦琦，琦琦看过剧本后亦非常喜欢，但她对自己没有信心，因为之前她从未演过电影，她的丈夫任达华觉得这是一次难得的机会，与张国荣合作也定能获益良多，便极力鼓励妻子接演。《流星语》的男配角是《英雄本色》中的"豪哥"狄龙，自《英雄本色》系列电影后，狄龙便没再跟张国荣合作过电影，此次接演，他也希望与张国荣再续片缘。女配角则是"金像影后"吴家丽，吴家丽早年也曾在张国荣Monica、《侬本多情》和《爱慕》（奇情版）》MV中出演过女主角，对于再次与张国荣合作，吴家丽说："事隔多年与他（张国荣）再度合作，依然觉得他好专业。"

对于《流星语》中"明仔"的饰演者，张之亮说："我认为要拍好这出戏除了哥哥（张国荣）也要有一位可爱的小朋友，要让观众觉得他是我们身边的一位小朋友，他最好不懂得演戏，他最好没接触过电影，我不希望大家从小朋友的面部表情见到一种形式化的表达方式。"

随后张之亮在香港发布信息征求饰演"明仔"的小朋友。后来，张之亮在落选者的录像中发现了叶靖岚，他觉得叶靖岚的表演更放得开，但副导演和一些工作人员觉得叶靖岚只有4岁年纪太小，容易哭闹，会影响拍摄进度。张之亮觉得小朋友以后主要是跟张国荣对戏，所以邀请张国荣一起挑选，张国荣亦坚持选择叶靖岚，张之亮对张国荣说："那是哥哥（张国荣）你喜欢的啊，他（叶靖岚）不听话时……哈哈！"张国荣后来在帮香港电台执导公益电影《烟飞烟灭》时，亦找了叶靖岚出演"儿子"一角。

张国荣对《流星语》投入极大的热情，除了演好自己的角色，亦在其他方面尽可能地去提供帮助，张之亮说："哥哥不只身体力行参与，由筹备到拍摄至完成他都帮助很大。"筹备阶段张国荣便关心张之亮是否有足够的资金周转，在拍摄的阶段，对于他能够做到的事他亦尽心尽力主动提出帮助。在上海拍摄时，没有张国荣的戏份，他亦前往上海，还为大家安排住宿、餐厅。当他知道张之亮需要一部名车做道具，而电影预算又有限时，他便通过上海的朋友借来一辆劳斯莱斯，拍摄完毕后张之亮发现弄花了车头，他觉得非常不好意思，但张国荣让他专心拍戏，自己解决了此事。在香港拍摄时，也需要一辆名车，正当导演和制片感到麻烦时，张国荣一听说立即致电朋友借来一辆兰博基尼给张之亮。张之亮为了张国荣能多点时间休息，通常会让张国荣迟一点到现场，让叶靖岚先热身，但张国荣总是一早便到片场与叶靖岚玩，两个人玩得很开心，这让叶靖岚觉得张国荣就像是一位亲人而不是一位演员。张之亮说："小朋友（叶靖岚）对着这个偶像（张国荣）很快便熟络，不只是小朋友，连他的妈妈也很崇拜哥哥呢！"张国荣很喜欢叶靖岚，叶靖岚也跟张国荣很亲近，有一次张国荣不在现场，叶靖岚怎么也不肯拍戏，最后张之亮不得不致电张国荣说明情况，张国荣接到电话后便立即赶到了片场。张之亮说："他（张国荣）经常留神观察，希望在孩子能够发挥好的最佳状态下工作。不光是小孩子，对他的共演者、摄制组的工作人员，每一个人他都非常注意照顾。可能在他看来，他觉得在一起工作的人都应该是快快乐乐的，他甚至时常注意周围人的情绪，如果他看到谁难过的样子，他就会若无其事地到他身边和他打招呼，不仅仅是为了达成目标，对于整个工作他都会以关心的姿态对待。我认为这是他之所以能成功的秘诀。除此之外，我又发现了一点，总之他是一个非常'感性的人',他凭感性行动,如果认为是好的,他会集中全力到最后。如果他是一个以某种理由首先去考虑、去衡量得失之后再行动的人的话,我想他不会做到那一步。"《流星语》中除了琦琦和叶靖岚,还有一些配角亦是新人,但张国荣从不会因为新人NG多次而不耐烦,更是不厌其烦地与对手交流,并且帮助和迁就对手。张之亮说:"对手弱时,他(张国荣)愿意降低自己迁就对手,很多人都做不到,我希望你好,我扶持你,推到你最'尽',然后令大家都好看。由此令我更欣赏他,我觉得他的人品很好。""我欣赏一位演员,不是在乎他的表演技巧有多厉害,一个演员值得我欣赏的是他做人的态度,对戏里对手的态度,他是完全关怀对方,非自私自利地只顾着自己的演出,哥哥(张国荣)真的很好。"

《流星语》的编剧是邓汉强,这个邓汉强也是非常有意思。1993年,法国一家电视台为纪念世界电影诞生100周年,筹备开拍全世界100位导演的纪录片,陈凯歌亦是受访导演之一。邓汉强作为香港合作方随摄制组前往苏州《风月》外景地采访陈凯歌,同时香港《电影双周刊》亦委托邓汉强做张国荣的专访。后来,邓汉强又在《金枝玉叶2》中担任副导演,当时邓汉强以为张国荣不认得他了,没想到张国荣一眼便认出了他。说起张国荣的缺点,邓汉强说:"他(张国荣)很情绪化,在现场有时发点小小的脾气,但他发脾气绝不是因为你是一个剧务或茶水,就是导演来了,他想发也发。但他发脾气也不是很大,不过是你叫他拍戏了,他不理你,坐在一旁,不说话,但过一两分钟,他还是去了。"这次拍摄《流星语》,一开始张国荣并不知道邓汉强是《流星语》的编剧。开机前,张之亮请幕后主创团队一起谈谈,张国荣一看见邓汉强便说:"怎么又是你,这次你来当什么?"邓汉强说是编剧。1999年底,张国荣出演电影《枪王》,又在拍摄现场看到邓汉强,这次邓汉强在《枪王》中客串了一个小角色。邓汉强后来说:"他(张国荣)是香港少数真正喜欢演戏的人。香港有很多演员是明星,但哥哥(张国荣)是艺术家,人很随和,没有大明星的架子。""有些演员跟真人完全是两回事,他是一回事。他从舞台上下来平时并没化妆,也很有魅力。在舞台上就更有光彩了,真正是舞台上的人。"

《流星语》是张国荣首次在银幕上饰演父亲的角色，《流星语》不是张国荣最出色的电影，但绝对是一部特别的电影，他将一个落魄的养父演得自然而真挚。在之后的宣传上，张国荣亦亲力亲为积极参与，希望这样一个有意义的"救市"行动能够有更好的社会反响，可惜《流星语》上映后因为香港电影市道本身的问题，又受到盗版的打击，票房并不理想，《流星语》也成为"创意联盟"唯一的一部作品。张之亮说："《流星语》他（张国荣）会觉得失望与遗憾，由于哥哥个人的厚道，他不想在这事情上渲染他的付出，他没有特别跟传媒去表达，但不应该因为这样而忽略了他的演戏成就。当他不去张扬时，人们便认为是理所当然。他有点失落，在倾谈间体会到他的失落不是人们对《流星语》的评价，而是失落于香港电影圈及娱乐圈，他感受到的一份冷漠。除了《流星语》又有哪一出电影呢？若然哥哥不走出这一步，'创意联盟'又是搞不成！我们一点一滴去看事件时，我们欣赏一个人不因为报章或传媒的写作，我们看到的事实就放在眼前，哥哥是身体力行地推动着整件事，纵使有很多人表面上说要这样做要那样做，实际走出来又有几多人呢？我可说只有哥哥一人。""'创意联盟'的失败不在于它的构想，而在于发起人没有同心协力去达成这个理想，当日在记者会宣布'创意联盟'的诞生，说会鼎力支持的发起人，在《流星语》上映时完全只字不提这部创业作，不提哥哥。是否因为我拍得太差？就算是，你可以骂我、批评我，但为什么就是不闻不问！"2005年，其他人全部退出"创意联盟"，公司归于张之亮名下，张之亮开拍《流星语》时向东方电影公司借了200万港元，直到2007年还清债务，达到收支平衡。之后，张之亮很开心地将张国荣应得的49%的利润交给了唐鹤德。张之亮后来说："当我在构思《墨攻》时，本来也预（约）了哥哥（张国荣）的份儿，可惜（开拍时）他人已不在。""我们该感谢上帝把哥哥的这张脸给我们，一个人的漂亮不在乎他的一张脸，其实他活出来的行为才是值得我们欣赏及值得我们去爱的！"

当我重温您，在茫然中思忆里
所有冷冰的暖了

有一梦
便造多一梦

Chapter
25

1998年年底,陈淑芬向媒体透露,正在筹备舞台剧《倩女幽魂》,由张国荣出演宁采臣,计划于2000年在红馆或者会展中心正式公演。陈淑芬表示她曾多次游说张国荣再次举办演唱会,原计划在演唱会后再做音乐舞台剧,但在几次洽谈中,她发现张国荣对舞台剧较有兴趣,于是改为先做舞台剧。张国荣曾考虑过改编《胭脂扣》,不过在多方面比较之后,决定改编《倩女幽魂》。在传出陈淑芬筹备《倩女幽魂》舞台剧后不久,有电台爆料称,李进亦在筹备舞台剧《倩女幽魂》,并已申请了2000年红馆的档期,联络了徐克做幕后。李进打算让梁朝伟和王菲分别出演男女主角,梁朝伟已口头答应,王菲暂时还未落实,但已跟王菲的经理人取得联系表达意向。对此,陈淑芬认为,这些事各有各做,应该影响不大,但以个人立场而论,她觉得做宁采臣这个角色最适合的人选,非张国荣莫属。而当时台湾年代公司,亦有意重拍《倩女幽魂》,计划由杜琪峰监制、王晶导演、金城武和女星深田恭子出演。1999年2月26日,张国荣与叶德娴结伴前往红馆捧场好友许冠杰的创意音乐剧《仲夏夜狂想曲》,引起人群围观,在被记者问到《倩女幽魂》的进度时,张国荣表示仍在剧本统筹阶段。

1999年2月28日,张国荣出席黄百鸣东方电影公司在香港南华会举办的春茗会,张国荣因交通阻塞姗姗来迟,他一抵达南华会楼下,便成为全场焦点,引起记者和粉丝的相互推拥,场面一度陷入混乱。当天张国荣心情大好,在聚餐上与钟镇涛合作大唱英文歌曲,既歌又舞,之后又唱了一首《侬本多情》送给黄百鸣,令在场的嘉宾拍烂手掌。张国荣后来对记者表示,在现场看到很多老友,所以就上台唱歌娱人娱己,就当送给大家的新年礼物。对于之前传闻自己将与梁朝伟合演舞台剧《倩女幽魂》一事,张国荣明确表示没有可能,并言李进要做是他的事,不要拖自己下水。对于即将约满滚石唱片,张国荣亦明确表示不再续约,会在4月时公布具体情况。中国星欲开拍电视剧集《射雕英雄传》,有意邀请张国荣饰演王重阳与李若彤合作,张国荣觉得拍剧集时间太长没有兴趣，而且今年的工作已安排好，在推出新唱片后，7月便会执导自己的首部电影。这部电影由陈庆嘉编剧，是一部爱情电影，男女主角暂未定，但张国荣心目中女主角的人选是莫文蔚，张国荣之前曾表示想与陈宝珠和萧芳芳合作，首次执导电影亦希望能邀请到萧芳芳出演。虽然恰逢电影市道不好，但张国荣在访谈中说："做导演一直都是我的心愿。""我做了二十年的演员，这是一段蛮长的时间，但是我希望自己终有一天能做导演。在我心目中导演是整部电影的灵魂，我也希望自己能做一个灵魂人物。"

1999年3月8日，作为首届香港电影评论学会"最佳男主角"的张国荣为1998年度"香港电影评论学会大奖"担任颁奖嘉宾，颁发了"最佳男主角"和"最佳女主角"奖项。林纪陶后来回忆说："我们香港（电影）评论学会找张国荣先生任颁奖嘉宾。哗！我觉得他和一般颁奖嘉宾完全不同，因为是他照顾我们，不是我们照顾他。那时在Planet Hollywood（缤纷好莱坞）颁奖，他一早到了现场，当颁奖完了，他问当时的会长李焯桃先生：'我做完我的事没呀？做完！那我可以走了啦！是不是呀？'那个时间，我很感动。其实他真的如祖哥（张同祖）说他是一个王子，是一个贵族，他是可以这样帮助我们，所以他这样的气质真的是O型血人。"那届"最佳男主角"黄秋生说："我很兴奋，不是因为得到这个奖，而是可以从哥哥（张国荣）手中得到这个奖。""最佳女主角"吴君如亦说："我知道哥哥颁奖予我，我才来领奖。"当日晚些时候，张国荣前往日本为电影《星月童话》协助宣传。张国荣在日本的人气非常高，当晚在朝日剧场举行的《星月童话》日本传媒试映会，吸引了五百多位记者到场，日本影迷更是一早便聚集在剧场门口等待张国荣的到来，很多影迷因没有入场券无法进入会场，来到剧场门口只为能一睹张国荣的风采，少数通过媒体取得入场券的影迷则雀跃无比。张国荣在日本的行程非常紧密，早前有七十多家媒体报名预约专访，但张国荣认为时间实在有限，贵精不贵多，最终选择了四十来家媒体做专访。3月10日，《星月童话》日本记者会在东京柏悦酒店（Park Hyatt）举行，记者会再次吸引了三百多位来自亚洲各地的记者，在记者会上张国荣大赞常盘贵子专业又谦虚，希望有机会再合作。常盘贵子表示张国荣是她的偶像，对于这次合作感到像做梦一样，她亦谈到在香港拍摄时张国荣对她的照顾，非常赞赏张国荣的绅士风度。因日本媒体的访问已应接不暇，组委会没有安排中国香港媒体的访问时间,但张国荣十分有心,见香港记者远道而来却未能采访,于是在记者会结束后主动抽出时间到香港记者所在的饭店答谢香港记者,令香港记者惊喜之余亦非常感动。3月12日,张国荣在紧锣密鼓的宣传行程中,亦抽空前往东京武道馆捧场王菲的日本演唱会,其实1999年1月时,张国荣在香港红馆已经观看过王菲的演唱会。3月26日,《星月童话》在香港举行记者会,虽然电影市道欠佳,但众多公司对张国荣的商业价值青睐有加,一早便已争相赞助在复活节才上映的《星月童话》,赞助宣传费用高达上千万港元,3月29日至4月1日在香港举办的三场盛大的首映礼,现场更是挤得水泄不通,记者与影迷争相拍照,以致场面一度失控。数百位日本影迷更是组团前来捧场,张国荣亦出席了3月28日在九龙湾国际展贸中心举行的日本影迷聚会。当晚筵开二十五席,当张国荣出现时,立即欢呼声四起,在问答环节,张国荣有问必答,令在场的日本影迷非常兴奋。张国荣更是捐出三套演出服做慈善拍卖,日本影迷反应热烈,最后连张国荣身上穿着的唐装外套亦即场脱下拍卖。当晚总共筹得约十二万港元善款,全数捐赠儿童癌病基金。

1999年3月30日,张国荣应前任姐夫——香港大学比较文学系主任阿克巴·阿巴斯(Ackbar Abbas)的邀请,与林青霞一起在香港大学本部演讲厅出席关于电影《东邪西毒》的讲座,并担任客席讲者。张国荣以流利的中英文贯穿全程,讲述了香港电影的现状,以及与王家卫在《东邪西毒》合作中的故事。张国荣在讲座中表示,香港电影陷入困境,除了盗版横行是主因外,香港的一些电影人只将电影看作赚钱工具亦是其中的原因。对于进军好莱坞,张国荣则觉得并不是想象中的那么简单,他亦为周润发叫屈,他觉得周润发是香港的"影帝"、亚洲的希望,但在好莱坞并没有得到相应的地位。在3月25日出版的日本《读卖新闻》对张国荣的专访中,张国荣亦提到不愿去好莱坞的原因——"至于被问到为什么还不想进军好莱坞,张国荣很坦率地表示,其实不少人邀他拍片,但是他觉得好莱坞的电影制作人对亚洲充满无知和偏见,分不清楚中国人、韩国人和日本人的差别,且东方人的角色不是功夫就是黑社会,除非有很好的剧本,不然他不想演出。"在讲座中,张国荣认为香港的电影仍然有希望,因为香港还有很多有理想的电影人。在问答环节,有同学问及张国荣什么类型的电影能再次让观众走进电影院,张国荣表示什么类型无所谓，只要是有"心"的电影。他亦指出电影《甜蜜蜜》中道路上"双黄线"的穿帮镜头。讲座历时一个半小时，结束后同学们蜂拥而上争相与张国荣合照、索要签名，最后还拍了个大合影，在离开演讲厅时，学生们夹道鼓掌欢送。音乐人嘉琳后来在专栏中写道："还记得那天人人四点钟已心不在焉，只知道四点五十分一定要下课，然后跑到演讲厅会'哥哥'（张国荣）。那天的他，一身 casual smart（商务便装），神采飞扬，一开口就是英式口音的英语，但一点都不呆板，风趣幽默，自信爆棚，把只会说国语的美女青霞都比下去……"

1998年在拍摄《流星语》期间，日本出版社有意制作一本张国荣的写真集，之前亦有很多出版商联系张国荣制作写真集，但张国荣都拒绝了。当日本出版社的制作人志摩千岁联系到张国荣时，恰逢张国荣的母亲去世不久，张国荣对志摩千岁说："之前几次有人提起出写真集的事，但我一直没有兴趣。好像没有什么契机促使我一定要做写真集嘛。再说十年前我曾出过一本，那是我非常中意的一本写真集，事实上我也没有自信再出一本比那个更好的了。""十年过去了，我母亲刚刚去世，而你刚好提出出版写真集的事，又是我十分尊敬的好朋友介绍来的，所以，我觉得这真是某种缘分呢……""十年前的写真集是作为我告别偶像歌手的一种纪念，而这次，或许可以说，是经历了我母亲的去世之后，我得以从那个过去的某些思想中解放出来，重新开始一个新的自我的纪念吧……"母亲的去世成全了这本写真集的出版，写真集由日本摄影师清水安雄拍摄，内附制作人志摩千岁对张国荣的详细专访和对张国荣的合作者的访问。4月12日，时隔11年张国荣的全新写真集《张国荣的所有》向经销商发货，预定于4月15日在日本公开发售，4月23日在香港地区公开发售。某家香港的日资书店，为了赶在其他店之前抢先上市，自掏腰包将写真集从日本空运至香港，而4月8日香港《太阳报》在该书店买了该本写真集，翌日的《太阳报》上未经授权大量转载了还未正式上市的写真集内张国荣在床上拍摄的部分照片，并专挑访谈中提到唐鹤德的内容，偷梁换柱篡改张国荣接受志摩千岁专访的文字内容，以"张国荣日本写真恋人无分男女"为噱头做标题。当志摩千岁委托朋友与《太阳报》联系提出正式立场时，《太阳报》恬不知耻地辩解，并拒

图片授权提供：Leslie Legacy Association

绝道歉。志摩千岁后来在回忆张国荣的书中写道："对 Leslie 和我们来说，《太阳报》事件实在太不讲道理了，给我们留下的只有无限的遗憾和气愤。假如就因为这是所谓香港式的做法，日本的常识行不通，这件事只好这样不了了之的话，我想借此机会，把《太阳报》对本出版社的要求置之不理，连道歉也没有，还将错就错地说成是所谓新闻自由的卑鄙无耻行为在此曝光，哪怕就让这本书的读者了解一下真相也是好的。" 4 月 16 日，张国荣前往东京，准备出席翌日在东京举办的《张国荣的所有》写真集签名会和照片展。在东京成田机场，张国荣受到了数百名日本粉丝的热烈欢迎，更有粉丝乘坐出租车始终紧紧跟随张国荣乘坐的车，最后日方工作人员不得不出下策，将出租车引入单行道后，工作人员下车拦住跟随的车辆。有一些粉丝更是提前几天在签售会场排起了长队。4 月 24 日，张国荣在香港又一城 PAGE ONE（叶壹堂）书店

当我重温您，在茫然中思忆里
所有冷冰的暖了

为香港粉丝举办《张国荣的所有》写真集签名会，300本写真集在一小时内签售一空。

4月12日，梅艳芳在接受香港电台《海琪的天空》节目访问时表示，已邀请到好友张国荣担任月底演唱会的特别嘉宾，张国荣会做足全部七场嘉宾，梅艳芳说："我做过调查，收到好多歌迷的意见，他们最希望我找张国荣做嘉宾，我就联络他，哥哥一口就答应了。"张国荣友情义助分文未收，令梅艳芳感激之余亦表示："要请得起他都不知用多少钱呀！"4月30日，"百变梅艳芳1999"演唱会在红馆揭幕，张国荣出场时掌声如潮，张国荣在演唱了华星时期的一连串劲歌组曲、《这些年来》、《追》等歌曲后，与梅艳芳合唱了《缘份》和《有心人》，这对舞台上最好的搭档，在合唱时更是大跳贴面舞，温馨缠绵令观众回味无穷。

《星月童话》上映后的第二天，市面上便出现了盗版影片，令日本投资方非常愤怒。《星月童话》日方监制一濑隆重对投资（中国）香港电影失去信心，扬言香港方面如果再不管制，那么日本投资者将会抵制香港市场，拒绝再投资。1999年5月，张国荣接受黄毓民的《毓民会客室》专访时亦谈及盗版问题，张国荣表示，如果不解决盗版的问题，那么香港的演艺界必死无疑。张国荣更举例说明："以前唱片销量超过20万张才叫'满意'；10万张左右只算是'一般'；不到10万张的话便是'不入流'。但现在只要卖出五六万张唱片，唱片公司已要开香槟庆祝！"张国荣说："演艺界的人现在都很心淡，因为大家正面对一场'困兽斗'。所以我宁愿不接工作，即使接，像最近跟张之亮合作那样，我拿出诚意来拍，不理片酬多少，总之我先每天准时完成戏份，现在够那套戏进入后期制作，我们才正式签片约、谈片酬。在这样的市道下，大家必须拿出诚意，不能斤斤计较。"对于香港电影的现状，张国荣表示："盗版只是其中一个打击电影业的因素，但最致命的原因其实是电影人一直也没有求进步，每日也在滥拍、赚快钱。"张国荣担心香港的电影人再不求上进，而内地的电影人一直在进步，终有一天会赶超香港。张国荣面对香港电影现今所处的困境亦谈及传媒问题，张国荣说："传媒也要检讨。电影市道已经如此不济，他们不但不协助振兴，反而落井下石，不断报道一些艺人的负面新闻。早前有记者来访问我，花了大半小时谈电影、谈唱片，但最后却有一个18岁的女记者问我：有人看见你在日本当街吻男仔喔?我真的觉得很无聊,任何人想一想也知道,以我的身份,怎会在公众场合做这种事?但翌日报纸的头条便是'张国荣日本当街吻男仔',之前谈的话题全部无影无踪。有时我觉得很奇怪,我在日本拍《星月童话》,已经招待得传媒很周到,他们要怎样拍照、怎样做访问都可以,但结果因为《肥妈电话秀》的一个观众来电,便成为娱乐版头条,反而报馆、周刊派专人到日本做的采访却成为配角!我觉得这简直是对记者们的一个侮辱,花了人力物力做的采访不被重视,一些空穴来风、不能证实的传闻却被捧到天上。"那段时间张国荣出席公开活动时更是对记者"封嘴",不接受采访。张国荣说:"跟这些记者争论没有意思,所以干脆不接受访问。每个人也想'安居乐业',现在我们这些艺人既不能'安居',也不能'乐业'!狗仔队每天在门外偷拍,影响我们日常起居生活,所以不能'安居';电影市道低迷,盗版猖獗,又使我们不能'乐业'。传媒是否希望赶绝我们呢?"在《毓民会客室》节目专访结束时,张国荣更向记者传话:"我从来不会'鬼鬼祟祟',所以请各位不要以什么'回避镜头''面色一沉'来形容我!"6月16日,时任香港政务司司长的陈方安生带队在温哥华推广香港活动期间,与张国荣、杨紫琼等电影人出席在温哥华举行的"香港电影周"《星月童话》首映礼,此次"香港电影周"共选映了《星月童话》等8部香港制作的高质量电影,总共放映12场,吸引了3000余名观众。陈方安生在致辞时表示:"相信香港的电影业经过一段时间考验,已经大致恢复过来,而香港电影制作人亦已开阔视野,制作迎合国际观众不同口味的电影。"此事件亦被写入1999年的香港特别行政区政府年报。

1999年5月,坊间猜测已久的张国荣约满滚石后的去向终于尘埃落定,在争夺张国荣签约的过程中,曾与张国荣在新艺宝唱片合作过的现任环球唱片负责人陈小宝,成功与张国荣达成共识,邀请到张国荣签约环球唱片。对此张国荣表示,自己与陈小宝有十多年交情,从新艺宝时已并肩作战,无论在私下还是工作上都有默契和互相信任。对于张国荣离开滚石唱片,滚石香港总经理陆少康则表示,滚石唱片与张国荣"分手",纯属"性格不合",主要是滚石配合不到张国荣的需求,但大家仍保持良好关系。7月3日,环球唱片隆重举行"1999 Hot Summer 环球唱片再会旧友"张国荣签约环球唱片盛大记者会。签约仪式更是引进全新的电脑

图片摄影 / 授权：Zhou Meiyun

图片摄影 / 授权：Zhou Meiyun

签约技术，并向全球网络直播，吸引了近百位东南亚的媒体到场，会场设有四人管弦乐队现场演奏张国荣的歌曲，无线电视、香港电台、香港商业电台和新城电台香港四大媒体高层亦全部亲身道贺。当日心情大好的张国荣，对记者有问必答。5月时张国荣成立了自己的唱片制作公司盛和国际（Apex Music Production），之后张国荣的唱片便由他自己的公司制作，然后交由环球唱片发行。张国荣与环球唱片签了两年的合约，一年发行一张唱片。对于传闻张国荣将会与谭咏麟合唱，张国荣表示，大家同在一家公司，不排除合唱的可能性。当时陈小宝正在为谭咏麟策划环球唱片一众歌手翻唱谭咏麟歌曲的15周年纪念唱片《谁可改变》，陈小宝邀请张国荣与谭咏麟合唱。据陈小宝透露，张国荣一口答应，并向陈小宝表示希望以后自己也会有这种形式的一张唱片，陈小宝亦一口应承，可惜陈小宝最终并没有兑现承诺。张国荣与谭咏麟合唱了《幻影＋雾之恋》，由两人的好友钟镇涛监制。当年"谭张争霸"的两位主角，在世纪之交完成了一次许多人之前以为不可能做到的事，媒体更是称此次合作为"世纪大合唱"。7月28日，张国荣与谭咏麟在钟镇涛的录音室拍摄了《幻影＋雾之恋》的MV。张国荣亦为谭咏麟的生日特辑录了一段祝贺的VCR（录影），不过不知道环球唱片是有意或无意，将谭咏麟的生日特辑安排在了张国荣的生日当天播出，以致9月1日张国荣出席"唐涤生电影回顾"活动时，被大批记者包围追问此事是否环球唱片偏心谭咏麟，张国荣笑答："傻了吗？说公司（环球唱片）偏心，环球疼我都来不及！或者阿伦的生日特辑是公司给我的生日礼物呢！"

1999年7月14日，张国荣连赶两场活动，分别为好友尔冬升《真心话》首映和杜可风《三条人》首映后的盛大派对捧场。活动现场张国荣向记者表示，自己原定7月执导的电影最近已放弃原有的剧本，采用另一个新的剧本，《星月童话》的日本投资商亦有兴趣投资，但自己不会出演男主角，只会安心做好导演的角色。张国荣说："我有个更好更浪漫的故事，会集中讲感情戏。所以可能不用莫文蔚而另觅人选，我好欢迎各位自荐啦！"《真心话》的女主角范文芳听闻后说："我好想同哥哥（张国荣）合作，自荐都没有问题，（角色）是要自己争取！"同去捧场《真心话》的梅艳芳笑称："我脸皮薄，自荐就一定不会，不过我和张国荣拍完《金枝玉叶2》后，一直想再和他合作，因为我和他很有默契，如果那个角色真的适合我，我想大家心有灵犀，他自然会找我啦。"《星月童话》上映后口碑甚好，日本投资商有意找张国荣开拍《星月童话》续集，不过张国荣认为续集题材无法突破，所以便推辞了。张国荣同时表示接下来会出演张之亮的《星光大道》和陈果的电影。张之亮的《星光大道》当时计划在9月开拍，男主角已定张国荣，女主角暂时未定，除了考虑范晓萱外，还有其他人选，李玟亦自荐演出。张之亮说："片中讲述女主角被哥哥（张国荣）一手捧红，但同以前陈可辛的《金枝玉叶》不同，属半歌舞片形式，至于哥哥会否为新片作曲，还要看他个人意愿，影片除了在香港地区拍摄外，还会到日本及非洲取景。"陈果的电影是一部中国香港与日本合作的爱情片，由张国荣和松岛菜菜子出演，林纪陶编剧，故事来自张国荣的构思，讲一个口袋里时常带着指南针好像永远在流浪的人。林纪陶说："他（张国荣）想借着这个故事，带出他对整个世界的看法。故事是讲演艺界的，所以里面很多的素材，也是关于他现实和戏剧的生活。"2000年，张国荣在接受日本杂志专访时亦谈及此片："实际上，现在和日本演员的合作计划正在进行中，是陈果导演的作品。还没有正式签约，所以不能透露太多。"陈果后来说："到现在最可惜的是没有和张国荣合作，我已经给他写过一个剧本，但是感觉不大好，后来一忙，就没有对剧本进行修改了。"可惜，这两部电影最终皆无下文。

1999年7月21日，张国荣赴韩为《星月童话》韩国首映做宣传。8月21日，张国荣应邀担任联合国教科文组织（UNESCO）和日本广岛市联合举办的"Together"广岛慈善音乐会，在这个三小时的音乐会上，张国荣与日本的谷村新司和西城秀树、新加坡的李迪文等各国音乐人合唱了日文歌曲《花》，之后又独唱了英文歌曲 A Thousand Dreams of You，并在李迪文的钢琴伴奏下演唱了粤语歌曲《追》，张国荣挥洒自如的舞台魅力令现场观众的尖叫与掌声不断。8月31日，张国荣出席第44届亚太影展公布入围名单的记者会，《星月童话》是五部入围的影片之一。9月1日，张国荣在出席"唐涤生电影回顾"纪念活动后，亦赶往娱艺院线（UA）金钟戏院捧场陈可辛进军好莱坞的首部电影《情书》的香港首映，在被记者问到即将到来的生日愿望时，张国荣表示希望减少是非。

当我重温您，在茫然中思忆里
所有冷冰的暖了

1999年9月中下旬，张国荣前往巴黎拍摄音乐电影《左右情缘》，这是张国荣继《惊情》和《日落巴黎》之后的第三部音乐特辑，这次特辑完全是以一部电影的形式呈现，全片亦以电影的制作方式在香港和巴黎取景拍摄。虽然片尾注明的编导是无线电视的郭嘉萍，但张国荣参与了从前期统筹到制作完成的全部过程，在制作过程中张国荣是实际的执掌人，所以《左右情缘》的片头注明了"张国荣作品"和"张国荣音乐电影"。对于首次编导音乐电影，张国荣说："这部音乐电影对我来说是项大挑战，压力也较大。"《左右情缘》虽然选择了与十年前拍摄的《日落巴黎》相同的"一男两女"三角关系的故事线，亦选择巴黎为外景地之一，但在剧情和人物冲突的设置上更加完整，以左右手来比喻旧爱新欢的观点亦很独特。这次在演员的选择上，张国荣找了即将嫁人息影的邱淑贞和刚出道不久才19岁的张柏芝为女主角。这是邱淑贞第二次和张国荣合作，1988年邱淑贞曾在张国荣的《贴身》MV中参与演出，《左右情缘》也是邱淑贞息影前的最后一次演出。之后成为邱淑贞丈夫的商人沈嘉伟，在邱淑贞1998年生日当天向张国荣借用"为你钟情"咖啡馆向邱淑贞求婚，当日在场的张国荣、张曼玉和吴君如亦一直为生性腼腆的沈嘉伟打气，最终沈嘉伟抱得美人归。10月31日，沈嘉伟与邱淑贞在日本著名的彩虹大桥举行婚礼，接着在东京台场日航大酒店举办婚宴，张国荣亦受邀与唐鹤德一起前往东京道贺，并观礼见证了一对新人的幸福时刻。张柏芝与张国荣相差了24岁，不过在片中饰演情侣看起来一点都不违和。在法国拍摄期间张国荣教了张柏芝很多演戏的方式，有些镜头张国荣更是亲身给张柏芝做示范。之后，张国荣亦非常疼爱张柏芝，2002年，张柏芝在慈善义演飞车环节中受伤，张国荣除了第一时间去医院探望张柏芝外，亦将自己一直随身所戴的护身符送给张柏芝保平安。后来，张国荣有意将早年自己出演的李碧华的《我家的女人》翻拍成电影，亦计划邀请张柏芝出演女主角。《左右情缘》的演员阵容除了张国荣、邱淑贞和张柏芝三位主角外，张国荣还邀请了张学友为开场白配音，同时邀请曾志伟、谭咏麟、梅艳芳、吴君如、琦琦和李蕙敏客串出演，更邀请了旅法著名画家陈建中在其中客串一角。无线电视派出的艺员中，有当时还在无线艺员训练班的马国明和杨怡。10月8日，无线电视破天荒地为《左右情缘》举行了一个盛大的首映礼。10月10日《左右情缘》播出后甚受好评，媒体亦称之为高水准的音乐特辑，有媒体评论："故事有头有尾，结构扎实，剧情能引起共鸣，亦有一定戏剧性，算是近年音乐特辑中最有'追看力'的一出。故事之外，画面的情调亦非常吸引（人）。"

1999年10月13日，张国荣加盟环球唱片后的首张唱片《陪你倒数》发行。华星唱片在得知张国荣新唱片的发行日期后，提前一天于10月12日发行了张国荣的精选集《张国荣精精精选48首》。华星高层黄达辉说："一知（道）环球帮哥哥（张国荣）出碟，我已经拣定歌出精选，希望歌迷爱屋及乌。"对于华星的行为，环球高层甘菁菁表示："没什么所谓，大家卖得是好事，他们只是精选，我这只是新碟，不要紧。"两张唱片推出后，竟然齐齐进入IFPI销量榜，《陪你倒数》蝉联数周IFPI销量榜冠军，《张国荣精精精选48首》最好名次亦排到第二位。《陪你倒数》在推出十来日后，销量便超过白金数字。在盗版猖獗市道持续低落的唱片市场，两张唱片都有好销量，张国荣笑说："幸好（两张唱片）都卖得，卖得不好就丢人少少，我不介意华星出我旧碟，一样有钱收，但封套的照片都不帮我修一修眼袋，好在脸上没什么东西，有雀斑就是大事了。"因为张国荣是以自己的音乐制作公司制作唱片、环球发行的方式加盟环球唱片的，所以张国荣有更多的自由去做自己喜欢的音乐。当然，环球唱片作为一家世界性的大公司，张国荣亦会策略性地做出些许妥协。陈小宝说："在这时期，Leslie和Alvin创立了一间制作公司，基本上我只可以在他们制作大碟之前，给Leslie一些意见，他听不听很难控制，因为合作形式不同了。""我们以前已建立良好的沟通，故今次他回来，不需多说话，已经做到我们想要的东西。但因为现在的市场已不比以前，要比较务实，所以我仍不时把'不要像野马似地四处走'挂在口边。"张国荣亲自挑选的主打歌《左右手》，在商业上取得了巨大的成功，横扫香港乐坛各大流行榜和颁奖礼，更是香港四台冠军歌曲，张国荣之后在"热·情演唱会"上亦表示："因为有这一首歌（《左右手》），才会有一些朋友，一些新的粉丝中意我。"而张国荣亦非常喜欢这首歌，更是为这首歌录了三个版本。《左右手》因歌词中的那句"从那天起我不辨别前后，从那天起我竟调乱左右"而被外界解读为这是张国荣宣示其性取向的歌曲。对于外界的解读，张国荣表示："人家中意讲什么就讲什么啦，林夕是个好填词人，他填什么我就唱什么，可能这个是他的心声呢！"在记者追问张国荣新唱片中是否

当我重温您，在茫然中思忆里
所有冷冰的暖了

最喜欢这首歌时，张国荣笑说："我中意左右手，左右脚都中意。"后来林夕在谈到《左右手》时说："这首歌（《左右手》）他（张国荣）之前没有同我交流过，是我自己想写用一只手拥抱，一只手告别，这个是一个好大的误解。"之后张国荣为《左右手》拍摄MV，制作费高达100万港元，由金像奖摄影师黄岳泰导演制作，更是以电影的方式全胶片拍摄，为了让水中的镜头达到更完美的效果，张国荣断断续续在水中泡了24个小时，以致眼睛发炎。陈小宝说："后期在环球年代，Leslie在MV方面有更多参与，也见证了一个艺人的成长。起初他较多参与音乐制作，去到环球，MV愈来愈重要，因此他很紧张MV出来后是不是有效，是不是他心里所想。""一去到budget（预算）方面，大家会晕低（晕倒），他拍MV好像是拍电影，电影有观众买票，但MV是免费给电视台播的，不会卖钱！我们在这方面就有很多争执。"

世纪末情怀的新唱片《陪你倒数》的唱片名原为《梦死醉生》，亦是唱片内的一首歌曲名。《梦死醉生》是C.Y.Kong创作的一首长达8分钟的歌曲，张国荣非常喜欢这首歌，更是表示C.Y.Kong是一个"talented mad man"（有才华的疯子），但张国荣告诉C.Y.Kong，香港的电台不会播这么长的歌曲，而且香港仍是商业音乐为主的地方，所以张国荣建议C.Y.Kong将这首8分钟的歌曲分拆成两首歌，之后便有了《梦死醉生》和《陪你倒数》这对双胞胎。张国荣觉得《陪你倒数》这个歌名很应景，便将唱片的名称改为了《陪你倒数》。唱片中由张国荣自己作曲的除了《流星语》的主题曲《小明星》以及其国语版《你是明星》之外，另有一首快歌《寂寞有害》，对此张国荣说："因为好多人讲张国荣不会写快歌，你知道我当时（写）的《红颜白发》《有心人》等，heat（大热）的都是慢歌，证明Leslie每逢写慢歌都会红，但似乎快歌欠奉（不好）呢。哇，不行，怎么能这样被人小看，所以怎么都要写一些快歌。"对于同样由《左右手》的作曲叶良俊创作的歌曲《春夏秋冬》，张国荣则表示："（《春夏秋冬》）是很positive（正面）的，其实虽然你听那歌词，你亦都知其实已经分了手，一定是和他的爱人，深爱的人分开了，但是其实他是有自己好正面的对感情和对事情的看法。就像歌词里讲，'能同途偶遇在这星球上，是某种缘分，我多么够运'。意思就是说，你就算是和那个人分开了，但是你在这个地球里面，这个星球里面，遇见到这样的一个人，你会觉得你以前和他所有的事情是没有白费的。没有枉费,我觉得这一点很重要。"《春夏秋冬》由陈伟文(Adrian Chan)编曲,自Adrian Chan在《红 张国荣》唱片中为张国荣的《不想拥抱我的人》编曲后,张国荣便开始了与Adrian Chan的合作,在《陪你倒数》唱片中Adrian Chan亦为张国荣创作了一首《不要爱他》。对于《流星语》的主题曲《小明星》,张国荣原本想创作一首类似于《一闪一闪小星星》(Twinkle Twinkle Little Star)这样的歌曲,在歌曲中亦引用"twinkle twinkle little star"这一句,但考虑到英文歌版权费较高的问题,梁荣骏便提议张国荣将其独立出来,张国荣说:"我一开始就知道整部戏(《流星语》)的structure(结构),也在拍戏中途已经有了对这首歌的概念。最主要的出发点是一首摇篮曲式的模型,温馨舒服。其实这部戏的一面很depressing(压抑),另一面却想讲述人间温情永不磨灭。就像现在现实生活中有太多的生离死别,所以我想在歌曲中表达一些有希望的positive(积极)的东西。"对于《陪你倒数》这张专辑,在整体上张国荣是做了些许妥协的。对于唱片的制作概念,张国荣说:"上一张粤语大碟(《红 张国荣》),好多人说张国荣的歌难唱,那么现在制作一些易唱的歌给你们。因为上一张粤语大碟的歌被认为好突破,很走险,高格调,像《偷情》,穿高跟鞋唱《红》,哇,玩得这么险,所以这次玩一些平实的,sensational(非常好的)一些的歌给大家听。"

  1999年9月21日,台湾地区发生大地震,此次地震是台湾自二战后伤亡损失最大的自然灾害。9月26日,无线电视为台湾"9·21"地震发起"送暖到台湾"慈善筹款活动,一向热心慈善的张国荣,虽然前天刚从巴黎拍摄音乐电影《左右情缘》返回香港,正忙于筹备在香港外景地的拍摄事宜,但仍抽出时间出席支持。1972年,观塘秀茂坪发生山泥倾泻灾难,陈宝珠参加义演曾以"炒饭"筹款。这次活动陈宝珠再次表演"炒饭"筹款,张国荣即场试吃后,大赞陈宝珠的手艺,捐出25万港元的善款支持,最终连同粉丝的捐款,陈宝珠的这碗炒饭筹得50万港元,被称为"史上最贵的炒饭"。9月27日,香港演艺人协会为"香港演艺界9·21传心传意大行动"筹款活动录制主题曲《这城市有爱》,张国荣在百忙之中亦前往位于香港尖沙咀广东道的录音室参与录音。10月3日,张国荣应邀赴新加坡出席新加坡传媒机构成立5周年"全星展艺献温情"慈善筹款晚会担任义演嘉宾,为新加坡13间老人院筹款。在中午的记者会上,对于记者提问的养颜有方的秘诀，张国荣表示，最重要的是保持心境快乐，感受自己存在的价值。张国荣说："现在我很开心，我所做的都是自己喜欢的东西。"有记者问他怕不怕老，张国荣乐观地说："我不怕！这是人生必经的阶段。"张国荣在记者会上亦透露，原本计划中今年执导的首部电影，将延迟到明年开拍，明年亦将会举办个人演唱会。对于现阶段的生活，张国荣说："现在我的运动量大，工作量则减少了。我现在更会享受人生，有空就去旅行，跟好朋友在一起。"在当晚的义演中，张国荣在新加坡国立大学交响乐团的现场伴奏下，演唱了还未发行的新唱片中的两首国语歌曲《你是明星》和《全世界只想你来爱我》，之后用普通话和粤语夹杂着演唱了《共同度过》，共接到4.4万通观众的捐款电话。在演出结束后的采访中，张国荣表示，自己很多年没在电视上演出，因为这次是个慈善活动，而自己也希望多参与一些对社会有贡献的公益性活动，所以接到邀请就答应了。11月7日，张国荣出席了香港保良局为市民提供慈善巴士的"红心巴士"启用仪式。张国荣除了被委任为"红心哥哥"外，亦在启用仪式后与郑丹瑞一起参与了与智障人士的羽毛球友谊赛，宣扬伤健合作资讯。12月11日，张国荣应邀在"欢乐满东华"慈善筹款晚会中捐出一幅心爱的油画收藏品进行慈善拍卖，最终筹得18万港元的善款。

1999年11月中旬，张国荣出演尔冬升监制、罗志良导演的电影《枪王》，终于实现多年心愿，饰演变态杀手。《枪王》最初只有英文名Double Tap（《快速连击》），开拍时取中文名为《冷鹰》，直到上映前中文名才正式改为《枪王》。《枪王》的最初构思来自于电影的技术指导——两届香港射击冠军张民光，他把自己的一次亲身经历告诉了尔冬升：作为射击冠军路遇警匪交火，而警察屡击不中时，射击冠军是否应该开枪的一个故事。之后，尔冬升和罗志良根据这个概念构思了《枪王》这部电影。因电影中涉及专业射击，在电影开拍前六个星期，剧组安排了电影中的主要演员在张民光这位"枪王"的指导下，进行射击实战训练。张民光说："张国荣学得最好，不但形似，连神绪、感觉他都捉到，真是专业。为了令他对烧枪（开枪）更有感觉，训练期间我专门给他尝试用真枪，而哥哥（张国荣）亦非常有天分，只学了三至四日已经似模似样，跟真正枪手一样。不过，我发觉其实哥哥绝对不喜欢暴力，他虽然学得好似，但他并不喜欢开枪，反而方中信同谷德昭就十分enjoy（喜欢）开枪。"自尔冬升与张国荣合作过《色情男女》后，尔冬升觉得张国荣已经放下"明星包袄",对张国荣赞赏有加,于是再次找上张国荣,告知他想拍一部紧张刺激动人的以现代形式表现的"古装武侠片",两个主角一个是警察,一个是变态杀手,并表示这两个角色张国荣都很合适,让张国荣选择一个。张国荣后来说:"一个'正义',一个好'阴森',我当时想我做了很久的戏,警察做过很多次,由《英雄本色》开始做,想试一试一个新的角色——变态杀手,我很久以前已经想做一些人家猜不到我会做的角色,当他(尔冬升)问我想演哪个角色,我就说不用想,一定选变态来做。"其实方中信亦想做变态杀手这个角色,方中信后来亦说:"当初他们找我已经要我做警察,但是其实我想做哥哥(张国荣)的角色,那角色的区域性较大,转变程度又大,对比亦大,作为一个演员,我会想做那个角色。"对于这样一个心理非常复杂的角色,张国荣表示:"我自己很喜欢看电影,香港地区的和外国的都有看过,也看过一些变态的角色,希望可以借鉴,但发觉都不适合的,原来要做得入木三分,要用自己的方法表达,人家的只可以参考,所以这次可以讲是'张国荣式的变态'。这个角色有难度的,我记得有一场要自己拿着枪,想杀人又想自杀,他知道杀人是不对的,但杀人又令他产生快感,自己折磨自己。"

对于和张国荣演对手戏,方中信甚感压力,方中信表示:"跟哥哥(张国荣)拍戏很开心,他是一个前辈,跟他做戏的时候我会觉得难度很高,对比起我以前拍过的好多对手,他算是最强的,能给我带来压力的一个。压力来自他的眼神,有名气的未必识做戏,即明星不同于演员,哥哥是两样都有,我觉得他有那种气势,可以在角色里头压倒人,压到场……"为了令这个角色更有说服力,张国荣完全不考虑形象,在戏中饰演他女朋友的黄卓玲表示,张国荣在拍摄时经常要化妆师补妆,因为他会嫌角色在形象的表现上不够好,比如黑眼圈不够黑、眼中的红筋不够红等,在拍最后一场戏时,围观的路人看到张国荣,把当时角色的形象跟张国荣本人等同了起来,低声说张国荣本人不够好看。张国荣是黄卓玲的偶像,所以听说在戏中要饰演张国荣的女友,她既紧张又兴奋。在合作过后,张国荣对黄卓玲大加赞赏,张国荣表示,新人跟他演对手戏经常会怯场,特别是刚开始跟他还没熟悉的时候,但黄卓玲能表现得很自然很投入。黄卓玲亦表示,戏外的张国荣很温柔很亲切,为人风趣又细心;戏中的张国荣很酷,对她也非常照顾,经常带她入戏。导演罗志良亦说:"哥哥(张国荣)为了帮对手入戏,他会交尽戏内的感情，这其实是相当吃力的。举例一场需要'哭出来'的戏份，在导演立场也会表示不要太尽力，害怕轮到拍正面时情绪未能重复，但哥哥会强烈表示他要交足表情给对手，他怕对手感觉不到那'哭出来'的情绪，他在一个完全不入镜头的场景里也一样交足对白及真的哭出来，这是值得尊敬的。"对于与张国荣再次合作，罗志良说："虽然上次曾合作《色情男女》，不过他（张国荣）仍然每每有惊喜，有很多场戏事前没有排练，但哥哥（张国荣）往往是'一take过'（一次过），的确是好演员。"虽然张国荣在拍摄期间因肠胃问题病得很厉害，但他仍以专业的态度投入角色中。这个角色是张国荣从影以来非常大的一个突破，他将这个心理复杂又悲剧性的角色的心路历程演得层次丰富，有专业人士在看完电影后表示："(《枪王》的）演员亦有水准表现，张国荣上了开枪杀人之瘾，愈来愈颓废狂暴，是他今年的最佳演出。"

1999年10月中旬，香港电台举办"20世纪百年十大中文金曲"评选，这次评选的50首候选歌曲由资深音乐人及媒体人推选，再由全球乐迷通过媒体刊登的表格或香港电台网站，投票选出20世纪最具代表性的十首中文歌曲。经过连日来乐迷的踊跃参与，评选共收到11.5万张选票，邓丽君的《月亮代表我的心》获得最多票数，其他得票数较多的歌曲有任剑辉和白雪仙的《帝女花之香夭》、张国荣的Monica、许冠杰的《铁塔凌云》、谭咏麟的《雾之恋》、顾媚的《不了情》、叶丽仪的《上海滩》、张学友的《每天爱你多一些》、刘德华的《一起走过的日子》、群星演唱的《明天会更好》。11月20日，香港电台与保良局在湾仔会展新翼举办"世纪金曲贺千禧"音乐会，张国荣出席并演绎其得奖的"世纪金曲"Monica。媒体称："他（张国荣）即场演绎当年成名作时，引起全场轰动，观众跟着节拍又唱又跳，气氛达至沸点，掀起全晚高潮。"对于观众的热烈反应，张国荣谦虚地表示，因Monica是快歌，所以才掀起气氛。他更笑说："他们（观众）久没见我而已，我已是史前动物了！"这首歌是张国荣事业的转折点，当年唱到街知巷闻，但当晚张国荣在演唱时并没有摆出他的经典动作。张国荣说："都这么多年了，好多事情都不同，我心境也不同啦，不可能再做回以前的动作，观众都看厌啦！"当记者问到关于蔡枫华重出歌坛时，张国荣表示，"我们相识一场，都算是朋友"，并祝福蔡枫华演唱会成功。

1999年11月29日，是粤剧名家任剑辉逝世十周年的日子。为纪念这位"戏迷情人"，11月14日，由任剑辉和白雪仙主演的《李后主》重映，张国荣除了送上花篮外亦前往捧场。11月21日，无线电视录制《任剑辉女士逝世十周年纪念专辑》节目，张国荣应白雪仙的邀请出席，并与汪明荃合演粤曲《帝女花之香夭》，张国荣表示，仙姐（白雪仙）叫到，一定要出席。虽然他平时也有唱粤曲，但在电视上公开演出是第一次，所以之前已向白雪仙请教。在《帝女花之香夭》里有一句"不需侍女伴身旁，下去"之后，侍女应该回答"知道"，当张国荣跟任剑辉的三位爱徒陈宝珠、龙剑笙和梅雪诗说起时，三人自告奋勇饰演侍女的声音，令张国荣开心不已。他们三位当晚的任务并没有演出，只是回忆任剑辉的生平逸事，现场录影时，当他们三位齐声接"知道"两个字时，这个突如其来的惊喜令在场的戏迷观众非常兴奋。《帝女花之香夭》对香港的市民来说基本上属于无人不晓，而当天台下坐的观众都是戏迷，当张国荣开口演唱时，令他们大感意外。现场的记者称，"也许是大家想不到首次演唱粤曲的张国荣，竟有这么专业的腔口，观众们的反应非常直接，他们不分珠（陈宝珠）迷还是雏凤（任剑辉和白雪仙创立的雏凤鸣剧团）迷，一同大力鼓掌喝彩，气氛非常热烈！此后，每当阿姐（汪明荃）开口，观众就留心聆听，当哥哥（张国荣）开口时，均报以如雷掌声。""兴奋过后，观众都被哥哥的歌声吸引住，尤以高音的一句'将柳荫当做芙蓉帐'哥哥唱来轻轻松松，应付自如，观众不禁细声交谈：可以呀！哥哥好正喔！第一次听他唱，竟然可以比好多伶人唱得还好！"

1999年12月30日，新城电台1999年度"新城劲爆颁奖礼"举行。《左右手》获得"十大劲爆歌曲"和"劲爆年度歌曲大奖"，被主持人称为"在适当的时候做适当的事、在适当的时候讲适当的话"的张国荣压轴演出，演唱了《左右手》，但十年未曾领取过竞赛性质音乐奖项的他不愿破例领奖。12月31日，20世纪的最后一天，香港特别行政区政府在快活谷马场中央草坪举办"龙腾灯耀庆千禧"大型跨年庆典活动，由当时的香港特区行政长官董建华主礼，活动收入用作慈善用途，无线电视全程直播。之前，香港电台已经邀请成龙、张国荣、谭咏麟、梅艳芳等数十位歌手录制了该次庆典活动主题曲《千禧盛世》。当晚在新年即将到来前，张国荣和谭咏麟坐环保车出场宣布"十大中文金曲之十优歌手"后，张国荣演唱了非常应景的歌曲《陪你倒数》，在这世纪之交，身着黑西装上台的张国荣在演唱时亦换上了红色西装，寓意新的世纪的到来。

当我重温您，在茫然中思忆里
所有冷冰的暖了

Chapter 26

孤独的沙漠里
一样盛放的
赤裸裸

2000年1月1日,香港商业电台1999年度"叱咤乐坛流行榜"颁奖典礼于香港湾仔会展中心新翼举行。香港商业电台以歌曲在"叱咤903"的全年播放率为基数,依次选出"叱咤十大",全年播放率最高的歌曲则获得"叱咤乐坛至尊歌曲大奖"。《左右手》从1999年"叱咤903"播放过的超过270首歌曲中脱颖而出,获得"叱咤乐坛至尊歌曲大奖",张国荣照例未领奖,但"叱咤903"总监林姗姗在台上说:"我想,奖可以不领,歌就一定要照唱。我们有请张国荣,《左右手》。"在新千年的第一天,张国荣在台下观众的掌声和呼叫声中,演唱了《左右手》。1月14日,香港电台"十大中文金曲"召开记者会,本届"金针奖"得主张国荣及一班"飞跃大奖"候选歌手出席记者会。张国荣在记者会上表示会亲自上台领奖,张国荣说:"这个(金针奖)不是竞争奖项,所以我会亲自上台(领奖),我都好久没亲手领过奖了。"对于有人说他"姣婆守不到寡",张国荣说:"如果这样说我,我都不是第一个'姣婆',好多人都是这样的。而且这是一个荣誉,一生人只拿一次,没有竞争性,如果(以后)有这些没有竞争性的奖,我都不排除会拿。""金针奖"是表彰音乐行业工作者为香港音乐发展做出的卓越贡献,是业内人士公认的香港音乐领域最高荣誉奖项。评选范围除了流行音乐,亦包括戏剧、古典音乐及民乐,极具权威性,备受业内尊重,得奖者除了有个人外,亦有团体,并不固定每年颁发。1月16日,1999年度"十大劲歌金曲"颁奖典礼在红馆举行,张国荣获得"荣誉大奖","荣誉大奖"同样是香港乐坛的最高成就大奖,以表彰为香港乐坛做出巨大贡献的音乐从业者。张国荣领取奖项后在台上演唱了在他音乐生涯具有特别意义的三首歌曲组成的组曲——1984年为他带来事业转折的Monica、1986年度"十大劲歌金曲"颁奖礼上获得"金曲金奖"的《有谁共鸣》和1999年横扫乐坛的《左右手》。张国荣演唱结束后,台下的歌手与观众掌声连连,连司仪曾志伟亦在台上对张国荣说:"只有你的魔力才可以令全场的粉丝全体一致,没有任何(隔阂),挥着旗支持你……"1月21日,同样在红馆,"十大中文金曲"颁奖典礼举行,当晚张国荣一身透视上装、长裤配头巾,外加长褛登台,从陈宝珠手上领取"金针奖"并压轴演出,他的精彩演出成为当晚的焦点,掀起了全场高潮。有记者表示,如果有"最佳衣着奖",那么一定非张国荣莫属。《左右手》亦是"十大中文金曲"之一,不过张国荣同样未领取该奖项。在事后的庆功宴上,张国荣更是满场飞,不停地接受祝贺和敬酒,张国荣表示:"今晚很高兴,做了那么多年,起码得到认同。"

2000年1月15日,张国荣与杨紫琼、萧芳芳一同应邀为香港演艺学院设立的"演艺星河"芳名墙揭幕剪彩。为表彰三人对演艺界的贡献,香港演艺学院亦邀请三人在芳名墙上留名。张国荣在2000年的工作计划中,除了暑假期间的个人演唱会,亦准备接拍电影,梅艳芳曾邀请张国荣合作《胭脂扣》的舞台剧,张国荣因没有时间已推辞,不过关锦鹏希望继《胭脂扣》之后三人再次合作电影《逆光风》(亦称《逆光风景》),张国荣也表示档期合适便会出演。《逆光风》由魏绍恩编剧,全片在西班牙拍摄,故事发生在西班牙的唐人街,有一家叫"佛跳墙"的百年老店,管理者是由梅艳芳饰演的百年前移民至此的黑帮家族的后裔龙二,张国荣饰演一位从中国香港来此地拍摄广告的不得志的导演戈白,无意间进入"佛跳墙"邂逅龙二,之后发展出与龙二及其儿子淳之间的一段情感纠葛。关锦鹏说:"剧本中她(龙二)是个与世隔绝的女人,生长在一个欧洲唐人街的黑社会家庭,她接手家族,也成了黑帮大姐,因此她可以保持她的生活,放纵自己。那角色很特别,她还是跛的。这个剧本,是我跟阿梅一起谈出来的。里面安排她唱《胭脂扣》,但她不是如花,她只是看过《胭脂扣》,代入了如花的角色,但她找不到人生中的十二少。整个故事是以张国荣的角度去写的,因为他本身想做导演,所以剧本安排他是个导演,走进了梅艳芳的世界。"不过后来因《逆光风》全片需在欧洲开拍,预算超支而暂时搁置。魏绍恩后来在《剧本簿》中写道:"删掉《逆光风》,我又为同一班底做了一个《幸福摩天轮》的本事(大纲)。这本事,张国荣先生一看,笑了,说:这倒不好意思,我乐意合作(《逆光风》)的原意是替阿梅挎刀,那个拍不成,这次倒换成她替我挎刀了。《逆光风》的剧本,由构思开始一直都是梅艳芳为将,男角当副车开路,没料到张(张国荣)倒是看出来了,而且放在心里直到事情逆转后才说出口。然而因为种种原因,《幸福摩天轮》最后还是不了了之。我当时除却点点失望,也没有很大的感触。我当时想,留得青山在,这次合作不成,总会有下次机会。然后再没有下次了。真的再没有下次了。"2004年,魏绍恩在文中写道:"'如果你喜欢我、欣赏我,请你在我离开以前告诉我。'我这么写过,他(张国荣)读了很喜欢。"关锦鹏在张国荣还是"默默向上游"的年代通过陈自强介绍与他相识,不过那个时候,关锦鹏觉得张国荣有点骄傲,对人对事都很冷淡,觉得这人不好相处,便疏于来往。关锦鹏说:"我当时也还是副导演,但和演员接触也有一阵子了,就不懂这个人(张国荣)也不红怎么就那么骄傲。我偏不理他,心里想你骄傲什么。"后来在拍摄《烈火青春》期间,关锦鹏是副导演,在拍摄裸戏时看到张国荣对叶童的照顾,他便放下了成见,主动与张国荣说话,才发现张国荣并不是他之前认为的那样是个"骄傲的年轻人"。关锦鹏说:"后来才懂得他(张国荣)哪里是骄傲,那只是一个处于低迷的人,装扮出一个自己来保护自己的窘迫而已。"之后,关锦鹏便从心底把张国荣当作了朋友,还一起合作了《胭脂扣》,关锦鹏后来说:"从《烈火青春》到《胭脂扣》,五年间张国荣已是香港男演员中最当红的一线演员,但他始终也没有助理,没有私人化妆师,更不用说什么保姆车了。眼下演员明星们的那些工作习惯,比如现场镜头换灯、换镜头位置的时候就躲去自己的保姆车里休息,在张国荣(身上)从来没有。他是每天自己开车来片场,就是自己平时的车子,到了就永远能在现场看到他,因为他把自己当成这个电影中的一员。""主要是个人修养方面,张国荣是极好的,他固然有率真磊落的一面,但也非常懂得自我节制。"后来关锦鹏拍摄《蓝宇》,张国荣听说后,便把关锦鹏约出来,给他分析当时内地的电影环境与前景,劝他从大局考虑,因关锦鹏实在喜欢《蓝宇》这个故事,最后仍坚持了自己的想法。之后不久,张国荣打电话给关锦鹏,他觉得关锦鹏非常有勇气,准备把自己演唱的《月亮代表我的心》送给关锦鹏做电影主题曲,但关锦鹏觉得《月亮代表我的心》不太适合《蓝宇》这部电影,而且那时剧组也已经定下了主题曲,便谢过张国荣的好意没有采用。《蓝宇》拍完初剪后,关锦鹏约了张国荣一起看,张国荣看完后也挺喜欢这部电影。后来《蓝宇》在香港上映,张国荣就经常主动过去捧场,关锦鹏说:"他(张国荣)也不打招呼,知道我们的活动在做,就来帮忙站台了。等宣传完了他就请他们(胡军和刘烨)吃饭,甚至陪他们去喝酒,完全老朋友似的招呼着。"直到2002年,关锦鹏仍在筹备《幸福摩天轮》,关锦鹏后来说:"我

当我重温您,在茫然中思忆里
所有冷冰的暖了

一直以为还有机会与他们两个人（张国荣和梅艳芳）再次合作，遗憾的是未能实现。"除了关锦鹏，舞台剧《烟雨红船》亦有意找张国荣出演，《烟雨红船》的编剧何冀平后来说："其实，最早我和梁太（梁李少霞）构思舞台剧本（《烟雨红船》）时，就是想请他（张国荣）和宝珠姐（陈宝珠）演两个艺人的故事，我初步的构思已经有了，可惜，后来，国荣有别的事，不能参与，故事也就改了。"《烟雨红船》在香港公演后，2000年12月13日，张国荣和刘培基一起陪同白雪仙亦有前往香港演艺学院观看。

2000年年初，赵崇基开始筹备改编村上春树小说《国境之南　太阳之西》为电影，计划由张国荣主演，他们便约在半岛酒店见面。赵崇基后来回忆说："事隔多年，他（张国荣）穿上什么颜色的衣服我倒忘了，只记得他一如既往地穿得不失品味，也记得那是个明媚的午后，酒店门外梳士巴利道车流熙攘，大堂咖啡座却是一派宁静，阳光在高耸的白色天花流洒，好像连说话的声音也带着回响。大家谈得很愉快，说说村上春树，说说小说中的中年心境，说说《春光乍泄》里他与梁朝伟……与他聊天，是一个愉悦的经历，他看来是个很会照顾别人感受的人。"后来此片并未开拍。9月时，徐克表示将在来年与张国荣合作一部爱情电影，以及筹备开拍计划已久的《西游记》，有意让张国荣出演唐僧。徐克对《西游记》有一种执念，从20世纪80年代便已开始筹备。李碧华曾在散文中透露，徐克为了筹备《西游记》，还曾购买了几只真猴子饲养，可惜最后直到张国荣去世，《西游记》仍是只闻楼梯响。1998年时，尔冬升与徐克筹备翻拍尔冬升首次主演且一演成名的电影《三少爷的剑》，计划由尔冬升监制、徐克导演。2000年8月，星皓电影成立后接手此片，并进入实际筹备阶段，意欲邀请张国荣饰演燕十三，竹野内丰饰演三少爷。尔冬升说："哥哥（张国荣）想做三少爷，但他对竹野内丰来演没有意见，竹野内丰形似，有迷惘感，而且我可以操控焦点。如果哥哥肯演，我会将焦点放在燕十三身上，始终他在江湖历练较深，有沧桑感。"张国荣在看过剧本后，亦觉得燕十三才是这部电影的灵魂，遂答允出演。《三少爷的剑》原计划在2001年开拍，星皓电影亦将此片作为2001年的重头制作，但后因种种原因一度搁置。2001年下半年，传闻中饰演女主角的章子怡曾致电张国荣询问相关情况，张国荣因已有其他工作安排，表示不知道自己会不会出演。2001年年底，《三少爷的剑》项目再度启动，计划于2002年3月开拍，三少爷一角亦从最初的竹野内丰变成了金城武，又从金城武变成姜文，最后又变成宋承宪，徐克亦一度将片名改为《剑神》。之后，因演员人选问题，开拍时间再度延迟至2002年9月。2002年8月，星皓电影老板王海峰表示因资金问题，会先开拍3D卡通电影版本，主角卡通形象以张国荣为蓝本。2002年9月19日，王海峰的女助理向记者表示《三少爷的剑》已换角，希望由郭富城饰演三少爷、郑伊健饰演燕十三、韩国女星李英爱饰演慕容秋荻、林嘉欣饰演青楼女子娃娃。对此，尔冬升说："张国荣不是被飞起，也不是他飞起我们片方。主要是这部片子一直没有确定阵容，张国荣先搁下了这部片子。"2002年10月9日，王海峰表示，《三少爷的剑》最快将在2003年年中开拍，尔冬升12月约满，该片已与尔冬升无关，徐克改任监制，另觅导演人选，他亦有意撮合郭富城和郑伊健自《风云》后再次合作。王海峰说："但《三》（《三少爷的剑》）片男主角燕十三非哥哥（张国荣）莫属，若非他演出，宁愿不开拍。"2002年10月10日，张国荣为登喜路（Alfred Dunhill）中环旗舰店剪彩时，被记者问到会否接拍《三少爷的剑》，张国荣笑说："我不想拍武侠片。"之后，记者就张国荣说不想拍武侠片向王海峰求证，王海峰表示，张国荣的确表示不想拍武侠片，但燕十三最适合张国荣出演，不属他人想，因此会继续游说张国荣，直到打动到他为止。2002年12月，尔冬升约满星皓电影，但《三少爷的剑》的纠纷并未停止，星皓电影与尔冬升就该片版权问题更是闹上法院，当然这一切已与张国荣无关。2016年，尔冬升与徐克合作拍摄完成了《三少爷的剑》。

2000年2月28日，张国荣出席新城电台10集广播剧《七年三日》记者会，并与林忆莲一起为广播剧录音。新城电台行政总监甘国亮在之前的团拜会中说："《七月三日》（后改为《七年三日》）可以说是新城电台2000年的重头作，我们好高兴请到哥哥（张国荣）伙拍忆莲（林忆莲）灌录这个剧，当中哥哥会饰演一个有怪病的人，而忆莲就会做一个从外国回来的看护，负责照顾哥哥，继而发生恋情。"虽然张国荣答应出演，但他非常不喜欢他饰演的"阿猫"这个角色的性格。张国荣说："这个剧本是讲我在一个谈恋爱七年与一个只（认）识了三日的女子之间抉择，我觉得（这）个角色一点都不可爱，我自己最讨厌这种人，又不肯负责任，对爱情又拖泥带水。"3月5日，在接受颜联武访问时，张国荣大谈对"情"的看法。张国荣直言他最欣赏会脸红的女子，而他觉得厉害的女子就像广播剧中林忆莲饰演的角色那样，一个从小到大从不问男人"为什么"的女人。对于他希望的身边人，张国荣说："我从来是一个不用有人陪在床边的人，只要有人陪我玩，有人陪我聊天就可以了。我需要的是一个待我回家时，对我说'有没有挂念我'的人。我想如果有一天，我伴侣比我早死，我会很快就跟着去死的。"而关于爱情的保鲜秘诀，张国荣表示"历久常新"四个字便够了。

之前，张国荣曾捐出一副自己心爱的羽毛球拍给香港商业电台用作"名人抢手货"慈善拍卖，反应非常热烈。虽然这副羽毛球拍底价只有3000港元，但短短一月内便有一位张国荣的粉丝为支持张国荣，捐出22.5万港元竞投，而且该歌迷表示，如果自己这个价格最终没有竞拍到，他亦会将这笔款捐赠给儿童癌病基金。歌迷的慈善之心令张国荣非常开心。2000年2月，张国荣在接受香港商业电台访问时提到香港商业电台将于3月2日为他在湾仔会展新翼举行"903 ID Club 拉阔演唱会"（以下简称"拉阔演唱会"）。"拉阔演唱会"是香港商业电台"叱咤903"从1998年开始举办的流行音乐演唱会系列活动，每年邀请不同歌手不定期举办数次，每次一场，有歌手单独演出整场，也有数位歌手合作演出。"拉阔"取自于英文 live（现场）的粤语谐音。"拉阔演唱会"更侧重于音乐和歌手本身，没有伴舞、没有花哨华丽的舞台效果，对演出的歌手来说也是一种考验，张国荣亦把这场演唱会看成是他暑假演唱会的热身。演唱会门票共7000来张，不公开发售，只能使用指定的渣打银行信用卡积分换购和少量凭购买某品牌水笔的收据兑换，消息一出，在换领门票的第一日门票便被换领一空。因很多人一票难求，一些抢到票的"炒卖行家"更是将门票放上网络高价炒卖，平均每张叫价四五百港元，而在日本网站，一张门票的价格更是高达一万多港元，有日本歌迷为了欣赏张国荣的演出，不惜花上万港元购买门票。在《七年三日》记者会上，张国荣亦向记者透露，环球唱片将于3月2日发行他的全新 EP 唱片《无题》（Untitled），6月底发行全新唱片。

2000年3月1日，环球唱片提前原定时间一天发行 Untitled。对于这张唱片的名称，张国荣说："因为想不到用什么名，而每次见到自己中意的黑白照片，都会在照片那里留下'无题'，所以今次决定用 Untitled 为名。"Untitled 唱片内收录了五首歌曲以及张国荣亲自介绍这五首歌曲的影像文件。张国荣在新歌自述中表示，这张 EP 希望给听众一种浪漫的感觉，所以收录了五首独特风格和感觉的爱情歌曲。主打歌《路过蜻蜓》由台湾音乐人陈晓娟作曲，这是张国荣首次跟陈晓娟合作。在《路过蜻蜓》之后，张国荣便通过版权公司向陈晓娟表达跟她见面的意向，陈晓娟说："当时我非常抗拒跟他（张国荣）这种大明星见面，不过和他见过面后，两人一见如故。"之后，陈晓娟又给张国荣写过一首《洁身自爱》，在她去香港跟张国荣谈事情时，张国荣还背诵《洁身自爱》的歌词给她听，亦将粤语歌词的意思解释给陈晓娟听，张国荣亦向陈晓娟请教自己作曲的《沉默是金》的闽南语版《海海人生》的歌词意思。对于张国荣自己写的曲子，陈晓娟说："单听张国荣的曲子，觉得他写的歌很大气，和弦很美，好听又高级，应该是学过乐理的人。后来跟他认识后，才知道他并不是科班出身的，更让人对他的创作感到惊艳，觉得他根本就是个天才。"张国荣除了向陈晓娟邀歌，亦邀请她到香港看自己的演唱会，当唱《路过蜻蜓》时，还特意用普通话向观众介绍陈晓娟。陈晓娟后来说："张国荣对音乐有许多理想，他一直想做一张经典电影音乐，还找了几部电影让我选我想写的歌，后来被我分配到《乱世佳人》。去年（2002 年）年初，我还接到相关制作的计划内容，没想到这张专辑还没完成，他就走了。"Untitled 唱片内除了另两首原创新歌《枕头》和《你这样恨我》外，还收录了《左右手》的木吉他版本，这也是《左右手》的第三个版本，亦是同一首歌的第三种感觉。张国荣在新歌自述中说："《左右手》这首歌我曾经录第一个版本的时候，我已经整天和监制讲，我真的很想这首歌比较清淡一点的感觉，好像清汤挂面那样，好舒服的，用一把吉他伴着你唱。然后今次真的用这个方法来处理这首歌，是重新 remix（混音）的一个版本，于是这首歌就和以前你们听到的好不同。"唱片内还收录了一首翻唱的英文歌《我真的爱你》（I Honestly Love You），这首歌翻唱自奥莉维亚·纽顿·约翰（Olivia Newton John）1974 年的单曲。张国荣小时候就已经非常喜欢这首"甜到爆"的歌曲，所以这次收录在这张唱片里。在这张唱片的歌曲里，张国荣还以"12956"的名字亲自执导了《枕头》《你这样恨我》和 I Honestly Love You 三首歌的 MV。Untitled 推出后，《路过蜻蜓》随即上榜，成为四台冠军歌曲，张国荣亦表示："我觉得这首歌（《路过蜻蜓》）是我近期好喜欢的一

当我重温您，在茫然中思忆里
所有冷冰的暖了

首作品。"因唱片销量理想，十天销量便超五万张，3月16日，环球唱片再次发行 Untitled 的特别版本，随唱片赠送张国荣六款卡片和未经删剪的歌曲《枕头》的MV（因MV意识前卫，在电视台播放的版本做了相应的删剪）。这张唱片在2001年的颁奖礼上获得了2000年度"四台联颁音乐大奖"的"大碟奖"。"四台联颁音乐大奖"是由香港电台、香港商业电台、新城电台及无线电视联合颁发的奖项，"大碟奖"则以在四台流行榜上，曾进入第一名至第十名内的歌曲计分，同一唱片内第一版歌曲的总积分最高唱片为得奖大碟。

2000年3月1日，张国荣在接受云妮采访时说："明晚看演唱会（拉阔演唱会）的时候，麻烦你们将你们的 heart（心）带来！因为我希望大家会好开心，很喜欢这个演唱会，我会将我最好的状态交给大家，可能会走一两个音，我不知道，在现场可能你们令到我很 high 而走音，我不知道会不会，但我希望大家能尽兴！"3月2日，张国荣"拉阔演唱会"在湾仔会展中心新翼举行。当晚的演唱会座无虚席，观众反应热烈，而舞台上的张国荣更是情绪高涨、挥洒自如，表演中不失幽默风趣，令演唱会从头至尾高潮迭起。这场演唱会更像是一场张国荣轻松快乐的个人秀，没有华丽的造型，只有简单随意的服饰；没有结实的腹肌，只有露出的一圈小肚腩；没有刻意准备的台词，只有想说就说的心情，愉快地调戏观众和工作人员……唱到、跳到尽情处，连牛仔裤爆了一个小窟窿亦未察觉，而台下观众亦是跟着他唱、跟着他跳，全情投入。在演唱 Stand up 时，在张国荣的呼吁下，全场观众都站了起来一起又唱又跳，有个保安见此，让他边上的观众都坐下来，有位女观众回应他说："正在唱 Stand up 怎么坐下啊？！"演唱会后，媒体评论说："除了张国荣，有谁四十几岁人还可以俏皮地唱《少女心事》《不羁的风》；又有谁可以在无 dancers（伴舞）配合下，单凭举手投足便把热情舞曲演绎得头头是道；还要命的是，没有一个歌手，能够在一场演唱会中连环施展飞吻、单眼、抚胸等绝招来'电'得观众'咿哗鬼叫'（大喊大叫），'荣'晒大浪（神魂颠倒），包括男观众。"在演唱会结束后的庆功宴上，张国荣说："我开 show（演唱会），尤其是我在台上，我很 natural high（人来疯），我真的会 give myself out（把自己交出去），give my heart（把我的心交给大家）。"对于之前高价炒卖门票，张国荣表示："我真是不喜欢，我不鼓吹这种事情。我觉得其实如果再这样下去，炒到两万港元一张票，我觉得意义不是很存在，当然有人这么来看我，我会很高兴，但我好希望，钱不应该这样花费，可能因为这次是只有一场这么少。不过正在来的暑假的演唱会，我希望大家用正确的途径去买票，或者邮购门票，然后拿到他们的门票，很开心地入场看我的 show。"

2000 年 3 月 12 日，原本不为 Untitled 做宣传活动的张国荣应"股坛追击"网站的邀请，出席在香港铜锣湾时代广场举行的签名会。"股坛追击"网站的负责人是曾与张国荣合作过的丽的电视编导萧若元，萧若元后来亦是《蓝江传之反飞组风云》的监制，张国荣顾念旧情，才破例答应出席签名会。虽然签名会当天天公不作美下起了小雨，但活动仍吸引了不同年龄层的上千名市民，到场的媒体记者亦有五十多人，场面一度陷入混乱。张国荣在 45 分钟内签了 500 多个名，为张国荣做护卫工作的保安亦近水楼台索求签名。签名会结束张国荣离去时，场面再度混乱，连花盆都被打碎几个，张国荣好不容易才杀出重围上车，在车上微笑比出 V 手势后离去。4 月 2 日，张国荣出席由萧芳芳发起的"护苗基金星辉夜"筹款晚会。1999 年 4 月 4 日，张国荣亦有出席"护苗基金星辉夜"筹款晚会，与梁家辉、张曼玉及专业羽毛球手打羽毛球赛筹得 50 万港元善款。2000 年的筹款晚会上，张国荣与梅艳芳合作表演了搞笑击剑为"护苗基金"筹款。"护苗基金"由萧芳芳发起创办，旨在保护 18 岁以下人士免于遭受性侵犯，唤起公众人士对儿童性侵犯的关注，认识及了解儿童性侵犯对儿童伤害的严重性。热心于公益的张国荣对"护苗基金"亦一直非常支持。2002 年 5 月 20 日，"护苗基金"在小西湾蓝湾广场举行"护苗先锋"成立典礼活动，张国荣与莫文蔚应邀成为首对"护苗先锋大使"，张国荣不但抱恙出席，还向现场围观的市民派发捐款表，教他们填写定期捐款表，并呼吁大家踊跃参加，直到仪式结束才离开。萧芳芳说："哥哥（张国荣）对护苗（'护苗基金'）的支持不遗余力，出力又出钱，间中就会捐钱，他不想出名（说出来）吧。护苗于 6 月 13 日有个《我要高飞》电影筹款晚会，本来只是邀请哥哥出席，他得知是为护苗筹款，即自掏腰包买下多张门票。"2002 年生日，张国荣亦通知亲友将礼物折现，还自掏腰包，将钱捐给"护苗基金"。原本 2003 年 4 月 1 日下午 3 点，萧芳芳约了张国荣为"护苗基金"拍摄当年"护苗基金星辉夜"呼吁筹款的短片，张国荣亦已答应，后来因"非典"肆虐而延迟拍摄。张国荣过世后，其家人秉承张国荣的遗志，在讣闻中肯辞帛金,并呼吁大家将款项转赠"儿童癌病基金"和"护苗基金",不少亲友和歌迷都按照张国荣的遗愿,将帛金捐赠给这两个慈善机构。之后,亦有很多张国荣的友人和歌迷,或是将纪念活动的收益、活动筹款捐赠给"儿童癌病基金"和"护苗基金",或是个人自掏腰包支持这两个基金,至今未歇,这也正是张国荣生前做出的榜样。5月5日,致力于为白内障患者提供免费治疗的"健康快车",为2001年的经费筹款,邀请张国荣出席在湾仔举行的"健康快车华灯曼舞慈善夜2000"慈善筹款晚会,并委任张国荣为"健康快车光明大使"。张国荣到场时被大批记者围绕,向来喜欢低调做善事的张国荣有些抗拒,但仍笑容可掬,当晚的一些座上宾看到张国荣出现非常兴奋,有些目不转睛地看着张国荣,有些找相机希望跟张国荣合影。张国荣在接受"健康快车光明大使"的委任后,表示非常开心接受邀请能为慈善出力,随后演唱了 I Honestly Love You 和《路过蜻蜓》,同场演出的歌手小雪开心地说:"哥哥(张国荣)是我偶像,见到他已经晕得一阵阵,今次能够同他同台演出更加兴奋。"

2000年5月19日下午,张国荣在金钟广场召开记者会,宣布将在8月1日至10日在红馆举行演唱会,暂定10场,名为张国荣"热·情"演唱会。张国荣亲自邀请到在时装界被称为"顽童"的法国殿堂级设计师让·保罗·高提耶(Jean Paul Gaultier,以下称高提耶)帮忙设计这次演唱会的服装,对于能请到高提耶,张国荣说:"(这次)天大面子邀得 Jean Paul Gaultier 为我设计五套服装,他从未试过为亚洲歌手演唱会做服装,只是帮过 Madonna(麦当娜)演唱会 design(设计),我好荣幸他看过我电影的演出而答应。早前我去法国同他见面,觉得他(这)个人好随和,服装样亦见过。"对于记者问服装性不性感,心情非常好的张国荣开玩笑说:"我不会标榜什么样,你没见我演唱会的名有一点,所以我只会露一点,总之一切由他(高提耶)负责,我好放心。"演唱会由知名网站 Tom.com 赞助,6月2日将在 Tom.com 网站内预先订购门票。对于为何选择 Tom.com 作为赞助商,陈淑芬说:"有好多人想赞助哥哥(张国荣)演唱会,Tom.com 虽然不是条件最好,但名牌对名牌,大家配合。"

高提耶是世界著名的时装设计大师,早年曾为皮尔·卡丹(Pierre Cardin)、雅克·艾特若（Jacques Esterel）、杰·柏图（Jean Patou）工作，1976年创立自己的同名品牌，因他玩世不恭的时尚态度与风格，在法国时装界被称为"顽童"。高提耶思想前卫，勇于创新，是服装界开创潮流的先驱者之一，在他的推动下二十世纪八九十年代的潮流文化有着重大改变，之后更演变成一场时装革命。1990年，他为麦当娜的世界巡回演唱会负责服装设计，设计出尖锥形束胸衣，成为时装史上的经典。2012年5月，刚度过60岁生日的高提耶首次到北京举行服装展，当记者问他是否想和亚洲人合作时，他说："2000年曾为已故张国荣设计演唱会服装，令我留下深刻印象，当年还到拉斯维加斯（张国荣'热·情'演唱会）捧场。"

原计划在2000年3月开拍的陈果导演的爱情喜剧电影不了了之后，5月20日，张国荣前往日本冲绳拍摄陈嘉上的爱情喜剧电影《恋战冲绳》。《恋战冲绳》原名《假日刑警》，是中国星集团旗下一百年电影公司的创业作，向华强觉得陈嘉上当年帮他拍《锦绣前程》为永盛娱乐开了一个好头，所以此次再次找到陈嘉上，邀他为一百年电影公司拍摄创业作。当时除了一个"兵贼遇上了一个女子，然后发生了一个爱情故事"的意念外什么都没有，向华强给了陈嘉上两个月时间，陈嘉上最初想着由张国荣出演刑警，梁家辉出演贼，而这个性格飘忽难以捉摸的女子则希望由王菲出演。之后有一天，向华强的妻子陈岚打电话给张国荣，表示想找张国荣拍戏，张国荣在电话里跟她开玩笑说，她一向不是都找刘德华拍戏的嘛，然后就这个话题两个人开着玩笑闲聊几句后，张国荣便问陈岚找他拍什么戏，陈岚："我就想在冲绳开部戏，就有个靓女，她说一定要跟你拍，就是你的牌搭子，王菲啊。"张国荣"啊？王菲，王菲不是说要拍王家卫的吗？哈哈！"陈岚："你知道那个导演啦，等来等去都不开拍的嘛，你说呢？"张国荣："是吗？我不知道啊。"陈岚："我不介意出钱给你旅游一下啊，你去那边（冲绳）又漂亮，又可以晒下太阳。哥哥（张国荣）啊，我告诉你啦，这段拍戏的日子会好长，但是有好多时间给你们玩！好high的。"于是张国荣便接拍了《恋战冲绳》，而之后陈岚也做到了承诺，张国荣在冲绳边拍戏边玩得很开心。张国荣说："我们似旅游多过似拍戏，而留在冲绳最长时间的演员是我。有段时间王菲去做演唱会了，Tony（梁家辉）则去了英国拍广告

（梁家辉实际是去英国为《江湖救急》拍外景），所以我有很多时间在冲绳四处 shopping（购物）和游水。"在这被梁家辉称作"空气中连一粒鼻屎都没有"的旅游胜地，恋爱中的王菲更是心情大好，每天出"脑筋急转弯"的题考其他几位，梁家辉每次会很认真地考虑许久才给出答案，张国荣基本上微笑着看他们之间的问答自己并不参与，而陈嘉上则随便给出个答案后转头就走……有一次，王菲更是提议大家一起玩"一二三，红绿灯"的游戏，陈嘉上后来说："大家想象一下，王菲在前面闭起眼说'一二三，红绿灯'，一转身后面是一排的巨星'定'起姿势来，在平常的日子很难会见到他们像孩子般在街上跑呢！"有时候，谢霆锋也会跑去冲绳探班，之后，张国荣在"热·情"演唱会上还不忘调戏一番王菲与谢霆锋恋情的"幸福摩天轮"。因为没有完整的剧本，陈嘉上也做了一次"王家卫"，每天都是边拍边想，但王家卫拍戏有大把的时间，而陈嘉上只有五个星期。每天晚饭后陈嘉上便会回酒店写明天的拍摄内容，有时候张国荣和梁家辉也会过去陪他。陈嘉上后来说："拍摄期间，我也有慌乱或情绪低落的时候，他（张国荣）总会在旁安慰，叫我不用担心，并经常提点我忽略的地方，同时他的创作力非常高。""他（张国荣）是少数很清楚导演的剪接与镜头关系的演员，很多演员他们不了解，导演放了个镜头他们就演，导演叫他们怎样做便做，哥哥（张国荣）是很多处理的，这个家伙有时会做一些事情让你剪不掉他的演出，他是其中一个最出名这样做的演员，若然他觉得某个镜头很重要，你就发现他会有些小动作，有时会不经意地弄一下鼻子或弄一下头发，现场不察觉的，当处理剪接时就会发觉'死啦'不能剪掉，剪了就不能连戏，他基本是控制了对剪的局面，叫导演不能剪掉。他对拍摄技巧、演员与镜头的关系很清楚，他很懂得什么是节奏，他很懂戏，这几样已经是作为一个导演很重要的要求。"因为陈嘉上音乐感不强，而同时作为歌手的张国荣，则音乐感很强，而且也导演过一些歌曲的 MV，陈嘉上后来说："事实是《恋战冲绳》里他（张国荣）在小屋跟阿菲相遇的一段很多剪接的关系都是哥哥（张国荣）提出的，他认为这样会好看，那个处理其实是哥哥的。音乐起、一个 juke box（自动点唱机）、他、阿菲，所以他已经是个好导演，其实是很可惜的，他最后没有真真正正拍他的一部电影。"陈嘉上表示，张国荣觉得从严格意义上来说这部电影是"反爱情"的，张国荣为了这个题材去构思整件事情，为电影演唱了主题曲《没有爱》。

在《恋战冲绳》中有一场有趣的戏，令陈嘉上非常难忘。陈嘉上说："谷德昭和樋口明日嘉在小屋里，Leslie 发现后，谷德昭交给张国荣处理，那场的对白是爆肚（没有准备，临时反应）的，谷德昭不知道 Leslie 会说什么及当时的情况。谷德昭问我会怎样，我说或许会杀了她（樋口明日嘉的角色），哥哥（张国荣）却回答去买夜宵，差点让我笑死。因为屋子很小，那个影像的画面播放器在屋外，我在屋外不知屋内的情况，他们闹着她去了哪里，哥哥忽然答买夜宵呀！我从椅子上掉了下来，我跟他说我怎样接下去好呢，他说你便说她去买夜宵啦！"在拍摄期间，陈嘉上和张国荣还约定每年都要合作拍摄一部像《恋战冲绳》这样轻松又开心的电影，陈嘉上也跟张国荣提及了下一部合作的电影的构想———个每个女人都喜欢的男人的故事，讲这个男人怎样自处、怎样看自己、怎样检讨自己和每一个女人的关系……在张国荣去世前一个月，陈嘉上完成了这个剧本，名为《爱情狂》。陈嘉上说："那时（张国荣去世后）我问过（自己）为何他（张国荣）不等我、不等我这个剧本。我本人很喜欢这个剧本，我会留着它，不会再拍。那个剧本是很个人的，为何找 Leslie 演出呢，原因是他是我很好的朋友，若然在生命中我要找人感受和分享，我就会想起他，因为他了解我，他也会保护我，他会懂得把角色过火的地方收敛起来。"

张国荣在冲绳拍摄《恋战冲绳》的消息传出后，大批来自日本各地的影迷前往冲绳探班，在酒店、在拍摄现场，甚至在路上都有远道而来为见张国荣一面的日本影迷。对于影迷形影不离的跟随，张国荣并没有感到厌烦，而是觉得他们非常有心，这些影迷也非常自律，不会在他工作和休息的时候影响他。陈嘉上后来说："有时我跟他（张国荣）说你有感到烦吗，常常有这么多人围着你，他常说若不是他们这样烦他，他不会有今天！他很感谢大家的。他跟工作人员都一样，他都会跟大家揽头揽颈，现场里这个巨星是最好的朋友。"自《家有喜事》和《枪王》后，谷德昭再次和张国荣合作，在电影中饰演张国荣的搭档，因为在冲绳拍戏很悠闲，他们也有更多时间一起逛街、一起玩、一起聊天。谷德昭后来在专栏中回忆在冲绳跟张国荣拍《恋战冲绳》的日子时，在文中写道："拍摄《恋战冲绳》时，跟哥哥（张国荣）在冲绳岛相处了一段日子，一个下雨的晚上，收工后吃过晚饭，我们坐在酒店的咖啡厅，看冲绳的雨景，从雨不知道会下

当我重温您，在茫然中思忆里
所有冷冰的暖了

多久谈到明天不知道是否有工开，有一搭，没一搭，话题扯到了传媒对艺人的伤害，哥哥呷了一口热茶，明显不开心，我说人那么渣斗，你不要理他啦！哥哥抬头看看我，绽出了笑容，'系啊吓，他们好渣斗啊吓'。这以后，我们经常用'渣斗'这两个字开玩笑。忘记怎么会将话题扯到了'I am what I am, I am a very special kind of creation'（我就是我，是非常独特的个体）这名句上，我说哥哥，这句句子很（适合）你，两天后，哥哥对我说，旋律已写好了，林夕在填词，歌名叫作《我》。后来，我在送给哥哥演唱会的花篮上也是写'You are a very special kind of creation'（你是非常独特的个体），我告诉哥哥我会带我最爱的女人去看他的演唱会，当我拖妈妈的手进入哥哥的化妆间时，哥哥的笑容很温柔，也很灿烂。"谷德昭的妈妈也很开心，她觉得自己的儿子在电影圈做出了一些成绩，连巨星张国荣都跟她握手，还派人带他们去第一排最好的位置看他的演唱会。虽然《恋战冲绳》上映后的票房没能达到电影公司的理想目标，令陈嘉上一度不太开心，但后来陈嘉上在回忆起拍摄《恋战冲绳》的这段日子时说："那些日子让我很怀念，有很多人问我，我一生拍了这么多电影，最重要的电影是哪部，我都会说是《恋战冲绳》，因为很难得作为一个导演能够得到这么多演员的信任，在没有剧本，像是没有计划的情况下，完成了一出我自己颇满意的电影。"对于张国荣这位朋友，陈嘉上说："我很幸运有这一位朋友（张国荣），我是个很孤僻的人，朋友不多，他是我少数朋友之中的一位，作为他的朋友我感到幸福，很不舍，今天有时会想起他给我的实在太多，幸福，作为他的朋友很幸福。"

2000年6月上旬，张国荣在日本完成《恋战冲绳》的戏份后，返回中国香港为新唱片录音。6月16日，身体抱恙的张国荣出席在北京中央电视台演播厅举行的第二届"CCTV—MTV音乐盛典"，领取最高奖项"亚洲最杰出艺人奖"。MTV音乐频道负责人表示，张国荣获奖是因为他在演艺界做出了许多贡献，而且每年参加大量的公益活动，近两年来，张国荣更是增进了和内地演艺界的交流。张国荣在领取奖项后现场演唱了《左右手》的国语版本《全世界只想你来爱我》。本届"CCTV—MTV音乐盛典"的导演山奇说："晚上颁奖的时候，上场前他（张国荣）很早就站在舞台边上跟我聊天，非常轻松，还给我留了电话。张国荣是一个特别认真的人，他对很多事情特别在乎。上场的时候，他从圆形门里出去没站好，闪了一下。当他唱完以后，他说他唱错了要重唱，当时节目正在进行，只能后边补拍。最后为了他，要还原于他上场的环境，把后面已放好位置的乐器撤走，所以现场等了20分钟。下面观众不知道出现了什么问题，后来重新录张国荣的表演。通过这件事我觉得张国荣是一个特别认真、特别在乎细节的人，追求完美。他很认真地对待自己所做的每一件事情。"1997年，山奇在凤凰卫视工作时便已采访过张国荣，当时在他眼里张国荣就特别具有亲和力，在山奇看来，张国荣显得特别年轻，也很随意，在接受采访时谦和又侃侃而谈，以致山奇在采访结束后都忘记关闭摄像机。张国荣在演出结束后准备离去时，被大批的媒体和歌迷围住，媒体记者想要采访，歌迷想索要合影和签名，以致现场一片混乱。原本张国荣不接受采访，但他看到一保安将一名女记者强硬地推出人群，于心不忍，便向在场记者表示体谅记者的工作，可以前往媒体中心接受记者的简短采访。

在2000年4月张国荣还未正式宣布举办演唱会时，中国香港旅游协会为了吸引日本游客来港旅游，在自行查询了红馆的预定档期后，在网站发布了张国荣演唱会的消息。5月张国荣在记者会上正式宣布举办演唱会之后，张国荣的粉丝便开始等着抢票，6月初在赞助商网站推出预售和内部订购的门票，一早便被粉丝抢光，在内部订购中日本和韩国的粉丝更是组团前往中国香港。日本的粉丝组了个2000人的大团准备前往香港观看张国荣的演唱会，更有50人要看足全部场次，令主办方欣喜不已。虽然预售和内部订购供不应求，但按规定公开发售的门票必须超过全部门票的一半以上，使得很多抢不到预售和内部订购门票的人只能等待公开发售。6月下旬主办方终于公布张国荣"热·情"演唱会将于6月30日正式公开对外售票。在公开售票前一晚便有粉丝前往红馆售票处占位，早上10点开始售票后，两个小时不到，最低价格门票便告售罄，一个星期时间便卖出九成以上的门票，引得外界盛传张国荣的演唱会将会加场。一般来说，歌手求之不得可以加场，所以主办方之一天星娱乐的陈淑芬将手上预留的门票也全部放了出去，然后向张国荣提出加场意愿，没想到张国荣坚决拒绝。陈淑芬说："哥哥（张国荣）同我讲说不加场啦！因为他之后要拍香港电台有关反吸烟的影片，另外又要去欧洲拍摄关锦鹏的新戏，接着9月初又要开始世界巡回演唱，而他希望个唱能够做到十全十美，为了保持水平，需要体力去应付这么多工作,他这样讲我都没办法逼他加场啦!唉!我现在连记者的门票都没有呀!不知怎么办好,这个对我来讲真是一个打击呀!"陈淑芬更是拜托记者游说张国荣加场。在陈淑芬的不断游说下,张国荣终于答应加场,不过因场地档期限制和张国荣力求完美的要求,只答应加开两场。陈淑芬表示,张国荣上次"拉阔演唱会"露了小肚腩,这次誓要反转,积极健身,已经减肥成功瘦了很多。张国荣的化妆师尤妮斯(Eunice)说:"他(张国荣)要做到的事,一定会完成。'拉阔(演唱会)'时曾担心他的身形上台不够好看,他却拍拍心口说不用怕,到('热·情')演唱会时就没问题。他天天做300下掌上压(俯卧撑),甚至到了('热·情')演唱会的现场,也会在后台练掌上压,就连我帮他化装之前,都要预留一些时间给他做掌上压!"演唱会开始后,为了照顾很多外地前来香港但买不到票的歌迷,张国荣在8月9日的演唱会上,宣布再加开一场。张国荣在台上说:"我日日见陈太(陈淑芬)跟张生(张耀荣)两个于后台愁眉苦脸,被人追演唱会门票追到瘦,所以我才决定加场,你们想买票便快去买吧!我可能五、六、七年后才会再开个唱!"加开场次的门票一经开售,一个小时内高价票便全部卖完,数小时内门票便已告罄。虽然张国荣忙于新唱片录音和筹备演唱会,但仍抽空出席了《恋战冲绳》的宣传。7月18日,张国荣、王菲、梁家辉和导演陈嘉上出席在旺角新世纪广场的电影宣传活动,吸引了上千市民和近百记者,心情大好的三位主演在台上谈笑风生、互相调侃,更与现场观众玩游戏,令现场气氛非常热烈。活动最后播放了张国荣演唱的电影主题曲《没有爱》,这首歌之后在"中文歌曲龙虎榜"上继《大热》后夺得第34周的冠军。7月26日,《恋战冲绳》首映,一众演员皆盛装出席,以致现场不得不增派保安。当三位巨星从秘密通道到达场内时,现场观众顿时尖叫声四起,三人在台上大谈拍摄时的感受,张国荣更是不改搞笑本色,在台上说:"多谢向生(向华强)给我机会拍这部戏,整部电影充满度假的感觉,尤其是可以亲王菲。"

在这大热的季节,环球唱片发行了张国荣新千年继 Untitled 之后的全新唱片《大热》,环球唱片更是发行了红、黄、绿三种颜色封面的三个版本。新唱片发行后,连续数周登上IFPI销售榜冠军,唱片同名主打歌曲《大热》在唱片发行前已占据各大流行音乐榜榜首多时。《大热》是张国荣真正意义上的最后一张个人唱片，从 1978 年宝丽多唱片发行张国荣首张真正意义上的个人唱片 DAYDREAMIN' 到新千年环球唱片发行《大热》，当年唱歌被批评为"鸡仔声"、唱片因销量不佳而被甩卖、填海、垫锅的 22 岁少年，跨越两个世纪，历经 22 年，已经成为一个"音乐作者"，与自己喜欢的幕后团队合作做自己喜欢的音乐，不用担心唱片销量，用音乐来表达自己的人生态度与情感，用销量和奖座证明了自己的努力成果。除了《大热》，唱片内还收录了张国荣在冲绳拍摄《恋战冲绳》时创作的歌曲《我》——一首继《有谁共鸣》和《风再起时》后的又一首自我宣言歌曲。自从香港一部分媒体人从"记者"转变为"狗仔"，报道未经证实的小道消息、跟踪艺人挖掘隐私为新闻卖点、取哗众取宠的角度和标题、踩低自己的香港艺人后，张国荣便在公开场合多次以"封口"谢绝采访以示抗议，因为这些"狗仔"的不耻行为，令张国荣深恶痛绝。《我》便是张国荣向这些所谓的"媒体人"宣示自己、亦是向世人坦诚自我人生态度的一首自传式歌曲，张国荣与林夕的合作中很少有特别指定的要求，但这首歌张国荣指定林夕要以"I am what I am"（我就是我）开首。张国荣找林夕写词时，问林夕有没有看过《假凤虚凰》这部电影，《假凤虚凰》是 20 世纪 70 年代的一部法国电影，而"I am what I am"正是出自这部电影。张国荣在采访中说："当我开始做这张碟的时候，我也开始构思我的世界巡回演唱会，当时我希望做一首在演唱会上的压轴歌。我在想，这么多年来，很多人关注我，我希望有一支歌可以代表到我，反映我的心态，我便向林夕说你知道我的性格，熟悉我的角色，不如为我写一首贴切我的性格的演唱会压轴歌。"林夕亦能深明其意，写出了意味深长的《我》的国语和粤语两个版本的歌词。张国荣收到歌词后非常喜欢，他说："后来，当我看到了歌词，我完全被它感动了，想不到我可以交到一个认识我这样深的朋友，他表达了我所想的。歌词中一句'不一样的烟火'（给我的）印象最深刻，写出了给人不一样的感觉，尤其我们做 artist 的，这种不一样的感觉很大，如果你收到的话，会觉得很有意思的。"风格完全不同的两首主打歌曲《大热》和《我》都是由张国荣自己作曲，唱片内同时收录了这两首歌的国语和粤语版本。在这张唱片里，张国荣还改编了 1993 年施文彬演唱的闽南语歌曲《呒通想起你》，五年前曾由林振强填词改编为吕方的《无缘》。五年后的《愿你决定》同样由林振强填词。相比五个月前

当我重温您，在茫然中思忆里
所有冷冰的暖了

发行的 Untitled 的纯粹，《大热》的商业成分明显加重了，或许这是张国荣为了顾及环球唱片的商业利益，但对这张唱片来说，最大的意义是有了那首《我》。张国荣在访谈中谈及自己现在制作唱片的态度时说："我不用全靠（唱片）销量吃饭，可以放松地工作。不用计算时期季节地去出唱片，有灵感便三个月出一张也可以，没灵感的话，久一点也可以。现在我有自己的制作公司，我可以无后顾之忧地尽量去做好每一件事。"《大热》和《我》两首歌的 MV 也由张国荣亲自导演。"热·情"演唱会之后，张国荣准备拍摄《我》的 MV 时找了杜可风担任摄影，搞笑的杜可风建议张国荣穿着高提耶设计的衣服站到果栏或者猪肉台上等不同场景拍摄，当然被张国荣一口否决。之后，张国荣给杜可风看了歌词，杜可风曾在澳大利亚看到一些很美丽的沙漠的风景，建议张国荣可以去看一下，最终张国荣决定到澳大利亚取景。陈小宝后来说："像《我》这（首）MV，他去澳大利亚某沙漠拍回来只有一个远远的人儿走来走去，我们为此大吵了一场。我说你拉大队去了老远的地方拍，用了这么多钱，如果这样我也肯收货也是白痴，我叫他一定要修改这个 MV。结果 MV 没有很大的修改，他只不过答应出碟时多走两圈宣传，多做几个访问。"拍完《我》的 MV 后，张国荣曾去北京，在酒店房间里给一些朋友看了 MV 的初剪版本。张国荣的朋友包一峰说："其中歌词里，海阔天空的'阔'以及造物者的光荣的'造'字普通话发音不对，我们指出后，他回香港后，他马上重新录音，修改 MV。"但《大热》唱片当时已经发行，无法撤回，在之后的唱片中收录了《我》重新录音的版本。

1988年，林夕通过倪震认识张国荣，林夕说："所以我才跟倪震这么好，主要是为了张国荣。"林夕与张国荣认识之前已经为张国荣填写过《妄想》和《无需要太多》两首歌的歌词。认识之后，张国荣第一次去"拜访"林夕时开了一辆红色奔驰跑车，林夕后来回忆说："当时我在屋子里迎接他（张国荣），那天是星期天下午，我这里不是在夸张，大家在戏里看得多了这样的镜头，他的戏看得多了，类似的那些姿势，原来真的像真人一样。一部红色的奔驰跑车，敞篷的，他自己开，'蜂'（拟音）的一声就停在楼下。这个镜头，我这辈子都记得，太帅了，竟帅成这个样子。"

向来对朋友心直口快的张国荣，在林夕家里跟林夕说，这么小的房子怎么住啊！后来张国荣邀请林夕去自己家里作客，林夕进了张国荣的家，对张国荣三层复式的大房子赞叹不已。林夕说："其实从那个时候开始，我发觉有一件事很好笑。就是看楼盘是我的习惯，这个习惯都是因为张国荣养成的。"在20世纪80年代，张国荣与林夕的合作并不多，因为认识以后很快张国荣就告别歌坛了，林夕除了《侧面》，也为张国荣告别乐坛前最后一张唱片Final Encounter内的最后一首歌《未来之歌》和"漏网之鱼"Dreaming填写了歌词。为Dreaming这首歌录音的时候，林夕去录音室看张国荣录音，林夕后来回忆道："有一句很高音，真的是很高音，我记得是高音'so'，要喊的，Alvin说要不要转一下key，结果他（张国荣）进去说试一下，一声，Alvin就很开心，哗，可以喔，甚至这个就已经可以用了！他走出来就说这个当然不行啦，试的又怎么可以呢，这次来个真的给你看一下啦！然后他又进去再试，果然那句又真的能喊出来，到了那个音，的确效果对比很明显。"在张国荣告别乐坛演唱会上，林夕听张国荣唱《明星》，哭得一塌糊涂，林夕当时哭是不明白张国荣好好的为何要退出。之后倪震开车来接林夕走，倪震也很坏，一边安慰林夕不要哭，一边又在车里放张国荣Salute唱片里的《明星》。张国荣不在乐坛的日子里，为其他歌手作曲的作品或者为电影演唱的主题曲，也不时有林夕填词，直到张国荣复出乐坛，林夕与张国荣的合作才正式开启了一个全新的阶段，《我》这首歌更是张国荣"热·情"演唱会主题曲，林夕后来说："我这辈子最光荣的一件事是帮张国荣写了一首歌，名字叫《我》。"

2000年7月31日，一连13场的张国荣"热·情"演唱会在红馆揭幕。演唱会由张国荣亲自担任艺术总监，从最初的创意到最终形象化地呈现在观众面前，张国荣全程参与了每一个环节，甚至连摄制演唱会实况影像他都给出了自己的一些想法。他尊重所有的工作人员和他们的工作，但他亦会向工作人员表达自己的构思与之共同讨论，以求能达到最好的效果。如在演唱《我》的时候张国荣对灯光的要求，演唱会的导演张淑仪说："一般来说，在红馆表演，灯光打在脸上，轮廓会较漂亮。但哥哥（张国荣）唱《我》时，坚持只要一个顶灯，因为这样的

图片授权提供：明报

ENDURING PRESENCE: LESLIE CHEUNG

随风不逝·张国荣

灯光最能表现歌曲的心情。他会和灯光师讨论做法，令舞台效果更为赏心悦目。"但如果工作人员的想法更好，他亦会欣然接受，如演唱会开场张国荣从高空缓缓下来出现在观众面前，因为张国荣畏高，所以一开始对这个出场方式有些抗拒，但在试过以后，他自己也觉得效果很好，便欣然接纳了这个创意。在演唱会上为张国荣钢琴伴奏的乐队人员孙伟明亦说："他（张国荣）很直爽，有什么想法会直接说出来，但绝不是在挑剔、埋怨，而是希望令事情更尽善尽美。"

为张国荣"热·情"演唱会拍摄现场实况的是曾与张国荣在《日落巴黎》合作过的萧潮顺，萧潮顺说："每场演唱会之前，他（张国荣）都会到我们公司挑选精华片段。很多歌手只会安排助理处理这些琐事，但哥哥（张国荣）会亲力亲为，十分认真。""大多数歌手不会理会摄影机如何放置，但哥哥（张国荣）追求完美，深知演唱会最好的是哪些部分，从而捕捉最佳的镜头。有一次，他要求我们把一部摄影机重新放置，调整角度，最后出来的效果，果然比原先的位置更好。""他（张国荣）从拍摄起已参与DVD影片的制作，而不是剪接完再看，要求严谨。虽然哥哥（张国荣）要求高，但建议都是切实可行的，提高了作品的水准，而不是无的放矢，所以大伙儿都十分信服他，为演唱会倾注心力。"每天演唱会结束后，张国荣亦会对当晚的演出进行总结和检讨，对一些不完美的细节方面亦会提出改进的意见，如在舞台上播放的由张国荣亲自剪辑的电影片段，在演唱会期间他亦反复修改，剪了好多个版本，直到剪出满意的效果。张淑仪说："第一场演唱会之后，哥哥（张国荣）都会开会检讨，希望改善不完美的地方。他为人讲道理，对事不对人，只要你诚实地跟他解释出错的原因，下次小心一点就没事了。但你不可以欺骗他，因为他很精明，任何错处都难逃他的法眼。"当然，如果是张国荣自己出错，他也会向大家道歉，如前面两场演唱会上张国荣演唱《无心睡眠》时，忘记了编排的流程中是要少唱一次副歌部分，虽然乐队临时应变跟上了他的节奏，但舞蹈人员一时没能反应过来，以致有些混乱。当张国荣得知是自己的原因时，特意把所有的舞蹈人员都叫到一起，诚心地跟他们道歉，排舞师之一的蔡龙伟说："我们都吓傻了，因为从来没有歌手会为这样的事跟我们道歉。"

为了让"热·情"演唱会更完美地呈现在观众面前，张国荣向高提耶邀约设计演唱会的服装后，更是几次前往法国与高提耶开会，向高提耶详细介绍整个演唱会的流程和细节，最终令

当我重温您，在茫然中思忆里
所有冷冰的暖了

从未给亚洲艺人设计过服装的高提耶答应为张国荣设计服装，还向张国荣提出了"从天使到魔鬼"（From Angel to Devil）的设计理念，并建议张国荣以长发造型配合服装，效果会更好。张国荣说："我觉得他（高提耶）真是一个大师级人物。我生得不高，但他会用造 couture（时装）的 proportion（比例）将我的缺点收藏，将优点表现。'From Angel to Devil'的形象意念是他提出的，因为他觉得我好 versatile（多才多艺），出来的效果会很好。"《明报周刊》曾评论："国际时装大师 Jean Paul Gaultier 为张国荣演唱会亲自设计形象，敢说在本地男歌手中，也只有张国荣才能演绎出 Gaultier 这批服装的精髓。形象设计的意念是'从天使到魔鬼'，由开场纯白色羽毛装象征天使的化身，到天使幻化成穿着古董贝壳半边裙的人间美少年，到穿着金色西装的拉丁情人，到披着一袭玫瑰红丝绒 opera coat（歌剧外衣）的魔鬼化身……我们一直知道张国荣是美丽的，但不知道他可以美丽至此。""张国荣与 Jean Paul Gaultier 的这次合作，既是 Gaultier 对 Leslie 赋予了另一种灵魂，也是 Leslie 淋漓尽致地演绎了 Gaultier 心目中'From Angel to Devil'的美少年意念。"张国荣"热·情"演唱会已不单是传统意义上的演唱会，从创意到多领域文化的探讨，从服装、美术、灯光、音响等各个环节到最终在舞台上形象化的呈现，这是一次对传统以歌手在舞台上唱好歌跳好舞为终极概念的演唱会模式的颠覆，开启了对全新的演唱会模式的尝试与探索，引领着香港的演唱会达到国际级别的水准。在首场演唱会上，张国荣在台上开玩笑说："（这次演唱会）我等了三年，由短发等到长发，今次我要做到一百分有 heart 的演唱会。"在张国荣的精彩演出中，现场观众亦全情投入，该鼓掌时鼓掌，该尖叫时尖叫，该唱和时配合着音乐节奏挥舞着荧光棒随着张国荣的歌声唱和，该跳舞时全场起立一起摇摆舞蹈……效果震撼，全场气氛热烈至极。《明报周刊》这样评论道："香港的演唱会，已经发展成歌曲、音响、舞蹈、灯光、舞台效果、服装设计等综合性表演。张国荣'热·情'演唱会的成功，是在于整体——从演出意念的设计到每一细致的环节（包括灯光、音响、乐队、和音、舞蹈编排、Jean Paul Gaultier 的服装设计）都是精心安排，再加上张国荣在舞台上的发挥，终于成就了一个配合得天衣无缝的演唱会。谢谢张国荣，谢谢演唱会台前幕后的每一位工作人员，为本地演唱会带来一次难能可贵的新体验，将本地演艺事业提升到一个更高的层次。"

虽然张国荣"热·情"演唱会场场爆满，演出精彩，观众反应热烈，而且很多人当面向张国荣表示对这个演唱会的赞赏，一些媒体记者更是跟张国荣表示演唱会好看得不得了，但之后的媒体报道却是毁誉参半，负面报道风起云涌。有一部分媒体报道虽然对张国荣的演出和演唱会的整体效果表示肯定，但报道的内容却以"穿裙扮女人""走光""长发似贞子"等为噱头，报道中充斥大量的"风骚""妩媚""自摸"等文字内容，对张国荣的舞台形象冷嘲热讽，完全不提这场演唱会的表现力与艺术性，更是"精心挑选"哗众取宠的现场照片刊登。原本有国际顶级时装设计师愿意为香港本地的艺人设计高订服装（Haute Couture，纯粹为展示设计师理念定制的服装），应该是一件光荣和骄傲的事，同时期日本人气偶像广末凉子找高提耶合作，高提耶只给她做了一套服装，很多人慕名而去更是被高提耶拒于门外，但有家媒体却刻意放大香港设计师邓达志的评论，表示高提耶"翻抄自己"，为张国荣设计的高订服装是过时的旧款。不过这种无知很快被打脸。8月19日，《明报周刊》时装版主任王丽仪撰文《长裙＝贞子化身？ 着裙＝扮女人？ 2000春夏Haute Couture＝着旧衫？ 还Gaultier一个公道》为张国荣"平反"，深度评析张国荣与高提耶合作的舞台形象和从专业的角度为大众普及高提耶的高订服装。记者陈晓蕾亦撰文《风风雨雨的张国荣演唱会：还一个演唱会的真面目》，文章在引言中写道："这是香港近期最具争议的演唱会，每天打开报纸都是一场惊吓，披头散发鬼影幢幢，动作露骨暧昧，名师度身定做的时装沦为陈旧设计……海报上张国荣一脸阳光，现实中招风惹雨几乎淹没。但演唱会就只是明星正不正、歌衫靓不靓、观众high不high、有没有烟花、有哪些嘉宾？长头发就是妖怪、穿裙子是扮女人、Haute Couture是旧衫？香港时装知识不应是那薄薄浅浅的一层，演唱会也不能不谈舞台设计、灯光和音响。探讨舞台设计、分析服装形象、访问现场观众——如果你是因为种种负面报道，错失了这次演出，这夜就让我们一起来看演唱会。"文章接着用文字重现了张国荣"热·情"演唱会现场，向大众详细介绍和解读演唱会的整个流程。邓达志之后亦撰文为自己辩解，表示自己对张国荣演唱会服装的看法被某报纸扭曲，希望张国荣不要生气。陈淑芬说："（高提耶为张国荣设计演唱会服装）这样一件值得香港人感到骄傲和光荣的事情，在部分不负责任的香港传媒笔下却成了件不伦不类的坏事。那一撮打着记者招牌的人，为求哗众取宠，完全失去了客观的报道和分析能力。对于演唱会的严谨制作、Leslie 的认真表演、观众们的热情投入，他们全都视而不见。反而针对一些个别环节如一个发型、一件衣服或一个动作而大做文章。对演唱会做出完全偏差和歪曲的'报道'，从而误导了不少读者观众的思想。"而媒体的负面报道也影响了张国荣"热·情"演唱会在世界巡回演出中"保持原汁原味"的既定流程，在一些城市的演出中更被当地有关部门告知：不能留长发、不准穿裙。陈淑芬说："影响更严重的便是其他的演唱会主办单位，特别是那些比较保守的地区，均忧虑演唱会的意识是否适合在当地演出，幸好以我们公司一向制作严谨的良好声誉及 Leslie 一贯认真的工作态度，总算还能令他们有信心继续支持该次演唱会。在各地的巡回演出中，得到很高的评价，外地的媒体均奇怪为何部分香港传媒竟可这样扭曲事实去诋毁一个出自自己地方的国际级杰出艺人。"2000 年年底，张国荣"热·情"演唱会获得"明周演艺动力大奖"的"致敬大奖"。张国荣在获奖致辞时说："演唱会的第三日，Jean Paul Gaultier 寄电邮给我，直指香港人不知所谓，以后的国际设计师不会再和香港人合作搞演出。这件事值得一部分香港传媒去检讨，如果我们的艺人水平已经达到一个比较国际化的程度，甚至我在日本亦可以创造一个开十场演唱会的纪录，而日本传媒亦认为那个演唱会十分精彩，日本的传媒及搞手（制作人）更问我为何香港传媒会陷害自己的艺人。所以，大部分传媒的制度需要改一改，否则，我们只可以永远要那些女仔做乖乖女；男仔要戴领带着踢死兔（礼服）才可以唱歌，这些演唱会是无进步的。"虽然张国荣"热·情"演唱会被香港一部分媒体刻意歪曲诋毁，但之后在世界巡回的演出中却得到极高的评价，美国《时代》杂志更称之为"热情与时尚的巅峰"，日本三大纸媒之一的《朝日新闻》称张国荣为"天生之表演者"……直到十数年后的如今，张国荣"热·情"演唱会仍是演唱会的"先锋"，被无数的赞誉包围，包括当年歪曲事实报道负面新闻的那些媒体亦改口称赞。2011 年央视音乐频道称："张国荣'热·情'演唱会从表演形态、艺术理念、服装道具，到观众反响都代表着中国演唱会的最高水准，至今无人超越。"王丽仪后来在自己的书内感慨道："为什么艺术家总是在去世后才被欣赏和珍惜、得到公正的评价？"其实导演陈嘉上在被问及张国荣的演技为何被专业人士认同却又屡未获奖时给出了答案："一个演员、一个艺术工作者、一个传媒工作者，他的生命认定、他的艺术成就不是由奖项决定，他的艺术成就是他能传世多久、往后有多少人记着他、他当下影响了多少人、影响了多少事的决定，我跟他（张国荣）经常互勉，其中一个是'不打紧，现在不懂不重要，往后他们会懂'，这点可说是一种牺牲，只要决定了就好，偶然会有点难受，正如我跟 Leslie 说求仁得仁，既然决定了要向前走，就不要在意大家能否明白，往后他们明白及跟着走就好。大家会发现 Leslie 往往做了一些事情大家会跟着做的，他做的时候会给人指责的，几年后奇怪呢，为何指责他的人会跟着做的！这些人往往就承受了在当下得不到应有的掌声、应有的认同，不重要的，最重要的是他做了，他是第一个。"

在完成"热·情"演唱会后，张国荣立即投入"无烟草"系列之《烟飞烟灭》的筹备与拍摄中。2000 年 9 月 15 日，《烟飞烟灭》正式开拍。《烟飞烟灭》是由香港电台和香港吸烟与健康委员会联合制作的"反吸烟"公益宣传短片，亦是"无烟草"系列的首部公益宣传片。《烟飞烟灭》最初计划只是一部 15 分钟的短片，因为香港电台考虑到张国荣在海内外的知名度高，而且在四年前（1996 年）已经戒烟，所以觉得找张国荣出演短片会更有说服力。虽然张国荣 2000 年的工作已排满，但当他接到香港电台的邀请时，还在冲绳拍摄《恋战冲绳》的他一口便答应出演，并向香港电台极力推荐由张之亮导演。张国荣表示，之前有一次去看病，遇到一个歌迷，那个歌迷跟他说，他现在已经名利皆有，是时候以个人的影响力去做一些对社会有贡献的事情，作为他的歌迷一定会非常高兴。张国荣听了以后，觉得真的应该回馈社会，所以他接到邀请毫不犹豫便答应了。在与张之亮沟通后，张国荣更是主动提出不收分文兼任导演，张之亮改任监制。《烟飞烟灭》原本计划在演唱会之前开拍，但因张国荣为筹备演唱会抽不出时间，实际开拍时间便延至演唱会之后。虽然只是一部宣传短片，但张国荣亦全力以赴，统筹周国丰说："当哥哥（张国荣）答应我们的邀请后，争分夺秒的游戏正式开始。故事大纲、电影的风格、工作人员的选择，一切尽在他的掌握中。"平时开会基本上都在张国荣的家里，之前因为张国荣家的狗"护主"心切咬了一位唱片公司的宣传人员，以致在《烟飞烟灭》开会期间，狗狗不得不被锁在房间里。张国荣在提出了自己的构思后，关于演员的人选成了头件大事，周国丰说：

"他（张国荣）想了一想，然后打了几个电话，都是充满笑声的对答。打了几个电话后，哥哥（张国荣）告诉我们，梅姐、王力宏、莫文蔚、毛姐（毛舜筠）等已经答应演出。哗！Ａ级贺岁片的阵容！之后还联络了梁咏琪、容祖儿等很多艺人。最特别的是一位神秘嘉宾——叶德娴！"香港电台二台的DJ更是全体出动担任群众演员。之后借场地、借道具等事情张国荣都亲力亲为。周国丰说："每日拍完戏，他（张国荣）都会预先到翌日的拍摄场地视察环境，先构思好拍摄程序和镜头位置，避免演员在现场呆等。"虽然张国荣在现场拍摄的时候很严肃，连一向被称为"迟到大王"的梅艳芳都准时到达，但在非拍摄时间便会很轻松地跟大家有说有笑，张国荣希望参与这件事的所有人都能够有一个开心愉快的合作过程，所以即使拍摄时间有限，他仍每天准时开工收工。不过在拍摄期间，发生了一桩"哥你卤味"（哥你个头）事件。因为参与《烟飞烟灭》拍摄的演员都是抽时间义务帮忙，而且该片既是菲林拍摄，又是现场同期收音，所以张国荣事前已知会记者，为免延误拍摄，不希望有记者来现场采访。没想到现场还是来了很多记者，而且不守规则不时发出拍照的声音，令现场同期收音受到干扰，不得不多次重拍。在劝阻无果后，张国荣决定清场，谁知他刚出门口，便是一阵镁光灯猛闪，很多记者还狂喊着"哥哥"，令本身已是一肚子火的张国荣冲口而出："哥你卤味！"8月17日中午，香港电台为《烟飞烟灭》举行了一个记者会，香港电台特意为张国荣颁发了一张"全球华人不吸烟大使"证书和赠送一架古董相机以表示对张国荣仗义执导的感谢，在场的记者因之前张国荣的那句"哥你卤味"害怕自撞枪口而不敢再称呼"哥哥"，都不停地只喊张国荣的英文名"Leslie"，最后司仪带头喊"哥哥"，记者才敢以"哥哥"称呼张国荣。《烟飞烟灭》杀青当晚，张国荣自掏腰包在酒店筵开五席犒劳工作人员，完成了拍摄的张国荣心情愉快，工作之外的他虽然仍然不接受媒体采访，但他当晚对媒体记者仍全程面露微笑。张之亮表示："哥哥（张国荣）拍片时因记者的叫声影响到现场收音，才会发脾气。我相信世界每件事都不尽完美，但我们正努力去做一件完美的事，若有人针对'粗言'一事而忽略电影的信息，这实在对哥哥及对我们不公平。"

监制张之亮一开始曾想着协助张国荣做分镜头等拍摄工作，没想到张国荣很轻易地就自己完成了，然后张之亮便将实际的拍摄工作完全放手让张国荣去完成。张之亮开玩笑说，自己很"不负责任"地"睡了几日"便当了此片的监制。首次担任剧情片导演的张国荣，拍摄工作中有时因为压力大更是需要靠安眠药入睡，幸好一切顺利，只用了5天时间便大功告成，不过张国荣却瘦了7磅。这部原计划只有15分钟的宣传短片在预算有限的情况下，集编、导、演于一身的张国荣将其拍成了45分钟的公益电影，这是张国荣第一次执导剧情片，没想到，竟是最后一次，《烟飞烟灭》成了张国荣执导的唯一一部剧情片。在看初剪版本时，周国丰说："哥哥（张国荣）坐在前排，他一路看，一路哭！我没有问他哭的原因，但我想应该是——感动！"张国荣在接受采访时亦表示，当他看到"张国荣作品"五个字时有一些眼泛泪光，很激动，终于看到自己第一个"孩子"。对于这第一个"孩子"，张国荣说："这是我的第一个baby（孩子），大家可能会抱有期望，但若不符合你心中所想，请多多包涵。这是为香港（特区）政府、香港电台和香港人做一件有意义的工作，我觉得很开心，希望每一个镜头都让你们喜欢，这个故事让你们感动，能感染你们一个重要的信息——戏可以重新再演，但人只能活一次，最主要及最终的目的是要说给大家知道不要吸烟或减少吸烟，因为吸烟真的会影响你们的健康。"9月26日，香港电台在海运戏院为《烟飞烟灭》举办首映礼，一众艺人盛装出席。张国荣在致辞时说："能够获得香港电台及香港吸烟与健康委员会的邀请拍摄这一部反吸烟电影《烟飞烟灭》，我深感荣幸，但同时我亦感受到一份沉重的压力，因为这是我第一次执导的作品，不过无论如何，对我来说，这是一次极其难得的机会，我绝对不会轻易放过。在这部电影的拍摄过程中，我深深感受到一班台前幕后工作人员的热心支持与参与，尤其是每一位演员均不计较酬劳及戏份，全心投入拍摄的工作，方可令这部电影顺利诞生，这亦令我充分体验到香港演艺界人士的无私精神和对社会的贡献，所以我衷心期待我们的努力能令观众接收到具体而有影响力的反吸烟的信息，为香港营造一个更清新及更健康的环境。"《烟飞烟灭》在戏院上映后，被制作成VCD赠送给香港本地及境外的学校作为教材，供学生观看。有媒体表示："一众红人绝不计较自己的时间，全力参与一套有意义的教材的演出，这在香港电影史及教育史上，均是一件值得记录的事情。"

作为命题的公益性电影，既不能流于说教，又要阐明观点，还要能吸引观众，其实在处理上会更难，《烟飞烟灭》上映后，张国荣的导演水平得到了一致的称赞。评论称："导演处理这部戏在技法上是四平八稳，有些技巧用得非常巧妙，观众会觉得很顺，很有娱乐性，有些则不觉地运用了，却又能带出效果，这便是导演的功力。""哥哥（张国荣）的初次执导，对我来说是有点惊喜。整部作品拍得很好，因为此片的命题，真的很难拍，要不教化、不沉闷，正如哥哥说有很多医生提供了不少意见，有些他采用了，有些他没用上，因为如果把医生所说的全放在戏内，一定很闷，会变成一套纪录片。我知张国荣做过很多 research（研究），他高明的地方是，他懂得把数据（进行）筛选，什么数据要剔除，什么数据要留下，这很重要；什么人站什么位、镜头怎样摆放，全是他筛选的，到什么位要让感情爆发出来，如在医院内哭，一次就够了。"卢伟力说："在《烟飞烟灭》里面我们看到两个很重要的创作思想。第一是你发觉他（张国荣）很看重伦理和爱的因素。他劝人戒烟的那个方法是说吸烟会影响你身边所爱的人。吸烟危害健康不是他在《烟飞烟灭》的主要思想。可以看到当他有机会去拍摄一个劝人戒烟的故事，他劝人戒烟的最重要手段是因为吸烟会影响你身边的人，即是说他认为'爱'是最有说服力的。小朋友代表着未来，为何在《烟飞烟灭》里的小朋友，我们没有机会看到他很大的特写呢？因为他其实是一个符号，代表'未来'，即如果这一代人吸烟，其实就没有未来了。第二，在这出电影里面，他没有尝试去批判一些人的吸烟行为，譬如有一场戏张国荣和梅艳芳轮流地抽着同一根烟，他拍出来的构图、各样（各不相同的样子）都好像令你觉得这种行为都颇美颇享受呀，甚至是张国荣驾车时一边吸烟的画面都颇好看呀！但正是如此，才显得他的这部电影的重要性，他不是说吸烟'核突'（难以入目）、不好看，而是说吸烟有一种影响，你自己去想想，你可以很享受吸烟，但是这个东西并不等于爱你身边的人，两样东西你自己去衡量。他以此作为一个创作的理念，而不是用说教的那套。"张之亮也说："哥哥（张国荣）本身是经验丰富的演员，跟不少导演合作过，当起导演来，拍摄纯熟流畅，由现场摆镜位到控制演员演戏，都显得驾轻就熟。"

张国荣"热·情"演唱会将在内地巡回演出的消息公布后，内地大批商家争相联络主办方，希望成为张国荣内地演唱会的赞助商之一。2000年8月23日，张国荣出席在上海锦江饭店礼堂锦竹厅举办的上海"热·情"演唱会的记者会。张国荣抵达会场后，现场的摄影记者便围在主席台前不停地拍摄，遮挡了坐在后面的文字记者，张国荣发现后，恳请众摄影记者暂且让让位，表示等记者会结束后让大家进行拍摄，让在场的文字记者欢呼着纷纷鼓掌表示对张国荣的感谢。之后，张国荣对记者的提问侃侃而谈，谈演唱会、谈唱片和电影、谈合作伙伴，亦谈及香港的传媒等。张国荣表示到内地开演唱会是他一直的心愿，这次选择上海为内地巡回演唱会的首站，是因为他在上海拍过电影，对上海有感情。有记者问张国荣他的演唱会前后分别有罗大佑和李玟的演唱会会否有压力，张国荣回答："我对自己有信心，也不会和他们刻意地去比拼竞争，我只要求自己做得最好就行。一些看过演唱会的欧美圈内人士认为，我的演唱会水平已经达到了世界级的水平，在上海也将同样是世界级的，我会把最好听的歌、最动感的舞蹈、最亮丽的服装和最佳的舞台设计奉献给广大歌迷。请相信我有这样的实力。"对有记者提到曾经的"谭张争霸"，张国荣笑说："我跟谭咏麟从出道到现在都是朋友，尽管还不算非常好的朋友。那个时候可能是我们的歌迷在斗，但现在歌迷们都大了，结婚生子了，还斗个什么呢？！现在的歌迷也不会再斗了，他们都去看谢霆锋去了！"引得台下一阵笑声。对于被问及近期与香港媒体的关系，张国荣说："现在的香港传媒分两批，一批是很正义的、很忠实地报道的；另一批是很无耻的，他们在报道一些虚构的东西。前段时间我请梅艳芳、莫文蔚、王力宏他们拍电影《烟飞烟灭》，时间安排得密密麻麻的，哪有时间接受采访？！所以那些传媒都很生气，专门写坏的报道！我要为香港艺人讨一个公道！我们艺人都非常努力，但却被他们臭骂、乱写……反正，不说了！""我是属猴子的，记得我看到过一尊猴子的雕像，是捂着耳朵，闭着眼睛，蹲在那里。我觉得很有意思。对于现在外面传媒对我的一些歪曲报道，我虽然感到很气愤，但我不会去理睬他们，给他们找到继续攻击我的口舌，我会做一个'非礼勿视、非礼勿言、非礼勿听'的猴子。"张国荣更是自豪地表示："六十年后，还会有人听我的歌，而六十年后，又有谁会去看这些小报记者写的花边新闻。"张国荣亦谈到对新歌《我》的看法，他说："《我》的主题应该说是很积极向上的，歌曲的词作者林夕想告诉大家的是，要懂得去爱别人，学会理解和宽容，虽然有时候会被人误解和诽谤，但自己的肚量要大些。"记者会在轻松愉快的气氛中结束,临走前张国荣向记者表示,9月16日和17日台上见!

2000年9月3日,为"志莲净苑"筹集经费,忙于世界巡回演唱会的张国荣单枪匹马前往铜锣湾时代广场义卖月饼。虽然因为工作在身,张国荣参与义卖的时间只有十几分钟,但仍吸引了大批的歌迷前来捧场,不少路人看到张国荣更是驻足围观,令现场水泄不通。9月8日,张国荣在马来西亚正式开启"热·情"演唱会世界巡回之旅,虽然因部分香港媒体负面报道的影响,张国荣在马来西亚的演唱会做了小小改动,没有了香港"热·情"演唱会的原汁原味,但以短发出场的张国荣亦有另一种味道,他在舞台上挥洒自如的演出同样令现场的观众如痴如醉、反应热烈。虽然已远离香港,但香港的小部分媒体仍歪曲事实报道张国荣在马来西亚的演出。张国荣在演唱会前一日的记者会上被马来西亚媒体问到香港传媒大多集中报道他演唱会的造型一事时,张国荣曾说:"不是,只是一小部分的媒体搞事,某些传媒公信力已降到不能再低!"没想到张国荣口中的这"一小部分的媒体"将这句话"撰写"成张国荣在马来西亚大骂、抹黑中国香港媒体,还将自己放在弱者角度表示在马来西亚的采访过程中受尽张国荣欺凌。

2000年9月16日,张国荣"热·情"世界巡回演唱会在上海揭开中国内地巡演的帷幕,张国荣是首位在上海八万人体育场连开两场演唱会的歌手,直到七年后才有其他歌手在此连开两场。虽然张国荣在上海的演唱会并没有过多的宣传,低调得只有一次记者会和街头张贴的些许演唱会的海报,而且前有9月8日罗大佑首次内地演唱会,后有9月29日李玟首次内地演唱会,但张国荣的上海演唱会门票在开售后仍引起了观众的抢票热潮。媒体称:"张国荣(记者会)的亲民态度,更获得当地传媒的一致好评,演唱会消息更广为宣传,令演唱会门票于短短数日内,已经卖出了十万多张,高价票更接近全部售罄,只余小量在总售票处有售,而演唱会门票共分为500元、380元、280元、180元及80元五种,虽然上海市民普遍认为门票比较贵,但以张国荣的魅力,仍能掀起一片抢票热潮。"虽然张国荣此次世界巡回演唱会中国内地场将在数个城市举办,但除了上海本地的观众外仍有很多从其他城市赶来观看张国荣上海演唱会的粉丝，有一些没买到票的粉丝，更是入住八万人体育场周围的酒店，用高倍望远镜从酒店的窗户观看张国荣的演出。9月16日和17日两晚，正如此次演唱会的名字——"热·情"一样，张国荣的热情演出令现场沸腾，而热情的现场观众亦将上海八万人体育场幻化成了一个狂欢的海洋。第一场时，张国荣可能考虑到在内地举办演唱会的原因，演唱了很多的国语歌曲，但他低估了他的内地粉丝，他的粉丝早已将他的粤语歌曲倒背如流，一些粉丝更在现场大声建议张国荣演唱粤语歌曲。可能张国荣听到了现场的呼声，在第二场时，亦顺应"民意"，将国语歌改唱了粤语歌。在演唱《月亮代表我的心》时，全场观众与张国荣齐声合唱，观众的热情，令张国荣不禁泪洒现场，哽咽地唱不下去，不过这次他不再需要喊停重唱，因为现场的观众都在为他继续演唱。后来，张国荣将这首"万人大合唱"的前两句，放在了翌年发行的新歌加精选唱片《永远》（Forever）内全新录音的《月亮代表我的心》中。圆满完成上海演唱会后，张国荣继续内地巡回演出，因受台风影响，原定的部分城市的演出时间亦做了调整。9月23日，在杭州的记者会上浙江媒体联合给张国荣颁发了"永恒魅力奖"，以表彰他在演艺事业上的成就。9月29日在昆明演唱会上因之前其他歌手的演唱会发生混乱事件，张国荣在彩排时得知昆明的演唱会不被允许设置内场，以致张国荣表示这是他离歌迷最远的一次演唱会，张国荣在台上说："张国荣在昆明开演唱会，可能是刚开始的第一次，也是最后一次，不过，今天晚上我会把我自己最好的（演出）送给你们。"张国荣没有因为场地原因而偷工减料，而是更加投入地演出，而观众亦用手中的荧光棒、掌声和喝彩声回应张国荣。张国荣说："你们在黑暗中，你们可以用眼看见、用耳朵听见我的歌，我们的心是相通的，你们可以感觉到一个艺人对自己热爱的观众所做出的努力。"10月14日广州站，四万多观众冒雨支持张国荣，现场的热烈气氛并不因风雨削减，72岁的白雪仙亦从香港赶来捧场，穿着雨衣看足全场，张国荣更是陪着观众淋着雨演出，几度感动落泪。在庆功宴上，张国荣拒绝壹传媒旗下记者采访，之前因陈淑芬没在壹传媒旗下媒体刊登张国荣演唱会广告，以致壹传媒旗下媒体报道张国荣的演唱会时，想尽办法编造歪曲、恶意批评、极尽诋毁。张国荣在庆功宴上，为连月来壹传媒旗下媒体的针对性报道逐点驳斥，理直气壮地说："有人（壹传媒旗下媒体）针对人又针对事，我又不买账，但你能怎样，好像说我在马来西亚骂香港传媒，我在记者会上首先是谢谢香港传媒，只是骂一间烂传媒，

当我重温您，在茫然中思忆里
所有冷冰的暖了

图片授权提供：蝦叔 & Bobby

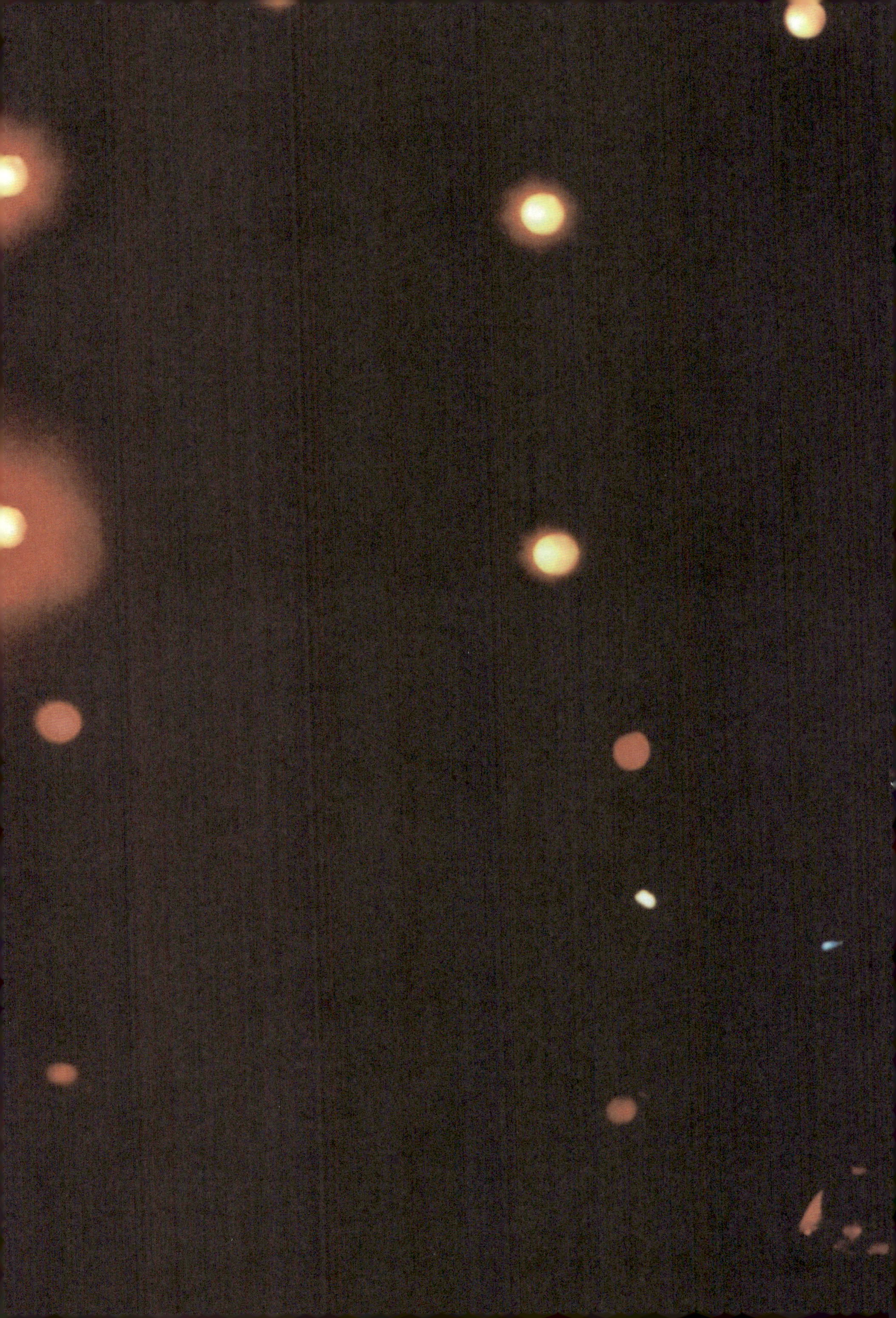

图片授权提供：张国荣艺术研究会

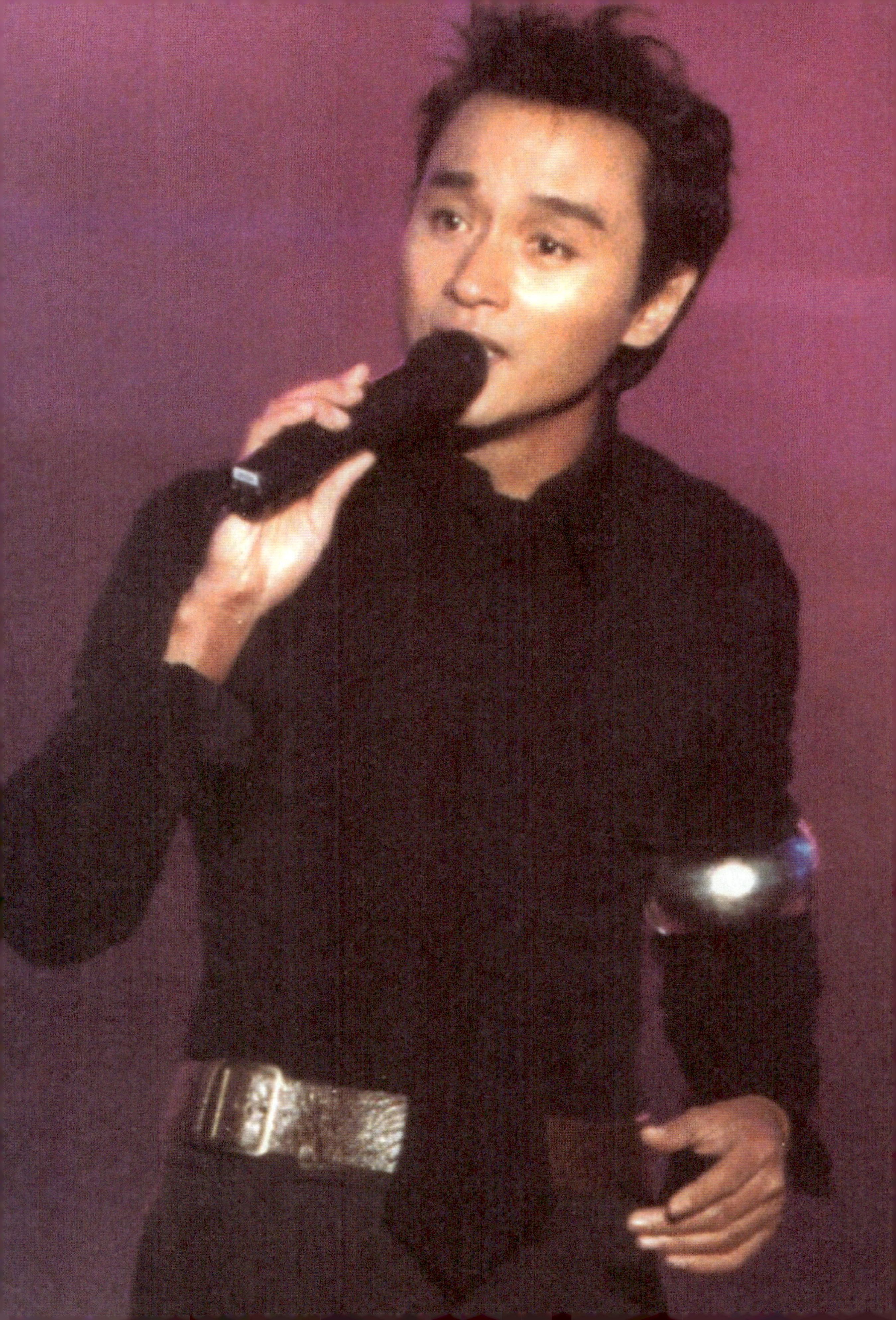

我真是不怕,我有实力。"翌年,张国荣更是公开表示:"我与《苹果日报》势不两立,You can't put words in my mouth.This is my life.How dare you judge me!(你不可以塞话进我嘴里。这生命是我的。你怎么敢为我下判断!)一小撮人断章取义的批评,阻碍了我们艺人和香港人进步。"11月4日的深圳站,虽然因之前台风改期,给观众带来不便,但没有影响观众的热情,容纳数万观众的现场座无虚席,内场两侧亦有很多观众站着观看。11月11日的南京站,当地气温只有三摄氏度,在凄风冷雨中,张国荣一边演唱一边冷得发抖,现场的观众心疼地大喊张国荣加穿衣服,但张国荣并没有加衣,还完美地奉上了一场足本、精彩的演出。张国荣在台上说:"我现在浑身湿透了,脚踩在一片水里,真的很冷,可是我知道你们的热情依旧。"演唱会之前,陈淑芬也曾建议张国荣加衣和削减曲目,但张国荣没有同意,他觉得演唱会是一个整体的制作,在其他城市呈现给歌迷的是什么样的,在南京也应该一样,不能亏待南京的歌迷。南京演唱会之后,张国荣因受凉而严重感冒。11月15日的宁波站,在依旧的冷雨中张国荣完成了"热·情"巡回演唱会内地的最后一场,风雨虽然阻挡了张国荣前往普陀山旅游的行程,却阻挡不了当晚观众的热情,张国荣在演唱会中加唱了之前在"热·情"演唱会中没有演唱过的《明星》——"当你见到天上星星,可会想起我,可会记得当年我的脸,曾为你更比星星笑得多……"

2000年10月1日,张国荣写真集《庆》正式开拍。《庆》的摄影师夏永康说:"他(张国荣)有很多想法,他认为,这本书,最理想的是在内地拍,像回自己的家一样。他说内地就是他的家,他要去内地拍他的这本书。那时我对内地的认识不多,很多第一次都是和他一起,第一次去北京,第一次去西湖。拍照第一天,10月1日国庆节,是他特意选的日子。写真集的名字叫《庆》,也包含国庆的意思。"《庆》的出版编辑,之前已跟张国荣合作过 All About Leslie 的志摩千岁说:"照片上那些舞台以外的 Leslie 的身影,仿佛把自己的身心全部融进了祖国无限宽阔的胸怀里,所有作品的情调都是那么轻松而欢快。这本源自他对自己祖国的一片深情而诞生的写真集,却要在日本出版……"2001年9月15日,这本富有"中国味道"的张国荣写真集在日本正式发行,张国荣在《庆》的前言中写道:"更庆幸能看到拥有几千年文化的这块土地正渐迈向一个新的纪元。红旗拼荡,国泰民安'庆'。"

2000年10月20日，"香港作曲家及作词家协会"（CASH）在香港尖沙咀丽晶酒店举办23周年晚宴。CASH成立于1977年，主要代表音乐作曲人、作词人、版权持有人，执行给音乐使用者发牌、收取播放音乐费用等工作，是香港知识版权署注册的五家版权特许机构之一。在晚宴上，张国荣为黄霑颁发了"CASH音乐成就大奖"，而CASH亦隆重宣布委任既是CASH会员又是国际巨星的张国荣为首任"CASH音乐大使"，任期两年。CASH主席彭纳德先生表示，张国荣在以往的日子为香港乐坛贡献不少，获奖无数，而且张国荣的形象及创作都极有独特的个性，希望日后每一个CASH的成员都可以自豪地说出：这就是我们。这次委任主要是为了能够让大众广泛地认识CASH对于推动香港本地乐坛发展及鼓励音乐创作的工作、努力及成绩。张国荣在致辞时说："我相信，对于艺术工作者来说，创新是必不可少的，所以，我一直努力创造新的形式，并尝试引导新的潮流。比如我最近的演唱会就是这样的尝试。"张国荣亦表示，在未来的日子，他将会把反对盗版作为其中一项重要的使命，并致力于此。在未来的两年，将与CASH紧密合作，共同推动本地乐坛的发展和鼓励音乐创作的工作。张国荣接受委任后不久，便离开现场赶往录音，因赶时间谢绝了记者的采访。2002年，张国荣续任"CASH音乐大使"。张国荣去世后，由谭咏麟接任。

2000年10月30日，张国荣出席东京影展之"香港电影节"，这是东京影展首次大规模举办"香港电影节"。为了打开香港的境外经济市场，香港旅游局和香港驻东京经济贸易代表处特别在当年的东京影展中举办香港电影节独立单元，并邀请了众多香港明星参与。活动当天上午，张国荣出席了在东京涉谷的电影院举办的《流星语》和《恋战冲绳》的放映会，电影票早在预售的当日10分钟之内便全部售罄。下午，张国荣与时任香港政务司司长陈方安生、香港驻东京经济贸易首席代表张敏仪、香港旅游协会主席周梁淑怡和一众明星出席在涉谷文化村举行的"香港电影节"的开幕典礼。活动现场吸引了大批的记者及影迷，媒体称："剪短了头发的哥哥（张国荣），变得更年轻英俊，一身挺拔银色西装，迷死日本人，哥哥的女影迷年龄层极广，从小女生到妈妈辈都有，男性影迷也不少，在日本的支持力量惊人，下午亮相开幕式，礼车刚到人还没下来，影迷就'Leslie'叫疯了，风靡盛况连今年开幕巨星阿诺都要自叹不如。"当开幕式主持人唯一以"super star"（超级巨星）介绍张国荣出场时，张国荣以英语在台上说："郑伊健、舒淇，这次被介绍为新一代香港明星，那我就是老一辈了，我已经年过40，但热爱电影的心永远不会变，以后我会多做幕后工作，好似电影监制，但其实我最想做的是导演，有一天一定要做个出色的导演和制片。至于我12月在日本的6场演唱会，票已经全部卖完，明年1月我会加开4场，我知道我在（中国）香港的演唱会好具争议性、娱乐性和国际性，所以我会将香港原装的演唱会搬到日本。"原本每位嘉宾限定了大约5分钟的讲话时间，但因张国荣在现场太受欢迎，以致记者和司仪不断发问，最后张国荣不得不提醒司仪："留给下一位嘉宾讲啦！"

2000年10月31日，香港电台《娱乐满天星》节目公布香港演艺界"千禧年十大红人"选举结果，张国荣以最多的得票高居榜首，其他得奖者有陈奕迅、谢霆锋、刘德华、黄子华、郑裕玲、郑秀文、张智霖、郭富城和陈慧琳。周国丰在访问张国荣时说："我们翻查了资料，十年前，我们搞这个'十大红人'选举，十年之后，我们再搞'十大红人'选举，他（张国荣）都是我们的'十大红人'。并且今年更加厉害，在千禧年里面，他是'十大红人'之冠。"张国荣听闻后反而质疑是不是造假的，因为张国荣觉得虽然近几年来自己工作较多，时不时也有亮相，但已经很少在公众场合露面。不过红不红不是张国荣说了算，周国丰说："我们首先说说这个选举准则，给哥哥（张国荣）听一下。我们分三方面，一方面是透过Internet（网络），一方面透过我们的FAX，还有透过我们听众们和观众们热线的投票，三方面的总分加出来，就是我们'十大红人'的结果了，结果哥哥就是红人之冠了。"张国荣在访谈中亦聊到近年来心态的转变、在工作上的一些经验与感想和对新一辈艺人的一些建议，作为新出炉的"CASH音乐大使"，张国荣亦谈及盗版的影响和呼吁观众不要去买盗版。当周国丰问到张国荣的心愿时，张国荣说："我的心愿就是我们的下一代会在知识方面、生活条件方面，都比现在更加有改善。我觉得，真的，这是肺腑之言来的，真的，我觉得我们下一辈的人，在他们的知识方面，是越来越有点贫乏，我好希望，真的希望他们会领悟、醒悟，真的去学习令他们可以丰富他们的知识，或者丰富他们的人格的一些事物。"11月17日，《明报周刊》32周年庆首次举办非商业性的"演艺动力大奖"颁奖礼，以表彰过去一年优秀的音乐人、电影人和电视人，以及对演艺事业有贡献的人士。该奖项是香港第一个横跨音乐、电影及电视界的综合性颁奖礼,得到了演艺圈人士的广泛支持和踊跃出席。在首届"演艺动力大奖"颁奖礼上,张国荣凭《路过蜻蜓》获得"最突出男歌手"奖,由评委谭咏麟给张国荣颁奖。张国荣的"热·情"演唱会获得"明周致敬大奖",颁奖嘉宾在颁奖前阐释颁这个奖给张国荣的理由时说:"大家都知道,在时装里有个叫Haute Couture,即张国荣演唱会上 Jean Paul Gaultier 设计的服装,Haute Couture 时装,是整个世界时装的殿堂,每一次设计出来的时装都可以进入博物馆的,但张国荣能够在演唱会上穿这些服装,这是破天荒的,但这些不是我们颁奖给 Leslie 的原因,我们颁奖的原因是,服装始终是死物,要将服装能够衬托出来,赋予服装新的生命,是需要一定的功力,而 Leslie 在这方面有他的功力,不但 Leslie 有他的功力,而且包括台前幕后的人,能够通过灯光、舞蹈、音乐,以及整个概念来将他的演出变成一个天衣无缝,说到这个演出本身,我知道很多朋友因为某些报道而错过了这么好的演出,但这个演出,我可以,《明报周刊》可以衷心地说,真是为这一行业,为香港的娱乐圈注入了一个新的 sense(观念),是将之推向更高的层次,所以现在我们衷心地将这个奖颁给 Leslie!"张国荣破天荒地用了近 7 分钟的时间发表获奖感言。《明报周刊》之后亦写道:"张国荣'热·情'演唱会成功的地方在于整体,从'剧院'概念的舞台设计,Jean Paul Gaultier 亲自设计的 Haute Couture 时装,带出'From Angel to Devil'的意念。长发、裙子每一个细致的细节,都有它的艺术象征,再加上歌者的发挥,为本地演唱会带来一次音乐与视觉新体验。结果《明报周刊》向'热·情'演唱会颁发代表编辑部给予最高荣誉的'明周致敬大奖'。"

2000 年 11 月 26 日,张国荣在完成"热·情"演唱会美国大西洋城的三场演唱会后,前往日本继续巡回演出。分别于 11 月 29 日在横滨、12 月 1 日和 2 日在大阪、12 月 5 日在大宫、12 月 6 日和 7 日在东京开唱,因日本观众反应热烈,最终加开 1 月 14 日东京、1 月 15 日名古屋、1 月 16 日大阪和 1 月 18 日福冈四场演出。张国荣在日本的十场"热·情"演唱会,共有八万人次前往观看,亦创造了华人歌手在日本举办演唱会的场次纪录。不少日本歌迷为能写信给

图片摄影 / 授权：Zhou Meiyun

图片摄影 / 授权：Zhou Meiyun

图片摄影 / 授权：Zhou Meiyun

图片摄影 / 授权：Zhou Meiyun

当我重温您，在茫然中思忆里
所有冷冰的暖了

图片摄影 / 授权：Zhou Meiyun

图片摄影 / 授权：Zhou Meiyun

图片摄影 / 授权：Zhou Meiyun

图片摄影 / 授权：Zhou Meiyun

当我重温您，在茫然中思忆里
所有冷冰的暖了

张国荣，更是勤学苦练中文；为了能在演唱会上跟着张国荣唱和，亦是死记苦背普通话和粤语歌词，他们将中文歌词的发音用日文标注，然后将其背下来，实在背不下来的便写在纸上，以便张国荣演唱的时候可以跟着唱；他们亦熟记张国荣电影的经典台词，在张国荣日本巡回演唱会上，现场大屏幕上播放张国荣主演的电影《红色恋人》中张国荣饰演的共产党员站在火车头上演讲的片段时，他们竟然齐声随着台词用普通话喊出"红军"。2001年7月20日，日本《朝日新闻》刊载了一位79岁的老太太稻叶悦子写的文章。稻叶悦子卧病在床十六年的丈夫去世后，整个人因伤心而变得忧郁沮丧，一次无意中她在电视上看到张国荣的电影，张国荣友善的面容和温和的眼神令她感到温暖，于是她租来了这部电影的录像带，在家里反复观赏，她也记住了张国荣这个名字。当她从广告上得知张国荣来日本举办演唱会，于是独自去观看了张国荣的演唱会，稻叶悦子在文中写道："我坐在很多年轻的粉丝中间，全神贯注听他唱着歌。在那一首接一首的或是热情洋溢、活力四射的快歌，或是深情款款、令人心醉的慢歌歌声中，我感觉到我的心伤在慢慢愈合。自那以后，我努力地让自己振作起来。"之后，她去治疗因曾长期照顾丈夫而落下的背肌伤痛、去学游泳、去学钢琴，她学会了电脑操作，努力勤学中文，希望有一天能够前往中国。稻叶悦子说："每一天，我都忙忙碌碌地做着这些事，我自己都很奇怪我竟能变得这么幸福、这么生气勃勃。我从来没有梦想过我的生活能像现在一样充满着快乐。我是在战争年代成长的，在我的生命中根本没有所谓的美好青春一说，但现在我却在全身心地享受着我的青春年华。"2002年3月，80岁的她参加由400人组成的张国荣日本粉丝旅行团，前往香港地区为《异度空间》首映捧场并参加了与张国荣的晚宴。在晚宴上，她亦将自己的这段经历告知张国荣，张国荣对她说，笑容发自内心才会令大家有温和感。2002年9月，稻叶悦子在日本去世，或许这也算是一种幸运，因为在她的生命中，没有2003年4月1日这一天。

2000年12月21日，张国荣"热·情"演唱会在加拿大多伦多继续巡演。媒体称，张国荣在多伦多的受欢迎程度足以媲美麦当娜、珍娜·杰克逊等歌星。12月23日，张国荣在美国拉斯维加斯凯撒皇宫巡演，原本80美元的门票被炒至240美元，但歌迷为了一睹偶像风采亦高价购票。除了当地华人，张国荣亦受到外国观众的喜爱，因观众太热情，以致在当地的两天时间里，他都不敢随意外出。演唱会当晚歌迷的反应非常热烈，歌迷的热情，也令张国荣更加卖力演出，因邻近圣诞，张国荣应景地演唱了数首圣诞歌曲，亦令现场增添了许多欢乐的气氛。

张国荣曾在香港"热·情"演唱会上说："我和林夕两个写了这首歌（《我》），我们的用意就是说，上帝生每一个人出来，应该是平等的，无论他们是黑人也好，白人也好，黄种人也好。有些人中意猫，除了苏丝黄，有些人很中意狗，但是我觉得有些人会中意一些特别点的人，你和他觉得这样才会容易……觉得开心，既然这样的话，我们为什么不能成全他们呢？每个人都有自由去选择自己的生活，as long as（只要）他们自己觉得是开心的，你们无权过问。我不是在这里说教，因为我觉得我没有这个成绩，但是我只是想说，无论怎么样都好。我，在这里，就是永远永远用一颗善的心对待所有的事，虽然未必回报回来。但是，因为我的命书里面有一句，是董伯伯，他今晚也在这里，董慕节先生他提点我的，他说我这个人是'待人以诚，人反相侮'。什么叫'人反相侮'呢？就是我对他人有诚意，他人反而用这个理由侮辱我。在娱乐圈这么久，这么多年以来，从来都是这样，我已经看习惯了，and I don't bloody care！（我一点也不在乎！）在这里，我只是想说，我始终会做回——我——张国荣。"

当我重温您，在茫然中思忆里
所有冷冰的暖了

Chapter 27

若已捕捉星光 哪需百世流芳

2001年1月14日,张国荣"热·情"巡回演唱会日本加场首站在东京开演。日本粉丝的热情令来自其他地方的张国荣粉丝都很惊讶,一位前往日本观看演唱会的加拿大粉丝说:"第一次在日本看哥哥(张国荣)的演唱会,真的领教到日本歌迷的热情,像我们这种只拿着一根荧光棒的歌迷,已经是少数了,大部分的人都是耳环、手环再加荧光棒,并且都不只拿一支!快歌的部分全都是站着听的,几乎从头站到尾。"在此次的日本演唱会上,张国荣对歌曲的编排做了一些小小的调整,加唱了一首当时只在日本发行过的原创英文歌《今晚直到永远》(Tonight and Forever)。这首歌在录制唱片《大热》的时候已经录完音,但不知为何没有收录在香港版的《大热》内。2000年11月22日,在张国荣"热·情"演唱会日本站之前一个星期,环球唱片在日本发行了张国荣2000年在香港地区发行的两张唱片的合辑《大热+Untitled》,首次收录了Tonight and Forever。当晚,当张国荣在东京举办演唱会之时,无线电视亦在香港举办2000年度"十大劲歌金曲"颁奖典礼。张国荣2000年发行的Untitled获得"四台联颁音乐大奖"之"大碟奖",张国荣获得最高奖项"致敬大奖"。主持人在颁奖前说:"这个奖是表扬得奖歌手在音乐、唱片或者演唱会等各方面的成绩,不单只(在)香港,(而是)在世界各地都受人称赞,所以我们特意颁这个奖给他,是向他致敬!"现场大屏幕播放了张国荣的视频剪辑并配以解说词:"一直以来,张国荣对推动香港音乐不遗余力,对乐坛贡献良多。自从1985年他的首次演唱会开始,他的演出不断追求突破、力求完美。2000年,他更加将其推向高峰,8月份举行的'热·情'演唱会,亦成为歌迷的焦点。9月份,他将演唱会带出香港,开始世界巡回演唱,包括中国上海、美国、日本等地,他的魅力风靡全球、蜚声国际。今晚张国荣获颁2000年度'十大劲歌金曲致敬大奖',他是实至名归。"现场除了由陈小宝代张国荣领奖外,无线电视亦直播张国荣在东京的演唱会现场。无线电视专门派了记者丘凯敏前往张国荣演唱会现场献花并将得奖消息告知张国荣,张国荣在台上说:"多谢!多谢TVB

当我重温您,在茫然中思忆里
所有冷冰的暖了

颁发这个荣誉大奖给我!别说什么执着,加入娱乐圈,就得将自己最好的东西送给大家!获得这两个大奖,我感到非常开心,在此我谨多谢支持我的朋友,多谢所有支持我的亚洲朋友,多谢各位!"在东京的演唱会上,张国荣亦向观众宣布,在2001年4月11日至16日将在香港加开六场"热·情"演唱会的压轴篇,这个消息令张国荣的粉丝们兴奋不已,那段时间很多粉丝在聊天时随时会冒出一句:"四月去香港吗?"

在演唱会之后的记者采访中,张国荣表示:"我觉得这个'致敬大奖',是一个很大很大的荣誉,它所赋予意义之高之深,令我触动。因为是得到'劲歌金曲'的奖项,心头就多了一份感慨,当年与Alan每年在这个颁奖礼上争长短的光景,立时浮了出来。以后的日子,我不理会任何奖项,只是认清自己对音乐的初心,那就一味努力。今天,我能够得到这份认同、这点成绩,感受不易说尽。"谈到此次演唱会的世界巡回演出时,张国荣说:"在国内的露天体育馆,与数万歌迷边唱歌边泡'雨水浴';在日本由一个演出点到另一个,透过火车的玻璃窗户,欣赏擦身而过的富士山美色;还有加拿大叫人迷恋的白皑雪景……我跟许多不同地域的观众相遇,发觉他们演绎着很不一样的热情,就像日本歌迷,他们既主动又自律,玩起来却又能尽兴。"当晚,时任香港驻东京经济贸易首席代表张敏仪亦前往观看张国荣的演唱会,张敏仪更是对张国荣赞不绝口。张敏仪说:"(演唱会)非常好,好得好紧要!制作、音响,尤其音响控制犹胜红馆。张国荣由头到尾都有信心,挥洒自如。他的表演,日本人很接受,台风、姿态、声音全属世界水平。我觉得他是知道日本歌迷一定接受他,所以特别开心。""记得他与阿伦曾经有过双雄争霸的年代,只是今日阿伦除了唱歌,已把精神转到享受人生及其他工作上。张国荣则全心全意在演艺界努力,他英文讲得好,可以在国际表演台上直接与观众交流,这是很重要的。梅艳芳本来也是非常好的表演者,但如做国际性演出,语言可能成为沟通障碍,张国荣就没有这方面的问题。他现在已建立起国际形象,这是张国荣努力的成绩,我很替他高兴呢!"

2001年1月15日,张国荣"热·情"演唱会在名古屋巡回演出,1月16日在大阪、1月18日在福冈，日本粉丝的巨大热情，令张国荣感动不已。在大阪的演唱会上，现场的观众从头到尾几乎全场都是站着观看，张国荣亦不禁落下眼泪。加拿大粉丝在记录的文字中写道："他（张国荣）哭了，他哭得很伤心，哭到Gary（唐奕聪）上前拿tissue（纸巾）给他擦眼泪，哭到他用英文说了长篇大论的心情告白，他告诉大家，在香港有太多人想知道'who am I and what am I'（我是谁，我又算什么），他说私下的他需要大家给他个人的space（空间），让他能过自己的生活，除此之外 I can be totally yours（我可以完全是你们的），他叫大家不要去敲他的门，不要相信旅行团的话说这是Leslie's house（张国荣的家）……他真的很认真地说，这一刻很感伤，大家都不想让他走，不过唱完《我》之后，灯还是亮了！"在最后一场福冈演唱会上，张国荣用英文对观众说："我不能向大家承诺何时再回来，我的意思是说我不知道我何时会再来日本，你们知道我很忙，有电影的事情，还有其他的许多事情，而且我一直有个梦想，就是做导演。所以，如果我要再回来跟你们见面，我就要非常努力地专心做好导演，我们下次相见，可能是我带着我导演的第一部电影来到东京电影节。在那时之前，我要说，谢谢你们，这是个美好的时刻，我会永远想念你们！"

2001年1月19日，圆满完成了"热·情"演唱会世界巡回演出的张国荣，特意从日本匆匆赶回香港出席当晚在红馆举行的2000年度"十大中文金曲"颁奖典礼。张国荣的《大热》获得"十大中文金曲"之一，不过张国荣并不是来领奖的，他多年前已声明不会领取竞争性质的奖项。之前在香港商业电台举办的2000年度"叱咤乐坛流行榜"颁奖典礼上，张国荣的《路过蜻蜓》获得"专业推介·叱咤十大"之一，张国荣亦没有出席领奖。张国荣作为上届"金针奖"的得主，此次出席"十大中文金曲"颁奖典礼是为本届"金针奖"的得主张学友颁奖，心情甚好的张国荣不仅在台上调戏无线电视去年塑胶制作今年改为足金制作的"金针奖"奖座，开玩笑表示要拿张学友的奖座回家摆放几个月，更是与张学友谈笑要做他女儿的干爹。2月24日，张国荣前往广州出席首届"雪碧中国原创音乐"颁奖礼，该颁奖礼是当时中国文化部唯一认可的中国原创歌曲流行榜，由内地三十多家电台合办，致力于推动原创流行歌曲，是极具代表性的音乐颁奖礼。当晚，张国荣从颁奖嘉宾手中接过最高荣誉奖项"千禧全国成就大奖"。随后,在雷动的掌声中演唱了与在"热·情"演唱会上完全不同演出风格的《大热》和《我》,掀起全场的高潮。

2001年3月22日,环球唱片发行了张国荣的新歌+精选唱片Forever,唱片内收录了四首新歌,除了在日本发行过的此次重新录音的Tonight and Forever外,另有《梦到内河》《洁身自爱》《月亮代表我的心》三首新歌。值得一提的是,同样是以爱情为主题的《梦到内河》和《洁身自爱》,这两首歌曲的格局都非常大气,超越了一般港式爱情歌曲的境界。如果说《我》这首歌是张国荣对世人表达他的人生态度,那么《梦到内河》是他对自己的一种坦承,就像希腊神话中的美男子纳西瑟斯水波中的自我凝视。2月中上旬时,张国荣亲自执导了《梦到内河》的MV,用唯美的画面高度艺术化地表达了他对于歌曲的意念,并邀请了日本的芭蕾舞者西岛千博出演MV。张国荣说:"我知道这一次我的作品是大胆的。片中没有女主角,只有一个男角,他在跳着舞蹈。我想出这个构思,是因为我最近看了一部电影,名为《跳出新天地》。电影中是说一个小孩子,不喜欢打拳,只想跳舞,于是去学芭蕾舞,却被身边人阻挠。我是被电影感动了,才想出这个故事。我觉得芭蕾舞并非一定就是女性化的,我便想出要搞搞这新意思,用上两个男人的故事,我不会说什么,总之你感觉到什么就是什么吧。这首歌是由C.Y.Kong所写的,他和我合作过很多次了,例如《陪你倒数》等,他的音乐一向是深受英国影响,加上此部(电影)是英国片,两样英式的东西碰上了,便有这种新火花。"作为MV另一男主角的西岛千博,对《梦到内河》的MV亦盛赞不已,西岛千博说:"我很惊讶。以前我在电视台演出,他们总是把我发挥最好的片段剪去,但Leslie完全捕捉了我的精粹,播出的都是我最中意的部分!"西岛千博是在日本观看张国荣的演唱会时与张国荣相识的,张国荣更是促成了他与パパィャ铃木(Papaya Suzuki)的一次盛大合作。西岛千博与パパィャ铃木在张国荣东京演唱会上恰巧邻座,同为舞蹈工作者的他们便聊了起来,演唱会结束后,他们一起去后台看望张国荣。张国荣问他们的共同点是什么,他们说是舞蹈,张国荣说:"如果你们能合作,到时有用得到我的地方,我一定尽力。"因此就有了之后西岛千博和パパィャ铃木等创建的"Super

Dance Battle"（超级舞蹈对决）的诞生。西岛千博也在"Super Dance Battle"的场刊里说："创造机会给我们的Leslie，对我来说也是非常重要的人。""Super Dance Battle"的编舞Tetsu在文中亦写道："最后，对创造机会促使SDB（超级舞蹈对决）诞生的Leslie，表示深深的敬意和感谢。非常希望Leslie能来看这台演出……""Super Dance Battle"从2001年诞生至2005年初结束，共演出了4届。张国荣原本计划在2003年5月去日本旅行时观看"Super Dance Battle"，Tetsu说："接到Leslie去世消息的第二天，正好开始排练'Super Dance Battle'，西岛千博那天很难过。西岛千博在'Super Dance Battle'首场演出（5月1日）结束时，忍不住大哭，真想舞给Leslie看……"在最后一届的演出中，西岛千博在舞台上演出了《梦到内河》，舞台大屏幕上亦同时播放了张国荣导演的《梦到内河》的MV，向张国荣致敬。Tetsu表示，"Super Dance Battle"有着太多关于Leslie的回忆，西岛千博在"Super Dance Battle the Final"上，用Leslie的曲舞，是献给Leslie的。张国荣去世后，西岛千博在给张国荣的信中说："当我看到Leslie的眼中那种艺术家才具有的明亮而纯净的光彩时，那一瞬间，时间和空间都化为无可替代的艺术之美，深深地刻在了我的心里。"

2001年3月中上旬，在张国荣唱片Forever发行前，环球唱片将张国荣执导的《梦到内河》的MV送往电视台先期播放，无线电视认为MV内容有意识不良成分，要求环球唱片删剪后才能播出。不过张国荣宁愿不播也坚决拒绝删剪，他不想MV经删剪后变得支离破碎，他觉得该MV内容没有鼓吹任何事，其他人要设定一些事情出来也没办法，张国荣说："我认为对的事，并不需要向你交代。"3月16日，香港有线电视完整播出了《梦到内河》的MV。有媒体在MV播出后随机调查询问市民《梦到内河》的MV是否应当禁播，得到观众100%否定的答案。4月下旬，张国荣再次执导了《洁身自爱》的MV，找了在《烟飞烟灭》中客串医生的陈键锋和国际华裔小姐卢淑仪出演，卢淑仪后来成为李克勤的妻子。拍《烟飞烟灭》时，因为客串一个医生，陈键锋觉得医生的白大褂可以遮住下身，所以只穿了一条短裤前去现场，不过力求完美的张国荣导演看到后，并没有责怪他，而是让助手拿了一条自己的裤子让陈键锋换上。对于再次合作，陈键锋后来说："第二次一起拍《洁身自爱》的MV，他（张国荣）竟然叫人回家拿更

当我重温您，在茫然中思忆里
所有冷冰的暖了

图片授权提供：蝦叔 & Bobby

图片授权提供：蝦叔 & Bobby

合适的衣服给我穿，又叫他的发型师帮我整头发，真的很感动。他绝对是个好到不能再好的前辈。"因谭咏麟曾表示看好陈键锋，无中生有的媒体便报道，张国荣与谭咏麟争着力捧陈键锋，令张国荣感到莫名其妙。因为陈键锋曾出演过《烟飞烟灭》，同时张国荣也有看过陈键锋演的电视剧，觉得陈键锋不错，所以找他出演《洁身自爱》的MV。而MV的女主角卢淑仪，则是张国荣在广告中发现的，觉得她非常适合《洁身自爱》的MV，在拍摄之前张国荣都不知道卢淑仪曾是国际华裔小姐的冠军。MV拍摄结束后，张国荣对两位新人的演出非常满意，特别是卢淑仪，有意再次合作。

在张国荣"热·情"演唱会世界巡回演出期间，陈淑芬收到了很多歌迷的反馈，希望能够在香港再次看到张国荣的"热·情"演唱会。在2001年年初张国荣去日本再次巡回演出的途中，陈淑芬对张国荣说："你有没有考虑过，你自己本身是一个香港的艺人，如果做一个世界巡回演唱会，最后的完结篇可以在自己本土，会不会更加有意义呢？"张国荣觉得陈淑芬的建议有道理，遂接受了陈淑芬的邀请，4月11日至16日，张国荣一连六晚在香港红馆再次举办"热·情"演唱会的压轴篇。张国荣在"热·情"演唱会压轴篇的场刊中写道："能够在红馆再次开演唱会，是一件既奇妙又令我兴奋的事，说真的，没有想过这个演唱会真的能够将它的热情延伸至这一刻。我曾经开过不少演唱会，而这个'热·情'演唱会到目前为止算是令我觉得最称心的一个，在时间上亦像我的一首歌曲的名称一样经历了'春夏秋冬'。""在这次世界巡回（演唱会）中，我已走遍了大部分我自己喜欢的土地，其中遍布中国内地、日本、马来西亚、美国及加拿大。每晚的演出，我亦竭尽所能，务求将最好的我交给用户及爱戴我的歌迷，更难得的是所到之处都能掀起热情巨浪！""多谢陈淑芬再次用她无比的干劲将这个演唱会再次带返红磡体育馆的舞台，原因就只凭她的一句——你是香港的歌手，演唱会的谢幕篇也该是属于香港的！""高兴是必然的，热情也是必然的，希望能在这仅余的演出和我的知音朋友水乳交融。"再次站在红馆的舞台上，为了让演唱会更加完美，张国荣调整了演唱会的部分编排，如删减和增加了部分歌曲；邀请了香港演艺学院的Eva Chan为新增加的《最爱》伴舞以及西岛千博和Eva Chan为《梦到内河》伴舞，将《梦到内河》的MV以另一种方式搬上舞台；亦调整了一些舞蹈动作……台上的张国荣，台下的观众，全都一如既往，将热情的氛围推向顶峰，最后一晚时，张国荣在台上说："我觉得自己其实是一个非常幸运的艺人，已经横跨了这么多个年代，几十年了，都还可以再站在这里和大家唱歌，我觉得非常开心。我哭不是因为我感触，我只是觉得很难得有一帮这么支持我的观众，多谢你们，多谢你们。"对于近期媒体传他要"退休"，他亦向观众做出澄清："我没有说过我自己要退休呀？我真的没有哦。我还有很多事要做。我做完这个演唱会之后，将会和梅艳芳一起拍一部戏。怎会想到退休呢？还有，我还有一些理想，比如说做舞台剧，还有就是希望我自己可以做一个好caring（有爱心的）和有heart（心）的导演。这些都是我的梦想。"张国荣亦向当晚再次前往捧场支持的白雪仙表示谢意："我会听你（白雪仙）说的，我会继续努力，我知道幸运只不过是一刹那的光辉，之后就是要靠实力的了。我知道我自己很有实力的，所以我会继续下去，好像以下这首歌（《追》）一样，人生有很多东西，我们大家一定要去追求的。"演唱会结束后，大批歌迷聚集在红馆门外，夹道欢送张国荣离开。一连43场的"热·情"世界巡回演唱会，从2000年7月31日在红馆揭幕开始，历经大半年重返香港红馆的舞台，于2001年4月16日正式谢幕，从最初部分香港媒体的刻意诋毁，到《明报周刊》用专业角度为"热·情"演唱会正名，再到世界巡回演出中得到高度评价，直至回香港谢幕，不变的张国荣，不变的现场观众，完成了张国荣演艺生涯的最后一次个人演唱会———次至今仍站在潮流前端、备受赞誉的演唱会。总有些东西，需要在时间的沉淀中，闪出更耀眼的光芒，得到其应有的评价与意义。

圆满完成43场"热·情"世界巡回演唱会后，张国荣决定给自己放一个悠长的假期，然后再投入关锦鹏《逆光风》的拍摄中。2001年4月18日，张国荣在香港马会为"热·情"演唱会举办庆功宴，感谢大半年来陪着他一起巡回演出的台前幕后工作人员，黄霑曾在张国荣去世后的悼词中说："席上跟着他全世界飞来飞去的近一百位工作人员，每人都收到一份哥哥（张国荣）亲手挑选的名牌礼物，礼物上有哥哥亲手写的上款和下款。而他送礼物的时候，对每位工作人员，无论其岗位是大还是小，哥哥都唤得出他们的名字。有两位同名的，他亦分得非常清楚，完全没有弄错。这件事是一位有份收礼物的朋友在上星期我们无穷次谈论这位好朋友时，

图片授权提供：Leslie Legacy Association

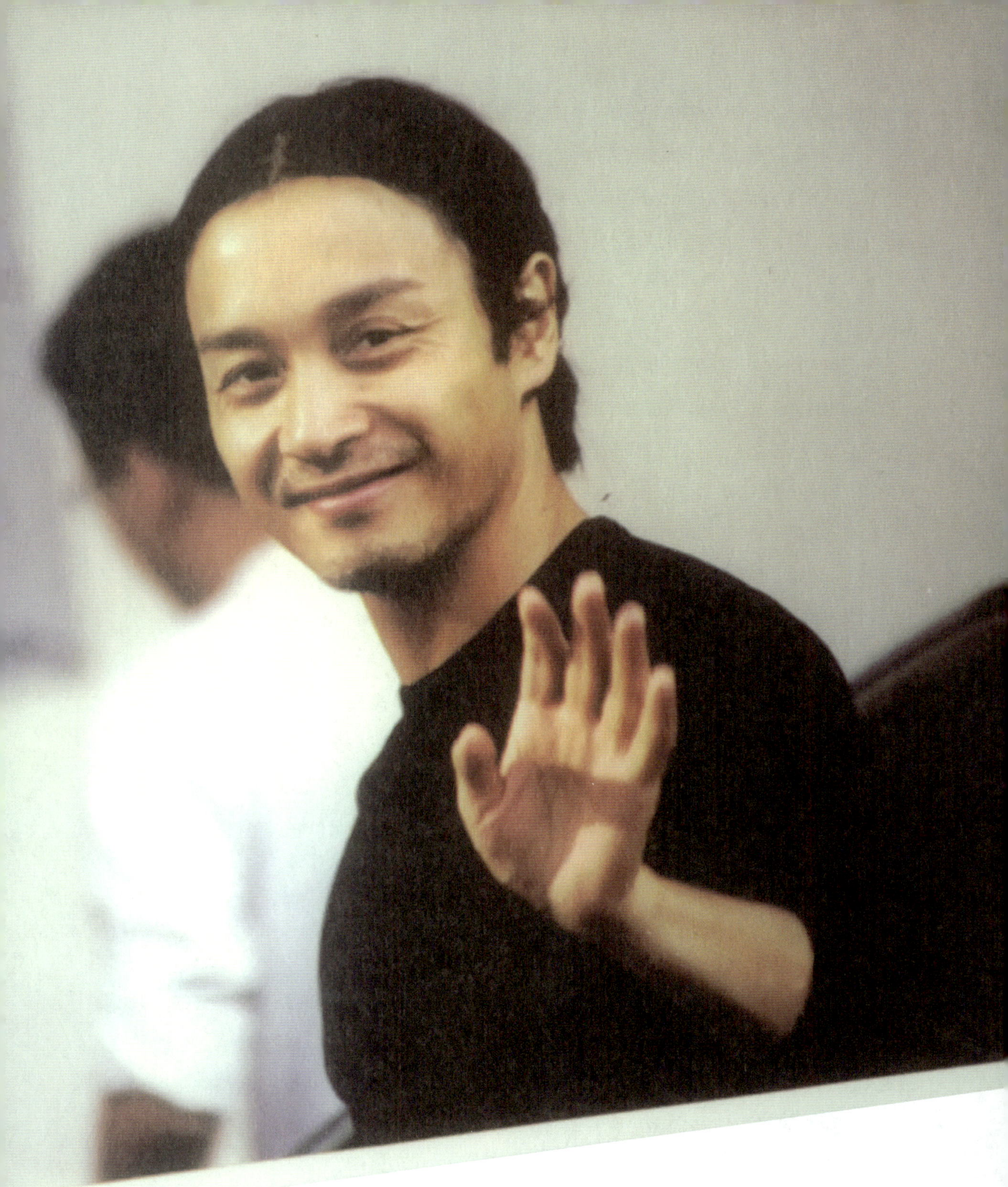

忍着眼泪跟我说的。他说那件礼物很美,不过他记得这件事,不是因为那件美丽的礼物,而是因为哥哥的心,哥哥张国荣是真真正正当每个工作人员是人。"庆功宴上张国荣再自掏腰包,与各位工作人员大玩游戏,送出各种各样的奖品,令工作人员开心不已,玩得非常尽兴。在这大半年里,"热·情"演唱会的工作人员中,有人结婚,有人生子,还有人因为演唱会的机缘遇到另一半,"热·情"演唱会更是成为红娘。

东方魅力有意找张国荣和梅艳芳出演舞台剧,对此陈淑芬向记者表示,张国荣自己已有舞台剧的计划,会在享受完假期和拍完电影后进行。梅艳芳在2001年3月底出席活动时,亦向记者证实,在与张国荣合作拍摄完《逆光风》后将出演张国荣的舞台剧,舞台剧具体事宜由张国荣落实,她只负责演出。3月时,韩国制片商开出韩国电影史上最高的片酬邀请张国荣出演韩国电影《这就是法》,这部电影讲述一宗连环凶杀案,死者全都是逃过法律制裁的人渣,后来凶手将杀人过程上传网络,使得整个城市陷入恐慌,警方为能尽快逮捕凶手,成立了特别调查小组,而凶手再度犯案,死者是调查小组的组长……(最初有媒体报道电影中张国荣饰演中国香港警察,与韩国警察联手捣毁两地黑社会组织。)《这就是法》原计划在6月开拍,张国荣对这部电影亦有兴趣,但因拍摄时间可能会与关锦鹏的《逆光风》撞期,所以张国荣只是口头答允若时间允许将会接拍,最终并未接拍,韩国上映时本片亦改名为《替天行动》。而原定在张国荣演唱会后开拍的《逆光风》最后也胎死腹中。6月8日,关锦鹏出席《幽灵人间》庆功宴时,向记者表示,《逆光风》因预算超支,将无限期延后,现在只有重新计划一个题材和安排档期,但一定要在当年内完成,因为次年张国荣和梅艳芳全都没有档期。

2001年4月29日,正处于悠长假期中的张国荣,出席第20届"香港电影金像奖",为"最佳男主角"颁奖。在颁奖前,张国荣发表了数分钟的作为演员的感想,并感谢了曾经合作过的电影人,之后和另一位颁奖嘉宾张艾嘉一起为梁朝伟颁发"最佳男主角"奖。5月3日,张国荣接受《时代》杂志亚洲版的专访,在访问中张国荣谈到了筹备中明年执导的电影,类似于《海滩》这种题材,希望由莫文蔚和章子怡合作。对于他的性取向,张国荣在访问中也坦诚地说:

"It's more appropriate to say I'm bisexual, I've had girlfriends.（更准确地说我是双性恋，我有过女朋友。）"5月10日至13日，为东华三院筹款的"名人二手衫慈善义卖"开卖，张国荣提供的衣服最为抢手，更有日本粉丝专程前来香港地区购买。5月28日，张国荣应北京宝石影业的邀请出席在北京海洋馆举行的《海洋馆的约会》开机仪式。宝石影业向记者透露，张国荣将会与宝石影业合作两部电影，其中一部电影将可能由张国荣亲自执导。6月5日，张国荣只身出席《恋战冲绳》日本记者招待会，在记者会上他谈笑风生，对提问来者不拒，更是用日语向记者表示"冲绳鸡翅和排骨真是好好吃呢"，引得全场大笑。6月23日，张国荣携同梅艳芳和林忆莲，应林青霞夫妇的邀请为他们旗下的Esprit上海中信泰富旗舰店剪彩，三位巨星的到来，引起现场一片混乱，其他嘉宾也都争着跟他们合照，连保安亦为了看明星而忘记了维持秩序。剪彩还未开始，门口便聚集了上百名冒雨前来支持张国荣的粉丝，齐声合唱《月亮代表我的心》为张国荣捧场。张国荣在一片混乱之中，亦不忘特意出门跟粉丝打招呼。8月9日，"CASH音乐大使"张国荣出席在香港尖沙咀日航酒店举行的"2001CASH金帆音乐奖"记者招待会，原本有作品入围的张国荣在记者招待会上宣布退选，张国荣说："我觉得自己身份太特殊，又是CASH会员，又有份评审，如果我再参加角逐（奖项），好似不是怎么公平，所以我决定不参选。"8月19日，张国荣应邓光荣的邀请，为"港九狗展"担任颁奖嘉宾。虽然当天天降大雨，但张国荣的出现仍引起人群涌动，成为全场焦点，张国荣一早声明不接受媒体的访问，不过《犬月刊》通过邓光荣的关系，成为唯一一家获得访问的媒体，心情甚好的张国荣与《犬月刊》记者大谈养狗心得。

为支持香港电影的拍摄工作，香港影视及娱乐事务管理处邀请了电影圈台前幕后的工作人员拍摄了六辑宣传短片，张国荣亦受邀参与了其中一辑片尾的呼吁与致辞，呼吁市民支持电影外景拍摄，使香港成为一个更有利于电影制作的城市，宣传短片于2001年7月23日开始在电视台和电影院播放。张国荣的电影经纪合约交给陈自强与成龙的JC Group（成龙集团）后，JC Group为张国荣洽谈了寰亚电影即将开拍的《狩猎独角兽》（*Unicorn Hunt*）。*Unicorn Hunt*是林建岳入股寰亚电影后预计拍摄的十部电影中的首部，当时计划由李志毅导演，张国荣、吴

当我重温您，在茫然中思忆里
所有冷冰的暖了

彦祖和林熙蕾主演，在欧洲开拍，全片英语对白，影片讲述张国荣饰演的角色在柬埔寨长大，因受战火洗礼后价值观改变，最后成为国际罪犯，饰演警方人员的吴彦祖誓要追捕他归案，而林熙蕾则饰演采访该事件的记者。作为张国荣粉丝的林熙蕾，得知将与偶像张国荣合作后，甚至推掉了恩师徐克的电影，开拍前，张国荣曾约林熙蕾餐叙，令林熙蕾内心小鹿乱撞。不过此片最终因投资问题没有开拍。2014年，李志毅根据Unicorn Hunt的剧本再创作，开拍了《盗马记》，由梁家辉、郑伊健、陈慧琳等出演。李志毅说："（当时那个剧本主演是）张国荣和金城武，也就是现在《盗马记》中的梁家辉和郑伊健。但他们（张国荣和金城武）偷的不是马，是核武器。那个不是喜剧，现在这个变成喜剧。"

在星皓电影筹备《三少爷的剑》暂时搁置之际，张国荣接拍了星皓电影的另一部电影《异度空间》。2001年10月5日，尔冬升监制、罗志良导演的《异度空间》正式开机，在完成"热·情"世界巡回演唱会后，享受了一个悠长假期的张国荣，正式投入新电影的拍摄。《异度空间》是一部心理惊悚片，原名《幽灵日记》，后来电影公司将其改名为《异度空间》，虽然罗志良对这个电影名并不满意，但他又想不出更好的，也就接受了。张国荣在片中饰演一位心理遇到困扰的心理医生。《异度空间》的故事来源于编剧一个朋友的经历，最初讲的是人的"寂寞"，张国荣帮助寂寞的林嘉欣，最终发现自己比林嘉欣还寂寞。电影的其中一个主题是讲人的孤寂，所以一开始电影还曾以《独自在黑暗中》（Alone in the Dark）为英文名。罗志良表示《异度空间》最重要的不是讲这个世界上有没有鬼的存在，而是看不清楚的东西才是恐怖的。张国荣在电影拍摄中亦参与了一些创作，罗志良说："哥哥（张国荣）要求将小时候梦游的经历加插在剧中，我们也因此相应地改动了剧本，在原稿并没有梦游的剧情。"而张国荣接拍《异度空间》的一个原因就是"我（张国荣）非常喜欢dark drama（黑暗剧情片）"。张国荣说："叫我再演一些靓仔角色的话，我已经go over the hill（过了这个阶段），二十多年来已演了不知多少谈情的电影，到了这个阶段，我是否应该多拍一些more than melodrama（超越剧情）的电影呢？答案是肯定的，因为我已经厌倦再拍一些沟女（追女生）谈情的电影，反而想多拍一些探讨人性的电影。《枪王》跟《异度空间》的角色的不同之处是前者是自负的，他认为无人可以胜过他，某种程度上是一个乐观的人物；后者则是一个情绪低落的人，他不能容忍自己再一次经历以前的伤痛。有人可能会认为张国荣已经无负担，拍不拍电影与拍什么电影又何须太费神……其实我拍电影反而比以前更执着。我不想再重复演相同的角色。这就是我近年减产的原因。"张国荣接拍《异度空间》后，亦做了一些相关资料的搜集，包括去找从事心理医生职业的朋友，张国荣说："我曾经去见过心理医生两次，他们（剧组）是不知道的。有时我会自己去做角色的资料搜集。这个角色侧重人物的精神状态，要掌握得很准确。影片前段的演讲及医治林嘉欣的场面，那些精神科医生说话的语调、动作及眼神是要学的。演喜剧可以天马行空，但演这部电影却不能。"做了功课的张国荣在拍摄时非常专业，罗志良后来说："有一场戏我们的道具安排了一种药，但张国荣一看瓶子，就说这种药是不适合这种毛病的，要改换个品种，足见其专业程度。"

林嘉欣是首次跟张国荣合作，不过10岁时林嘉欣已见过张国荣。林嘉欣说："10岁在加拿大时，有一天在餐厅喝东西，发现哥哥（张国荣）竟然也在那里，当时很激动，连忙让人传纸条让他帮我签名。"后来，林嘉欣父母离异，她跟随妈妈生活，但她好想见爸爸，她说："我在加拿大读书的时候，有一次，爸爸同我讲如果我考试好，就带我去唐人街看张国荣的电影，多难得的机会，我当然拼命读书，最后真考得好好，而爸爸亦兑现承诺，带我去看戏，而当时看的那部戏，就是哥哥（张国荣）的《倩女幽魂》，所以哥哥的戏，对我好难忘同时又有纪念价值。"与张国荣合作《异度空间》时，林嘉欣刚从台湾来香港不久，《异度空间》是继她与张学友合作《男人四十》之后的第二部电影，林嘉欣说："刚拍戏那时，穿来穿去都是那几件衣服，同场的哥哥（张国荣）终于都看不过眼，打电话帮我找赞助，就是因为哥哥，我有了人生第一件赞助的衣服。"片中另一位女演员是张国荣曾回应梁朝伟"幸好我不姓周"的周嘉玲。在拍摄期间，张国荣对林嘉欣和周嘉玲都十分照顾，除了与她们一起研究剧本，还找工作人员将她们的拍摄情况拍下，之后指出她们要改善的地方，令林嘉欣和周嘉玲获益良多。林嘉欣说："刚和哥哥（张国荣）（见面）打过招呼没到5分钟，他就要和我试戏，我很紧张，他就陪我聊起其他话题，让我轻松下来。10分钟以后，他又和我试戏，这场戏就是大家在影片开头看到的我去找他看病的那一幕。他就是这样，在片场一直很照顾我。"

《异度空间》在澳门拍摄期间，澳门旅游局得知张国荣前来澳门拍戏，旅游局副局长文绮华更是前往外景地亲自为张国荣颁发一本"澳门欢迎您"的特别证件，以感谢张国荣来澳门拍戏介绍澳门。在电影中饰演"女鬼"的潘美琪说："（在澳门）拍摄期间，各餐饮业都（给张国荣）送来一大堆吃的，一天就有八顿吃的，而且是满满的一桌。哥哥（张国荣）每次都会很开心地叫片场的所有人来吃，包括茶水、助手，一个不漏。"拍摄期间心情愉快的张国荣，还经常搞搞气氛，潘美琪说："有一次哥哥（张国荣）坐在他的保姆车里休息，听见外面有些记者在交谈，他马上拉开车窗的黑帘，探出头来问今天有什么'八卦'呀，记者起初一愣，随后全都哈哈大笑。"在《异度空间》中饰演张国荣学生时期的小演员，本身就是一位学生，经常会拿着英文到片场复习，有次张国荣看见了，还主动帮他补习了两个小时英文。

《异度空间》拍摄首日，张国荣被记者问到某周刊偷拍到他与唐鹤德从酒吧牵手离开的照片时，张国荣说："我又不是见不得光，拍照没关系，但不要这样小家子，大方点，反而他们（指记者）就见不得光，我经常去酒吧、打羽毛球都给人拍，但偷偷摸摸这样躲藏在采访车里拉下窗帘用长镜头偷拍，真是好低B（愚笨）。"张国荣更是笑称："这个世界已经很惨了，就当给人吃餐饭，如果他们（狗仔）没工作做，到时去我家打劫怎么办啊！"记者称："他（张国荣）又谓，记者喜欢将艺人的私事夸大来报道，多年来已经习惯了，对他来说已没有影响，他根本不理会别人如何看他，现在他仍待在演艺圈，只是想拍些好戏。尤其经过'9·11'事件，他有感于人生无常，变得做人更开心了。"

在张国荣去世之后，一些媒体编造张国荣离世是因《异度空间》入戏太深走不出角色。对于这些谣言，罗志良则驳斥道："张国荣是一个非常专业的演员，入戏和出戏都非常迅速。在《异度空间》的拍摄过程中，从没有过张国荣拍完戏后还深陷剧情中、情绪低落的情况。事实是，张国荣每拍完一组镜头，都非常开心，很有满足感。"对于记者提到张国荣在电影中那双"布满血丝的眼睛"，罗志良说："对于张国荣这样的演员而言，这些都是技术性的活，并非难事，他有他自己的办法，可以立即达到这个效果。"林嘉欣也对这些媒体的谣言进行了回应："这是对他（张国荣）演技的否定。实际情况是，他是一个随时可以进入状态的演员，比如电影里有很多镜头需要我们表现某种极端的精神状态，他就会在开拍前拍拍我的肩膀，对我说这场戏很重要，你要好好演啊。然后，我就躲到一边去酝酿感情了，但是他不用。有一场戏是在澳门拍，我们边哭边读信，导演一喊停，他就突然问我一会去哪吃夜宵，我吓了一跳，因为自己还沉浸在戏里的情绪中，于是很尴尬地回答随便啊。心里却想，天！他竟然可以这样随时进入随时出来。"媒体报道称："林嘉欣还补充说，张国荣在拍摄《异度空间》时很正常，很幽默，很善于制造气氛。当张国荣知道林嘉欣是第一次拍惊悚片时，很理解她的紧张，于是在现场就逗她笑，减轻她的情绪负担，和她建立一种信任关系。"在《异度空间》拍摄期间，张国荣向记者透露2002年将执导新片。2002年，张国荣在接受《电影双周刊》的访问时说："我会尽量再让大家看到更多'不一样的张国荣'。"可惜，《异度空间》却成了张国荣生命中的最后一部电影。

2001年10月26日，首届"CASH金帆音乐奖"颁奖晚会在香港湾仔会展中心举行。该颁奖典礼表扬过去一年在香港作首次商业发行或演出的优秀音乐作品和歌曲演绎，希望提高大众对香港音乐艺术素质的认识。"CASH音乐大使"张国荣亲自为"CASH金帆音乐奖"创作了主题曲《挪亚方舟》，晚会亦在主题曲《挪亚方舟》中开幕。CASH原本希望由张国荣在现场演唱这首歌，但因张国荣忙于拍摄《异度空间》，又不想对口型假唱，所以最终以播放《挪亚方舟》的录音带加小朋友表演的方式开场。当晚张国荣为了活跃气氛，在台上大开玩笑"调戏"王菲和陈洁灵，甚至连香港商业电台颁奖礼上的奖座都不放过，令现场欢笑满堂。11月10日，忙于电影拍摄的张国荣抽空前往录音室，为环球一众歌手合唱的鼓励香港市民的公益歌曲《同步过冬》录音。陈小宝表示，香港现正受到如经济低迷、裁员等一系列全球大环境的影响，很多香港市民都活在压力之下，环球唱片作为香港具有影响力的唱片公司之一，应该为此出一点力，所以决定制作一首鼓励香港人共渡难关的公益歌曲《同步过冬》，希望香港人以积极的生活态度，携手共渡艰辛的严寒和困境。《同步过冬》是以环球旗下歌手张燊悦的一首爱情歌曲《上帝爱我》重新填词而成，歌曲旋律优美，歌词正面积极，深受香港市民的喜爱。张国荣到达录音室时，突然遇上电脑故障，不过这并没影响张国荣的心情，待电脑恢复后，他很快便轻松录完离开，经过大堂时被一众记者询问录音过程，张国荣笑言，若非电脑故障，他一早便可以收工了。之后工作人员透露："哥哥（张国荣）歌艺超凡，在计算机恢复正常后，三两下手势就已经完成录音。"12月7日，环球唱片为《同步过冬》MV举行首播记者招待会，张国荣亦抽出时间前往捧场。虽然张国荣没接受媒体访问，但仍被一大帮的记者围住不停拍照，以致MV首播时，张国荣看不到MV的画面，他对记者笑着说："大家不要这样啊，好好看啦，我只唱开头三句，只有开头有我的画面，我想看呀，我都没看过。"引得现场一阵笑声。12月13日，环球唱片发行《同步过冬》杂锦唱片，除了群星合唱的《同步过冬》歌曲和MV外，亦收录了16首环球旗下歌手当时最新的冠军主打歌曲，张国荣的《梦到内河》也是其一。2002年1月13日，在2001年度"十大劲歌金曲"颁奖典礼上，张国荣和谭咏麟带领环球旗下歌手，现场演唱了《同步过冬》。

　　韩国导演许秦豪计划将法国名著《危险关系》改编为电影《过了天堂是上海》，有意邀请张国荣和张曼玉出演。制片人陈伟明经过李少伟牵线，在感恩节前后带着《过了天堂是上海》的项目计划赴香港与张国荣相约文华酒店的咖啡吧见面洽谈合作。陈伟明后来说："哥哥（张国荣）那天穿了一件白色西服，随意却优雅，和一位助理前后走过来。不知是我太激动还是他本就那么与众不同，总之当他走向我的时候，他的身后跟随着两个闪闪发亮的大光环。他是那么谦和有礼，自在从容，面庞柔和优美只是略显疲惫……他个子不高，但是气场强大到爆，他挥手示意请所有人就座，礼貌周全。"张国荣告诉陈伟明他看过1988年好莱坞改编的《危险关系》，此次改编是个很有挑战同时亦是很有吸引力的创意。陈伟明说："见哥哥（张国荣）肯定了我们的想法，我才逐渐放松下来。向他介绍了《过了天堂是上海》的初步想法，我们想要缔造的旧上海繁华梦，以及非他莫属的男主角。因为所有主创包括导演谭家明和监制都一致认定，只有他能够演绎出'那种致命的吸引力'。哥哥微笑着，安静地听我对角色和他的对位分析，啜饮着英式下午茶，谦和淡泊。"谈了一个多小时，双方初步达成合作意向，约定下次在北京或者上海再会。2002年1月底，张国荣和陈伟明在北京国际俱乐部再次相见，陈伟明说："他（张国荣）当天穿着白色高领毛衣、牛仔裤和黑色皮鞋，脸色比在香港好了很多，显得容光焕发。他独自一个人从二楼餐厅的悬梯上走下来，我清楚地记得当时咖啡厅里所有人都在那一瞬间仿佛被凝固了，无论谈话的还是打电话的，抑或正走着的……因为迟到了两分钟，落座后哥哥不停地道歉。之后我们开始就剧本的某些细节问题进行了讨论。严格来讲我们当时谈的并不是特别深入，毕竟是电影筹备的初级阶段。但他无与伦比的优雅细腻和为每一个人添茶的绅士风度给我留下了深入骨髓的印象。"《过了天堂是上海》原定在2003年年中开机，后因张国荣的去世，该项目被暂时搁置，直到2011年，改回原名《危险关系》再次启动，原计划改由张国荣和张曼玉出演的角色后由张东健和张柏芝出演，外加章子怡，不知道是有意抑或巧合，之前计划中"双张（张国荣、张曼玉）"的角色之后亦由"双张（张东健、张柏芝）"出演。陈伟明表示，如果现在还让他选择男主角，他还认为张国荣是第一人选，遗憾的是，张国荣最终没有出演这部电影，这次拍摄，是为了完成张国荣当年的美好遗愿。

2002年，是梅艳芳踏入娱乐圈的20周年，为纪念这个对她而言有纪念意义的年份，梅艳芳和她所属的正东唱片一早便开始商讨各种计划，其中之一便是在2002年1月份推出一张与众歌手好友合唱的20周年纪念唱片。在梅艳芳的邀请下，张国荣当然义不容辞与梅艳芳合唱了纪念唱片的主题歌《芳华绝代》。这是继17年前的《缘份》后两人再一次合唱新歌。11月9日和11日，张国荣和梅艳芳为全新合唱的歌曲《芳华绝代》录音。11月16日，梅艳芳在记者会上透露，好难得与张国荣再次合唱新歌，如果张国荣能够把《芳华绝代》的MV也执导了就更完美了，当天《芳华绝代》亦在电台首播。12月9日，香港商业电台为梅艳芳举办了一场音乐会，梅艳芳邀请了张学友等众好友作为演出嘉宾，但作为好友的张国荣却没有出现，原来张国荣为支持好友，分文不收答应梅艳芳执导并出演《芳华绝代》的MV，梅艳芳音乐会当晚，正是《芳华绝代》MV开拍的前一晚，张国荣正因MV具体拍摄事宜与正东唱片开会。梅艳芳表示张国荣是"紧张大师"追求完美，所以就不敢烦他了，张国荣则向梅艳芳表示当晚的音乐会随时有可能出现。为了拍摄《芳华绝代》的MV，张国荣邀请了张叔平担任剪接，20世纪60年代的红星张冲、日籍男模特长泽壮太郎和小室博义出演，更是向陈冠希的父亲陈泽民借来自己加多利山的旧居和劳斯莱斯名车拍摄，一向严谨的张国荣花了两天用菲林以电影的方式拍摄，幕后班底亦全是电影制作的工作人员，制作费近百万港元。12月10日，《芳华绝代》MV正式开拍，张国荣在现场紧张又投入，为了令剧情更加引人入胜，更临时加拍了几个镜头，梅艳芳饰演一位颠倒众生的女子，周旋于张冲饰演的丈夫及日本男模特饰演的司机之间，另一位男模特则饰演一位记者，除了三位男演员，张国荣亦在片中客串了两人合唱的镜头。梅艳芳在拍摄中因不小心扭伤了脚，以致最后几个镜头只能改剧本，让梅艳芳坐着拍摄，这让张国荣觉得很遗憾未能于完美的构思下完成整个MV。12月24日晚，《芳华绝代》MV在有线娱乐台全球首播，也在香港铜锣湾时代广场的巨型屏幕做同步播映。虽然只有短短的数分钟，但不论是歌曲还是MV，都获得了外界极大的好评。

2001年11月16日，《明报周刊》33周年酒会暨第2届"演艺动力大奖"颁奖礼在香港铜锣湾柏宁酒店举行，当晚得到数十位城中名人的支持，可谓是星光熠熠。张国荣作为上届"致敬大奖"的得主，为本届"致敬大奖"得主周星驰颁奖，在席上张国荣更是与老朋友相谈甚欢。11月17日，张国荣应林建岳邀请出席"寰亚天幕名人杯"私人饭局和派对，"赌王"何鸿燊等人亦在繁忙之中出席。在饭局后的私人派对上，众人争相与张国荣跳舞，曾在20世纪80年代末被媒体误会为张国荣女友的何超琼，为了不被媒体打扰与张国荣共舞，更是要求现场关灯，以致现场一度陷入漆黑一片。11月18日，张国荣与陈淑芬前往香港湾仔会展中心欣赏他喜欢的歌手埃尔顿·约翰（Elton John）的演唱会。12月17日，张国荣出席星皓电影乔迁酒会，张国荣一出现便被记者包围，被问及电影《三少爷的剑》的进展，张国荣回应，明年5月会拍摄徐克导演的《三少爷的剑》，不过徐克可能会在电影中大搞特技，所以不知道会花多少时间才能拍摄完成。星皓老板王海峰拉着张国荣参观新公司，张国荣笑称，新公司这么大，好像去了工展会一样。12月18日，香港五家电影公司寰亚、新传媒、星皓、天幕和腾龙举行宣布结盟记者招待会，当晚更筵开20席庆祝，作为明年大联盟合拍的《三少爷的剑》的男主角，张国荣出席了当晚的晚宴。在晚宴上，各大电影公司及发行商的高层聚首一堂共商大计，张国荣则一边喝红酒一边与施南生等多位宾客在舞池跳舞娱乐，给严肃的氛围带来了欢乐的气氛。

Part VI

当你重温我
在茫然中思忆里
所有冷冰的暖了

图片摄影 / 授权：周雁鸣

即使我来时
没有爱
离别盛载
满是情

Chapter
28

在经过一段时间的重新装修后，张国荣从香港加多利山布力架街97号搬回旧居布力架街32A。2002年1月4日晚，张国荣邀请一众好友前往新居欢聚，庆贺乔迁和新年。1月6日晚，张国荣前往香港浸会医院看望因在"慈善星辉仁济夜"慈善筹款节目上表演飞车而受伤的张柏芝，张国荣将自己佩戴多年的护身符送予张柏芝，愿张柏芝平安。1月11日，张国荣前往艺倡画廊参观"费明杰雕塑装置艺术展"，张国荣对场内的作品大为赞赏："我不时都会去艺术馆，我觉得最靓的是罗浮宫，而费明杰的作品我都有收藏，今日专门来支持费明杰同金太（艺倡画廊主人金董建平）。"张国荣去世后，金董建平回忆说："七八年前，他（张国荣）开始到我的画廊看画，每次搬屋都来。他最爱中国现代水墨画，特别是黑白色的，前卫艺术则不大喜欢。虽然他也在拍卖会上买过齐白石的画，但不刻意追求名家，品味十分好，本港水墨画家吕寿琨的作品他尤其欣赏；亦买过李华生、赵春翔的画。可惜，近两年他已少来……"1月12日晚，张国荣前往跑马地酒吧与黄百鸣倾谈电影计划，离开时张国荣没有接受记者的采访，只是报以礼貌性的微笑。1月13日，2001年度"十大劲歌金曲"颁奖典礼在红馆举行，当晚张国荣、谭咏麟等环球唱片众歌手在现场演唱了公益歌曲《同步过冬》，之后张国荣作为颁奖嘉宾为梅艳芳颁发了"致敬大奖"。颁奖典礼结束后，张国荣直奔香港浸会医院，再次看望了仍在住院的张柏芝。1月14日晚，张国荣在咏藜园宴请亲朋好友，包括他的姐姐、姐夫、周润发等，张国荣拿着一瓶红酒到达时，心情不错并微笑着让记者拍照，但没有接受记者采访。1月17日晚，张国荣受邀出席宋慧乔来港会见尔冬升等香港电影人的晚宴，张国荣的出现令宋慧乔意外惊喜，宋慧乔说："我觉得张国荣好nice，感觉真是好明星，小时候都有听过他的名字，今次有机会见他，真是好开心。"当晚宋慧乔亦表示，她的经理人正在帮她接洽出演电影《三少爷的剑》事宜。1月31日，张国荣与王海峰在跑马地的酒吧倾谈《三少爷的剑》的档期等事宜，凌晨离开时，张国荣微笑面对记者，亦没有接受记者采访。

当我重温您，在茫然中思忆里
所有冷冰的暖了

张国荣因各种原因一再延期的执导首部长篇剧情电影的计划，在他重新构思故事后于2002年1月进入正式筹备阶段，张国荣通过朋友邀请曾为话剧《天下第一楼》、舞台剧《烟雨红船》编剧的何冀平为自己的电影编剧。何冀平说："2002年1月，我接到国荣通过朋友打来的电话，说要请我到他家里坐坐，有事找我帮忙。我住得离他家不远，走过去也就十多分钟。按约好的时间，我到了他加多利山的住所。正是夕阳西照的时候，一片光华，在那个他喜欢的阳台上，木制的桌椅，原木的地台，像他一样不带一点奢华。他穿着黑色高领衫，笑容满面。他说，想自己导戏，做导演，请我为他写第一个电影剧本。他说一个那样的故事（指《烟雨红船》）我都能写好，他信我。"张国荣很认真地告诉何冀平自己的想法，何冀平说："（故事）虽然简单，但有情也完整。我说，就按这个来写。按他（张国荣）的意思，我去了青岛。那几天，他几乎每天都打电话来，问住得好不好，当地招呼得好不好，当然更关心那个地方，能不能编出个好看的故事来。""在国荣家，那个他喜欢的阳台上，他喝红酒，我喝茶，谈要写的剧本。他坦白、真诚、投入，想法很多，还想着拍完这部再拍下一部。他说喜欢白先勇的小说……每次谈完，他都坚持要送我，我住得离他很近，他一定要自己开车送我回家，我婉拒，他总说他也正好有事出去。"为了暂时对外保密，张国荣将这部电影临时称为 *Project L*（张国荣作品）。后来，张国荣将其暂定名为《偷心》。为了自己首部执导的电影，张国荣还成立了自己的电影制作公司梦幻联队（Dream League），并积极进入筹备状态，凭着自己数十年演艺圈工作的人际关系，邀请了李屏宾负责摄影、张叔平负责剪接、和田惠美负责服装设计和作为制片之一、区丁平负责美术指导、麦克·葛拉索（Michael Galazzo）负责音乐，组建了一支强大的幕后工作精英团队，所有接到张国荣邀请的朋友，只要没有撞期全都一口答应。和田惠美说："我想有很多演员和工作人员很渴望为他第一部导演的电影工作，并且也有很多制片人愿意投资，如果他自己在片子里面出演或唱歌。但是在香港没有人愿意支持他做导演拍电影。当他决定（筹备）这个电影的时候，他需要自己一个人奋斗。他非常辛苦，东奔西走，但是同时他对演员和工作人员依然考虑周到。电影计划在中国内地拍摄，工作人员则来自中国、韩国和日本。那些人一旦开始和Leslie合作就非常支持他的工作，这就是这样一个项目的开始。很遗憾的是，他们中没有来自香港地区的人，我猜他曾经接触过一些香港的电影商人，但是他们最终没有达成共识。"当时已谈好《偷心》由日本的片商和北京宝石影业共同投资，对此张国荣还甚觉遗憾，张国荣说："香港某投资者跟我坐下来谈的时候，给我的感觉是'不外是一盘生意罢了'。我不是在谈一盘生意，我要拍一部好片子。我张国荣为香港歌坛、影坛贡献了那么多，得过那么多的荣誉，为香港争光，为什么他们不支持我一下？真的很遗憾。"他更是表示："如果我第一部导演的片子是香港人投资的，那是多么理想呢。"

《偷心》讲述的是二十世纪四五十年代两个男人和一个女人经历了一段无望的爱情和一场生死蜕变的人生，旨在探讨人与人之间的情感。女主角是个大家闺秀，有一个严厉的母亲，她家楼上搬来了一个弹得一手动人钢琴的年轻钢琴家，言谈举止间处处诱惑着她，她也想方设法接近这个钢琴家，但两人在发生了关系以后，钢琴家就消失了。她在母亲做主下，嫁给了处处对她很好的表哥———个事业成功的商人。在历经时代变幻之后，她终于明白那个钢琴家是骗她的，其实他连钢琴都不会弹，只是每天放的唱片而已，但她还是爱他。张国荣说："我只想随心拍一部戏，尽力将自己这20年在圈中吸收到的事，做一个故事出来给香港人看，既没想过要成为一部艺术电影，亦无野心要得奖，得与失不太重要，但当然……我这么好强，希望得多过失啦！"因为故事发生在内地，电影使用普通话现场同期收音，所以剧中角色大部分由内地演员出演，除了饰演女主角母亲的沈殿霞。张国荣说："肥肥（沈殿霞）不再是演开心果，我要把她改头换脸，不演喜剧人物。在这部戏里边她是个悲剧人物，我相信她一定演得来，人，谁没有伤心事？肥肥很忙，但我会迁就她的档期，她是个很有义气的人，接了我这部戏也很高兴。"

2002年1月25日，张国荣从上海前往北京，并在北京与宁静相约见面。张国荣与宁静合作过《新上海滩》后，觉得宁静既漂亮又会演戏，而且适合担任《偷心》的女主角。宁静后来回忆说："他（张国荣）要自导自演一部电影，女主演他想到了我。他风风火火跑到北京，不给我看剧本，而是用一个下午来讲故事，讲了很多细节，每场戏，每个镜头，问我觉得怎样，还说什么都有了，演员、摄影、美术，甚至连服装设计也从日本给请来了。哥哥问我价钱，我说我们还谈什么钱呐,你给我,我就拿着,不给也行。之后我也推了好几部戏,其中就有《孝庄秘史》,我想好好演部电影。当时他还想见姜文,我帮他引见了一下,他们聊得很投机,并且说好由姜文主演他的第二部电影。"在谈到与姜文的初次见面时,张国荣说:"人人都知道张国荣是有傲气的,我主动去认识姜文,因为我认为作为一个演员和一个导演,他都非常出色。我们两个人首次相见就喝了两瓶红酒,谈得极为投契,不过这部片子没有姜文,下一个项目多半会合作。"

电影《偷心》的男主角最初张国荣想找陈道明出演,据闻:张国荣详细地向陈道明介绍了电影的故事、构思及相关细节,不过陈道明最终以暂时没有完整剧本婉拒了。之后,张国荣亦有意邀请宋承宪出演。2002年2月8日,张国荣前往韩国与宋承宪见面,不过韩国演员接戏前都需要先看过剧本,在交流后,宋承宪亦同样因暂时没有完整剧本而婉拒。最终,原本只想做好导演工作的张国荣在很多人的建议下决定自己出演,张国荣说:"因为很多人看过剧本之后,都觉得由我去演会更加适合,所以配合我的班底一定要很强,例如有和田惠美负责服装、张叔平任美术指导,他们都是我的好朋友,只要我讲出我想要的概念,他们立即明白,不用再费唇舌。"

张国荣找了另一位男主角胡军,张国荣与胡军相识于《蓝宇》的香港首映,张国荣称赞胡军演得好,并邀请胡军在自己即将执导的电影中合作。之后,在"金马奖"上,胡军失意于"最佳男主角"奖,张国荣亦安慰胡军。胡军说:"他(张国荣)就告诫我说不要太在意这个东西,不管拿与不拿(奖)我都是赢家。那时他跟我说了很多,特别是我没拿到奖以后,他说胡军你要看明白一些事情。我们聊得很知心,我非常非常地感谢他。"关锦鹏的《逆光风》不了了之后,计划由魏绍恩重新改写剧本开拍《幸福摩天轮》,演员人选除了一早定下的张国荣和梅艳芳外,另外亦确定了胡军出演。但张国荣因筹备新片暂时没有时间出演,关锦鹏便将拍摄计划延后,胡军亦将档期留给张国荣。胡军说:"他(张国荣)当时想自己导一部戏,自导自演,他说要拉着我一块儿,跟他做搭档。有关角色的问题,他对我说放心好了,他不会让我当一个大配角的,他会把戏拉得很平均的。那时演员只选定了我一个,他说一定要与我合作这部戏。我说国荣哥我等着你,结果没等着,这是我挺大的一个遗憾。就在'香港电影金像奖'颁奖礼之前,我俩曾经通过一次电话。他说他身体不大好,我劝他一定要注意身体!因那部电影的搁浅他还向我赔礼道歉,'真对不起,让你那么上心',那时候我真的很重视那部电影。"

张国荣原本想邀请合作过《霸王别姬》的张进战担任执行导演,但张进战当时接了另一部电影没有档期,张国荣还跟他开玩笑:"我这么远来,又是第一次做导演,你也不帮帮我。"虽然两人都为没能再次合作感到遗憾,不过张国荣跟张进战相约下一部戏再合作,张进战亦答应一定参与张国荣的下一部戏。首次执导电影的筹备工作在张国荣预定的计划中顺利进行,自20年前张国荣首次表示有意从事导演工作到如今,一切仿佛水到渠成,张国荣即将达成多年的愿望。张国荣跟林燕妮说:"我之所以这么迷恋当导演,就是演员只不过是一只棋子,而导演却可以控制一切。我是有野心的,我最大的心愿不是拿最佳导演奖,而是拿最佳影片奖,因为那表示我令team work(工作团队)完美,而不只是一个人好。"之后,张国荣开始在全国挑选演员,宋小川说:"国荣给我打电话:小川,我在北京,很忙,我打算导一部电影《偷心》,现在在全国挑演员。几日后,国荣约我们去吃饭,聊到《偷心》国荣很激动,真是势在必得的感觉,大家一起玩游戏,开心得不得了。"随着筹备工作的进展顺利,《偷心》的主创团队亦前往北京,何冀平说:"主要的制作人员都到了北京,想用的演员,听说是国荣要导的片子,都愿意出演。一切都顺利,他从上海来,很兴奋,见我面就说何老师,故事是你,剧本也是你。我心里猛然一热,做了这么多年编剧,还真从来没遇到过一个这样'往出让的'导演。我说,故事是你。"宁静说:"我最后一次见他时,哥哥(张国荣)正在一间会议室跟工作人员开会,我推开门进去,他坐在最里头,依然穿着黑色针织衫,见到我高兴地招呼我过去,'亲爱的,给你介绍一下……'然后又对大家说,'这就是我的女主角,漂亮吧',他拉着我的胳膊突然转向我说把胳膊练结实点,脸上这几颗小痘痘,去找一个好中医调理一下,小心到时候镜头大到可以看到你的汗毛。"

当我重温您,在茫然中思忆里
所有冷冰的暖了

2002年2月22日，百忙之中的张国荣应香港中文大学香港文学研究中心主任卢玮銮的邀请，为香港中文大学中国语言及文学系和香港文学研究中心联合举办的"文学与影像比读讲座"担任演讲嘉宾，演讲了《如何演绎李碧华小说中的人物》。当天在香港中文大学新亚学院人文馆内，人声鼎沸、座无虚席，各系的教授和讲师都去了，连过道都站满了人。张国荣出演过《我家的女人》《胭脂扣》《霸王别姬》三部由李碧华小说改编的电影，在两个小时的演讲中，张国荣就他对"如何演绎《胭脂扣》中的十二少""如花与十二少的爱情""《霸王别姬》的结局处理""同性恋角色的演绎"等内容做了深入的畅谈。在讲座的问答环节，座上教授和同学们围绕张国荣和李碧华的合作先后向张国荣提了二十来个问题，张国荣亦一一做出精彩的回答。最后，有同学希望张国荣分享一下他对中国人这个民族身份的看法和感受，张国荣表示，在他踏足内地拍电影期间，改变了对内地的看法。根据现场学生的笔记记录："后来因为要到内地拍戏，张国荣有机会认识到祖国河山的秀丽壮阔，竟如此动人气魄，从那时起他开始意识到，作为一个中国人原是有其值得骄傲的地方。"张国荣亦认为不能凭单一的事件来评价整个中国。对于这次讲座，李碧华后来也回忆道："那天是你三月底病发前非常灿烂、迷人的日子。艺人在大学演讲不是没有过，但你的挥洒自如和谈笑风生，学生难以忘怀，悄悄地记下来。"后来，香港教育署课程发展处向张国荣发出了一封表扬信。2002年2月28日，日本《流行亚洲》（POP ASIA）杂志相约张国荣在中国香港金域假日酒店做专访，POP ASIA杂志的编辑关谷元子说："我在酒店大厅等他（张国荣），酒店方面知道他要来立即加强戒护，原本酒店大厅经常有很多人的，那时候却几乎没有人，就在这时候Leslie随着工作人员走向我，我整个人都晕了。就像电影中的一个画面一般，他和我握手，然后继续往前走，他的姿态优雅脚步轻盈，站姿凛然就像展现出他的人格表象，有一股艺术家的孤傲气质。"在这次访谈中，张国荣坦诚而热情地对音乐、电影、导演等话题发表了自己的看法，特别是对于筹备中的第一部执导的电影，更是侃侃而谈。关谷元子后来说："那时候他的心情好得不得了，他告诉我他要当导演了，眼里散发出光芒，甚至很具体地和我谈电影的内容。采访后他找我一起喝茶，Leslie带了三位工作人员，我们也是一大帮人，他在众人中很自然地、不经意地照顾到每一个人，并且能把场面调动得很热闹，笑声不断。"张国荣在是次访谈中说："我想说明一点，我要在中国拍摄中国的电影,奉献给中国人,包括海外的中国人。""因为我是中国人,我要为中国人拍出非常有意义的电影。""我在香港电影界占有一席之地,我不需要去好莱坞。如果所有的香港演员都去了好莱坞,谁留在香港呢?所以我强调我要为中国人拍中国的电影,这个概念包括亚洲在内。"关谷元子说:"关于好莱坞,我们可以想象他的回答,尽管如此我们还是问了这个问题。我们很高兴听到他诉说对香港、对亚洲的爱。当他说绝对不同意时,我感动得几乎落泪。Leslie热爱香港,热爱中国,也热爱亚洲。Leslie Cheung是亚洲的骄傲!"对于担任导演,张国荣说:"为什么我想成为一个导演?因为演员可以感受别人的命运,但导演决定他们的命运,所以我想尝试对方的角色。导演决定有关电影的一切事情,如果这部电影得到好评或是获得奖项,导演是最开心的。导演对一部戏和他的工作人员负全责,其实拍一部电影并不只是为了开心那么简单,作为一个导演,我希望我的工作人员享受工作,我希望所有的工作人员从这部戏中得到满足,并且我们的工作能成为一段美好的回忆。对于我来说,如果观众感到快乐,并且珍视这个作品,我就会感受到最大的快乐,所以我想做导演。""我对自己的第一部作品有很高期望,故事讲得很清晰,很容易理解。我会通过画面表达我的思想,我想把我内心的感情和故事表述给观众。""我想告诉你,我不同于其他的导演,我按我的方式行事。也就是说,我会把我自己奉献给新片,我知道自己会被与其他导演相比较,但这是一部百分百的Leslie电影,我会尽全力去拍一部好戏。"这篇访谈在4月的 *POP ASIA* 刊出,标题为《亚洲的骄傲——张国荣》。关谷元子后来在文中写道:"他是第一个满腔热情地、有说服力地表述自己思想的艺人。他是罕见的对电影、对导演、对表演有着深刻认识的艺人。我们在聆听他讲述的时候都感觉不到时间的飞逝。"日本的演出商PROMAS曾有意接洽张国荣再次在日本举行演唱会,不过张国荣希望先专心做好导演这件事。

2002年3月初,《偷心》的筹备工作依旧在如火如荼地进行着,因为中国内地的批文还未拿到,所以张国荣希望低调行事,对外暂时保密。《偷心》的剧本已基本完成,张国荣仍在做最后的调整,他准备3月10日前往青岛选景,如果一切顺利,那么计划于5月1日在青岛开机。3月9日,张国荣获悉有媒体披露了包括《偷心》的剧情梗概、筹备进展及他准备前往青岛的行踪等消息,遂召开会议详查泄密者,并再次强调前期的保密工作。最后,张国荣将已发放下去的剧本全部收回,并宣布取消青岛之行,让工作人员暂时休息,原地待命。之后,张国荣带领主创人员共七八人秘密前往青岛选景,入住青岛颐中假日酒店。据酒店工作人员李伟说:"我领张国荣到达房间后,向他要个人签名。开始,他的同行人员还否认他是张国荣,但后来张国荣自己承认了,他给我签了名,但他嘱咐我不要将行踪告诉别人。"张国荣在青岛亦没有使用酒店的专车,而是自行前往八大关、小鱼山等地看景。张国荣从没到过青岛,之前只是从明信片、画册、纪录片等渠道了解到青岛的风景和文化气息,在实地看景后,张国荣觉得青岛现代化的发展与他印象中的青岛大相径庭,并不适合作为《偷心》的拍摄地,一贯要求完美的张国荣不得不做出一个决定——放弃青岛,在全国各地重新选景并修改剧本。

《异度空间》定于2002年3月28日在香港上映。日本六百多名张国荣粉丝计划组团前来中国香港捧场。张国荣得悉后,为了对日本粉丝的远道而来表示感谢,在3月23日安排了一场只有组团前来香港的日本粉丝的《异度空间》首映及见面会。星皓电影为宣传《异度空间》推出一本限量画册,张国荣建议电影公司将画册的收益做慈善用途,王海峰说:"这帮日本fans的确好支持哥哥(张国荣),本画册未发行就已经订了一千本,而这本画册所得收益,亦会以哥哥名义捐给儿童癌病基金。"而有人则借此行骗,散布谣言称《异度空间》将会举办慈善首映礼,并出售慈善首映礼的假票,售价一千多港元,甚至炒到两千港元,一些粉丝为支持张国荣的慈善行为,更是上当受骗买了大批的假票。张国荣听闻后,除了通知电影公司及时阻止,亦对受骗的粉丝深表同情。张国荣理解他们的支持之心,遂与电影公司商量对买到假票的粉丝做出补偿,张国荣说:"他们(受骗的粉丝)本来都是出于好心,想做善事,他们这么有心,迟些公司安排我同一帮日本fans聚会,就特别招待这些香港fans,我会送本签了名的《异度空间》画册安慰下他们,不要不开心啦!"除了香港地区,日本亦同样有骗子奸商借此行骗,以13000港元的价钱讹称可以去香港参加首映活动,与张国荣聚餐以及每人免费点张国荣唱两首歌,利用粉丝想见偶像的心理,大行骗术,张国荣知悉后,赶紧令日本的朋友代为澄清,以免自己的粉丝再次受骗。《异度空间》上映前夕,张国荣不遗余力地配合电影公司的宣传。3月

20日，已经很少接受媒体采访的张国荣破例接受多家媒体的专访，而且他非常体谅记者，每换一家媒体采访便换一件衣服，让每家媒体的报道中可以配发与其他媒体不同的照片，而不是千篇一律类似的照片。张国荣在采访中表示："老实讲，现在这个电影市道根本就不稳定，我今次这么落力（卖力），都是想令更多观众留意到这套戏，希望带回多人入场看戏，搞旺这个市道。"在记者采访中，张国荣首次正式表示不会接拍《三少爷的剑》，张国荣表示担心拍古装武侠片自己体力支持不住，而且9月的档期已经给了许鞍华的新片，估计没有时间接拍《三少爷的剑》，而一旁的王海峰则表示要继续游说张国荣来让他改变决定。在采访中，对于一些狗仔认为他的新欢是他的新助手，张国荣亦予以澄清。当晚，《异度空间》在金钟戏院上映午夜场，张国荣与毛舜筠结伴出现令现场的观众惊喜不已。电影结束后，观众纷纷鼓掌，然后众人涌向张国荣，场面几乎失控。

2002年3月21日，法国时尚品牌克里斯汀·迪奥（Christian Dior）为推介最新的Street-Chic系列手袋在赤柱美利楼举办时尚派对。张国荣穿着该品牌的西装和梅艳芳先后到场，两人被围观者和媒体团团围住，更有人在混乱中不慎跌倒，张国荣逗留了约半个小时后便与梅艳芳牵手离开。3月23日，《异度空间》日本粉丝首映专场在海运戏院举行，观看电影后，张国荣在九龙湾国际展览中心筵开31席与日本粉丝共进晚宴。原本有600多日本粉丝组团前来捧场，后因包机人数有限，最终只有幸运的400人前来香港。当晚，张国荣心情非常好，穿着火红的皮衣出席晚宴，张国荣在晚宴中与日本粉丝大玩游戏并送出三款精心挑选的礼物，更是逐一与他们签名拍照，令日本的粉丝非常开心，兴奋不已。此次日本粉丝组团前往香港，为香港旅游业带来数百万港元的收入，张国荣表示，对推动香港旅游业他向来不遗余力，不单只香港，澳门旅游大使他都做过，如果旅游协会有需要，他一定会尽力帮忙。同期亦有香港地区与日本航线找张国荣做宣传活动，他觉得这个构思很不错。3月25日，张国荣出席张艾嘉导演的电影《想飞》的香港首映礼，张艾嘉在首映礼上公开表示，稍后会开拍电影《20 30 40》，张国荣将会执导由她自己出演的"40"部分。3月27日，《异度空间》在奥海城举行首映礼，张国荣亦前往出席，张国荣抵达时，吸引了近千名市民的围观，遗憾的是，因电影公司的失误，发生了座位供不应求的情况，对此王海峰解释："首映礼多印戏票是好正常的事，因为会估计一些观众不到，今晚首映礼有1300个座位，我们印多了三四百张票，想不到大家反应这么好，全部到齐，有些还专程坐船从澳门过来，所以就出现了有些人有票都进不了场的情况，真是不好意思。不关商场的事，我们会做出补偿，一张首映戏票，可以于明日在二十三间戏院换回两张正场戏票。"而悬挂在红磡海底隧道边的《异度空间》巨幅宣传海报，则被香港市民向香港影视及娱乐事务管理处和海底隧道管理公司投诉，因为张国荣和林嘉欣的造型过于恐怖，令途经者不安。因星皓电影为巨幅广告支付了过百万港元的广告费，如果被撤下则损失巨大，令王海峰头痛不已，张国荣得知后则笑称："恭喜王海峰，成功为这部电影制作恐吓效果，也不枉我努力拍照。"

2002年4月，没有人会知道，包括张国荣自己，他的人生已经进入了最后一年的倒计时。在3月底，张国荣出现了失眠、胃痛等症状，在就诊后，医生表示他的身体一切正常，张国荣一度以为是筹备《偷心》压力太大而导致。之后，张国荣被确诊为抑郁症，张国荣的外甥女后来说："去年（2002年）四月，我收到十舅父（张国荣）电话，叫我陪他拜婆婆，即他的妈妈。我这个时候知道，他患上了抑郁症。"据医学资料介绍："抑郁症是一种涉及身体、情绪和思想的疾病。它会影响患者的饮食和睡眠、对自己的感觉以及看待事情的方式。抑郁症并不同于暂时的情绪低落。这不是个人软弱的标志或是可以透过希望或意志克服的状况。抑郁症患者不能仅仅透过'振作精神'得到好转。""这种疾病不仅经济成本很高，人类痛苦的代价更是无法估计。抑郁疾病常会扰乱正常功能并引起痛苦，不仅包括患者本身，也包括关心患者的人。严重的抑郁症可以摧毁一个家庭以及患者的生命。"张国荣无法接受自己患上了抑郁症的事实，张国荣的大姐张绿萍说："初时他（张国荣）经常问我怎么会有抑郁，他又有钱，又有这么多人疼爱他！他不觉得自己有病，连医生开的药都不吃。"但在家人的劝说下，他开始积极接受治疗，陈淑芬说："你无法想象他（张国荣）多么希望他自己好起来，他一直在看医生，他没有办法接受他有这个病的现实，因为他什么都有，现在选择自己喜欢的工作，怎么这样的一个人会有抑郁症呢？不可以想象的！别人都不会相信的，怎么可能呢？"张国荣一边接受治疗对抗病魔的侵袭，一边坚持工作。自2002年年初环球群星在"十大劲歌金曲"颁奖典礼上合唱《同步过冬》后，陈小宝觉得张国荣和黄耀明的风格很合，遂撮合他们在各自发行新唱片前来一次合作，而张国荣和黄耀明也觉得蛮好玩，就抱着试试看的心态筹备这张EP，这张唱片原定在四五月发行，但因张国荣年初忙于电影的筹备工作，以致耽搁到4月才正式开始录音。张国荣为自己新成立的电影公司Dream League在香港尖沙咀租赁了一个单元做办公室，并开始装修。对于筹备中的电影进度，张国荣跟《明报周刊》记者黄丽玲说："我和区丁平去过青岛看景，但一切跟明信片上的不同了，如果改变拍摄地点，把剧本修改，那已经不是原来那部电影。我宁愿重新写别的故事。"

2002年4月6日，张国荣前往香港港丽酒店出席好友上山诗纳的新婚派对，张国荣在晚9时左右与邓光荣的太太、JC Group的女助手特丽萨（Teresa）和唐鹤德一起抵达，张国荣一下车便被媒体和粉丝包围，现场闪光灯狂闪。有张国荣的粉丝称："众人一直由大门拥着他（张国荣）进电梯，就算在电梯内摄影记者仍不放过他，不断对着他拍个不停，看得出哥哥（张国荣）有点紧张。"后来，张曼玉在文中写道："在去年（2002年）好友上山安娜（上山诗纳原名上山安娜）的婚宴（新婚派对）上，那是一个盛大的宴会，Leslie很少出席这么多人的场合，我觉得很意外在那里遇上他，为了避开人群我们找了一处近酒吧的地方聊天，我听助手Teresa说他状态欠佳，所以我有点担心他，我们说到关于生命、关于健康、关于他的抑郁病越来越严重的事。谈到最后他说，'我非常渴望跟你再合作，但可能我已经不够英俊扮演你的情人'。我当时很震惊，我不能想象一个向来自信心十足的他会说出这样的话，我想找些话安慰他，告诉他他一直都很棒，但偏偏在那时有人找我拍照，当我赶回酒吧找他时，Teresa告诉我他已走了。"

张国荣在上山诗纳的新婚派对逗留了近一个小时后前往红馆为梅艳芳纪念入行20周年的"极梦幻演唱会"最后一场担任演出嘉宾。当晚身体抱恙的张国荣在台上与梅艳芳合唱了《芳华绝代》和《缘份》，两人在台上挥洒自如的默契配合，令现场观众

当我重温您，在茫然中思忆里
所有冷冰的暖了

掌声与欢呼声不断，再次掀起全场高潮。这是张国荣与梅艳芳唯一的一次现场合作演唱《芳华绝代》，两位舞台上的王者在台上行云流水般表现出的自信与睥睨天下的气势，完全切中了歌词里的"颠倒众生、吹灰不费"。当晚梅艳芳一时感触在台上称张国荣为自己生活中、圈中唯一的好朋友，张国荣赶紧为她打圆场说："不要这么说，不是的。你的好朋友有很多。"《缘份》合唱结束，观众大叫encore，梅艳芳说："不要啦，其实哥哥（张国荣）今晚不舒服，你们来看梅艳芳演唱会的嘛！"后来，梅艳芳在访谈中说："从我筹备20周年个唱的第一天起，哥哥（张国荣）已主动跟我说，尾场他一定出现，要替我做特别嘉宾，他这句话对我来说是一剂强心针，给了我很大支持。那次的演唱会做得很辛苦，我咬紧牙关挨过一关又一关，或许是因为我对自己要求过高，给了自己很大压力，到了最后一场，我真的很希望跟他分享。那天他来到场馆，身体已不舒服，他说他胃痛，但当他站在台上，歌迷根本不会察觉。演出后，他先走了，我没机会向他道谢。"这是张国荣与梅艳芳最后一次在舞台上合作，这也是张国荣一生中最后一次在舞台上公开演出。梅艳芳的演唱会结束后，她有意将与张国荣合唱的片段收录在2002年年底发行的DVD中，但因张国荣与梅艳芳分属两家唱片公司，虽然梅艳芳所属的正东唱片买下了这两首歌曲的版权，但张国荣公开演出的声音与影像版权属于环球唱片，而正东唱片的负责人李进与环球唱片的负责人陈小宝素有恩怨，一度让梅艳芳的这个计划胎死腹中。最终，梅艳芳向张国荣求助，在张国荣的调停下，环球唱片才同意正东唱片在DVD中收录张国荣演出的片段，梅艳芳的经理人说："（出碟）之前遇上阻滞，但有哥哥（张国荣）出手，问题已解决。"

2002年4月21日，张国荣出席第21届"香港电影金像奖"，与张敏仪一起为周星驰颁发新增设的"杰出青年导演奖"。因"杰出青年导演奖"得主的年龄限制在40岁以下，张国荣在台上笑称自己已经没有机会得到这个奖。这是张国荣最后一次出席"香港电影金像奖"，自1983年张国荣在"香港电影金像奖"中凭《烈火青春》首次获得"最佳男主角"提名，至2003年张国荣凭《异度空间》获得"最佳男主角"提名，20年间，张国荣共8次获得"最佳男主角"提名，他演唱的电影主题曲5次获得"最佳电影歌曲"（第15届始改为"最佳原创电影歌曲"）

提名，其中3次获得提名的电影主题曲由他自己作曲。1991年第10届"香港电影金像奖"颁奖礼上，张国荣凭《阿飞正传》获得唯一一次"香港电影金像奖"的"最佳男主角"奖。2003年3月28日下午4时许，张国荣接受《明报》记者魏幼芳的电话访问，张国荣说："我一向都是香港电影的支持者，如果我不是去了外地的话就一定会出席（香港电影金像奖）。""我们应该知道用诚意去拍的电影一定有观众愿意买票入场，所以我对香港的电影前景依然有信心，但一定要有诚意，这也是我现时对接拍电影的考虑。"当记者表示是否可以再做一个详细的专访时，张国荣则表示："迟些再约吧！"这是张国荣生前最后一次接受媒体访问，也是作为香港电影人的张国荣对香港电影的"肺腑之言"。

虽然张国荣积极治疗，但身体和情绪出现的状况越来越不可控，严重失眠、胃酸倒流，甚至出现幻觉等症状，让张国荣一度以为自己被下了降头。2002年5月1日，李碧华把张国荣约到徐枫家里开会，商讨关于由张国荣执导《我家的女人》事宜。张国荣很喜欢《我家的女人》，曾想过将其搬上大银幕，在确定筹备《偷心》之前，原本计划张国荣首部执导的电影便是《我家的女人》，徐枫亦确定由他的汤臣电影投资。张国荣非常看好由张柏芝出演女主角，李碧华后来在文中写道："你（张国荣）想用张柏芝，喜欢她的外形和演技，还很贴合剧中'十清一浊'的命格。"不过后来北京宝石影业确定投资《偷心》，张国荣想先开拍《偷心》，徐枫后来说："其实哥哥（张国荣）第一部导演的戏是我们要投资的，我跟他还有李碧华，李碧华做编剧，其实当时都谈了有半年了。后来他在谈到一半的时候就跟我们说是北京有人要投资他拍戏，他说他先拍那部戏，李碧华说他是跟我们先说好的啊，我只好跟李碧华说无所谓啦，不要紧啦，让他去练练刀剑吧！"向来对电影侃侃而谈，经常有着独特想法的张国荣，当天在徐枫家里一点都提不起劲，完全像变了一个人。后来，李碧华在文中写道："但那个晚上，你（张国荣）眼神惊恐，有气无力，紧张不安。而且蜷缩在沙发，像个虚淡的影子。徐枫是'抑郁症'的祖宗，她知道你很不对劲，嘱你一定要看医生服药，而不是集中力气去驱邪。我安慰你，若你没害过人，没做过坏事，那害你的人要付出代价，双倍报应在自己身上的，邪不能胜正。"因为当天是劳动节，李碧华还跟他开玩笑："一个人站起来必须靠自己，做导演要劳动，要一起读剧本，我们只是在背后撑你。喂，你的康复期不必一年吧？到明年五一劳动节也等你！"

抑郁症带来的肉体折磨与精神困扰，令张国荣的情绪时好时坏，他亦向著名的心理医生麦列菲菲教授、精神科医生冯顺燊求诊，但病情并没有好转。2002年5月中旬，张国荣不得不暂时放下手头工作，向环球唱片请假，暂停与黄耀明合作EP的相关工作。同时，媒体开始传出张国荣因拍摄《异度空间》入戏太深撞邪以致得了怪病的谣言，媒体向环球唱片求证，环球唱片中文唱片部总经理黄健豪回应说："哥哥（张国荣）只是感到有不舒服，没有听过撞邪这件事，但哥哥什么病，我也不清楚，可能哥哥新开电影制作公司，为电影公司亲手包办筹备这部电影，所以比较紧张。哥哥因为不舒服暂时搁置唱片工作，相信哥哥休息几日就没事，哥哥是环球之宝，一定会照顾他，待他完全康复再开工。"虽然身在病中不愿见人，但张国荣为了慈善邀请还是身体力行。5月16日，张国荣应邀出席莫文蔚母亲莫何敏仪的"莫文蔚妈咪教你做英语三明治"《VCD英语拼音》慈善版记者招待会。向来要以最好的状态出现在公众面前的张国荣，当天穿着浅灰色西装，戴着浅绿色太阳镜，精神奕奕地出现在活动现场，更当场开出一张支票给莫何敏仪，捐给儿童癌病基金。记者当场向张国荣求证近期外传的撞邪失眠和去台湾治秃头传闻时，张国荣回应，自己都很多年没去过台湾了，更是垂下头让记者看自己有没有秃头，搞笑的记者更是齐声回答："没有！"对于撞邪失眠传闻，张国荣更是笑称"无聊"，表示近期因斟酌电影剧本过于紧张才导致失眠，同时说："有时玩两晚通宵麻将都会睡不着啦，总之多谢关心，不要再将这件事渲染啦！"5月20日，张国荣出席萧芳芳的"护苗先锋"成立典礼，接受"护苗基金"的委任，担任"护苗先锋大使"。在典礼现场，张国荣不但细心照顾因耳鸣导致头晕的萧芳芳，亦亲自向市民派发表格并示范如何填写。5月21日，张国荣与李嘉欣、张天爱和郑兆良应诺基亚邀请出席"Nokia8910星光灿烂夜"晚会，诺基亚除了赠送四人诺基亚8910新手机作为礼物，还特别购买了四颗天上的星星，以他们的名字命名送给他们。诺基亚的公关表示："诺基亚选这四位名人，主要是觉得他们在事业上很有成就，兼具有国际知名度。我们早于几个星期前已通知他们，让他们想想以什么名字为星星命名，结果，他们四人均以自己的英文名命名，宣传晚会上我们将会赠送他们星星命名证书。"当晚张国荣再次澄清最近因工作紧张才导致失眠，并非外传撞邪，他亦在台上与主持人大开玩笑。李嘉欣事后向记者表示："我同哥哥（张国荣）聊天好开心啊，他说那个剧本要重新写过，他都好精神。他根本完全不似有任何病。"关于《偷心》的剧本,何冀平后来说:"可能哪方面出了问题,我不太了解背后的事,只是他(张国荣)一会儿来电话说不写了,一时又说还要写,又几次想改变另一个故事,张口就是'何老师,我又有了一个想法……'"对于这位合作伙伴,何冀平表示:"他(张国荣)曾对我说,喜欢他的家,也曾说,要去拿奥斯卡,他高兴起来,笑得像孩子一样真诚。他爱生活,爱朋友,爱事业……"

在休息了两个星期后,2002年6月3日,张国荣前往香港尖沙咀的唱片公司,与环球高层以及黄耀明开会商讨EP唱片的封套拍摄事宜,但罕见的是,向来在工作的事情上独来独往或只带助手的张国荣,当天由唐鹤德亲自开车护送前往公司。现场记者的报道称:"架上黑框眼镜的哥哥(张国荣)憔悴不再,精神亦不错……哥哥虽不断耍手表示不回应任何问题,但沿途都保持笑容。记者不断追问他身体状况及有关早前撞邪之说,哥哥终抵不住追问,面带笑容地说:我有看中医,其实是胃不舒服!胃炎,现在已经好了,我身体好好。他亦承认昨日(6月3日)是他首天复工,磋商唱片封套事宜。说罢他便用手示意封嘴,不再回应。"在一个多小时后,张国荣在助手的陪伴下离开。之后,黄耀明向记者表示:"他(张国荣)现在已经没事,其实他都是失眠,我觉得这个是都市人通病,我同林夕都经常失眠,我想是与压力太大有关。"原计划定在6月中上旬拍摄唱片封套,但在开会后没多久张国荣再次因病向环球唱片请假,取消拍摄计划。当记者向环球唱片求证张国荣再度停工的消息时,环球唱片并未否认,环球唱片中文唱片部高级副总裁朱国祯只是说:"现阶段不方便透露任何事。"这也引起媒体对张国荣病情的再度猜测。《明报》记者向陈淑芬求证,陈淑芬表示:"从头到尾,根本都没有撞邪这回事,哥哥(张国荣)最近非常精神,没有露面并非在休养,而是身在外地洽谈一个庞大的计划,过一两个星期便会返港,到时才见大家。"在记者的多番要求下,陈淑芬拨通了张国荣的电话,《明报》后来在报道中写道:"电话筒那边传来愉快又精神奕奕的声线说:我虽然不在香港,不过都听到好多传闻,而且还好好笑,总之我多谢大家关心,你听我声音都知道很精神啦,哪里有事?"张国荣表示,自己身在外地洽谈工作计划,要一两个星期后才会返回香港,大家不要再为那些不实的报道去追寻蛛丝马迹,他的一些朋友在看到那些报道后,亦以为他有事打电话给他,他不得不在电话里——向他们解释,张国荣在最后笑道:"希望透过你们报纸告诉我的朋友们,我不知有多好,不用慰问,我好心痛长途电话费,好贵呀!"

2002年7月初,张国荣返回香港,此时的张国荣抑郁症已非常严重,但为了不被媒体大做文章,张国荣一边要对外保密自己的实际病情,宣称自己没事,一边想尽各种各样的办法希望自己早日康复。为了自救,张国荣除了托朋友四处求医问诊、遍寻名医,他亦接受任何有可能使他病愈的方法。随着抑郁症的逐渐恶化,张国荣将医生开给他的镇静剂亦愈吃愈多,手颤、情绪暴躁、喜怒无常等症状愈来愈明显。唐鹤德为了开解他,除了不离不弃陪伴他,更是找一些他的好朋友来开解他,一些知悉他病情的朋友,除了劝他吃药看病外,亦时常通过陪他吃饭、喝茶、打羽毛球、打麻将等来开解他,但这些并没能缓解张国荣的病情。张绿萍说:"他(张国荣)有几次打(电话)给我讲再见,吓死我!"而一些阴魂不散的媒体为了所谓的"独家猛料",不但跟踪张国荣的行踪,甚至在张国荣的家门口蹲守。张国荣为了躲避记者,连看病都不得不把医生约到张绿萍的家中。张国荣说:"我不明白现在传媒采访有否操守,日跟夜跟,我都不理,但我去马会私人会所,竟然跳下车冲进马会停车场内不停拍照,最离谱跟到我家前面的红绿灯,对方的车子却突然冲红灯过头,就是为了拍我回家的照片,这样做会造成危险,真是好离谱,我不知他们将会编什么故事,我只想讲这种完全罔顾安全的采访手法,实在好过分。"张国荣声音沙哑地低声向记者表示,自己因胃酸倒流,喉咙被胃酸的酸性灼伤,肿成如苹果的红色,医生劝他好好休息,否则后果不堪设想,只要他好好吃药,胃酸逐渐减少,两三个月后便可康复。张国荣说:"虽然我这个病并非大病,但我不想会恶化,所谓病向浅中医,如果只开会都经常要讲说话,一样对声带劳损,所以我决定暂停工作三个月左右,直到医生认为我完全康复之后才再开工,包括唱片、电影各方面都会停顿,因为我不想有后遗症,反正现在都可以拣自己满意的工作才做。"但环球唱片可能是为了唱片宣传的商业目的,当记者向他们求证消息时,回应又是模棱两可,以致有媒体声称张国荣玩失踪,拒绝为新唱片宣传。陈淑芬说:"他(张国荣)有什么需要扮失踪?他可以索性离港或留在家里，但他是如常活动。本来哥哥（张国荣）是答应了拍MV和唱片封套的，但开会那天，陈小宝说约了网站的人到时候来拍摄，我们考虑过，决定不拍，而且我已经通知了陈小宝。因为若有传媒采访，如果Leslie不跟他们说话，大家会有很多揣测，说话又怕声带受影响。"

2002年7月20日，在对张国荣病情的各种传闻中，环球唱片发行了张国荣与黄耀明合作的EP《跨界》（CROSSOVER），与抑郁病症抗争的张国荣因病情严重最终没有参与唱片封套和MV的拍摄，亦没有参与唱片的宣传活动，这也令环球唱片非常不开心。CROSSOVER更像是属于黄耀明的唱片，张国荣只是路过客串了一把，因病情困扰并没有参与太多实际的幕后制作，幕后制作基本由黄耀明和他的"人山人海"负责。黄耀明说："这张唱片还有个小秘密或潜台词，就是要重新label（贴标签）我们都是音乐创作人，CROSSOVER中彼此用创作人的身份来对话切磋。我一直认为，哥哥（张国荣）是一位被低估的音乐创作人。其实哥哥创作的可能比我还要多，这大概是市场机器把宣传重点放哥哥的另一些面向，忽略了哥哥的音乐才华。""说实在开始时我确实是有点紧张的，因为张国荣——一个真真正正的大明星，你知道要和一个大明星合作是很容易让人紧张的，我很惊讶他不但没有任何架子而且十分信任我们，因为这张专辑全部编曲及制作都是由'人山人海'负责的，我们的合作十分顺利，我们也很高兴能获得他的信赖。"唱片中收录了五首歌曲，黄耀明说："除了合唱《夜有所梦》外，我和哥哥（张国荣）建议各自写一首新歌给对方及重唱对方的一首旧歌。新歌方面我把去年曾在'漫游拉阔音乐会'上唱过的《十号风球》给了哥哥，因为我总觉得这首歌好像不太像是我唱的歌似的，反而蛮适合由哥哥来演唱，而他听后也十分喜欢；旧歌方面我则选择了哥哥多年前写给周慧敏的一首作品《如果你知我苦衷》。而哥哥则写了一首新歌给我，另外也选了我1996年的作品《春光乍泄》翻唱。"为了在音乐中呈现更多的深入合作，张国荣在为黄耀明全新创作的《这么远那么近》里负责了独白部分，而在张国荣演唱的《十号风球》中黄耀明则负责了和声。黄伟文在写完《这么远那么近》的歌词后，告诉黄耀明这首歌的灵感来自台湾漫画家几米的《向左走向右走》。他们商量很久后，决定延续书名叫《向左走向右走》，但是他们

当我重温您，在茫然中思忆里
所有冷冰的暖了

很快发现杨千嬅的新歌亦叫《向左走向右走》。为了不撞歌名遂决定改名，黄伟文之前曾给张学友写过一首歌叫《这么近那么远》，黄耀明就建议取名《这么远那么近》。黄耀明后来说："这首歌是哥哥（张国荣）的全新创作，其实他给我听这首歌的时候已经找了musician（音乐人）做了一个好完整好full（饱满）的demo，好有tango（探戈）味，但因为在专辑内的另一首歌《春光乍泄》中我们也同样想做一些带有南美洲风情味道的编曲，所以最后决定将它改成现在的模样。它仍然带有浓浓的异国情调，是很exotic（异国情调）的东西，再带一点电子，就成为现在很有异国情调和戏剧效果的版本。当然这当中浓浓的戏剧效果有很多都是由哥哥提供的，那些独白的部分就好像是画龙点睛一样，令歌曲也生动起来。"张国荣的独白在录音的时候并没有预先写好的台词，只是让张国荣随意录了一大堆话，然后后期制作的时候再选择一些放入歌曲中，而这些独白也的确是这首歌曲的点睛之笔。录音的时候，张国荣因胃酸倒流严重影响嗓子，声音非常沙哑，一向追求完美的张国荣还一度担心会影响效果，不过最终的效果反而出乎意料。黄耀明一直想写一首如《压力之下》（Under Pressure）般关于压力的歌曲，表达一个人如何在充满压力的生活中寻找出路，写完曲子后找林夕填词，而这段时间刚好张国荣、黄耀明和林夕都失眠，三个失眠的人合作了一首由林夕填词、张国荣和黄耀明合唱的《夜有所梦》。林夕后来说："《夜有所梦》我自己觉得好遗憾，这首歌是写一个人夜晚睡不着觉，其实我是写自己呢，但我没有将这件事说给他（张国荣）听，我想说了会好些。"

CORSSOVER发行后，歌迷对这张只有五首歌的EP意犹未尽，但当时大部分人不会清楚，张国荣是在怎么样的病痛之下完成了这张唱片中属于他的工作，应该说这张唱片是有遗憾的。如果张国荣没有生病，对唱片的制作参与多一些，那么他们的合作会有更闪耀的火花，可惜，人生没有如果。陈小宝说："做CORSSOVER这张唱片的时候，我知道哥哥（张国荣）很不舒服，情绪很低落，他告诉过我胃酸倒流，但我不知道原来他病得那么严重，而且已步向抑郁症。""讲创意，在这张唱片中，Leslie的创意略较黄耀明为低，因为他当时身体不好。告诉他你想做什么，他觉得没问题就可以做。"正如徐志摩在《偶然》这首诗中写道："你我相逢在黑夜的海上，你有你的，我有我的，方向；你记得也好，最好你忘掉，在这交会时互放的光亮！"

虽然病中的张国荣承受着没有得过抑郁症的人无法明白的身体与精神的折磨，但积极寻找各种自救途径的他仍相信自己会有康复的一天。《风月》后数年没有投拍新电影的徐枫，当时准备重新出发投拍《美丽上海》，该片计划由彭小莲导演，张国荣、张曼玉、潘虹等出演。《美丽上海》讲述因为母亲病重，四个子女分别从外地赶来看护母亲，而埋藏在他们心中多年的微妙感情矛盾亦随之爆发，以表现人与人之间的情感困惑的故事。张国荣在看完剧本后已答允徐枫出演"小儿子"一角，该片原本预计2002年9月开拍。后来，张国荣因病向徐枫辞演，徐枫在得知张国荣无法参加演出时，将开拍日期延至10月，还一度希望把张国荣的戏放到最后拍，先拍其他演员的戏，但最终张国荣因病情过于严重而无法出演，该角色后改由冯远征出演。张鑫欲正式启动筹备数年因电视剧《人间四月天》而推迟三年开拍的《徐志摩与陆小曼》，他将剧本送到了计划出演徐志摩的张国荣和梁家辉手上。2002年7月中，张鑫表示张国荣和梁家辉正在阅读剧本。陈淑芬后来说："（2001年3月22日陈淑芬生日宴）席上哥哥（张国荣）提出要跟学友做一个音乐剧，说这是他们送给我的生日礼物，我老公说这是一份最好的生日礼物。学友在去年（2002年）已完成初稿，给哥哥过目，他希望借此令哥哥增加信心。"张学友在张国荣的葬礼上致辞时亦说："我已准备好啦，哥哥（张国荣），故事大纲都出了，虽然我不知道什么时候，或者在哪里，即使是来世，或者是另一国度，我都愿意奉陪，因为这个是我的荣幸！"而对于自己首部执导的电影，因为青岛外景地不适合，张国荣之前亦已经开始构思新的故事。2002年7月29日，张国荣神采奕奕地出席鲍德熹导演、杨紫琼主演的电影《天脉传奇》的首映礼，在公众场合的张国荣依旧穿着有味，有着迷人的微笑，神态潇洒，依旧被大批影迷包围……但外人看不到这一切的背后。

向来是香港媒体焦点、连在家门口呼吸一下新鲜空气都是新闻的张国荣，2002年8月在媒体的新闻报道中突然消失了，连喜欢日夜蹲守在他家门口的记者都失去了他的行踪。9月1日，张耀荣女儿举办婚宴，张国荣没有出席，梅艳芳在现场被问到病中的张国荣消息时说："我不清楚他（张国荣）近日的新闻，早些时候我有联络过他。不过他不在香港，而我又为巡回演唱会走来走去，迟点会再联络他。"张国荣去世后，梅艳芳接受访谈时说："去年（2002年）我完成香港的个唱后，继续忙于巡回演唱，其实当时我也因为工作而不开心，很希望找他（张国荣）倾诉。当时我是有一点点生他的气，我只是想跟他说说话，他却不理我。现在才知道，他的心有多痛苦，他是怕我太上心，不想给我压力。如果我再积极点去找他，或许不会这样，是我做得不足够。""哥哥（张国荣）是个报喜不报忧的人。遗憾的，在他眼中，我是他妹妹，他怕我handle（处理）不到，不想我担心，病了也不让我知道，只跟我说胃液倒流，身体不舒服。后来，我听人说哥哥很不开心，情绪有问题，但我真的不知道他的情况是那么严重。我用尽各种方法联络他，但始终未能找到他，他也不回我电话，我写卡给他，写了很多很多想要对他说的话，我只是想告诉他，我是多么关心他。"

　　2002年9月12日，张国荣在家中宴请好友庆祝46岁生日。虽然当天下雨，但并未影响众人的心情，皆满面笑容而来，尽兴而归。张国荣送陈自强出门时，守候在他家门口的一众记者都大声祝他生日快乐，张国荣亦笑容可掬地向记者打招呼，并双手合十表示感谢，陈自强将巧克力递给在场的记者，表示是张国荣的一点小心意。记者向张国荣询问可否拍照，张国荣亦非常配合，对记者问到生日愿望时，张国荣表示希望世界和平。张国荣送别陈自强返回家里时，亦不忘微笑向记者挥手道别。张国荣一早知会到场的好友，不要买生日礼物，折合成现金，最后张国荣亦自掏腰包凑足10万港元，全数捐赠给萧芳芳的"护苗基金"。这是张国荣的最后一个生日，现场记者在报道中写道："家中开派对还以为会通宵达旦狂欢，谁料凌晨一时哥哥（张国荣）的生日派对就结束，众人相继离去，大都显得甚为开心愉快，看来哥哥的生活极有规律，十分正常！"当天，一帮日本粉丝在《明报》刊登祝张国荣生日快乐的祝贺广告，香港地区的粉丝也在网上留言或传真到电台点歌为张国荣送上祝福，内地亦有城市在市中心位置购买巨型屏幕广告时间播放祝贺视频或举办活动。张国荣知悉后说："我衷心多谢对我支持了很多年的歌迷与传媒，大家对我真的好好。希望大家都身体健康，香港经济转好啦，最好能够杜绝翻版，而娱乐事业可以更加蓬勃。我个人愿望都是身体健康最要紧。"对于自己的身体状况，张国荣说:"比之前已好好多,但未算进度理想,尤其讲得多就会声沙,所以依然要休息,我最近亦推了很多部戏,没办法,还不可以复工。"

1986年,杨德昌在拍完《恐怖分子》之后,受舒琪的朋友之邀欲改编张爱玲的小说《色戒》将其搬上银幕,杨德昌随之进入剧本筹备阶段,将电影名改为了更符合商业市场的《暗杀》,亦与张爱玲在香港的版权负责人宋淇初步洽谈版权问题,杨德昌亦有意邀请林青霞出演女主角,也找过张曼玉。张爱玲原小说的篇幅并不长,而杨德昌的着墨点则是小说背景中的那个时代,并不局限于张爱玲小说的情节。但在剧本改编的过程中,杨德昌遇到了瓶颈,剧本进度一直不理想,杨德昌在1987年给舒琪的信中写道:"《暗杀》的最大问题还是在男主角上。我一直没法设定他这角色的个性,因为他所处的政治背景及situation(局势)在目前是非常不popular(受欢迎)的。原小说的反派色彩我一直认为是原著的最大弱点,要升高它的戏剧性的确要让男主角的周围更丰富化。而且在香港那一阶段的部分,应该要有一种似包含在温柔中的兴奋状态的那样的张力,而且《暗杀》必定要是在香港就明确的有种危险性,并不只是因为要提高它的商业价值。我一直极度地担心它在主题上的popularity(流行度)。"杨德昌为了剧本的时代背景,亦走访搜集了大量的资料,但剧本始终未及他的理想状态。之后,杨德昌将《暗杀》暂时搁置,先开拍《牯岭街少年杀人事件》。1990年,杨德昌曾邀请张国荣出演电影,但张国荣因已宣布"退休"而婉拒,据各种线索综合推测,应该便是这部《暗杀》。虽然《暗杀》一度搁浅,但杨德昌并没有放弃,在2002年再度重启《暗杀》项目。据林奕华文章写道:"2002年的秋天,我排的舞台剧《张爱玲,请留言》正在上演,杨德昌和太太来看了第二场。他可不是专程为了捧场来港,而是开始筹备他的新片——盛传就是《色戒》。只是,据闻他对《色戒》的诠释并不局限在张爱玲的情节上,却是将范围扩大到小说背景的整个时代,包括当时伪国民政府的汪精卫。我甚至听说过汪精卫将由张国荣出演。在2002年的秋天之前,杨德昌已多次跟张国荣接触,二人开始了搜集资料和对角色的分析讨论。"著名的电影评论家莲实重彦在杨德昌去世后写道:"由杨德昌导演的电影《暗杀》曾打算邀请张国荣主演拍摄。时代设定在二战前的上海。据说当时上海的面貌曾打算在布拉格取外景拍摄。现在仍残留古典面貌的布拉格，也许可以精确地表现出疑惑不定的气氛。Leslie也会很高兴在布拉格取外景吧。"关锦鹏亦在回忆张国荣的时候提到这部电影，关锦鹏说："大家都知道他（张国荣）有看精神科医生，我出发去上海前，导演杨德昌想找他拍《暗杀》，Leslie约我在家见面，他坐的时候将手放在大腿上，谈话时都OK，但他不停地喝热饮。后来导演走了，我问Leslie怎么想，想不想同杨导演合作，但他把手指给我看，他说他抖成这样，不是说怕，但他的状况没法拍！"林奕华在文章中写道："如果张国荣出演了汪精卫，想必历史将会改写。步入中年的他，的确是比以前较难找到合乎年龄身份，但又能够引起关注的角色。'汪精卫'无疑是双重挑战，作为历史人物，他的争议性大；作为演员，张国荣将可借扮演一个犹如未被拆除的地雷般的角色，为演员生涯带来不可预估的挑战，或杀身成仁，或石破天惊。"1995年张爱玲去世，2003年张国荣去世，2007年杨德昌去世，《暗杀》最终胎死腹中，成为遗憾。杨德昌去世3个月后，李安执导的电影《色戒》正式上映。

2002年10月4日，在公众场合消失了两个月的张国荣出席在香港湾仔会展中心举行的"2002 CASH金帆音乐奖"颁奖典礼。张国荣穿着一身Dior Homme的西装神采飞扬，同在现场的谭咏麟看到张国荣满面春风的神态，不可置信地问张国荣："他们说你生病了？"张国荣笑称没有，还优美地转了个身给谭咏麟看，令谭咏麟啼笑皆非，大赞张国荣状态好。一直面带笑容的张国荣，虽然没有接受访问，但对媒体拍照等要求来者不拒，非常配合，用行动对媒体的各种猜测做出回应。张国荣在台上为许志安颁发"最佳流行音乐作品奖"时，更是谈笑风生，没有人会相信这是一个已被抑郁症折磨得靠安眠药才能入睡、在噩梦中哭得崩溃、幻觉中被人拉住脚、喜怒无常、时而无法控制自己行为的病人。寻医问诊、求神拜佛、作法驱邪、旅行减压……一切有可能使自己康复的方法都试过了，甚至在医生的建议下连喝点小酒都戒了，但这一切的努力，对张国荣越来越失控的病情始终无济于事。10月10日，张国荣应英国登喜路（Dunhill）总公司的邀请为登喜路中环太子大厦全新的旗舰店担任剪彩嘉宾，张国荣穿着自配的该品牌的西装笑容满面地出现在现场，被数百名记者、市民包围，场面极为混乱，剪完彩，张国荣亦进入店内参观，专心听店员介绍。张国荣在店内逗留了约20分钟，离开时，虽然被众记者和粉丝在街头追逐，但张国荣亦不忘跑到斑马线的位置过马路，看到红灯随即停下等待，一名女记者不慎跌倒，张国荣亦赶紧伸手扶她。张国荣向记者表示，自己身体很好，近期正忙于新唱片的录音。10月11日，张国荣再次出席登喜路在怡和大厦举行的庆祝派对。张国荣坐着登喜路安排的古董车一到场，记者便一拥而上，然而登喜路公司安排的司机不但不踩刹车反而踩油门继续前行，以致差点发生意外，张国荣即刻告诫该司机注意安全。张国荣的到来令场面一度失控，就连一些应邀出席的名人宾客亦格外兴奋，不少宾客一看到摄影师举起相机向张国荣拍照，马上跑到张国荣身边，趁机与张国荣合照。2003年出版的《Dunhill百年经典·时尚》一书中这样写道："相对于Armani（阿玛尼）、Boss（博斯）等一线男装来说，Dunhill对普通人的形象提升没有多少帮助，相反，它对穿者的气质形象有着微妙又苛刻的要求，我们的哥哥张国荣去年10月出席Dunhill在香港中环旗舰店剪彩，穿了一套自己配的Dunhill正装，大概可以列入Dunhill的百年经典形象了。"

第11届"金鸡百花奖"原想邀请张国荣担任10月18日开幕式的演出嘉宾，组委会通过中国内地的电影人联系到张国荣表达意向，但张国荣因病无法参与演出，所以一早便已拒绝，但组委会仍以久未在台上演出的张国荣大做广告，在粉丝的电话咨询中亦表明张国荣铁定会出席，以致中国内地、中国香港、日本等地的粉丝疯狂抢票，很多粉丝连本次颁奖典礼的举办地无锡的来回火车票都买好了。笔者便是电话咨询组委会和抢票者之一，但因当时除了组委会的广告，没有香港那边的任何新闻，于是发电子邮件向陈淑芬求证，在陈淑芬的邮件回复中才得知张国荣从未答应出席。陈淑芬后来对香港记者澄清说："最近是有人找我帮手游说他（张国荣）改变主意参与演出，我都有问过他发生什么事，知道原来他一早推了，不知道为什么那个广告（组委会售票广告）会有他的名，问了邀请他演出的电影人，他亦说一早回复哥哥（张国荣）去不了，事情发展到这样，最怕是观众以为他失场，这样对他好不公平，因为他由头到尾都没有应承对方，加上是要他上台表演，实在有心无力，他的声音暂时不能唱歌，要他出现实在好为难。"张国荣的粉丝在确认张国荣不会出席的消息后，引发了一阵退票潮，陈淑芬希望组委会能在广告中声明张国荣从未答应演出,不过最终在内地新闻中出现的是:"令人遗憾的是,张国荣由于声带小疾未能到锡城。"

2002年10月16日,第39届"金马奖"公布入围名单,张国荣凭《异度空间》入围"最佳男主角"提名。在颁奖礼前的各种预测中,张国荣在《异度空间》里的表现被外界一致看好。媒体称:"张国荣前半段把心理医生演得优雅从容,后半段情绪起伏落差大,惊慌又无助表现得很有层次感,把导演要传达的从人心出发的鬼的深层意义拿捏得很准确。"在媒体的电话访问中,导演马伟豪说:"'影帝'我选张国荣,他演角色好突破,给我印象并非我想象这样,精神分裂角色真是做得好好。"导演霍耀良表示:"我觉得张国荣应该(是)'影帝',演得好逼真,做得非常好,这个角色真是不易做。"当记者问及"影帝"大热人选张国荣会否出席当年的颁奖典礼时,张国荣则回应正在吃中药调理身体,不能间断,所以不想舟车劳顿,不会出席。张国荣说:"我支持'金马奖'已有多年,去少一年没有所谓,有心便是。"最终黎明获得是届"金马奖"的"最佳男主角"奖。1980年,张国荣首次受邀出席"金马奖"担任嘉宾。自1991年首次入围"最佳男主角"以来,到2002年的11年间,张国荣凭《阿飞正传》《风月》《春光乍泄》《枪王》《异度空间》五次获得"最佳男主角"提名,凭自己作曲的《红颜白发》《夜半歌声》《有心人》三首电影主题曲三次获得"最佳电影歌曲"提名,但只在1993年凭《白发魔女传》的电影主题歌《红颜白发》获得"最佳电影歌曲"。后来有人评选"金马奖"的十大遗憾,张国荣从未获得"金马奖"的"最佳男主角",被选为十大遗憾之首。评论人同时认为,未能获得"金马奖"的"最佳男主角",不是张国荣的遗憾,而是"金马奖"的遗憾。

2002年11月3日,数百名演艺界人士在香港特区政府总部集会,声讨《东周刊》刊登女明星裸照事件。一向甚少出席大型集会活动的张国荣,为支持好友刘嘉玲,亦罕见地出现在现场谴责《东周刊》的无良行为,全程拿着"天地不容"的标牌,面色沉重地站在第一排。媒体称:"张国荣在刘嘉玲步上台阶时低声不知跟她说了些什么,她感激地用力拍拍张的肩膀。"11月8日,张国荣与徐克、施南生等一起在文化中心观看云门舞集《行草》,记者周淑贤后来说："去年（2002年）看新视野艺术节云门舞集的《行草》，暗黑中看到张国荣就坐在我的后面，并列而坐的还有徐克、施南生夫妇、带着小女儿的林青霞、石琪和陆离。悄悄往后望了他几次，整个表演中他都静静地专心地看。当时大家都是观众，没有尽记者的责任上前问他对林怀民作品的感观。但完场后仍远远跟在他身后，看着他逗弄着青霞的小娃娃，直到上了车，他的背影消失……"魏绍恩在文中说："（《行草》）散场后一帮人碰上了，到新兜记吃夜宵。那趟他（张国荣）心情特好。张先生心情好并不是必然的事。特别在过去两年间。那趟，他神采飞扬得让朋友为他高兴。指东画西跟徐克讨论工作大计，跟林青霞、施南生讲护肤，讲一切朋友间吃夜宵时候会讲的言不及义的事情。午夜过后，刚打完球的唐鹤德一身运动服开车过来接他走。那以后，我再没见过他。"11月13日，张国荣出席2002年"演艺动力大奖"颁奖典礼。张国荣刚到场便引起一阵混乱，媒体和粉丝争相拍照，令他寸步难行，好不容易才挤入电梯。当晚接他的黄丽玲说："派对（颁奖典礼）来宾无数，电梯里站了很多人，我挤在一角，听到Leslie问陈太黄丽玲呢，这闲闲的一句，我听着是感动的。做这种'接待'多年，我接送过不少明星，没有人会因为在电梯里见不着我而关切地问我在哪里。"1980年，黄丽玲首次电话访问张国荣，1985年的情人节在华星唱片的会议室第一次正式专访张国荣，直到这次，是黄丽玲与张国荣相识22年里最后一次见到张国荣。黄丽玲在文中写道："他（张国荣）不止一次说过，他知道我疼他。但说实在的，我从没有在言语上这样表达过，甚至当我邀请他出席我们公司的活动时，也只是说我的同事很希望你来……其实我也很希望他来呀！我也不明白当时是什么心态，不知道为何要如此吝啬于表达自己的感情。失去了他，旧记忆纷纷涌现，我惊讶于他在我记忆中占了不少篇幅，也遗憾于这些篇幅其实十分有限。"在颁奖典礼上，张国荣凭《异度空间》获得"最突出男演员"奖，张国荣从颁奖嘉宾梅艳芳的手中接过奖项后，在全场的掌声中笑说："不知是否'造假'，做评审的阿梅和叶童都是我的好友，可能是人情分搭够，我才可以拿奖。"而台下的叶童则大喊："不是呀！你做得好好。"在现场，张国荣亦向记者表示，他正在忙新唱片，对于帮忙执导张艾嘉的电影《20 30 40》，因为剧本仍未完成，要等看过剧本后才决定是否执导。黄丽玲说："那夜，从表面看来，他（张国荣）一切如常，没有人看得出他患上情绪病。"永远以最好状态出现在人前的张国荣，外人只能看

当我重温您，在茫然中思忆里
所有冷冰的暖了

到他在人前的表现，看不到那些笑容背后被抑郁症折磨得死去活来的无数个夜晚，陈淑芬说："他（张国荣）（病情）发作起来时，所有的筋痛得好像要把他的肉都撕开了一样，痛得很厉害的。不同阶段不同的病情，把他折腾得非常惨，简直让他痛不欲生。"就在11月，病情进一步恶化的张国荣，在家中服安眠药自杀，幸好发现得早，被救了回来。唐鹤德在张国荣去世后对记者说："哥哥（张国荣）在11月曾经自杀，其后，他一直也有看医生。"

按照张国荣与环球唱片的合约，当时在合约到期前，张国荣还欠环球唱片一张唱片，因此陈小宝一直催促张国荣尽快完成这张唱片。陈小宝说："虽然合约是签了，他（张国荣）还差我一张碟，但因为他不在合约的期间给我，若真的一个不好搞到用法律来解决，就有得争拗。"虽然胃酸倒流导致张国荣的嗓子被胃酸灼伤，医生劝谕他尽量不要说话，但为了完成与环球唱片的合约，病中的张国荣自2002年10月开始仍投入到为新唱片录音的工作中。张国荣让梁荣骏打电话告知陈小宝，欠他的唱片会录好了给他。陈小宝说："他（张国荣）也已经同梁荣骏说过，梁荣骏跟我谈时说，应该不要提续约的事了。他（梁荣骏）说不要再提续约，还差你一张碟，这碟一定会录一张最好的碟给你。我就说行，这我肯定相信，他（张国荣）不是一个苟且的人，那么，开工没？他（梁荣骏）就说，已经在录，但很慢，因为哥哥（张国荣）的身体不舒服。"但陈小宝作为环球唱片的负责人，需要向公司交代，所以亦多次催促。陈小宝说："就是好多好多这样有争拗的地方，变得有些不近人情，我就对他说，要赶快给我。梁荣骏做得很好，他就说知道的，哥哥其实说得很清楚，一定在合约完之前给我，但不要谈续约，不想谈续约。"12月，在经历生死之后，张国荣复工继续为新歌录音，可能追求完美的张国荣，对当时身体状况下录音的歌曲不满意，所以计划先发行一张三首新歌加经典旧歌的新歌加精选回顾集。环球唱片亦花费二百多万港元向华星唱片、新艺宝唱片和滚石唱片购买了一批张国荣经典歌曲的版权。环球唱片中文部总经理黄建豪说："哥哥在华星年代的歌真是好贵，有几首值十几万（港元），但为了可以回顾哥哥由出道至今的金曲，今次环球都可谓不惜工本。"但这张预计在2003年1月发行的唱片最终并没有按期发行。陈小宝后来回忆起有一次和张国荣通电话时说："他（张国荣）打电话给我，我没办法认得出他的声音，还以为他扮声捉弄我，或有人扮他声音来戏弄我。我和他谈了数分钟后，我忍不住问他是不是张国荣，他说是，没有骗我。我问他声音怎么这样，他只说他病了。我说很担心他，叫他好好休息。他还叫我放心，欠我的唱片，无论如何也会交货。我怎么能逼病人交碟？我对他和Alvin保证，一定给他们足够时间做碟，有多少首歌就出多少。"这已经是2003年的事，应该是张国荣与陈小宝的最后一次对话。虽然张国荣仍努力想把这张唱片做好交给陈小宝，但因身体原因和他事事追求完美的性格，直到去世仍未能录完整张唱片。陈小宝说："这张碟，其实已经是差不多录完了的，但还没真真正正去整合好，他（张国荣）就已经离开我们了。这又是一个很特殊的情况。我又追梁荣骏，说，他离开了，很老实（说），这碟怎样？梁荣骏就叫我放心，说留下的东西应该够出一张碟。这一刻，我要很感谢哥哥！他真的做得非常有交代，换句话说，其实他一早就知道自己要怎样做的了。"在张国荣去世后的第99天，2003年7月8日，环球唱片发行了张国荣未完成的音乐遗作，七首新歌加三首旧作，病中的张国荣在其中创作了四首新歌，环球唱片将唱片取名为《一切随风》。因部分歌曲被疑为张国荣并未收货的demo版本，而且环球唱片在制作上出现的错别字、漏字和扣留了一首新歌并未收录在这张唱片中等问题，受到众多喜爱张国荣的人的指责。对于这张唱片，陈小宝说："我拿到那张碟（《一切随风》）时，有很大的感慨，但同一时间我又很矛盾。我要快出，如果迟了就令公司的生意蒙受损失，这些是要打铁趁热的。但又要避开'你们这帮奸商不理人家家人的痛苦，不理与这人有关的人的痛苦，在发死人财'（的情况），所以中间位置（时间）要处理得很好，但很不幸，在我出这张碟的时候，有许许多多我没办法想到的负面因素都出现了。这唱片出版后，令我跟他的家人非常不开心，令他家人对我有很大程度上的不满意。我觉得是因为太多我没办法想到和控制到的因素出现在我身边，形成我跟他家人现在有一个这样的情况。我真的愿意说，对不起！但问题究竟里面是怎样的，太复杂了，讲十集都讲不完，讲了也有好多朋友不会明白。既然我做了这张唱片的一个决策人，我除了享受这张唱片的……我认为有一个理想的销售数字之余，我也要享受它带给我的那些不开心的东西。任何东西都有两面，你做到这个位置，就得受得了全部。最低限度就是，我们可以在一个很适合的时间，给歌迷这张唱片，这是我觉得同歌迷有交代了。我不敢说是我完成他（张国荣）的心愿，起码他能给我（这张唱片）。"林夕后来在专栏中写道：

"十几年来,我都活在负债(歌词债)的状态中,总是欠欠欠,欠这个那个歌手的歌词。多庆幸这次没有。在张国荣最后一张专辑灌录过程中,分给我的词,我都写完了。从1995年他复出乐坛开始,我替他打造了大量不同风格的歌词,飞扬、缠绵、妖媚、忧郁、沉溺、喜悦、悲伤,转眼八年,至此画上了句号。""可遗憾的是,在最后的五首歌的歌词里,我依然按以往路线在感情世界中唱游,并没有写下一些心灵鸡汤式的歌词。监制曾经提醒我,别写太悲的东西,我也没特别放在心上,忽略了当时他(张国荣)心境上的需要。我忽然很内疚,写下了那么多勾引听众眼泪的歌词,究竟对这个世界有什么意义?""我会警惕自己,往后无论如何匆忙,都不可以写下让自己事后后悔的歌词。因为生命无常,音乐的生命却无限。我们永远不知道什么时候流动中的片段成为定格,只能重温,不容再造。"

2002年12月底,张国荣前往上海参观上海博物馆为建馆50周年举办的"晋唐宋元书画国宝展"。这次共展出了72件国宝级的晋、唐、宋、元书画珍品,这是中国历史上首次有这么多国宝级的古代书画真迹齐集一堂公开展览。包一峰说:"那天,他(张国荣)给我打电话,很有些激动。他说,听说上海博物馆正在展出72件书画国宝,他非常非常想亲眼一睹,不看会后悔一辈子的。接到张国荣的电话后,我随即便去找博物馆的朋友,预先买了参观票。张国荣是很钟情中国传统文化的,对文物也很有鉴赏力,他还特别喜欢收藏现代著名国画大师的作品,对齐白石、黄宾虹等人的墨宝爱不释手。那天我们是下午去博物馆的,张国荣心情非常好,他对我说,能亲眼看见这些国宝,是人生的一大幸事。他在展品前细细观赏,花了整整一下午的时间。若不是我催促,他一定会挨到闭馆的。但即使这样,也还是留下了遗憾,因为《清明上河图》的观者实在太多,而且不少人还认出他来,为了不影响参观,他只好退了出来。他说,他下次再去北京看吧。""张国荣这次来上海,情绪一直很好,而且作息特别有规律。除了有时说胃不太舒服,我真的一点也没有看出他有什么不开心。在上海的这几天,我们基本上就是喝茶、泡吧和聊天。"虽然张国荣一直有手颤的情况,但包一峰还是发现这次张国荣手颤比以往严重不少,张国荣跟他解释说是神经方面的病症，并没有大碍，现在生活很规律。上海之行结束后，包一峰又陪同张国荣前往北京看望张曼玲老师。原本张国荣跟包一峰约好了过几个月再来上海，但没想到这次上海之行竟成了张国荣的最后一次。

虽然张国荣与环球唱片的合约尚未到期，但其间亦有其他唱片公司接触张国荣，以游说张国荣在与环球唱片的合约到期后加盟。2002年四五月间，英皇娱乐的杨受成成立红音乐（Music Icon），成功挖走了东魅（Star East）的高层黄剑涛，黄剑涛便是张国荣在拉阔演唱会上感谢过的当时的环球唱片高层邓肯（Duncan），黄剑涛加盟杨受成新成立的音乐公司后，便曾密斟张国荣过档。2003年年初，外界曾传闻张国荣与环球唱片合作不愉快萌生去意，滚石唱片知悉后再次向张国荣抛出诚意邀请，游说张国荣重回滚石唱片并出席4月初在红馆举行的滚石香港成立10周年演唱会。记者就该消息求证滚石唱片，滚石香港的总经理邝敏慧亦模棱两可地回应记者："滚石同哥哥（张国荣）关系一向好好。"2003年1月17日，香港电台2002年度"十大中文金曲"颁奖典礼在沙田马场举行。是年恰逢"十大中文金曲"25周年，香港电台特别设立了"金曲银禧荣誉大奖"，以表彰25位曾为乐坛做出贡献的台前幕后音乐人，张国荣当晚亦前往出席并领取"金曲银禧荣誉大奖"，颁发奖项前当李克勤在台上演唱张国荣的《左右手》时，坐在台下的张国荣专心观看并露出笑颜。在发表得奖感言时，张国荣说："我都希望以后唱多点好歌回应所有喜欢我们的朋友，多谢！"香港电台在那年的场刊中这样评价张国荣："每次站到台上演出，张国荣先生都坚持在衣饰搭配、舞蹈编排、歌曲演绎、视听效果等方面力求完美。他这份执着，把香港演艺事业带进了讲究声色艺的舞台时代，使得舞台表演成为乐坛日后的重要发展方向。"这是张国荣最后一次出席颁奖礼。

2002年，陈凯歌和陈红筹备电影《无极》，他们走访了很多地方很多人，到香港时，他们计划找张国荣聊一聊，找他出演无欢这个角色，但给张国荣打电话却没有音讯，托张国荣的一个朋友联系亦找不到张国荣，他们便以为张国荣不在香港或者换了手机号码，当时找演员不是当务之急，他们也就暂时作罢。2003年1月20日，陈凯歌和陈红在北京国际俱乐部见到了张国

当我重温您，在茫然中思忆里
所有冷冰的暖了

荣，陈红说："那个时候，他（张国荣）一个人坐在那里，好像在等什么人。奇怪的是真正见了面，我们反而没有和他聊要拍电影的事情，之前找他的确是要合作。但是那天，我们只是问他要了一个电话，他留给我们香港家里的新电话和新的手机号码。所以我现在回想觉得特别奇怪，当时我们怎么一点《无极》的事情都没有谈。这就是命运，太奇怪了。回过头来想，当时谈了也没有用，因为两个月后他就走了。这是我们偶然一次见到国荣，没想到也是最后一次见到国荣。"

农历新年前，英皇娱乐旗下的Twins组合推出剧场版贺岁MV《你最红》。为了配合MV的贺岁气氛，张国荣还特意穿了一件喜庆动人的鲜红色皮衣出现在MV中。在MV的筹备阶段，MV的内容确定后，需要找一位"靓"的"三叔公"成了这个MV的头件大事，Twins的蔡卓妍说："这首歌叫《你最红》，那我就即刻想到哥哥（张国荣），认为他才可以合乎到（贴合）这个歌名。"虽然工作人员亦一致认为张国荣是最合适的，但对能否邀请到张国荣为一个出道才两年多的组合客串演出MV实在没把握，都不敢主动给张国荣打电话，最终还是蔡卓妍壮起胆向张国荣打出了这个邀请电话，并在电话里非常直白地告知原委，没想到张国荣在听完后竟然一口答应，令大家惊喜不已。虽然张国荣一向乐于帮助后辈，但这么多年他亦极少出现在其他歌手的MV中，而这一次出手，也成了他最后一次出现在MV中，张国荣在MV中客串的"三叔公"亦被歌迷称为"史上最靓的三叔公"。这个义务客串的"史上最靓的三叔公"在拍摄现场亦令两位女主角极其着迷，为了缓解她们的紧张，张国荣更是在现场言传身教，令MV的氛围喜庆又搞怪，在农历新年给观众带去欢乐。

回忆起最后一次见到张国荣，林夕说："两个月前有次吃饭碰到他（张国荣），我一见到他还担心他追我歌词，谁知他只是叫我小心身体，他说：你看我多健康多壮实，我最近好勤力游水打球呀。"2003年2月21日，张国荣出门时被蹲守的记者拍到，当天张国荣心情不错，对记者露出友好的微笑，记者亦恭喜张国荣获得第22届"香港电影金像奖"的"最佳男主角"提名。张国荣在表示感谢后，在上车前亦做了简短的回应，离开前亦跟记者道别。3月7日，查小欣在马会会所遇到张国荣，张国荣老远便走过去跟她打招呼。查小欣后来说："我迎上去，见眼前的Leslie面色苍白，神情憔悴，唇色淡浅，心里十分担心他的健康，但没说出来，也不让他看出我有半点担心他，以免增加他的压力。"查小欣问张国荣来喝下午茶，张国荣说："明晚要到红馆出席一个音乐会做嘉宾，正在构思出场时说些什么可以搞热现场气氛。"查小欣则跟张国荣说，现场观众看到他就已经热起来了，同时追问张国荣什么时候出来工作，张国荣说："快了，很快我便出来，你到时会见到。"查小欣后来说："我让他（张国荣）保重身体，他点头，临别前他罕有地说，'来，我们来个抱抱'。我跟他轻轻拥抱，每边面颊碰了一下。原来他，在话别。"在2002年11月经历生死之后，张国荣虽然依旧努力使自己的身体康复，但他或许亦明白，在他身上随时可能发生自己不可控的事，他通过律师立下遗嘱、分配了自己的财产等，甚至连他家的司机、用人亦做了妥善的安排。陈淑芬后来说："这个遗书好像是因为他（张国荣）怕有事情发生，现在人写遗书也不是一个很不正常的事了。他是写了一些文字主要是交代他身后的事情，然后还有要谢谢一些人。"张国荣亦叮嘱身边的亲人好友，如果有一天他不在了，希望他们能够好好照顾唐鹤德。3月8日，张国荣应百事之邀出席在红馆举行的"百事音乐家族Blue Power慈善演唱会"。在入场时还跟记者简短地笑谈，当天张国荣以百事亚洲区的首位代言人身份为活动启动仪式担任亮灯嘉宾，虽然因身体状况张国荣并没有在台上表演，但张国荣一出场便引起现场观众的齐声欢呼。张国荣亦非常开心，在台上说："不知道讲什么好，我作为第一代中国区百事巨星，今晚好开心，见到这么多受欢迎的朋友一齐演出，我会以爱心将你们融化。今次大会请我来，虽然我不唱歌，但都好享受这样的欢呼声。"在更热烈的欢呼声中，张国荣与百事高层等一起启动了本次活动。媒体称："全晚焦点所在还是F4，只有张国荣一人出场时，得到的欢呼声可以跟F4相比。"这次亦成为张国荣最后一次出席公开活动。

徐克说："在最后一个月里，我们也见过几次面，每次他（张国荣）都很安详地出现。我几乎认为那时候的他，是人生里最有心得的阶段。我曾这样对他说现在的你，是比我以前见到的你，有很大分别。他问分别在哪里，我说你现在更让我觉得能亲近你。"张国荣对外的表现让他的大部分朋友和爱他的粉丝都觉得他的病情开始康复,过了这段休养期,大家所熟悉的张国荣很快便会回来,很多合作仍在等着他。2002年年初,黄百鸣曾约张国荣洽谈新电影的合作计划,2003年黄百鸣决定开拍电影,男主角张国荣和郑伊健都已商谈落实,但女主角周迅因正在恋爱中辞演,以致电影拍摄一再拖延。筹备中的《麦兜菠萝油王子》亦准备联系张国荣为麦炳配音,谢立文说:"《麦兜菠萝油王子》里的麦炳是刘德华配的音,但最初,我们是想找张国荣的,但就刚刚想去找他的时候,他不在了。所以,就想起了海子,结尾处用他的诗,也算是一种怀念吧。"杨争光筹备了数年的西部武侠题材电影亦与张国荣接触过多次。自从张国荣将电影经理约交给JP Group后,因各种原因始终未有接拍过电影,2003年年初JP Group原本已确定由张国荣出演嘉禾的《新警察故事》,还将男主角取名为陈国荣。为了转移深受病情折磨的张国荣的注意力,施南生建议徐克筹备一部电影让张国荣拍,徐克觉得有道理,亦构思了一部悬疑片《王先生》,让张国荣饰演一个职业和身份都十分神秘的破案高手,所有人都只知道他姓王,没有人知道他的名字和背景,女主角由杨采妮出演。徐克说:"这次我本想Leslie演一个执着的知识分子,不懂与人交往,但人很聪明。其中构思有一场戏,是说他做了一个测谎机,在火车上找一个人拿着一瓶水,然后与那人聊天,他观察水的流动便可得知那人在想什么。这个人物有Leslie性格的一部分,是他不为人知的另一面。我与Leslie其实认识了很久,从我们的相处,我观察到Leslie个性中是有这些东西的。"剧本在2003年3月底已完成。徐克还约了张国荣在4月1日晚上10点见面。徐克说:"当时我觉得好像很不真实的那种感觉,因为我当时是约了他(张国荣)10点钟,可是7点钟来电话说,今天晚上不用去了,张国荣先生已经去世了……那时我感觉是很不真实的,因为我觉得我突然间好像完全不接受这个是真的。因为张国荣家离我家很近,我们好像就隔几个房子,我常常看到他跟他家里养的狗,在街上,拉着他的狗出来,我们见面。而且他很热情,每次见面都很开心,又抱,又笑。没想到这样的事情会发生,当时我是一直不接受,直到看到他的棺木,才知道真的是张国荣已经不在我们人间了。甚至《王先生》那个剧本,现在我也基本上不会再拍。我不知道找谁来演这个角色,而且演不来这个人物。"为了完成环球的唱片约,张国荣在人生的最后一段路程依旧在为新唱片录音,林夕后来说:"大约(张国荣去世)三个礼拜前,他还在录音室打来电话说看不清楚一些歌词。"

2003年3月20日,张国荣和唐鹤德前往金钟戏院观看了电影《钢琴家》(*The Pianist*),这是他们最后一次在媒体的镜头下被拍到。张国荣的外甥女透露,在张国荣去世一个星期前,她前往张国荣家探望,当时张国荣正病发非常痛苦,但张国荣跟她说:"你知道吗?我很疼你,所以,无论如何,你都要好好生活。"3月26日,张国荣和沈殿霞前往半岛酒店喝下午茶,沈殿霞后来说:"他(张国荣)一有心事,他不开心,有时候半夜就会走到我家来。因为他跟我家很近,开车过来不用两分钟,他就来了,坐着。那我就陪他聊天。我说你又怎么啦,今天又怎么啦,他说你看我的样子是不是很惨,我说还好,没有啊。我说你干吗,他说我觉得不开心,我觉得这个那个。那我就跟他讲,我说亲爱的,我叫他亲爱的。我说亲爱的,你应该很开心,你这个人,比上不足,比下足足有余。你现在还缺什么呢?名也有了,利也有了,你有用不完的钱,你有那么大的名气,对,现在可能是你其中一个过渡时期,可能在你的事业上,你觉得比较静一点。但是这就是人生,我说人生有高有低,这才叫作人生,你一直是平坦的,一帆风顺的,做人有什么意思,根本甜酸苦辣你什么都不知道,你说对不对。我说,你现在趁这个时间,你就好好地充电,等你充够了电,有一个好的剧本来,又有个好的机会来,一下你又起来了。我就这样开解他,一直都是这样子。有时候叫他来家里吃饭,有时候陪他打个小牌。有时候我们出去喝个茶,就这样子。3月26号我跟他还在半岛酒店喝下午茶。我们两个还叫了一个小的比萨饼,我们两个还分享。吃完了他就去打球,我就回家。"这是张国荣和沈殿霞的最后一次见面。3月31日,张国荣跟陈洁灵等好友在家打麻将直到凌晨,那段时间张国荣打麻将的手气特别好,当晚赢了一万多港元。一向喜爱打麻将的张国荣,曾经向记者表示打麻将可以预防老年痴呆,更是总结出一套"麻将哲学"。徐克后来说:"我最后一个月见

当我重温您,在茫然中思忆里
所有冷冰的暖了

到Leslie的日子里,他表现得十分安详和蔼。回想那段时间,确实令人感到唏嘘。或许,当时他已打算对燃烧的生命做出告别,但他却在这时候给予朋友们许多对生活鼓励的话语。那段日子,香港正陷入"非典"的困境,城市是一片慌乱。一位朋友已经两个星期没有离开自己的家门,每天用酒精洗手,对自己健康很担心。Leslie不断在电话上,劝慰她不要这么恐惧,不然他很难过。然而这话说完的当天,他的噩耗在几个小时后发生了。"

2003年4月1日上午,张国荣醒来后,10点多回了好友莫华炳的电话留言,相约一起吃中饭,莫华炳在电话里告诉张国荣,张国荣帮忙取名的马在赛马比赛中得了冠军,马主帮他下了注,开玩笑说要张国荣请吃饭。11点多张国荣出门前,跟唐鹤德相约晚上7点一起打羽毛球,唐鹤德问要不要司机送他,张国荣说想自己驾车出去兜兜风、见见朋友,晚一点再见。在莫华炳到达与张国荣约好的铜锣湾Fusion餐厅时,张国荣戴着口罩已坐在那里等待,张国荣看到莫华炳没戴口罩,很紧张地跟他说:"隔壁有人咳嗽,你为什么不戴口罩?"两人聊了三个小时,莫华炳后来说:"我觉得他(张国荣)非常nervous(紧张),手不停地颤。"张国荣在聊天中要了莫华炳的身份证号码,莫华炳说:"他六个月前都问过我,那天他又多问了一次。"张国荣记下莫华炳的身份证号码,是因为在遗嘱中留了一份礼物给他。中途有人认出张国荣,他亦对人家笑笑,但张国荣跟莫华炳表示,当天身体很不舒服很痛苦,莫华炳在聊天中亦感觉到张国荣情绪有些低落,建议张国荣去美国看病。吃完午饭后,张国荣宁愿兜个圈都坚持要送莫华炳回公司。据莫华炳回忆,当时张国荣非常怕"非典",就算推门或开车门都非常小心,尽量不用手去接触,非常爱惜健康和生命。莫华炳在进公司的电梯前,想到与张国荣的聊天,突然感到一阵恐慌,就打电话给张绿萍,希望张绿萍找一下张国荣。张绿萍后来回电话给莫华炳说,她找到张国荣了,张国荣在中环购物,可能想买一些夏天的衣物,张绿萍约张国荣喝咖啡,但张国荣已经约了陈淑芬。张国荣外出期间,唐鹤德亦有打电话跟张国荣保持联系,唐鹤德问张国荣何时回家,如果张国荣直接去打羽毛球的场地,他可以帮张国荣带上运动衣物自行前往羽毛球场地,张国荣则对唐鹤德说一定会回家接他一起过去,让唐鹤德在家里等。其间陈淑芬亦打电话给张国荣，但转接到了电话留言，陈淑芬遂给张国荣留言，张国荣很快便回了电话，陈淑芬后来说："接听到他（张国荣）的电话后，我就问他在哪里。他说他还在中环，我说在中环干什么，他说在喝茶。我说跟谁喝茶，他说只有他自己。我还埋怨他自己喝茶也不叫我，我提出要去找他，但是他又说他要走了。我问他要去哪里，他说去shopping。于是我就说要和他一起去shopping，他也同意了。我知道他7点钟又要和唐先生去打球，低头看看表也没有很多时间了，就要放下电话去找他。""就在我要放电话的时候，他（张国荣）说想趁这个机会看清楚一下香港。我问他要看清楚香港干什么，这时我听出来他好像有些不对劲了。然后我说你到底走了没有啊，你没走的话我就过来找你。哥哥说那好，那过来吧。"陈淑芬到了文华酒店后，在前厅没有看到张国荣，然后便去了他们常去的一个咖啡厅，陈淑芬对服务员说找张国荣，服务生表示张国荣不在这里。陈淑芬在那里兜了一个圈没有找到张国荣，遂再次打电话给张国荣问他在哪里，张国荣则说刚出去，让陈淑芬在那里喝杯茶等他会儿，他很快就回来。

陈淑芬说："等了40分钟后，我接到了他（张国荣）的电话：你五分钟之后在酒店门口等我，在正门，然后我就会来了。因为我看了看时间已经快六点半了，然后他七点钟又要去打球，肯定时间不宽裕了。我知道哥哥（张国荣）是开车出去的，所以我就很着急地买单出门。因为我知道酒店门前这个地方是不可以停车的，可是我很快就出去了，一直在门口等也没有看到他。""等了5分钟之后吧，突然有一个很大的声音传来。我一听，就觉得好像有一些东西掉下来似的，那是一个很大的声音。然后我朝声音那个方向一看，看到有一个东西掉下来摔在地面上，酒店门口有一些护栏被坠落物砸断了。当时因为我看到一个人，人的旁边有一辆巴士，我就以为是交通意外。我就立刻转身叫那儿的人（酒店服务生）出来，我说撞伤人了，快点去找救护车。"陈淑芬当时没有怀疑坠落的是张国荣，她反而担心病中的张国荣看到这个场面会受到刺激，就跑到前面街口想着把张国荣的车拦下来，张国荣就不用经过这个地方。随后陈淑芬再次给张国荣打电话，准备告知等待的位置，陈淑芬后来说："我一给他（张国荣）打电话，电话又

当我重温您，在茫然中思忆里
所有冷冰的暖了

回到刚才那段录音留言，于是开始觉得有点问题。因为他刚刚还开着电话，为什么现在没开？而且他应该是在开车呀！哥哥没有开电话让我觉得有一些奇怪，我就又跑回去去看了一看。我没有敢走近去看，我去到那边还在让服务生找救护车……""我有一种不祥的预感，所以我一直都很不安，所以跟着救护车去了医院。到医院后，我问一位到场的警员，刚刚进来的那个人现在在哪里，姓什么，叫什么名字。我说我不知道他的名字，我只是怀疑他是我的一个朋友。然后那警察就看着我，问他是不是张国荣啊。因为那位警察认得我，所以他才会这样说。"

2003年4月1日，小雨，西南风3~4级。最高温度27 ℃，最低温度23 ℃。傍晚18点43分，张国荣因抑郁症病情失控在香港文华东方酒店（Hong Kong Mandarin Oriental Hotel）24楼健身中心天台坠楼，紧急送往香港玛丽医院（Queen Marry Hospital）后，于晚上19时06分宣布抢救无效去世，享年46岁。

张国荣去世后，他的大家姐张绿萍在电台节目中说："他（张国荣）的病好多人不明白。抑郁症是有两种的———一种是Clinical Depression（临床抑郁症），因为脑部里面的化学物质不平衡了，是生理上的；另一种就是大家都明白的有不开心的事啊什么导致的。Leslie百分之百是第一种，但别人不知道……""我一开始也以为是这样，但（张国荣）出了事以后，有个医生写了一份四页纸的信给我，他解释给我听，说抑郁症医学上分两类，你弟弟的病是第一类。"

曾任美国哈佛医学院与得州医学中心神经科学和眼科教授，以及美国总统艺术人文委员会委员的林文杰教授2004年在《亚洲周刊》杂志提及社会应关注抑郁症时如是说：

"我深信他（张国荣）最终的行为不是他'自愿'或能'控制'的。张国荣深知自己病情之严重而又积极寻医。据报道，他遗书（此非遗书）第一个字便是depression（抑郁），更特别多谢著名精神病专家麦列菲菲教授。而结尾的'一生没有做错（坏）事，为何这样？'更赤裸裸地表达了他的极度无奈,以及留恋此世与不愿自取生命的意愿。他的意愿显然没有成功,他不能自救,也许只能以自己的生命给世人传达一个信息——请帮帮世上其他的抑郁症病人。""假使这个不可磨灭的信息能令世人用多点爱心去关注身边的人,更主动地体恤和照顾抑郁病者,那生命肯定会更美好。假使政府、市民、企业及学界因这件事而'化悲痛为力量',支持'抑郁症'的普及教育、研究、预防及治疗……则这一代巨星不只以其不朽的艺术传世,更以其最珍贵的生命带给社会重要的启示和奉献。"

图片摄影 / 授权：周雁鸣

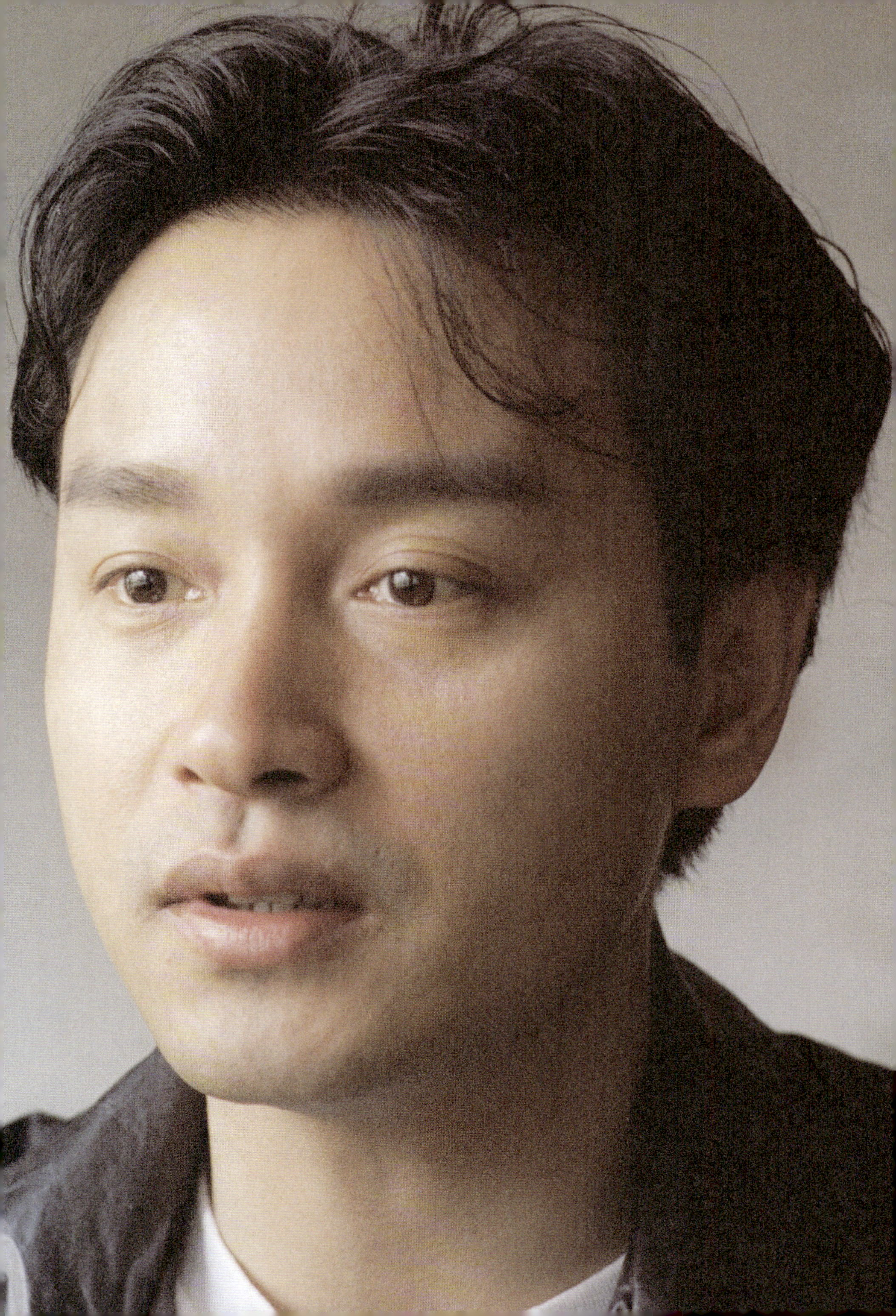

后记

在写完书稿的最后一行字后，刹那的感觉不是轻松，而是怅然若失。在许多个日日夜夜，我曾陪伴张国荣先生的那些过往岁月共同度过，虽间中亦有过辛苦，为记忆中的某段事件寻找确切出处然久觅不得而暴躁过，也曾几度因身体的生物钟紊乱而卧于病榻辗转反侧，但内心始终是愉悦的。在这些写稿的日子，也想起许多自己过往的岁月，那些浮沉在心底的年少时光。从初初热爱张国荣先生，直到之后29年来的一路追随，一幕幕的往事跃入脑海。

非常感谢我的父母，在大多数父母认为"追星有害"的那个年代，他们从来没有阻止过我喜欢张国荣先生。感谢我的姐姐，很多年前带我第一次踏上香港的土地，在这座张国荣先生生活和奋斗的城市感受他的气息。当然，特别需要感谢的是张国荣先生，这么多年来曾带给我的那些美好的回忆。虽然如今张国荣先生已远游，但正如梁朝伟先生曾经所说："只要你心里面有这个人，他在哪里，又有什么所谓。"是的，张国荣先生如今在哪里都没什么所谓，重要的是，他已经停驻在我的心里。在最美好的时光爱上他，原来已是一生一世。终有一日，会再重逢。我曾在一篇回忆与张国荣先生相见时光的文章末尾写过："用翻越一座山的时间，来回想我们在人世间短暂的相遇；用苦渡一片海的记忆，来忘却我们没有说出再见的告别。"

在撰写此书前，我曾给自己定下一条规则，书中所有的事件内容必须皆有确切的出处，因此耗费了大量的时间在确认出处及考证上。但最终因全书字数远远超出最初预估的字数，而未能在书内标注每一句引用的原话的具体出处，甚觉遗憾。最初与出版社达成合作协议时，我只预估了文稿在30万字，出版社之后亦按此字数核算成本及定价，但没想到自己写着写着最终写了70多万字的初稿，在与编辑商量后，最终决定将文稿修订为40来万字，在保证文稿完整性的前提下，删减了年份的背景、非重要的相关人物与事件内容、引用标注等内容。因出版要求，书内引用的部分广东话原话直接翻译为普通话，英文长段原话、日语歌名等亦直接翻译为中文。

在写作与出版的过程中，突发了很多最初未能预估到的事情，令此书的发行日期一再推迟。在此，向参与了预售的读者真心地说声抱歉，也感谢大部分的读者朋友对我的信任，在几次预计发货时间未能收到书的情况下，仍毫无怨言，给予我鼓励和支持。在撰写书稿、出版的过程中，也得到了很多朋友的帮助，在此向你们致谢，感谢你们对我的无偿帮助。还有一些资料因时间久远未能找到最初的提供者、翻译者等的名字，以致没能在附录的鸣谢名单中致谢，请多多见谅，感谢你们这么多年来不断挖掘出"新"的张国荣先生的相关资料。希望日后我们仍能一起努力，继续为完善张国荣先生的相关资料而携手共进。再次感谢。

最初有想法撰写《随风不逝·张国荣》这个主题的书，是在多年以前。原计划全书分为三个部分来呈现"随风不逝"这个主题，但因架构甚大，而自己平时又忙于琐事，且有文字无法承载情感的担忧，以致数年来始终未能完全静下心来去做这件事，只在闲来时撰写了第一部分零零碎碎的一些文字和为第三部分做一些必要的准备，因第三部分涉及很多外部内容，需要耗费大量的时间、精力和费用。虽然时有出版社联系我合作出版张国荣先生相关的书，但因种种原因，我个人始终未将此事提上具体的日程。后来，福建人民出版社的编辑张宁先生有此意向，且数次来访商讨具体计划，我感受到其诚意，遂决定写作此书。因原本架构过大，自己短时间内无法完成三个部分的内容，于是在商量后决定先完成第一部分，便是如今的这本《随风不逝·张国荣》。希望日后自己能有时间去完成另外的两个部分和增补修订、完善完整版的第一部分，以达成自己最初的构思。

感谢所有支持《随风不逝·张国荣》一书的读者朋友。谢谢。爱生活，爱张国荣。

荣雪烟
2017年3月于上海

当我重温您，在茫然中思忆里
所有冷冰的暖了

图片摄影 / 授权：周雁鸣

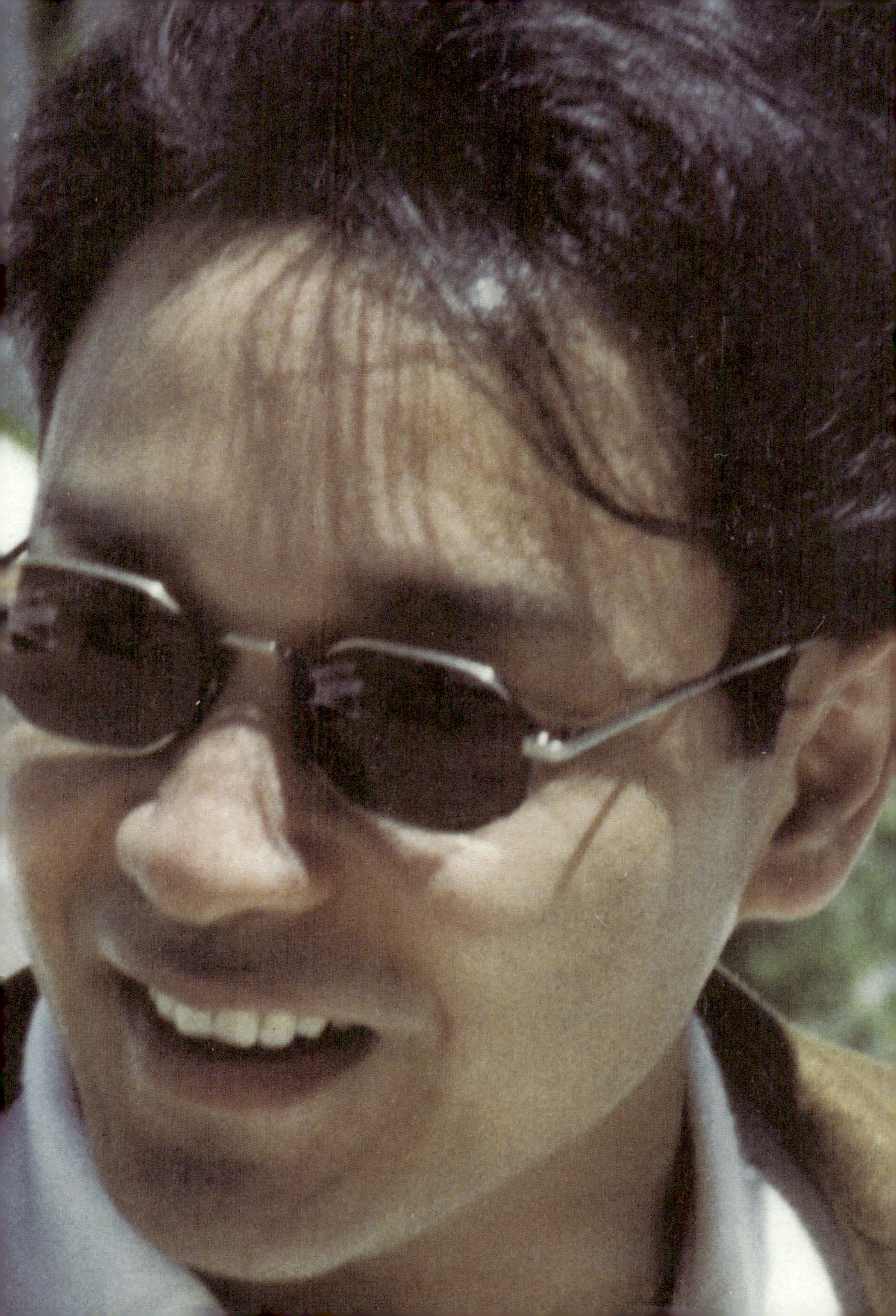

THANKS
鸣谢

特别鸣谢

Mr. Leslie Cheung Kowk-Wing 张国荣先生

感谢真实记录文中引用资料的各类媒体。

感谢收藏文中引用资料和将部分引用资料数字化的图书馆等平台。

感谢将私人收藏的张国荣资料分享给大众的人们。

感谢在我热爱张国荣先生的路途上给过我帮助的所有朋友。

鸣谢（排名不分前后，可调乱左右）

指尖蝉翼、张宁、朱郦怡、朱意芳、

谢云英、亨子、王玮、周雁鸣、蝦叔、

陈家仪、Zhou Meiyun、Fei、Jane Sue、

Lan Lan、Kate Cheung、Carmen、

Susanna、卢毅、Okradee、雷凯枫、

宇文卿@荣史上的今天、郑玲、

小言、Feng、Yirong、Ann、

Cecily Ma、Vimoksah

张国荣艺术研究会

Leslie Legacy Association

香港明报出版社

张国荣网络世界

Red Mission

哥哥香港网站

曾经的"红版"

悦荣轩

★因各种原因，鸣谢名单未能尽录，敬请谅解，谢谢。

图片授权提供：Leslie Legacy Association

图书在版编目(CIP)数据

随风不逝·张国荣/荣雪烟著. -- 福州：福建人民出版社，2018.1（2021.12 重印）

ISBN 978-7-211-07621-5

Ⅰ.①随… Ⅱ.①荣… Ⅲ.①张国荣（1956-2003）– 生平事迹 Ⅳ.① K825.7

中国版本图书馆 CIP 数据核字 (2017) 第 056295 号

随风不逝·张国荣
SUI FENG BU SHI · ZHANG GUORONG

著　　　者：	荣雪烟
责任编辑：	谢云英
出版发行：	福建人民出版社
地　　　址：	福州市东水路 76 号
电　　　话：	0591-87533169（发行部）　0591-87521386（编辑部）
网　　　址：	http://www.fjpph.com
电子邮箱：	fjpph7211@126.com
经　　　销：	福建新华发行（集团）有限责任公司
印　　　刷：	福建省金盾彩色印刷有限公司
地　　　址：	福州市金山浦上工业区 D 区 24 幢
开　　　本：	787 毫米 ×1092 毫米　1/16
印　　　张：	36.75
字　　　数：	556 千字
版　　　次：	2018 年 1 月第 1 版
印　　　次：	2021 年 12 月第 7 次印刷
书　　　号：	ISBN 978-7-211-07621-5
定　　　价：	91.20 元

本书如有印装质量问题，影响阅读，请直接向承印厂调换。

版权所有，翻印必究。

Leslie，您曾在写真集里如是写道：

"你又再看不到我的脸了，其实已再没有这个必要，

因为我深信你会记得我的脸，还有我和你共度的时光！"

是的，Leslie，您已在我心。

每一天想念您，成为生活中不变的习惯。

谢谢您！Leslie！

——荣雪烟